U0104328

名老中医之路续编

卷四

张奇文　柳少逸　郑书翰◎主编

全国百佳图书出版单位
中国中医药出版社
·北　京·

图书在版编目（CIP）数据

名老中医之路续编：全四卷 / 张奇文，柳少逸，郑书翰主编．—北京：中国中医药出版社，2023.12

ISBN 978－7－5132－8176－8

Ⅰ.①名…　Ⅱ.①张…　②柳…　③郑…　Ⅲ.①中医临床－经验－中国－现代　Ⅳ.①R249.7

中国国家版本馆 CIP 数据核字（2023）第 089825 号

中国中医药出版社出版

北京经济技术开发区科创十三街 31 号院二区 8 号楼

邮政编码　100176

传真　010－64405721

山东临沂新华印刷物流集团有限责任公司印刷

各地新华书店经销

开本 787×1092　1/16　印张 189　字数 3078 千字

2023 年 12 月第 1 版　2023 年 12 月第 1 次印刷

书号　ISBN 978－7－5132－8176－8

定价　989.00 元（全四卷）

网址　www.cptcm.com

服务热线　010－64405510

购书热线　010－89535836

维权打假　010－64405753

微信服务号　zgzyycbs

微商城网址　https://kdt.im/LIdUGr

官方微博　http://e.weibo.com/cptcm

天猫旗舰店网址　https://zgzyycbs.tmall.com

目　录

卷一

吴佩衡 / 1
郑汝谦 / 17
孙镜朗 / 25
查少农 / 34
林耀东 / 43
陈可望 / 57
胡子周 / 63
高仲山 / 76
柳吉忱 / 84
吕炳奎 / 91
罗元恺 / 103
李乐园 / 114
马建中 / 123
张沛虬 / 134
裘沛然 / 144
朱良春 / 159
门纯德 / 166
吴惟康 / 175
阮士怡 / 187
黄　崙 / 201
于鹄忱 / 215
陈立健 / 224
姚寓晨 / 234
颜德馨 / 241
班秀文 / 258
颜正华 / 271
张志远 / 280
王乐匋 / 290
程莘农 / 306
赵正俨 / 322
周信有 / 338
何炎燊 / 388
王静安 / 400
张　琪 / 420
胡节君 / 435
李振华 / 443
徐志华 / 452
刘弼臣 / 457
李今庸 / 470
宋祚民 / 493
郭振球 / 505
贺普仁 / 512
任继学 / 521
郑长松 / 529

徐景藩 / 537
刘柏龄 / 542
靳士英 / 568
吉良晨 / 586
黄明志 / 601
孙　浩 / 614
周仲瑛 / 619
张灿玾 / 629
张鸣鹤 / 664
李　鼎 / 668
叶景华 / 688
郭维淮 / 699
张　磊 / 705
柴嵩岩 / 712

卷二

闻善乐 / 731
王国三 / 743
张琼林 / 751
段富津 / 763
王　烈 / 772
姚廷芝 / 785
张云鹏 / 800
石仰山 / 813
李济仁 / 830
张士杰 / 855
夏桂成 / 865
郭子光 / 870
姜保生 / 880
夏治平 / 894
刘镜如 / 909
刘宝厚 / 917
田　文 / 928
余瀛鳌 / 938
徐经世 / 955
刘启廷 / 967
邹燕勤 / 982
吕景山 / 986
李业甫 / 1004
罗金官 / 1027
张奇文 / 1032
晁恩祥 / 1065
张学文 / 1086
黄乃健 / 1097
冯宪章 / 1112
姜兆俊 / 1126
赵绚德 / 1134
王世民 / 1144
沈宝藩 / 1162
张发荣 / 1178
孙朝宗 / 1190
朱鸿铭 / 1197
李士懋 / 1205
李广文 / 1226
金洪元 / 1241
王自立 / 1260

温如杰 / 1273
薛伯寿 / 1285
金树滋 / 1304
张宝林 / 1313
马有度 / 1320
王洪图 / 1349
钱 英 / 1359
王霞芳 / 1368
金维新 / 1380
张炳厚 / 1387
邵念方 / 1407
施 杞 / 1414
禤国维 / 1432
赵法新 / 1446
田常英 / 1466

卷三

王永炎 / 1485
王锡贞 / 1496
陆 拯 / 1506
胡玉荃 / 1519
程益春 / 1530
王自敏 / 1538
崔公让 / 1557
周学文 / 1574
孟庆云 / 1584
盛玉凤 / 1593
欧阳惠卿 / 1599
孙申田 / 1608
李兴培 / 1619
刘清贞 / 1639
侯士良 / 1649
卢 芳 / 1662
梅国强 / 1696
孟宪杰 / 1700
赵鉴秋 / 1709
李乃庚 / 1721
李明忠 / 1729
王立忠 / 1751
肖承悰 / 1761
徐福松 / 1776
伍炳彩 / 1790
毛德西 / 1800
唐 宋 / 1821
祝世讷 / 1832
韩明向 / 1853
皮持衡 / 1863
单兆伟 / 1872
张素芳 / 1884
孙光荣 / 1896
陈汉水 / 1922
黄海龙 / 1928
曾宪策 / 1937
刁本恕 / 1956
任 何 / 1977

浦家祚 / 1999
丁书文 / 2009
买买提艾力 · 阿木提 / 2013
史载祥 / 2021
田代华 / 2029
孙学全 / 2054
刘道清 / 2061
南　征 / 2068
唐祖宣 / 2075
俞景茂 / 2091
萧诏玮 / 2099
胡天成 / 2113
熊继柏 / 2123
谷越涛 / 2143
王士荣 / 2154
柳少逸 / 2163
王　琦 / 2201
赵尚华 / 2228

卷四

郑启仲 / 2241
高荣林 / 2246
王庆其 / 2254
朱祥麟 / 2268
畅　达 / 2280
刘亚娴 / 2297
殷　明 / 2315
徐凌云 / 2333
张士卿 / 2344
陈　意 / 2355
谢克庆 / 2361
汪受传 / 2388
熊大经 / 2403
胡国俊 / 2413
顾植山 / 2426
王人澍 / 2446
阎艳丽 / 2453
卢崇汉 / 2466
朱锦善 / 2481
温长路 / 2491
朱建华 / 2505
张存悌 / 2524
林天东 / 2536
杜锡贤 / 2550
周铭心 / 2565
侯玉芬 / 2583
潘朝曦 / 2593
朱婉华 / 2622
马大正 / 2632
刘沈林 / 2649
王新陆 / 2664
张同振 / 2670
尹常健 / 2675
丁安伟 / 2685
郑伟达 / 2702
梁继荣 / 2709

王静波 / 2734
金 伟 / 2741
刘德泉 / 2761
田月娥 / 2772
丁 樱 / 2778
陶汉华 / 2789
吕志杰 / 2802
王昌恩 / 2815
董幼祺 / 2830
刘玉洁 / 2844
何若苹 / 2860
崔倬铭 / 2873
范永升 / 2891
王 键 / 2901
马 融 / 2921
刘启泉 / 2939
田景振 / 2950
罗颂平 / 2958

姓名拼音索引 / 2978

郑启仲

郑启仲（1944— ），河南清丰人。主任中医师、河南中医学院兼职教授。历任河南省清丰县人民医院副院长、清丰县中医院院长、濮阳市中医院副院长、濮阳市妇幼保健院院长、濮阳市中医儿科研究所所长等职。兼中华中医药学会儿科分会副会长、河南省中医儿科专业委员会副主任委员、河南省中医药高级技术职务评审委员会委员、河南省新药评审委员会委员、濮阳市中医药学会会长等职。从事中医儿科工作五十余年，有较深的理论素养和较丰富的临床经验。长于治疗小儿肾系疾病、肺系疾病、脾胃疾病及小儿热病。先后获国际科技成果奖2项、省级科技成果奖3项、市级科技成果奖5项。主编和参加编写的主要著作有《临床儿科》《伤寒论讲解》《中医男科学》《中国大百科全书·中国传统医学》《儿科名医证治精华》《既然当医生》等9部，点校出版《诚书》1部。发表《论顿咳从肝论治》等学术论文100余篇。先后被评为“全国卫生文明建设先进工作者”“国家有突出贡献中青年专家”、首批“享受国务院特殊津贴专家”“全国老中医药专家学术经验继承工作指导老师”“全国劳动模范”。1992年当选中共十四大代表，2004年被评为“首届河南优秀医师”“首届河南优秀医院院长”。为美国诺贝尔医学研究院院士、世界中医药科技学院传统医学博士。

先天不足 后天失养

我出生在一个普通农民家庭，祖上世代目不识丁，我是一位“先天不足，后天失养”的医生，走上学医之路纯属偶然。1960年春，我正读初中二年级，赶上国家经济困难，父亲又得了重病，我被迫中止了学业，拉着父亲到处求医治病。一次我拉父亲到县医院治病，回家的路上下起了大雨，上坡时父亲从车上滑了下来，因父亲下肢瘫痪，瘦弱的我几次背父亲上车都没有成功，雨水中我抱着父亲大哭，第一次萌生了学医的念头。当天晚上，我即到村卫生所向一位叫杨天顺的老中医倾吐了我想学医的心愿。从此，我无事就帮他抓药、炒药、干杂活，几个月过后，这位好心的杨老先生把我叫到身边告诉我，公社卫生院想招一名中药司药，明天带我去见院长。苍天有眼，贫寒出身的佀维生院长对我似有同病相怜、一见如故之感，当即收留，刚满 15 岁的我，就这样步入了医学之门。1964 年河南省卫生厅招收中医学徒，我幸运地被破例录取，拜三代家传儿科名医王志成老先生为师。但好景不长，8 个月后王老突然病逝，我像一个待哺的婴儿失去了母亲，悲痛欲绝。组织上非常关心我的学业，几经周折，我于 1966 年春转入安阳市中医院儿科名老中医王瑞五老师门下，又看到了当医生的希望。然而，命运无情，仅跟师上了几天班，王老就因“文革”受到迫害，在那名曰学徒实则无师的岁月，在那学业务被视为资产阶级的年代，我该怎么办？初中肄业的“先天不足”、求学无师的“后天失养”，与博大精深的中医药学形成了无情的反差！

立志自学　以勤补拙

人生就像一棵树，只有一次次地战胜“春天的风沙，夏天的暴雨，秋天的寒霜，冬天的冰雪”，才能长成参天之材。怨天尤人是没有用的，挫折和失败常常是实现理想的动力和源泉。在卫生院当中药工时，我因怕别人误认为我不安心当药工而丢掉饭碗，就白天学习《药性赋》，晚上偷着背《医学三字经》。天下无不透风之墙，我的心思还是被一位细心的佀怀章老中医看破了，“启仲啊，你是否想当医生？真想当医生，我给你一本书，不管懂不懂，你趁年轻先把它背会，将来你就明白了”。书本很小，但确是一部大书——宋本《伤寒论》。后来我才知道，佀老先生出身中医世家，且以《伤寒论》传家。两年过后，398 条我已能一气背诵下来，在以后的几十年中，这是我唯一感到欣慰的事。1964 年拜师后，王志成老师虽三代业医，却是一部《医宗金鉴》起家，他对我强调要背《医宗金鉴·幼科心法要诀》，以后的临床证明，《医宗金鉴》确是一部好书。我最感渺茫的是无法跟随王瑞五老师的那三年时光，未经历过那个年代的人是很难体味的。为了实现当医生的梦想，我别无选择，只有自学，作计划、定目标，自我监督，自加压力，“昨夜西风凋碧树，独上高楼，望尽天涯路”“三更明月五更鸡”。就这样，到1969年8月，我自学完了卫生厅规定的全国中医院校统用二版教材的全部课程，经全省中医学徒统一考试考核，以优异的成绩被破格定为大学本科学历出师毕业，回到家乡清丰县人民医院从事中医儿科临床工作，实现了当一名医生的梦想。

学用结合 锲而不舍

步入临证，信心百倍的我决心当一名好医生，当时真可谓“读方三年便谓天下无病可治”。农村缺医少药，特别是儿科医生更是少得可怜，我的中医儿科门牌一挂，每天门诊少则二三十、多则三四十人次，且与日俱增，多时可达七八十人次。面对诸多患儿，我常感束手无策，不知开什么方好，初次领悟了“治病三年乃知天下无方可用”的含义。那时想去上大学已不可能，只有自学，于是我便制订了读书计划，列出了读书目录，每天晚上坚持读书三四个小时，十二点前从不睡觉，读书笔记写了一本又一本。同时，我还坚持每天写临证笔记，成功的、失败的都一一如实记录。20世纪70年代初，一些中医药杂志相继复刊，为了提高自己的学习兴趣，我试着写了一些个案报道、失误一则、点滴体会之类的小文章。可文章投出去都石沉大海，当时我唯感困惑的是缺乏系统的理论知识，病治好了不能明其道理，我只想再去北京、南京、上海中医学院读五年大学。后来我的一篇“附子理中汤治愈口疮一例报告”在《河南中医学院学报》上发表，我欣喜得夜不能寐，感觉自己终入中医之门，几年的疲劳一扫而光，读书和写文章的信心倍增。从此，我每年拿出一个月的工资订阅五六种杂志，再拿出一个月的工资买书。夜读成了一种享受，撰写论文更是一种乐趣，常常通宵达旦也不觉辛劳，“衣带渐宽终不悔，为伊消得人憔悴”。临证、读书、撰文，三者充满了我每天的思绪和生活。我带着临证的问题读书，用读书心得指导临证，偶有收获便撰写成文，而后著书立说，相辅相成，相互促进，似乎缺一不可。这就是我几十年收获的一点经验。

搏流不激　必浚其源

唐·魏征云："欲流之远者，必浚其泉源，源不深而求流之远，不可得也。"由于前述原因，我之学医可谓"本末倒置，搏流无源"，所以从1969～1984年的15年，我临证、撰文总觉如无源之水、无本之木。直至1984年我有幸到中国中医研究院中医研究生班学习，通读了四大经典原著，特别是对《黄帝内经》的通读，才使我找到了中医之源，揭去了眼前的一层面纱。有一件事使我终生难忘，20世纪60～70年代，百日咳仍然是农村常见的传染病之一，我的女儿1976年患百日咳，辨证治疗两个多月也不见好转，总是颜面浮肿，两目充血。每次她痉咳发作，我的母亲就抱着孙女心疼地说我："你是什么好医生，连自己孩子的咳嗽都治不好！"我暗下决心非攻克百日咳不可，于是翻阅古今资料，设计了几个处方拿到临床观察，一干就是几年，但终感不得其要，疗效平平。直至在北京通读《内经》，方药中老师讲《素问·咳论》"五脏六腑皆令人咳，非独肺也"，才恍然大悟。当夜提笔撰文"论顿咳从肝论治"，次日送王琦老师指教，王琦老师大悦，"据我所看到的资料，这一观点尚未有人提出，赶快发表！"该文在《山东中医学院学报》1986年第一期重要位置发表，后被收入英国科技信息库，12年后，也就是1998年在英国获"世界知名医家金奖"。文中提出"其咳在肺，其制在肝；木火刑金，风痰相搏；治从肝论，镇肝止咳"，拟"镇肝止咳"治法和"镇肝止咳汤"，药用柴胡、黄芩、半夏、代赭石、青黛、僵蚕、胆星、月石、甘草。1986～1988年，我用上方对210例痉咳期百日咳患儿进行了观察治疗，疗程7天，取得了治愈率为85.42%、总有效率达97.68%的满意疗效，明显优于加味麻杏石甘汤的对照组，该成果获河南省科技进步奖，这一见解也被多部权威著作引用。正是通过在北京这一年对四大经典的通读，才有了与王琦教授合写《伤寒论讲解》、点校《诚书》和参加编写《中国大百科全书·中国传统医学》等著作，才有了"小儿秋季腹泻因燥起"等诸多论文的发表，才有了之后20年临床疗效的不断提高，才有了能为中医学术的发展做一点贡献。试想，如果20岁前就把四大经典都背熟该会是什么样子呢？

中医之源，源在何处？源在经典，源在《内经》。有了坚实的经典理论的基础，再读中医百家之书，能一目了然、事半功倍，这就是我学医之路坎坷艰难、追流溯源、事倍功半的教训。愿投身中医药事业的有志之士，无论是大学教育、师承教育、继续教育、自学教育还是研究生教育，一定要尽早把经典著作的学习放在首位。只有从学习《黄帝内经》入手，才能真正步入中医之门；只有学懂弄通经典，才能窥见伟大宝库中件件瑰宝的灿烂光芒；只有把经典烂熟在胸，才能站立在高山之巅一览中医群山之美；只有经典功底深厚，才能泉源喷涌、奔流千里……必深其源而后方可流之远矣！

（郑宏、郑攀协助整理）

高荣林

高荣林（1944— ），天津市武清区人，1969年毕业于北京中医学院，1979年考取中医研究院研究生班，获医学硕士学位。为中国中医科学院广安门医院名老中医研究室主任医师、博士生导师，国家食品药品监督管理部门新药评审专家，中央保健会诊专家，中华中医药学会内科疑难病专业委员会副主任委员，北京中医药大学兼职教授。享受国务院政府特殊津贴。师承路志正，熟谙医学经典，崇尚仲景学说，重视人整体的协调统一，辨证注重脏腑关系，临床讲求权变调理，擅治内科心肺疾病、睡眠障碍等疑难病证。主要著作有《中医内科临床手册》《董德懋内科经验集》《中医睡眠医学》《中国中医研究院广安门医院专家医案精选》。获国家中医药管理局、中华中医药学会、北京市、中国中医科学院科技进步奖多项。

读研究生　入名医之室

1979年10月，我考取了中医研究院研究生班。研究生班班主任为岳美中教授，副主任为方药中教授。方老为我们逐篇讲解《黄帝内经》，并有临床专题讲座。唐代王冰《黄帝内经素问序》称《内经》“其文简，其意博，其理奥，其趣深，天地之象分，阴阳之候列，变化之由表，死生之兆彰，不谋而遐迩自同，勿约而幽明斯契，稽其言有征，验之事不忒，诚可谓至道之宗，奉生之始矣”。此即“医学以经为师，明经而神其用者”之谓。汉代王充《论衡·实知篇》尝云：“人有知学，则有力矣。”故而我结合各家注释，通读原文，精研《内经》，进行专题探索，并与同学们讨论，确下了一番功夫。专题如摄生、阴阳、五行、藏象、经络、治未病、神明等。从《五十二病方》阴阳、手臂十一脉灸经到

《灵枢·经脉》篇，展示了古人对经脉的认识和发展；《黄帝内经》有关睡眠的精辟论述，触发了我的关注。我们同样学习了《伤寒论》《金匮要略》和《温病条辨》。此即宋代欧阳修“强学博览，足以通古今”之谓。研究生班还请全国名老中医来院，进行临床专题讲座。因有了一定的临床积累，再系统反刍理论，聆听名家高论，如醍醐灌顶，茅塞顿开，思想升华，似进入一个新的境界。此时，我方悟汉代杨雄《法言·学行》“务学不如务求师”之论。

1980年开始，我有幸随导师路志正主任医师临床学习，成为路老的入室弟子。路老是国医大师，德高望重，知识渊博，精通经典，崇尚脾胃学说和温病学说，临床博采众长，治病重视调理脾胃，辨证注重湿邪为患，用药轻灵活泼，提倡中医综合治疗。唐代孙思邈尝云：“知针知药，固是良医。”路老乃良医也。老师擅长内科、针灸，对妇科、儿科、外科亦很有造诣。常针药并施，内外同治，圆机活法，因证而施，并特别重视食疗，对眩晕、风湿病、胸痹、萎缩性胃炎、白塞病、干燥综合征、胆石症、失眠、嗜睡、消渴，以及不孕症等，均有独到的见解，疗效显著，屡起沉疴。

民国医学大家恽铁樵尝云：“医学深处，实与儒家道家之言多相通者，故欲中医之真正改革者，治医者必须选读几种古书。”《古文观止》选取了先秦至明末文章222篇，是清朝康熙年间供学塾之用的，入选之文作者，多为有影响的大家，故老师指导我认真阅读以加强文学素养。内科列《金匮翼》《证治汇补》《杂病源流犀烛》《医宗金鉴·杂病心法要诀》，供我选读，以开阔视野，夯实内科基础。医案则指定读《寓意草》《临证指南医案》《柳选四家医案》《清代名医医案精华》等，以提高临床辨析能力。要求我多做临床，勤学、勤思、勤问、勤记、勤用，切忌骄傲浮躁，浅尝辄止，并书“学如逆水行舟不进则退”以勉励。此即清代赵晴初“医非博不能通，非通不能精，非精不能专。必精而专，始能由博返约”之谓。撰写论文，老师多是给以思路，交代方法，或指出不足，退回修改，绝不越俎代庖，代为修饰，以培养我的写作能力。老师可谓具“教人治人”“皆以正直为先”之师德。记得《路志正对狐惑病的认识与治疗》一文，我前后修改了7次，才得老师首肯，从此我也学会了写文章。毕业后老师一如既往，耳提面命，多所指教。后来我们之间则多是思想上的交流、学术上的讨论、临床上的切磋和事业上的合作，我深深体验到了“师者，所以传道授业解惑也”之理。我们出版了《中医内科急症》《路志正医林集腋》《中医湿病证治学》等著作；“路志正调理脾胃法治疗胸痹经验的继承整理研究”课题获国家中医药管理局中医药基础研究二等奖；共同完成了国家“十五”科技攻关计划“路志正学术思想和临证经验研究”。28年来，我一直在老师的指导下，继承老师的学术思想和临床经验，不断提高自己的学术水平，丰富自己的临床经验。

做内研室 沐大家之风

1981年春，赵金铎主任医师鉴于中医医院或不能突出中医特色和优势，完全按照西医的模式办院，遂牵头与路志正、谢海洲等一起，创建了广安门医院内科研究室。内研室突出中医特色，搞得轰轰烈烈，全国各地来参观学习者络绎不绝，成为当时中医界的一面旗帜。我在内研室工作，受益颇多。

赵老抓中医学术经验的继承整理与发扬，主编《医论医话荟要》，总结广安门医院名老中医的学术经验；主编《中医症状鉴别诊断学》《中医证候鉴别诊断学》。

内研室病房突出中医特色，发挥中医优势，首先建立中医病历书写格式，建立查房、会诊、病例讨论等制度。赵老根据卫生部有关文件精神和中医院的实际情况，制定了诊治疾病的“三步曲”，叫“能中不西，先中后西，中西结合”。坚持先用中医治疗疾病，采用中医综合疗法，务求控制病势，解决疾病。逼着年轻医生钻研中医，尽量运用中医的手段和方法，发挥中医的优势。中医不应，才用西药，中西结合。危急重症，该用西医药抢救者，则用西医药，在挫病势和控病情后，再用中医药。内研室病房以收治风湿免疫病患者为主，为了提高诊治危重疑难病的能力，还特意收治了部分疑难病、危重症患者，如克隆氏病、干燥综合征、白塞病、系统性红斑狼疮、急性脑血管病、脊髓空洞症、重症肌无力、再生障碍性贫血、脱髓鞘病等。赵老、路老、谢老亲自查房、会诊，参加疑难病例讨论。病例讨论时，大家要充分准备，各抒己见，以提高科室人员的学术和业务水平。疑难病例讨论长年坚持，搞得有声有色，有滋有味，有特点，内容有理论，有临床，有成功的经验介绍，有失败教训的告诫。为了开阔眼界，博采众长，打破门户之见，还特约院内外知名中医专家会诊，曾请到的专家有董建华、董德懋、巫君玉、赵绍琴、方和谦、步玉如、刘志明、焦树德等。名医们的师承渊源不同，临床经验各异，每随病情变化，辨证有所侧重，组方用药各有独到。如一例干燥综合征高热重症患者，不同阶段会诊，焦树德从肾虚精亏，筋骨失养，渐成尪痹论治，补肾填精任用血肉有情之品，通经活络不避附桂麻黄辛热燥烈之药；巫君玉从肾阴亏虚立论，重用滋阴生地黄鳖甲各50g，兼以虫蛇祛风搜络，投地龙乌梢蛇各20g，都有效验，开后学思路。赵老亲临病房，其以保元汤合薏苡附子败酱散化裁救治中风脱症，以桑钩温胆汤合珠黄猴枣散治疗中风闭症，以犀角地黄汤治疗大衄出血，以生脉散、人参蛤蚧散合茯苓杏仁甘草汤挽治肺心病心衰，以桃红导痰汤治疗脱髓鞘病痿躄不遂，以薏苡附子败酱散化裁治疗克罗恩病，以变通大秦艽汤治疗干燥综合征等的宝贵经验，更是深深印在我的脑海中。赵老查房会诊，结合实际，讲述医理，传授经验，尤其是纠正我们诊治的疏漏和失误，更使我们刻骨铭心，终生难忘。诚如赵金铎老师之论："诊间一席话，胜读十年书。"我在中医临床上的提高和深化，应该说得益于在内研室的锻炼和熏陶。赵老为了锻炼我们，安排毕业研究生在全国西医学习中医班讲课，教学相长，受益无穷。

在内研室我更结识了董德懋老师。我爱人徐凌云主任医师1982年起随董老学习，1991年正式拜师成为董老的学术继承人。董老师从施今墨先生，1937年毕业于华北国医学院，20世纪40年代成名，有北京四小名医之誉。他学识渊博，医术精湛，治学严谨，厚积薄发，精于脾胃学说，诊察疾病提纲挈领，抓主症；治疗疾病，外感擅用清解法，内伤擅用调理脾胃法，并注重内外关系，强调"外疏通，内畅遂""里气通，表自和"，对于疑难大症则注重整体，辨证论治，配合站桩功，疗效卓著。我们师事董老，聆听教诲，问难答疑，切磋医道，临床求教，直至2002年董老仙逝从未间断。

参天地人　悟中医之道

留院工作后，我和同学朱建贵反复探讨我们应该走的道路，归纳了三条。而今回顾过去，基本实践了自我设计。

第一，坚守广安门医院中医临床基地。广安门医院建院早，声誉好，地处首都，直属中央，信息灵，机会多，名医荟萃，病员广泛。在此处学习，有老师的荫泽，有同学的提携，占尽天时地利人和。因此，无论如何也要坚守住广安门医院这一中医临床基地。

第二，中医临床不能丢。我坚持多看病，未间断过临床工作，多年来在广安门医院内科年诊治病人数名列前茅。总结了治疗感冒咳嗽的白牛宣肺汤（炙麻黄、桃杏仁、牛蒡子、僵蚕、荆芥、薄荷、前胡等），治疗哮喘的桑麻平喘汤（麻黄、桑白皮、杏仁、厚朴、葶苈子、黄芪等），治疗快速心律失常的甘苦宁心汤（甘松、苦参、党参、桂枝、龙齿、甘草等）、治疗心力衰竭的桂苓强心汤（桂枝、茯苓、黄芪、红花、葶苈子、猪苓等）、治疗失眠的温胆宁心汤（竹茹、枳实、半夏、陈皮、酸枣仁、远志、菖蒲等）等验方。我认为对咳嗽的治疗，以宣肺散邪为第一要义。日久不愈，咳声重浊，咽喉作痒，为外邪未尽，仍要宣肺，投以白牛宣肺汤。阵咳呛咳，心烦急躁，甚则面赤汗出，脉左关弦滑者，责之肝侮肺逆，当兼治肝，入黛蛤散、炒栀子、丹皮、白芍。治疗咳嗽，还要重视清肺、化痰、通腑。清肺用黄芩、生石膏、桑白皮之属；化痰用陈皮、半夏，痰热用胆星、瓜蒌；肺与大肠相表里，凡便秘、大便不畅者，佐以通腑，选熟军、槟榔、火麻仁等药。我在内研室（风湿免疫科）工作 3 年、内三科（心肺科）15 年、呼吸科 3 年，在中医内科疑难病会诊中心从事疑难病门诊和会诊 6 年，2004 年到名老中医研究室。看病的范围渐广，由专科向全科转换，从诊治常见病向疑难病发展。中医治病不宜过专，长久从事专科医疗会束缚思想，容易丢掉中医思维优势，忽视整体辨证之长。

第三，重视养生，健康长寿。中医临床经验来源于实践，除了多看病以外，必假之以时日，年龄渐长，阅历日深，而思路愈广，经验愈多。中国优秀的传统文化孕育了中医，与当时先进的自然科学，尤其是社会科学精华融为一体。清代程文囿尝云：“夫医之为道大矣哉！体阴阳五行，与《周易》性理诸书通；辨五方风土，与官礼王制诸书通。察寒热虚实脉证，严于辨狱；立攻补和解方阵，重于行军，固难为浅见寡闻道也。”由此可见，易学的阴阳变化，儒家的中庸仁爱，庄老的自然无为等思想，与医理相通，具有指导意义。我 50 岁以后，开始涉猎《周易》《论语》《道德经》等，思想上很受启发。西医治病，中医治人。借助现代科技的发展，西医学取得了长足的进步，但脏器移植、冠脉搭桥、肿瘤介入等，不是疾病的终结，病人生理、病理、心理的病痛仍大量广泛存在，后继的调治不容忽视。如一胆总管癌肝移植后半年的病人，高热、黄疸、呕吐，不能进食，精神萎靡，极度衰弱，肝功能指标直线飙升，病情危重，西医束手，请我会诊。我从调理脾胃入手，兼以清利肝胆，用六君子汤加减治疗取效，得到西医专家的认可。《内经》云："夫道者，上知天文，下知地理，中知人事。"我治病重视人整体的协调统一，辨证注重脏腑关系，临床讲求调理。一个"调"字，或道出了中医的真谛。调理、调整、调治、调和、调顺，是中医的特点和优势。调的是人和自然的关系，人和社会的关系，人和人的关系，人和疾病的关系，人体内脏腑的关系，正邪盛衰，阴阳表里，寒热虚实，乃至人情冷暖、工作环境、生活习惯、秉性情绪等，无不尽在其中。《内经》尝云："知其要者，一言而终；不知其要，流散无穷。"此之谓也。中医学博大精深，终生不能穷尽，或许注意养生能够长寿，理解得越多，用得越精，体会愈深。

倡睡眠说　游梦里乾坤

我们根据《内经》的有关论述，总结了中医睡眠学说。中医睡眠学说包括阴阳睡眠学说、营卫睡眠学说和神主睡眠学说。

阴阳睡眠学说认为，人体阴阳消长出入的变化决定了睡眠和觉醒的生理活动。自然界有昼夜晨昏的变化，人体的阳气随之也有日节律运动，人体阳气入里出表的运动，主导了睡眠和觉醒的机制。阳入于阴则寐，阳出于阴则寤。阴主静，阳主动；阳气衰，阴气盛，则发生睡眠；阳气盛，阴气衰，则产生觉醒。阴阳睡眠学说解释了睡眠的生理与病理，指导着中医对睡眠障碍的诊断、治疗和调养康复。

营卫睡眠学说认为，人体的睡眠和觉醒是营卫的运行所决定的。人体营卫之气的运行有昼夜变化的规律，夜间卫气与营气相会，运行于阴经和五脏，人睡眠；白天营气行脉中，卫气布体表，人觉醒。卫气通过阴阳跷脉，来司目的闭睁。睡眠和觉醒时，人体营卫之气的不同运动状态，反映了睡眠的运动本质。不论哪一个环节营卫运行失常，都可能发生睡眠障碍，揭示了失眠的多因性。

神主睡眠学说认为，睡眠和觉醒由神的活动来主宰，神安则人能进入睡眠，神不安则人不能入睡。神的活动具有一定的规律性，随自然界阴阳消长而变化。白天属阳，阳主动，故神营运于外，人寤而活动；夜晚属阴，阴主静，故神归其舍，内藏五脏，人寐而休息。神统摄于心，关乎五脏，也就是说睡眠和人体全身的功能活动状态有关。神主睡眠的整体睡眠观给我们开辟了广泛的研究领域。

中医睡眠的三个学说相互关联，共同组成了中医睡眠理论。阴阳睡眠学说是中医睡眠理论的总纲领，揭示了睡眠与觉醒的基本原理；营卫睡眠学说是阴阳睡眠学说的具体化，揭示了睡眠的运动本质；神主睡眠学说突出了中医的整体睡眠观，揭示了睡眠是人整体的生命活动形式。

我认为，失眠与五脏六腑的功能失调有关，其中与心肝胆胃关系最为密切，治疗要调和脏腑阴阳，注重心肝胆胃。从心论治，要清心、养心、宁心。清心常用泻火导热，清心安神；滋阴降火，清心安神；化痰泻浊，清心安神等法。养心常用补益心气，养心安神；滋养心血，养心安神；温补心阳，养心安神；滋补心阴，养心安神等法。宁心常用龙骨、牡蛎等重镇安神药或炒枣仁、柏子仁、夜交藤、远志等滋养安神药，或定志丸等补心定志，宁心安神。从肝论治，则清肝、柔肝、疏肝。清肝泻火，邪热去则魂归；养肝和血，肝血足则魂藏；疏肝理气，肝气和则魂安。从胆论治，则温胆、清胆、利胆。胆属甲木，为清净之府，喜温和而主生发，失其常则木郁不达，胃气不和，进而化热生痰。肝胆气机郁结，脾胃升降失序，木郁化火，土壅湿聚，是为酿痰化热之源，痰与火热合邪，扰动心神，遂致失眠。凡属痰热扰心、心虚胆怯、胆气郁阻、胃气失和之失眠，我喜用温胆汤化裁治疗，每每收到较好效果。温胆汤出于《备急千金要方》，《三因方》中有变通，《证治准绳》有十味温胆汤，《六因条辨》有黄连温胆汤。我认为，温胆汤有清肃胆气、顺降胃气、理气化痰、升清降浊之功能。方中并无峻补猛攻之品，而是以平和中正之剂调理人身阴阳、气血、脏腑之功能，恢复胆腑中正温和之气，具有化痰而不过燥、清热而不过寒之特点，临证可根据不同的临床表现，变通使用温胆汤类方。心虚胆怯失眠，益气温胆，惊恐平则神安；痰热扰心失眠，清热化痰和中，痰热宁则安神。胆气郁阻失眠，利胆疏肝化痰，胆气疏而安神。胃气失和失眠，即《内经》“胃不和则卧不安”，治疗则视其病机，或益气养胃，或和胃降逆，或消食通腑，或理气化痰。若在肾则滋阴潜阳，交通心肾，泻南补北，火归原则神静。在脾则健脾益气，养血安神。安眠对药，常用黄连、肉桂，半夏、夏枯草，菖蒲、远志，黄连、阿胶，半夏、秫米。

我获得首届“睡眠医学与人类健康生态国际论坛”中国睡眠医学工作者杰出贡献奖；我们的著作《睡眠障碍的中医治疗》，获中华中医药学会科学技术著作奖优秀奖，《中医睡眠医学》获中华中医药学会科学技术著作奖三等奖。

《论语·为政》尝云："吾十有五而志于学，三十而立，四十而不惑，五十而知天命，六十而耳顺，七十而从心所欲，不逾矩。"面对病人，我时常汗颜，常常感叹"六十岁才学会看病"。

王庆其

王庆其（1944—　），出生于上海嘉定六世岐黄之家，幼承庭训，耳濡目染，矢志为医。1978 年考入中国中医科学院研究生院，成为中医首届研究生，师从著名中医学家方药中教授，1981 年毕业，获医学硕士学位。同年入上海中医药大学工作至今。从事中医内科临床工作五十余年、中医经典的教学和研究四十余年，近年主要从事中医药治疗脾胃病及心身疾病的研究，积累了较丰富的临床经验。先后担任内经教研室主任、研究生部主任。1990～1993 年师从国医大师裘沛然教授，成为其学术继承人。为上海中医药大学教授、主任医师、博士生导师、博士后导师，校专家委员会委员。上海市名中医，享受国务院政府特殊津贴。兼任中华中医药学会内经专业委员会顾问、上海市中医药学会内科专业委员会顾问。为复旦大学哲学学院特聘教授、第二军医大学中医系兼职教授、台湾长庚大学客座教授、新加坡中医学院客座教授。曾应邀赴日本、美国、新加坡等国家，中国台湾、中国香港等地区进行讲学及学术交流。

主编或副主编学术著作 30 余部，发表学术论文 160 余篇。获国家中医药管理局科技成果二等奖，国家新闻出版总署“全国优秀科技图书奖”及科技进步奖（科技著作）一等奖，中华中医药学会科学技术奖（学术著作）二等奖，中华中医药学会“名师高徒奖”，上海市教委优秀本科教材一等奖，全国中医药优秀教材奖等。先后被评为上海中医药大学名师、上海市先进教育工作者、上海市学位与研究生教育工作先进个人、上海市模范教师、全国师德师风先进个人、上海市劳动模范等。

中国医药学历经数千年的发展历程，曾经辉煌，也叠经风雨。尤其是近百年间，屡遭劫难。作为中医人，个人的进退与整个中医药事业的命运同步沉浮，寝馈岐黄近50年的风雨历程，也使我领悟到“壶天日月宽”的趣味。

钟情岐黄

热爱是成就事业的先导，对岐黄事业的钟情，是成就事业的根本。我出生于上海嘉定六世中医之家，这就注定了我一生与岐黄之道有着不解的情缘。

王氏世医在嘉定当地闻名遐迩，几乎妇稚皆知。第一代业医者王万盛，寓居嘉定古城，至第四代尊祖父王安福进入鼎盛时期。他擅长中医内科、外科、儿科。其道深、其艺高、其德厚，医名远播，为一代名医。他诊务繁忙，仁心济世，扶贫济困，乐善好施。凡贫家求医，非但不收诊金，还赐以药费及钱粮，仁心仁术，口碑极好。王安福还是一位名望极高的乡绅，位为嘉定县乡董。他医术高明，活人济世无算，曾治愈县太爷千金之急性喉病（现属急性喉炎），挽狂澜于既倒，震惊县内朝野，事后县令为谢救治之恩，赠匾一幅，并亲自题“扁鹊复生”，风光一时，传为佳话。他治学极严，手不释卷，诊务繁忙，日不暇给，求治者络绎不绝，摩肩接踵，近者各乡，远则江苏昆山太仓。但其治家俭朴，粗衣淡食，节廉成风。其家教尤严，创业守业两艰，门风清廉，忠孝治家，敬老爱小，和睦相处。王安福生三子，幼受家训，皆承岐黄之业，长子王松亭（系我祖父）擅外科，次子王雨亭专内科，三子王云亭业儿科。女婿汪学厚，随岳丈王安福学习中医，得其传，其子汪志仁，薪传父业，医名不浅。汪志仁曾收高徒吕炳奎。吕炳奎系嘉定望新人，出师后在当地行医。后因匪事不宁，发起组织七村联防，逐渐发展为外岗游击队，自任队长。中华人民共和国成立前投奔新四军，战功不凡。中华人民共和国成立后，先后任江苏省卫生厅副厅长、卫生部中医司司长，是我国中医药事业的奠基人，对中医药事业做出了重要贡献。吕氏亦算王氏世医中旁系人才。家父王季春为第六代医，青年时期随叔父王雨亭学医，王雨亭学问极好，为一代名医，精通经言、古文、法律、诗词。嗜好题诗作对，广交知识界名人，其诊务繁忙，见侄子聪明好学，有心培养，遂教其学文化、诵医书，口授心传，关怀备至，鸡声灯影，青灯黄卷。功夫不负有心人，三四年后学业猛进，竟逐步能独立行医。据家父自述，其出道时适逢战火频仍，瘟疫流行，问病者应接不暇，昼夜出没于病家。其行方智圆，胆大心细，边学边诊，凡临病家不计诊金，以医家割股之心抚病问痛，经其精心诊治，每有起死回生之人，一时医名渐震，求医者络绎不绝，时为嘉定名医之一。家父仁心济世，每遇贫困病家，概不收诊金，并赐药费，病家有口碑传颂远近。中华人民共和国成立后先入联合诊所，继入国家医院工作。医以内、外、咽喉科为长，创制了许多内服外用之良方。由原嘉定县政府主编的《医药卫生志》亦载我王家医事云云。

我自幼受家庭熏陶，耳濡目染，对岐黄之道情有独钟。从黄口稚年到课读余暇，在随父亲修合丸散、煎熬膏方、薄摊膏药中掌握了不少医药知识。平时常随父亲出诊问病，目睹家父常年在风雨中扶危济困，救膏肓于万一，拯黎元于仁寿，深得病家拥戴的情景。渐渐地在我心中有这样的结论："当一名治病救人的医生真好，受到群众的尊重。"及弱冠之年，卫生部发布文件，为了解决中医后继乏人问题，对名老中医子女，可以经过考试作为中医药事业的接班人来培养。父亲是当地名医，我获得报名考试资格，在当年的考试中，成绩获得第一名，顺利进入当地卫生局中医班学习中医。任课老师均是嘉定名医，临床经验丰富，但教学水平尚嫌不足，上课常常讲一些临证中所遇到的种种案例，听来饶有兴趣。

1966年"文革"来临，人们忙于"闹革命"，学习秩序被打乱，我对"造反"没有兴趣，经过县卫生局的安排，我进入嘉定人民医院实习。该医院是上海第二医学院的实习基地，拥有600余张床位，具有较强的医疗技术力量。中医内科我跟随叶治范先生（毕业于南京中医进修学校，即南京中医药大学前身），中医儿科我跟随韩养儒先生学习。二老均是嘉定名医，临床经验丰富，但在那个特殊年代，他们自身难保，小心翼翼做人，任劳任怨看病。叶先生擅长用经方，药味少，剂量稍重，而疗效很好。韩先生则相反，擅长儿科，药味多而剂量极轻，求诊病人门庭若市。记得1967年上海地区乙型脑炎流行，嘉定也是高发区，有20余位乙型脑炎患者住人民医院传染病房，西医对病毒性疾病缺少良策，只是对症处理，全部病人均请韩养儒先生会诊。我伴随左右，目睹先生用温病卫气营血辨证方法，或透表清热，或凉血清营，或平肝息风，或清心开窍，药随证变，自出机杼，灵活运用，切中肯綮。20余位乙型脑炎患者经中医药治疗后，除一位患者留有聋哑后遗症外，其余全部治愈，没有一例死亡。目睹此境，更坚定了我学习中医的信心。

在嘉定人民医院实习期间，我抓紧一切机会学习临床技能，拼命地汲取营养，除轮转了中医各科外，几乎所有西医的科室如内科、外科、儿科、妇产科、五官科、急诊室、心电图室、化验室等全部轮转了一圈，不管是跟随查房、抢救，还是护理、门诊，什么都抢着干。因为我比较勤快，科室里的医生、护士都十分欢迎，每到一科轮转，都希望我多留一段时间。我家离医院很近，但我一周回去一次，整天在医院里，凡听说哪科收了一个少见的病人，就非要去看看。有什么不懂就请教主管医生，回到宿舍就翻书，做好读书笔记，直到弄懂为止。两年多真学到了不少中西医学知识和技能。在“文革”时期，知识分子的心情都不太好，但我遨游在医学知识的海洋中，获得了无穷的快乐和兴趣。鲁迅先生的名句“躲进小楼成一统，管它冬夏与春秋”，成为我的座右铭。我决心好好学习医疗技术，“清清白白做人，认认真真看病”，将来做一个良医，为人治病。

现在回顾这段经历，我没有因为“文革”而浪费时间，而更重要的是磨炼了坚忍不拔的意志，“大丈夫穷且益坚，不坠青云之志”。这一时期对我临床水平的锻炼和提高，打下了比较扎实的基础。

读书苦乐

中医学博大精深，内容宏富，要学习的东西很多，除了勤奋读书之外，别无他途。对于读书之苦乐，我最心折于后来的导师，国医大师裘沛然先生的教诲：“人说读书乐，我说有苦亦有乐，乐是从苦中得来的，小苦得小乐，大苦得大乐。未得其乐者，由于不肯吃苦；深得其乐者，乐而不知其苦。”先生关于读书之苦乐的阐释可谓入木三分，淋漓尽致，若非亲身历验是不可能有如此深刻见解的。

我在年轻求学期间正值“文革”，“读书无用论”思潮泛滥，中医药事业受到了前所未有的冲击，学中医的前途未卜，同学中有中途退学者。我清醒地认识到，为医者不读书，不打好基础，必成庸医，最终误人性命。我沉浸于探求知识的天地之中，刻苦砥砺，把掌握医学知识和医疗技术，帮助人民大众治好病，作为人生的最大乐趣。对《内经》《伤寒论》《金匮要略》《温病条辨》等医学典籍，着实下了不少功夫，西医方面的基础与临床科目，力求上堂入室，余暇还涉猎书法、绘画、金石，兴趣广泛。

1968 年我被分配到基层医院中医科工作，在那个年代我服从单位工作需要，什么都干，如门诊、病房、急诊、出诊、巡回医疗等。每项工作都乐意干、勇于干，无论中医或西医，内科或其他科，不懂就学、就问，坚持在学中干，干中学，笃信“经历就是知识，经历增长才干”，俨然是一个“全科医生”。现在回想起来，十年的“全科医生”生涯，使我学到了不少知识和技能，从而为以后的成长打下了很好的基础。因为知识越多，就越能触类旁通，更何况中医和西医、内科和其他科，医疗的对象都是人，如果不同属科的疾病生在同一个人身上，那么在治疗过程中必须通盘考虑，综合治疗，才不致顾此失彼。即使在繁忙的临床工作期间，我常常带着临床工作的问题不断向有经验的医生请教，向书本学习，从不间断。当时第二医科大学附属仁济医院的医务人员每年来到基层医院“蹲点”医疗，其中不少人后来成为国内一流的西医专家，在跟随他们一起临床过程中，我不放过这一千载难逢的机会，认真请教，努力学习，学到了许多宝贵的经验。及至40 年后遇到现在已经成为国内一流专家的一位教授，对我说：“当时我就感觉你是一个好学的小伙子，看来你今天能够成才也非偶然。”

由于 10 年在医院工作期间尚能坚持读书，以至于后来粉碎“四人帮”，国家恢复研究生招生制度，我能考取中国中医研究院（现为中国中医科学院），成为中医历史上首届研究生，与当时的苦读打下了较为扎实的中医基础有关。

在京求学期间，适逢我们国家百废待兴，迎来了科学的春天，知识和知识分子受到了前所未有的重视。我为生逢盛世而兴奋，受到极大的鼓舞和激励，诚如鲁迅先生形容的那样，“像一头牛闯进了菜园”，努力汲取知识。研究生班请来了全国各地名医、名师任教，大大拓展了我的视野，使我在中医学术方面有了质的进步。尤其重要的是，不仅学到了许多知识和经验，更重要的是掌握了做学问的方法。我意识到，苦读必须与勤思结合起来，“学而不思则罔，思而不学则殆”。我总结读书的体会是四个字：读、化、用、悟。即读书之后，通过思考进一步消化，进而在自己的临床实践中加以运用，通过躬身实践，体味其中的曲折隐奥，然后有所感悟，才能把书本知识变成自己的学识。

国医大师邓铁涛先生说，“中医 60 岁刚刚入门”，对此我体会尤深。在恩师裘沛然先生的影响下，深感中医学与传统文化血脉相连，不可分割。先生认为：

“医学是小道，文化是大道，大道通小道易通。”没有扎实的传统文化基础，就不能真正领会中医学理论的真谛，也无法形成中医学的思维方式。哲学家尼采说：“教育分为两种：一种是生存教育，其目的是追求知识，获得尘世幸福，赢得生存竞争；另一种是文化教育，其目的不是个体生存需要和尘世幸福，而是直面永恒的生命意义。”

中医学是中国传统文化中的一枝奇葩，是传统文化与医学相结合的结晶，文化是沃土，医学是大厦。我们要学习、研究、弘扬中医学术，必须结合对文化母体的审视和剖析，才能真正领会中医学的真谛。

于是近十余年来，我开始自学与中医学关系最密切的儒家和道家学术，“沉潜往复，从容含玩”，获益匪浅。中国传统文化的范围甚广，从文化解读经典的切入点何在？哲学家张岱年先生说：中国文化对人类的独特贡献有二，一是重视自然与人统一的“天人合一”观，二是以“和”为贵的人际和谐论。这两个论点对中医药学术的形成和发展具有深远意义，应该成为我们研究传统文化的切入点。

“天人合一”是中国人最基本的思维方式，也是中国古代哲学研究的核心思想。《中华思想大辞典》说：“主张天人合一，强调天与人的和谐一致是中国古代哲学的主要基调。”我认为中医学是秉承了中国传统文化“天人合一”的基因，专门探讨人类生命活动规律的科学。《内经》没有明确记载“天人合一”的字样。但《灵枢·岁露论》提出：“人与天地相参也，与日月相应也。”《灵枢·刺节真邪》云：“与天地相应，与四时相副，人参天地。”它贯穿于整个学术体系之中，并以当代医学成就极大地丰富和发展了“天人合一”的唯物主义哲学思想。

“和为贵”是儒家的世界观和方法论，作为最高道德标准以及处事的基本原则和方法。其内涵有二：①“和实生物”。《周易》云：“天地氤氲，万物化醇，男女构精，万物化生”，认为“和”是宇宙的根本状态，是阴阳运化的最终归宿。②“和而不同”。“和”体现的是由不同因素构成的事物多样性的统一。这种多样性的统一，可以丰富、发展并生成新的东西。“和而不同”是人类的理性大智慧。

中国的哲学智慧，集中体现在一个“和”字上。它不仅是中华民族的基本精神和基本特质，也是中国哲学和中华文化的最高价值标准。中华民族“和”

的理念或和谐哲学的实践意义，在于能够化解和匡正人类面对的生存和发展这一基本矛盾所引发的各种危机，使其沿着体现“和而不同”的理性智慧的大道前进。

通过学习中国传统文化，使我对为人之道、治学之道、为医之道等有了更加深刻的体悟。文化的功能是什么？就是满足人类的精神需求——增长智慧、涵养德行、陶冶情操、砥砺品格，提供正确导向。文化的价值和意义在于对人类社会的思想启迪、精神引导和道德提升。我感觉文化如春雨，润物细无声，滋润心田，启迪智慧，怡养心身。古今以来，读书有为谋生而读书和为谋心而读书两种目的，如果说做医生是为了谋生，那么学习传统文化就是为了谋心。其实，医生是治病救人的高尚职业，治好了别人的病愉悦了自己的身心，既是谋生的，又是谋心的。

耕读经典

1981年，我从中国中医研究院研究生毕业后，如愿到上海中医药大学执教《黄帝内经》。为什么选择教《黄帝内经》？这与我在北京求学期间导师方药中先生对我的影响有关。在我的印象中方老师是一位了不起的中医学大家，他能讲、能写、能看病，熟谙经典，并能灵活应用于临床，给我留下了难以磨灭的印象。当年坐在中医研究院西苑医院的课堂里我就暗暗下决心，将来要做一个像方老师那样能讲、能写、能看病的中医。于是我选择了回上海边教《黄帝内经》、边做临床。试图探索一条将经典与临床相结合的治医道路。

当初有同学颇为不解，教《黄帝内经》是十分枯燥乏味的，值吗？我从方老师身上汲取了精神力量，几十年来热情至今不衰。30余年的教经典、做临床的体会是，经典需要临床，临床需要经典。经典通过临床彰显其生命的活力，临床需要经典以激发智慧和灵感，借以解决疑难杂病。

《黄帝内经》是先人们临床医疗经验的结晶，离开临床实践就无法解析《黄帝内经》的隐奥，立足临床实践是研读《内经》的最高境界。张子和说，《内经》是一部治病的法书。1911年梁启超在《学与术》中说：“学也者，观察事物而发明其真理者也；术也者取所发明之真理，而致诸用者也。”严复在《原富》中也表达了同样的意思：“盖学与术异。学者考自然之理，立必然之例；术者据已知之理，求可成之功。学主知，术主行。”古人倡导“知行合一”，行是知之基，亦是知之成；知原于行而成于行。中医学属于应用学科，离开临床应用谈医学，难免空泛。

兹举《黄帝内经》一篇。《素问·上古天真论》云：“帝曰：有其年已老而有子者何也？岐伯曰：此其天寿过度，气脉常通，而肾气有余也。”经文原意是说，人至老年（男子64岁、女子49岁）还有生殖能力的原因有三：天寿过度、气脉（血）常通、肾气有余。我们可以从原文进一步理解为人体健康长寿的原因是：拥有先天长寿基因、气血畅通协调、肾气充足旺盛。它启迪现代养生应该注重保持气血流通和保持肾气充足，纠正过去养生一味强调补肾之片面性。

再进一步联系临床实践，老年病共同的病理特点是：老人多肾精肾气亏虚；老人多瘀。《灵枢·营卫生会》云：“老者之气血衰，其肌肉枯，气道涩。”实验表明，补肾活血方药在改善老年机体自由基代谢方面明显优于单纯补肾和单纯活血的方药，说明肾虚血瘀相关并存是衰老的主要病机，补肾活血是延缓衰老的有效措施。补肾活血法对老年性痴呆、脑动脉硬化、脑血管意外、冠心病、高脂血症、退行性骨关节病等老年性疾病都有很好的疗效。

本人通过经典教学与临床实践相结合体会较深，既然经典是先人们临床经验的结晶，那么治经典之学必须与临床相结合，否则就无法真正领会经典的奥秘所在，无法辨识其中的是非曲直，无法体现经典的生命活力。如果不着边际，虚无缥缈，高谈阔论，或者迂回于烦琐的文字考据之中，除了把经典之学引向空玄之外，则与中医学术发展无补，经典将失去其生命的活力。如果教经典的教师不接触临床，自己没有用经典指导临床的实践体验，只是随文衍义，从文字来到文字去，把经典当作医古文来教，那么学生就会失去学习经典的兴趣，不会真信经典，长此以往，教师自己也会没有自信，也就不能取得良好的教学效果。另一方面，我通过教研经典，促进了临床水平的提高。近年还主编出版了一些研究著作，如《内经临证发微》《内经临床医学》《黄帝内经心悟》《黄帝内经专题研究》《王庆其讲内经》等。其中《内经临证发微》，在国家中医药管理局第二批优秀临床人才研修项目实施中，被国医大师路志正先生推荐为必读的参考书，颇受读者欢迎。在教材建设方面，我陆续主编了教育部自学考试统编教材《内经选读》，普通高等教育“十五”“十一五”国家级规划教材、新世纪全国高等中医药院校规划教材《内经选读》，卫生部全国高等中医药院校研究生“十一五”规划教材《〈黄帝内经〉理论与实践》，其中规划教材《〈内经〉选读》获得了上海市优秀本科教材一等奖、全国优秀教材奖等奖励。

常常听到有人说，自己是搞临床的所以对中医学经典不熟悉，言语间透出以搞临床为自豪，对经典不熟悉是理所当然、名正言顺的，甚至还有一些不屑。难道搞临床就可以不必掌握经典？不掌握经典照样可以搞临床？历来中医之临床大家未有不熟谙经典，并运用自如的。中医提高临床疗效的重要途径之一，就是从中医学经典中寻找智慧和启迪。我们研究中医学经典，并不是出于“发思古之幽情”，而是出于当代人民群众医疗保健事业的迫切需要。只有立足现代临床需要去研究经典，才是中医经典研究的出路。

跟随名师

回顾自己近50年成长的历程，我是很荣幸的，有机会跟随多位名师，聆听他们的教诲，耳提面命，受益良多。可以说没有名师的指教，就不会有我的今天。

在京求学期间，我有幸投师于著名中医学家方药中先生门下。先生擅长中医内科临床，尤精熟经典，每次聆听先生授课，辄为其行云流水般地背诵经典原文，且多有独到见解，并能活用于临床而折服，并成为我日后人生道路之垂范。其间还有幸聆听了任应秋教授主讲《黄帝内经》、董建华教授主讲《温病》、刘渡舟教授主讲《伤寒》，以及姜春华、金寿山、凌耀星、邓铁涛、万友生、潘澄濂、李今庸、刘长林等著名专家的专题讲座。名师们毫无保留地将自己毕生积累的经验教诲学生，释疑解惑，振聋发聩，留下了终生难忘的印象。

回沪工作之后，我如愿以偿地执教《黄帝内经》，又荣幸地得到著名《内经》专家凌耀星教授的指点，凌老师教《黄帝内经》以其文理与医理并重，理论和临床紧密联系，条理清楚，教学效果优良而闻名学术界。她的教学风格、治学态度、学术观点、为人之道，对我治《黄帝内经》之学及为人处事，产生了深刻的影响。

在龙华医院参加临床工作过程中，我有幸得到了著名的内科专家胡建华教授的教诲，胡老师系上海中医学院的奠基人程门雪、黄文东先生的高足，擅长脾胃病及神经、精神系疾病的治疗，有着丰富的临床经验。我随师一起门诊十余年，尤其令我难以忘怀的是，胡教授为人谦逊厚道，对病家关爱有加，治学不尚浮华。我近年临床以脾胃病及神经、精神系疾病为特长，就是得益于胡建华教授的指点和帮助。“仰函丈，利物济人，和缓高名播遐迩，哭恩师，耳提面命，道德风尚铭五内”，这句话寄托了我无尽的思念。

1990 年人事部、卫生部、国家中医药管理局联合发文“继承抢救老中医药专家学术经验”，我十分荣幸地师事以博学和善治疑难杂病著称的国医大师裘沛然先生门下。裘老一生勤求博采，深谙岐黄之道，融通辨证施治，行医 70 年，救死扶伤，医德广被，又精研儒学，对诗、文、史、哲等学造诣颇深。裘老教诲：读书贵在化，学问求其博，医道务于精，培才先育德。常以孙思邈的《大医精诚》之说教育学生将其视作座右铭，“凡大医治病，必当安神定志，无欲无求，先发大慈恻隐之心，誓愿普救含灵之苦……如此可为苍生大医”。一部《裘沛然选集》把人道、文道、医道紧密结合的思想，足可启迪后学，开岐黄一代新风。

临床方面先生以擅长治疗疑难杂病著称，积有丰富的临床经验，他提出“治疗疑难病八法”，其中“大方复治，反激逆从”是其立法遣药的重要特点之一。对某些病机表现为气血同病、寒热错综、虚实夹杂、病邪深痼的病证，常采用大方复治的方法，即广集寒热温凉气血攻补之药于一方，以取药性之相逆相激、相反相成的作用，常收到出奇制胜的疗效。“大方复治”法对某些疑难危重病证的治疗，确有很好的疗效。所谓“反激逆从”，就是用性味、功效或作用趋势相反的药物作巧妙的配伍，从而激发出新的治疗效应。先生在治疗恶性肿瘤、顽固的心脏疾病、慢性肾病、咳喘病等疾病方面积有丰富经验，疗效可人。

在当代科学技术迅速发展的今天，中医的路究竟怎么走？已成为人们普遍关注的问题。裘老经常告诫我们，中医发展存在危机，我们如果不努力，就要被时代淘汰。他经过长期研究和思考，旗帜鲜明地提出了“中医特色、时代气息”八字方向。认为中医学必须在保持自身特色的前提下，努力撷取与之相关的科学新理论、新技术和新成果，为我所用，才能在挑战之中立于不败之地。

为培养优秀中医药人才，他倾注了大量心血。正如他的诗句所表达的对中医药事业后继者的殷切期盼：“焰续灵兰绛帐开，神州佳气拂兰台。老夫头白豪情在，要看东南后起才。”先生强调要做一名合格的医生，应有扎实的中医学基础，还要具备厚实的中国传统文化根底和有关的自然科学知识。中医学是自然科学与人文科学的综合学科，其内涵是科学技术与中华文化的结合体。他要求我必须读《四书集注》《古文观止》及历代中医名著，打好扎实的文化和中医基础。

2008年岁末出版的《人学散墨》，是先生多年的思考、研究成果。《人学散墨》“是专门论述如何能做一个‘合格’的人而写的”。先生发现孔孟儒学“以人为本”“以和为贵”等的人学原理是超越时代的精粹，是做人应该遵循的永恒标准，对于个人在社会上生存、进取，国家间和谐相处、人类的未来的创造都具有极大的裨益。先生说：“我从事医疗事业已七十五年，向以疗病为职。但逐渐发现，心灵疾病对人类的危害远胜于身体疾患。由此萌生撰写《人学散墨》之念，希望为提高精神文明道德素养，促进经济发展，略尽绵薄之力。”他以良医而具良相胸怀，从疗人身体疾病，到治疗心灵疾病，充分体现了他忧国忧民的博大情怀和仁爱之心。

我作为裘沛然教授的学术传承人，是无上幸运的，我力求按照先生的教诲，在为人、为医、为学之道诸方面，以老师为楷模，努力工作，勤奋读书，刻苦钻研，做一名名副其实的好医生。

先生辛劳一生，于2010年5月3日平静安详地走了。在追思先生的不眠之夜，想起1983年我协助先生在上海延安饭店参加《百科全书·中医内科学》统稿时，与老师对榻而眠，请教学问，订正辞章，“清灯榻伴犹存梦，往事风中已化烟”“黄鹤不知何处去，我来只见白云多……”

潜心临床

中医学是一门应用学科，检验其医学水平的深浅，不仅在于对学术的理解，更重要的是临床的疗效。我反对那些“口中宏论滔滔，而于治病一无良策”的学风。读书和临证是须臾不可分离的，只读书不临床，所读之书何用？只临床不读书，临床不会有提高，也不可能取得满意的疗效。每当把所读的理论知识成功地应用于临床治病，并取得满意疗效的时候，这是我内心最大的快乐和满足。

40余年来，或执教，或兼职管理，我从未脱离临床。一位哲人说：“只要井打得深，地下水是相通的”。我主张刚毕业的医科院校的学生应该先做几年全科医生，然后由博返约，再选择某一专科深入钻研；如果一开始就做专科医生，不仅知识面狭窄，而且不可能做得很好。

我在到上海中医药大学工作以前曾经参加10年临床，到上海中医药大学工作之后，边教学，边临床，从未间断每周2～4次的专科门诊。近30年来我主要从事脾胃疾病和心身疾病的治疗和研究，通过长期的潜心临床，积累了一些经验和体会。病人的需要，就是医生选择主攻的目标。我之所以选择脾胃病作为自己临床研究的重点，是因为根据调研发现，在临床上脾胃病的发生率高，几乎每个人在其一生中都不同程度患有或曾经患有胃病或肠病。根据我的经验，中医治疗脾胃病疗效确凿，独具特色。我在临床实践中发现，在就诊的患者中约有十分之六七有不同程度的心理问题，或因郁致病，或因病致郁，而其与胃肠病的关系更为密切。临床证实，具有焦虑、紧张、忧郁、恐惧、恼怒、情绪不稳定等神经质个性特征的人，是溃疡病、结肠炎等消化系统疾病的易患人群。我带领博士研究生对510例确诊为胃肠病患者的情绪变化情况进行了流行病调研，结果有200例患者存在着焦虑、抑郁、强迫、偏执、敌对、人际关系敏感等情绪症状，胃肠病变的程度与情志因素呈显著性相关。中医古代文献中有“脾主思”的记载，与临床实际颇为契合。

心理因素是引发脾胃病的重要原因之一，因此临床治疗脾胃病仅仅依靠药物治疗是不够的，应取心身同治，即心理疏导与药物治疗相结合。我认为，心理疏导应遵循三个原则：一是倾听，耐心听完病者的陈述；二是顺从，一方面肯定患者想法的某些合理成分，同时纠正其思想认识的误区和偏差；三是保证，让病人相信自己，只要病者与医生配合，病情是可以逐步治愈和恢复的。医生还应做到三点：让患者知道他的病是如何引起的；这个病只要积极治疗是可以减轻或完全康复的；要求病者配合做到的是哪几条。再加上辨证施治，因人制宜，制方用药，持之以恒。实践证明，这样的方法疗效显著，深受病者欢迎。裘老曾经说过：“心理治疗，既是一个医疗技术问题，更是一个职业道德问题。”我认为，一个临床医生不掌握一些心理治疗的知识和技术，不是一个称职的医生。

我在临床上发现，近年来胃食管反流病的发病率逐渐增多，我总结该病有八大诱发因素，即：饮食过饱，长期便秘，情绪刺激，嗜食辛辣甘酸食物，偏食煎烤炙煿加工的食物，体位因素，药物刺激，季节气候。上述因素的长期作用，既可引发胃食管反流病，又常可诱发加重病情。治疗该病，首先要避免上述致病诱发因素的刺激。中药治疗我主张以清代医家吴鞠通“治中焦如衡，非平不安”为准绳，调节脾胃升降为原则，以疏肝健脾、降逆和胃、清热调中、理气化瘀、温中散寒、补气健脾等方法，灵活施治，对大多数病者均取得很好的疗效。

过去认为萎缩性胃炎发展至肠腺化生者，其病理变化难以逆转。近年来的实践证明，上述胃黏膜的病理变化用中医药治疗可以逆转。我的经验是，以《黄帝内经》“治痿者独取阳明”的理论为指导，着重治阳明胃经。“痿”者，主要表现为肌肉萎缩，肢体功能痿废不用；而“萎”者，主要表现为胃黏膜变薄，固有腺体萎缩、减少，出现红白相间以白为主。功能表现为排空迟缓、消化不良等。辨证属脾胃气血虚惫，脾失运化。故治疗以健脾养血活血，佐以理气散结等方法，只要持之以恒，耐心调治，大多数病者不仅能改善症状，而且也可使病理变化（萎缩、肠化）改善或消失。临床坚持以中医理念指导辨证论治，适度“衷中参西”和强调心身同治为特色。在理论上西为中用，在治疗上只中不西；尤其重视把心理（情志）治疗置于首位，对于改善医患关系，提高临床疗效，发挥了很好的作用。我认定这是一条发挥中医特色和优势的正确道路。

辨证论治，是中医学最重要的特色。辨证辨什么？我认为重点有二：一是审症求因，二是辨别体质。中医所讲的病或证，实际是致病因素作用于人体体质的综合反应。在辨明病或证的基础上，治疗就是祛除病因、改善体质。中医的疗效应该是祛邪、改善体质、改善临床症状三部分的总和。

我现在治疗的病人中属于老年病者较多，根据临床观察，对老年人的体质我提出有两大特点：一是老年人多肾虚血瘀；二是老年人肝常有余，肾常不足。所以治疗老年病应该把握调肝肾和理气血。调肝肾实际就是调阴阳。元代医家朱丹溪说“阳常有余，阴常不足”，阳有余主要指肝阳上亢，阴不足主要指肾水不足，《内经》所谓“年六十……下虚上实”，“下虚”即肾虚，“上实”即肝阳上亢的症状。气血和畅是健康长寿的关键，故治疗老年病必须调气和血。

临床上对于疑难杂病，古代有“怪病莫忘治痰”之说，今人又有“久病治瘀”之论。我认为这两条经验都很好，但我的经验是“顽病不妨治风”。所谓顽病，指病机错杂，病程迁延，久治少效，证情反复的病证，治疗比较棘手。我从“风为百病之长”，“善行而数变”等理论基础上，结合临床探索，总结出阴虚生风、阳化内风、血虚生风、蕴热生风、液枯生风、肝逆动风、脾虚生风、蕴毒生风、瘀结蕴风、痰阻生风等十一种病机，说明在疑难杂病病程中，风的形成具有广泛的病理基础。在治疗过程中，在辨证的基础上，佐以各种祛风药，往往能出奇制胜。如采用补脾益肾祛风法治疗慢性肾病中顽固性蛋白尿，采用祛风清咽止咳法治疗喉源性久咳，用活血祛风通络法治疗面神经炎和中风后遗症，用化痰行瘀平肝祛风法治疗癫痫等，均取得较好的疗效。为此，我认为祛风方药是一个值得进一步研究的领域。

近年来，在中医事业发展的道路上，出现了中医“西化”和“重药轻医”的倾向，一些年轻中医不太钻研中医学术，热心于学习西医。我的观点是应该保持中医本色，在这个基础上“衷中参西”。我认为“不衷中就不是真正的中医，不参西就不能适应21世纪的医学发展”。我把“衷中”理解为忠诚于中医，这是基础，而“参西”体现了“西为中用”的思想，“西化”“废医存药”必然导致中医的衰亡。面对部分青年对学习中医缺乏信心时，我说：“热爱是成就事业的基石，在我们的社会里，只有没有出息的人，没有没有出息的行业。”“当前是我国发展中医最好的时期，关键是当国家和社会需要我们的时候，我们用什么接受社会的选拔，人民需要真正有技术的中医。”只有热爱中医，才能潜心去学习研究中医，才有可能有所作为。中医学不是哪个人说消灭就可以消灭得了的，但若中医自己不在中医学术发展、临床疗效上狠下功夫，恐怕消灭中医的不是别人而是中医自己。

2005年我有幸被上海市卫生局、人事局评为“上海市名中医”，当上海中医药报记者采访我时，我说“不做名医做明医”。“名医”，虚名难当；而做“明医”也不易。徐春甫在《古今医统大全》中说：“精于医者曰明医，善于医者曰良医，寿君保相曰国医，粗工昧理曰庸医，击鼓舞趋，祈禳疾病曰巫医。”所谓“明医”，就是明理之医。“理”就是事物的义理、法则和规律。追求科学的真理，做个明白事理的中医，是我终生的心愿。

夫人生有限，而医学无涯。正如裘师所说：“如此人天藏秘奥，世犹多病愧称医。”人的生命是有限的，我们不能增加生命的长度，但可以增加生命的宽度；人活着应该做一些有意义的事情，体现人生价值，以增加生命的宽度。

朱祥麟

朱祥麟（1944— ），别号通虚子，湖北鄂州市人，出身五代中医世家。鄂州市中医医院主任医师，市中医学会秘书长，政协鄂州市第二至第五届委员会委员，湖北省中医学会疑难病专业委员会委员，省中医学会肝病专业委员会委员，被聘为湖北中医药大学内科兼职教授，《中国临床医药研究》杂志特约编委，中国国际交流出版社特聘顾问编委等职。鄂州市委市政府授予“鄂州名医”称号证书。省卫生厅授予湖北省知名中医荣誉证书。擅长治疗时病、内伤杂病、妇科病。精研中医经典，谙悉名家学说。寝馈《内经》多年，倡言六气皆能化风，五脏病变皆能生风的学术观点；明确提出奇经八脉辨证论治，认为奇经辨证可以羽翼脏腑辨证。其对于奇经八脉的课题研究获湖北省科技成果奖，所著《奇经证治条辨》获“康莱特杯”中华全国中医药优秀著作三等奖。发表医学学术论文70余篇。主要著作有《中国宫廷秘方医疗佚事选评》（台湾出版）、《奇经证治条辨》《论内经风病学》《医学发微》《朱祥麟中医世家经验辑要》等。其兼通《周易》、音律，有《西长岭诗词选集》《通虚子诗词稿》等诗词专著。名入《中国大陆名医大典》《中华诗人大辞典》等百余部典籍传记中。

治学方法

（一）循序渐进升堂入室

余少年时，屡见家父救人于病危，求治者络绎不绝，即有继承中医事业之志趣。1962年毕业于鄂城县师范学校，同年至长岭卫生院参加工作，并随父学医。学医之始，读高祖庆甲公书云：“医之为道，非精心者，不可学；非恒心者，不可学；非虚心者，更不可学。”（朱庆甲《医学入门》）此言学医者必备的态度，每识之勿忘。及又观朱熹云：“读书之法，莫贵于循序而致精；而致精之本，则又在于居敬而持志。”（《朱文公文集》卷十四）此不但言学习态度，并讲求治学之法，须循序而渐进。适逢湖北中医学院开办在职函授，便参与学习。

初读南京中医学院主编之《中医学概论》而入门。在参加湖北中医学院开办在职中医人员函授期间，通学各门课程。学习中医基础教材同时并读李念莪之《内经知要》，大冶罗廷弼之《内经纂要集释》等。学《伤寒论》，不仅学教材，举凡成无己、陈修园、尤在泾、柯韵伯等先贤注解伤寒之书，亦同时参阅之，并书写心得。这样学有如同时有几位老师在向自己讲解《伤寒论》，对于理解原文大有裨益。又如学方剂学，同时又看《医方集解》《名医方论》《删补名医方论》《医方论》等书，对于深刻理解组方意义及加深记忆，亦大有帮助，其他诸课程，莫不采用此法。要求是扎扎实实，多看多写多记。对《内经》中阴阳、藏象、病机重要章节、警句能背熟，对《伤寒论》条文、方剂歌诀能牢记。因此，自觉学得既有兴趣，又颇深入。将闹钟置于床头，每日只唾七小时，完成工作外，挤时间学习。1965 年经县卫生局学徒考试合格出师，遂独立应诊。二三年间，借重父名，治愈了一些危重症，声名渐起。

先哲有云：入门不难，深造也是办得到的。欲升堂而后入室，必须锲而不舍，续下苦功。如初学内科学之中风病，教科书多云唐宋以前主要以外风为主，内虚邪中。自朱金以降，则以内风立论，明张景岳有“非风”说，清叶天士创肝阳化风说，王清任以气虚血瘀为治。近代医家结合现代医学，认为系气血上逆，直冲犯脑所致。余就此沿革而溯求之。从近人张锡纯之《医学衷中参西录》、张山雷之《中风斠诠》，上及《医林改错》《景岳全书》《医经溯洄集》、金元四大家医著、《千金》《病源》有关中风论说，最后遍求《内经》。始知中风一病，在《内经》中对其病因病机已有全面认识，既有正虚外邪卒中之说，又论及五脏内伤皆能导致中风。而且指出其受病之所在头在颠，有关中风学理《内经》几乎囊括了后世诸说，后代医家则从不同侧面发挥了《内经》精论，并提出具体疗法。余于医学之有关问题，多以此法而上下求索。此后十余年间，诊病之暇，研读未曾松懈，有笔记数百万言，录有大量卡片以供研索，故于临床能不拘一家之言，对症求治，疗效显著。1978 年，落实中央 56 号文件，经国家统一考试，余以优异成绩被湖北省卫生厅录取为中医师。1979 年调至鄂城县中医院工作。旋又选拔至湖北省中医师提高班就读，由钱远铭研究员讲授《金匮》，陈伯庄教授讲授《温病学》等，后分至湖北中医学院内经教研室实习半年，由李今庸教授指导，两年后毕业。1983 年被借调至湖北省中医药研究院协同该院文献室从事李时珍学术课题研究半年，完稿 6 万余言。在 40 余年的中医生涯中，手不释卷，余谓“有病看病，无病看书”，尝赋诗云“百折唯求徐进取，何妨雪撒两毛斑”（《“读书”和天长市龚土澄主任医师原韵》，原载《西长岭诗词选集》），求学之过程与刻苦可见一斑。

（二）博览求源　辨疑明理

由于中医学博大精深，要掌握好这门学科，学者必须精勤博览。《灵枢经》尝谓“上知天文，下知地理，中知人事，可以长久”。可见中医是包括自然人社会的大学科，涉及面广，故应多方涉猎，才能学好弄通。例如《素问·金匮真言论》中有五脏应四时各有收受的内容，论述了五脏同五行、五味、五色、五方等的关系，同时又讲到五脏与数的关系，如谓肝其数八，心其数七，脾其数五，肺其数九，肾其数六。初读对其义颇不能理解，乃进而求诸注，王冰虽以五行生成数为注但又引《尚书·洪范》“五行，一曰水，二曰火，三曰木，四曰金，五曰土”作解。《尚书·洪范》只是就五行方位排列而言，并无五行生成数之义，读之仍难明理。续观景岳《类经》，以河图生成数作解，进而求诸河图。《易·大传》有“河出图，洛出书，圣人则之”之文并无生成数。河图一词，实始于《尚书·顾命》，至汉扬雄《太玄经·玄数》才阐其象数，而宋代方有图出现。其图以奇偶黑白之数表述天地阴阳消长有序的变化规律，四季方位和五行属性的生克承制关系。其思想被《内经》作者所接受，从而建立起五行学说和藏象理论。人未生之前，先天生后天，藏神机于生化之内，故一、二、三、四、五分别为水、火、木、金、土之生数；人既生之后，赖后天水谷以生长。《尚书·大传》云：“土者，万物之所资生也。”《素问·六元正纪大论》说：“土常以生也。”五行有气有质，皆借于土，如天一生水，水之气也；一得五而为六，水之质始成（《黄帝内经素问集注·六元正纪大论》注文），说明五行之质皆得土气而形成。《素问·金匮真言论》即讲五脏后天之质，故以五行之成数以示之，实为《易经》象数在中医学中的具体运用。明了经理，再看《素问·平人气象论》中四时平病脉理论。“春胃微弦曰平，弦多胃少曰肝病，但弦无胃曰死。”由于五行成数之中都含有土之生数，五脏初生之气必赖脾胃后天水谷的资助，才能长其质，成其用，其谷气盛衰并见于脉，故脉得胃气则平，少胃气则病，无胃气则死。其脉理亦为《易》学象数所框定。

又如李时珍著《本草纲目》，余认为它不但是中药学巨著，同时也是：博物学巨著。以其对药物分类言之，1892种，何以首部列水类？李时珍说：“水者，坎之象也……盖水为万化之源。”（《本草纲目》卷五）坎为水，是《易经》的说法。管子属道家，《管子·水地》说：“水者，何也？万物之本源也，诸生之宗室也。”水作为属阴的物质，是生物生成的基础，敞以水列第一部。显然李时珍采用了道家的观点。又如《素问·上古天真论》说：“女子……二七而天癸至……日事以时下，故有子”“丈夫……二八，肾气盛，天癸至，精气溢泻，阴阳和，故能有子”。李时珍说：“天癸者，天生水也。”（《本草纲目》卷二十二）有了先天，便具备了生育能力，也就是具有了新生命开始的基础。天癸属水，水为生命之化源，其理解也是受道家思想支配的。恩格斯在论述生命的起源时说：“生命是蛋白体存在的形……蛋白质是地球表面冷却，并出现了水以后，由无机物逐渐化合形成的。有了蛋白质以后，才出现原始的生命。”苏联生物学家奥巴林关于生命起源的假说，根据生物化学的研究，他认为地球上原始的生命是从水里发生的（见方宗熙等《达尔文主义基础》，人民教育出版社1952年第1版）。这些论断使“水为万化之源”这一古老命题得到科学的证明。据此，余在治疗男妇科疾病之不孕不育症时，每从天癸入手，男子必究其精液，女子必询其月经。以水为坎象，阴中含阳，或滋养其阴，或温补其阳，或视气血虚实以通壅阻，总在保持天癸至，任通冲盛，而达生化之目的。

又如《本经》载车前子，主治“气癃，止痛，利水道小便，除湿痹，久服轻身而耐老”。可见车前子有利水去湿之功效，故治气淋与湿痹。按此乃泻药，张璐谓“阳气下陷，肾气虚脱人勿服”（《本经逢原》）。然《本经》何以言其“久服轻身而耐老”？张山雷以《本经》人服轻身耐老延年一语多见，乃谓“皆方士附会之谬说，抑且与医学本无关”，因此概为删去（《本草正义》）。李时珍引《神仙服食经》说：“车前一名地衣，雷之精也，服之形化。”（《本草纲目》卷十六）按：“化”字有多义，此处当以改易变化讲。《易·系辞》所谓“拟议以成其变化”为恰。服食车前子能使形体变化，以临床疾病观之，如水肿者得服之能利水而使肿消。又如湿盛肥胖者，久服之亦可使之瘦。应皆属形化之例。若今之病水肿者或病肥胖者，多不可永年，服用车前能去其病，其非“久服轻身耐老”之验乎？据此，余常用车前子配合他药治疗肾炎、肝炎、心肝病水肿，以及高血压、高血脂肥胖、脂肪肝等病，常取得较好效果。故张山雷删去经文之举并不可从。陈修园又说：“《神仙服食经》云车前雷之精也，震为雷，为长男，《诗》言采采芣苡，亦欲妊娠而生男也。”余按，《诗经·周南》载：“采采芣苡，薄言采之……采采芣苡，薄言捋之。”芣苡即车前草，嫩时可采来当菜，捋之，即取其子，当药用。《毛传》说：车前“宜怀任（妊）”。可能是用车前子利水治疗妊娠水肿或孕妇泌尿系感染等疾病。观后世之《梅师方》有孕妇热淋用车前子配葵根水煎服方，而《妇人良方》《子母秘录》皆用车前子为末，酒服二钱，治妇人难产不下，可使滑胎易产，皆可证之。可见陈修园服车前求男之说不可从。所谓雷之精，说似玄奥，但仍可求解。盖震为雷而属木，木应肝，车前子甘寒，生道旁而牛马践踏不死，其禀土气之质而具木气之用，土能制水，木能疏泄，故妊娠小便不利或难产者用之，可利水窍，亦可利精窍也，则其疏泄调畅气机的作用不容忽视，然前人未曾发皇此义。余于此等疑问之处，每每博览而旁征，溯本以清源，从而加深对中医药学的认识，不断提高自己的学术水平。

（三）学用结合　学以致用

中医学理在实践中产生，反过来又指导实践，它是一门实用性很强的应用学科。学医的目的是救死扶伤，只有把理论学习与临床实践紧密结合起来，才能体会深刻，才能推陈出新，在继承的基础上发扬光大。张仲景“勤求古训，博采众方”，运用于临床，著成《伤寒杂病论》，是读书与实践的典范。据今人研究指出，仲景之方源于《汤液经法》。《汤液经法》已佚，但有部分医方存于《辅行诀脏腑用药法要》中。比较《辅行诀》与《伤寒论》之方，从其相同与不同处，便可见仲景学以致用，辨证活用的心迹。如《辅行诀》中有六神方：小青龙、小白虎、小朱雀、小玄武、大勾陈、大腾蛇等，分别为《伤寒论》中之麻黄汤、白虎汤、黄连阿胶汤、真武汤、半夏泻心汤、大承气汤加葶苈生姜等，六神原为道家名称，仲景以方中主要药物名方取代旧有方名，同时使用旧方时药味亦有变动，乃根据具体症情而新定，由此可见其学用结合，圆通活法之匠心。后世诸多医家均承袭了这一套路。如宋代钱乙去肾气丸之桂附，而制养肾阴之六味地黄丸。明张景岳变六味地黄丸之三补三泻立左归饮为纯补肾阴之方。清代；叶天士去炙甘草汤之桂枝、生姜、人参等温阳药，自创加减复脉汤，变阴阳双补而为救治温病肝肾阴液大亏之要方，等等。其灵活性足资后人效法。如此，中医学才不断向前发展。

学医首当明理，然后持理致用。学用结合，以用促学，逐步深入，逐步提高。任何轻视理论或不注重实践的观点都是错误的。没有娴熟的理论，则胸无定见；不经过一番临床，便有“纸上得来终觉浅”的不实之感。如《金匮要略》中“小便不利者，有水气，其人若渴（《医统正脉》作‘苦渴’是），栝楼瞿麦丸主之”。初学时但知为上燥下寒，水停小便不利而设，然临证可治何病？心中茫然。后遇一位癃闭老人，西医诊为前列腺肥大，经治虽效而复发，转中医用八味肾气丸加车前不中。其症小便淋沥，用力解之则如线，旋又中断，因努责过甚以致脱肛，咽干欲热饮等，诊为阳虚于下，不能蒸化水液，在下焦则小便难，在上焦则咽干。乃予瓜蒌瞿麦丸加升麻牛膝为汤服，三剂诸症如释。按前列腺肥大致二便不利，责之肾阳虚气化不及所致，以肾司二便故也。《医宗金鉴》谓瓜蒌瞿麦丸“宣通阳气，上蒸津液，下行水气，亦肾气丸之变制也”。肾气丸能温肾行水，然而本症服之不效，转用瓜蒌瞿麦丸有殊效。其理安在？余认为利水不用泽泻而取瞿麦，考《本经》瞿麦“主关格诸癃结，小便不通……决痈肿……下闭血”，可见其入血分，对于消除肿大之前列腺及因其肿大以致关格癃结小便不利，显然优于泽泻。润燥用瓜蒌根，《本经》载其“主消渴……续绝伤”，后世用之消痈肿。则此药既能生津止渴，又入有形之血而消肿，两擅其长。可见其具流通之性，与呆润不同。此方无地黄之腻补，无萸肉之酸收，不用肉桂之温守，而取附片温阳通经，所以全方温化流通之性较肾气丸为优。况前列腺在二阴之间，乃下焦奇脉之地，叶天士尝云地黄萸肉腻补不能入奇经通脉“柔腻气愈碍滞”（《叶氏医案存真》卷一），是以仲景变通肾气丸之意而为方，其中奥旨，非临证不能体察其妙。复加升麻之升，牛膝之降，燮理气机，于此病亦有助益。通过此方实践运用，愈益加深对前贤诸论的理解。

又如《灵枢·痈疽》论痈肿病理说：“寒邪客于经络之中则血泣，血泣则不通，不通则卫气归之，不得复反，故痈肿。”其说明寒邪入客经络与卫气搏结而形成痈肿。余尝治一徐姓妇患乳痈，初产哺乳，乳房被寒而突发肿痛。中午来诊，恶寒发热无汗，周身酸楚，乏味不渴不食。左乳房肿痛微红，脉浮数，苍白。当即处方败毒散去人参加荆芥、防风一剂，嘱归家速煎服，并嘱加盖衣被，半小时后即当出汗，得汗症可减轻，再予稀粥食。至入暮可服第二煎药，可得续汗而能安寝。明日上午再来复诊。患者归家按法服药，果如余言。至第二日复诊时寒热尽除，乳肿大消，仅存微有胀痛。乃疏归芎小柴胡汤一剂而愈。按败毒散载于《小儿药证直诀》，周学海谓系古方，其方原治伤风、瘟疫、风温、头目昏暗、四肢作痛、憎寒壮热、项强、睛痛，或恶寒咳嗽、鼻塞身重。后世以之治风寒湿四时杂感为多。此方并无解毒散结之药，何以败毒为名？依古之学理，凡外感致病视为邪毒，服此方可得汗而邪随汗泄。以今之病理言，则外感为病毒病菌所致，服此方得汗即排毒于外，古之宏观与今之微观若合符节。此症乳痈初起，外邪与卫气搏结，邪正分争，卫阳外束之象，局部尚未腐肉成脓，故治疗只宜发汗祛邪，以助卫气流行，则证应之而减。若用苦寒消痈败毒，卫气不行，必然导致邪结不解之势，日深则腐肉成脓，形成坏症。余认为，若换用他法治疗，恐无此经济而速效。故《灵枢》论痈肿以卫气搏结不行为病理关键，后人推为至论。而《直诀》以败毒散名方，又深含至理。经过此例治疗，可见熟悉掌握中医基础理论对指导临床的重要意义。余数十年如一日，从随父学医侍诊之日起，在临床实践中，对治疗的个案随时记录，做到脑勤笔勤，认真总结成败得失，这对不断提高疗效有重要作用。

学术思想特点

（一）学宗《内经》 踵事增华

余秉承父训，认为《黄帝内经》是中医理论之源，业医者必须谙熟精研。《黄帝内经》所建构的藏象学说，是中医学的核心理论。虽然今有《中医基础学》等讲义为学中医者大开方便之门，但是，《黄帝内经》中之精蕴并未被其完整全面地反映出来。由于中医理论是在古代医疗实践基础上经过分析研究，然后凭借传统文化所提供的综合思维方式对分析研究的成果进行综合整理，从而形成的理论体系，中医学理论具有自然哲学的特点，不同于现代的证实医学。因此，把握其宏观整体的生理病理论对指导临床具有十分重要的意义。这就需要认真地研读《黄帝内经》原著。如《素问·阴阳应象大论》说：“六经为川，肠胃为海，九窍为水注之气。”川主流行，故谓六经运行血液是川；海主容纳，故谓肠胃受纳水谷是海。九窍不输送，不容纳，各有其开合功能，是水注之气充养使然。张景岳说：“上七窍，下二窍，是为九窍。水注之气，言水气之注也……气经水必至，水至气必至，故言水注之气。”又说：“夫气者，阳也，气主升；水者，阴也，水主降。然水中藏气，水即气也；气中藏水，气即水也。升降虽分阴阳，气水实为同类。”九窍者，气以煦之，水以濡之，则其功能正常发挥。因气水原不分离，若九窍病，或干燥乏津，或水液分泌过多，泪自出、涕自流、多涎、多唾、多尿、多利等，则既要治水，亦要治气。如干燥失濡者，或益气生津，或养阴润燥；其水液过多者，或益气摄津，或温阳化气，或疏风胜湿（气之动即是风，治风即治气），或泻火燥湿（气有余便是火，治火即治气；湿是无形之水，治湿即治水），九窍内通五脏，故九窍病亦应视其兼夹，或健脾治水（脾为后天元气之充），或温肾治水（肾是先天元气之根），或宣肺治水（肺主气而司治节），或疏肝治水（肝主疏泄而调水液）。总之治水不离治气。《内经》说水注之气，内涵深义，于临床殊有指导意义，值得认真体会与发掘。

又如《素问·宣明五气》说：“心藏神，肺藏魄，肝藏魂，脾藏意，肾藏志，是谓五脏所藏。”故中医称五脏为五神脏，而一般讲义大多只强调心藏神，其余则不太注重。现代医学认为，神志活动是大脑的功能，其实中医早有同样的认识。《灵枢经》称“脑为髓之海”，李时珍说“脑为元神之府”。中医学把脑划规为奇恒之腑，但并没有形成独立的神经学说，而是从整体上阐述，将大脑神志活动以神魂魄意志的形式分别归属五脏，故中医学之五脏不能等同于现代医学的五脏，它还包括了脑府的部分功能。可以认为，神魂魄意志是脑府与五脏之间生理联系的表述。情志失调可导致脏腑疾病；而脑府病变，可据情从五脏着手得到整体辨证的调治。这在后世临床医学的验案中，可以得到确切证明。据此，余从《本草纲目》中整理出有关脑病用药的大义。《本经》载“胡麻填脑髓”，李时珍说“取其色黑入通于肾”。《本经》载辛夷能治“头风脑病”，李时珍说“其体轻浮，能助胃中清阳上通于天”。又如菖蒲《本经》言其“开心孔……益心智”，李时珍引《道藏经·菖蒲传》证之说，“填血补脑，坚骨髓，长精神”。由上可见脑病能分别从肾、脾（胃）、肺、肝、心五脏气血阴阳之虚实论治用药。这样，从继承《内经》及前贤精论着手，通过推理论证，使五神脏论与脑府元神说之传统认识得到统一与发扬。余认为，研读《黄帝内经》书后，再看后世各家学说，评判医家得失，有高屋建瓴之妙。故于临床，或著文，或讲授，每以《内经》经文为依据，紧密结合临证，宏扬其论，体现出较深厚的理论根基。

（二）兼综百家　择善而从

中医学源远流长，流派纷呈，都是在一定历史条件下产生形成的。各家学说不但丰富了医学内容，而且对临床都具有一定的指导价值。因此，余对明代医家李中梓主张淹通百家之长的治学观点颇为赞同。《黄帝内经》兼收黄老儒道各家之学而成书，说明中医学的博大精深，以见其兼容百家的特点。当今是科学迅猛发展的时代，现代中医药学必须吸取古今中外一切有用的知识，古为今用，洋为中用，互相渗透，互相促进，才能不断发扬光大，为人类健康做出更大贡献（《中国宫廷秘方医疗佚事选评》再版前言）。

余通读了自《内》《难》以下，诸如仲景、叔和、《病源》《千金》《外台》、刘、李、朱、张、李时珍、叶、薛、吴、王等人著作；并旁涉了赵献可、韩飞霞、虞抟、绮石、张景岳、喻嘉言、傅青主、徐灵胎、陈修园、黄元御、张璐、王洪绪、程国彭、王泰林、王勋臣、唐容川、张锡纯等历代医家名著，从中吸取精华，以为己用，服务于民。

学习医家，首先要了解其学术思想，在此基础上，进一步掌握其治疗方法，才能灵活运用于临床。如仲景创立伤寒六经理论，以六经辨证论治为特点。然而其六经不但为治伤寒而设，同时亦为百病立法。如小柴胡汤原治伤寒少阳病，寒热往来，胸胁苦满，心烦喜呕等症。其立法是和解少阳枢机。其方寒热并用，攻补兼施，可宣通内外，疏利三焦，调达上下，和畅气机。若将其应用于杂病中，如感冒、黄疸、胆囊炎、肾盂肾炎、胃炎、胰腺炎、肠炎、胸膜炎、产褥热、便秘、前庭神经原炎及定时发作性疾病等，凡有少阳见症者皆可用之。

又如李东垣治病以脾胃元气为本，若寒温不适，或饮食劳倦，或七情失调损伤脾胃，以致元气不足，阴火上乘，湿气下流，导致气高而喘，身热心烦，头痛，口干，不任风寒，脉洪大等症，乃创补中益气汤、升阳益胃汤等益元气、升清阳、泻阴火，此即东垣之学术要点。将此观点指导临床，则不独脾胃元气不足气虚发热者可用，他如气虚头痛、久疟、久痢、久痹、眼睑下垂、内脏下垂、疝气、癃闭、淋症等气虚无力达邪者用之皆可取效。

对前贤之论应有所取舍，不可刻舟求剑。如朱丹溪创六郁相因说，而立越鞠丸一方。证之临床，凡六郁兼备者并不多见。因此，在用此方时，必以火痰湿食气瘀之有无轻重而权衡增损，若阴虚者则非所宜用之。

又如缪仲醇创治吐血三要法，医家多推为至论。然余认为，“三要法”有不明达者，亦有与医经相抵牾者，指导临床，原非确论。其一谓治吐血“宜行血，不宜止血”。行血是用活血化瘀的药物以流通血脉，吐血并非因瘀血导致者，此法显然不适宜。至于止血，要看吐血时寒热虚实之不同原因，或温止，或凉止。证诸临床，凡吐血来势急骤者，莫不急宜止塞，以防气随血脱，可见缪氏之言失于明。其二谓吐血症“宜补肝，不宜伐肝”。余按此说只从肝虚立论。肝内藏相火，其气实者，冲心犯胃，尤易致吐衄之症，所以肝火偏盛，横决而不可遏，致令血不能藏者，唐宗海有逍遥散加阿胶、山栀、胆草、胡黄连、车前仁、牛膝、青皮、牡蛎之治法，甚者用破泻肝火之重剂当归芦荟丸，则缪氏之说又失之偏。其三谓治血“宜降气不宜降火”。然观仲景用泻心汤以治吐衄，实为泻火宁血法之正宗。陈修园称“此为吐衄之神方”，可见缪氏此论与经旨相悖而失之当，说明读医家书不可盲从，必须详察深思，才能做到正确运用。

理论特点

（一）宏扬风病学说

余著《论内经风病学》，意图对《黄帝内经》风病理论全面整理与宏扬，可从以下三方面予以说明。

1. 构建中医风病学理论体系

宋元时期中医十三科中原有风病专科，其后又并入大方脉中。然风病涉及范围广，确有单科研究的必要，惜历代并无风病学专著。《黄帝内经》对风病概念有明确的内涵与外延，但论述较零散。余通过对《黄帝内经》的研究，构建起系统的中医风病学说。论云，凡由外感风邪引发的疾病是为风病，而六淫可以化生风症，机体气血阴阳失调亦可变生风病风症。其列述风病风症50余种，各症条列理法方药，并举验案以说明，故对推进风病理论研究与治疗均具有积极意义。

2. 阐明六气太过皆可化风的学术观点

余认为，举凡火暑湿燥寒淫邪太过，胜复之气伤人，能引起与风邪所致的相类似的证候。如痉症，呈风木刚强劲急之象，不唯风邪致之，火暑湿燥寒皆能致之，故吴鞠通谓“六气皆能致痉”，因此明确指出“六淫皆可化风形成风病风症”（《论内经风病学·六淫化风证治》）。论其治疗，必循火暑湿燥寒之邪气偏盛而治之，虽不云治风而风亦得治。

3. 阐明五脏病变皆能生风的学术观点

余认为：“脏腑气血功能失调也能产生风证。诸如眩晕、昏厥、目珠上视、抽搐、震颤、麻木、口眼歪斜、半身不遂等，乃内风常见之证候。”余并认为：“这些证候可发生于多种疾病的严重阶段，颇类似现代医学疾病病理变化过程中所出现的中枢神经系统症状。”（《论内经风病学·导论》）其内风分广义与狭义两类，广义风病如震颤、风痫、风痿、肾风水肿等，狭义风病则专指中风，五脏病变皆可导致中风。可见内风涉及病种较多，其治疗必须遵循辨证论治的原则。

（二）构建奇经辨证论治理论

余编著《奇经证治条辨》，希望构建奇经八脉辨证论治理论，可从以下两方面予以说明。

1. 确立奇经八脉辨证论治体系

“正经人所共知，奇经医所易忽。”（《四库全书提要》）历代医家能将奇经八脉理论结合临床者寥若晨星。余坚信八脉绝非虚设，乃搜罗奇经八脉文献，条列八脉循行、生理、证候、病机治法等内容，显示奇经辨证论治之实践意义与价值。余谓：“奇经八脉辨证是根据八脉生理功能及其所系奇恒之腑、五脏六腑、十二经脉、气血津液的病变而反映于外的症状体征进行全面综合分析，而诊断病位、病机、病性，为治疗提供立法处方的一种辨证方法，对于中医各科有临床指导作用。”（《奇经证治条辨·概说》）余并认为，“以奇经证治立论，实可羽翼脏腑辨证”（同书凡例）。它填补了中医无系统的奇经辨证理论空白，丰富了中医辨证内容。

2. 条列奇经八脉辨证论治内容

该书按阴维、阳维、阴跷、阳跷、冲、任、督、带八脉各明确条列证候方药，如阴维脉章，谓“阴维脉病，心胸疼痛，怔忡，健忘，寝汗，发热者，人参养荣汤主之”。注曰：“阴维主营，统于太阴，隶于少阴。太少气血不足，阴维失养，病及心络而失荣，故心胸疼痛，并心神不安，怔忡健忘。阴维营气不与阳维卫气相和谐，故寝汗出而发热。治用人参养荣汤，补太阴之气，生少阴之血，使满溢阴维而通补络脉，则诸症可释。”八脉似此论治计 150 余条，故可为临床参考而不尚空谈。

临证特点

余通过数十年的临床实践，善于治疗内科、妇科疑难杂症。如胃痛分三脘论治；湿热淋证以湿热邪毒为发病条件，肾虚膀胱气化失常为内在因素，宜从解表散邪、消热解毒、利尿通淋、行气和血、扶正补虚五法治疗；水肿证候以阳水、阴水为纲，治疗强调从气、血、水、毒四纲入手，总结为十二法，以疏风宣肺利水、祛风解毒、清热利湿、温阳健脾利水、滋阴清热止血为灵活运用之示范；痹病按风寒湿热邪气结合人体气血、阴阳、虚实分治；黄疸分别从六经辨治；皮肤病从风论治；妇女带下病从冲任督带四脉辨治等。皆为经验有得之言，可供师法。

另外，余还创制了许多验方，如治疗外感咳嗽的防梅止嗽汤；治疗咳喘的归芎定喘汤；治疗湿热淋症的五苓鲜胆汤；治疗前列腺增生症的前列复元丹；治疗糖尿病的柴胡理胰汤；治疗消化性溃疡所致胃脘痛的胃康丸；治疗鼻窦炎的辛芷鼻渊汤；治疗牛皮癣的祛风克癣汤、外搽克癣液等。用于临床，屡收良效。

（朱寒阳协助整理）

畅 达

畅达（1944— ），男，山西省运城市盐湖区人，中共党员，毕业于北京中医学院（现北京中医药大学），主任医师，第二批全国老中医药专家学术经验继承工作指导老师。幼承庭训，从事中医工作五十余年，历任运城地区中医院副院长，山西省中医药学会常务理事及基础理论专业委员会、内科专业委员会副主任委员，运城市中医药学会、中西医结合学会副理事长，《山西中医》杂志编委。2011年荣获山西省运城市医学“十大功臣”称号。2011年被国家中医药管理局确定为“畅达全国名老中医传承工作室”指导老师。

畅达先生长于《伤寒论》研究，重视中医临床思维的研究与培养。在中医辨证方法上，提出汤方辨证的概念，并在理论上予以系统整理。主编和参加编著出版有《中医临床思维要略》《汤方辨证及临床》《畅平医论医案选》《脐疗法》《千古名方精华》《历代名医临证经验精华》《中药学教程》《医经难字诠释》《名医看家方》等书。曾担任《河东地产中药》（内部刊印）的编审工作。在国家级和省级以上学术杂志发表学术论文70余篇，其中多篇在全国性学术会议上发表交流，并在全国性学习班讲学，一些观点为同仁反复引用。临床长于内科及妇科疾病诊治，对于糖尿病、肝胆病、泌尿系统结石、脑血管疾病，以及妇女月经不调、崩漏等疾病的治疗均有丰富经验。

一、幼承家学，心归岐黄

我1944年9月出生于陕西韩城，幼年时随父先后辗转于山西太原、陕西西安、甘肃等地。父亲畅平早年毕业于山西大学医学院（现山西医科大学），曾任职于晋绥军某后方医院，后又任职于解放军七军卫校。后来父亲因身体原因经部队批准回到老家山西省运城县（现运城市，下同）。

我的父亲在当地是一个学贯中西、负有盛名的医师，以中医内科、妇科见长，曾担任运城县医师联合会的会长，著有《护病学》《针和灸》《畅平医话》等著述，曾在运城市和山西省多届中医进修班、西学中班和中医经典学习班任教。

少年时的我生活是幸福快乐的，上小学时早早地戴上了红领巾、左右开弓双手写字，让我不能不对未来产生美好的畅想，学好数理化，将来当科学家！那时尽管父亲要求我在上学之余背记《医学三字经》《药性赋》《汤头歌》，但年少的我还没有意识到中医将成为我一生中不可缺少的部分。

天有不测风雨、人有旦夕祸福，1959 年我以优异成绩初中毕业，正信心满满地准备上一流高中、考最好大学，家庭却突遭变故，身为家中长子，年仅 15 岁的我不得不为眼前的生计操心，那时我到了运城县机械厂当短工、搬运工。当得知运城县医院缺少人手时，带着对医学的热爱，我在申请去医院工作的报告中写道："当我还在幼年的时候，也许由于老人的影响，就深深地热爱上了卫生工作……毕业时就准备考卫生学校，但情况不能如意，不能使自己继续深造，为了达到自己的志愿，参加医院工作。"稚嫩的语言中表达着纯真，寄托着对未来的希望！1959 年 11 月，我开始随院办护士班学习医学基础理论，在跟班学习的半年中，我比较少言寡语，但只要是眼中看到活，不管是轻还是重，是脏还是净，总是第一时间就干起来。那时，在中医科当医生的晚清举人朱厚卿老先生和老中医葛子柏多次观察后愿收我为徒学习中医。在两位老先生的帮助下我得以进入运城县医院受县卫生局委托举办的中医学徒班，开始系统学习中医。冥冥之中，命运之神将我引入博大精深的中医医学殿堂，岐黄医术在我的困惑中与命运相连！

二、发奋苦读，耐住寂寞

初学中医，幼年时老人启蒙的儿歌成了我中医学习最初的积淀，"犀角解乎心热，羚羊清乎肺肝"，以往像唱儿歌似地背诵，现在要去体会何为心热，肺肝又在何处。"学医之始，未定先授何书。如大海茫茫，错认半字罗经，便入牛鬼蛇神之域"。稍有加深，便因生疏古字和古奥难懂的字意拦住进一步深入学习的道路，于是我借来《古文观止》，寻找高中语文，阅读诗歌散文，请朱厚卿老先生教我查《康熙字典》。“高山仰止，景行行止”“谦受益，满招损”成为我为人的座右铭。一方面我增加着文字能力，另一方面随着小笔记本的不断增厚，我的中文水平不断提高，三年间我收集归类了《内经》《难经》《伤寒论》《金匮要略》《温病条辨》《温热经纬》《温热论》等经典中的1000多生字、难字。我一字一句地攻读着古汉语知识，同时对中华文化积累日渐丰富，医经典籍渐渐读通、读顺，对医理有了进一步深入理解。

转眼3年的跟师学习结束了，运城县卫生局组织了考核，我顺利通过考核，得到了政府的认可，在1964年新年的第一天，我领到了运城县卫生局的出师考核证！学徒出师了，但我的学医之路仍在脚下延伸。在当时的运城县医院我与许多老同志一起办院刊，从刻蜡版、校对文章到自己写个“豆腐块”大的学医体会，一点一滴慢慢积累着我的文字功底。当时运城到西安有黄河隔挡，渡河在当时是非常艰辛的事，直到现在我还清楚地记得当年为了排版清晰一次一次去西安送取文稿的情景。1965年我参加了运城县组织的赴晋南贫困山区吉县、乡宁县的医疗队，除了防病治病外，始终坚持不断地进行单方、验方的收集整理，以及民间中医特色医疗的学习整理。1969年，我被派往运城县安邑医院开始了最基层的医疗实践、学习。我身背小药箱走街串巷，既送医送药又向民间中医不断学习。白天上班门诊遇到不懂的问题，夜晚要寻找书籍、查资料，有时还得从安邑赶回运城县城内找人找书。耐得住寂寞，心中必有梦想！

1974年幸运之神降临在我身上，我走进了梦寐以求的北京中医学院，实现了上大学的愿望！通过之前15年晨起背书不间断、夜晚查书解疑难，我对中医有了系统学习和实践积累，又得益于任应秋、程士德等名家名师指点，坐在宁静的书桌前重新系统地看着《内经》《伤寒论》《金匮要略》《温病条辨》《中医各家学说》时，那种特有的熟悉、亲切从心底油然而生！

如果说1959年学中医是无奈中的必然的话，在北京中医学院的学习则成为“众里寻她千百度”的自然结果。梅花香自苦寒来，中医情结、中医能力来源于日积月累的学以备用、反复实践的学以致用；来源于处处有我师、事事有学问的求学精神。当年为读通经典，翻查字典记录的记事小本成为《医经难字诠释》一书的最初草稿。学经典，一要读音识字，二要辨义通句，三要理解医理。读音识字是基础，辨义通句是难点、是能力，理解医理是目的。在辨义通句过程中涉及的古汉语知识相当广泛，如文字、词汇、语法、词义辨析都是正确理解医理的前提，这些知识的积累只能实实在在地用功夫，来不得半点虚假，也没什么捷径去走！当年学办运城县医院院刊从刻蜡版、搞校对到撰稿组稿，奠定了良好的文字功底，培养了严谨缜密的思维方式，为以后的治学打下了牢固基础。在基层面对缺医少药的民众，中医简便廉验显著疗效，如鬼箭羽（当地俗称四棱草）治疗前列腺疾患、冰糖加胡桃仁治疗泌尿系统结石、重用枳实宽肠通腑治疗痔疮、向日葵茎髓治疗妇科带下病等民间方法，反复使用，屡用屡效。10 年的学习积累加上 10 年的基层实践，我把人生最美好的光阴都用在中医的学习实践上了。在大量的病人诊治过程中，我不断地思考同样的方药为什么用在这个病人身上管用，用在那个病人身上疗效又不那么显著。一次次的观察、一次次的总结，让我不断在实践中追寻着肯定、否定、否定之否定的逻辑规律。

三、三尺讲台，感悟中医

1978 年从北京中医学院毕业后，我来到了运城地区卫校中医教研室工作。开始了 10 年一边教书育人、一边临床工作的中医感悟。三尺讲台的辛勤耕耘，让我从自己学到教学生，从自己点滴积累到系统学习，从孜孜不倦对中医的探求渐渐升华为对中医精髓的研究。中医怎么讲才能使只学过白话文的学生能早点听懂，深奥的理论如何用浅显通俗的方法正确表达，取类比象的说理方法，“五行”金、木、水、火、土，就是古时的五种“元素”，相生、相克好比“化学反应”。我在不断地揣摩与研究中启发学生的悟性，渐渐地我越来越重视引导学生学中医必须先继承中华文化，不然中医便成无源之水，无根之木！为此，我借阅了运城市所有 13 个县的县志，撰写出《河东中医药史略》。随着教学阅历的增加，每有感悟就记于笔端，一篇篇教学心得、学术论文的发表，一部部中医教材的编写出版发行，无声地记载着我的园丁历程。1984 年我荣获山西省卫生厅颁发的优秀教师奖。教学期间曾主编乡村医生培训教材《中医学》，编审《运城地产中草药》。这 10 年我除了教学，还坚持到运城卫校附属医院、运城血液病医院，以及运城的许多乡镇医院出门诊，坚持临床实践，服务一线患者，同时也积累了大量临床第一手资料。

四、对《伤寒论》学习的体会

成书于东汉末年的《伤寒杂病论》奠定了中医辨证论治的基础，398 条，

112 方，其中的道理，古往今来有多少中医学者、临床大师为此付出了毕生的精力。小至一味药物的具体考证、一首方药的临床应用、一个汤方的煎煮方法，大到《伤寒论》的辨证思维方式，都是《伤寒论》研究的内容。限于水平，以下是我在学习研究《伤寒论》时的部分体会。

（一）《伤寒论》中枳实名物考

1. 上古枳实、枳壳不分

《伤寒论》是现存最早将枳实组合入方的医籍，魏晋以前，唯有枳实，无枳壳，至魏晋以来始分实、壳之用。枳实与枳壳虽同出于一木，但其功用大同中尚有小异。《雷公炮炙论》中已明确指出："枳实、枳壳性效不同。"缪希雍在《本草经疏》中更清楚辨别云："枳实形小，其气全，其性烈，故善下达；枳壳形大，其气微，其性缓，故其行稍迟。"

2. 枳实之"实"当指熟果

枳实命名依"枳为木名实为其子"而立，由于实有充实、充满之意，所以古人对成熟之果实、种子方称之为实。《神农本草经》以实相称者有柏实、槐实、鸡头实与枳实四种，《名医别录》中以实相称者则达 32 种，以其所载采集时间可以看出这些以实相称者均系成熟的果实。因此，可以认为魏晋以前所用之枳实当系枳的成熟果实。至于枳实、枳壳之称，乃是壳实分用时视其形状而定的。幼果称枳实，成熟果实去瓤及核后，仅留皮壳，故称枳壳。因此，可以看出虽同为枳实一名，但所取"实"的含义却不同，魏晋前取果实之意，而之后则取虚实之"实"意。

3. 从采集炮制上分析汉时所用枳实当为现在枳壳

通过对《神农本草经》和《名医别录》中枳实的采集炮制方法考证，说明汉时所用枳实与当今所用枳壳实为一物。

4. 若用当今枳实作为《伤寒论》中的枳实不符合用药法度

伤寒论中枳实是用非衡量器计量的"枚"作为计量方式，1 枚当今的枳实近 1.88g，论中所用最大剂量 5 枚时，约 9.4g，不符合张仲景承气峻剂攻下的用意，若把汉时方中的枳实在今之方药中仍用枳实的话，三承气汤中的药物配比不合法度。最后，考证研究得出《伤寒论》中所用枳实实为当今所用药物的枳壳（详见《中国中药杂志》1989 年 7 月第 14 卷第 7 期 59～60 页）。

（二）对《伤寒论》中非衡器计量的药物计量的研究

古今研究注解《伤寒论》者无不重视其中药物的剂量变化问题，《伤寒论》中有半夏、枳实、附子、杏仁、赤小豆、吴茱萸等 28 味药物是以量器或个数计算的，与现在的习惯计量方法不同，给临床应用和研究带来一定的困难。为此，我对《伤寒论》中容积计量的药物、个数计量的药物、毒性药物一一进行测试，个人认为，《伤寒论》中以个数计量的药物剂量是不受度量衡历史变更而需要折算的，汉时是几枚，现在仍当是几枚。这个量应是较能准确反映当时实际用量的（详见《中成药研究》1985 年第 8 期，44 ~45 页）。

（三）对《伤寒论》中解表剂煎煮方法的见解

由于计时工具的落后，古时汤方的煎煮大多以汤方加水量的缩减来计时，亦即加水量越多，煎取量越少，则煎煮时间越长，加水量越少，煎取量越多，则煎煮时间越短。关于汤方煎服法的记载以《伤寒论》较为详尽，《伤寒论》113 方中属于汤剂者 97 方，按现行教材方剂分类进行统计，其中属解表剂者 17 方，属泻下剂者 6 方，属和解剂者 13 方，属温里剂者 29 方，属清热剂者 22 方，属理气、利水剂者 3 方。从对《伤寒论》汤方加水最变化的分析，就可以看出，属于解表剂的汤方煎煮时间与其他类汤方并无明显差异。

仲景在《伤寒论》中不但不认为解表剂应轻煮，相反一些解表汤方应多煎才能充分发挥疗效。如麻黄汤的煎煮法是“以水九升，先煮麻黄减二升，去上沫，内诸药，煮取二升半”，加水缩减值为 6. 5 升。葛根汤的煎煮法是“以水一斗，先煮麻黄、葛根，减二升，去白沫，内诸药，煮取三升”，加水缩减值为 7 升。二方在这一数值上较一般方剂明显为高。

至于解表剂不宜久煎之说，虽在个别汤方下有“勿过煮，宜少煎”的提法，但作为解表剂的一个注意事项而加以规定，古医籍中鲜见有载。只是在现代方剂教科书中才被明确提出。明以前的诸方书中，由于对外感病以风寒立论，故治多辛温，解表汤方中有明确记载煎煮方法者，在煎煮时间的长短上与其他类型方剂未见有何不同。明清以降，温热之说渐兴，辛凉解表之剂亦因而渐被广泛使用。这类汤方用药辛凉轻清，不耐煎煮，故煎药加水量少，煎煮时间亦短，个别汤方后还专注云“勿过煮……过煮则味厚而入中焦矣”等句。温病家在辛凉解表剂如此强调轻煮，而所引用辛温解表汤方却仍依原法煎煮，无所改动，所见解表之法用时已久，急火少煎之戒提出时间尚短，所以急火少煎只是针对辛凉解表之剂，并非指所有解表方剂（详见《山西中医》1987 年第 8 卷第 4 期 40 ~41 页）。

（四）太阳中风非表虚证

通过对《伤寒论》中有关太阳中风的内容研读，认为太阳中风与太阳伤寒虽然在病因、病机、脉证、治法、方药等方面有所不同，但均是风寒袭表，正气奋起抗邪的表实证，而非表虚证，宜称太阳中风或桂枝证为好。

1. 表虚证提法不合仲景本意

在《伤寒论》太阳篇中，只有中风、伤寒之名，而无表虚证、表实证之称。至于虚、实，仲景在《伤寒论》中多次提到，对虚证的成因、脉证以及与实证的鉴别都有明确论述。如 60 条“下之后，复发汗，必振寒，脉微细，所以然者，以内外俱虚故也”，70 条“发汗后，恶寒者，虚故也，不恶寒，但热者，实也”等。111 条“太阳病中风，以火劫发汗，邪风被火热，血气流溢，失其常度……阳盛则欲衄，阴虚小便难，阴阳俱虚竭，身体则枯燥……”是太阳中风误火而出现的变证，可见太阳中风在误治之前并非虚证。

2. 太阳中风与虚证的脉因证治不符

就虚实而言，虚指正气不足，脏腑功能衰减；实指邪气过盛，脏腑功能活动亢盛。虚证和实证虽有正气不足和邪气过盛的本质区别，但正和邪、虚和实之间是相互联系、相互影响的。在临床中纯虚证虽可看到，但纯实证却是没有的，也就是说，凡是邪气侵入人体形成邪气盛的实证，人体正气也同时处于相对虚的状态。所谓实证，是指邪气过盛侵入人体，正气犹能抵抗，未至亏损的程度。由此，辨别疾病虚实属性的关键，在于抓住病机中邪正斗争的主要方面。那么，太阳中风究属虚证还是实证，分析如下：

（1）病因、病机：虚证的发病，多由先天不足或后天失养，如饮食失调、七情所伤、房劳过度、久病，以及失治、误治等损伤正气而成。实证则是邪气盛，正邪相争，或痰饮、水湿、瘀血等停留体内，阻滞脏腑气机而成。太阳中风的发病，是由外邪侵入，营卫不和，正邪交争所致。其病因病机与实证相同。如果说太阳中风的发病与素体腠理疏松、卫气不固有关而称之为表虚证，那么一切外感疾病均应称之为虚证而无实证而言。因为没有人体卫外功能的相对低下，外邪是不可能侵入人体的。值得注意的是，在辨别病情虚实时，应以其病机中邪气盛或正气虚谁是主要方面为标准。

（2）脉证：太阳中风之发热是由外邪入侵，正邪交争所致，头项强痛是由风寒邪气阻滞经络而成，脉浮是正气抗邪向外的表现，风性缓散，汗出肌疏则脉又兼缓，此处之缓，是以（浮）紧脉相对而言，是宽缓柔和之象，非指至数言，不同于脾虚湿盛的缓脉。汗出、恶风常是用以说明太阳中风为表虚证的立论根据，但实质上与卫阳虚弱的汗出恶风似同而实异。表虚证是由卫阳虚弱，肌表失于温煦而恶风，汗孔失于固摄而汗出，病属内伤，病程较长，肌肤欠温，易感风寒，非施温补不能愈。太阳中风因伤于风寒，表卫被伤，不胜风袭则恶风。风性开泄，卫气为风邪所伤，但开而不合则汗出，病属新感，病程较短，伴见发热、脉浮等，唯用解散病方除。前者因正气虚所致，后者主要由邪气实而成，二者迥然不同。

（3）治法方药：《内经》云，“虚则补之”“实则泻之”，这是中医对虚证和实证的基本治疗大法。如果说太阳中风确属表虚证，当用扶正益气固表之法来治疗。但《伤寒论》中太阳中风的治法是解肌祛风，调和营卫，是以解散外邪为主的治法。桂枝汤中用桂枝宣通卫阳，祛散风寒，生姜佐桂枝发散风寒以解肌，芍药滋养营阴，大枣、甘草益气调中。方中虽有补益之品，但整个方中却显然是以祛风散邪为组方基本原则的。仲景立桂枝汤是为解散表邪而设，在《伤寒论》许多条文中都是以桂枝汤发汗解表，如57条“……可更发汗，宜桂枝汤”，371条“……温里宜四逆汤，攻表宜桂枝汤”等。如果太阳中风为表虚证，药用附子、黄芪，玉屏风散之类会如何呢？如此定使表邪不得解散，内陷化热变生他证。（详见《吉林中医药》1984年第5期47页）

（五）对《伤寒论》研究方法的探讨

1.《伤寒论》注释过程中的分歧客观原因

（1）简牍散乱，传抄有误，流传版本不同：《伤寒论》书成于战乱时期，故至西晋时简牍已几经散乱，由太医令王叔和收集整理，重编才得以流传，然错简脱漏已在所难免。此后，流传全靠辗转传抄，至宋代至平年间才被刊印，传抄中谬误更不可免，流传版本文字亦常有不同，迄今《伤寒论》流传版本就有赵本、长沙古本、桂林古本、康平本、康治本等多种。由于注家所依据的版本不同或校勘水平不一，故造成了注释的分歧。

（2）某些概念隐晦，前后含义不一：张仲景在《伤寒论》中对一些概念的内涵和外延并未进行准确限定，而这些概念在当时又有多种不同含义，时过境迁，仲景当时究竟从哪一种意义上立论令人难测，故后世注家做出多种多样的解释。另外，论中即使同一概念，在前后条文中含义也不同。如"阳明病"一词在阳明篇大部分条文中是指具有胃家实特征的实热证，然在少数条文中如199条，却是指胃中虚冷的胃肠病。这也是注释分歧的原因之一。

（3）文法特殊，语词用法不同：古汉语中一些虚词有多种用法，对虚词用法的不同理解，就会引起文义注释的分歧。如"而"字既可作并列连词解，亦可作为进层连词解，二者含义不同。如"太阳之为病，脉浮，头项强痛而恶寒"，文中的"而"如作并列连词解，"恶寒"一证和其他脉证在太阳病提纲中具同等重要意义，如作为进层连词解"恶寒"可释为"而且一定恶寒"。

句读不同也会造成文意理解的相异。如34条在"表未解也"后标以分号还是逗号，解释就完全不同。标以逗号，则全条文均属于太阳表邪未解，内迫大肠的三表七里证，治用葛根黄芩黄连汤；标以分号，则全条文有两层含义：前部分是表邪未解，内迫大肠的葛根汤证，后部分是表邪已全部入里化热的葛根黄芩黄连汤证。34条历来争论之点也正在于此。

《伤寒论》在修辞手法上有特殊的句法结构。如常用"省文""举宾略主""插叙""倒叙""排比对偶"等。如67条，文中采用倒叙笔法将"茯苓桂枝白术甘草汤主之"列于句末，有的注家则按原来语序将"发汗则动经，身为振振摇者"也作为苓桂术甘汤证，显然不妥。故因修辞手法而引起注释的分歧亦占一定比例。

2.《伤寒论》注释过程中的分歧主观原因

（1）过高评价，不能正确对待《伤寒论》：仲景被历代医家尊为"医圣"，故有的注家认为《伤寒论》中凡错误或解释不通之处皆是王叔和编次所掺入，而仲景是不会错的。这就必然导致对条文强加解释或对原文任意增减，致使一些注本前后不能照应，不能一理贯通。

（2）缺乏综合分析，立论失于片面：《伤寒论》是仲景在当时的医学理论指导下写成的。因此，只有从多方面来综合分析考察，才有助于产生比较正确的认识，而历代一些伤寒家的研究方法往往是根据自己在某一个时期、某一个方面的认识和经验来注释条文，离开了《伤寒论》的思想整体就难免失于片面。

（3）移花接木，以注家阐发的观点代替原著内容：一些注家基于归纳和解释条文的需要，把一些《伤寒论》未曾提到的概念强加给仲景，沿相承袭，并把这些概念作为《伤寒论》的内容进行争论，致使疑窦百出，千百年不得澄清。如蓄血、蓄水、经证、腑证等皆是。

（4）烦琐考证，不能兼通文理医理：有些注家不能既精于校勘、训诂，又长于医道。故在校勘考证《伤寒论》中纯粹应用烦琐的文字考证方法进行研究，与中医基本理论和临床实践相脱离，致使某些论述对临床并无多大指导意义。

（5）重复劳动，缺乏新的创见：历代注家及现今部分治伤寒学者所争论的问题中，不少是古人早已阐发过的观点，不过是旧事重提，花样翻新，论证的方法与根据和古人并无二致。如此反复争论，既与后人无益，亦与伤寒学无补，分歧亦不会因之而得以解决。

综上，《伤寒论》注释分歧的原因是多方面的，只要不囿于成见，采用新的研究方法进行多学科的综合研究，一定会统一认识，将《伤寒论》的研究推向新的高度。

3. 在《伤寒论》研究上的主张

（1）从原文着手，不为注家所束：历代注家对《伤寒论》的研究做出了巨大的贡献，《伤寒论》之所以具有这样重要的学术地位，除其本身的价值外，与历代医家不断阐述发挥是分不开的。认真总结前人的研究经验，无疑具有重要意义，但一些问题之所以越搞越复杂，正是由于注家的片面阐发，致使众说纷纭。因此，研究伤寒要以原著为对象，要提倡独立思考；不为注家意见所束缚；要忠实原文，不任意删改；要紧扣原文，不任意发挥，要从整部《伤寒论》看问题，不局限于一条一句；要注意条文之间互相对比，不要孤立理解。这样才可以在反复学习中领会仲景的本义。

（2）不打文字仗，揭示辨证真谛：仲景学说的核心就是辨证施治理论和理法方药相统一的原则。因此，研究《伤寒论》首在于从条文方证中揭示其辨证施治规律。抓住了辨证施治精神，就抓住了仲景学说的真谛。许多著述者着眼点集中在个别文字的争论上，这样的争论非但无益于掌握仲景思想之其谛，而且也不会将这些争论千年的问题最后搞清。《伤寒论》注释已经做得很多，如现在仍停留于此，没有什么新的意义。应该在条文的综合分析中探讨其诊断治疗规律和具体方药应用大法，这样才有利于仲景学说的继承和提高。

（3）改弦易辙，以新的方法解决千古疑窦：学术争鸣本有益于学术的发展，但一个问题争论千余年而无定论，不能不使人联想到两个问题：第一，有些问题是否有争论之必要，争论它对中医理论的发展，临床研究到底有多大价值。第二，对这些问题的研究方法是否正确。不可想象1000多年来围绕在原文解释上的争论，用与前人相同的方法进行研究会解决问题。因此，不应再走前人走不通的路，应在研究方法上有所改进。如从方法论角度研究、方药实验研究、临床验证等。采用新的方法，打开新的思路，许多一直解决不了的难题，一定会有突破，人们的认识亦一定会趋于一致。但是这些新方法的采用，应按照《伤寒论》的理法，以中医基本理论为基础，否则是不会取得满意成效的。

（4）加强临床验证，丰富《伤寒论》内容：《伤寒论》是一部实践性很强的经典著作，加强临床研究是《伤寒论》再升华的重要手段。通过临床观察深入研究它的指导思想、思维形式、辨证方法、诊察手段，以及证的客观动态指征等，总结方药与病证的必然联系和各个病证所包含的症状范围，探索新的给药途径，积极开展运用其法、方救治急症的研究，恢复中医治疗急危重症的优良传统，无疑会将《伤寒论》的研究推向一个新的高度。总结前人的研究经验，尤其杂病辨证论治体系的形成和温病学的崛起，说明在积极继承的基础上另创新学，是今后《伤寒论》研究发展的必然趋向（详见《中医药研究杂志》1985年第2期，6~8页）。

五、汤方辨证学术思想

《伤寒论》开辨证论治之先河，对仲景学说的研究不能停留在方证的应用经验上，还应进一步通过对《伤寒论》和《金匮要略》方证的研究深入探求仲景临床思维方法。只有注意到临床思维方法的总结、研究和传授，才会使中医临床经验的继承工作少走弯路，多出成果。1987年我首次提出了“汤方辨证”概念，通过对“抓主症、识病机，辨兼症、识变化，《伤寒论》中的顿悟——直觉思维，汤方辨证与方证对应之间的关系”等思维方法的研究，经过10余年的实践不断完善、验证着这一思维方式的科学性、可行性、适用性、实用性，从实践到理论，再用理论指导临床，2000年出版了《汤方辨证与临床》一书。

（一）汤方辨证的概念

汤方辨证，又称方剂辨证、方证辨证等，我在《汤方辨证与临床》一书中明确提出了汤方辨证的概念：“汤方辨证是以方剂的适应病证范围、病机、治法、禁忌证等相关内容为框架，对疾病的临床表现、体征及其他相关资料进行辨析的辨证方法。辨证的结果不仅包含了患者病证与方证在症状舌脉上的统一，而且还包含着病证的病因、病位和病机等方面的内容。”汤方辨证是一个与六经辨证、八纲辨证、脏腑辨证、卫气营血辨证、三焦辨证具有同等重要意义的辨证方法。

（二）《伤寒论》六经辨证与汤方辨证的关系

《伤寒论》是在《素问·热论》六经分证理论指导下，在汤方辨证基础上提出了六经辨证的方法。六经辨证是由汤方辨证具体体现出来的，《伤寒论》的实质内容也是由一条条与汤证相关的条文所阐发。因此，在《伤寒论》中非但不能脱离汤方辨证的内容，而且还发展完善了汤方辨证。如果说六经分证属抽象的概括，而汤方辨证则属于具体的辨识，《伤寒论》以六经为纲，便于从整体上把握疾病，而汤方辨证则分层剖析，真正实现细微之处病证、病机与方药的选用。个人认为，《伤寒论》正是通过六经辨证与汤方辨证的有机结合，融理、法、方、药于一体，从而奠定了中医辨证论治的基础。在《伤寒论》397 条原方中，有 261 条是属汤方辨证的内容，虽然在文字表现形式上不同，然而却都包含方证和汤方两部分内容，基本上是先叙述症状，然后提出治法和方药。如第 161 条：“伤寒发汗，若吐，若下，解后，心下痞硬，噫气不除者，旋覆代赭汤主之。”这种典型的方证对应的条文，在《伤寒论》中比比皆是，既是《伤寒论》文法上的主要表现形式，也是《伤寒论》辨证内容的主体。

（三）方证对应或汤方与“症候群”相对应是中医辨证论治的初级思维过程

方证对应理论来源于张仲景《伤寒论》第 317 条“病皆与方相应者，乃服之”，书中有“桂枝证”“柴胡证”等概念，开创了“方证”之先河。临床上只要见到使用方剂的适应证就可以不拘泥于任何疾病病名诊断和中医证型诊断投该方予以治疗，其实质是在重复张仲景当年的临证经验。而日本汉方医学虽也采用“方证对应”的形式作为诊疗的基本方法，但汉方医学“方证对应”的“证”可以认为是汤方的适应症状的组合，完全不包含中医病因、病位、病性、病机等内容，这与我们的汤方辨证形似而质不同，更不能相提并论。在中医的临床实践中，方证对应的思维模式固然重要，但临床应用时存在一定的盲目性和局限性。对于初学者往往不能把握其“证”的内涵，只重局部，忽略整体，只重“方证”，忽略病机。例如，柴胡七症有寒热往来，胸胁苦满，默默不欲饮食，心烦喜呕，口苦，咽干，目眩，而《伤寒论》又言“有柴胡证，但见一证便是，不必悉具”，临证时见到心烦呕吐证即用小柴胡汤显然不妥，必须是病机属少阳枢机不利才可运用。

（四）汤方辨证是方证对应的进一步升华

汤方辨证强调“抓主症”，汤方辨证的最基本方法是从主症入手，这与方证对应理论是一致的。所谓主症，是指具有特异诊断价值的、能直接反映方证病机的主要证候和脉症，主症是一组特异性症状，是一汤证区别于另一汤证的主要临床指征。主症是辨证的关键，是最可靠的临床用药依据。汤方辨证强调“抓主症”，只有先抓主症，才符合汤方辨证的思维方法，才能在临证时取得最佳的治疗效果。

汤方辨证更注重辨兼症、析病机。抓主症可以反映疾病中心病机所在，但临证时由于疾病常常处在一个不断发展变化中，这就要求我们在抓主症的同时更应注意疾病不同阶段的不同变化，也就是要注重辨析兼症，只有这样才能牢牢抓住病机并了解其发展变化。在疾病发展的不同阶段有不同的临床证候，也有相应的病机的演变，这也是汤方辨证与方证对应的不同之处。

例：治疗头痛的一则医案。

患者，王某，女，35 岁。1999 年 1 月 20 日初诊。

主诉：头痛时作 8 年，加重 1 周。

现病史：头痛以两侧太阳穴处跳痛时作为主，多于情绪紧张、劳累、休息不好时发作，痛甚则恶心呕吐，食欲不振，纳多则脘痞，小腹冷，大便干，3 天 1 次。舌红苔黄腻，脉弦。

诊断：少阳阳明合病。

证型：肝气郁结，腑气不通。

处方：柴胡9g，黄芩10g，半夏9g，枳实10g，白芍24g，大黄9g，川芎6g，珍珠母30g（先煎），地龙12g，小茴香15g，生石决明30g（先煎）。

3剂，水煎服。

1月22日复诊：药后头痛减轻，但梦多，舌淡红，苔微黄腻，脉弦细滑，上方加合欢皮15g，夜交藤25g，5剂，水煎服。

1月29日复诊：服上方后诸症基本缓解，继服上方巩固疗效。

分析该案中患者以“头痛、呕吐”为主要症状，按照《伤寒论》243条“食谷欲呕，属阳明也，吴茱萸汤主之”，378条“干呕，吐涎沫，头痛者，吴茱萸汤主之”，此为方证对应。临床有可能选择吴茱萸汤进行治疗，但详辨病机乃为肝气郁结，腑气不通，《伤寒论》103条：“柴胡证仍在者，先与小柴胡汤，呕不止，心下急，郁郁微烦者，为未解也，与大柴胡汤下之则愈。”患者头痛甚则恶心呕吐，食欲不振，便干，头痛时必当心中烦，符合小柴胡汤证兼有实热积滞，方证与证机相合，故用大柴胡汤奏效。

总之，汤方辨证讲求方证对应的同时，更强调“抓主症”“辨兼症”“有是机用是方”。如射干麻黄汤证的主证是“咳而上气，喉中水鸡声”，但临床上绝不能见到咳嗽、气短、喉中痰鸣就用射干麻黄汤，同样的“咳而上气，喉中水鸡声”还可见于痰热壅肺、寒饮停肺、水热互结等，而使用射干麻黄汤证本身就包含有外寒内饮的病机机理，所以说，抓主症、析病机是汤方辨证的主要着眼点，从主要症状入手，辨析兼症，分析病机，是仲景辨证论治的关键所在，是方证对应理论的进一步升华。

（五）汤方辨证强调直觉思维（顿悟）的存在和运用

汤方辨证思维方式的另一个主要内容是直觉思维，它的基本含义是掌握了汤方辨证思维方式后在临床上往往会表现为一时的顿悟。当经过对病情的了解后，医者立即会联想到属于某方证而直接选用某方或以某方加减使用，在这种情况下医者并没有经过严格的逻辑证明或进行分层次的解析，去辨其属寒、属热、属虚、属实，以及脏腑定位等，而是凭直觉认定其属于何汤证。如看到干呕、吐涎沫、颠顶痛的患者，会立即联系到吴茱萸汤；遇到大热、大渴、大汗、脉洪大患者后，会立即采用白虎汤而无须分层次辨析其病因、病机、病位等，因为汤证本身已包含这些含义在内。当汤证明确后这些问题也就不辨自明了，正因为此，汤方辨证在临床上具有简便迅速的特点。汤方辨证这种思维形式并不是心血来潮，无根据地胡猜乱想，而是需要以千百次的实践经验为基础，以广博的知识为前提，以丰富的临床经验为条件，所以只有经过长期艰苦学习、思考和反复实践的医师才可能迸发出直觉思维的火花，才能够进行直觉思维汤方辨证。汤方辨证的顿悟形式是有经验医生在临床上常用的辨证方法之一，不过这限于临床常见的单纯病证，对一个复杂疾病的诊治则不能只限于此。临床实践中不可能也不应该企图始终选用一种辨证思维方法，而是各种辨证思维形式相互渗透、相互转化，而且在渗透和转化之中也常常迸发出汤方辨证直觉思维的火花。

六、临床经验举隅

（一）消渴病经验方——益肾涌泉汤

组成：沙参12g，生地15g，玄参20g，山药15g，山萸肉15g，知母10g，黄柏10g，生石膏30g，花粉15g，丹参30g，葛根15g。

加减：倦怠乏力者加黄芪、人参，以血糖高不降者重用生石膏、花粉，尿糖不降加黄精、金樱子、牡蛎，若伴见肝阴虚视物昏花不清，加菊花、白蒺藜、益母草等。

治疗疾病：消渴（2型糖尿病），证属肾阴亏虚。

适应证：烦渴引饮，多食善饥，腰膝酸软，小便频数，五心烦热，虚烦少寐，舌红少津，脉沉细数。

禁忌：胃脘痞满、食少便溏者不宜。

典型病案：皇甫某，女，44岁，农民。近1个月来口渴喜冷饮，消谷善饥，小便频数，明显消瘦，伴见夜热盗汗，月经先期量多，查空腹血糖10.5mmol/L，餐后2小时血糖18.7mmol/L，尿糖（++～+++），舌质光红少苔，脉沉细数。诊断：消渴，证属肾阴不足，阴虚火旺。用黄柏重用至20g，服4剂后自觉症状明显好转，黄柏改用10g，又服2周，血糖、尿糖检查接近正常。守方再服1个月，病情基本控制。

按语：消渴病的病机主要在于阴津亏损，燥热偏盛，而以阴虚为本，燥热为标。两者互为因果，阴愈虚则燥热愈盛，燥热盛则阴愈虚。消渴病变的脏腑主要在肺、胃、肾。三脏虽有所偏重但又往往互相影响，益肾涌泉汤，以肾为主顾及肺胃，以补养阴津为主，兼以坚阴泻火，从消渴病初到后期只要阳气尚未受损均可加减使用。方中以山萸肉、玄参填补肾精，配以辽沙参、天花粉养肺，再用生地、山药护胃，壮水之主为君药；臣以知母、黄柏、石膏坚阴泻火以制“阳光”；佐以丹参、葛根引阴津布三焦。诸药共用滋阴液、泻虚火，病自安康。

（二）中风病经验方——益肾化痰醒脑汤

组成：熟地12g，枸杞12g，山萸肉12g，橘红10g，半夏10g，茯苓15g，石菖蒲10g，郁金10g，丹参15g，赤芍15g，鲜荷叶10g。

加减：若肾阳虚症状明显者，加淫羊藿、菟丝子；肾阴虚明显者，加丹皮、女贞子、旱莲草；若痰热盛者加胆南星、栀子、瓜蒌；痰饮偏寒者加苍术、干姜、白芥子等。

治疗疾病：中风先兆、中风后遗症、老年痴呆、腔隙性脑梗死。

适应证：头闷不清，昏眩不定，语言謇涩，痰多涎盛，胸闷纳呆，腰膝酸软，足如蹈絮，失眠健忘，夜尿频频，舌苔厚腻，脉弦滑。

注意事项：本方意在益肾填精、化痰清眩，用于肾虚于下，痰盛于上，本虚标示之证，若纯虚纯实，非本方所宜，勿犯“虚虚实实”之戒。

典型病案：杨某，男，60岁，退休职工。半年前脑血栓形成，出现半身不遂、失语，治疗好转后一直神情呆痴，言謇语涩，郁郁寡欢，纳食不香，双下肢酸软，步履不稳，查舌淡红苔白厚，脉弦滑，两尺无力，证属肾虚于下，痰盛于上。服上方2周病见好转，再服月余，神清，言语接近常人。

按语：张仲景用肾气丸治疗痰饮，开痰饮从肾论治先河，肾精、肾气不足，水液代谢失常，痰饮内生，阻隔经脉，经气不利而怪病丛生。肾虚之时或腰膝酸软，或水肿，或小便不利，或头晕耳鸣，或足如蹈絮，其舌多淡，苔少，苔薄者居多。金代刘河间在《黄帝内经宣明论方》中载地黄饮子治疗喑痱一证与本方有相似之处，方中桂、附大辛大热之品唯恐助热生风，再引风动，而将橘红、半夏、茯苓、石菖蒲并用也比刘氏方中化痰力量要强，对腰膝酸软、头晕目眩、足如蹈絮、舌苔厚腻并见者更为适宜。

（三）癫痫经验方——定痫散

组成：香附20g，郁金20g，广木香20g，白矾10g，朱砂10g，丹参30g，地龙 30g。

治疗疾病：癫痫。

适应证：癫痫日久，时发时止，口吐白沫、四肢抽搐，口唇面颊发青，舌质淡红苔白厚或腐，脉弦滑。

用法：上药共研细末，每日 1 次，每次 6g，温开水送服。

禁忌：脾胃虚寒者慎用。

典型病案：罗某，女，17 岁，家住临猗县粮食局。1996 年 12 月 24 日初诊。一过性意识丧失 1 年。患者 1 年多前吃饭时不自主将手中筷子掉落，有短暂性意识丧失，片刻后可恢复，此后反复发作，服抗癫痫药病情可缓解，但倦怠乏力明显，且记忆力下降。查舌淡，苔白厚，脉沉弦。诊断：癫痫，辨证属痰阻心窍。治法：涤痰开窍，理气散结。处方：香附 20g，郁金 20g，广木香 20g，白矾 12g，朱砂 10g。2 剂，研末，分为 10 包，每日 1 剂。1997 年 2 月 18 日复诊，服药期间，停用现有西药后自觉思维较前敏捷，发作次数较前明显减少，舌淡，苔白厚，脉沉弦。上方加菖蒲 20g。2 剂，用法同前。4 月 15 日复诊，停药数日，近来天气变化时有发作，持续时间较前延长，舌淡，苔白厚，脉沉弦。拟方如下：香附 20g，郁金 30g，广木香 20g，菖蒲 20g，白矾 12g，远志 12g。2 剂，用法同前。5 月 27 日复诊，现偶有发作，自觉晨起、午睡起后双手无力，记忆力较前下降。考虑久病，从痰瘀论治，予以血府逐瘀汤加减。当归 12g，生地 12g，赤芍 15g，川芎 6g，桃仁 10g，红花 10g，柴胡 6g，桔梗 6g，枳壳 12g，菖蒲 9g，郁金 12g，生龙牡各 30g（先煎），胆南星 6g，生铁落 30g（先煎）。10 剂，每日 1 剂，水煎服。6 月 13 日复诊，现无不适症状，癫痫未再发作，下唇起口疮，舌偏暗，苔黄略厚，少津。效不更方，继服上方 10 剂。6 月 27 日复诊，自行停药数日，未再出现明显不适，上方加麦芽 12g、神曲 12g，以护胃。10 剂，水煎服。8 月 1 日复诊，病情稳定，未再发作，以癫痫散缓图，以资巩固。

按语：定痫散是我在长期临床实践中总结形成的一个治疗癫痫的验方，其中白矾为一味主药，缺之不可。

（李祥林、潘卫峰协助整理）

刘亚娴

刘亚娴（1944— ），男，河北医科大学第四医院二级教授、主任医师、博士研究生导师。首届全国名中医，首届河北省十二大名中医，河北省有突出贡献中青年专家，省管优秀专家，享受国务院政府特殊津贴专家，全国带徒中医药专家，获首届中医药传承特别贡献奖，“刘亚娴名医工作室”获“全国先进名医工作室”称号。曾任中华中医药学会理事、内科分会委员、肿瘤分会常委、名医学术研究分会常委，国家食品药品监督管理部门药品审评专家，中华中医药学会科学技术奖评审专家、临床药物评价专家委员会委员，河北省中医药学会副会长、肿瘤专业委员会名誉主任委员、疑难病专业委员会名誉主任委员，河北省抗癌协会传统医学专业委员会名誉主任委员，《河北中医》杂志编委会副主任等30余个学术兼职。主编及参编著作34部，任新世纪全国高等医学院校统编教材《中西医结合肿瘤病学》《中西医结合肿瘤病学习题集》主编。发表学术论文150余篇（包括少数指导研究生、高徒发表），获省部级科研成果20余项。曾任农工党中央委员、河北省委副主委、石家庄市委主委。河北省第九、第十届人大常委会委员，石家庄市第十届政协副主席。

余从中医院校毕业，走上业医之路，已近50年。不敢称什么“名”医，或许算得上“明”医（即明白之医）。明白什么呢？那就是，崇“本”、铭“源”、肯登攀。

崇本者，尊崇中华文化之本，中医学是中华文化的重要组成部分，忽视中华文化，会使中医成为无本之木。

铭源者，铭记历代医家创立、发展的中医理论和积累的临床经验（包括家传师授之所得），不如此，将会使业医成为无源之水。

肯登攀者，即从医路上不停步、不懈怠，一步一个脚印走下去，一个台阶一个台阶向高处登攀，并力图走出新的路径。

明白了，路就走准了。可以说近50年的行医路，有几步走的还是对的。

一、受家庭熏陶，酷爱中医，可谓入门之起步

余出身中医世家（已历4代），受家庭熏陶酷爱中医。对中医的感情，决定着路怎么走。1962年高考，我被中国医科大学录取（八年制，全国招生60名，前2年在北京大学学习）。高中母校以为我替学校争了光，但家父并不感到如意，及至在北京大学生物系医学专业学习时，因身体原因退学，做中医学徒。众人皆觉惋惜，但余及家父却颇为坦然，2年中医学徒后重新考入天津中医学院，终于入了中医门，遂了心愿。考上名牌大学并不十分高兴，退学亦不惋惜，考上中医学院、走上中医路才高兴，何以使然？酷爱中医之故也。

家庭熏陶可以说在业医路上具有启蒙之教的意义。

家父刘松樵在原籍颇负盛名，新中国成立初即任霸县卫生工作者协会副主任并作为名人任县人大代表，从一定意义上讲，家庭的熏陶对余有启蒙性的传承作用。有几点对余影响至深：

1.“三不”有哲理

家父临床有“三不”：①病人就诊后不当病人面洗手（家父以中医外科见长，许多疮疡患者脓血淋漓，病人走后再洗手），家父言：“对着患者洗手，病人可能会想‘我的病让人讨厌吧。是不是病得很重呢’，这无形中会使病人神不安。”②遇病人来诊若正在就餐，不让患者等候即刻诊治，家父言：“病人来诊（过去医生大多以家为诊室）见医生正在吃饭，自然有些不好意思，如果让病人等候，病人会感不安，甚至‘心如敲小鼓’，这无形中会使病人神不静。”③天亮时遇病家邀诊不怠慢即刻往诊。家父言：“病人天亮来求诊，一者可能病情急重，再者可能是病人夜里犯病，病家好不容易等到天亮，才来请医生，如不立即出诊，病人着急，无形中会使神不宁。”

“三不”事不大，却有哲理，即：治“病”当注意治“神”。孙思邈有“大医精诚”之论，余以为落脚点是“精诚”二字，何以精诚？就是多从病人的角度考虑问题，“三不”即体现了此点。非“大医”才精诚，“小医”即要精诚，精诚才能成为大医。

2. 善与人同

“医道”乃“善道”，善与人同就会拉近医患关系，对家境贫寒者，尤当施以善心。家父曾言：“善与人同乃为医之要道。”

3. 轻“利”重“义”

家父诊务繁忙，患者接踵，但从不谈“利”。曾言“最值钱的东西不是钱而是义”。因之虽“房无一间，地无一垄”而心地坦然。1960年任霸县胜芳镇大联合诊所所长，亦仅靠诊所之收入（与其他同仁共享）维持生活，而令余感触颇深者则为不图“利”而无形之“利”丰。

4. “谦”而“好争”

家父曾言：为医者应“谦”而“好争”，勿“狂”、勿“傲”，但“谦”不等于“卑”，不是唯唯诺诺，唯他人马首是瞻，要有争强之心，私下要有个奋斗目标，敢为他人先；“好争”要光明磊落，勿贬低他人，勿妄言同道之“非”，靠学术展示自己。余在从医路上尚能孜孜以求索，不断给自己订新的目标，有时受到同道赞誉，从不飘飘然，受家父影响，余临床中坚持从不面对病人妄议他医之短。

另外，余与不少医界名家，均以此建立了初识，而加深了友谊。再者，余多次参加国际性会议，也皆以学术展示形象，争中医之光！

5. 推崇“桃李不言，下自成蹊”

家父从医多年，力戒浮夸，从不自我标榜。余年轻时，曾见一些病愈患者送来锦旗，家父皆婉言谢绝，不得已收下锦旗，从不悬挂。受其影响，余常常婉拒患者送的锦旗，不得已收下者也从不悬挂，有的书法大师赠余墨宝，至今只在家中悬挂两幅：一为旭宇先生书“朗日和风，清文盛德”余喜爱其字与言，故悬挂之。另一位书法家，其欲为余书横幅，余言，您选择带“愚”字的吧，其书“愚者守静”，正合余意，亦悬挂家中。尚有一些书法家赠送之墨宝，因多有赞誉之词，只好珍藏。

多年的医疗，使余在医患中有了一定影响，众多媒体曾有意宣传，余坚持不主动联系，推崇“桃李不言，下自成蹊”，即使如此，国家、省、市近20余家媒体，以及中央电台对外广播均进行过对我的业绩及学术介绍，《人民日报》驻河北省记者站发《内参》题为《医术高明，医德高尚的刘亚娴大夫》。所幸者，虽不自行张扬，而“好事自来”。可谓之积极进取，坚持数年，必有好处吧。

二、三个注重：苦读书、勤临床、善思维

入了中医之“门”，就要念中医之“经”，而且要念好、念活，三个注重可谓行医路上又一步。

（一）苦读书

苦读书者，要肯下苦功，读全、读细、读深。苦读书，亦非苦无边际，有些浮在表面的中医内容，细思之，亦大有文章。如学习《伤寒论》要善于“从无字处读出有字来”。《伤寒论》条文：“太阳病，或已发热，或未发热，必恶寒，体痛，呕逆，脉阴阳俱紧者，名曰伤寒。”对于该条文，少有注意“已”“未”二字者（包括一些《伤寒论》注家），余以为此二字却大有文章，即“未发热”不是不发热，而是尚未发热。若以此条文释太阳伤寒为恶寒不发热就更不恰当。兹举临床医案以证之。

战栗案：

王某，女，40 岁，石家庄市某厂工人。1980 年 9 月中旬初诊。

现病史：下午下班回家，进屋不久，无任何诱因先觉身冷，继之寒战，逐渐至战栗不止，牙齿相扣，盖厚被不解，邻居中一高年资西医视之，始则恐为急症，经视触叩听诊之，无明显异常，体温正常，又疑为癔症，而请余诊之，察脉有力，舌正红苔白。此与上述《伤寒论》条文相仿。

故治以辛温解表。

嘱家属取生姜如核桃大小，切片，红糖一小勺，水煎煮沸约 10 分钟，趁热饮之，饮后不久，战栗稍减，身有微汗，而测体温 39℃，时已近夜半，家属稍有畏惧色。余曰，勿紧张，再按上方加大葱一根取葱白水煎，少量频服之。因患者未吃晚饭，嘱家属熬小米粥备用，待服上方后趁热食粥，吃少许咸菜，注意饮水。按上法用之，身汗出，体温渐降而身爽体舒。至第二日，诸证霍然而愈。

（二）勤临床

读书之心得要在临床上体验，这就要“勤”。勤以补拙，勤而生巧。临床实

践的机会非常多，注意了，就勤了。“勤”还有一点就是，不能只治别人，不治自己，这就是“医必自治”。

临床中一些体会、经验，不少是从“治己”中获得的，且真实深刻，把“治己”的体会展开，就成为“治别人”的经验，兹以余自身所验列举之。

1. 余1966年在中医学院学习时患雷诺病，家父据证以当归四逆汤原方配合外用洗方（葱根、蒜辫、艾叶、红花等）而治愈，数十年未复发。

体会：

（1）每当情绪紧张症状即易发作，因此要注意调节情志。

（2）服当归四逆汤后有时身微汗，因此体会当归四逆汤有“通达内外”之效。

（3）对细辛的作用及用量有了亲身体会，细辛“内之宣络脉而疏百节，外之行孔窍而直透肌肤”（《本草正义》），具通血闭、开结气、泄郁滞之功。细辛若入煎剂，量小则力微，量大则效宏。其后用治一些血管性疾病亦获良效（一血栓闭塞性脉管炎患者，细辛用量达40g）。

2. 余1978年冬上研究生后患慢性气管炎，治以白芥子涂法取得明显疗效。

体会：

（1）白芥子涂法确有良效，不可等闲视之，但需视病情而多次应用，余亲身试用后，每年用此法给多名患者，亦取得较好效果。

（2）从应用看，如果出现发疱等反应，其效果会更好，发疱后留有些许痒感亦无妨。

（3）从局部反应看，有的会出现疼、痒、发疱，有的不出现发疱，有的随病情的减轻和好转，局部反应亦会减轻。初步体会，有局部反应者，疗效更好。

（4）余自1985年后咳喘虽未再发作，但考虑既然该法对咳喘有效，那必然有调动机体抗邪能力（或称之为免疫调节）的效果，坚持用之会有预防作用，从切身应用看，亦可证明此点，由此联想，此法可试用于多种肺系疾患的辅助治疗。

（5）取穴很重要，且首次用药可选中伏的中间（即第10天），涂时宜长，多为一夜，如无发疱等反应，隔10日可再用一次，且宜多年应用，此具体用法与白芥子涂法的原载应用方法是有些区别的。实践出真知，于此亦可见一斑。

3. 余1981年因发热、游走性关节痛、下肢结节性红斑，血沉快，被西医诊断为风湿热，强调住院服激素及输液治疗。余坚持试以中药自治，先据证服银翘散化裁，一周后发热好转，因思身痛较著，且下肢红斑属湿热下注，故以身痛逐瘀汤加苍术、黄柏服之，以紫金锭醋磨敷红斑处，治疗近3个月诸证好转，继服身痛逐瘀汤巩固治疗，至病后差一天半年而上班，未留任何后遗症。

体会：经此次治疗后，思考《内经》痹论，则认为：

（1）“痹”不能仅以风、寒、湿而论其因。

（2）痹亦非仅限于行痹、着痹、痛痹的认识（如热痹、湿热痹、历节、尪痹等，临床并非少见）。

（3）尤当注意痹之内舍于五脏六腑问题，久痹不已，复感于邪，为内舍于其所合的原因，欲防止其内舍于所合，一者要积极治痹（包括巩固治疗），二要防止复感于邪，这与西医所言，防止风湿热引起风湿性心脏病之意是相通的。余病愈后多年未发生心脏疾患，足证中药之作用。后以此法施治他人，亦获满意疗效。

4. 余应用银翘散的体会，包括煎法、服法、子时服药法，以及搓脊背、少量频饮水的护理法、婴幼儿喂药技巧、服药后偶有呕吐或大便溏勿惊等，均源于“自治”。

体会：所谓银翘散乃辛凉解表剂，治外感风热，不必拘泥，灵活化裁（包括注意辛凉复辛温法）即可应对自如。临床应用中又体会到，对急性扁桃体炎、肺炎（包括腺病毒肺炎、支原体肺炎）、腮腺炎等，均可以银翘散变通化裁治之，可谓得心应手。

5. 余家属患病，亦多注意“自治”。

活用芍药甘草汤例：

余家属2016年9月13日因下肢拘挛1周前来诊治。夜间为甚，不能入眠，用力敲打、下床蹦跳亦不能缓解，痛苦莫可名状。

处以芍药甘草汤加味：白芍15g，炙甘草12g，汉防己6g。水煎服。

9月13日夜服1/2剂，14日症状大减，上午又服1/2剂，下午服1/2剂，9月15日好转，继服1剂，分2日服，每日服1/2剂，病未再作而停药。

1974年6月中旬，余家属妊娠3个月，患痢疾2日，腹痛便脓血伴后重，排便频而不爽（日10余次），舌红，苔薄黄，脉滑。

处以：白芍10g，生甘草10g，大黄9g，生山楂6g，焦山楂6g。水煎服，每日1剂，分2次服。

用药1剂，症状减轻，服药3日痢疾好转，其后足月生一女婴，母女康健。

此例为芍药甘草汤与通下导滞药的配合。

体会：结合历代医家之医案，芍药甘草汤有“养”，滋养、补养，“缓”，缓痛，“柔”，柔肝息风，“通”之作用。

由“治自己”的体会扩展为“治他人”的经验，岂可言“医不自治”焉。

（三）善思维

读书也好，临床也好，贵在“善思”。段注本《说文·思部》曰：“思，从心从囟”，“思”的意义、类属和心、脑有关。《说文·心部》曰：“思，容也。”《尚书·洪范》曰：“思曰容，言心之所虑，无不包也。”张舜徽曰：“思之言丝也，谓纤细如丝，连续不绝也。”《医学心悟》自序云：“思贵专一，不容浅尝者问津；学贵沉潜，不容浮躁者涉猎。”《礼记·大学》十九章有云：“博学之，审问之，慎思之，明辨之，笃行之。”明初白沙学派的开创者陈献章有一句令人深思之言，“前辈谓学贵知疑，小疑则小进，大疑则大进，疑者觉悟之机也”（《明儒学案·白沙学案》）。此皆“善思”也。

三、恶性肿瘤、疑难病证治疗中的四个坚持

恶性肿瘤、疑难病证治疗中的四个坚持：坚持突出中医特色，坚持中医理论指导、辨证论治，坚持中西医结合，坚持认知的不断更新。

四个坚持，可谓之行医路上又一步。其中突出中医特色又为核心，以中西医结合而言，余以为：

1. 目前，中西医结合的重点应是临床，而中医的地位不是被动的、消极的，应该走自己的路，结合不是“凑合”。

2. 要突出思维上的结合，即“善思”。如：余自拟的治疗肺脓肿的加味苇茎汤，即参考了西医治疗的三原则而加味，方中虽无西药，但它是中西医结合的产物，是一种“未见其形，实具其果”的结合。进一步扩展，又自拟了治支气管扩张及肺癌咳血的苇茎降草汤。临床上类似的情况是会很多的。这种结合对西医同样有意义。

3. 在中西医结合实践中，注意根据新的临床问题，更新认知。如：一些鼻

咽癌、腮腺癌病人放射治疗后，由于腺体的破坏，常有明显的口干渴，需频频饮水。依中医理论应当养阴，但因口腔缺乏腺体分泌液的滋润、清洁，又常表现为舌苔厚腻，按中医理论又当化湿清利，此时就不能固守阴伤不能清利，痰湿不能育阴之常法，而应育阴与清利并用。反过来，又应对一些中医理论进行新的思考。比如：按中医理论，舌苔乃邪气熏蒸或胃气升发所产生，舌苔厚腻常系痰湿（或夹脾虚失运）所致，但上述所言舌苔的生成则不单是脾胃问题造成的。又如：痰湿所致的口渴按中医理论当渴而不欲饮，但上证放疗后的口渴，虽舌苔厚腻却是频频饮水。再如：阴伤当育阴，放疗所致的阴伤当育何脏腑之阴呢？诸如此类，都要涉及中医理论的再思考。余临床对此类病人的治法是：养阴当肺、脾、肾之阴共养，用葛根（可重用）、沙参、麦冬（或石斛）、玄参（或生地），并用佩兰、芦根（或白茅根）、薏苡仁、滑石等芳化清利。养阴侧重甘寒，清利侧重甘淡，适当佐以芳化。应该说，此时用药既遵循了中医理论，又不拘于中医理论，证之临床，如此治疗，只要假以时日，是能够取得理想疗效的，而西医对此是无良药可用的。

中药的用法。贝母是余治疗肺癌的常用药物之一。按中医理论，浙贝用于外感咳嗽，川贝用于内伤咳嗽，但肺癌的咳嗽常常是既为内伤咳嗽又兼外感咳嗽，因此可以川贝、浙贝并用（无疑是加大了贝母的用量）而不拘于常论。按中医理论，这似乎是“乱”用药，但“乱”得有道理，就不能称其“乱”了。

4. 在中西医结合中，只要坚持科学态度，也不会影响中西医的团结。一些西医同志，由于长期从事本专业的临床工作，特别是学术造诣较高的情况下，易于看到自己长处，对中医理论、临床疗效，不十分理解，不十分清楚。中医应该用疗效来说话。兹举例说明：余工作医院的一位领导，性格直爽，从事影像学专业，水平很高，开始并不理解中医。20 世纪 70 年代后期余参加中医药学术会需要领导批准，他却说，“中医参加什么学术会呀”。后来，其外甥女患不孕症，西医治疗数年未效，经余治疗后得一男婴，其喜曰，“想不到，中医还真有两下子”。再后来，其许多疾病先找余诊治。该位老西医，由不理解中医到相信中医，甚至到“偏信”中医，何故？疗效使然！在医院，余有多位西医朋友均是在共同的医疗实践中建立起相互信任的。余与西医同志共事，坚持的是：以疗效求认同，以优势求共识，以团结求发展。

四、活法、善思、重文

近些年来，余承担了研究生（硕士、博士）、国家级高徒的培养，“刘亚娴名医工作站”接收了省内外国优、省优人才的进修，可以说在中医传承上承担了“传”的角色。我总结，工作中应注意“三防”：一防“灌”，即填鸭式的灌；二防“框”，经验不要成为“框”把学习者“框”住，应该使这个“框”成为孙悟空的金箍棒，使其千变万化，而不要成为“紧箍咒”，闹不好要“头痛”；三防“护”，即“护短”，善于“揭短”才会促进短处变长处，严师出高徒，其意即在于此。

对弟子的培养，强调活法、善思、重文，可以说是行医路上的又一步。

通常情况下，学习者最希望、最喜欢的是导师告诉一些经验方，这不能说不对。但要注意的是，用药如用兵。《友渔斋医话》云：“医之用药，如将之用兵……兵无常势，医无常形，能因敌变化而胜者，谓之神明，能因病变化而取效者，谓之神医。”法无定法，方无定方，有的情况下临床施治又不可执方，因此重要的是将方用活，在复杂疑难病证的治疗中此点更重要。余在恶性肿瘤、疑难病证的治疗中就十分注重“活法”，包括经方妙用、时方活用及新方的创用。在妙用、活用、创用中不但可以取得较理想的疗效，还会对某些中医理论、某些施治后的效应引起一些新的思考，提供一些新的研究课题。兹摘举验案以论之：

（一）经方妙用案

胰腺癌治疗中应用肾着汤例：

李某，女，79 岁，河北省石家庄市某单位退休职工。2013 年 12 月 11 日初诊。

主诉：腹痛、疲乏无力、食欲不振 2 个多月。

现病史：患者于 2013 年 9 月出现脘腹痛胀，乏力，腰酸痛，食欲不振，恶心欲呕，体重下降。2013 年 9 月 23 日在石家庄市某医院行 CT 检查，示：胰头可见囊性低密度影，边界清楚，其内可见分格，大小约 3.3cm×2.9cm，CT 值约 13HU，盆腔内可见积液影。查 CA19－9 1900U/mL。拟诊胰腺癌。发病以来症状逐渐加重而就诊于中医。

胰腺癌是一种恶性程度高、发展迅速的肿瘤，预后甚差，被国际医学界列为“21世纪的顽固堡垒”，有报道5000例胰腺癌患者确诊后平均存活时间仅为6个月。面对如此重症，中医如何治疗？余认为，仍应坚持中医理论指导、辨证论治，但更需要思维活跃。

从该病证候表现看，以肝（胆）脾（胃）症状居多，故当调之。脘腹胁痛乃气血郁滞不行，故当行气血，而症状涉及胁、腹、腰，有如带脉之环绕一周，故治当益带脉。

患者以纯中药治疗，2015年1月16日、2月4日、3月6日复诊，诸证均减轻，而继续遵木土同调、益带脉之意治之，2015年3月6日复诊后诸证若失。2015年6月1日复查CT，胆囊、胰腺、脾脏及双肾未见异常，未见盆腔积液，双侧附件区囊性低密度影，考虑卵巢囊肿可能性大。复查肿瘤标记物CA19－9、CA125均无异常（CA19－9 21.41U/mL，CA125 7.88U/mL）。

至此，纯中药治疗一年半，诸证若失而巩固治疗之。至2017年10月底，情况颇佳，患者已83岁高龄矣。

西医学认为，由于胰腺癌早期症状隐匿，缺乏特异性表现，故早期诊断十分困难。该例具有典型之症状：脘腹胀痛，消瘦乏力，食欲不振，恶心欲呕等。影像学检查异常，CA19－9异常增高（按有关资料，胰腺癌病人血清中CA19－9含量异常增高，其阳性率可高达78.7%，而胰腺良性病变CA19－9最高为68U/mL，阳性率约17.6%），因此可诊断为胰腺癌。胰腺癌当出现典型症状时，多已属晚期，治疗效果也不理想，病死率很高，各国统计5年生存率仅2%～10%，且化疗、放疗均不敏感，本例纯中药治疗，疗效尚佳，而治疗的一些思考及治则，则值得进一步临床验证及研讨。

我在该病人的治疗中曾因腰酸胀沉重、脘腹坠胀等症状而应用肾着汤，用后相应症状明显减轻。此例妙用经方引发的思考在于，胰腺癌治疗中调治带脉问题。通常而论，肾着之病，不在肾之本脏，而在肾之外府，其因“谓肾为寒湿所伤着而不行之为病也”（《医宗金鉴》）。但余对条文却有所思，若按上述所论，“腰以下冷痛”“如坐水中”自在其理，何以“腹重如带五千钱”呢？重者，不举也。何以至不举呢？观徐忠可之论“腰为肾之府，真气不贯，故冷如坐水中，形如水状者，盖肾有邪则腰间带脉常病，故溶溶如坐水中”，得到启发，而想到带脉问题。又从傅青主女科“少腹急迫不孕”得到进一步思考。其言："妇人有少腹之间自觉紧迫不舒不能生育者，人所不识，谁知是带脉之拘急乎，带脉系于腰脐之间，宜舒不宜急，今脾胃之气不足，则腰脐之气不利，必致带脉拘急，牵动胞胎，精果直射胞胎，或亦暂能茹纳，而力难附载，势必动摇，又或不能节欲，安保其不随孕随堕乎，此带脉之急，所以不能生子也。治法宜宽其带脉之急，而带脉不能遽宽也。宜利其腰脐之气，而腰脐亦不能遽利也。必大补其脾胃之气与血，而后腰脐利，带脉宽，自有维系之力矣，方名宽带汤……此方脾肾两补，又利腰脐之气，自然带脉宽舒。""少腹急迫"与"腹重如带五千钱"相类，前者既有"带脉之拘急"，后者当有带脉之不舒。傅青主治少腹急迫不孕，用宽带汤以宽其带脉之急，并言"带脉不能遽宽也，宜利其腰脐之气，而腰脐亦不能遽利也，必大补其脾胃之气与血，而后腰脐利，带脉宽，自有维系之力矣"，且其宽带汤方中重用白术，可见，治带脉重在治脾胃之气。肾着汤，按尤在泾所言，"故其治法，不在温肾以散寒，而在燠土以胜水"，此又与傅青主所言"大补脾胃"相合。摘肾着汤医家的应用，如《太平圣惠方》《方极》《类聚方广义》《方函口诀》等，其所治痛也好，重也好，冷也好，均言及"腰"而未言及"腹"，可以想见"腹重如带五千钱"未引起足够重视，亦可说，忽视了带脉问题。

由上所述，余认为，一些证候不要忽视带脉。胰腺癌的治疗考虑带脉，此是余的一个学术观点，乃源于胰腺癌的症状（胁腹腰痛为环周）引发的一个思考，但中医理论中，对带脉之论述语焉不详，关于其循行只言"带脉者，起于季胁，回身一周"（《难经·二十八难》）。《难经集注》中丁德用云："季胁下一寸八分，是其带脉之穴也，回身一周，是奇经之四脉也。"关于带脉之功用，杨玄操曰："带之为言束也，言总束诸脉，使得调柔也。"余以为，带脉之约束诸经，总束诸脉，不是制约，而是协调，譬犹木制圆桶，要有纵行之板，又要有绕周之箍，才得坚实而成为一体。带脉犹如"悬空"在体，应有所"提携"，否则就易"陷落"，而提携者，气也，大气、中气皆可提携之，尤以中气更为重要。考虑此点，在于调治中，要时时注意调中气，中气和才会"总束诸脉，使得调柔"，且应注意虽有胀痛，不宜妄事破气攻伐，以免气陷而带脉不举。

（二）时方活用案

乳腺癌术后上肢肿痛治疗中应用身痛逐瘀汤例：

张某，女，42岁，河北省石家庄市某单位职工。

病情摘介：患者于2010年3月17日在河北省某医院行左乳癌改良根治术+左锁骨上淋巴结清扫术。术后病理：浸润性导管癌Ⅱ级。中国医学科学院肿瘤医院检查：雌激素受体（ER）（-），孕激素受体（PR）（-），CerbB-2（+++），Ki-67（+++）。术后共行6个疗程化疗、1个疗程放疗，治疗中出现Ⅱ度胃肠道反应、Ⅲ度骨髓抑制，且左上肢日渐肿胀。因月经异常曾于2011年11月22日行B超检查，印象：子宫腺肌症。其后查B超，印象：卵巢囊肿。病程中一度出现肿瘤标志物检查超出正常范围（2013年5月3日查CA125 108.1U/mL，CA19-9 49.46U/mL）。经纯中药治疗诸证好转，已近7年病未复发。

治疗中较多情况下据证应用身痛逐瘀汤。

此例活用时方引发的思考为：乳腺癌根治术后，患乳同侧上肢出现肿胀的情况并不少见，有的肿胀日渐加重，上肢水肿增粗，甚至影响活动。其原因多系腋下及上臂内侧淋巴管被切断、淋巴循环失常，对此西医治疗方法多不理想。余以活血通经消肿法，以身痛逐瘀汤（因没药口味欠佳，可去之）加桑枝（15～30g）为基本方施治，虽不能尽愈其疾，但却使不少患者肿胀减轻，以致复常，优于西医的处理办法。其体会是：既应及时应用，又要在整体调理的基础上择时应用。值得探讨的是：在中医理论指导下治疗获效，而从西医角度分析，究竟是通过何种环节取得的疗效，则需进一步研究，而这种研究则有可能引发一些新的思考，比如对淋巴循环的影响，对皮肤及皮下组织、纤维组织增生的影响等。

该例患者治疗中几个值得重视的问题：

（1）激素受体检测，雌激素受体（ER）、孕激素受体（PR）均阴性。西医学认为，ER、PR阴性者，细胞分化差，恶性度高，预后不良。研究证明，对临床进行抗雌激素治疗，ER、PR阳性者，其缓解率可达70%以上，而阴性者不足5%。

（2）基因及肿瘤标志物检测CerbB-2（+++）、Ki-67（+++）。西医学认为，对于前者，许多研究证实其过表达可提高乳腺癌细胞的恶性程度和转移潜能，与乳腺癌预后不良有关，其意义不亚于淋巴结转移情况对乳腺癌预后的影响。对于后者，研究表明，Ki-67的表达能可靠而迅速地反映恶性肿瘤增值率，与许多肿瘤的发展、转移、预后有关。

本例患者的检测结果，从西医学角度看，可以说存在着风险，而治疗后肿瘤标志物检测复常，其后复查亦未见异常，也充分证明了中医治疗的优点。

（三）新方创用

余在多年恶性肿瘤的治疗实践中逐渐摸索创用了一些所谓经验方，用之尚觉应手。但要强调两点：其一，新方的创用均源于中医理论的指导；其二，应用时当辨证论治。兹举几则如下：

1. 止吐汤

主要药物：清半夏、竹茹、芦根、茯苓、紫苏叶、川黄连。

临床应用：恶性肿瘤化疗所致顽固恶心呕吐及某些胃病的恶心呕吐。脉弦滑，舌红苔白或薄黄者。

用法：

（1）清半夏用量宜重，至少30g，苏叶、黄连用量宜轻，前者3～4g，后者5～6g。

（2）初次服可少量频服，一剂药可分3～4次服，每日服药至少1剂，用药后症状减轻者可改为每日1剂，分2次服。

（3）伴不欲食者加山药30g、鸡内金10g，伴口干渴者酌加麦冬10g，伴脘腹痛者酌加白芍10g、甘草6g。

该方乃源于仲景小半夏加茯苓汤及薛生白连苏饮的活用。

医案举例：胃癌术后案。

李某，男，50岁，河北省石家庄市某单位职工。2016年10月11日初诊。

现病史：患者因胃癌（病理：胃窦前壁中分化腺癌，贲门灶性腺上皮重度异型增生）于2016年4月9日手术，术后即予化疗，每次化疗即恶心呕吐，不欲食，本次为第四疗程化疗后1天，其后欲行第五疗程化疗。

证候：呕吐频繁，不欲食，伴口舌生疮，脉缓，舌红苔白微腻。

处以止吐汤化裁：清半夏30g，茯苓15g，芦根10g，山药30g，鸡内金10g，苏叶3g，川连5g。

嘱水煎2次，药液混合，先小量频饮，呕吐减轻后可日服1剂，分2次服。

二诊：2016年10月19日。述服药1日，恶心呕吐大减，进行第五疗程化疗，服药3日，恶心呕吐及口舌生疮好转。

2. 苇茎降草汤

主要药物：芦根（代苇茎）、桃仁、薏苡仁、冬瓜仁、浙贝母、紫菀、降香、茜草。

临床应用：支气管扩张咯血、肺癌咯血。脉滑、细或细数，舌红或淡红，苔白或薄黄。

此方乃源于活用缪希雍“治吐血三要法”参考其法治咯血。

医案举例：

李某，男，56岁，已婚，干部。1995年11月24日初诊。

主诉：间断咳血2个多月。

现病史；患者因肺癌而行放射治疗中，放疗前即间断咳血，放疗后咳嗽频作，痰吐不爽伴咳血胸痛，咽干，乏力，纳差，用西药治疗效果不著。

诊查：患者面色晦滞，咳嗽频作，痰吐不爽，咳血时作，胸痛乏力，口干纳差，神疲气短，时有午后低热，脉细，舌淡红，苔薄白。

辨证：痰瘀阻滞，气逆络伤。

治法：化痰行滞，降逆宁络。

处方：茜草10g，紫草10g，桃仁10g，生薏苡仁15g，知母10g，浙贝母10g，降香10g，芦根10g，紫菀10g，山药15g，地骨皮10g。

水煎服，每日1剂，分2次，早晚服。

服药2剂，咳血次数已减少。服药5剂，咳血已止（仍在放疗中），除午后低热、气短、乏力外，余症状均明显减轻，脉细，舌正红，苔白。

原方加花粉15g、公英10g。

上方服用2周，咳血始终未作，低热好转，诸症状减轻。

1996年1月底随访，一般情况改善，咳血未再出现。

3. 甲乙煎

主要药物：茵陈、茯苓、薏苡仁、佩兰、泽泻、郁金、柴胡、连翘、生甘草。

加减：食欲不振者加焦三仙，腹胀者加厚朴或枳实，少寐者加合欢皮、浮小麦，口苦、舌淡苔黄或黄厚者加黄柏、栀子、滑石，同时加用扁豆、芡实等。

临床应用：恶性肿瘤化疗肝损伤、乙型肝炎、肝硬化、肝癌。脉多见弦、缓或滑，舌多见舌质红、淡红，舌苔薄白、白滑或微黄。

此方源于参考《内经》《金匮要略》的经典内容及王旭高治肝法、《医醇賸义》、李冠仙治肝十法、秦伯未《谦斋医学讲稿》有关论治肝病的内容拟定。

医案举例：肝癌腹水案。

周某，男，49岁，河北省保定市某县人，农民。2011年3月28日初诊。

主诉：疲乏无力、右胁不舒近半年，加重月余。

现病史：患者近一段时间以来，时感疲乏无力、右胁不舒，回忆此症状的出现大约已有半年左右，未予介意，近月余上述症状较明显。于河北医科大学某医院检查，CT结果：肝右叶近肝顶处多发占位，异常强化影，不除外早期小肝癌；肝硬化，肝内多发再生结节，脾大，腹水。肝功能检查：ALT 52U/L、AFP 30ng/mL。乙肝五项：HBsAg（+）、HBcAb（+）、HBeAg（+）。西医意见保守治疗，故转中医诊治。

既往史：乙型肝炎病史若干年，未行系统治疗。

证候：面色晦滞，形体消瘦，疲乏无力，右胁不舒，偶有疼痛，脉缓，舌红苔白。

辨证分析：肝郁气滞，脾胃虚弱，经脉瘀阻。

治法：疏肝理气，健脾和胃，行血通经。

处方：甲乙煎合旋覆花汤化裁。

茵陈30g，茯苓30g，薏仁30g，佩兰10g，泽泻10g，郁金10g，柴胡10g，连翘10g，生甘草10g，厚朴10g，旋覆花10g（布包），茜草10g，白术10g，枳实15g，山药30g，鸡内金10g。

水煎服，每日1剂，分2次，早晚服，每周服6剂。

二诊：2011年4月8日。右胁痛减轻，食欲可，余症状无明显变化。诊脉缓，舌红苔白。查肝功能结果回报：ALT 52U/L，总胆红素28.1μmol/L。

辨证分析：肝郁脾虚，经脉瘀阻。

处方：原方加荆芥10g、泽兰10g，去厚朴，枳实改用10g。水煎服，每日1剂，分2次服，每周服6剂。

患者服药后右胁痛减轻，已无明显脘腹胀满，气滞得舒，故减行气之品，去厚朴，减枳实用量。

以甲乙煎为主方施治，2014年2月20日复诊，检查肝脏CT未见占位征象，腹水（-）。乙肝五项：HBsAg（+）、HBeAb（+）、HBcAb（+）。空腹血糖7.8mmol/L。

证候：无明显症状，脉缓，舌红苔白。

仍以原方巩固治疗，至2014年8月底追访，情况良好，生活行动如常人，继续服药巩固治疗。

患者纯中药治疗已逾三年半，肝脏占位性病变消失，且腹水消退后长期未见复发，原乙型肝炎的相关检查指标亦有明显改善，因此可以说疗效是肯定和满意的。

4. 调营饮

主要药物：熟地（或生地）、山萸肉、山药、鸡内金、何首乌、生黄芪、当归、黄精、丹参、鸡血藤。

加减：便溏者加扁豆、芡实；心悸少寐者，加炒枣仁、合欢皮；自汗者加浮小麦、甘草、大枣、生龙骨、生牡蛎。

临床应用：恶性肿瘤化疗所致骨髓抑制及其他原因所致某些贫血病人。脉细、缓或弱，舌淡红苔白。

该方在中医理论指导下拟定，但有两个突出点：其一，补气行血与益脾肾同步；其二以丹参、鸡血藤“补”中兼“行”。

医案举例：卵巢癌术后化疗后骨髓抑制案。

付某，女，67岁，河北省石家庄市某单位职工。2015年5月14日初诊。

主诉：化疗后白细胞降低、足麻木。

现病史：患者因卵巢癌于2014年10月18日手术。术后病理：乳头状低分化腺癌，侵及大网膜，淋巴结转移（分期：Ⅲc期）。术前化疗3个疗程，术后已进行4个疗程化疗。查白细胞计数：$1.76 \times 10^9/L$。

证候：疲乏无力，足麻，下肢酸胀，思食而食后不舒，少寐，脉滑，舌红，舌根部苔薄黄。

辨证分析：气血两虚，脾肾不足。

治法：补气血，益脾肾，佐以活血行血。

处方：调营饮（自拟方）。

熟地25g，山萸肉10g，山药30g，鸡血藤10g，鸡内金10g，生黄芪10g，当归10g，何首乌10g，黄精10g，丹参10g。

水煎服，每日1剂，分2次服，每周服6剂。

二诊：2015年6月4日。服药后诸证减轻，查血常规：白细胞计数$3.75 \times 10^9/L$。效不更方，原方继服。

三诊：2015 年 6 月 24 日。稍有手足麻木，脉滑，舌红苔白。查白细胞计数 $4.7\times10^9/L$。停调营饮，更方据证治之。

其后以中药辨证治疗，情况良好。至 2016 年 10 月底，情况良好，多次复查血常规无异常。

注：①余所创用之新方，经临床应用后 10 余个方剂大多进行了相关的实验研究，获得了实验佐证。②近期余及弟子对 22 个经方、25 个时方、10 个新方活用之思考及相关病例 178 例进行了总结，已完稿待付梓。③活法也好，重文也好，依然当善思。

（四）重文

中华文化博大精深，中医学植根于悠久的华夏文明，可以说是中华文化中之奇葩。其思维方式和理论体系与传统的中华文化一脉相承，中医学既有自然科学属性，又具有人文社会科学属性。中医学不仅是一门应用科学，同时又是一种文化现象。所以，中医不仅要学习中医医理，也要学习中国的传统文化，“用文化阐释医学，从医学理解文化”。临床中自觉地运用中华文化去思考问题，则有助于中医学术的发展及临床疗效的提高，疑难病证的治疗更是如此。

有时候，应用文的知识也会解某些疑难。如：薏苡附子散，《金匮要略》原文“胸痹缓急者，薏苡附子散主之”。对“缓急”，多有认为胸痹或缓或急者，余对此解多有疑惑，若如此看待缓急，岂不是不分缓急，均可用薏苡附子散。考缓急，可作为一个词，有困厄、急迫之意。《史记·游侠列传序》有“且缓急，人之所时有也”，《后汉书·窦融列传》有“一旦缓急，杜绝河津，足以自守”。余以为，以困厄、急迫解“缓急”比较恰当。临证医案亦佐证了此。如心肌炎危重症案：

王某，40 岁，已婚，干部。1989 年 3 月 9 日初诊。

主诉：胸闷痛、气短、心悸加重 10 天。

现病史：患者 1981～1989 年因胸闷痛间断性加剧先后 10 次住院治疗。本次住院已 10 日，诊为病毒性心肌炎（后遗症期），病态窦房结综合征。现症：胸痛憋闷，气短有欲绝之感，心悸阵作，心悸时心率可达 180 次/分，心悸缓解时心率在 38 次/分左右，但胸闷痛难忍，每于夜间 11 时症状加重，心率最低可达 30 次/分，经西药治疗症状控制不理想，于 1989 年 3 月 9 日动员患者安置永久性心脏起搏器，患者及其家属犹豫不决而请中医会诊。

证候：胸痛憋闷，气短有若欲绝，脉迟，舌淡红苔白。

辨证分析：心阳不足，阴阳不和，气血乖戾。

治法：温通心阳，解急迫，和中气，调和阴阳。

处方：薏苡仁 40g，炮附子 10g，柴胡 10g，清半夏 15g，生黄芪 20g，知母 10g，桂枝 10g，生甘草 10g，茯苓 15g，降香 6g，赤芍 10g。

水煎服，每日 1 剂，分 2 次服。

二诊：3 月 13 日。服上方 4 剂诸证大减，已决定不安置心脏起搏器，脉缓，舌正红苔薄白，原方继服半月诸证若失（心率稳定在 50 ~ 70 次/分）。

随访 10 余年，病情平稳，工作如常人。

该例病情可谓急而重，据证分析：患者胸闷痛乃困厄而急迫，当解之；子时为阴阳交替之时，此时症状加重，当和之；脉迟无力乃心阳不足，心阴亏损；心悸阵作，心率快时达 180 次/分，慢时仅 30 次/分，呈阴阳不和、气血乖戾之状，当调之。尤在泾言："求阴阳之和者必求于中气，求中气之立者必建中也。"因"中者四运之轴，阴阳之机也"。但病情紧迫，遵"胸痹缓急者，薏苡附子散主之"之意，方取薏苡附子散，而以小柴胡汤和之，黄芪建中汤调之。以知母代小柴胡汤中之黄芩并与黄芪相配，取张锡纯用黄芪之意。故获捷效。

五、三个不可忘，三个不能丢

余行医路上，已走了近 50 年，可算得上中医界一个较老的兵了，近年来，从一些行政、业务兼职上退下来，可谓轻松了不少，但身轻不能"心轻"，老兵还要力争有新传。这里三个不可忘、三个不能丢，可谓之又一步。

三个不可忘，即：酷爱中医不可忘，老兵的职责不可忘，继续上进不可忘。

三个不能丢，即：共铸中医良好医德不能丢，共促中医人才成长不能丢，共创中医辉煌不能丢。

近 50 年的行医路如果说走出了点成色，继续走下去，要走得更精彩。余自勉曰："路遥遥兮，吾将奋进而不怠！"

（李建波、李梅、刘羽协助整理）

殷　明

殷明（1944—　），女，江苏省镇江市人。南京中医药大学附属医院即江苏省中医院儿科（全国重点学科）主任中医师，学科带头人之一，原儿科行政副主任。江苏省名中医。江苏省老中医药专家学术经验继承工作指导老师。

从事中医临床医、教、研工作五十余年。临床注重整体调整，推崇多种疗法（汤药、外治、推拿、针刺、导引等），既有继承又具创新地将药、推、针等相结合，治疗儿科常见、多发病和一些疑难病证，见效快、疗程短，并摸索出一套儿科运用多种疗法（“杂合以治”）的经验。总结整理江育仁、曹颂昭及个人之临床经验，发表学术论文40余篇，主编及参加编写专著10余部。2014年，在江苏省中医院60周年院庆时，推出的专著《杂合以治——殷明儿科临证心悟》深受业界和广大中医爱好者青睐。

学术兼职：先后兼任江苏省中医药学会儿科专业委员会副主任委员；世界中医药学会联合会小儿推拿专业委员会第一届理事会顾问；小儿推拿联盟名誉顾问；江苏省中西医结合学会外治法专业委员会副主任委员；中国中医药研究促进会小儿推拿外治专业委员会副主任委员等。

一、从医之路

家父在去世前和我一起生活虽不到14年，但留给我的印象还很深。他懂得很多医术，心地善良，不论白天还是黑夜，只要别人有求于他，都有求必应，乐于相助，帮助他人解除病痛无数。治疗一些感冒发热或是腹痛、腹泻等小病已不在话下。有人小便不通他会导尿、身上长脓疱他会切开排脓、外伤出血他也能迅速止住。二姨父的梅毒、远房亲戚的肺结核、镇江市寿丘派出所所长的老胃病、中年突发性耳聋、自身患的走马牙疳等，他都能治愈。这些我都看在眼里记在心里。家父不是专门医院的医生，也不是什么名医。听哥哥讲，他是从扬州医生朋友那学来的医术。遗憾的是当时我年龄尚小，父亲身体又不好，未能将他治病的经验亲授予我。所以我不能妄用“家传”“世家”来显摆。

家父一直期望我的一个哥哥能继承他的事业，由于哥哥考进了工科学校，他又把希望寄托在我身上。他患有脑血管病后遗症——半身不遂，身体活动不便，经常躺在床上。家母为了全家的生计只好每天外出打工。几个哥哥先后去外地工作、支边（青海）、上学。妹妹还小，很多家务事，如洗衣洗被、烧茶做饭、采买生活用品等就落在我肩上。虽说很苦，但也造就了我不怕苦、不怕累、敢担当的独立精神。家父病重时，不能起床，曾请医生上门为他针刺治疗，后因经济原因而未坚持。当时对家父的疾病我是束手无策，只能在生活上递递拿拿、送水送饭，稍有照顾而已。我暗暗想，如果我是一名医生也会扎针多好。在他生命的最后历程，曾教我搭脉并明确告知寸、关、尺，当时也不知是什么意思，直到我学了中医后才明白，冥冥之中他是期望我在他百年之后能走上从医的道路。真是苍天有灵，在他临危的最后一个星期里，我被江苏省中医院附属卫校录取，可以说一纸录取通知书满足了我见识外面世界、想当一名医生的梦想，也了却了父亲的心愿。如果能拥有现在的生活环境，家父绝不会走得那么早。回想起来，这也是我一生最大的遗憾。在我孜孜不倦的努力下，党和人民将我培养成为一名省名中医。这不仅圆了我想当医生的“初心”，可以更好地回报社会，为更多的患者解除病痛，而且也是对家父在天之灵的最大告慰。

1958 年 9 月，初中毕业后，我进入江苏省中医院附属卫校学习。除了学习语文、政治、体育等基础课程外，专业课学的是中医和西医的基础理论，临床各科的诊断、辨证、治疗和护理。讲授中医课程的老师有徐景藩、干祖望、夏桂成、诸方受、马寿楠、姚九江、曹济民、龚丽娟和陈克明等。他们都是给南京中医学院（现在的南京中医药大学）学生授课的有名望的老师。特别是前三位老师都是当今的国医大师。讲授西医生理、解剖、病理、微生物、寄生虫、公共卫生、拉丁文等课程的老师，都是从南京医学院（现在的南京医科大学）借调来的优秀教师。他们讲课的水平都很高，每一堂课我都听得津津有味，铭记在心。他们讲课时抑扬顿挫的声音、挥手板书的教态，至今仍历历在目。

1960 年 12 月，由于成绩优异，被江苏省中医院卫校保送，进入江苏省卫生厅委托南京中医学院及附属医院（江苏省中医院）举办的全国首届“中医师带徒班”深造，学习中医专业。理论学习跟随学院1960级本科生班，熟读中医经典（《内经》《伤寒论》《金匮要略》《温病条辨》），学习中医病因、病机、诊断、治则以及中医的各家学说等。临床学习跟随附院名医张泽生、曹鸣皋、邹良才、李石青、金惠伯等抄方、试诊。我因此打下了坚实的中医理论与实践基础。

1962年，我定向学习中医儿科专业，又随附院儿科名医江育仁、曹颂昭、徐惠之临诊跟师，不断熟悉掌握他们治疗儿科疾病的特点。如江老用药偏温，选药少而精，常有感悟创新；曹老精于辨证，处方平稳，主攻疑难病证；徐老用药大刀阔斧，选药少而直入病所。我在临诊学习中深深地体会到，一定要关注老师的特色，善取各家之长并综合运用于临床。我于1964年6月毕业。

二、师承名家

1. 跟随恩师江育仁

恩师江育仁是我学习儿科的第一位临床指导老师。在他多年的领导和教导下，我受益终身。江育仁教授是江苏省中医院儿科的主任中医师、博士研究生导师（创建全国第一个中医儿科博士点），江苏省名中医，享受国务院政府特殊津贴。江苏省中医院初建于1954年，江育仁教授参与了医院的筹建。1956年由他创建了省中医院的儿科。在他的领导下，儿科从门诊到病房，从最初30张床位的小科到1966年已拥有60张床位，发展成冬季收治麻疹肺炎（以下简称“麻肺”）、夏季收治流行性乙型脑炎（以下简称“乙脑”）等急重症的独立大科（占医院总床位数的1/4左右）。

初次跟随江育仁教授，感觉他是一位值得尊敬的人，多年的相处觉得他是一位非常敬业、无私奉献、刻苦钻研，且不断攀登、创新，是一位值得我们后辈缅怀和学习的人。当初分配到儿科学习时，儿科设在一座独立的三层小楼房里。楼上收治慢性病，有白血病、血小板减少性紫癜、血友病、肾病综合征等疑难病证。楼下收治急危重症，有麻疹肺炎并发心力衰竭，有Ⅲ度营养不良，有中毒性菌痢，有肠伤寒并发肠出血等。除了在病房、门诊跟着他，我还经常随他去院外（南京市儿童医院、原南京军区总医院儿科）会诊一些疑难病证。在临床总见他不到时间就上班，晚上要到10点甚至更晚才下班。每天查房不计其数。他总是随叫随到，查房之余总是在不断翻书学习。他在病房不仅日班、夜班跟班倒，还经常为了抢救病儿夜以继日。

每逢夏季“乙脑”、冬季“麻肺”流行，领导一声令下，儿科就撤空病房，专门收治这两种季节性传染病。医护人员全部执行“8进8出”的“两班倒”，即早上8点上班直到晚上8点，晚上8点上班直到第二天早上8点才下班。在酷热的夏季，医院里没有空调，只有靠电扇、冰块降温。白大衣湿了一茬又一茬，人累到下班洗漱、进餐后就想睡觉，一觉醒来很快就得上班。面对如此高强度的工作，既无补休，又无加班费，当时考虑的全是病人的安危。尽管如此，大家毫无怨言，相反，还很有荣誉感、自豪感、成就感和幸福感，认为这是为医院、为党和人民做出了贡献。

江育仁教授用药的特点：

第一，善用温阳，顾护阳气。他敢于担当，救治重症，就我亲眼所见，他用温阳救逆法，选用参附龙牡救逆汤加味，挽回了不少危重患儿的生命；用祛风清肠凉血法治愈小儿消化道大出血；用活血化瘀法［药用三棱、莪术、丹参、穿山甲（现用代用品，下同）等］治疗小儿肝癌等。

第二，精选古方，味少量小。他的处方用药一般只有5～6味，最多也不超过8味。每味药量可轻至3～5g，煎水小量频投。为方便小儿用药，他还自拟加味异功片、和脾片、肥儿片、消乳片、Ⅰ号Ⅱ号止泻散、化痰散、定喘散、镇咳散、定痫散等院内制剂，药少量小，价格便宜。

我真庆幸能有机会跟随江育仁教授学习，不仅能学到他运用中医药救治小儿急危重症和疑难病证的经验，而且还能学到不少现代医学知识和抢救方法。更为重要的是他不怕苦、不怕累的奉献和敬业精神，一直在激励着我。我深感要想当一名好医生，只有大量接触临床、一心扑在临床，才能取得丰富的经验和丰硕的成果。

江育仁教授亦崇尚“杂合以治”，积极提倡多种疗法。他经常和我提起他跟师学习时的一些所见所闻。他说，他的老师经常站着给小儿看病，给小儿捏捏、拿拿，还用针刺等。我在以后的实践中，也不断学习中医的针刺、刮痧、外敷、导引等疗法，并取得了不少经验。

1984年，江育仁教授提出恢复重建“小儿推拿室”，要我等进行先期准备工作。1985年，江育仁教授推荐我参加由卫生部委托山东中医学院及其附属医院举办的“全国小儿推拿师资学习班”学习一学年。理论课程由山东中医学院及其附属医院（山东省中医院）的老师毕永升、张素芳、毕可恩、王国才、祝恩智等承担。临床实习轮流跟随山东中医学院附院张素芳、程本增等老师，青岛医学院附属医院田常英老师，青岛市中医医院赵鉴秋等老师。通过学习，我从理论上和实践上更加全面地了解和掌握了小儿推拿的起源、特色、手法、作用和适应病证，以及山东地区小儿推拿的特色等。结业时首次总结出《山东小儿推拿三大流派》一文，从孙重三、张汉臣、李德修三大流派的源流入手，剖析了三大流派代表人物的学术思想、临证特色和取穴的不同风格。该文1986年发表于《山东中医学院学报》。

江育仁教授从事中医儿科医疗、教学、科研工作60余年，各方面都取得了卓越的成就。特别在治疗和抢救儿科急危重症和疑难病证方面，积有丰富的经验。他总结的591例“麻肺”分型证治经验，被确定为麻疹合并肺炎中医辨证分类的依据。他提出辨证运用热、痰、风理论，治疗121例“乙脑”急期和135例恢复期及后遗症期的患儿，明显提高了疗效，故被国家科委认定并推广。数十年来，他根据小儿脾胃病的发病特点，通过对533例疳证、腹泻、厌食症的理论、临床和部分实验研究分析，于1979年提出治疗小儿脾胃病“脾健不在补贵在运”的学术观点。同时，据此论点创建“运脾法”治疗小儿多种疾病。如运脾法治疗小儿厌食症、小儿缺铁性贫血，运用运脾和营法，防治小儿反复呼吸道感染等，多次获得江苏省科技成果奖。他集诸家学术思想，结合临床，执简驭繁，创立了疳证以“疳气、疳积、疳干”三大证型的新分类法，被编入全国高等中医院校统编教材《中医儿科学》，选入国家中医药管理局制定的《中医儿科病证诊断疗效标准》中，已成为当今临床疳证辨证论治的依据，使疳证的学术理论得到了升华。以上这些都是他不断攀登和创新的结果，真正的实至名归。

同时，江育仁教授还关心全省乃至全国中医事业的发展。1979年，他以中国科协第二届全国代表、江苏省科协常委的名义，在全省3000名干部代表大会上，做了题为《中国医药学是一个伟大的宝库》的科普报告，促进了后来江苏省中医政策的落实和中医事业的发展。他在任江苏省人大常委及教科文委员期间，提出了振兴江苏中医药的六项具体措施，引起了省委、省政府的重视并得到了落实，使江苏中医药事业又向前推进了一步。

2. 跟随恩师曹颂昭

恩师曹颂昭是我学习儿科的第二位临床指导老师。曹颂昭教授是江苏省中医院儿科主任中医师，江苏省名中医，享受国务院政府特殊津贴。1917 年出生于江苏省无锡市著名儿科世家。世居无锡市盛巷。曹氏历代以中医为业，专攻幼科，擅长痧痘、时行温病，家学渊源，自上祖相沿至颂昭已二十世。她说：“先父行医 40 余年。自幼禀性聪慧，好学不倦，博览群书，理论精通，经验丰富，造诣颇深。平素诊病，详析病机，立法处方，再三审慎。每于诊毕，为余授课，诵读医籍，畅谈经验，处方配伍，用药心得，谆谆教导”“凡遇重危之疾，善用丸、散，配合汤剂，取丸、散之见效迅速，可控制病情发展，且量少、简便易服，每能化险为夷，转危为安，是以誉满城乡”。对此，曹颂昭教授皆看在眼里，记在心里。

曹颂昭教授继承祖业，1938 年高中毕业后即随父学医侍诊，继则于 1944 年开业于无锡市。后蒙国家培养，1956 年从江苏中医进修学校毕业，由江苏省卫生厅分配至江苏省中医院从事儿科临床、教学及科研工作直至耄耋之年。她曾 2 次要求办理退休手续，均因群众厚望及工作需要，仍坚持长年门诊，直至 2002 年才退休，后仍受医院返聘一直工作至 87 岁高龄，多年被江苏省中医院评为先进个人及标兵。

她医术精湛，辨证审慎，精选方药，用药灵活，积有丰富的儿科诊治及教学经验，尤擅治疗小儿时令病及脾胃病，如上感、温病、麻疹、水痘、肺炎、咳喘、腹泻等，并潜心研究对小儿疑难杂病的治疗。她不断总结经验，写出“治泻十法”，发表学术论文 30 余篇，编著《小儿营养不良》等著作 4 部，参加编写中医专著 10 余部。因临床疗效显著，深受病家信任，以致门诊量长年不衰。曾有曹颂昭教授因公外出，病家为求她诊治竟不惜路途往返 4 次之多。有远道慕名而来者，有通信问病求医者，不论是干部还是群众，她均不厌其烦，亲自处方、医嘱，一一回复，深得病家之称赞。

她积极开展临床科研，如“中药灌肠治疗小儿发热”“中药滴鼻治疗小儿发热退热的疗效观察”，与南京中医学院药理教研室合作，将自己的有效验方进行剂改。开展“小儿上感退热方剂改及质控研究”的课题，获南京中医学院优秀成果二等奖。

曹颂昭教授治病特色主要反映在以下几方面：

（1）强调辨证，结合辨病：她认为，人体各有所异，同样患病，可因体质之强弱，脏腑之偏胜，感邪之寒热，病位之深浅的不同而表现各异。因此，临床除掌握一般辨证要领外，更注意其寒热虚实的夹杂和转化。她说，辨证还须结合辨病。如哮喘好发于过敏体质的小儿，发作时支气管呈痉挛状态，故常在辨证选方用药的基础上，加苍耳子、蝉衣等，取其祛风脱敏，加钩藤、地龙等取其解痉，这样更有利于诊断和选方用药。

（2）用药审慎，顾护胃气：小儿脏腑娇嫩，脾常不足，临床患病常兼夹消化道症状，且大多病轻易治，故用药宜少，用量宜小，需处处固护胃气。俗话说，“杀鸡无须宰牛刀”，因此，处方用药从不过剂攻伐，方中常配茯苓、白术、陈皮和谷芽、麦芽等顾护胃气。伤食夹积者，轻者加用保和丸，重者加枳实导滞丸；伤乳者加麦芽；伤米食者加神曲、谷芽；伤面食者加神曲、麦芽；伤肉食者加山楂；伤于生冷瓜果者加陈皮、山楂。患病后期常用健脾培本善后，用药亦选清补而少用滋腻，以防碍脾。

（3）分清缓急，急则治标：先贤有“急则治其标，缓则治其本”之说。治疗小儿哮喘亦不离其宗，常常在哮喘发作期以攻邪为先。寒证不离三拗加射干；热证不离麻杏甘膏；寒热夹杂多用定喘汤。她认为，攻邪宜分轻重，有表宜散，有壅宜降，有痰宜涤，气滞宜利。缓解期扶正培本在后。扶正亦需从肺、脾、肾三脏阴阳分治。临床常分肺脾气虚和肺肾阴虚两证调治。前者益气健脾，常用玉屏风散合参苓白术散或苓桂术甘汤；后者宜养阴益肾，常用生脉散加味。自拟固本培元片，增强了患儿体质，减少了发作次数。

（4）疑难病证，自拟良方：她运用补肾温督法，药用杜仲、川断、狗脊、补骨脂、当归和木瓜等，治愈一例病程长达 10 年之久的脊痿病者（脊痿，以脊梁痿软不耐久坐为特征，临床较少见）。运用行气通腑、调和肝脾、健脾理气法治疗小儿先天巨结肠取得满意效果。运用清化湿热，兼以疏泄肝胆，配以活血化瘀，治愈多例婴儿病理性黄疸。运用清心泻火，配合通腑泄热，夹湿加苦泄，阴虚滋阴，阳虚引火归原，并主张内外合治，治愈顽固性口疮多例。自拟清上温下汤治愈小儿尿崩症；疏泄清化汤治愈小儿神经性尿频；宣降镇咳汤治愈小儿顿咳（相类于百日咳）；清肝活血汤治愈小儿顽固性头痛等。

其治病特色亦深深扎入我的脑海。在她敬业精神的熏陶下，我受益终生。

三、临证特色

迄今从事中医临床医、教、研工作 50 余年，在江育仁、曹颂昭两位恩师医德、医术的影响下，多年来我一直刻苦钻研本专业及与之相关的知识和现代医学知识，注意关心国内外本专业的业务动态。始终告诫自己，学习西医，不能西化，而要化西，取长补短，糅合一起，以便更加深入地从微观上认识疾病，更好地辨证论治，以减少在治疗中的一些盲目性。在坚持整体观念和辨证论治的基础上，在《内经》“杂合以治”的思想指导下，形成了个人治病的特色：①多种疗法，整体调整。②精于辨证，灵活论治。③药少量小，中病即止。④顾护脾胃，注重消导。⑤注重人文，关爱患者。⑥临床治病，臻善三步等。特别是既有继承又具创新地运用多种疗法（内服、外治、推拿、针刺、导引等），将药、推、针结合，治疗儿科常见多发病和一些疑难病证，见效快、疗程短。

同时，我摸索出一套儿科运用多种疗法的经验。如：中药不能太苦、药味不宜太多、药量不可太大；口服药不能接受者可改为中药灌肛、外敷、外枕、泡足、沐浴等；针刺不能留针者可采用半刺法（快速浅刺即出，患儿还未感觉到，针刺已完毕）；惧怕针刺者可使用柔和舒适的小儿推拿术；病情较急者综合治之等。

1. 多种疗法，整体调整

中医治病，自古以来是根据病情需要，选择或综合运用中药内服、外敷、针刺、灸法、刮痧、推拿等多种疗法。因为不同的地理环境，不同的饮食习惯，不同的生活方式，形成了五种不同人的体质和易发的疾病，从而形成“砭石、毒药、灸焫、九针、导引、按跷”等多种不同的治法。说明人的生存环境、体质、疾病与治疗方法之间存在着密切的联系。古代著名医家淳于意，治病多针药并用，还记载有针灸与外治合用、针药并用的案例。小儿不同于成人能自愿服药，且脏腑娇嫩不耐药物的刺激，因此给临床使用多种疗法带来了空间。根据病情选用多种疗法治疗，不仅能缩短病程，而且疗效满意。

中医有这么多的特色疗法，作为一名医生，为尽快解除病人的痛苦，应想尽一切办法，不怕劳累、不厌其烦地为其用上。通过多年的实践，我可以胸有成竹地说，内科急诊的很多常见病痛，大多可以或配合选用中医的特色疗法，常能收到立竿见影的效果。希望在不久的将来，能看到从省到市到县的各级中医院，都能建成具有中医特色的急诊科。

整体调整，是强调“天人相应，形神合一”，即强调人体自身以及人与自然、社会的同一性，是一个协调统一、不可分割的整体。人生存于天地之间，自然界时令的变易，天地阴阳、日月星辰的运动变化，生活环境的顺逆等，无时无刻不影响着人的生命活动。所以，中医诊治疾病，均将以上这些作为重要参考因素。

人体是一个以五脏为中心，身体各个部位的组织、器官等，通过经络有机地联系成的一个不可分割的整体。脏与脏、脏与腑，亦相互关联、相互影响，相互资生、相互制约。某一脏腑有了病，可从相关器官得到反映，某一器官出了毛病，也可从有关的脏腑找到原因。临床治病是根据五脏配五行，运用五行相生相克的原理，进行整体调整，而不是肝病治肝、肾病治肾、头痛医头、脚痛医脚。

中医整体调整的指导思想，有别于西医以生理解剖为基础，主要依赖药品与手术治疗。中医治病注重各种方法对人体的调节效应，不单是祛除病因、病灶，更注重调整机体的协调平衡和人体与自然、环境的协调统一。由此可见，中西医治病的不同切入点，西医专注病人所患的是什么病，所以专病用专药，而中医更关注患病的这个人，是何部位的不协调，所以从整体入手，以调节患者脏腑、组织之间功能的协调平衡，增强治愈疾病的信心，达到“正气内存，邪不可干”“阴平阳秘，精神乃治”，从而治愈疾病。

在中医“整体调整”思想的指导下，我运用平胃散合桂附地黄丸治愈一例不孕症；用小柴胡合瓜蒌薤白汤，明显改善一例严重心功能不全（缺血性、扩张性心肌病）患者的症状，提高了生命质量，延长了生命历程，使之顺利等到了“换心术”，术后已恢复到常态。

2. 精于辨证，灵活论治

辨证论治是最具中医特色的诊断、治疗和预防疾病的原则。中医诊治疾病，不单着眼于“病”的异同，而主要放在疾病不同“证”的个性上。“辨证”和“论治”是两个相互关联的内容。

（1）精于辨证：中医认为，人和各种疾病的表现，虽有其共性，但更多的是其个性（千差万别）。例如，感冒这种常见病，可发生在老人、小儿、产妇、青壮年等不同人群；引起该病的病因、发生的季节和机体反应的症状也不同。因此，有各种不同证型或是有不同兼夹症状的区别。治疗疾病，只有辨清其“个性”，才能正确选择不同的治法和药物，而不是简单地见热退热、见痛止痛、见吐止吐，更不是笼统地拿一方治一病，所以，必须加以辨别。

“辨证”是论治的前提和依据，是治愈疾病的关键。所以，辨证必需精确，若辨证失误，寒证用了寒性药，不但无效反而会加重病情。精于辨证是一个长期实践的过程。首先，要运用好四诊，收集掌握各种疾病的症状资料（信息），然后再运用脏腑、经络、气血、八纲、六经、三焦等辨证纲领，进行综合分析，以辨别病变的部位、性质、邪正盛衰及疾病证候的不同个性。

（2）灵活论治：“论治”是在辨证的基础上，经过研究、思考而确定的治疗原则和方法。其基本原则是：寒者热之、热者寒之、虚则补之、实则泻之。用这样的思维模式来确立治疗原则和方法，使人体达到协调平衡，从而恢复到健康的状态。

“论治”包括治法、选方、用药。根据辨证结果确立的合适的治疗方法，既可以单纯选用中药方剂加减治疗，也可选择其他方法，如推拿、针刺、刮痧、拔罐等，亦可综合多种疗法（“杂合以治”）进行治疗。其中，中药方剂治疗，在选方、用药上必须灵活，既可以“同病异治”，也可以“异病同治”。用药的灵活性还表现在治疗主诉症状时，需要根据不同的伴随症状而选择不同的药味。如咳嗽伴腹泻者，不宜用杏仁，以避开滑肠之弊，而取桔梗、车前子既能宣肺止咳化痰，又能升提脾气而止泻；咳嗽伴呕吐者则要去桔梗，改用枇杷叶，既止咳又能和中止吐等。运用中成药亦要辨证取舍，如今用于治疗感冒的中成药很多，大多由众多性质寒凉的中草药组合而成，只适用于一些风热感冒的人群。但有不少人不根据自身病情而随意服用，结果感冒非但不好，反而导致咳嗽加重，甚或引起气管炎、肺炎。所以，中成药也需要根据病情，适度选用。

“论治”还要考虑三因制宜，即因时、因地、因人制宜。因时制宜，是告诫医者，用药勿犯天时寒热温凉之气。因地制宜，是指在治疗时必须根据不同地域，选择不同治法或不同用量。因人制宜，指出了治病必需因人而异。中医治病，根据不同个体灵活论治，就像服装设计师量体裁衣一样。一件好的衣服不一定适合每一个人穿着。一些有效处方不一定适合每一位患者，所以要辨证选用最适合自身病情的处方，才能取得最佳的效果。

3. 药少量小，中病即止

药少量小是中医处方用药的一大特色。良医治病，辨证确切，药少而精，此皆源于《内经》。《内经》中的治疗措施，多以针刺为主，用方药治病只提出十三方，其用药特点是药少而精。皆由一味、两味、三味，最多由四味药组成。

在张仲景《伤寒论》的几十张处方中，药味的组成亦少而精炼，如麻黄汤、桂枝汤、葛根汤、麻杏甘石汤、麻黄附子细辛汤、十枣汤、小柴胡汤、四逆散、四逆汤、葛根芩连汤等，后世统称为“经方”，即经典的处方。经典是指组方精炼、久用不衰，犹如经典乐曲久听不厌一样。

在现代医学所主张的“量大、疗程足”的思想影响下，中药的用量越来越大、处方的药味越来越多、要求服药的时间越来越长，这有悖于中医药传统特色。药多而杂，即使取效亦难于总结，同时会造成药物资源的极大浪费。医者应继承优良传统，博采众家之长，融合古今方药，对诸多药性分门别类，随症精选。对于小儿、年迈、体虚、久病者，调其所偏，补其不足。病情单纯者，取温、清、消、补等法，药少量小，直达病所。若病情复杂需复合方剂者，药量亦不宜过大。特别是脾胃系统的慢性疾患，需以小量扶持，或予丸散长服。小儿五脏六腑成而未全，全而未壮，稍有不慎极易受损。只要用药对证，方剂不在大小，用量不在多少。小儿发病容易，易趋康复，临床以呼吸及消化道常见病为多，且大多病轻易治，故用药宜少，用量宜小，贵在精选。正如张景岳在《景岳全书·小儿则》中提出：“其脏气清灵，随拨随应，但能确得其本而撮取之，则一药可愈。”

4. 顾护脾胃，注重消导

食积既是导致疾病的病因，又是中医的一个病证名。食积作为病名，有伤乳和伤食之别，是由喂养不当，乳食过量引起。临床表现不思乳食，腹胀腹痛，嗳腐酸臭，或伴呕吐，大便稀溏或秘结。《诸病源候论·小儿杂病诸候》所载“宿食不消候”“伤饱候”是本病的最早记载。其后，《活幼心书》和《婴童百问》又分别提出了“积证”和“积滞”的病名。食积又称积滞，与现代医学所称消化不良相近，以婴幼儿多见。常在感冒、泄泻、疳证中合并出现。少数患儿食积日久，迁延失治，脾胃功能严重受损，可导致小儿营养吸收和生长发育障碍，形体日渐羸瘦的“疳积”。故前人有“积为疳之母，无积不成疳”之说。

食积作为病因，小儿脾常不足，饮食又不知自节，加之家长溺爱，常常过食甜腻、生冷及高蛋白等饮食，以致乳食不化，停积胃肠，粪毒壅堵，郁而化火。食积粪毒是指饮食物过剩、消化不完全产生的大量废物，经发酵而产热、产毒。这些热毒内蕴，不仅表现消化不良的症状，而且会产生其他系统的症状，如热毒上蒸于咽会表现扁桃体发炎或化脓；上乘于肺会出现咳嗽、痰多、气喘等呼吸道症状；壅堵肺脾肾会出现水肿、尿闭等泌尿系统症状。此外，还会引起肌肤瘙痒、麦粒肿、霰粒肿、肛门脓肿等，可见营养过剩引起食积粪毒之危害。所以说，食积粪毒是小儿最常见的病因之一。

李东垣在《脾胃论》中指出，“内伤脾胃，百病由生”，说明人体内的致病因素主要来源于饮食，主要决定于脾胃消化、吸收、排泄功能的强弱，疾病的发生与脾胃之气是否正常密切相关。仲景学说中饮食的禁忌、服药与饮食等方面的内容，充分体现饮食调护的重要性。饮食能养五脏，不可缺少，过食反而伤正。掌握好宜忌，切忌太过。要牢记“一方水土养一方人”。现今人们富了，食品丰富了，对饮食营养的要求高了，但是出现了不少盲从现象，如不吃本国的葡萄、苹果，要吃外国的提子、蛇果等。临床常见过食榴梿引起扁桃体化脓者，食杧果引起皮肤严重过敏者，食猕猴桃引起腹泻者等。许多常见病，如咳嗽、哮喘、高热、惊厥、呕吐、腹泻等，多由饮食不当引起，并常兼夹积滞的症状。因此，治疗小儿疾病，当注重消导，在方中宜加苍术、陈皮、茯苓、莱菔子等，以运脾消积排毒。病愈后常因饮食不当引起“食复”。古代医家的告诫，不可不引起现代医家的重视。此理不仅适于小儿，也适用于成人。为预防小儿疾病的发生，饮食调护特别重要。提倡母乳喂养，乳母的营养亦不可过剩，乳食宜定时定量，随着年龄的增长，逐渐添加相适应的辅助食品。1～3岁的婴幼儿，以清淡易消化的米面类食品为主，切忌过食生冷、甘肥、甜腻、荤腥。

5. 注重人文，关爱患者

人文是人类文化中先进和核心的部分，集中体现在“重视人、尊重人、关爱人”这三点上。人文与人的价值、尊严、人格、个性、理想、生命、生存、生活及其意义等密切相关。人文主义是以人为本的世界观。它着眼于人性，体现为对人的心灵、精神和情感的关注、尊重和重视。因为人是社会的、历史的主体，又是自身存在价值的主体。“人文医学”将以人为中心，建立人性化的医疗政策、管理、服务，逐步构建完善“生物、心理、社会、养生、预防”的医疗模式。

医学的研究与发展原本是直接为人服务的。中医学的诞生，深受中华优秀传统文化的滋润。2000多年前，我国的先哲们以人为核心，以先秦人文哲学为指导，借鉴了大量的古代哲学思想，吸纳了儒、禅、道等文化精华，认为阴阳的对立统一是宇宙间万事万物产生、发展、变化的普遍规律，用阴阳五行学说解释生理、病理现象，指导诊断与治疗，强调精神与社会因素对人体及疾病的影响，奠定了中医学基础理论，全面总结了秦汉以前的医学成就，铸就了《内经》这本巨著。其中字字句句皆注重人体养生、个体调护、四季调养、情志护理、食物疗养等，强调人的个体性、差异性、特殊性。所以讲究“辨证论治”，根据不同患者在不同疾病、不同阶段个性化的诊断和治疗；强调人体生命、各脏腑之间的整体性，还强调人与人、人与家庭、人与自然环境、患者与医生也是不可分割的整体；认为人体生命是动态的，可感知、可定性的，而不能简单用实验分析、数字量化等。再看古代医学大家们，他们不仅医术高超，而且医德高尚。如孙思邈告诫医者，“善医者，必先医其心，而后医其身”。《大医精诚》中说：“凡大医治病，必当……无欲无求……誓愿普救含灵之苦……不得瞻前顾后，自虑吉凶，护惜身命……昼夜、寒暑、饥渴、疲劳，一心赴救。”这就是中医的人文精神，《内经》中的人文医学体系。

现代社会工业化革命、科学技术高速发展，带来了技术革命和市场经济。人们的生活方式、思想观念、意识形态也随之发生了急剧变化。在经济大潮的冲击下，各行各业也包括医疗在内，原本根深蒂固的人文精神，逐渐跟不上时代的步伐。一些具有“仁术”的医者们，因为各种各样的因素逐渐丢失了“仁心”，以致医疗机构与医护人员的形象大减、倍受非议、纠纷骤增，成了当前重大的社会热点。

医疗如何重塑“人文医学”，关键在于医疗体制和医务人员如何重视病人、尊重病人、关爱病人，体现在关爱他们的健康、关爱他们的生命，摈弃见病不见“人”和纯医学技术的观念。为了实现这一目标，医者应从临床沟通开始。临床沟通是指医生与病人或家属的交流，通过交谈来帮助医生和病人理解疾病。这样可以避免过分地依赖设备检查，也能避免一些漏诊和误诊，还可以增进医学界与社会公众的相互理解和宽容。

作为一名中医学传承者，纵观古今医学之路，古代中医的种种智慧，都深深地打动了我，深感医者面对的是众多患者。为了解除他们的病痛，必需不断地学习、不断地实践、不断地感悟，更需要不断地创新。要当一名好医生，首先需要有一颗仁心，即爱心。生命对每个人来讲只有一次，所以每个人都要关爱生命，特别是医者要犹如关爱自己一样，关爱每一个患者的生命。患者身上有很多分泌物，需要医者亲自去看一看、嗅一嗅，以作为辨证的依据，怕脏、怕臭怎能做到辨证精确。其次，要有一种不怕苦、不怕累的精神。中医的很多疗法是要用心、用力去做的，如针刺、推拿、刮痧等，只要病情需要，不论是白班还是夜班、是成人还是小儿，为了解除其病痛，都应不遗余力地为其用上。在病房值夜班时，遇到病儿发热、疼痛、腹泻、呕吐、皮肤瘙痒等不适，不只是开一下医嘱，由护士去打针或是发给各种药品，我总是亲自动手，采用无毒副作用的中医特色疗法去治疗。第三，还要有敢于担当的精神（当然是在力所能及的范围内），特别是一些成人的疑难病证，很多是由心理因素引起，医者要像对待自己的亲人一样，设法从心理疏导入手，才能缓解其病痛。临床发现，有不少小儿顽固厌食，是由家庭气氛不和谐造成的，因此，需要先从和解家庭矛盾入手进行治疗。

6. 临床治病，臻善三步

中医临床治病应完善三步。

第一步，驱邪排毒，必求其本。人体不论患何种疾病，皆由外邪和内毒引起，所以首先要驱邪排毒，即驱除外邪、排除内毒。“实者泻之”，就是这一原则的具体应用。驱邪排毒必求其本，即辨清人体邪毒之寒热属性、邪毒瘀堵的部位，于何脏、何腑、何经络，在表、在里等，运用中药寒热温凉之性，汗吐下和、温清补消等法，选取具有驱除邪气（即毒素）的药物或其他疗法，采用内服、外敷、推拿、针灸、刮痧、导引等不同措施，以通调百脉，祛瘀排毒。邪毒已去就要进入下一步。

第二步，扶正调理，恢复功能。扶正就是使用扶助正气的药物或其他疗法，并配合适当的饮食调护和功能锻炼等辅助方法，以增强体质，提高机体的抗病力，从而达到完全恢复健康的目的。调理主要是恢复各脏腑器官的正常功能，特别是其排毒（代谢）功能，不论采取何种方法，其原则不离健脾补肺，滋阴益肾；益气养血，疏通经脉；疏肝理气，调和脏腑；培补元气，调适阴阳等。以此巩固疗效。所以，对一些呼吸道和消化道的慢性病，经扶正调理后，可以预防复发。机体功能恢复后还需完善最后一步。

第三步，养生维护，防重于治。所谓“养”，即保养、调养、补养之意；所谓“生”，就是生命、生存、生长之意。总之，养生就是“治未病”，未病先防，保养生命。通过养精神、调饮食、练形体、慎房事、适寒温等各种方法去实现，是一种综合性的强身益寿活动。养生必须以传统中医理论为指导，遵循天地阴阳、五行生化收藏之变化规律，对人体进行科学的调养，以保持生命的健康活力。

中医养生，首先，主张天人合一的整体观，强调天人一体。“人以天地之气生，四时之法成”。天地是大宇宙，人身是小宇宙，天人是相通的，“人与天地相参也，与日月相应也”。人无时无刻不受天地的影响。所以，中医养生的方法均应随四季寒热温凉的气候变化，其饮食、起居、衣被均应随之进行适当调整。其次，强调阴阳协调的平衡观。养生就是求得身心阴阳的平衡协调。身体阴阳失去平衡就会生病，只要设法使太过的一方减少，太少的一方增加，当阴阳再次恢复原来的平衡协调，疾病就会自然消失。第三，注重身心合一的养生观。中医养生不但注重有形身体的锻炼保养，更注重心灵的修炼调养。《素问·上古天真论》云，“恬惔虚无，真气从之，精神内守，病安从来”，故养生重在养心。又云：“上古之人，其知道者，法于阴阳，和于术数，饮食有节，起居有常，不妄作劳，故能形与神俱，而尽终其天年，度百岁乃去。今时之人不然也，以酒为浆，以妄为常，醉以入房，以欲竭其精，以耗散其真……务快其心，逆于生乐，起居无节，故半百而衰也。”我们的祖先在2000多年前就以文字的形式告诫人们，如何养生防病、延年益寿。这就是“上工治未病”思想的体现。时至今日很多人依旧是以酒为浆，以妄为常，起居无节，以耗散其真。这是无知？还是医者未予嘱咐？也许两者兼而有之吧。

所以，作为一名好的中医，在给病人治病的过程中，必须完善以上三步。一般医生常止于第一或第二步，因此强调要完善第三步，向病人交代养生保健的方法，以杜后患。当人们能做到远离病痛时，自然就能延缓衰老，延长寿命。

四、尽职尽业

江育仁教授常对我们讲孟子的一句名言：“老吾老，以及人之老；幼吾幼，以及人之幼。”这是指在赡养孝敬自己的长辈时，不应忘记与自己没有亲缘关系的老人；在抚养教育自己的小辈时，不应忘记与自己没有血缘关系的小孩。我也常以此自勉，每当诊治疾病时，都能把患者当成自己的亲人。在病房值班吃饭时，病家随时都会端来呕吐物或大小便，我从不嫌其臭。冬季值夜班从不脱衣休息，随叫随起。遇到远道而来的就医者，均提前应诊，为其返程提供方便。遇有贫困者，还经常为其义诊。很多病人慕名而来，还有不少一家祖孙三代前来诊治者，所以门诊量逐年上升。退休前3年，医院开始设立“门诊量最多岗位标兵”奖，本人连续2年荣获此奖。

我多次参加医院组织的送医下乡医疗队，更是不分昼夜，经常顶着烈日，或是摆渡、涉水送医上门。此类活动很多，不胜枚举。

治病救人是医生的天职，遇到一些疑难病证，更要用百倍的信心，想尽各种疗法，为其解除病痛。为尽快减轻病人的痛苦，我一直在努力地探索。首创用中药饮片颗粒外敷治疗小儿常见病。运用腕踝针处理儿科临床常见病证和急症。运用针刺通督加体针、头皮针治疗一例12岁小脑平衡功能严重失调的脑瘫患儿，经治患儿肢体功能得到明显改善，已逐步学会骑自行车、电动车，先后毕业于中等技术学校、大学自学本科计算机专业。用中药为胆石症（结石5cm×6cm）患者、Ⅲ度子宫脱垂患者免除了手术之苦。综合多种疗法治疗成人痛风彻夜不眠、带状疱疹后遗三叉神经痛、多年腰痛不愈、顽固性荨麻疹、老年心功能不全等，均收到意想不到的效果。

自学习小儿推拿后，一直运用不同流派的小儿推拿法治疗适合病例，坚持不断地实践。在取穴少、提倡独穴治病的思想指导下，亦常选独穴缓解病人之疾苦。如运用拿肩井穴止惊厥、缓解急性喉梗阻；点按心俞穴缓解心绞痛；点按胆俞穴缓解胆绞痛；点按肾俞穴缓解肾绞痛；拍打肘关节缓解心慌、胸闷；拍打、按揉乳房四周可以治疗乳腺炎和乳房小叶增生等。在针灸远端取穴能止痛的启发下，运用按揉手法治疗膝关节疼痛，内侧痛在阴包、阴陵泉、三阴交穴上找压痛点按揉，外侧痛在风市、阳陵泉、光明穴上找痛点按揉，均能迅速缓解其疼痛。

为丰富中医学术内涵，还积极开展相关科研项目，临床研究发现，推拿手法治疗婴幼儿轮状病毒肠炎痊愈率达83.33%。运用挤捏手法作用于督脉及背俞穴，治疗小儿发热42例（仅1次），痊愈及体温完全复常者34例，占80.96%，总有效率达92.86%，发现该手法对小儿感冒发热的疗效尤佳。实验研究发现，捏脊加摩腹能有效降低腹泻小鼠的小肠推进率，缓解小肠痉挛，促进水分吸收，具有显著的抗腹泻作用。还发现，推拿“飞经走气”（穴位名）具有改善小儿哮喘（缓解期）患儿甲襞微循环的作用。其中，“推拿治疗小儿轮状病毒肠炎（湿热型）的临床与实验研究”通过省级鉴定，评为国内首创。“搓摩手指掌改善小儿甲襞微循环”等课题，获江苏省中医院医疗成果奖多项。

师承名家亦不忘启迪后学。参加工作后，一直肩负儿科临床带教和课堂教学任务。长年带教本科实习生、自考生、研究生、进修生、留学生，并为他们进行课堂讲座等，培育出大批中医儿科和小儿推拿专业人才。曾三度赴新加坡讲学和指导工作，积有丰富的医疗、科研和教学经验。

1989 年，江育仁教授推荐我担任儿科行政副主任，与其他主任一起辅佐他挑起儿科领导的重担，带领全科同志积极工作、创造条件，使江苏省中医院儿科于 2001 年被评选为教育部重点建设单位、国家中医药管理局重点学科，成为国内中医儿科界无先例的、双重的国家重点学科。1999 ~ 2004 年兼任内科党总支部四支部书记（急诊、儿科）。带领全支部的同志较为突出地完成了儿科及急诊科大量的医疗、教学、科研任务，急诊科亦被评为全国重点学科，任职期间 2 次被评为南京中医药大学“优秀党支部”。为把每年与亲人团聚的最好时光留给科室的其他同志，我连续 10 多年包揽了除夕和年初一的全天值班任务。由于工作成绩显著，2 次被评为优秀共产党员，年终多次被评为优秀。

我 2005 年 11 月退休，返聘在江苏省中医院名医堂专家门诊。坚持临床带教和学术讲座，圆满完成江苏省老中医药专家学术经验继承工作指导老师任务，毕业学员 2 名，另有 2 名在读。临证指导培养江苏省中医院跟师学习医生多名。同时，经常关心多种疗法（“杂合以治”）和小儿推拿事业的发展。多次受江苏省电视台、南京市教育电视台邀请，录制《小儿易感》《小儿厌食》《小儿喂养》等科普讲座。在江苏卫视《万家灯火》节目中，录制小儿推拿《推走感冒，推能退热》《推走腹泻》《推能助眠》等，向广大电视观众普及小儿养育知识和小儿推拿方法。同时，受邀在多种场合进行专题讲座。如 2016 年 7 月，受邀在广西举办的“柳州市妇幼保健院继续教育”培训班现场授课“中医的杂合以治”。2017 年 8 月，在“福建省中医药学会儿科分会第十五次学术交流会暨外治学习班”大会专题报告“多种疗法在儿科的运用”。2017 年 9 月，受邀在甘肃省举办的“兰州市儿科西学中适宜技术”培训班授课“中医特色疗法的运用”。2017 年 12 月，参加“世界中医药学会联合会小儿推拿专业委员会第三次年会”，大会专题报告“新时代小儿推拿的机遇和发展”。《小儿推拿的继承和创新》发表于 2017 年 12 月 6 日的《中国中医药报》等。

退休后，工作时间虽然减少了，但学习时间增多了。中医的知识浩如烟海，50 多年的医疗实践，深感书到用时方恨少，活到老学到老，学无止境。只有不断地、用心地学习，反复地实践，努力达到随时随地与天、地、人沟通的最佳状态，才能更好地服务于临床。人生如同逆水行舟，需要不断划桨、“充电”，才能不断地向前进。回顾个人的中医之路，虽苦犹乐，无怨无悔，意在弘扬传统医德医术，光大中医特色，造福子孙万代，亦为启迪后学，愿后学者亦能学有所成，尽快解除患者的病痛，为“健康中国”做出应有的贡献。

徐凌云

徐凌云（1945— ），汉族，北京人，中国中医科学院望京医院呼吸科主任医师，硕士生导师，董德懋学术继承人，中国中医科学院名医名家传承人。1969年北京中医学院毕业，1970年至1984年任宁夏西吉县公易卫生院医生、院长，县卫生局干部，县人大代表。1982年至1984年在中国中医科学院广安门医院内研室、急诊科进修，随名老中医董德懋、路志正、谢海洲学习。1984年至1997年调到广安门医院工作，历任急诊科主治医师、科副主任，内科副主任医师，院党办主任。1986年至1987年在北京协和医院急诊科进修。1991年至1994年拜师名老中医董德懋，成为董老的学术继承人。1997年至2013年在中国中医科学院望京医院任人事处长、呼吸科主任医师。从事中医医疗、科研、教学、管理工作五十年。精通中医经典，崇尚脾胃学说，急危重症中参西，清解消补治外感，调脾补肾疗内伤，站桩功法重调神，睡眠障碍分虚实。临床经验丰富，擅治心肺病、脾胃病、睡眠障碍。任世界中医药联合会睡眠医学专业委员会常务理事、呼吸病专业委员会理事，中华中医药学会急诊分会委员，北京中医急诊专业委员会顾问，国家食品药品监督管理部门国家基本药物评审专家。著作11部，发表学术论文40余篇。获卫生部孙氏医学科研鼓励基金三等奖。《睡眠障碍的中医治疗》《董德懋内科经验集》分获中华中医药学会科技进步著作优秀奖三等奖。

我从学习中医开始，至今已经有50年了，大致可以分为四个阶段：中医学院7年，宁夏西吉县14年，广安门医院14年，望京医院15年。回顾自己走过的道路，有许多值得回味和总结的地方。

学习继承之路

1. 夯实理论早临床

父亲喜好中医，小时候我生病，总是找中医治疗。初中二年级，我患猩红热，西医治疗的同时他还给我开方服中药，比其他病人好得快，给我留下了深刻的印象。父亲在我 14 岁时病逝，家境贫寒激励我勤奋学习。受父亲的影响，1963 年我考入北京中医学院。

1962 年北京中医学院首届学生毕业，总结教学得失，陈慎吾、李重人、于道济、秦伯未、任应秋五位教授上书卫生部“对修订中医学院教学计划的几点意见”。这就是著名的“五老上书”。“五老上书”提出“中医学院是培养高级中医师的殿堂”，“加强医古文的学习，中医传统教育，要保证中医学习的时间和力度，注重经典的学习”。因此，我们一入学就进行了强有力的专业思想教育，加强中医经典的理论学习。由程士德老师教授《内经讲义》，周信有老师讲授《黄帝内经》原文，结合王冰、杨上善、张景岳、马莳、张志聪等注家的阐释，我们《黄帝内经》原文课时达 400 多个学时，《黄帝内经》重要的章节都要求背诵，总计达 4 万余言。《伤寒论》《金匮要略》要背诵原文，而且要背诵陈修园《长沙方歌括》《金匮方歌括》的方歌，不但要熟记经方的药物组成，更要牢记药物用量和比例。欧阳修做文章的“马上、枕上、厕上”，在我们这里得到了充分的发挥。学习中医经典，我们确实是下了一番苦功夫，夯实了中医理论基础。

在随后进行的教育改革中，临床各科的教学搬到了附属医院，老师结合临床病人，讲述各科疾病，我们边上课边实习，理论联系实际，印象深刻，效果很好。1966 年 6 月由于“文化大革命”而停课，此时中医课程我们大致学完了。我经常利用下乡等接触社会的机会，积极主动地为群众看病，开中药、扎针灸、做按摩，治疗疾病还真有疗效。如 1968 年在湖南长沙县雷锋公社我给雷锋姑母治病，病人卧床两个多月，已请 4 名医生诊治，服中药 50 余剂，病情逐日加重。头晕目胀，心下悸，吐稀白痰涎，我诊为痰饮，治以温阳健脾蠲饮，用苓桂术甘汤加味。药用：茯苓 10g，桂枝 6g，炒白术 6g，附子 10g，白芍 6g，炙甘草 6g。服药 6 剂，病去八成，后用金匮肾气丸调理痊愈。早期接触临床，学以致用，树立了我对中医的信心，提高了我学习的动力，增加了我临床的技能。学院恢复上课以后，因为时间紧迫，学习西医就更注重实用了，我们四个同学到附属医院跟殷风礼老师临床，学习西医内科。还有值得一提的是集体诵读中医医案，如我们读《柳选四家医案》，由一个人读医案前半部分至临床表现，然后每个人自己辨证、立法、处方、用药，讲出道理，与医案后半部分对照，看看自己和名家有何不同。用这种方法学习前人医案，使自己提高很快。

2. 尊师重道善继承

1982 年，我在广安门医院内科研究室进修，跟随全国著名老中医路志正、谢海洲老师学习，眼界大开，获益匪浅。适值董德懋老师脚部感染，上楼行走不便，也把出诊地点换在一楼的内科研究室，使我有了和董德懋老师学习的机会。董老出门诊时，我都提前做好准备工作，从司机班搀扶董老到诊室，穿上白大衣，入座后递上茶水，招呼病人按序就诊。每个病人我认真记录，由董老口述，我誊写处方，董老审阅签字，然后交给病人。门诊结束后，把董老送到车上，关好车门，和董老再见。我整理诊疗记录，总结学习收获，有不理解的问题找机会请教。董老看我尊师勤奋肯学，在众多进修生中对我特别关照，时常叫我和爱人到家中“做客”，请我们吃饭，并开小灶讲课，传授临床经验。董老得知我调回北京遇到困难，主动给领导写信反映我的情况。节假日我们也去看望董老和师娘，董老交代的事情，我都认认真真做好。这种亲密融洽的师生关系一直延续下来，董老和师娘仙逝以后，师哥、师姐仍然把我们看作家人。1985 年董老到北京丰台区小井中医院给基层医生讲课，我们特意买了录音机进行了录音，留下了董老十几盘讲课的珍贵音响资料。1991 年国家开始首批全国中医师承制教育，我荣幸地在人民大会堂正式拜董老为师，继承董老的学术思想和临床经验。董老大医精诚，德艺双馨，为人谦和，厚积薄发。培养教育学生，董老更是毫不保留，呕心沥血，不遗余力，倾囊相授。董老精通经典，崇尚脾胃学说，重视调理脾胃，治脾胃以安五脏，或治五脏以调脾胃。诊查疾病提纲挈领，抓主症；治疗疾病，外感擅用清解法，内伤擅用调理脾胃法，并注重内外关系，强调“外疏通，内畅遂”“里气通，表自和”；对于疑难大症则注重整体，辨证论治，配合气功，疗效卓著。他常说：“勿伐天和，勿伐无过。”用药宜精，药量宜轻，重病轻取，四两拨千斤。董老强调摄生调养，常嘱病人“已饥方食，未饱先止，散步逍遥，务令腹空”，以配合治疗。我出师前，正值董老前列腺肥大、泌尿系感染、高烧住院，得知一位汽车司机病重想请自己会诊，他带着输液瓶，从二楼艰难地爬到三楼进行会诊，使病人转危为安。董老坚持躺在病床上，审查我的出师报告，预先听我汇报，看我制作的幻灯片，对答辩进行指导。我1994年出师，成绩优秀，获人事部、卫生部、国家中医药管理局颁发的毕业证书，成为首批师承制董德懋老师的学术继承人。作为学术继承人，我体会三年出师只是开了个头，不能浅尝辄止，即使我跟董老学习20年，也不能说已经尽得其传，全面继承了老师的学术思想和临床经验；继承老师的学术思想和临床经验，要不断地进行思考、进行总结，才能有所收获、有所深化、有所提高，我发表总结老师经验的文章近20篇，这些经验印象深刻，能够融入临床，变成自己的东西；继承老师的学术思想和临床经验，要把这些中医瑰宝保存下来，发扬光大，传给后人。2003年我们编辑了《董德懋内科经验集》，路志正老师作序说："在董老去世一周年之际，编成是集，早日问世，足见其学术继承人徐凌云主任医师尊师重道，不忘师泽的高尚学风，是对老师的最好纪念，也是继承发扬董老学术思想和宝贵经验的最好体现。"2012年我被确认为中国中医科学院名医名家项目传承人，高峰主任医师为学术继承组负责人。

临证求索之路

1. 急危重症中参西

大学毕业我分配到宁夏西吉县，先后在乡卫生院、县卫生局工作，和那里的回汉族人民结下了深厚的友谊。六盘山区，环境艰苦，民风朴实，缺医少药。我从实际出发，适应临床需求，以中医为主，中西医并用，辨证治疗、输液打针、中药调剂等工作都能胜任。基层临床急危重症多，对人锻炼大。急危重症起病急，病情重，变化快，必须抓住主症，审察整体，把握变化，抢救治疗。中医有优势的病种，充分发挥优势，用中医综合疗法；西医有优势的病种，用西医治疗，配用中药；诊断不清或西医没有特效治法的用中医治疗。当时我们所在的地方，卫生条件差，防疫水平低，麻疹、痢疾、猩红热、百日咳等传染病时有发生，流脑、白喉也曾暴发流行。我们用中药大锅汤预防麻疹，用鸡苦胆治疗百日咳，用麻杏石甘汤治疗麻疹合并肺炎，用葛根芩连汤治疗急性肠炎，用安宫牛黄丸治疗中毒性痢疾高热昏迷，用银翘散、养阴清肺汤治疗白喉等，均有疗效。如患女苏某，8 岁，1972 年 4 月 2 日初诊。麻疹喘咳 2 天。疹出不畅，咳嗽喘促，咳痰不利，发热恶寒，烦躁不安，纳少便溏，口唇紫绀，诊为麻疹合并肺炎，证属肺热痰阻，脾虚湿困，用透疹宣肺、清热化痰、健脾化湿法治疗，处银翘散、麻杏石甘汤合平胃散加减方。药用：金银花 10g，连翘 10g，炙麻黄 3g，杏仁 5g，生石膏（先煎）15g，牛蒡子 5g，薄荷 6g，浮萍 3g，桔梗 6g，炒白术 6g，陈皮 5g，厚朴 3g，芦根 15g，甘草 3g。用药 3 剂，疹出热退，13 剂而安。1975 年春，西吉县公易乡发生白喉 20 余例，轻、中型我们用中医辨证论治，5~10 天痊愈。重症患者 3 例，2 例服中药汤剂、注射白喉抗毒素中西医结合治疗，8 天痊愈。如患儿马某，10 岁，1975 年 4 月 20 日患鼻白喉 3 天，低烧，鼻腔见白色伪膜，精神萎靡，纳谷呆滞，夜寐不实，大便干，小便黄，舌尖红，苔薄白而浊，脉浮细弦，属肺热不宣、腹气不通，以清肺解毒、润肠通便法治疗，处银翘散合小承气汤方，10 剂病愈。可见中医药治疗急性传染病，是很有作为的。

在广安门医院，我们用湿热泻合剂、暑湿泻合剂、寒湿泻合剂、热毒痢合剂治疗急性腹泻 100 例，有效率为 97.17%。用清开灵治疗急性胰腺炎 26 例有效率达 96.1%。我还用小柴胡汤合千金苇茎汤治疗支原体肺炎，葛根芩连汤合白头翁汤治疗痢疾，补中益气汤治疗上消化道出血，针灸治疗急性痛症等。1985 年路志正老师主编《中医内科急症》，我参加了编写工作。《中医内科急症》，是当时为数不多的中医急症书籍，获北方十四省图书优秀奖。1998 年冬，北京暴发流感疫情，我用董德懋老师的经验方银翘桑菊汤治疗取得了满意疗效。

2005 年发生人感染禽流感，我经过认真研究文献，对照人感染禽流感的临床表现，提出人感染禽流感属于中医温病的观点，指出禽流感病毒可致不同的温病。1997 年香港的人感染禽流感发于夏季 8 月，多有腹痛、恶心、腹泻水样便等胃肠道症状，与中医的暑温夹湿或暑湿病证表现似相一致，可诊断为暑温或暑湿；2003 年至 2004 年越南、泰国的病例发于冬春季，出现高热，咳嗽，呼吸困难，甚则出现呼吸衰竭，休克，意识障碍或 ARDS，更似中医的风温或春温，认为人感染禽流感是温病，而不是瘟疫。这些见解，得到了学术界的认同。

2. 清解消补治外感

治疗外感病，我继承了董德懋老师的学术思想和经验，结合自己的临证体会，总结了“解表、清里、消导、扶正”八字诀。外感病邪从外来，感受六淫之邪，或疫疠之气，从皮毛，或口鼻侵入人体，初期病在肺卫。邪在卫分，则见发热，微恶风寒，头痛身痛，脉浮等症，病在肺则见流涕，鼻塞，咽痛，咳嗽，气促等症。治疗当宣肺散邪，用解表法。表证属风寒的日少，而属风热者渐多，少数病人可用辛温，多数病人当辛凉解表。病属风热者，我常用银翘桑菊汤、银翘散、桑菊饮、麻杏甘石汤等方。病属风寒者，我常用三拗汤、人参败毒散、麻黄附子细辛汤等方。

董德懋老师主张外感病要解表，但热邪入里，传变最速，变证多端，因此在宣散的同时，注意清热解毒，以截断其病势，驱除热毒。我继承董德懋老师的学术思想，解表的同时，有内热者必予清里，常收到事半功倍的效果。清里我用生石膏、黄芩、知母、桑白皮、葶苈子、蒲公英、鱼腥草、金荞麦等药。清热化痰用千金苇茎汤，清热化湿用三仁汤。

如病人董某，男，54 岁，2003 年 11 月 10 日初诊。2 年前曾做肾移植手术，发热 12 天，上午体温 39℃以上，下午降至 38℃。来诊时体温 39. 3℃，恶寒，汗出热稍退，旋而复炽，口苦，纳呆，腹胀便溏，日 4～5 次，小便黄，舌暗红苔黄厚腻，脉弦滑小数。询问得知患者发病前劳累过度，情绪郁闷。证属外感风热，湿热内蕴，肝郁不舒，治以辛凉解表、清热化湿、疏肝解郁法，方以麻杏石甘汤合三仁汤化裁。药用：炙麻黄 3g，桃杏仁 9g，生石膏（先煎）15g，金银花 12g，菊花 12g，白蔻仁 10g，薏苡仁 20g，藿香 10g，川黄连 3g，炒白术 10g，陈皮 9g，郁金 10g，六一散 10g。服药 3 剂，上午体温 37. 6℃，下午 37. 2℃。汗出较多，腹胀减轻，大便日 2～3 次。再以清解法，用银翘桑菊汤合三仁汤，药后热退，调理病愈。外感夹湿夹郁，高热不退，治疗以辛凉解表，化湿清热，使气郁散而表邪解，湿浊化而热毒清。

我认为，外感病在解表、清里的同时，还要非常注意病人胃肠的情况。胃滞者我喜用健胃消化法辅助治疗，常用炒谷芽、炒麦芽、炒神曲、炒山楂、莱菔子、鸡内金之属。肺与大肠相表里，大便秘结、大便干、大便不畅者，我常用导滞通下法，帮助解表清里，每用火麻仁、莱菔子、酒大黄、肉苁蓉、郁李仁、小承气汤等润肠、通便。大便一畅，表邪解，内热清，正所谓“里气通，表自和”。

外感病人体质不同，老年高龄患者，或病程迁延日久不愈患者，或反复发作的患者，或有多种基础疾病者，我在解表清里消导的同时，在治疗的不同阶段，适时适度给予扶正。如正气虚，不足以驱邪者，扶正以助驱邪；正气虽虚，尚能支持者，先驱邪，邪去然后再谋扶正。扶正我主以健脾益气，常用四君子汤、六君子汤、香砂六君子汤等方。阳虚者，加附子、黄芪；津亏者，加用沙参、麦冬；气阴两虚者，用生脉散；肝肾不足者，用杞菊地黄丸。体虚者适时适度配合扶正，有利于外感的治疗，而无闭门留寇之弊，后期扶正更有利于病人的康复。

3. 调脾补肾疗内伤

五脏六腑皆秉气于胃，脾胃为后天之本，气血生化之源。脾胃损伤，必然影响到其他脏腑，引发疾病。周慎斋说："治病不愈，寻到脾胃而愈者颇多。"我继承董德懋老师的学术思想，治病以调理脾胃为先，临床把握脾胃与五脏的辨证关系，治脾胃以安五脏，或治五脏以调脾胃，审证求因，治病求本，辨证论治。补脾我用补中益气汤、六君子汤、香砂六君子汤，或仿薛己加用麦冬、五味子，以照顾到阴液，实际又是合用了生脉散。如我用香砂六君子汤，治疗脾肺两虚，痰湿不化的慢阻肺、慢性结肠炎；用半夏泻心汤，治疗寒热错杂，胃失和降的糜烂性胃炎；用平胃散合小建中汤，治疗脾虚湿困，脾胃不和的慢性胃肠炎；用生脉饮合平胃散，治疗病毒性心肌炎；用香砂六君子汤，治疗脾虚血滞的心绞痛、高脂血症；用炙甘草汤、生脉散合保元汤，治疗阴阳两虚、胃气失和的病窦综合征。

肝属木，脾属土，木有疏土之用，肝有健脾之功。脾不运化，气血衰少，则肝血不足。脾不统血，失血耗血，则肝血不藏。脾不健运，湿浊困脾，脾土壅实，则木失疏泄，肝气郁结，症见黄疸，腹胀，二便不调，胁痛胸痞，头晕等。治疗肝病，我往往用健脾、补脾、调脾法取效。治疗脾胃病注重肝脾关系，大凡胃痛、痞满、呕吐、呃逆、腹痛、便秘、泄泻等脾胃病证，多从肝脾、肝胃论治。我治疗萎缩性胃炎，多从肝脾、肝胃治疗。如萎缩性胃炎伴肠化，胃脘胀满疼痛，纳呆，疲乏无力，大便软，舌淡红苔薄白，脉沉细弱，辨证为脾胃气虚，肝郁气滞，用香砂六君子汤合四逆散；萎缩性胃炎，胃脘胀满疼痛，连及两胁，喜太息，食纳不馨，大便溏薄，日 3 次，舌淡红苔白浊，脉弦细，辨为肝脾不和，用参术四逆散加味；萎缩性胃炎，胃脘胀痛，口苦，咽干，纳少，夜寐不实，大便干，小便黄，舌红苔微黄腻，脉弦滑，辨为少阳枢机不利，湿热阻滞，以和解少阳、清利湿热法，用小柴胡汤加减。

我深膺薛己温补脾肾之论，临床重视脾肾，往往能取得疗效。肾居下焦，下焦为水道，易留湿蕴热，补肾我除少数情况用金匮肾气丸外，多数常用杞菊地黄丸、六味地黄丸、知柏地黄丸。我用杞菊地黄丸加减，治疗肝肾阴虚、脾虚胃滞的冠心病、贫血，肝肾不足、胃失和降的慢性胃炎、高血压，肝肾阴虚、瘀浊阻滞的糖尿病，肝肾阴虚、湿热下注的肾功能不全；用生脉散合杞菊地黄丸加减，治疗气阴两虚，肝肾亏损的糖尿病盗汗；用杞菊地黄丸合三仁汤化裁，治疗肝肾阴虚、湿热阻滞的干燥综合征。如患儿王某，男，4 岁，2007 年 9 月 20 日初诊。患皮肌炎 3 年，每日服强的松 35mg，氨甲蝶呤 2 片。臀部有 2 个阴性肿物，大者约 7cm×7cm，双手指关节处有多个钙结节沉着 2 年，多方求治未效，来北京中医治疗。患儿臀部肿物表面暗红，按之较硬，行走不利，身疲乏力，舌淡红苔白，脉沉细。纵观脉证，我认为属元气亏虚，精血不足，湿热痰浊阻滞，立法补肾填精、清热利湿化痰，方用龟鹿二仙胶合知柏地黄丸加减。药用：鹿角胶（烊化）2g，龟甲胶（烊化）2g，太子参 6g，当归 6g，生地黄、熟地黄各 10g，山萸肉 10g，生山药 10g，丹皮 6g，茯苓 10g，知母 3g，黄柏 6g，赤芍 6g，菊花 6g，胆南星 3g，莱菔子 5g，甘草 3g。至 2008 年 8 月 8 日，前后六诊，臀部破溃处已结痂，肿物消失，精神爽，体力增。患儿阴性肿物不能破溃，示先天不足，精血亏虚，长期服用大量强的松、氨甲蝶呤，进一步耗伤精血，降低体质。我以大补元气、补肾填精、清利湿热化痰取效。

4. 站桩功法重调神

董德懋老师深入钻研气功理论，得其要旨，总结出“安神静坐，物我相忘，心息相依，呼吸自然”练功十六字诀。董德懋老师自己坚持做站桩功，并运用气功于临床达几十年，治病调神，屡起沉疴。董德懋老师认为，气功作用的核心是调气积精全神，气功能调整人体的功能，发挥人体潜能，治神以达到祛病延年的目的。人的精神活动在心，能源动力在肾，益气需要健脾，温阳需要补肾，阴平阳秘，精神乃治；治病要治神，养病需养神。气功调气积精全神的功效，对于治疗疑难病症，以及积年沉疴，大有裨益。长期坚持，使精气神旺盛，达到祛病的目的。沉疴大症发病日久，病情深重，多损伤人的精气神。气功调气积精全神，使精气神得到补益，精神专一宁静，气盛精充神复，沉疴大症可起。病程久，病情重者贵在坚持。董德懋老师治疗疑难病，在药物治疗的基础上，每嘱病人在身体许可的情况下，坚持做站桩功，以提高疗效，并授以要领，亲自示范。做功后周身舒适，头清目明，思维敏捷，精力充沛。

我继承了董德懋老师有关气功的学术思想和临床经验，治疗疑难病症，我常让病人在药物治疗的同时，配合做站桩功。站桩功的要领有三：一是调姿，即调整身体的姿势。全身要尽量放松，两腿分开，与肩宽持平，双膝稍曲膝下蹲，两手自然抱球姿态，置于胸前，舌尖抵上腭，双目平视微闭。二是调意，即调节自己的意念。要排除杂念，物我相忘，意念操守于下气海丹田，如不能排除杂念，则想远不想近，想虚不念实，可以随呼吸想象气息的出入上下，自然心静。三是调息，即调整自己的呼吸。用鼻子吸气，也用鼻子呼气，吸气要深至丹田，不能至丹田也想象认为吸到了丹田，呼气要缓要慢，吸气与呼气时间之比为1∶3，通过不断练习逐步达到1∶6、1∶9。每日2次，每次20～30分钟。如病人张某，女，45岁，会计师，2002年9月1日初诊。主诉失眠、头痛3年余。病人失眠，夜寐不足3小时，头痛时作，工作经常加班加点，外院诊为更年期综合征。病人睡眠困难，入睡难，夜间易醒，每日睡眠不足3小时，头痛，心烦，双目干涩，迎风流泪，纳可，二便调，舌尖红，苔薄白，脉弦细小数。综观脉证，属肝肾阴虚，心肾不交证，治以滋补肝肾，交通心肾，方选杞菊地黄丸加味。药用：枸杞子10g，菊花10g，生地黄、熟地黄各15g，山萸肉10g，生山药10g，丹皮10g，茯苓10g，泽泻12g，炒枣仁15g，远志10g。5剂，水煎服，日1剂。我同时让病人做站桩功法，带病人进行练习，嘱回家后继续做功，每次从5分钟渐增至20分钟，日2次。2002年9月20日，前后四诊，患者睡眠正常，精力充沛，病人坚持练功。嘱服用杞菊地黄丸7天，调理善后。患者年逾四十，元神受挫，肝肾不足，心肾不交，失眠头痛，用杞菊地黄丸加味，滋补肝肾，交通心肾，授以站桩，调气积精全神，宿恙顿失。

5. 睡眠障碍分虚实

1995年我们根据《黄帝内经》的有关论述，提出中医睡眠学说。中医睡眠学说，主要包括阴阳睡眠学说、营卫睡眠学说和神主睡眠学说。这三个睡眠学说，相互联系，共同组成了中医睡眠理论。阴阳睡眠学说认为，人体阴阳消长出入的变化，决定了睡眠和觉醒的生理活动，是中医睡眠理论的总纲领，揭示了睡眠和觉醒的基本原理。营卫睡眠学说是阴阳睡眠学说的具体化，睡眠时卫营相会，运行于阴经和五脏，揭示了睡眠的本质。神主睡眠学说突出了中医睡眠的整体观，揭示了睡眠是人体整体的生命活动形式。中医从整体调节治疗睡眠障碍的方法丰富多彩，为睡眠障碍的治疗开拓了广阔的前景。

我辨治睡眠障碍的主要思路，是注重整体，调和阴阳，调理脏腑，辨证论治。睡眠障碍的病因，有先天禀赋不足、脏腑稚嫩不充、脏真元气虚损、七情郁结，以及病邪内生。其中禀赋不足、脏腑稚嫩、元气虚损，发病为虚证，治疗当用补法。我总结了治疗睡眠障碍虚证14法：补营养血法、补益心气法、滋阴养血法、益气养血法、益气养阴法、补益心脾法、养心润肺法、补养心肝法、滋补肝肾法、健脾益气法、益气温胆法、滋阴降火法、交通心肾法、调和阴阳法。睡眠障碍多见实证，涉及心、肝、脾、胃诸脏腑，常由火、热、湿、食、气、痰、瘀血而致病。我总结了中医治疗睡眠障碍实证9法：清心泻火法、清胃泄热法、疏肝解郁法、清肝泻火法、清热利湿法、健脾化湿法、健脾化痰法、清热化痰法、活血化瘀法。

安神主要涉及心、肝两脏，在辨证的基础上运用。滋养安神的药物有酸枣仁、柏子仁、茯神、远志、五味子、淮小麦、夜交藤等。重镇安神的药物有羚羊粉、珍珠母、灵磁石、龙齿、龙骨、牡蛎等。

我认为，女子失眠，以血为本，以气为标。血盛则神旺，血虚则神怯。心藏脉，脉舍神，血虚失养，则心神不宁。肝藏血，血舍魂，血不荣肝，则魂不守舍。神魂不安，发为失眠。阴血不足，脏失濡润，则脏躁神烦，如有神灵，欲卧不得卧，欲眠不得眠，亦多失眠。血虚或滞，化生瘀血，瘀血不去，新血不生，神魂失养，发为失眠。女子失眠，以气为标。女子属阴，以阴血为质，阳气不盛，加之经孕产乳诸般生理变化，心细敏感，情绪波动较大，肝气易郁而欠舒，故情志所伤，七情郁结，是女性失眠的重要病因。女子或情志抑郁，肝气不舒，魂不守舍，或气郁化火，火热扰动，更有气滞血瘀，瘀阻血脉，神魂不安，均发为失眠。忧愁思虑，久而不解，忧愁过度，心血耗伤，思虑日久，脾气郁结，心脾两伤，神魂失养，发为失眠。女子属阴，胆气固弱，惊恐卒至，决断无权，神魂不定，遂至失眠。女子失眠，临床与男子相同，所不同者，但在气血二字而已。故治疗宜时时关照其与男子不同的特点。我治疗女子失眠，注重于血，经后、乳中更需着意，多配四物汤，养血和血，以助安神；舌暗脉细，有瘀滞者，增丹参、丹皮；血虚及阴者，加熟地、枸杞子、何首乌；脏躁不安者，益百合、生地、甘麦、大枣。气郁是治疗女子失眠的又一着眼点。失眠急躁易怒者，我用加味逍遥散，注意养阴血，或合入杞菊地黄丸、六味地黄丸、一贯煎；忧愁思虑，心脾两虚者，用归脾汤合四逆散；胆虚痰郁，决断无权者，用十味温胆汤。

中医根植在我国传统文化的沃土上，是中华民族的科学瑰宝，她将对世界文化的发展起到积极的推动作用。中医师承制教育，符合中医的特点，是一种行之有效的传承方式。我学习继承董德懋老师的学术思想和临床经验，运用于临床，受益匪浅，颇多感受。医生要上知天文，下知地理，中知人事。中医使我懂得了如何做人，如何做医生，学业无终结，学术无止境，路漫漫其修远兮，吾将上下而求索。

张士卿

张士卿（1945— ），河北邯郸人，教授，主任中医师，博士研究生导师，全国老中医药专家学术经验继承工作指导老师，首批甘肃省名中医，享受国务院政府特殊津贴专家。历任中华中医药学会儿科分会副会长，甘肃省中医药学会副会长，甘肃省中医药学会儿科专业委员会主任委员，《中医儿科杂志》主编等职。

1970年毕业于北京中医学院（现北京中医药大学）中医专业，1980年10月中国中医研究院（现中国中医科学院）毕业并获医学硕士学位，留北京西苑医院儿科工作。1984年7月调回兰州，在甘肃中医学院任教，先后担任基础部副主任、主任，附属医院副院长、院长，甘肃中医学院副院长、院长等职务。1988年获卫生部“全国卫生文明建设先进工作者”表彰，1998年荣获全国总工会“全国三育人先进个人”表彰，2004年荣获首批“甘肃省名中医”称号，2006年荣获“全国中医药传承特别贡献奖”表彰；2007年荣获甘肃省“五一劳动奖章”表彰。

在职期间，先后承担《黄帝内经》、中医基础理论、《伤寒论》、中医儿科学等多门课程的教学任务。长期坚持中医门诊医疗工作，临床法宗仲景，善用经方，方活药精，师古不泥，注重调理肝脾、养阴护胃，对小儿外感发热，呼吸、消化、神经系统等常见病、多发病及疑难杂症有独到的见解和确切的疗效。主持和参与中医科研课题多项，发表论文60余篇，独著、合编著作10余部，获省、厅级科技进步奖多项。

潜心学医　初立治病救人之志

我1964年高中毕业时报考北京中医学院，是班主任的建议。因为在中学时期，我的身体还是比较瘦弱的，当时，班主任老师认为我不适合学工科，而学中医会有利于自身保健，同时，治病救人亦是一件善事、乐事。我听了班主任老师的话，毅然走进了中医学院。因为我们这一届学生是先学中医后学西医，所以，一进校首先聆听的是程士德老师讲《黄帝内经》、刘渡舟老师讲《伤寒论》、印会河老师讲《温病学》、席与民老师讲《中药学》、王绵之老师讲《方剂学》……这些有名望的中医老师不仅课堂教学深入浅出，能调动学生兴趣，而且门诊治病疗效显著，深受患者好评，这些都成为我好好学习、立志当一名真正能为病人解除疾苦、受人尊重的好医生的动力。

我读大学期间，正赶上史无前例的“文化大革命”，因此六年时间里，真正用于业务学习的时间不过三年多。尽管是那样，因为当时的教育方针是“教育为工、农、兵服务”“教育与生产劳动相结合”，所以，开门办学啦、复课闹革命啦、三夏三秋在农村劳动啦，还是经常不断的。特别是在农村劳动期间，经常会遇到农民生病，我们作为医学生，理所当然要主动去为他们服务。记得有一次，一位农民大叔晚上哮喘发作，持续几天都是倚炕半坐，不得平卧，我和同学一起就每天为他针灸治疗，选取定喘穴、肺俞穴、膻中穴、天突穴等，同时还开了定喘汤加减的方剂，煎汤给他喝，三天后，症状缓解，我们心里很高兴，很有成就感。从那时起，我对针灸很感兴趣，觉得针灸治病方便、经济，适合农村、基层以及医疗条件差的地方运用。因此，平时为了体会针感，把握穴位，常在自己身上练针，合谷、内关、曲池、足三里、阳陵泉、三阴交等，甚至头部的风池、太阳穴、下关等都亲自体验，而且每当暑假、寒假回家时，总是把针灸盒带上，街坊邻居，谁家有病，我能处理的，我都大胆试治。

毕业实习，我们被安排在河南商丘地区的永城县，那里是河南、山东、安徽三省的交界处。当时那里农民生活条件比较差，疾病也比较多。实习期间，我曾跟师于祝谌予、王子瑜、殷凤礼等老师，特别是祝谌予老师用“一锅炭”治疗腹泻、王子瑜老师用补中益气汤治疗老妇癃闭等给我留下了深刻印象。

毕业时，我的志愿是“服从分配，到祖国最需要的地方去”，结果被直接分配到甘肃省平凉地区。一到平凉，头一年先被安排到该地区的静宁县，参加“甘肃省农村毛泽东思想宣传队”，与那里的农民同吃、同住、同劳动，一起打“农业翻身仗”。那一年中，我并没有放松自己的专业，乡亲们无论男女老幼，一有病，我就和村里的赤脚医生一起给他们治疗。一次，邻村一位长征掉队留在该村的老红军患尿血症，当时考虑是前列腺增生所致，我给他开了三剂仲景的猪苓汤加味药，结果服后即血止尿利，诸症豁然。还有，一个周岁的小儿，夜间高热抽风，经询问，系因睡前喂食过饱，导致积食化火而动风，我给他用保和丸加味消食导滞，通腑泄热，息风止痉而愈……这些经历，虽属零散，但仍觉学有用武之地，而心感欣慰。

一年后，农宣队结束，我被重新分配到平凉卫校任教。当时中医教研组的老师有从北京来的，有从兰州医学院毕业的，大家配合默契。卫校开办了中医士班、西医学习中医班，教材大都要自编。我们还创办了中医门诊部，一方面是为患者服务，另一方面也是为了方便学生的见习和实习。在卫校的几年里，对我的业务学习和临床技能的锻炼是很大的。理论上有了大的提高，临证治疗也摸索了一些经验。如治疗类风湿关节炎用仲景乌头汤合桂枝芍药知母汤加减，治疗腰肌劳损用独活寄生汤和青娥丸加减，治疗胃溃疡用归芪建中汤合乌贝散加减等都有比较好的疗效。一次，一位前列腺增生的病人，因尿血待查，行膀胱镜检查而致小便癃闭，滴点不出，我给他开了两剂桃核承气汤加味，结果服后即通。一位肠梗阻术后肠麻痹的病人，我予以小承气汤加大剂莱菔子而取效。还有一位右侧输尿管下段结石导致肾积水、肾绞痛的患者，我用利湿排石汤加益气补肾药，连服 3 剂痛止，后以济生肾气汤续服 40 余剂，随访多年未再复发。

那一阶段，我还喜欢针药结合治疗一些常见病，如遇急性胃痛的病人，我总是先针刺足三里、中脘、梁丘等穴，痛止后再带药回去煎服。对待头痛、腰腿疼等病人亦是如此。加之我亦喜欢太极拳，诊治之余，还辅导他们学练太极拳，不仅能巩固治疗效果，而且还能使一些病人的体质不断增强，甚至慢慢抛却煎锅。

有缘深造　愿习越人入咸阳之妙

1978 年，中医学科首次招收硕士研究生，我从报纸上得知这一信息，便积极报考。那年 10 月，我有幸被中医研究院中医研究生班录取。读研期间，又得到岳美中、赵锡武、任应秋、刘渡舟、王绵之、金寿山、凌耀星、潘澄濂、万有生、孟澍江、李今庸、方药中、谢海洲等全国德高望重的名老中医、专家教授的当面教诲，并对四部经典医著进行了全面系统的学习，确实受益匪浅。读研第二年，进入专业学习阶段，我被确定跟随西苑医院著名儿科学家王伯岳老师学习。先师王老，出身于三世医家，从小又受到川医名师指点，更加之自幼聪慧好学，经史子集、诗词歌赋，过目成诵，医经典籍、各家学说，勤求博采，群经皓首，孜孜不倦，临证治病，妙手回春，所以被京城群众誉为“王小儿”。王老对学生要求十分严格，他常教导我们要重视经典著作如《黄帝内经》《难经》《伤寒论》《金匮要略》《温病条辨》《神农本草经》的学习。他认为，不学好《黄帝内经》则临床辨证无“法”可依，不懂仲景学说，则临证施治无“方”可循。《伤寒论》上承《内》《难》，下启后世诸家，是理、法、方、药齐备的临床实用医学，从《伤寒论》入手，结合临床再精研《素》《灵》，自能收到事半功倍的效果。

王老学识渊博，医术精湛，临证经验丰富，学术造诣深邃。他善治临床各科杂证，尤以中医儿科著称。对于儿科本业，他尤其崇尚钱乙之说。对于钱乙《小儿药证直诀》，他反复研读，对于宋以后的许多名家之作，如《活幼心书》《保婴撮要》《婴童百问》《幼科发挥》《育婴家秘》《幼幼集成》《幼科铁镜》《金鉴·幼科心法》等，他都进行过详尽的研究。先师常说，中医各种学术流派学说的形成，是社会发展到一定时期特定历史条件下的产物，他们各有所宗、各有所长，各从不同角度、不同层面，共同丰富了中医学这一伟大宝库。尤其是金元四家学说，在整个中医学术史上占有相当重要的地位，对于中医理论和中医临床都有着积极的指导意义，同样，对于中医儿科学术的发展也具有深远的影响。先师将金元四家学说的精神灵活运用于儿科，从理论到临床，都有独到的理解和阐发。

除金元四家学说外，先师对于历代医家的学术思想和临证经验都非常重视，并进行深入探讨和研究。尤其对于温病学说在儿科临床中的应用造诣更深。他常对我们说：“小儿之病十之八九属温病，历史上很多著名的儿科医家都有精深的温病学术造诣，而很多温病学家又同时是儿科高手，如叶天士、吴鞠通等都是。叶天士的名篇《三时外感伏气篇》，就是王孟英根据叶天士原著《幼科要略》删节而成。据史料记载，叶天士《临证指南医案》是其门人收集整理而成，只有其中的《幼科要略》部分才是叶氏唯一亲手撰著的传世之作，故被后人评为‘字字金玉，可法可传’。”

先师还经常强调，作为一个儿科医生，其实应该是全科医生。因为小儿病，从胎儿期、围生期，以至于长大到十三四岁、十五六岁，实际上涵盖了内、外、妇、儿、五官、皮肤等各科的病症。所以，业专儿科，还应旁及各科，博览各科专著，掌握各科治疗要领和常规处理，这样才能在条件不允许分科就诊的情况下给患儿以及时的正确的治疗，而不至于因自己不懂而贻误病情。

先师这一“精研经典，师法仲景，博采众长，为我所用”的治学特点，对我的影响十分深刻，特别是在我研究生毕业时，先师赠我一首诗：

上溯灵素下汉唐，更喜仲景与仲阳。

金元四家成妙谛，勤求博采实青囊。

这首诗至今激励着我，为我确定了明确的专业方向和奋斗目标，使我从此立下了习秦越人“入咸阳之妙”，学钱仲阳“为方博达、不名一师”，继承先师之志，为儿童的身心健康做出毕生贡献的鸿愿大志。

再拜恩师　深悟经典经方之妙

研究生毕业后，我被留在北京西苑医院儿科，在先师王老身边工作了三年，后因工作和家庭的需要，于 1984 年 7 月调回兰州甘肃中医学院任教。那时候，甘肃中医学院刚刚成立不久，中医招生人数不多，儿科学的课时有限，《黄帝内经》教学又缺乏师资，我大学的老师周信有教授建议我进《黄帝内经》教研室。我觉得这样也好，一来承担《黄帝内经》教学，对经典医著下一番功夫研习，对自己也是一个提高；二来课余时间，我还可以坚持中医儿科临床实践，并不会因此丢掉专业。如此，尽管忙些，实际一举两得，对我还是个鞭策，于是便毅然允诺。

周老自幼学医，博学众览，他曾有一句格言作为座右铭：“凡为医者，须略古今，博极医源，精审详究。学不精则不明其理，学不博而欲为医难矣。”他不仅对《药性赋》《汤头歌诀》《濒湖脉学》《医学三字经》等中医启蒙书烂熟于胸，并认为《温病条辨》《医宗金鉴》等书实用价值很大，实乃学医者必修之重要书籍。尤其是他长期从事《黄帝内经》教学，对《黄帝内经》进行过全面、系统、深入的研究，认为学习和研究《黄帝内经》就是要研究它的学术思想，研究它认识问题所运用的整体观、系统观、辩证观等思维方法，研究它的理论体系及其对医疗实践具有指导作用的重要原则。所以，他强调，“攻读《黄帝内经》是每个有志于中医事业者的必由之路”。

周老对《黄帝内经》经意的阐发，内容丰富、实用，见解独到、新颖，认识精辟、深邃。他将自己毕生研究《黄帝内经》的学术成果及治学经验汇总成《内经讲义》《内经类要》和《内经精义》等著作，对后学者学习、领悟《黄帝内经》发挥了指南作用。

周老教学之余，从未间断过临床诊疗工作。他常说：“临床诊疗是中医药最重要的实验室，中医不能没有临床，离开了临床，中医就搞不出新的东西来。”他立足临床，对《黄帝内经》经意的阐发，别有洞天，其概括性、实用性很强。尤其对《素问·至真要大论》病机十九条的分析，全面透彻，切合实用。

以“诸风掉眩，皆属于肝”为例，他不但从理论上进行阐发，揭示其“自然人体观”的实质，而且还密切联系临床实际，指出肝风内动所表现的“掉眩”病证，有实风与虚风两端：实风之证，总的来说，是肝阳偏亢，肝气疏泄太过，以致阴不制阳，风阳扰动，阳动风生。在临床上，实风一般又可分为两种证型。一为外感热炽，热盛动风，风火兼化，而致拘挛抽搐、神志昏愦。此热为本，风为标，治宜针对邪热炽盛，投以苦寒清泄，以治其本，如大青叶、龙胆草、黄芩、黄连等，再酌情辅以甘缓柔润，以柔制刚，缓痉息风，兼顾其标。一为肝失条达，风阳扰动，气血上壅，瘀阻清窍，或气生痰壅，蒙蔽清窍，而致昏仆无识，治宜疏肝解郁，平肝降逆，镇肝息风。同时，对眩晕昏厥之证，尚须考虑上实下虚的病理特点，重视上病下取，一般宜七分下取，以治其本，三分上取，以治其标，投以育阴潜阳、潜镇降逆之品。虚风之证，总的来说，多为肾阴亏损，肝血不足，阴不涵阳，血不荣筋，阴虚阳亢，阳动风生。在临床上，虚风又可分为三种证型：①邪热久羁，阴虚风动。②阴虚阳泛，风阳上扰。③血虚生风，肢体震颤。凡此均以虚为本，盛为标，一般应以治虚为主，兼治其标。治宜滋水涵本，育阴潜阳，柔肝息风。由此可见，由于周老对“诸风掉眩，皆属于肝”的深刻领会和联系实际，灵活运用，从而构成他在临床上对痉病与中风的临证思路和用药特点。

在临床实践中，周老不但深谙《黄帝内经》旨趣，而且兼通各家之学，在治疗疾病时，高屋建瓴、统观全局，注重对整体病变的纠正。用药上他善于寒热并用、润燥并用、升降同调、攻补兼施，善于糅合温散、疏化、宣导、渗利、祛瘀、清理、扶正达邪、祛邪安正等诸般治法，集于一方而兼顾之，使各种药物功效有机结合，相辅相成，互相配合，从而形成他“复方多法，综合运用，整体调节”的遣方用药原则。所以，他在处理诸多疑难重症时往往得心应手，左右逢源，疗效显著。

在与周老共事的那段时间，他对《黄帝内经》研究的成果以及他的学术思想、临证经验，对我产生了重要的影响，虽未正式入门拜师，但我一直把周老当作我的恩师之一。

1990 年，国家中医药管理局启动继承传统中医药专家学术经验的师承教育，我又有缘拜甘肃中医学院老院长于己百为师。于老是继王伯岳先师之后，我正式投拜的第二位恩师。于师亦自幼聪慧好学，他 18 岁随父学习中医，并为人治病，受其父影响，非常崇尚仲景学说，于临证时善用经方，取效神奇。20 世纪 50 年代，于师又以同等学力考入兰州大学医学院，进行系统的西医学知识的深造。从此，他集中西医学知识于一身，于临床、于教学都如虎添翼。于师一生致力于中医事业，从基础到临床，从教学到科研，形成了自己的一套学术思想和临床经验。

在基础理论方面，于师把中医病因分为六淫、七情、内伤、外伤及虫病五大类。其中内伤又包括阴伤、阳伤、气伤、血伤、饮食伤和劳逸伤等内容。于师还把中医内科辨证的主要方法归纳为热性病辨证和脏腑病辨证两大部分。其中热性病辨证方法主要为外感热病（包括现代医学所说的各种急性传染病）而设，他将外感病分为表证期、表里证期、里证期、恢复期等 4 期 54 证进行审证求因，辨证论治。对于除急性传染性疾病以外的其他内科病证，则以八纲辨证为纲，以脏腑辨证为基本方法，以病因辨证、气血津液辨证为具体内容，进行审证求因，辨证论治。

在教学方面，于师将《伤寒论》看成是一部“集症为证，类证为病，统病为纲”的中医证候诊断学和证候辨证学，同时，也是一部“以阴阳为纲，纲中分病，病中辨证，随证立法，依法处方，因方遣药”的理、法、方、药一线贯穿的中医临床治疗学。于师的这一观点，用以教授学生，则能提纲挈领，有画龙点睛之妙；用以指导临床，则能由博返约，有规可循，对外感热病和内伤杂病的辨证论治均有很好的实践意义。

于师在临床诊病中善抓主证，善用经方。如他常以小柴胡汤、柴胡桂枝汤、大青龙汤等方加减治疗感冒；以麻杏石甘汤、桂枝加厚朴杏子汤、苓甘五味姜辛汤、小青龙汤等方加减治疗支气管炎、肺炎、肺气肿等咳喘病证；以半夏泻心汤、旋覆代赭汤、理中汤、大小建中汤等方加减治疗胃病；以柴胡加龙牡汤、桃核承气汤等方加减治疗癫痫、精神病；以温经汤、当归芍药散、桂枝茯苓丸等方加减治疗妇科月经不调、痛经、子宫肌瘤等，可以说于师在临床实践中重视仲景方药的研究，运用经方治病已达到炉火纯青、得心应手、左右逢源的境界。

随于师学习、侍诊，使我对仲景学说有机会进一步拓展运用，故也使我进一步体会到仲景之学乃医家之圭臬，仲景之方乃医方之鼻祖。临证治病，运用经方，必当先明立方之旨，遣药之义，而后详察病机，细审药性，辨体之虚实，别病之轻重，揆度权衡，斟酌增损，方能使其方其治与理合、与症对，而不背仲景之意，奏效桴鼓响应。

勤于临证　践行大医精诚之训

中医是一门实践性很强的应用型学科，它的一切理论认识都是来源于临床实践。所以，研习中医，绝对不能脱离临床实际。如《素问·阴阳应象大论》曰："清阳为天，浊阴为地；地气上为云，天气降为雨；雨出地气，云出天气。故清阳出上窍，浊阴出下窍；清阳发腠理，浊阴走五脏；清阳实四肢，浊阴归六腑。"这一段经文以自然界云雨的形成为比喻，形象地阐明人体中清阳、浊阴的升降出入走注过程。看起来是一些纯理论性的描述，但是如果结合临床深入体悟，这种清浊升降理论实际揭示了人体气机运动的基本规律。特别是"脾胃是人体气机运动的枢纽""三焦是人体清浊升降的道路"等理论在临床治疗吐泻、眩晕、尿蛋白长期不消、内脏下垂等病证中具有重要的指导价值。

又如《素问·咳论》篇曰："五脏六腑皆令人咳，非独肺也。"又说："此皆聚于胃，关于肺。"我据此理论，结合临床实际，提出治疗小儿咳嗽常须肺胃双调。《咳论》中还说"肝咳之状，咳则两胁下痛"，"胆咳之状，咳呕胆汁"，"胃咳之状，咳而呕"等，我亦据此论述，于治疗小儿顿咳时常加用代赭石、僵蚕等以平肝解痉，加旋覆花、竹茹、炙杷叶等以和胃降逆。

我还根据《黄帝内经》“湿胜则濡泄”，“诸湿肿满，皆属于脾”等论述，提出“和脾利水法”为治疗水湿为患的重要法则。如常用胃苓汤、七味白术散、参苓白术散、分水丹等方化裁治疗小儿水泻，以五苓散、五皮饮、实脾饮、茯苓导水汤等方加减治疗小儿肾炎水肿，临床都能取得满意的疗效。

我还结合自己的临床体会，先后发表过“金元四家学说在儿科临床上的应用”“调肝理脾法在儿科临床中的应用”“痰瘀相关学说在小儿肺系疾病中的应用”“痰瘀相关学说在儿童脑病中的应用”，以及“通腑法及其临床应用”等论文，以此可以反映，欲为医，必须勤于临证，而中医临证一定要遵仲景之训“观其脉证，知犯何逆，随证治之”，理、法、方、药一气贯通。

诚然，中医为学要勤于临证，中医理论博大精深，光凭研习书本是远远不够的。“纸上得来终觉浅，绝知此事要躬行。”但是，中医为道，更当要大医精诚，心存仁义。晋·杨泉《物理论·论医》曰：“夫医者，非仁爱之士，不可托也；非聪明理达，不可任也；非廉洁淳良，不可信也……如此乃为良医。”唐代孙思邈《备急千金要方》曰：“凡大医治病，必当安神定志，无欲无求，先发大慈恻隐之心，誓愿普救含灵之苦。若有疾厄来求救者，不得问其贵贱贫富，长幼妍媸，冤亲善友，华夷愚智，普同一等，皆如至亲之想……如此可为苍生大医。”这些都是说，作为医生，必须修德为先。诚如清·吴鞠通所言：“天下万事，莫不成于才，莫不统于德。无才固不足以成德，无德以统才，则才为跋扈之才，实足以败，断无可成。”

我的恩师王伯岳在这方面为我们树立了很好的榜样。他一生谦虚谨慎，严以律己，为人质朴，光明磊落。他一生学识渊博，医术精湛，医德高尚，享誉蜀、京。他为人治病，曾有约法三章：一是不定诊费，不计报酬；二是不定时间，随到随看；三是不议论同道，不说人短，不道己长。他的书斋，既是卧室，也是诊室，同时也是给研究生、进修生讲学的讲堂。室内墙壁上悬挂的“慈幼堂”三个大字横匾和“开门问疾苦，闭户阅沧桑”的条幅，正是他功擅儿科、慈爱为怀、济世救人、精益求精的象征，也是他循循善诱、诲人不倦、德高为师、身正为范的真实写照，特别是他老人家常对我们说的一句话，“医非营业，药以救人”，至今都是我一生难忘，并为之力行的座右铭。

热心执教 传承岐黄济世之道

从事中医教育事业，也是我多年的工作。1970 年大学毕业后，参加甘肃省农宣队，一年后进行再分配，我就被安排在平凉卫校任教。那个时候，平凉卫校除办西医为主的医士班、护士班外，还开办有中医士班、西学中班。当时，我刚从学校毕业不久，中医临证经验还不多，但中医教学工作压在肩上，逼着我下大功夫去备课，晚睡早起，焚膏继晷，查阅大量书籍、杂志，阅读大量的医话、医案，以弥补自己的不足。为使学生能理论联系实际，我们中医教研组的几位老师，在学校领导的支持下，开办了中医门诊部，让学生尤其是西学中班的学员能半天上课，半天门诊见习，这对我自己来讲，也是很好的提高临床技能的机会。这段时间，我工作顺心如意，进步也快，因此，从那时起，我便热爱上中医教学工作，后来从北京调回兰州，我仍然进入中医学院，从事中医高等教育。

中医教育，培养周期相对较长，用先师王老的话讲，叫“大器晚成”，加之中医现代教育，面临的招生对象都是首先接受西方文化者，他们从小学、中学时起，对中华传统文化接触就很少。由于东西方文化的思维方法迥异，故这些新入校的学生对中医基本理论学习起来就比较困难。因此，我在给学生授课和临床带教时，都会给他们灌输并要求他们要加强国学知识的学习，以提高自身的传统文化素养。同时，在教学中也绝不拘于书本，而是结合临床，毫无保留地将自己的临证经验和体会和盘托出。在教学中，我还十分重视启发式教学，注重调动学生的独立思考和创新思维。除正常教学外，还经常给学生做一些专题讲座，以提高他们的学习兴趣。

我在多年的教学实践中体会到，中医人才的培养模式，不能完全套用西医院校，而是应该结合传统的“师承传授”方法，让学生“早临床、多临床、反复临床”，让学生重视经典医著的研习，使他们懂得，要想成为一名真正的中医，就必须知识面要广博，国学底蕴要深厚，哲学思维要敏捷，医学基础理论要扎实，同时医疗技能要精湛。我作为全国第三、四、五批老中医药专家学术经验继承工作的指导老师，不仅认真做好传道、授业、解惑的专业教学工作，同时，也十分重视学生的医德修养。我常对学生们讲：医道精深，唯勤唯务；

医德神圣，仁心仁术；厚德济世，不以利图；恪守天职，致知格物。

在这点上，上古名医岐伯“上知天文，下知地理，中知人事”，并能仁慈博爱，愍念苍生，已为我们树立了值得终生仰慕和奋发学习的榜样。

综上，在我四十余年的杏林生涯中，常以能矢志于“悬壶济世扬国粹，岐黄医道传后来，救人育人两任担，桃李芬芳遍四海”而颇感生不虚度，心有余乐。

（张弢协助整理）

陈　意

陈意（1945—　），杭州人。主任中医师、教授、博士生导师，第四批全国老中医药专家学术经验继承工作指导老师，全国名老中医药专家陈意传承工作室导师，中央保健委员会中央保健会诊专家，浙江省名中医研究院副院长、研究员，浙江省名中医研究院学术委员会委员，浙江省中医院学术委员会委员，浙江省中医高级职称评审委员会委员，浙江省保健委员会干部医疗保健专家，浙江省人民政府咨询委员会研究员，浙江省十届人大常委，中国农工民主党浙江省委会常委，全国中医热病专业委员会委员，浙江省中医药学会理事，浙江省中医老年病专业委员会主任委员，浙江省临床药学专业委员会委员，《浙江中医杂志》编委。

幼存岐志

5岁，正当天真顽皮爱捣蛋的年纪，我开始步入学堂念书。巧的是，放学后，四处玩跑的我居然成了药铺的常客。当时，家门附近有一药堂“存仁堂”，既卖药，也看病，其中有位老中医王幼庭诊前门庭若市。在那西医尚不发达的新中国成立初期，来诊的重病甚多，我眼看着一个个担架抬来的重患几经诊治后慢慢好转恢复健康来登门道谢。我幼年的心中对王幼庭老中医充满了羡慕和敬仰，对中医神奇的疗效充满了惊叹和向往，并默默暗许，今后自己也要做一个像他一样的好医生。

药堂的大墙门，药铺的高柜台，清脆的铜锤声，碾药的铁船声，浓郁的中药味……中医以她特有的魅力吸引着一代代人。

初入医门

1961年，16岁，正值国家要落实中医政策，作为长子的我因家境贫寒，便遵从母意弃学从医。已故外祖父世交李钟（名“志铭”，字“鼎文”）老中医提出了要求：“若来学医，你儿子要住我家，随我出入。”母亲虽有不舍，但只好应允，我遂称呼李师为“先生”，成为中医学徒。

于是，我开始了起早摸黑的苦读伺诊生活。晨起练字，然后背书，可谓“三更灯火，五更鸡”。像《药性赋》《汤头歌诀》《脉诀》以及其他中医典籍的主要条文，每天都有规定数量，背不出不能睡觉。我白天随师诊病，中午在药铺研究其他医生的处方，晚上整理背诵，以待师评。如此数年，打下了扎实的功底。

忆当年，吃不饱、睡不够，怎一个“苦”字了得。要记背的东西太多，难免要忘词、会串句，只有不断重复。我的秘诀是“两个小”——“小字条”“小本子”，反复车轮状循环：“小字条”上抄写了今日需要背诵的内容，边走边背；“小本子”上集满了已经记背的内容，作为今后反复强化的宝典。为此，我不知道多少次与电线杆亲密碰撞，不知道多少次饿着肚子挑灯夜修。回顾学途，我以为初学者切忌读书过杂，要以经典为宗旨，在此基础上，可以看些临证书籍，如《医宗必读》《医学心悟》等。

得入医班

1962年春，卫生部门组织我们这些师带徒中医学生成立了“杭州市中医班”，系统学习中医课程。我应招入班，继续着边读书边临床的生活。

读书，辛勤依然。在中医班有诸多名师名医授课，潘泽候、李汝鹏、汤士彦、高德明、盛循卿、余尚德、韩祖源等。我在这些中医大家的授课教导下，系统完成了中医理论课程的学习。

临床，坚持不懈四载。李师临证繁忙、教学严厉，诊余喜酒而不幸中风。我每日在照顾好卧床的先生后，转从比我年长三十岁的郭卫康大师兄随诊。郭大师兄亦承师技，病患满堂，在民间已有很好的声望和显著的疗效。他非但不以长者自恃，而且还勇担师职，带我这个小师弟满师。每忆于此，我心中亦是诸多感慨。

生活，自力更生。我作为家中长子，自谋生道，不欲给家中增添负担。由于长期的吃不饱，自然是营养不良，文化学习用品对于我来说更是一种奢侈。幸好，偶然结识了杭州草药门诊部学徒王宝德朋友，暇时与之上山采药，并将药品晒干以便卖给门诊部，换得一文半钱来购置笔墨。

学以致用

1966 年，我学满毕业，“文革”的大潮席卷而来，大家天天搞造反，而被分配至基层医院的我却喜欢看病，一心扑在病患上。我天天门诊，诊余又步行至患者家中看病，起沉疴、疗重疾、蠲病苦，深得病人喜欢，逐渐小有名气。

当时医疗条件差，老百姓家病重不太送医院，多是请医生到家看看，以示“已尽人事”。我在业余时间出诊，看到了大量的危重病人，积累了诸多的宝贵经验。

南星桥一老太太，因心脏病病危，家中已备后事，儿辈请我看病，以尽孝道。我刚下班，就急随出诊。至其家中，望老太面色如尸，脉来沉细迟且有结代，诊为心肾阳衰之危象，嘱别直参 10g 炖后频饮，另处芪附汤合瓜蒌薤白桂枝汤化裁两剂。一剂后老太太即渐复苏，二剂后老太已可下床，继之治疗旬余，老太太恢复如前，又可在自家院中散步。

亲历了诸多中医诊治的临床效验，由此坚定了我从事中医的信念！

厚积薄发

在失序的时代，医生就是“臭老九”，唯有病患却依然在呼唤医生。为了响应医疗卫生工作中心面向农村的号召，我还得面临下乡的任务，接受所谓“贫下中农再教育”。后来因患风湿性关节炎而暂缓，病休后被改派到工厂当厂医，继之先后两年到两家市级综合性医院进修西医，其间承担了病房中医的会诊工作。

“文革”后，百业待兴，1978 年中共中央下达了关于全国选拔中医药优秀人才的文件。当时，我正在市第一医院进修，忙于病房繁杂事宜。中医班老师韩祖源先生多次专程来劝导我报名应考。我进修西医，本已忙碌，且无暇温课，欲以拒绝。然韩先生甚是惜才，劝慰我说，中医的基本功难以速成，并不是凭借短时的突击就可以弥补的。在韩先生的多次劝导下，我应之报名，与七千多人共赴初试。经过初试、复试和最后的面试，我被选拔进入了浙江省中医院这片更加宽广的土地，自此勤勤恳恳转眼数十载。

不惑咏怀

孔夫子言，四十而不惑。我的不惑之年在门诊、急诊、病房出入，那里有看不完的病、看不厌的病，早起来看病，匆匆午餐后又看病。当时医院病房讲究中治率（中医治疗率），对危重病人在密切观察的情况下进行中医治疗，以中医理论来书写病历，修改中药处方有根有据，中治率达90%以上。1997年起我担任浙江省干部保健任务，继之被评为“浙江省保健委员会干部医疗保健专家”，并于2011年荣获“浙江省干部医疗保健先进个人”，尽心尽职搞好领导的干部保健工作，深得好评。2010年8月又被中央保健委员会聘请为“中央保健委员会第四届中央保健会诊专家”，多次为国家领导人保健和治疗，疗效显著，颇受认可。

忙碌之余，我倍感充实，即兴赋诗——《不惑咏怀》以寄其志：

灵霄被贬，森罗放逐。幸崔判重旧，暗渡迷津，私惠混沌，旋即已至不惑矣！

忆往昔，初涉人世，几经坎坷。千般疚难，万劫遁脱。仰灵墟太幻，尝太白吟歌，北斗对弈，而今卯日无光，天壤难告，岂不哀哉！

承抱朴子秘授虚玄，运天地之正气，握苍茫之五行，决死生于顷刻，起沉疴于一旦。立意于岐黄之间，得志于虚幻之外，飘飘然清风贯袖，悠悠然乐在其中。

然圆寂有时，太极无限，但观旧主重返，太斗迎庆，庄老叙旧，庶可穷吾之心意者也！

注释：吾肖属鸡，卯日星君乃鸡君也，故吾以卯日之口吻，叙不惑之咏怀：

被贬于灵霄，放逐于森罗，幸遇判官崔珏，素重旧交，暗渡阴阳之迷津，私惠混沌之人间，转眼四十载矣！

忆往昔，初涉人世，几经坎坷。千般疢难，万劫遁脱。仰观灵墟太幻，曾与太白星君吟诗，与北斗星君下棋。如今，因卯日下界而星座无光，天地之隔，难以相告，岂不哀哉！

蒙众多师长秘授虚玄之学，运正气于天地之间，握五行于苍茫之中，决生死，起沉疴。立意于岐黄，得志于人间，诊病疗疾，乐在其中。

然而，人生有年，时空无尽，待卯日旧主重归星座，太白北斗迎接庆贺，庄周老聃相叙旧情，则心意尽也！

卯日星君，心意可鉴！

继往开来

我业医整五十载，时常教诲学子，要“活到老，学到老”。要成为一名好中医，首先要有高尚的医德医风，再而必备扎实的中医基础，并在临床上不断充实自己，达到理论与实践的有机结合，方可达到“左右逢源、触类旁通”的境界。

面对中医现状，我认为当务之急是要理清思路、分析差异、重视传承、提倡创新，并提出中西医之间的六大差异以解今人之迷惘。其一，理论差异。中医的理论以原则为基础，西医的理论以现实为基础，两者不可混淆！其二，思维差异。中医是宏观调控思维，强调整体观念和辨证论治这两大特色；西医则是微观因果思维，重在找到病因、明确病位、确立诊断、对症治疗。其三，文化差异。中医随中华文化应运而生，由古人不断反复实践、总结、升华逐渐完善，是医学和文化的结合体，她的产生与发展融于历史文化之中，这浓厚的底蕴是短短几百年历史的西医所无法相比的。其四，治则差异。中医辨证，以一法治一证；西医辨病，以一药治一病。其五，药物差异。中医以药性理论来驾驭中药，其基本内容包括四气五味、升降沉浮、归经、有毒无毒、配伍、禁忌等；西药则是单体，有分子式，可以化学合成，有药物作用靶点，药效则讲究浓度依赖性、时间依赖性。其六，疾病认知差异。中医认为健康的标准是平衡，而西医要求达到的则是去除病灶。中西医在理论上无法结合，但在治疗上可以互相合作，最终都是为了治愈疾病，可谓是“中西合璧，优势互补”。

我始终认为，整体观念、辨证论治、四诊合参是中医之灵魂与精髓，失于斯则“中医”不能称之为真正的中医也。故在临证诊疾上，我以辨证为要，认为唯有辨证精准、立法相符，方能药达病所，一举获效。经云：“百病生于气也。”在遣药组方上，我以调气为先，喜用清灵之品，疏其血气，令其条达，以致和平，此乃“调气派”之潇洒也。在诊治过程中，我以情志为重，每在诊察之时，对患者因势疏导，参以幽默之语，使之笑意盈然、心境舒展，如此精神调适则气机条畅也。

吾有业医三言：“其一曰：以八纲为总纲，脏腑辨证为基础，此辨证也；其二曰：虚则补之，实则泻之，虚实互杂则权衡之，此论治也；其三曰：急则治其标，缓则治其本，此治序也。”此三言者，可谓要言不烦，临证治病，当时刻铭记，不可偏废！

（孙海燕整理）

谢克庆

谢克庆（1945— ），河南滑县人。幼时随父母迁居四川成都，遂以蜀中为第二故乡。其家世代习儒业医，曾祖浚卿、祖父文德皆以医技高超、书法精妙闻名乡里。受家庭环境熏陶影响，谢克庆作为谢氏长子长孙，少时即有继承祖业、济世惠众之愿而发愤苦学。1964年考入成都中医学院，就读中医专业。从师郑孝昌、凌一揆、吴棹仙、邱明扬、熊永和、顾大德、廖孟谐、关吉多、余仲权、彭履祥、陆干甫、文琢之、王渭川、陈达夫、杨莹洁、王静安等先生，学习《内》《难》经典与仲景之书并临床各科，孜孜以求，勤勉不倦，颇得其传。毕业后留校从事教学、科研、医疗与管理工作。1987年晋升副教授，随后擢升教授、博士生导师。

谢克庆热爱中医事业，五十多年，一直积极承担本专科教学与硕博研究生培养工作，桃李满门，成果甚丰。曾参加编写《医古文》规划教材，著有《中国传统运动学总论》《古代汉语选编》《中国书法艺术指要》《唐诗宋词元曲赏析》，辑有《李斯炽先生医案选》《陆先生医案选》《静安医案》等，还公开发表学术论文与诗词书画作品数百篇，又尽心竭力、拾遗补阙为其恩师王静安编撰出版《王静安临证精要》《王静安医学新书》，得到社会各界好评。其科研课题《西汉人体经脉漆雕》曾获四川省人民政府科技进步三等奖。

谢克庆性格仁厚温和、宽容大度，既得名师指点，又好学深思，故临床每多显效。且兴趣广泛，工书法，喜篆刻，知绘事，好著文。篆法秦汉，画写兰竹，文宗史迁苏轼，书则五体俱能，尤擅篆体、楷法、草书。作品多为名山古庙、民间社团和国内外友人收藏。

医是大道路遥遥　治病救人最重要

儿时在家乡读书，多次遇到求医者夜叩家门，不管时间多晚，天气多冷，祖父总是热情相待，有求必应。若患者自来，即刻在诊室医治；若相邀出诊，祖父问明情况，认为救人要紧，提上药箱跟来人就走，从不摆架子、讲价钱。由于祖父医德高尚，医技精良，因此家乡父老都称他为“文老”或“文德公”。祖父名叫谢国华，字文德。按照家乡风俗，称呼一个人，不称其姓，不呼其名，而称谓其字，后面加上“老”字或“公”字，是表示崇高的敬意。在我的印象里，祖父 40 多岁就被乡亲和病患称为“文老”“文德公”了，可见祖父威望之高。他对我后来投考中医学院学习中医，起了决定性的作用。做一名中医师，治病救人成了我的理想和志愿。

1964 年 9 月，我如愿考上成都中医学院。在学习过程中，历代圣贤和先哲们的教诲更坚定了我对“医乃仁术”，最高宗旨是治病救人的认识。如医圣张仲景在《伤寒杂病论·序》中所说：留神医药，精究方术，“上以疗君亲之疾，下以救贫贱之厄，中以保身长全，以养其生”，明确指出了医药的重要作用和服务方向。药王孙思邈在其《备急千金要方》中指出：“人命至重，有贵千金，一方济之，德逾于此。”强调人的生命比什么都宝贵，如果使用医药能够医治疾病，挽救病患的生命所起作用的价值比千金都重要，说明医是大道，医学实践十分重要而且无可替代，人类社会不能缺少医药。唐代太仆令王冰在《黄帝内经素问注》序中则说：释缚脱艰，全真导气，“拯黎元于仁寿，济羸劣以获安”，非三圣道，则不能致之矣。王冰说这段话的意思是：中国医药学历史很悠久，从三皇五帝起，历代圣贤都很重视，并且积累了丰富的经验。所以，学习医学，要达到济世惠众、治病救人的目的，必须认真地学、系统地学、全面地学。20 世纪 60 年代，全国人民都在学习毛主席著作，学习“老三篇”。毛泽东主席借纪念张思德，提出了一个完全彻底为人民服务的崭新概念，这个概念从此成为共产党和人民军队最崇高的奋斗目标和神圣使命。后来，毛泽东主席又在《纪念白求恩》一文中，对医务工作者提出了更加具体的要求，就是对同志、对人民极端的热忱，对工作极端的负责任。这些为医务工作者指明了努力方向。

40 多年前我在毕业实习的时候，不少带习老师的高尚品德和精湛医术给我留下了深刻而鲜明的印象。如陆干甫、文琢之、王渭川老等经常同意加号，为远道而来的病人或重病患者治病；陈达夫老师则自备熊胆、牛黄、麝香等贵重药物，经常无偿赠送给病情亟须而又无力购买的穷苦患者；王静安老师将自己在临床上总结出来的验方胃热散和咳感灵，制成散剂和合剂，无偿赠送病患。回想恩师王老在世之时，我是代患者向老师索取药物次数最多的弟子之一。老师每一次都没有令我失望，而这些药物的神奇功效也往往让病患与我感到欢欣鼓舞。圣贤的遗训，领袖的教诲，家庭的影响和老师的风范，使我对医学治病救人的宗旨更加明确。我认为，完全彻底为人民服务是医疗服务的根本原则，极端的热忱和极端的负责任是检验医疗服务质量的试金石。医疗服务应该是一种纯洁而崇高的工作，它不应该被名利、金钱和权势所污染，而应当神圣和庄严。多年来，我一直坚持在业余时间，积极参与义诊活动，并注意不在处方中胡乱用贵重和紧俏药物，以尽量减轻患者经济负担。义诊活动虽然让我花费了大量的时间和精力，但也使我收获了快乐和友谊。不管别人怎么说，我都乐此不疲。

在继承和发扬中医药学、治病救人、为病患服务的道路上行进了近半个世纪之后，我有四点深切的体会。

第一，辨证施治，以人为本，以证为据。

自然界六淫之邪，即风、寒、暑、湿、燥、火皆能致病，而医圣张仲景编写医书，为什么单论伤寒？这一点张仲景在该书序言里说得很清楚："建安纪年以来，犹未十稔，其死亡者，三分有二，伤寒十居其七。感往昔之沦丧，伤横夭之莫救。"于是才勤求古训，博采众方，并结合自己的临证经验，编写了《伤寒杂病论》。张仲景所处的东汉末年，地球大约处于冰河期，中国北方气候变冷，寒邪危害加重，许多人患了伤寒，连张仲景的亲友也有百余人患病死亡，所以张仲景创六经以辨别伤寒，创辛温解表法以治疗伤寒。因世有伤寒，仲景之书为伤寒立也。设若当时不是风寒之邪鸱张为患而是温热炎毒大行，仲景会写什么书，就不得而知了。

药王孙思邈在《备急千金要方》中说："夫疗寒以热药，疗热以寒药，饮食不消以吐下药，鬼疰蛊毒以蛊毒药，痈肿疮瘤以疮瘤药，风湿以风湿药，风劳气冷各随其所宜。"孙思邈在这段话中告诉我们一个很重要的观点，这个观点就是：辨证论治、对症下药。从这里可以推测，刘完素之所以药偏寒凉，并不是他爱以寒凉开山立万，而是他治疗的病患以温热病居多；李东垣的病人脾胃虚寒者众，是以药重温补；张从政的病患以表证、食滞、痰涎和腑实比较集中，故治以汗、吐、下法，而被后世称为攻下派；朱丹溪的病患大都阴虚火旺，故治以滋阴降火。我认为，金元四大家虽然学术观点有所区别，但他们的学术观点针对的是一些特定时间、特定环境中的特定人群，而不是任何时间、任何地点的所有人。我相信，金元四大家仍以辨证施治、对症下药为治病救人的最高准则和行动的指南。我的恩师王老以成都地区“湿热炎毒”作为儿童患病的主要致病因素，而常爱使用银花、连翘、桑叶、荆芥、薄荷、黄芩、黄连、板蓝根、大青叶等药，但不属于此证范围的，就不使用此类药物。在王老处方中，炒麦芽、炒谷芽、山楂、砂仁、白豆蔻、鸡内金、神曲、草果和扁豆、白术等药比较常用。因为小儿患病，往往影响肠胃，所以消积导滞、健脾和胃常能祛邪扶正、事半功倍。恩师陆干甫为温病第三代传人，他的祖父陆景庭先生善治温病，位列清末民初成都四大名医之一。其父仲鹤先生也以医闻名当世。陆干甫更是青出于蓝，名满巴蜀。陆干甫辞世之后，我在整理他的医案时发现：老师平常用药，使用桑叶、菊花、银翘、石膏、知母、犀角（现用代用品）、地黄与紫雪丹、至宝丹、牛黄丸的时候固多，但亦有不少案例使用了附片、干姜、人参、肉桂，乃至鹿茸、乌头、硫黄等温补大热之物。王渭川和陆干甫都是杏林泰斗、学界名流，他们不但学有专长，而且特色突出。但是他们同样遵守治病救人、法由病立、方随法拟、药因方遣的原则。他们从不强调自己是什么门派，非用什么方、什么药不可，而是属于是什么病，该用什么药，就用什么药，绝不标新立异、哗众取宠。当前社会上存在一种现象，即脱离病情的实际需要，超大剂量地频繁使用某味药物动则辄二三百克，个别情况或特殊需要固然可以理解，普遍使用这么大的剂量是否妥当，就值得留意了。

第二，中医西医各有所长，密切配合，共同为人类健康服务。

毋庸讳言，中医和西医形成的历史背景不同，学术体系更存在着明显的差别，但中医的工作对象是人，西医的工作对象同样是人。中医的奋斗目标是治病保健康，西医的奋斗目标同样是治病保健康。由此可知：中医西医之间既有差别又有共同点。在当今社会，既存在中医，又存在西医，中西医是同行，这是现实状况。早在20世纪50年代，中华人民共和国成立之初，党中央就制订了中医政策，并指明了中西医结合的方向。我认为，这是一项具有深远意义的战略决策。因为比起疾病的千变万化和错综复杂的严重状况来说，无论是中医还是西医，防治办法和有所作为的手段还太少太无奈。比如，对于诸多种类的恶性肿瘤，对于通过各种途径传播的艾滋病，对于环境污染、资源破坏引发的新病种，就连常见的高血压、糖尿病等，无论是中医或西医，都感到棘手或应对乏力。所以，我认为，在我们中国，中医和西医，既是事业上的同行，又是共同战胜病魔的战友。中医西医有一千条一万条理由，需要齐心协力，并肩战斗，取长补短，共同提高；没有，也不需要一条半条理由，去品头论足，相互指责，互相攻击，甚至要拼个你死我活。在同门师兄刁本恕先生工作的成都市第七人民医院，那里的中西医关系非常和谐、非常融洽。除医院和上级领导重视以外，那里的中医工作者奉行以下三条原则：以中医为主，能中不西，先中后西。同样，那里的西医也奉行三条原则：以西医为主，能西不中，先西后中。医院的中医西医们有一个综合医院突出的亮点，就是中西医结合，相互配合，取长补短，相得益彰，共同进步。

我认为在一般情况下，病患的意见是需要尊重的。在什么情况下，需要中医治疗；在什么情况下，需要西医或中西医结合治疗，医生是有必要向病患及其家属说明白的。但最终确定采用什么方案治疗，要给病患知情权，认真听取病患的意见。尤其是在病患头脑清晰、有判断能力时更应这样。

第三，关于中医的治病方法，要重视消法与和法的运用。

古人把治病方法概括为汗、吐、下、消、温、清、补、和八法。由于环境和人群的差异，历代名医并不是机会、次数均等地使用这些治法，也不是所有这些治法每位医生都要使用，而是有所侧重、有所选择。如金元四大家之一的刘完素用药偏于寒凉，实际上用的是清法；著《脾胃论》的李东垣，用的是温补法；张从政以汗、吐、下三法医治各种疾病；朱丹溪滋阴降火，经常使用滋阴的药物当属补法，而降火则属于清降相火范畴。八法之中，唯有消法、和法各家均有使用，但却没有单独提出来给予应有的重视和大力推广应用。

近50年来，对中医学的学习和实践应用中，我认为消法与和法特别重要，值得每一位临床医家加以珍视和使用。

《素问·至真要大论》说："寒者热之，热者寒之，微者逆之，甚者从之，坚者削之，客者除之，劳者温之，结者散之，留者攻之，燥者濡之，急者缓之，散者收之，损者温之，逸者行之。惊者平之，上之下之，摩之浴之，薄之劫之，开之发之，适事为故。”其把中医药学经常使用的各种治病方法概括得非常全面。我认为上述文中“适事为故”，就是指对不同病症要选用最合适的治法。而“寒者热之，热者寒之”是其常；“甚者从之，结者散之”是其变。为什么呢？因为病邪太甚或病势太重，病人已经无力承受用药猛攻。正如在冰天雪地里，严重冻伤的伤病员不能使用热水暖和患部，而需要使用同样寒冷的雪团搓揉慢慢提升温度一样，以寒治寒，因势利导，平稳过渡，就势转换，这就叫“甚者从之”，相当于和解之法。和解之法之所以重要，是由于客观世界的多样性和主观世界的复杂性所决定的。过去我们坚信：凡是敌人反对的，我们就要拥护；凡是敌人拥护的，我们就要反对。二者必选其一。对不对呢？我们年轻的时候一直没有怀疑过有什么不妥，后来我们的国情和世界形势发生了很大变化，我们才逐渐明白过来：原来世界上并不只是仅有我们自己和敌人，我们还有朋友，敌人也有朋友，在敌我之外，还有似友非友，似敌非敌的许多人。同时，敌我关系并非一成不变，本身也是可以转换的。由此我们认识到：世界不是只有两极，而是多极。同样，就色彩而言，不是只有黑白二色，还有灰色和多种多样的五颜六色。气候也不是只有冷和热，还有温清和不冷不热、不热不冷和又冷又热、又热又冷等。一天之中除了有子夜和正午之外，还有晨昏与朝暮。一年之中，除盛暑和严冬而外，还有春秋和长夏。也就是说，无论自然界和人类社会，除阴阳两个极端之外，还存在一个广大的区域或一个巨大的空间供我们使用和有所作为。如果将这种观点运用于医学领域中来，那么八法中的汗、吐、下、温、清、补，甚至还包括消的一部分都属于非此即彼、非彼即此的极端。只有和法适用于广大的领域和无尽的空间。和者，中和之谓也，也就是和解的意思。《灵枢·五色》说：“用阴和阳，用阳和阴，当明部分，万举万当，能别左右，是谓大道。”这里的部分，是指人体五脏六腑四肢百骸和里里外外。就上下而言，上为阳，下为阴；就内外而言，外为阳，内为阴。用阴和阳，就是用下和上，用内和外；而用阳和阴，就是用上和下，用外和内。由此可知，由内向外，由外向内，由上至下，由下至上，都可以使用和解之法。在临床上，只要没有明显外感的疾病，无论属于心肾，或是肺脾，或是肝胃疾病，我在治疗过程中，常常兼用和解之剂和消导之药，均可收到明显的效果。我把兼用和解之法的医学术语总结成以下几句话：寒甚者和而热之，热甚者和而寒之，微者和而逆之，甚者和而从之，坚者和而削之，客者和而除之，劳者和而温之，结者和而散之，燥者和而濡之，急者和而缓之，损者和而益之，惊者和而平之。之所以在以上十多种治法当中兼用和解之法，就是要旋转枢机，实现医药与疾病的无缝对接，希望以最小的代价，换取最大的收益。在临床实践中，我逐渐认识到，医圣张仲景既是发明六经辨证、脏腑辨证的圣哲，又是旋转枢机、实现无缝对接的大师，他所拟制的小柴胡汤（柴胡、黄芩、半夏、人参、甘草、生姜、大枣）和大柴胡汤（柴胡、黄芩、半夏、芍药、枳实、生姜、大枣），就是最典型、最完美的和解之剂。在临床上，我认为和解之剂，以柴胡、黄芩、半夏为框架，只要用此三味，就能体现出和解之法。而对于人参、甘草、生姜、大枣之类，可以少用或不用，而对于芍药、枳实，更应酌情取舍。总之，在方药中适当加入柴胡、半夏、黄芩等和解之剂，可以旋转枢机，祛除病邪，提高疗效。

再说消法。消法之所以重要，因为涉及脾胃，即后天之本。我们知道，每一个人都有先天之本与后天之本。先天来源于父母遗传，自己无法左右；而后天之本，源于脾胃，自己在一定程度上可以掌控和改变。《素问·经脉别论》说："食气入胃，散精于肝，淫气于筋；食气入胃，浊气归心，淫精于脉；脉气流经，经气归于肺，肺朝百脉，输精于皮毛；毛脉合精，行气于府；府精神明，留于四脏，气归于权衡。权衡以平，气口成寸，以决死生。饮入于胃，游溢精气，上输于脾；脾气散精，上归于肺；通调水道，下输膀胱；水精四布，五经并行，合于四时五脏阴阳，揆度以为常也。"这段经文说明：脾胃具有受纳水谷，生化精微，以润养五脏六腑，保障人体正常活动的功能。就是说，脾胃可以发挥后天之本的功能。脾胃既为后天之本，同时具有受纳水谷和生化精微两大职责，既要推陈，又要出新，职责和负担是相当沉重的。在现实生活中，不管是大人或小孩，也不论是富贵贫贱，都会受到生活环境和习俗的影响。我国经过六十多年来的发展进步，已经从总体上消灭了饥饿现象，大大降低了贫困人口的比例，基本上实现了小康社会的目标。但新出现的问题是：环境污染、人口老龄化、就业压力、工作压力、食品卫生、民族传统与风俗习惯等因素，使得许多人生活没有规律，饮食卫生没有受到足够的重视。平时一日三餐没有节度；逢年过节，暴饮暴食；朋友聚会，更会不醉不归。如此种种，不少人肠胃当中形成饮食积滞，虽然不知不觉已经加入了亚健康人群的序列，但因为尚且能吃能喝，还未察觉其危害性。就像当年齐桓侯不知有病在身反而怪罪扁鹊的提醒一样，对潜在的病变毫无警惕。还有就是由于现在独生子女居多，好几个大人，只管一个小孩，于是小孩子就成了宝贝。你爱我爱大家都爱，稍不留神，让小孩营养过剩，造成小孩不是肥胖超重，就是挑嘴偏食，食积现象在所难免。面对现实状况，我在治疗各种疾病之时，除了兼用和法之外，也经常加用一些消积导滞与健脾理运之药，如砂仁、白豆蔻、麦芽、谷芽、神曲、山楂和白术、扁豆、莲米、苡仁、茯苓、山药之类，与他药共用组方，收效明显。半个世纪的学习和临床实践使我认识到：中医学历史悠久，博大精深，包罗万象，奥妙无穷，值得我们去探幽索微，致远钩沉，继承发挥而光大之。所以，我的体会是：医是大道路遥遥，治病救人最重要。

第四，养生要尊重生命规律，重在去害。

1969 年我在附属医院实习时，看到陆干甫诊断桌上放了一只带盖的瓷杯，杯子的口沿已经有了明显的裂纹。于是我提出买一只新杯子替老师换上。老师说：我又不是买不起新杯子，我是要用这只杯子警示自己：裂纹的茶杯要是加倍爱惜还可以继续使用很久，新杯子没有毛病，不小心也会打破。同样，健康身体不懂得爱惜也会生病，而生了病的身体只要从此知道爱护，不再雪上加霜也可以维持很久。老师说，他之所以 30 多岁就得了冠心病，是因为年轻时拼命工作，夜以继日，把好杯子摔成了裂纹杯子，让无病的体格有了疾病，这就需要警惕。所以老师使用裂纹茶杯提醒自己，每天工作不要太过劳累，不要吸烟，不要饮酒，晚上不要熬夜，一日三餐要有规律，劳逸结合，等等。在以后我和老师的交往中，老师的身体一直很好，精力充沛，神采飞扬，步履轻捷，思维敏锐。我想这大约和老师的那只茶杯子的作用分不开吧。从这个具体的例子中，我得到两点启发：一是养生就是要加倍爱护自己的身体，身体如同一只茶杯，要小心呵护，才能保持完好，身体不受各种有害因素影响，才能保持健康；二是养生重在避害，万一不小心受了伤害，一定避免再犯。受到伤害的身体犹如一只裂纹的茶杯，虽有毛病，不再破坏，尚可勉力维持再用，如果又加摔打，接二连三地进行破坏，打得粉碎就不可再用。有这样一个童话故事。故事说，有个小伙子叫阿合买提，一天，阿合买提对国王说：宰相很笨，愚蠢得不如他的毛驴。宰相很生气，找国王评理。阿合买提说，有一天他的毛驴从桥上过，一不小心一只蹄子踩进一个小洞，使蹄子受了伤。自此之后，只要从那座桥上经过，毛驴总是远远地避开那个小洞，避免自己再踩进去而受到伤害。他说：

自己的毛驴知道同样的错误只犯一次，绝不再犯二次。而宰相明明知道自己制定的政策，很多项都对人民大众有害，但就是坚持不改，一错再错，不是比毛驴还蠢吗？我想陆公的裂纹茶杯理论所包含的深刻道理，和阿合买提的故事有异曲同工之妙。旧话重提，一为纪念陆公，二为提供给养生者参考，养生一定要避免伤害，特别是重复伤害。

庄子认为：生物可以分为两类：朝菌、蟪蛄是短命的生物，它们的生命周期只有几天或几个月，无法延长。冥灵和大椿是长寿的生物，可以活几千年、几万年。但长寿的生物，如果不懂得珍惜，寿命却可以缩短。比如，击打冥灵，砍掉大椿，不是人为地让它们的生命终止吗？短命的生物，寿命无法延长；长寿的生物，寿命却可以缩短，这是一条基本法则。按照《素问·上古天真论》提出的观点，人类是可以活到百岁以上的长寿生物。活百岁以上，《黄帝内经》叫“尽终其天年”。怎么才能尽终其天年呢？《上古天真论》提出五条原则：“上古之人，其知道者，法于阴阳，和于术数，食饮有节，起居有常，不妄作劳，故能形与神俱，而尽终其天年，度百岁乃去。”

上文中的“道”有三重含义，即天道、地道和人道。懂得天体的运行规律，懂得地理的变化规律，又懂得人体阴阳气血的循行演变规律的人，才能真正懂得养生的意义和做法。一要“法于阴阳”，就是要尊重天体变化、地理变化的自然规律和人体生理病理变化的自身规律。二要“和于术数”，就是要了解自己的处境，服从命运的安排，恬淡虚无，知足常乐。三要“食饮有节”，是指一日三餐，要有规律，有节制，既不要暴饮暴食，过食肥甘厚味，又不要饥渴太甚，营养失衡。四要“起居有常”，是指作息有规律，生活有安排，工作有计划，学习有要求，娱乐有限度等。五要“不妄作劳”，是指思想上不要胡思乱想，动作上不要胡作非为，办不到的不要勉强，办错的要及时更正，等等。总而言之，《黄帝内经》在这里是给喜好养生的所有人，提出了大家都应当遵守和奉行的五条基本原则，至于每一个人，怎么养生，养生使用什么方法才更科学、更合理、更有效、更实用，则需要自己在实践中去探求摸索、提炼和总结。

医乃仁术讲功效　学用心潮逐浪高

从 1968 年 9 月起，我先后在成都中医学院附院、省医院、成都市一医院、成都市二产院和成都市中医医院实习。实习科目，既有中医，也有西医；实习场所，既有门诊，又有病房。加上实习时间长达两年以上，带习老师全是专家名流，所以当时感到收获多多，所得甚丰。带习老师亲切和蔼、认真负责，给我留下了深刻的印象，他们把平生积累的宝贵经验毫无保留地倾囊相授，更使我感激不尽，终身受益。我今天之所以在临床上能够顺利开展工作，并取得一定的疗效，其实就得益于各位恩师的惠赐。下面列举的一些病案就是我学用经典与师承经验用于临床的实例。

罗某，38岁，闭经数月，身体羸瘦，肌肤甲错。门诊就医，医用三棱、莪术、乳香、没药、甲珠（现用代用品，下同）、虻虫、䗪虫之类予以破血遂瘀，屡攻不效。医言如此顽症无方可用，此干血痨也，回去好好将息，尚可再活五年。罗氏听后大怖，自思膝下小儿只有5岁，堂上老母年已八旬，家中无人照料怎么得了？思前想后，悲从中来。绝望之中，忽然想起自己老上级有个儿子在中医学院上学，于是找到我家。正好父母都在，听了患者的倾诉，母亲说："别着急，我找儿子给你想办法就是了。"父亲立刻打电话到学校把我叫回。我乍见罗氏，不免吓了一跳。她原来身材高挑，面容姣好。现在才38岁却已经头发枯黄灰白，面容苍老，似近花甲。一问病情，罗氏一场好哭。经诊查，脉缓无力，舌红无苔，肌肤甲错，双下肢干枯形如蛇蜕，失眠多梦，二便正常，闭经数月，少腹时痛喜按。我记好了病历，嘱病员暂且回家去等候处方。因为当时我在医院毕业实习，尚无处方权，不能单独处方。回到医院，我将记录的病案呈送恩师陆公审阅。陆公看过之后，问：锦江何以无水？我听后，答：大河无水，是上游没有开闸。陆公又问：还有呢？我思索再三，说：连日无雨，上源干旱，所以下游无水。陆公曰：你去看看病员服过的处方，当知下一步该怎么治疗。于是我当即赶往罗氏住处，查看了所有处方，尽用破血逐瘀之法，开闸既然无效，遂改用温阳益气、滋阴补血之法，方用十全大补汤加减，请老师签字认可后交给病人。处方：

制附子30g，上官桂10g，熟地30g，山萸肉30g，怀山药30g，云茯苓20g，丹皮10g，泽泻10g，秦当归15g，炙甘草15g，补骨脂15g，女贞子15g。罗氏连服14剂，月事始下，喜出望外，前来复诊，再用和剂予以调理，半年以后康复如初。

冯某，男，46岁。1976年8月，我从温江回成都到学校汇报工作，晚间回家探望父母。当时唐山地震发生不久，成都居民也都还在临时搭建的地震棚里暂住。我到星罗棋布的地震棚寻找父母的时候，遇上了冯某。他热情邀请我晚间和他同住一间地震棚，并说，你家人多，棚子里挤不下，我家人少，正好有个空位可以住。要知道在那段非常时期，得到这个邀请，真不容易。于是我见过父母弟妹之后，就走进了冯某的棚子。我见冯某面色萎黄泛青，口唇青紫发绀，于是向他问起身体状况。他说：原来因为肝硬化在住院，由于地震之后病人都跑出来躲灾，他也跟着跑了出来。他又问：听说你父亲从前也得过肝硬化，都蛋白倒置有腹水了，挺严重的，怎么现在反而身体好多了，谁给治的？我说：10年前我父亲患了肝硬化，肝脾肿大，转氨酶高，蛋白倒置，腹水产生，走路都困难。适得恩师陆公与文老尽心医治，幸获痊愈。现在父亲体检，肝已变软，各项指标正常，皆陆公、文老之赐也。冯某曰：我与你父病症相似，陆公、文老之方，可得闻乎？我说：恩师尝对我言，肝硬化多有肝炎或肝脾肿大迁延日久，耽误治疗或治不得法，造成肝郁气滞血瘀、脾失健运、胃不纳谷，积弊演变而成。治宜疏肝理气、活血化瘀、健脾和胃、化气行水。方用老师所拟治肝病方，处方：

柴胡10g，金铃炭10g，丹参15g，红花10g，香附10g，当归15g，姜黄10g，白术10g，山药20g，广木香10g，檀香10g，白芍10g，佛手10g，莱菔子20g，白豆蔻10g。

冯某看过处方之后，表示愿意服用。于是我向他交代煎药、保存、服用之法。上方10剂为一料，纳入大砂罐或不锈钢锅中微火煎煮半小时后，滤出药汁，再加水适量，又煎半小时，取汁留渣，再加水煎煮取汁。如是者三。将药汁倒入罐内煎煮半小时以上，待药液浓缩至六成左右，加入适量白蜜煮沸，去掉泡沫杂质，从火上取下，待冷却后储于密封瓶中备用（现在可放入冰箱了）。早午晚饭后各服用一汤匙（20～30mL）。冯某如法炮制，连服了30剂后，面色渐有光泽，口唇发绀明显好转，两肋疼痛消失，舌质不红，脉微弦。经医院检查肝功，各项指标改善。治已得法，复以上方去金铃炭、姜黄、香附，加三棱、莪术、乳香、没药，以增强活血化瘀、推陈出新之功。病员依法炮制，用时半年，服药100剂，自觉诸症悉减、精神饱满、浑身轻松，遂到医院检查，各项指标正常。登门致谢。我说：此陆公文老之法也。我父之病甚于冯某，服用此方而得痊愈。冯某病症相对较轻，所以服用此方没有不痊愈的。

自冯某之后，我用上方治疗肝硬化多人，均获满意效果。

谢某，1978 年 2 月 4 日，即春节前三日患病，初诊时 58 岁。病员出差在外，感冒发热数日未能及时医疗，回成都后突发高烧，达 40.3℃。症见恶寒发热，寒热往来，额汗如油，体若燔炭，而下肢厥冷如冰，脉浮数，口干，舌苔黄黑而起芒刺。此太阳少阳合病，治宜二阳双解，清热利湿，益气生津，方用银翘柴胡汤加减。处方：

银花 15g，连翘 15g，柴胡 10g，黄芩 10g，桑叶 15g，人参 10g，法半夏 10g，豆卷 30g，佩兰 15g，藿香 15g，荆芥 10g，甘草 10g。

上方服 1 剂，温度降至 37.5℃，诸症悉解，唯口渴咽干仍在。嘱家属停服上方，改用食疗。用梨 10 斤，削梨让谢某细嚼慢咽，又以梨皮、梨核煮汁让其口服。凡二日，梨食尽，汁服五六次，正月初一病员完全恢复健康，体温、舌脉均已正常，于是欢天喜地，过起年来。

廖某，57 岁。1978 年 12 月，因伏案工作感受风寒而患病。头项强痛，腰背剧痛，双下肢不能屈伸，足不任地，服防风通圣散和蠲痹汤，其病不减。病情逐渐加重，病员蜷缩床褥，不敢大胆呼吸，因为出气吸气动作稍重即牵引胸肋剧痛。病员自述小便清长，大便溏薄。症见苔薄白，脉弦紧。此乃风寒湿邪侵袭肌表，病员素体阳虚气弱，卫气不能卫外为固，营血不能濡养经脉，气血失和，故现周身疼痛，百脉失调而为病。治宜祛风解表、温经散寒、理气和血、蠲痹止痛。采用王渭川所传内外合治之法治之。

让病员躺在病床之上，面壁侧卧，用火罐在背部督脉和足太阳膀胱经循行处，从上至下作走罐治疗，并在腰脊两侧肾俞穴留罐半小时。拔罐后，局部青紫，并渗出少许水液。病员立感轻松许多，并可下床活动，复以当归四逆汤加减内服。处方：

当归 15g，桂枝 15g，细辛 10g，川芎 10g，木通 10g，白芍 30g，干姜 10g，羌活 10g，防风 10g，牛膝 15g，苍术 10g，甘草 10g。

服药 4 剂病愈。王渭川生前治病，常用内外合治之法。如小儿感冒或肠胃不适，则以推拿按摩辅助内服汤药收功，而成人痹证或腰膝疼痛又常以温针、艾灸及火罐辅助汤方发挥效力，事半功倍，效果显著。

齐某，男，57 岁。初诊时间为 1981 年 10 月。长期在野外工作，风餐露宿，忍饥受饿，条件异常艰苦。10 多年前在出差途中曾感受风寒，出现头项强痛、发烧恶寒、咳嗽气喘等症状，经服用解表药，感冒治愈，但落下头痛病根。头痛时重时轻，经多方医治，并未好转。3 年前发展而成偏头痛。发作时头痛如劈，恶心欲吐，疼痛难忍，缓解后一如常人。近来发作频繁，程度加重，不堪其苦。症见病员形体偏瘦，面部表情痛苦，舌红苔黄，脉沉细弦，大便干燥，小便短赤，心烦多梦。此为风邪郁久化热上扰清空故现头痛；邪热化燥伤津而大便秘结、小便短赤；热扰神明而心烦多梦；舌红苔黄属于热象。脉细沉弦是热伤气血疼痛之征。治宜平肝息风、清营凉血、和络止痛。方用天麻钩藤饮与四物汤加减。处方：

天麻 10g，钩藤 15g，山栀 10g，黄芩 10g，丹皮 10g，桑叶 15g，杜仲 10g，白芍 10g，牛膝 10g，当归 10g，生地 15g，益母草 30g，知母 10g，郁金 10g，川芎 12g，夜交藤 15g。

上方服 6 剂，除睡眠略有改善外，诸症未减。二诊时原方去生地、郁金、桑叶、山栀，加龙骨、牡蛎、夏枯花。病员又服 8 剂，偏头痛仍无明显减轻。求教于陆老，老师以《黄帝内经》久病入络，宜用活血药入络搜风相授。病员三诊之时，在原方中加入蜈蚣 1 条，白僵蚕 15g，全蝎 10g，乌梢蛇 20g，病员连服 10 剂，头痛减轻。复服 20 余剂而诸症消失。通过这则病案，我受到启发：凡是久治不愈的疼痛，无论头痛、项背痛，还是胁肋痛、腰腿痛，都可以使用动物药，入络搜风，活血化瘀，通窍止痛，而且往往会收到预期效果。

唐某，女，28 岁。婚后不久，出现小便频数，尿频尿急，尿中带血现象。到医院就诊，经检查诊断为肾盂肾炎，属于中医所谓淋证范畴。自述：少腹拘急胀痛，口苦，大便干结。苔黄，脉滑数。证为湿热蕴结下焦、膀胱气化失司所致的淋证。小便短赤灼热，是热蕴下焦明证。而溲又带血，乃热伤络脉引起。治宜清热解毒、利湿通淋、凉血养阴。方用八正散、石苇散加减。处方：

萹蓄 15g，瞿麦 15g，车前草 15g，海金沙 20g，石韦 10g，生地 15g，金钱草 30g，蒲公英 20g，竹叶 10g，滑石 20g，制大黄 6g，炒黄柏 10g，甘草 6g，白茅根 30g，萆薢 10g。

上方服 4 剂病愈。

曹某，男，1997 年 2 月初诊时 44 岁。病员自述从 4 岁起即患腹泻，现已患病 40 年，腹泻不已，不能自控，目前又有所加重，以至于不敢出差，不敢乘车远行，不敢参加朋友聚会。不时腹泻让他失去生活的信心和参加集体活动的情趣。春节临近，心中大怖，经朋友介绍，来我处就诊。他原本是北方人，参军后到四川，转业在成都工作。因为腹泻，不敢出勤野外，更不敢到外地出远差，甚至都不能回北方探望父母。面色萎黄带黑而乏光泽，口唇淡无血色，舌质胖嫩，舌面少苔，脉沉细乏力。小便清长，大便溏泄，此是关门失司，约束无力所致也。证属脾肾阳虚，命门之火不能温煦脾土，脾失健运导致慢性腹泻。命门之火不旺，不足以温煦脾土，脾土不温，运化失司，不足以升清降浊而泄泻也，治宜温补脾肾、补中益气、燥湿健胃、固涩止泻。方用附子理中汤合补中益气汤加减，处方：

制附片 30g，焦白术 15g，干姜 10g，云苓 20g，柴胡 10g，潞党参 15g，生黄芪 20g，陈皮 10g，升麻 10g，白扁豆 20g，怀山药 20g，炙甘草 10g，芡实 30g。

上方嘱服 12 剂。嘱附片先煎 2 小时，再纳诸药共煎取汁，饭后半小时服，日 3 次。病员依法服用 20 剂，诸症悉减，仍有腹泻。

二诊嘱守方不移，上方酌加白芍、苡仁以增补血活血、健脾利湿之功。嘱服 12～20 剂。

曹某依方再服用 30 剂，腹泻渐止，面色渐转红润，口唇之色鲜活，舌苔薄白无齿痕，脉细沉，说话语调清晰，只是不够有力。病员自以为病情痊愈，想出远门找一下潇洒的感觉，遂随团出游，一路平安，喜不自禁，于是在新加坡机场购美酒开怀畅饮，谁知一上飞机就腹泻，弄得十分狼狈。回成都后第一时间就上门求诊。我用温中补气、醒酒止泻之法，以补中益气汤与痛泻要方加减治之。处方：

柴胡 10g，葛根 20g，焦白术 10g，干姜 10g，党参 15g，云苓 20g，陈皮 10g，法半夏 10g，升麻 10g，莱菔子 20g，山药 30g，藿香 10g，白芍 20g，防风 10g。

曹某服上方 2 剂而止泻。复进甘温淡渗之品以和之。病员前后服药数十剂，慢性腹泻终于得到根治。病员现在年逾六十，身体健康，旧病未再复发。

刘某，29 岁，结婚 6 年。3 年前月经量骤然增多，每月淅沥漏下 10 余日，曾多方求治不效。半年前血崩如潮，流血不止且多血块，住院治疗，其效不显。辗转问诊于余，时在 1995 年 12 月。一天夜晚，我正在家中备课，突然听到门铃声响起，开门一看，只见一位年轻女性，身材瘦削，面容憔悴，脸色蜡黄。她说："老师，我患的是妇科病，以前是你学生的病人，听说她出国了，只有请你救我。"她身如干柴，声低息微，浑身寒气，一把脉，手腕冰凉，疾病确实让她受尽了苦头。经诊查，脉沉缓细弱无力，舌质淡红，苔薄白不均，纳差便溏。自诉血崩十余日，浑身软弱无力。此乃阴阳两虚，气血俱亏，命门之火不能温煦脾土，脾失健运不能生化气血，气虚不能摄血，血不归经妄行而下所致。治宜温肾健脾、补中益气、引血归经。方用补中益气汤合生脉散加减，处方：

红参 10g，黄芪 30g，焦术 18g，柴胡 10g，升麻 10g，陈皮 10g，当归 10g，炙甘草 15g，麦冬 10g，五味子 10g，陈艾 10g，茜草根 12g。

病人服 8 剂后崩漏渐止，诸症悉减。复诊时精神好转，脉仍沉细，舌淡苔白，大便正常，前方去麦冬，加藿香、厚朴、广木香，嘱服 4～8 剂。病员再服 6 剂后痊愈，后以归脾汤加减调理，3 个月后病员体重增加。两年后产下一女，全家欢天喜地，对中医药的神奇功效赞叹不已。

陈某，男，1999 年初诊时 35 岁。1990 年病员因车祸受伤，经手术治疗，伤愈出院。不久之后，出现一种奇怪现象：上半身发热，甚时如烈火炙烤；下肢厥冷，冬时如坠冰窖。自患此症后，四处求医。医者或当风湿，或当湿热，或当寒湿化热，或当虚实错杂治疗，或投汤药，或用针灸，或做理疗，或行按摩，均无明显效果。无奈之下，上门求诊。我看陈某身体瘦小，耳郭单薄，舌根有少许瘀点，脉细缓微涩。此乃气血不和之象。血菀于上，久而化热；气滞于下，虚则厥冷。治应和解营卫，调理气血，于是考虑使用小柴胡汤加减治疗。何以用小柴胡汤？因为使用小柴胡汤的主要适应证是寒热往来。寒热往来表现出来的特点是时冷时热，交替频繁发作。使用小柴胡汤可和解少阳枢机，调理气血，使气血运行恢复正常，寒热往来也就停止。而陈某上热下寒已有 9 年，9 年来寒热并存于一体，百治而无效。因此我想到：频率太快的寒热往来，以小柴胡汤可以使之恢复常态；那么，9 年都不往来的寒热并存，没有频率的静止沉寂状态可不可以用小柴胡汤和解也使之恢复正常呢？我想不妨一试，即拟出下方：

柴胡 12g，白芍 30g，黄芩 12g，法半夏 10g，人参 15g，大枣 4 枚，生姜 10g，炙甘草 15g，当归 10g，白术 10g。

陈某服 1 剂，当晚即效。4 剂痊愈。由此坚信仲景之方，实为经典，用之得当，其效如神。东汉太医丞郭玉曾说：医者，意也。如对病因病机判断正确，治疗就有良好效果。

汤翁，62 岁。原郫县粮食部门职工，嗜好烟酒，多年前因患慢性肾炎提前病退。因肾功能衰竭经常住院治疗。近日水肿加剧，口淡无味，双下肢浮肿至腹股沟，行动极其困难而到医院就诊。经检查确诊为尿毒症，住院医治多日，其效不显。使用双氢克尿噻类药物利尿，浮肿稍减。但一经减量或暂停服用利尿剂则病情如故。年关将至，病人求生心切，在病榻之上与其妻及二子商议，打算请中医诊治以谋生机。2000 年 1 月，其长子打电话求诊于我。约好就诊时间，其父子三人如约前来。二子搀扶其父到二楼我办公的房间，瘫坐在沙发上喘呼呛咳不已。病人面色晦暗，神疲乏力，呼吸迫促，咳喘张口抬肩，舌体胖大，舌苔白厚而腻，脉浮数虚大无力，食欲减退，口中无味，食物如嚼锯末，双下肢浮肿不能穿鞋，表情痛苦，目光绝望。询问病人，唯有一愿，即过年合家团圆之时能辨香臭共吃一顿年饭。面对如此沉重的病人，我想到彭履祥健脾扶胃的经验。既然汤翁脾胃同亏，心肺俱损，补土健脾、扶持胃气以筑后天之基当是第一要务。故治以补益脾胃、淡渗利水之法，用保和丸与五苓散加减治之。处方：

山楂 15g，神曲 10g，莱菔子 20g，陈皮 10g，法半夏 10g，茯苓 20g，连翘 10g，桂枝 10g，猪苓 10g，泽泻 10g，白术 12g，冬瓜皮 30g，白豆蔻 15g，砂仁 10g，炒谷芽 20g。

病人服上方 4 剂之后，口中有味，食欲改善，能进饮食，下肢浮肿亦渐消退至膝下。

二诊继续使用五苓散、保和丸加减化裁。处方：

神曲 10g，法半夏 10g，陈皮 10g，茯苓 20g，桂枝 10g，猪苓 10g，白术 10g，黄芪 30g，白豆蔻 10g，砂仁 10g，连翘 10g，泽泻 10g。

上方服 20 剂，病人面色转佳，脉不浮数，舌质正常，舌苔不厚，浮肿消至脚背，治病信心大增。三诊改用参苓白术散与苓桂术甘汤加减以善其后。3 年后随访，病人依然健在。

李某，1998 年应聘到海南工作。在海口市购得新房一套，亲自监督装修。数十日辛苦之后，体质下降，身发斑疹，奇痒难忍，抓搔之处，或渗血珠，或流黄水，局部红肿发炎，心慌意乱，无法忍耐，终于住院。虽然口服多种药物，静脉滴注脱敏液体，疗效不显。无奈打电话向母校老师求诊。接到电话之后，我和同仁讨论：海南炎热多雨并有海风来袭，装修又赶在夏季，气候炎热加上材料异味，当然对人体会有伤害。李某成天在现场监工，多种因素刺激皮肤，引起过敏搔痒也就不足为奇了。我想起昔年在文琢之老师处实习中医外科时，文老曾自拟一首方剂，清营凉血、祛风止痒有奇效。因此电话告诉李某，该方名治皮肤瘙痒方，药物共 15 味。处方：

菊花 15g，银花 15g，赤芍 10g，丹皮 10g，桑白皮 15g，地龙 10g，紫荆皮 10g，地肤子 30g，生地 10g，红花 10g，千里光 20g，蒲公英 20g，蝉蜕 10g，甘草 10g，刺猬皮 10g。

李某依方服药 2 剂，斑疹消退，痒势消失，致电于我，感谢再三。我说：此文老方也，我有记忆，正好用来治疗你的病。不用谢我，记住文老大德就行了。

文老所拟治瘙痒方确实效果显著，不论对血燥生风之皮肤瘙痒，还是对异物过敏的皮肤瘙痒；不论是对药疹（药物副作用）皮肤瘙痒，还是对内热引起的皮肤瘙痒，都有很好的疗效。

王某，48 岁，近年来家庭叠遭变故。先是母患恶性肿瘤住院，王某与其妹在病榻前日夜照顾其母，极尽孝道，直至母病去世，费尽心力。不久老父又突发怪病，急需手术救命。手术花去大笔资金，还是回天无力，未免一死。王某人财两空，心力交瘁，自己也生起病来。最近数月，常自感胃痛剧烈，腹部胀满，胸闷胁痛，不思饮食，失眠多梦，又伴眩晕潮热、月经紊乱。舌淡苔白，脉沉弦细。王某本系孝女，痛失双亲使她连遭打击，抑郁伤肝，悲哀伤肺，忧思伤脾，惊恐伤肾，所以出现上述症状。治宜疏肝解郁、宣肺降逆、健脾宽中、和胃止痛、固肾纳气。方用恩师王老自创胃痛散方。处方：

上桂 30g，栀子 6g，良姜 30g，砂仁 30g，白豆蔻 100g，川黄连 6g，吴茱萸 10g，沉香 30g，檀香 30g，神曲 60g，广香 60g，香附 50g，佛手 30g，香橼 60g，丹参 100g，灵脂 60g，玄胡 60g，厚朴 20g，枳壳 10g，法半夏 30g，陈皮 30g。

以上共 21 味，共重 800 余克。用 1 剂或数剂加工成散剂，每服 3～6g（约 1 汤匙），饭后白开水送服。病人服二日后，胃痛明显减轻。连服两周后，疼痛消失，现未见复发。后病员又将余药分赠患病友人，均获满意效果。

文某，女，5 岁。素质瘦弱，食欲不振，半月前感冒发烧，咳嗽，头痛身疼，不思饮食。经他医治疗，感冒有所好转，但仍发烧 38℃，咳嗽不已，夜间尤甚。症见精神委顿，不愿言语，时有咳嗽，痰少，苔白脉弱。此为外感余邪未尽，肺失宣降，脾气受损，胃不纳谷所致。治宜宣肺解表，健脾导滞，化痰宁嗽。用恩师王老所拟清宣宁嗽汤加减治疗。处方：

荆芥10g，炙麻绒10g，炙百部12g，炙旋覆花15g，橘络9g，炙白前根15g，桔梗9g，神曲15g，芦根30g，黄芩9g，山楂15g，枳壳9g，浙贝15g。

此方用荆芥、炙麻绒解表祛邪、宣肺止咳；配伍炙百部、炙旋覆花、炙白前根、浙贝以助化痰止咳宁嗽之功；以山楂、神曲、枳壳以消滞通腑、健脾和胃、增进食欲；以苇根、黄芩清热生津；橘络、桔梗宣肺降气。诸药相配，共收宣肺解表、化痰宁嗽、健脾导滞、和胃进食之功。病儿服药2剂而病愈。

李某，36岁，初诊时神情淡漠，情绪低落，自诉5年前怀孕时，因抬电瓶车上楼，不慎受到碰撞流产。以后数年之间，一直月经量少无定期且伴腹痛。近年来自感年岁渐长，尚无子嗣而压力倍增，精神抑郁，对什么都不感兴趣，并说明今日就诊求子，是家中亲属之意，自己也很期盼。病人神志清楚，言语无力，舌苔白薄微黄，脉细涩。饮食尚可，二便无异常。此为肝郁气滞，血不荣脉。治宜疏肝理气、化瘀养血，用陆公调经方加减。处方：

紫丹参15g，竹柴胡10g，茺蔚子30g，杭白芍20g，制香附10g，延胡索10g，红泽兰10g，云茯神20g，秦当归15g，川续断15g，老川芎10g，细生地10g，焦白术15g，炙甘草10g，黑大豆30g。

嘱服10~20剂。病人服20剂后，自觉月经量稍有增多，月经期间腹痛减轻，舌苔不黄，脉象调和。药已对证，二诊时上方去红泽兰，加菟丝子、补骨脂，嘱再服。后病人坚持治疗，均以上方稍为增减为治。六诊后怀孕，于2013年1月14日顺利产一女婴，全家欢喜无限。

胡某，女，34岁，四川蓬溪人。原在成都打工，患卵巢癌手术后，回到家乡养病，近来旧病复发到医院看病，其效不显，一医告知家属尚可存活5个月。2012年1月21日，胡某面戴口罩、身穿棉袄和大衣、头裹围巾，来我家敲门。我开门一看，来者身材矮小瘦弱，腰背佝偻如老妇，目光悲哀，神情凄惶。病人说："医生，给我看一下病嘛。"我看来者惨状，于心不忍，于是赶紧请到屋中坐下。询问病人，原来只有34岁，去年患卵巢癌在医院做过手术。近因腹痛、恶心、呕吐、不思饮食、声低息微，自觉病情不断加重而来求诊。面对病人，我想到药王孙思邈关于先发大慈恻隐之心的告诫，于是说："你的病证确实比较重，让我给你治上5年，你有信心坚持吗？"病人听后，脸上掠过一丝犹豫，低声说："我活得到那么久吗？"我答："你才34岁，治上5年，也不满40岁，年轻得很哪。"病人立刻回答："医生如果不嫌麻烦，我愿意。"这几句话打破了所谓“5个月”的紧箍咒，帮助她建立了坚持治疗的信心。症见舌小苔少，脉沉细弦缓。自述眠差多梦。综合分析病证之后，治以疏肝理气、活血化瘀、宽中和胃、健脾导滞之法，方以逍遥散、楂曲平胃散、膈下逐瘀汤加减。处方：

柴胡10g，当归12g，白芍20g，茯苓20g，白术10g，山楂15g，神曲10g，黄芩10g，青皮10g，法半夏10g，厚朴10g，牛膝10g，桃仁10g，红花10g，川芎10g，谷芽15g。

上方以柴胡、白芍、青皮疏肝行气，以当归、牛膝、红花、桃仁、川芎活血化瘀，以茯苓、白术、黄芩、厚朴、法半夏和胃宽中，以山楂、神曲、谷芽导滞健脾。嘱病人服此方20～30剂，1个月后复诊。

病人服上方20剂后，食欲改善，体重增加，呕吐、腹痛消失。2月20日前来复诊，病人情绪好转，抗病信心提高。药已中的，依前方去红花、桃仁、青皮，加黄芪、沙参。嘱服50～90剂，3个月以后复诊。

6月21日病员如约又来复诊。见病员面色红润而有光泽，体质增强，充满青春气息，舌体恢复正常大小，舌苔薄白，双腕脉象和缓有力。病人体貌大为改观。我问：“今日正是5月之期，有何想法？”胡某答道：“不管患什么病，病人坚持，医生帮忙，永不放弃，才可能发生奇迹。”

再将上方略行加减，嘱病人常服，半年之后再来换方。

2013年1月17日，病人又到成都复诊。在医院检查肝功能、肾功能与术后状况。结果是肝功能、肾功能正常。看到结果，医患双方均感欢喜，又以上方略行修改，嘱病人常服以巩固疗效。

奚某，41岁。多年前患胃癌，做胃部切除术。术后，身体虚弱，气血俱亏，一直未孕。近年来随着年龄增大，夫妻二人渐感寂寞烦恼而萌生求子念头，于是求医。奚某虽曾患绝症，但已是6年前之事，至今未见复发，可视为痊愈而忽略不计。现在病人夫妻均有求子愿望，年龄虽然偏大，但不妨一试。

初诊：奚某身形瘦弱单薄，手术之后，认真将息，恢复尚好。性格温柔，不武不火。饮食、睡眠、二便均可，舌苔薄白，脉缓少力。我认为，高龄求子，不是没有可能，只要好生调理，就可能收获惊喜。治宜宁心安神、疏肝理脾、健脾和胃、益气补血，方用《医宗金鉴》肉苁蓉菟丝子丸加减。处方：

肉苁蓉15g，菟丝子10g，覆盆子15g，五味子10g，秦当归10g，细生地15g，白芍药10g，老川芎10g，茺蔚子30g，太子参10g，金樱子15g，生韭子

10g，枯黄芩 10g，陈艾叶 10g，广陈皮 10g，炙甘草 15g。

病人坚持服上方半年后怀孕，得二男婴，夫妇二人与双方父母都热情表示感谢。用好古方，能收显效，信不诬也。

傅某，男，52 岁。患哮喘多年，近因天气寒冷、外出不慎而感冒，短气不足以息，舌淡苔白，脉浮而迟。自述夜间哮喘更甚，张口抬肩，呼吸急促，胸闷气短，不能平卧。此名肺胀，乃慢性支气管炎急性发作。治以宣肺解表、止咳平喘，方用麻杏石甘汤加味。处方：

炙麻绒 15g，生石膏 20g，甜杏仁 10g，生甘草 10g，枯黄芩 10g，浙贝母 15g，香白芷 10g，荆芥穗 10g，五味子 10g，辽细辛 10g，法半夏 10g，广陈皮 10g，紫菀 10g，炙旋覆花 10g。

2 剂病愈。

廖某，女，一日腹中饥饿，从冰箱中取出两块小蛋糕食用。晚间腹痛泄泻不已，下利十余次，不堪其苦。服用藿香正气水、复方黄连素片，其效不显。翌日腹泻更甚，精神萎靡，全身无力，脱水严重，状若不支。经查病人舌质淡，舌苔白，脉沉细无力。此属误食生冷，损伤肠胃，运化失司，清浊不分所致泄泻也。考虑到病员素体虚弱又无外感，故用温中补气止泻之法，以小建中汤加固涩甘温之品以治之。处方：

饴糖 50g，桂枝 10g，白芍 30g，干姜 10g，炙甘草 15g，大枣 4 枚，芡实 15g，莲米 10g，山药 30g，茯苓 20g，陈皮 10g，木香 10g。

成都地区药房不售生姜，故方中生姜改用干姜。病员素体虚寒，干姜辛温正好对证。药房无饴糖，街上流动商贩到处叫卖白麻糖，可以代用。病员舌苔、脉象全属里寒虚证，未有表证，不须忌讳，因此只让病员购药 1 剂，煎药去渣取汁，纳入饴糖烊化，温服。一服泻利即止。病人感叹仲景之方真神奇也。

袁某，女，25 岁。自平原地区进入高原工作以后，自感走路费劲，呼吸费劲，行动容易疲倦，精神容易紧张。对于这种状况，开始以为是高原反应，遂不以为意。近两年来，时发心悸、怔忡、呼吸急促、心慌心跳，失眠多梦，记忆力减退，到成都求医。患者体态偏胖，舌质胖大多津，舌苔白腻，食欲不振，大便稀溏，小便清长，浮肿，肢冷不温，脉弱乏力，此系阳虚水犯，水气凌心。治宜温肾回阳、宁心安神。方用苓桂术甘汤合炙甘草汤加减。处方：

桂枝 15g，白术 10g，云苓 20g，炙甘草 15g，附片（另包）30g，干姜 10g，

细辛10g，五味子10g，沉香10g，檀香10g，龙骨15g，牡蛎15g，人参10g，苡仁30g，车前子15g。

患者服12剂后，症状改善。以前方去龙骨、牡蛎、车前，加远志、菖蒲、柏子仁，嘱常服。一年后病员下山路过成都，自云：惊悸仍偶有发作，但已好了许多。又以上方加补骨脂、女贞子、旱莲草，常服以巩固疗效。

书为大法路遥遥　幸遇良师得指教

我出生在豫北的一个耕读家庭。曾祖、祖父既教书又行医，德高技精，闻名乡里。祖母率领母亲与叔姑务农，父亲在军队中做事，所以家庭虽不富裕，但父贤子孝，兄弟和睦，妯娌关系融洽，其乐无穷。加上我是谢家长子长孙，母亲又是张家独女，因而我的李姓外婆把我这个外孙疼爱得了不得。她自己要是有点钱，有点布，有点好东西，总是自己不舍得花、不舍得穿、不舍得用，主动送到我家来，让我花、任我用、任我食。可以这样说，我小时候虽然不是在蜜罐之中长大的，却是在亲情和爱河中度过的。

幼小之时，母亲发现我对汉字特别感兴趣，于是就请一位木工师傅做了一个木盘。木盘底部用平板制成，在四边镶上木框。这样木盘底部就形成一个矩形空间。木盘制作好之后，母亲又到河边挖来细沙，细沙先用清水冲洗，筛去石块和杂质，得到又细又匀的沙子。母亲再用布缝成一个口袋，把沙子装进去，不用时收起来。等我学写字时，把沙子倒入木盘，用尺子荡平，祖父就用细竹签在砂子上写字，让我读认。熟悉以后，抹平砂子，让我用竹签学写。记得我那时不满4岁，祖父和母亲就开始教我认字了。他们最初教我认的字，只有20多个，3字一句，共8句，读起来什么意思我不懂，但朗朗上口，我觉得好玩就记住了。我至今还没忘记。是这么几句："上大人，孔乙己，化三千，七十士，尔小生，八九子，佳作仁，可知礼也。"后来我上小学、中学、大学的时候，我问同学和同龄人，知不知道有这么一段儿童启蒙文字，竟没有一个人知道。我不禁十分感慨，我想这大概就是家学渊源吧。

因为我启蒙早，认字多，从小爱写字、爱心算和珠算，所以几乎没有遇到什么困难就上完了小学和初中。但当我以优异成绩考上高中之后，在高一就遇到对我终身产生重大影响的两件事。一是高一期末考试时，数学、物理、化学、外语、政治我得的都是满分。但语文却只得到80分，尽管是全年级最高分，我却怎么也想不通，心想我每道题都没有答错，得分怎么如此之低呢？我忍不住问语文老师廖公。廖公说：你错了20个标点符号。错一个扣一分，共扣20分，所以给你80分。我问何以如此？廖公说，你们今后参加高考，语文只考一篇作文，所以评卷非常严格，错别字、格式、标点错误都要扣分。我教语文，从现在起，每次考试评分都十分严格，但对你们一辈子都会有好处。我心想，遇到严师了，好幸运啊，今后我一定要学好语文。二是廖公要求每位同学每周在写字本上写一篇楷体大字。那时我觉得自己的楷书已经写得满不错了，一次就凭印象随便写了一篇交上去。等到本子发下来时，我看到老师用红笔工工整整写了两个字的评语：墨猪。受到老师如此评价，我心里感到委屈，但那次写的大字，确实多肉微骨，墨淡无光，用卫夫人的话来品评我的字，再恰切不过。不过我那时年少气盛，不知好歹，在老师二字评语之后，加上“带龙像”三字。数日之后，老师在下课时叫我到语文教研室，让我坐下。我心中忐忑不安，因为在老师评语后面妄加文字，可是失礼之事啊，正等待老师严厉批评，谁知廖公却和蔼地问：“看过范文澜先生的书吗?”我回答：“看过范先生的《中国通史》。”廖公说：“所以你知道‘猪带龙象’典故的出处。你心中对‘墨猪’的评价不服气，就在后面加了字。我告诉你，‘墨猪’可不是骂人的话，只不过代表一种需要改进和提高的书法字体。你若希望从猪上升为龙，请练这两本字帖，一本是颜真卿书《东方朔画像赞》，一本是钟绍京书《灵飞经》。这两本字帖，送给你，拿去练吧。”我从老师手中接过字帖，心中充满了感激。又听老师说：大字要写得堂皇大度、刚健有力，练颜体；小字要写得工整秀丽、珠圆玉润，练《灵飞经》。自这次受到廖公指教之后，50多年来，我一直坚持练习书法。大字摹写颜正卿《东方朔画像赞》，小字临写《灵飞经》，觉得很有收获。后来我做了教员，一些对书法有兴趣的学生向我求教，我总是将当年廖公之语如实相告，他们也有所觉悟。我上大学之后，又遇到练碑书和颜体的戴老。他的书法工力深厚，出神入化，对我的帮助启迪也很大。

自从我苦练书法小有所成之后，领略到不少书法给我带来的好处。第一是作文，廖公曾以钢材、水泥、木材与房屋的关系举例，问我若无以上三大材料，能不能盖起高楼大厦？我曰：不能。巧妇难为无米之炊，巧匠难起无材之楼。廖公又问：三大材料等不等于高殿广宇？我答：不等于。因为若无工程师设计、施工队组织按图施工，就不可能盖起质量优良的高楼。廖公曰：作文亦然，辞藻、标点、修辞、逻辑等都属于材料，单纯堆砌辞藻的作文绝对不是好作文。一篇好作文，必须要有鲜明的主题，这就像工程师所绘制的图纸；一篇好作文还必须有合理的结构，这就像精心组织的施工，材料该用才用，不得乱用，何处宜用，何处不宜用，都要心中有数，各得其所。廖公的教导使我茅塞顿开、提高不少。在学生时代，我常参加各种作文比赛。清新流畅的语句加上优美漂亮的书法，常常受到评委老师们的青睐而给予奖励。我从教 40 余年，凡选修我所主讲课程的同学，我都鼓励他们继承传统，练习书法，其中不乏佼佼者。

在半个世纪的书法实践中，我有三点体会值得提及。

一是中国汉字，从文字符号、陶文、甲骨文、钟鼎文、石鼓文，大篆、小篆到隶书、楷书、行书、草书，形体变了又变，已经走过了数千年的历程，但文字记录汉语的基本功能是没有改变的。因为文字又叫书面语言。语言是用来表达思想、交换信息、沟通情感的。中国地域辽阔，领土广大，方言十分复杂，有的十分难懂，所以国家推广普通话，统一发音标准，普及基本语汇，以此适应社会需要。我认为，书法也应当和口语同步。如果只是单纯地作为艺术创作，仅供欣赏，那作者可以尽情发挥，任意挥洒，怎么写画都行。但若是要让广大群众看得懂，民间留得住，经得起历史检验，那你不管用什么笔，写什么体，你都得遵守内容健康、形式优美、载体稳定、保存得当等四项原则。由于书法的启发，我在阅读许多位文字学家的著述之后，给汉字下了一个定义：

汉字是一种符号体系。它是数千年来，主要由汉民族创造、使用和发展起来的文字。它是我国通用的记录语言、传播知识、交流信息的工具。

二是对书法的练习和实践，越是时间长、花的时间多，似乎感到越是迟钝，这就叫熟视无睹。比如对于“书法”这个概念，十年前我编著《中国书法艺术指要》教材时，曾经认真阅读过当代十几位名家给出的定义，既五花八门、莫衷一是，差别很大，又总感到差点什么，一时又说不出来，别扭。怎么办呢？我采取了两个措施，一是停下笔来到书店，购买历代名家字帖观摩，二是参观省市名家书法展览。久而久之，我忽然明白了：对于绝大多数书法作品来说，除了单独的字体美以外，还必须要有整体美、组合美。这就是古人既讲笔意（个体），又讲“行气”（组合、整体）的道理。豁然开朗，让我立刻动笔对

“书法”一词的概念进行了如下界定：

书法是表现汉字形态变化与组合方式的艺术。

书法追求和谐，每字每行通篇都要和谐，和谐应当是书法创作的基本要求。

给书法下这个定义，有三点说明，一是书法是艺术不是简单学写字；二是书法不仅重视单字的写法，更要重视组合方式的合理性和艺术性；三是通篇所有字、印章、落款等各种元素完美地结合在一起，才称得上上乘书法作品。

以上“书法”为广义，同时我又给“书法”一个狭义的概念，亦录如下：

书法是指以毛笔为主要工具，以汉字为表现对象，以抒发思想情感为重要目的，以纸张布帛为常用载体所进行的书写艺术创作，此即为书法。

三是我对书法流派进行了再认识。我认为在汉字形成和演变的早期，尽管书法的风格和形式存在差别，但草创之时，一切从简，流派不显。进入秦汉之后，汉字从古文走向今体，书法从甲骨金石竹木走向布帛纸张，书法主流仍在，但流派渐显，差别增大，由此产生了一种专门职业和一个崭新的头衔，叫“书法”和“书法家”。钟繇、卫夫人、王羲之父子、索靖、皇象、虞世南、欧阳询、褚遂良、颜正卿、柳公权、张旭、怀素等，都是从事这门职业的佼佼者，均可以戴上书法家这顶桂冠。

有了书法家，就有了书法流派，有了流派，就产生了不同的看法，历来流派纷争不已、褒贬不一。我的看法有二：

一是书法流派的存在，是一种历史现象。书法既然是一门艺术，就不必确定统一标准。俗云：萝卜白菜，各有所爱。巴山蜀水，见仁见智。所以评判书法艺术流派的时候，不宜使用优劣、短长、高下、好坏等反差过余强烈的词语，可以使用一些概括其艺术特点的词语，比如雄健、刚劲、温润、宽博、洒脱、谨严、绵密、疏朗、娟秀、飘逸、紧凑、稳健、轻灵、古拙、柔美等词语，比较符合真实与客观一些。但不管什么风格，书法都要遵循和谐自然的原则，剑拔弩张或矫揉造作的形式，我不认为是最好的书法作品。

二是书法在各个朝代虽有主流支流之分，不管有什么样的差别和不同，都属于中国传统文化范畴，作为中华民族的子孙后代，我们都应承担继承和发扬的责任与义务。多从其中汲取营养，继承发扬而光大之，不要轻易否定，更不能全盘否定。须知今人否定古人，后人就同样会否定今人。红花虽好，还要绿叶扶持。红花绿叶相映成趣，才能构成美景。书法对于社会来说，不管主流支流，也不管继承派革新派，同属一个艺术大家庭，不要你争我斗，更不要你死我活，而应相互取长补短、相互沟通交流，让书法重新创造辉煌，走向世界，才是每一个中华儿女所应担负的责任。

书法艺术论神妙　创作激情干云霄

晋代王羲之《论书》曰：字贵平正安稳。又云：书贵乎沉静，令意在笔先，字居心后。南朝梁庾肩吾论书品，分为上中下三等九级。唐代孙过庭《书谱》言：篆尚婉而通，隶欲精而密，草贵流而畅，章贵检而便。而张怀瓘《书断》将书法作品分为神品、妙品和能品。颜正卿《述张长史笔法十二意》曰：用笔当须如印印泥，又如锥画沙，常欲使其透过纸背。柳公权曾言“心正则笔正”，当属至理。而宋代苏子瞻论书，强调书必有神、气、骨、肉、血，五者缺一不为书也。指出：把笔无定法，要使虚而宽。笔成冢，墨成池，不及羲之即献之；笔秃千管、墨磨万锭，不作张芝作索靖。还有廖公提醒我学习书法应当力避“墨猪”的警语，都为我指明了努力的方向。学练书法有三条原则：一是学习书法是一个漫长的、艰苦的、渐进的过程，必须下苦功夫，花大力气才会有所收获，绝不可能一蹴而就，一步登天；二是学习书法要明确目标、方法对头，否则事倍功半，一无所获；三是学习中医之人兼习书法，既要考虑书法的艺术性，又要重视它的实用性，使医道书法紧密结合，相得益彰，才能增加学习动力、持之以恒而有所得。

我是带着对书法的浓厚兴趣考入成都中医学院开始大学生活的。学院具有浓郁的优秀的传统文化氛围和超凡的书法水平。首任院长李斯炽兰亭行楷神妙绝伦；《黄帝内经》学者吴棹仙祭侄文稿入木三分；《伤寒论》专家戴佛延石鼓文古朴苍劲；温病传人陆干甫行草妙笔生花；儿科曾应台治印魏汉风骨；诊断廖孟谐小楷晋唐流韵，还有众多学子的百花齐放，这些有利条件和客观环境，更坚定了我在学好中医的同时练好书法。

20 世纪 60 年代，学校为我练习书法提供了许多条件。一是学生会吸收我在宣传部工作，专门负责书写黑板报。书写黑板报可不是一件轻松活儿，因为中医学院的黑板报，不允许用粉笔书写，而是必须用毛笔蘸白色广告颜料，人站在黑板前面，悬臂悬肘悬腕在事先画好的方格中，用正楷书写。学校总共安放了四块黑板，每块黑板高1.2m，长3m。而每个字只能写3cm见方那么大。所以四个黑板能容纳8000字以上的内容。除去刊头和插图，每期也有4000至5000字。那时黑板报由我和另外3个同学负责书写。黑板报内容两周一换，我们4人，每隔10来天，都要在周末集中精力书写黑板报。每次都会用去许多时间，有时还会累得腰酸背痛、满头大汗，但几年坚持下来，对书法水平的提高还是相当明显的。

二是，学校开学或举行毕业典礼，举办大型集体活动或到校外宣传演讲，都要悬挂横幅和张贴标语。而横幅的制作和标语书写的任务，学校往往会交给我和一群爱好书法的同学来完成。以前没有复印机，更没有电脑制作和喷绘，全凭用毛笔书写大字。字有时会写得很大，有的字径50～60cm，有的达到1m以上。总之，学校说写多大就写多大。时间一长，次数一多，大字也就写好了。

三是，改革开放以后，学校对外交流活动增多。根据惯例，在外事活动中，双方都要互赠礼品。改革开放初期，国家经济落后，学校财力也很单薄。客人赠送学校礼品，学校回赠什么？贵了买不起，便宜的又拿不出手，索性回赠书法作品，既有中国特色，又有文化内涵，还高雅得很。所以，由于学校事业发展的需要，20多年来，我和朋友们为此创作了大量的书画作品贡献出来。因为这些书画的礼品性质，督促我对每一件作品的一字一画，都特别考究，精益求精。这种客观需要促使我创作每一件书法作品都做到整洁精致，但同时也一定程度上对粗犷和奔放的风格产生了约束性的影响。

四是，随着国家经济实力的增强和国民手中余钱的增多，书画收藏和用书画布置公共公共场所及居室的热度逐步提升。多年来，向我索要作品的朋友、学生逐渐增多。只要条件允许，我都设法满足他们的愿望。吾妻戏言：你是退而不休，忙而且乱，不知老之将至。你看，你哪一件衬衣上没有墨迹？哪一条毛巾上没有黑点？吾妻之言一点都没有夸张，她默默无闻，毫无怨言，为我操劳甚多。我能安心进行书法创作，没有一点后顾之忧，完全为其所赐。夫人，谢了。

在半个多世纪的学习实践医道和书法的过程中，我逐渐悟出：国运昌则医道兴，社稷危则医道乱，济世活人是医道的最高宗旨。我又体会到：书为大法，礼仪周则书法兴，伦理乱则书法废。所以，我作为中华儿女，虽然一无所成、人微言轻，却不妄自菲薄、怨天尤人，而是坚持医乃人术以济世救人为宗旨，临证必用十分力，在临床实践中不断总结经验，提高诊疗技术，以救死扶伤，创造奇迹，营造和谐社会。同时我认为，书法系高尚艺术，学无止境，要读万卷书，写万幅字，作万张画，不断创作和实践，才能推陈出新，更上一层楼，充实自我，丰富生活，改善环境，优化氛围。

汪受传

汪受传（1946— ），江苏东台人，研究生学历，教授，主任医师，博士生导师，全国名老中医。享受国务院政府特殊津贴。为南京中医药大学儿科研究所所长，国家级重点学科南京中医药大学中医儿科学学科带头人，国务院学位委员会中医学中药学学科评议组成员，中华中医药学会儿科分会主任委员。全国先进工作者，国家级教学名师。

长期从事儿科工作，擅长小儿肺系、脾系疾病的治疗，对小儿病毒性肺炎、反复呼吸道感染、厌食、痛证、胎怯等疾病有深入研究，提出了“小儿病毒性肺炎从热、郁、痰、瘀论治”“胎怯从肾脾两虚论治”等学术观点。主持“十五”国家科技攻关计划、国家自然科学基金等各级科研项目 18 项，获国家中医药科技进步奖、江苏省科技进步奖等 16 项次。主编教材、论著 43 部，发表学术论文 160 篇。已培养博士 30 人、硕士 24 人，弟子遍及国内 20 多个省市自治区和海外多个国家及地区。

我的祖籍是安徽徽州，徽州地区古称新安郡，宋元明清时期名医辈出，世人谓之新安医学，其中汪氏名医凡数十位，如《石山医学》《医学原理》的作者汪机，《医方集解》《汤头歌诀》的作者汪昂等。可是，我所知道的我家长辈中并无业医者，我步入岐黄之道纯属偶然。1964 年，我从江苏省东台县安丰中学毕业，学校因我曾获全县数学竞赛第一名而对我考取名校抱着极大期望，后又因我家庭政治条件不合要求而为我奔走，方才从“不录”提升至“限录”。这些我当时并不知情，填高考志愿时仍然麻木不仁，学校教务科长审时度势，将我的第一志愿改填为南京中医学院，为我一纸定了终身。

踏入门槛

进入南京中医学院，有的同学对从学理科转为以文科为主不习惯，认为学中医是进错了门，甚至预言“我们这一代人将成为末代中医”。但是，我却很珍惜这来之不易的学习机会，只管认真读书。学校的氛围也深深感染着我，礼堂柱子上挂着华佗、张仲景、孙思邈、李时珍等历代医家的画像，图书馆编写组办公室里十几位老师整日伏案编写《中药大辞典》……我就这样走上了中医之路。

我们刚进校就开始学中医课程，南京中医学院名师云集，孟景春先生教我们中医学基础，吴考槃先生教《内经》，陈亦人先生教《伤寒论》，张谷才先生教《金匮要略》，徐景藩先生教中医内科学，夏桂成先生教中医妇科学，曹济民先生教中医儿科学……至今，教医古文的唐玉虬先生解释《内经》“被服章”并非错简、教温病学的孟澍江先生介绍金汁应用经验的情景还历历在目。我们还沿袭高中时的学习习惯，每日凌晨即起，背诵药性赋、汤头歌，晚上九时半教室熄灯了，还要跑到厕所去继续看书。我当时使用的二版统编教材和记的课堂笔记，至今还完好地保存着。

1967 年夏天，我来到南京儿童医院实习，在“乙脑”病房待了没几天，带教的陈大庆医师就让我为患儿开中药，我就照书上的卫气营血辨证开起了药方，做起了中西医结合的临床治疗工作。原来担心病重小儿吃不进中药，其实不然，“乙脑”重症小儿昏迷不醒，都插了鼻饲管，流质饮食和汤药都从鼻饲管打进去，竟然比轻症病人服药方便得多。我牛刀小试，初步尝到了甜头，知道古人的经验确实有用。

1968 年初，我到了泰兴县人民医院，先跟当地名中医佘公侠、杨卓斋门诊学习。佘公侠毕业于上海中国医学院，是妇科名家，脉理精微，往往切脉后三言两语便开出处方。杨卓斋在江苏省中医进修学校学成后回乡业医，处方用药经典规范。当时，泰兴流行性脑脊髓膜炎流行，我又进了“流脑”病房。这次胆子壮了，焦永盛医师让我直接管两间病房，用中药治疗，有什么需要他再来帮忙。我寻思“流脑”患者头痛剧烈、呕吐频繁，与肝火热毒上攻有关，于是取清瘟败毒饮加上龙胆草清泻肝胆实火为主方，居然十分有效。除暴发型需中西医结合治疗外，轻型、普通型、重症型都能单用中药治愈。这也让我认识到中医治疗急性传染病，不但能治病毒性疾病，也能治细菌性疾病，树立了信心。

“文革”期间，我在附属医院儿科实习，跟随曹颂昭老师抄方。曹老师是无锡曹氏儿科家传十四代的名医，用药轻巧活泼，使我对吴瑭关于小儿“脏气清灵，随拨随应”之说有了深切的体会。我还去过高淳县人民医院、高淳县东坝医院，在那里除了学习中西医之外，还曾用活血化瘀法为主治疗阑尾脓肿后包块、陈旧性宫外孕，并取得良效。有两例抗生素治疗效果不佳的小儿肝脓肿，经活血化瘀、解毒消痈中药治疗后肝下界一天天上移，直至痊愈，西医老师看到后也啧啧称奇。我后来又到过徐州医学院附属医院等处实习。算起来，大学六年，读书的时间虽比原订计划减少了，可在特定的历史条件下，到了大大小小多个中西医院实习，看到了形式不同的各科病种，得到了多方面的学习锻炼，奠定了良好的专业基础。

1970 年，我从南京中医学院毕业，分配到江苏省响水县双港公社，首先到翻身大队劳动锻炼。我每天白天下地劳动，晚上坚持看书，偶尔也为农民看病。有一次，一个农民牙痛，一颗臼齿已经活动了，求我们为他拔掉。我为他针刺合谷强刺激麻醉，另一位学西医的同学拿着一把老虎钳，钳住牙齿就拔了下来。

劳动锻炼结束之后，我被安排到响水县周集卫生院工作。我去了就被安排为普通门诊医生。普通门诊经常只有两名医生，24 小时轮班制，医院还有十几张简易病床，谁在门诊收的病人就由谁管理，直到出院。记得曾经有一个晚上来了六个急诊重症病人，包括小儿重症肺炎、胆道蛔虫、农药中毒、产妇产后大出血等，我也只得忙不迭地左右开弓，前后张罗，全力应付。在公社卫生院工作的好处是可以完全放手干。麻疹肺炎用麻杏石甘汤加味清肺解热，百日咳痉咳期用桑白皮汤泻肺镇咳，湿热痢疾用白头翁汤加马齿苋、生地榆之类清肠解毒凉血治痢，急性阑尾炎用金匮大黄牡丹皮汤加减解毒消痈，都取得了甚好的疗效。农村孩子患痈肿疔疮者很多，我对未成脓者清热解毒，已成脓者消痈排脓，已出脓者祛腐生肌，疗效优于抗生素，使我尝到了辨证论治的甜头。在应用古方有效的基础上，我进一步摸索提高疗效的途径。农村孩子患胆道蛔虫症很常见，开始时我用乌梅丸治疗，确有疗效但见效较慢，患儿常常在病床上翻滚二三天才能缓解，使我与家长一样焦急如焚。我思量仲景乌梅丸立方大意是酸苦辛并用、寒温兼施，就将其简化为蜀椒、乌梅、黄连、白芍四味配伍，加上大黄、玄明粉利胆下蛔，槟榔、苦楝皮驱蛔杀虫，结果显著缩短了缓解时间。流行性乙型脑炎要求就地治疗，虽然医院的条件简陋，但患儿家长很配合，加上当时农民经济窘迫，也非常希望医生能少花钱治好病，我就应用在南京儿童医院学到的知识，一边处以汤剂，一边输液支持和对症处理，成功救治了一批患儿，农民兄弟对此都十分感激。

1976 年，我调到盐城纺织职工医院工作，主要诊疗对象是纺织女工和她们的孩子。许多年轻的母亲因工作劳累，又不懂得养育知识，使小儿因抚育喂养不当而患病，麻疹、猩红热等传染病还时常流行。我就在诊病的同时，承担起宣传儿童保健知识的责任。当时小儿患者传染病多、高热多，分析认为是因外感时邪，邪正交争而发热，应当因势利导，以解表透邪为主要治法，不可妄用清热解毒之剂，特别是对于麻疹类出疹性热病。如上辨证治疗后，取得了很好的效果。

1979 年春，我从报上看到中医专业要招收研究生，并且南京中医学院也在招生院校之列，我马上报了中医儿科学专业。从得知消息报名到考试，只有一个月时间，专业课借助于平时的学习积累就不用看了，需突击的是政治和外语。到考场一看，报考中医研究生的学兄学弟来了一大帮。待到揭榜发通知，我居然有幸从 400 多名报考者取 20 名的竞争中侥幸胜出，考取了南京中医学院首届硕士研究生，如愿进入中医儿科学专业学习。

大家指谜

我的导师是江育仁先生，算起来我投他门下时他是 63 岁，早就是闻名遐迩的中医儿科大家。先生自述，早年在常熟乡间跟师学医，1936 年到上海中国医学院插班，曾随徐小圃先生临证，深得教益。先生的学术观点属于温阳一派，乃受之于徐先生。当时，对于中医专业如何带研究生，大家都没有经验。先生有他的观点："秀才学郎中，好比拾根葱。"说的是先儒后医，先要打好国学基础，然后才能学好中医；中医研究生要"四能"，能看病、能写作、能讲课、能科研，提出了他对中医高级人才培养目标的认识。提出这些观点，在当时是难能可贵的。

研究生是要做课题的，课题怎么做？大家都是懵懵懂懂的。我当时刚看到先生在1979年11月出版的《脾胃学说及其临床应用》一书中有一篇文章《调理脾胃在儿科临床上的指导意义》，其中有一段讲道："脾健贵在'运'不在'补'：脾常不足是泛指消化、吸收功能的不足，'脾主运化'是脾的生理功能，故有脾以运为健的说法。盖婴幼儿时期'生机蓬勃''脏气清灵''随拨随应'，脾运则水谷精微四布，五经并行，不适当的补脾适足以碍脾，这是儿科应用调理脾胃法的一个特点。"仔细读来，觉得有文章可做。如果将导师的这一理论观点付诸实践，用临床和实验研究加以论证，再将这一理论观点深化和健全，不是一项很有意义的工作吗？先生同意了我的设想。

说干就干，我马上起草了一份"运脾法为主治疗小儿脾胃病的研究"计划。首先找理论根据，遍寻古籍，查到了张隐庵《本草崇原》"凡欲运脾，则用苍术"等相关论述。拟订了以苍术为君的系列复方。加工成制剂时，医院药剂科锅炉没空，就借了病区的煤气包、大铝锅自己煎煮，再送去请药剂师加工，装瓶、贴标签也都自己完成。我们开设了一个小儿厌食专科门诊，在《扬子晚报》上刊登了一条四行字的消息，结果，儿科楼上下人头攒动，一个下午来了200多病号，连家长数百人，以至保卫科不知门诊出了什么事，急匆匆赶来，正好帮助维持了秩序。就是这样，苦干两年，完成了我的硕士学位论文《儿科运脾法的临床和实验研究》，顺利通过学位论文答辩，并获得"优秀"的成绩。

我在投到江育仁先生门下攻读儿科研究生3年后，20世纪90年代初作为国家级名老中医师承弟子又随师学习3年，可算是先生学历教育和师承教育的双弟子。直至2003年1月先生驾鹤西去，24载春秋，形影未离，如子绕膝。其间，有耳提面命的谆谆教诲，有言简意赅的迷津指点，有为人为医的潜移默化，有立足宏远的阔论高谈。总之，我从先生处学到了许多许多。先生国学根基之深厚、中医临证之积淀、历朝经代之磨炼，在他们这一代名老中医中颇具有代表性。先生治学，不仅博览群书、勤于临证、敢治难症，而且擅长融汇古今，站在时代的高度，总结提炼，提出具有创造性的学术观点，在现代中医儿科学术发展史上留下了浓墨重彩的一页。

先生的学术思想受徐小圃先生影响至深。先生曾给我们讲过一段故事：中华人民共和国成立前，疫病流行，徐小圃先生习用寒凉药治疗。后来，徐先生自己的孩子患病，寒凉药投之病势日深，以至气息奄奄，无奈之下，请来好友祝味菊（人称"祝附子"），居然以温阳救逆法挽危为安。自此，徐小圃先生由主寒凉改主温阳，挽救了无数重症温病患儿的生命，成为中华人民共和国成立前最负盛名的儿科医家。

先生于20世纪50年代来到医院工作，认为小儿“纯阳”乃“稚阳”之谓，“失其所则折寿而不彰”，一向重视温阳法在儿科临床之应用。为了探讨小儿疾病过程中出现阳气暴脱之规律，曾对300例住院病例作了调查分析，其中属于抢救的61例重危病儿，在治疗上运用参附为主回阳救逆的36例，用生脉散加附子、龙骨、牡蛎气阴并治的12例，单纯清热养阴、苦寒解毒的13例，说明在临床实际中，温阳法的运用并不少见，尤其危重病证中肺炎、肠炎、菌痢等，发病初期临床表现均属热性病证，在病程中并发心力衰竭、循环衰竭、休克先兆，可突然出现面色灰滞或苍白，神情淡漠，肢端不温，脉息细数无力等阳气不足证，这类见证是温病中的坏证和变证，如果拘泥于温病不能使用温药之戒律，则必坐视其虚脱待毙。先生治疗内伤杂病更是注重温阳固本，尤其善用桂枝汤及其类方治疗各类疑难杂症，如反复呼吸道感染、汗证、长期发热、肺炎迁延等，在现代中医儿科界独树一帜。

20世纪五六十年代，儿科传染病肆虐。先生带领儿科同仁投入主要精力进行救治，儿科病房每逢夏季全部收治流行性乙型脑炎患儿，冬春季全部收治麻疹合并肺炎、喉炎、脑炎者。先生并在大量临床实践的基础上，移植古人惊风四证理论，提出了流行性乙型脑炎从热、痰、风论治的观点，总结了《591例麻疹肺炎的分型分证及治疗规律探讨》一文，于卫生部麻疹肺炎经验交流会上交流，并以此为基础制定了《中医治疗麻疹合并肺炎临床分型诊治草案》，为麻疹肺炎的治疗提供了规范。当时，因经济落后，患疳证者也很多，先生又从古人大量论述中取精撷要，创造性地提出了从疳气、疳积、干疳分类证治疳证的新方法。

我师从先生之后，儿科疾病谱发生了很大的变化。先生虽年事渐高，却紧跟时代步伐，不断研究临床新病种，解决新问题。对小儿厌食、反复呼吸道感染的研究工作，就是先生在晚年指导我和马融等研究生做的。在我随师的二十几年中，常有杂志社、出版社来向先生索稿，于是，或由先生口述提纲我起草交先生定稿，或由我从原有资料中检索连贯成文再交先生斧正，或由我做临床试验后先生凝练成文，撰写了《脾健不在补贵在运》《疳证从疳气、疳积、干疳论治》《调和营卫法为主防治反复呼吸道感染》《桂枝龙骨牡蛎汤古方新用》

《流行性乙型脑炎从热、痰、风论治》《解热、豁痰、搜风法治疗小儿急惊风》《麻疹肺炎的分型证治》等数十篇学术论文，我也在跟师学习、读书、临证、研究、写作中日渐悟得门道，走上了自己的治学道路。

术业专攻

江育仁先生常说："师傅领进门，得道在自身。"又说："学生像老师不是好学生，学生超过老师才是好学生。"我体会，跟师不仅是学习老师的学术思想和临证经验，更要紧的是学习老师的治学方法和创新思维。时代在进步，科学在发展，临床情况也在不断变化，我们新一代中医儿科人的使命，是继承、发扬和创新。

我研究生期间开始的儿科运脾法研究，在我留校工作的第二年，即 1983 年，就申报江苏省教育委员会科研立项。于是，我将研究范围从小儿厌食症扩大到了疳证、泄泻等多种小儿脾胃病证，并设计了 D 木糖吸收排泄试验、尿淀粉酶测定、多种微量元素检测等反映肠道消化吸收功能、体内微量元素变化的实验指标。通过数年的研究，获得小儿厌食症 488 例、疳证 54 例、泄泻 68 例系统临床及实验研究资料，并整理撰文在《中西医结合杂志》发表。该项研究工作证实了运脾法在治疗小儿脾胃病中的普遍适用意义，使"脾健不在补贵在运"的学术观点得到了有力的论证，连同后来进行的相关研究，获得了中华中医药学会科学技术奖。

我在读书中发现，"胎怯"一病，在《小儿药证直诀》中就有记载，古代医家续有论述，值得研究。当时首先让儿科博士生姚惠陵去检索现代中医药相关报道，一个月后，她对我说：遍查中华人民共和国成立以来的杂志，没有一篇报道，这怎么研究？我说：好！一篇现代报道都没有，最有研究价值。对于这种先天禀赋不足的疾病，中医学从补先天、调后天治疗肯定有效，现代报道缺如是因为儿童医院西医不知中医能治此病，中医院儿科多无新生儿无法研究本病，若是我们来进行系统研究，对于发挥中医药优势、扩大中医新生儿学应用范围是很有意义的。这样，我们研制了补肾健脾的助长口服液，花 3 年时间，进行了 100 例试验组、50 例对照组的临床观察，并进行了垂体 - 甲状腺轴激素水平等实验研究，取得了有意义的研究成果，该项成果获得了国家中医药科技进步奖。

在临床研究的同时，我们进行了多项动物实验研究。病证结合的动物模型研制是中医药基础研究的难题之一。我和我的研究生们采用病因模拟法，先后研制了厌食脾运失健证、胎怯肾脾两虚证的动物模型，从病因符合临床、症状体征相似、体内生化改变相当、有效药物治疗有效四个方面证实了模型研制的成功。其中厌食动物模型为后来的许多科研项目所采用。在进行动物实验指标设计时，我们也注意到以中医药理论为指导，不照搬西医的做法。例如，对小儿厌食症的实验研究，不局限于对消化吸收功能和锌等微量元素的观察，而进一步研究胃肠动力、胃肠激素的变化，以至对模型动物下丘脑摄食中枢神经元放电的影响，将该领域的研究深入到了新的层次和水平。

对运脾法治疗多种小儿脾胃病的研究成果揭示了这样一条重要的原理：与西医学"缺什么补什么"的治疗方法不同，中医药治疗小儿营养缺乏性疾病的着眼点在于辨证论治，不仅也具有一定的补充人体所缺微量元素等营养物质的作用，更重要的是，中医药调脾助运，调整整体，改善了消化系统的消化吸收功能，促进了营养物质的体内代谢和利用，因而具有独特的优势。

从 1996 年开始，我又在急性感染性疾病方面展开了研究。申报了江苏省社会发展计划项目"清肺口服液治疗小儿病毒性肺炎的临床及机理研究"，先按照我们对该病病机的认识——痰热阻肺、肺失宣肃，拟订开肺化痰解毒活血治法，筛选药物，制成清肺口服液。选用西药利巴韦林注射液为对照，组织附属医院和常州市中医院、盐城市中医院，进行了多中心随机临床研究。完成研究病例 147 例，试验组疗效显著优于对照组。同时进行的药理研究表明，清肺口服液具有解热、止咳、化痰、平喘和抗病毒、抗菌等作用。

在以上研究基础上，我们于 2001 年申报中标了"十五"国家科技攻关计划课题"小儿肺炎中医证治规律研究"、国家自然科学基金项目"清肺口服液对腺病毒肺炎 3、7 型相关基因调控影响的研究"，将我们对病毒性肺炎的研究深入到了新的层次。对于小儿病毒性肺炎中医证候规律的研究，我们在天津中医药大学第一附属医院、湖南中医药大学第一附属医院、南京中医药大学附属医院、原南京军区南京总医院筛选住院患儿 480 例，对调查资料采用 CMH 卡方分析、方差分析、判别分析等方法进行统计学处理，提出了 34 项辨证学指标，统计分析各项指标在小儿病毒性肺炎不同证型中的出现率及表现特点，和对不同证型的贡献率；并总结了风寒袭肺证、风热犯肺证、痰热闭肺证、阴虚肺热证、肺脾气虚证各证型的临床发病情况等。在此基础上，进一步研究了各项指标与证型之间的函数关系，得出了各证型的 Bayes 判别函数。对该判别函数作回代验证，各证型的判别结果与传统经验辨证结果相近，表明该判别函数对小儿病毒性肺炎中医辨证客观化具有一定的价值。在四个中心前述纳入病例内，选择痰热闭肺证患儿 360 例。按 GCP 要求，以利巴韦林注射液为对照，评价清肺口服液治疗小儿病毒性肺炎痰热闭肺证有效性和安全性的分层区组随机、平行对照、盲法、多中心临床研究。研究结果：符合方案集试验组 231 例、对照组 115 例，两组痊愈、显效、进步、无效例数分别为 119、88、22、2 和 33、52、27、3；占总例数比例分别为 51.07%、37.77%、9.44%、1.72% 和 28.21%、44.44%、23.08%、4.27%。经秩和检验，$P<0.0001$，试验组疗效非常显著优于对照组。咳嗽、痰鸣（咯痰）、气促、鼻扇，肺部湿啰音、恶寒、紫绀、出汗、小便、食欲、四肢，X 线全胸片等指标好转情况，试验组均优于对照组。临床安全性指标研究结果：清肺口服液未显示对重要脏器有毒副作用。

清肺口服液对腺病毒 3、7 型相关基因调控影响的研究。我们进行了清肺口服液血清药理学研究，结果含清肺口服液血清在组织培养上对仙台病毒、腺病毒 3_{I}、7_{b}型致细胞病变有抑制作用；做药物对腺病毒 3_{I}、7_{b}型诱导细胞凋亡调控作用的研究，结果含药血清组凋亡率明显低于空白血清组（$P<0.01$）；病毒攻击后人胚肺成纤维细胞 Fas/FasL 表达明显上升，含药血清、利巴韦林可有效降低其表达，病毒攻击后人胚肺成纤维细胞 bcl-2 表达明显降低，含药血清、利巴韦林可有效增强其表达。腺病毒感染可使人胚肺成纤维细胞 TGF-β_1、PDGF-BB 蛋白表达增高，清肺口服液可降低 TGF-β_1、PDGF-BB 等细胞因子的蛋白表达；腺病毒感染可使人胚肺成纤维细胞 TNF-αmRNA 表达增高，清肺口服液可下调 TNF-α 的 mRNA 表达；腺病毒感染可使人胚肺成纤维细胞 TNF-α 蛋白表达增高，清肺口服液可降低 TNF-α 的蛋白表达。目前，我们又在进一步进行药物对于呼吸道合胞病毒攻击细胞后黏附、融合和入侵影响的实验研究。

同时，我们还进行了金欣口服液的新药研究。按照中药六类新药的研制要求，将原清肺口服液更名为金欣口服液，做了相关的制备工艺、质量控制、药物稳定性、药理、毒理等研究，获得国家发明专利证书、药品临床研究批件。已转让成都康弘制药有限公司，完成新药临床研究工作。

近 3 年我又承担完成了一项“十五”国家科技攻关计划项目“中医药治疗

病毒性肺炎疗效评价方法研究”。该项研究在北京儿童医院、天津中医药大学一附院、河南中医学院一附院、南京中医药大学附属医院和广东省中医院进行。该研究提出了清开灵注射液静脉滴注与儿童清肺口服液口服联合应用的小儿病毒性肺炎优化治疗方案，同时观察到中药治疗组多项临床指标的起效时间早于西药组，由此建立了基于主证动态变化的疗效评价方法和基于证候动态变化的疗效评价方法两种病毒性肺炎疗效评价方法。这两种新的病毒性肺炎疗效评价方法既能够体现中医药治疗的优势和特色，又为学术界所公认。以新建立的基于起效时间的疗效评价方法与传统的基于终点疗效的评价方法进行肯德尔相关系数分析，证明两者存在正相关关系。这一研究方法的形成，为建立有学科特点的中医药疗效评价方法的同类研究提供了借鉴，更有利于确认中医药疗效，并有利于将中医药有特色优势的治法在业内外、国内外的推广应用。我们关于小儿肺炎的多项研究，获得了中华中医药学会科学技术奖、江苏省科技进步奖、南京市科技进步奖等多个奖励。

名师导航

从跟随江育仁先生学习开始，我就进入了中医儿科学科的大家庭。江师介绍同道时提及最多的就是山东的张奇文先生。江师说张奇文是山东寿光人，奇人奇文，20 世纪 50 年代的“西学中”，学贯中西，中医根基扎实，临床功力深厚，毛笔字如走龙蛇，写文章气势如虹，又历任潍坊市中医院院长、昌潍地区人民医院院长、昌潍地区卫生局局长、山东中医学院中医系主任、山东省中医药研究所所长、山东中医学院党委书记、山东省卫生厅副厅长（正厅级）等职。他对于中医儿科事业非常执着，在繁忙的行政工作之中，从来没有放弃对学科专业的潜心追求。20 世纪 70 年代末，他就热心筹建中华中医药学会儿科分会，与北京王伯岳、南京江育仁等共同酝酿，先后历时 5 年，于 1983 年 9 月 20 日由他组织会议，在山东省潍坊市成立了中华全国中医学会儿科分会。张奇文当选为第一副主任委员，王伯岳任主任委员，江育仁、马新云、王玉润、张锡君为副主任委员。江师说：“我和王（伯岳）老都是专家，只能做学问，办不了学会的事，所以，学会要成立、要活动，全依靠张奇文。”

听了江师的话，我感到难以理解，那个年代都说要“又红又专”，真正做到的能有几人？行政、业务“双肩挑”，能挑好一头就很不错了。居然我们学术界还有这么一位学者、官员左右逢源，为全国中医儿科事业挑大梁的人物。我心中暗暗称奇，寻来他主编的《幼科条辨》《名老中医之路》二书仔细阅读，方才知江师所言不虚，引发由衷敬佩。

1985 年 4 月，山东潍坊举办第二届国际风筝会，江师应时任山东中医学院党委书记张奇文之邀前往参加，带我同行，我首次见到了仰慕已久的张奇文先生。先生果然谈吐儒雅而又因时应势，对中医典籍有自己深刻的理解，对学科学术发展有自己的见地，见识不同一般。此间，张奇文先生就与我谈到自己的事业谋划：要编写一本《实用中医儿科学》和一套《儿科医籍辑要丛书》，邀我参加，我受宠若惊，当然满口应承。自此，在江育仁老师之外，我又多了一位良师。

1987 年 12 月，我首次参加了在山东潍坊召开的第二次全国中医儿科学术会议。与会代表只有 54 人，却是名家云集，如宋祚民、徐蔚霖、包慎伯、李学耕、李凤林、肖正安、郭振球、王烈、张吉人等。虽然有些名老我曾随江育仁先生见过，但一次与这么多的前辈专家见面，确实感到获益良多。老一代专家都是学富五车，久经临床，他们的论文都是个人数十年临床经验的积累，鲜活生动，切合实用。如果我们自己去摸索，是几十年都难以悟到的。

张奇文先生作为儿科分会的负责人，将整个会议安排得井井有条，市府领导亲力支持，潍坊各界全力相助，由此也看到了张先生在山东的巨大影响力。不仅如此，该次会议更让我看到了张先生在学科发展方面高屋建瓴运筹帷幄的思考。他明确提出了《儿科医籍辑要丛书》的编写规划：要遍寻中医古籍，选录其中对现代儿科临床有指导价值的内容，分为《儿科基础理论》《初生儿病证》《儿科常见病证（上）》《儿科常见病证（下）》和《小儿时行病证》各分册，以作为中医儿科工作者的工具书。丛书由张先生主编，张亮、汪受传、朱锦善、俞景茂、李开注为副主编，每人负责一个分册。在当时名家云集的情况下，张先生选择了我们几个 40 岁左右的年轻人担任副主编，充分体现了他在学术上提携新人的气魄。

那次会议后，张先生站在学科发展需要的高度，带领我们这一帮中青年中医人，舞文弄墨十多年，先后完成了《儿科医籍辑要丛书》《古今儿科临床应用效方》《实用中医保健学》《妇科医籍辑要丛书》《实用中医儿科学》等多部鸿篇巨制，总字数达1000多万字。记得有一年，《实用中医保健学》在潍坊鸢飞大酒店定稿，张师带着我们副主编一批人，每天工作十五六个小时，每人一间房，满屋纸张狼藉。张师也与我们一样，工作通宵达旦，自己亲力审稿，还要回答我们提出的各种问题，应付来往不断的客人。苦干一周，圆满完成了任务，人民卫生出版社中医编辑室王敏一主任对我们大加赞赏。张先生几十年中还发表了一系列有创见的学术论文，如《中医学上的肾与肾虚证》《论暑必兼湿》《试论内因七情》《麻疹透表法则探讨及重症肺炎的辨证施治》《流行性乙型脑炎辨证论治》《小儿腹泻辨证施治治疗100例的临床分析》《小儿变蒸刍议》等，特别是近年提出了“肺胃肠相关论”，认为“宣肺勿忘解表、清肺勿忘清肠、止咳勿忘化痰、化痰勿忘运脾、润肺勿忘养胃、标去勿忘培本”，在全国学术界产生了重大影响，让我们大家都获益匪浅。

1987年王伯岳老不幸辞世，儿科分会的工作实际上就全由张奇文先生主持，先后在潍坊（4次）、广州、南京（2次）、青岛、杭州、庐山、武汉、珠海、成都主持召开全国中医儿科学术交流会18次。每次全国中医儿科同道都是济济一堂，讨论热烈，共同交流学术，共商学科发展大计。1993年11月在山东青岛召开的全国中医儿科学术会议上，张奇文先生当选为中华中医药学会儿科分会第二届理事会主任委员，由他提名，马新云、王烈、王静安、刘弼臣、朱锦善、汪受传、俞景茂7人为副主任委员。1998年9月在四川成都召开的全国中医儿科学术会议上，张师再次当选为中华中医药学会儿科分会第三届理事会主任委员，王烈、朱锦善、汪受传、俞景茂为常务副主任委员，邹治文、王霞芳、马融为副主任委员。2002年10月在陕西咸阳召开的全国第18次中医儿科学术会议上，张奇文先生当选为中华中医药学会儿科分会第四届理事会特聘主任委员，由我担任执行主任委员，更在张师的直接指导下，将我推上了儿科分会工作的第一线。儿科分会理事会的组成和改选更迭，在全国性中医学术团体中树立了榜样。这样由张师建立的融老中青于一体，新老交替，平稳过渡，充分发挥各级学科骨干作用的学术团体体制，作为张先生的历史性贡献被载入了学科史册。

包括我在内的一批中医儿科中年人，就是这样在张奇文先生的亲手提携下，走上全国中医儿科学科的前沿的。现在，我们也已经年过花甲了，回忆起张师二十几年来对我们的悉心栽培，从学术上的手把手逐字逐句修改文稿，到学会工作的传帮带，不仅逐步提高了我们的学术水平和工作能力，而且不断扩展了我们的学术视野，使我们从个人、单位的一隅之见，拓展到了从学科的过去、现在和未来，从地区、全国到世界，如何面对，如何思考，承担起我们这一代中医儿科人的历史责任。

千里足下

人们常说：做学问要行千里路、读万卷书、交四方友。我的体会是：名师引路更为重要。如果说，我在中医儿科事业上还做出了一点成绩的话，要归功于我的岐黄路上两位引路人，江育仁先生教我怎样做学术，张奇文先生教我怎样干事业，他们的思想观点及如何做人、做事，使我受益终生。

这些年来，我作为中医药大学的教师，首先承担的是培养人才的任务，每年承担本科教学都在400学时以上。从1991年起为硕士生导师，1996年起为博士生导师，至今已培养中医儿科学硕士24人、博士30人，他们来自国内20多个省市自治区，以及新加坡、马来西亚、美国、日本等国家。我以为，医学类专业的本科生接受的是医学基础教育，硕士生接受的是专科知识和技能的培训，博士生教育才是培养高级专门人才的教育。研究生教育重要的是“授之以渔”，即使之掌握主动去获取知识、提高技能的方法，能够敏锐地掌握学科学术发展中的热点问题，主动去探究，终生为事业而奋斗。高级专门人才体现为具备高素质，对事业有执着的追求，目光远大，有着不屈不挠、认真刻苦的科学精神，能平和处世、宠辱不惊，持之以恒，这样才能取得成果。我让我的研究生在医疗、科研的实践中去锻炼和提高自己，一批研究生在学习期间就能够取得科研成果，获得科研奖励，毕业以后都成了本地区的学科带头人、学术骨干，不少人已在中医儿科学术界崭露头角。

我经常想到的是，作为一个大学教师，不仅应当将每节课讲好，而且还要考虑怎样才能使本学科的教学不断地与时俱进。我以为，改进教学内容主要是要使我们培养的学生适应时代对中医临床应用型人才的要求，这就要不断地随着儿科疾病谱的变化而更新教学内容。儿科疾病谱的变化在各科中是最为频繁的，因此，中医儿科学的教学内容更新也最多，我在2002年主编的《中医儿科学》新世纪教材就比导师江育仁先生主编的《中医儿科学》五版教材内容更新一半以上。改革教学方法，最重要的是要尽可能使用现代教育技术，使学科教学内容以全新的形式表现出来。近年来，由我主编，组织全国同道编写出版了新版本科、七年制、研究生、大专、继续教育、自学考试、中医护理等各级各类《中医儿科学》教材，还进行了教材改革的大胆尝试，主编了《中医儿科学》案例式教材、《中医儿科学》纸质版与电子版相结合的精编教材等。应用现代教育技术，组织编制了一批视听教材、CAI 课件。特别是 2003 年完成的由高等教育出版社出版的《中医儿科学网络课程》，运用了字频、音频、照片、录像、动画等多种媒体，利用网络的实时、非实时交互功能，加强了师生之间、学生之间的交流与协作，具备开放性、交互性、共享性、协作性、自主性，实现了中医儿科学跨越时空的教育教学方式革命。

自古道：文官立德，武将立功，学者立言。跟随江师、张师学习之后，我更加认识到“立言”对于学科学术发展的重要性。从 1982 年起，不断将临床和科研成果写成论文在学术杂志上发表，二十几年来，累计已在各级学术杂志上发表论文 160 篇。有人说：天下秀才是一家，你抄我来我抄他。我自忖并非如此。我的文章，早期多为个人治学心得，近十多年来则多为与研究生共同进行中医儿科学术研究的结晶。我的第一本书《小儿疳证》1985 年出版，到如今，我已主编著作、教材 43 本，副主编 5 本，任编委和参编 23 本，其中包括目前全国通用的各级各类《中医儿科学》教材和多次获得奖励的现代最大篇幅的《中医药学高级丛书·中医儿科学》。这些书叠起来，确实有等身之高了。使用我主编教材培养的学生已经有数十万之多，我编著的《新世纪全国高等中医药院校规划教材·中医儿科学》更被作为国家中医师资格考试大纲和命题的主要参考书。

在我的论文和著作中，融入了我的研究心得和成果。例如，我提出的“胎怯从肾脾两虚论治”“治疗小儿肺系感染性疾病重在‘祛邪扶正，整体调节’”“小儿肺炎从热、郁、痰、瘀论治研究”“补肺固表调和营卫法治疗反复呼吸道感染”“流行性脑脊髓膜炎从肝经邪火论治”“消积必须导滞，导滞常兼清热”“小儿 HP 相关性胃炎从寒热论治”“安蛔、驱虫、通下并用治疗蛔厥”“小儿癫痫从痰、惊、风论治”等观点，都写入了论著。争取使每篇论文都言之有物，有理论和实践意义，是我的写作理念。

四十年的临床积累，也让我悟到了应用中医学知识处理儿科疾病的许多门道，在治疗多种小儿常见病和疑难杂症方面有自己的经验和体会，如治疗小儿感冒、乳蛾、咳嗽、肺炎、哮喘、反复呼吸道感染、厌食、积滞、疳证、泄泻、胎怯、水痘、手足口病、流行性腮腺炎、流行性乙型脑炎、流行性脑脊髓膜炎、蛔厥、多发性抽搐症、癫痫、肾病综合征、遗尿、皮肤黏膜淋巴结综合征、过敏性紫癜、原发性血小板减少性紫癜等，都形成了自己的理法方药思路与方法，其中不少写入了我主编的教材和专著，得以推广应用。

再说我所在的学科——南京中医药大学儿科，由我的导师江育仁先生于1955年创建，江老那一代人当时就能够在医疗、教学、编写等各方面全面发展，在全国产生了较大的学术影响。20世纪80年代，我们这一代人走上一线后，为适应时代对中医儿科的需求，又在江老思想的指导下开拓了新的发展道路。20多年来，我们的门诊量从1万多人次发展到10万人次，住院病人由200多人次发展到1400多人次。到目前为止，我校培养的中医儿科学博士占全国总数的80%以上。历年获得的国家级、部省级、厅局级科研项目资助达90项，获得国家科研经费资助2000万元，获得科研、教学奖励45项。我个人2004年被人事部、教育部评为全国模范教师，2005年被国务院评为全国先进工作者，2006年获教育部授予的国家级教学名师奖，2008年被评为全国名老中医。我们学科2002、2007年两度被评为国家级重点学科，2004年被评为国家精品课程，2008年被评为国家级优秀教学团队，是到目前为止全国唯一的中医儿科学国家级重点学科、国家精品课程、国家级优秀教学团队。

我从学中医、业中医，到现在已经走过了45年，忆昔抚今，感慨良多。两位老师的悉心栽培，一往情深的孜孜以求，虽然在学术上有所收获，但现在却只觉得离奋斗目标越来越远。古人云：千里之行，始于足下。治学的道路何止千里！因此，我每天都将自己定位在起跑点上。学术发展、学科进步任重道远，我们穷其一身，是否能留下自己的印迹，都需要时代、历史去评价。今后，我们的任务，应当更多的将精力放在比我们年轻的下一代人身上，让他们接过我们从老一代手中接下的接力棒，青出于蓝而胜于蓝，才能将中医儿科事业不断推向新的高度。

熊大经

熊大经（1946— ），男，重庆人，汉族，博士生导师。1993年享受国务院政府特殊津贴专家，任国家发改委药品价格评审核心专家，国家人力资源和社会保障部《国家基本医疗保险、工伤保险和生育保险药品目录》咨询专家，国家食品药品监督管理部门新药审评专家。2008年获四川省学术技术带头人。曾任《中国中西医结合耳鼻咽喉杂志》常务编委及《中药新药与药理》编委、《中国中医药年鉴》《四川中医》编委。为四川省第九届政协委员，成都市第五、六、七、八、九、十届政协委员，中华中医药学会耳鼻咽喉科专业委员会副主任委员，世界中医联合会耳鼻咽喉科学专业委员会副会长，中华中西医结合耳鼻咽喉科学专业委员会常务委员、中华中西医结合四川省耳鼻咽喉科学专委会主任委员。先后发表论文40余篇，出版主编和参编著作20余部。

中医世家目染耳濡

我出生于重庆一个中医世家，至我这一代，祖上已有五代人从事中医。先祖熊吉之先生，先父熊雨田先生系清末民初著名中医喉科医生，我出生在先祖留下的一个叫“永生堂”的中医药店。该店前面是中医坐堂之中药房，后面一大院子家住，童年的我怀着好奇的眼光经常到前面药店玩耍，看医师为病人扎针、诊病，童年生活就是在这样的环境中度过的。许多当时有名的中医大家如任应秋先生、吴棹仙先生、熊雨田先生、龚志贤先生、伍师夔先生、文仲宣先生等均在此坐堂行医。

而专赴永生堂求治于先父熊雨田先生者，上至社会贤达、名人雅士、达官商贾，如刘湘、樊绍曾、王陵基、张大千、徐悲鸿、周信芳（出演海瑞罢官的著名京戏演员）等，下及劳苦大众、市井凡夫。患者有因治愈疾病而作画感谢，亦有合影题词留念，如张大千、徐悲鸿、周信芳等之珍贵画作、照片等均悬挂于家中客厅，惜在“文革”中损毁。“永生堂”为当时陪都重庆的四大名药店（永生堂、庆余堂、天元堂、桐君阁）之首，远近患者，甚至外埠患者，常远赴重庆至永生堂求医，因而永生堂四溢蓝馨，国手云集，真是风云帐下国手优，永生堂前雅士多。

我家的永生堂是创建于清中晚期的一家集医疗、售药一体之中医药店，这家老店位于重庆市中心之解放碑（今渝中区）都邮街（今民权路）与三教堂（今中华路）的岔路口，中华路122号，规模三楼一底，共四层，约3000㎡左右。至今已有上百年的历史。

清朝时期，西方医学尚未传入中国，国人患病多以中医中药治疗，长期以来中医药已成为国人生活中不可或缺的一门医学，国人之生病，皆依靠中医药救治，因而国人将中医师谓之国手（精通某种技能，在所处之时代，居国内该领域最高水平者谓之国手。以前将中医谓之国手，现泛指围棋手、排球手等），中药谓之国药。在中华民族几千年的历史长河中，中医对中华民族的繁衍昌盛起了不可替代的作用，而且至今还泽被中华大地，润及环宇，也惠及欧美洋人。

据说祖上清朝中晚期从江西迁居重庆。先祖早年一边行医，一边从江西、广东、广西将药材卖至重庆。一方面自己行医所用，另一方面与同行互通有无，调剂余缺。业内有行商和坐商之分，行商者即无固定之交易场所，坐商者即有一固定之交易场所。当时川广药材（包括四川、云南、贵州、广东、广西等地区）被业内奉为上品，因川广药材品质好，药效高，业内多习用川广药材，当时亦有伪品充斥市场，为有真正之川广药材，先祖不得不亲力亲为，远赴云、贵、粤、桂采购，由于当时交通十分不便，先祖需步行、乘车、坐船，舟车劳顿数月方能到达目的地，据说去一趟云、贵、粤、桂，来回要将近半年至一年才能完成。

在我刚懂事的时候经常看见先父在书房吟诵《黄帝内经》《伤寒论》等，神情专注，旁若无人。亦经常看见当时中医界的名人在客厅谈中医，不时亦有远道而来的病家来求治。这就是我朦胧中的中医印象。我的童年就是在这样的中医氛围中长大的。

及至小学时代，由于我十分喜爱书法，每天跟着中医书抄写。抄写着什么“昔在黄帝，生而神灵，弱而能言，幼而徇齐，长而敦敏……”之类的内容。那时虽然不明白黄帝、岐伯是什么人，更不明白什么恬淡虚无为何，但儿时因为爱书法而抄写的东西，至今还有很深刻的印象，乃至上大学读起《黄帝内经》时，感到十分亲切，背起书来也不觉得枯燥。这大概就是我从事中医的启蒙和开始吧。

高中时期，对中医就有更深刻的印象了，也喜欢中医了，自学时找些中医书来看。虽然当时我就读的中学是重庆市最好的中学，我的数理化成绩也很好，毕业时我还是在第一志愿填的中医学院医学系。当时全国的中医学院条件都很差，可供上课的教室满打满算，就是算上阶梯教室大大小小也就只有9间（如果没有记错）。多数同学从数理化的思维方式，突然变为与之没有任何联系、只能死记硬背的一种学习模式，真有点不知所措。也不知道这样学下去有否效果，将来能否会看病，就业又如何，都是未知数，因而大家都很无奈。但我却十分喜欢这个专业，心无旁骛地扎进去学习。在我学习中医的道路上对我影响最大的有两个人。一是将子午流图献给毛主席的吴棹仙先生，一是胞兄熊大方先生。

吴棹仙先生曾在我家先祖留下的永生堂内坐诊，儿时的我经常看见他看病时给病人扎针。南方的冬天室内、室外温度是一样的低，没有暖气，可吴老穿着一件单衣，为病人扎针甚是投入，口中不断喊着吹气、吸气，吹气、吸气，已是头上冒着白烟，满头大汗，热气腾腾，对每个病人均如此认真。儿时的我当时感觉非常好奇，而且经常看见吴老来家里吃饭喝酒，后来才知道，他是每餐饭均要喝酒，与先父是至交。正因为他与我家是世交，因而我考上成都中医学院后，他常在他家小房子内给我讲《黄帝内经》。第一天上课，看他从小书柜内拿出一大摞线装书，它就是惊世骇俗的《黄帝内经》。看他随手抽一本书都能背诵，以前虽然我知道他能全本书背《黄帝内经》《伤寒论》《金匮要略》《难经》《温病条辨》等，但能目睹这样的背书情景，真是荣幸，崇拜至极。据说全中国能背诵《难经》的，仅他一人。这大概也是我对《黄帝内经》钟爱的一个重要原因吧。

胞兄熊大方先生，他比我长二岁，可他学中医比我早三年，他告诉我学中医《伤寒论》《金匮要略》必须全文背诵，那时的我虽然全然不知六经为何，但想到这一定是至理名言，于是每天早上天不见亮就起床背诵，开始了《伤寒论》

之旅。上大学时自习时间比较多，记得我的自习时间基本上是被《伤寒论》占领。大概用了一年多一点的时间，基本上能背完《伤寒论》。一年后“文革”开始，后来学校迁到温江一小镇复课，旁边有一条小溪，周围全是农舍小院，干扰很少，也是我背书的好地方。我每天早上搬上小凳，面对小溪背《金匮要略》，大概用了近两年时间拿下了《金匮要略》。同学间为检验背书效果，用398张小纸片编上号，以代表《伤寒论》398条，相互抽查背诵效果，抽到几号，就背诵几条。几十年来虽然我的专业与《伤寒论》关系不大，但至今大部分还能背诵。这些对我后来的临床实践影响十分大，乃至现在我的处方基本上都是经方，受其影响临床上处方不超过10味药，而且感觉学中医，背《伤寒论》是硬道理。

20世纪70年代初我大学毕业后留校任教。开始学校分配我到针灸科，可我实在不想搞这“尖端”上的学科。受家里影响，我想搞耳鼻咽喉科。经多方努力，终于同意我搞一个学校从来没有的科室——中医耳鼻咽喉科。就这样一个人在无任何借鉴的基础上开始了我的中医耳鼻咽喉科之路，当时国内有耳鼻咽喉科的中医院校仅有一两家，许多工作都得从头做起，特别困难的是耳鼻咽喉科疾病在历代文献中论述甚少，多散在于一些丛书或类书中，教科书上也很少有可资参考的资料，因而一些疾病之辨证诊断及治疗都靠自己慢慢摸索。在几十年的中医学院医、教、研工作实践中，慢慢感悟出中医的内涵、中医的魅力、中医的吸引力。

耳鼻咽喉为头面清窍，清窍多虚

六腑清阳之气，五脏精华之血，皆上注于头面，清窍为气血津液会聚、经络交会之要冲。十二经脉三百六十五络其血气皆上达于头面，温煦濡养清窍。阳气为身之根本，阳气蒸腾，气血津液方能上达，清窍得养而为纳音、辨臭、发声。清窍空灵，清净，不堪外邪，然耳鼻咽喉为肺系，又为上呼吸道之首，正气稍有不足，又极易为外邪所袭，风邪上受首先犯肺，邪聚清窍，凝聚难散，壅塞清窍，气行不畅，血运欠通。故头面之病其标在邪，其本在虚。治宜清宣疏解，温润濡养，驱邪扶正，达病即止。忌过用芳香走窜、苦寒泻下之品。法在虚其标，实其本。

肺主皮毛之扩展及胆肺相关

胆为六腑之首，为中精之腑，内藏精汁，相火内寄，疏泄腑气，清而不浊，为刚腑，与肝相表里，乃少阳半表半里，枢机之腑。阳之初生，始发于胆，为枢转阴至阳之腑，阴阳之枢，开阖之机。其枢运机转气血津液，风火寒邪。为开阖之关隘。升清降浊，皆赖枢机之转运开阖，以振启阳气，温煦五脏。风火寒邪侵入由表及里，少阳为半表半里，阳气健旺，枢邪于外，邪从外解。枢机不利，转邪无力，而邪入于里。清阳以升为顺，浊阴以降为和。东垣谓：胆者少阳春生之气，春气生则万物化安，故胆气春生，则余脏从之。

一日之中，子时为少阳胆气生发之时，此时阴气渐衰，阳气遂生，藏于肝之血渐运，储于肺之气复升，气血循行于全身，濡养四肢百骸，五官九窍，脏腑得养。胆气不升，则气血失和。

肺为华盖，为娇脏，百脉皆朝于肺，以肃降宣发为其功，不堪外邪，主皮毛，为一身气之主。肺多孔窍，以行气。唐容川谓：皮毛尽是孔窍，所以宣肺气。

现代解剖研究发现，鼻腔内黏膜有黏液毯，有免疫球蛋白，由肉眼所不能视之纤毛柱状上皮构成，这些就构成了中医的正气。每个柱状细胞有2～300根纤毛（纤毛直径0.3～0.6μm），纤毛向一个方向摆动，可将黏附于上之粉尘、细菌、花粉等粘住而排出，鼻病之发生，多与纤毛之摆动功能障碍关系十分密切，而纤毛之功能亦受肺之所主。肺为娇脏，开窍于鼻而主皮，毛易受外邪侵袭，邪可从口鼻皮毛侵入，即风邪上受首先犯肺，逆传心包。鼻病、皮毛病多从肺治，乃千古之经，然则此皮毛与彼纤毛是否同为肺所主，我从“肺合皮毛”中得到启发，认为二者应该是一个东西的两个方面，同为肺所主。我和我的同事经三年时间，以大鼠鼻腔纤毛为研究对象，从微观角度发现了肺合皮毛之物质基础，并扩大了“肺合皮毛”之传统内容，扩展了中医以前肉眼所不能见之望诊范围，为临床提供了一条新的辨证参考内容。实践证明，在治疗上用此观点指导临床，大大提高了辨证论治、遣方用药、加减化裁的针对性，提高了治疗效果。这些年的临床经验提示：治疗鼻病除用传统之宣肺开窍之品外，还应用补肺益气之味以辅之，甚至重用益气之品，以增强纤毛之摆动自洁之功能。

我认为头面之病，不宜过用苦寒宣散之剂。

胆为清净之腑，主谋虑决断。情志之变，六气皆从火化，气有余便是火。胆腑郁热，上移于脑，即可化为鼻渊。“胆移热于脑，则辛频鼻渊，鼻渊者，浊涕下不止也。”（《素问·气厥论》）

肺合皮毛（包括纤毛），又受胆气之升发，枢运机转之影响，枢转失权，升发失职，肺气不能上达头面清窍，鼻窍得不到肺气之温煦，则鼻内纤毛之运动和黏液毯上之免疫球蛋白受限，换句话说就是正气虚弱，其表现为患者极易感冒，特别是小儿患者，三天两头发病，其发病即表现为鼻塞流涕，喷嚏频频，或咽喉疼痛等。其治疗宜清宣疏解、益气扶正，或稍佐清泻胆热之品以辅之。

官窍五度辨证

“度”者，“量”也，“有诸内，必形诸外”，五官乃五脏之外候，脏腑之经气及脏腑之阴液，温煦滋润五官，五官方能完成正常之生理功能，反之则脏腑之病理变化，亦常循经反映于五官。因而，五官在一定程度上是反映五脏之生理功能和病理变化之外在器官。在40余年之临床实践中，我感觉到，耳鼻咽喉虽为独立之器官，各有其生理功能，各为不同之脏腑所主，然而生物全息告诉我们，每一器官都是一完整的全息体，其与整体脏腑均有着不同的全息相关性。如耳郭就是一个人体之全息体，它除了由相关的脏腑所主外，其不同之部位还与五脏有相关性。脏腑之病理变化常于耳郭不同之部位有所反映。我在长期的临床实践中发现，鼻窍亦有全息相关性。鼻窍虽为呼吸出入之门户，其呼吸之道通乎于地，贯乎经络。五脏六腑之精气、气血津液无不循经上达，濡润不同之部位，也就是说脏腑之病病理变化，亦可在鼻窍不同之部位有所反映，通过观察这些部位，并结合其所属之脏腑，再综合全身进行辨证。这就是官窍五度辨证。如肺脏之变常反映于下鼻甲、下鼻道，肝脏之变常反映于中鼻甲、中鼻道，肾脏之变常反映于鼻腔顶部嗅区，心脏之变常反映于鼻腔前部李氏区，脾胃之变常反映于鼻前庭。

望诊是中医四诊之首，由于技术所限，历代医家对望诊之认识仅限于肉眼所及，近代由于技术之进步，我们中医也可以用一些现代技术将望诊扩大到一些肉眼所不及之部位。临床我们也常规用前鼻镜观察鼻腔局部的变化，以扩大中医望诊范围。以此为据，指导临床辨证用药，常因有规律可循而提高疗效。有资料显示，国外有人研究鼻窍反映机体内在变化，若生殖系统有既往病史者，可在鼻部之卵巢/睾丸穴附近出现皮肤点状异常。近几年我们通过生物传热学技术观察不同体质人群鼻腔局部温度分布变化和辨证相关性的研究，观察到肺虚受试者与特禀质受试者，下鼻甲温度有显著差异，肝胆湿热受试者与平和质受试者中鼻甲有显著差异。初步发现不同脏腑之病理变化，可在鼻腔不同之部位有所反映，这些部位同样也存在着全息相关性，同样也反映出脏腑之生理功能和病理变化，也支持鼻腔五度辨证之规律。本人以此理论指导本科室医生及硕博士研究生在临床中应用，发现其有很强之规律性。为提高临床辨证之准确性，提供了新的辨证参考方法。

历尽艰辛研制治疗鼻窦炎之新药——鼻窦炎口服液、鼻渊舒口服液及其胶囊

鼻窦炎系耳鼻咽喉科一常见多发病，西医多以手术治疗，手术是将鼻窦之底部先开一孔，清除病灶后，再另开一引流窗。在先前是治疗鼻窦炎之唯一方法，乃至现在西方医学界还有很多人认为这是最佳方法。然而手术后多有复发，且手术痛苦，费用高。1974 年起我从大量病人反馈之信息中感觉到，该病手术不是最佳选择，应该还有很多病人不宜手术，肯定还有其他方法。然而在手术至上的当时，想用中医中药治疗鼻窦炎是无法想象的，从那时起我就开始查阅文献，在先父之手稿中发现了治疗鼻渊之处方——吉雷开窍汤，并在临床中选择一些不愿意手术之患者进行中医中药治疗，逐渐摸索加减化裁，固定一处方进行研究，发现一些不愿意手术之患者，经用中药治疗后症状明显缓解，且疗效还比较稳定，因而更增加了我用中医治疗鼻窦炎之信心。一些手术后之患者经中药治疗后也感觉症状明显改善。于是再次对处方进行化裁，后经附属医院药剂科制成“鼻窦炎口服液”成药，以 100mL 之瓶装用于临床，取得比较满意之疗效。1976 年初，我和我的同事到工厂对鼻窦炎进行临床观察，每周一次到离学校十几千米外的一大型工厂进行鼻窦炎普查，不管刮风下雨每周进行一次。曾有一次成都市下特大雨，雨水已漫过膝盖，街上几乎无人，为了解治疗效果，我骑车在雨里走了近 3 小时才到工厂，全身湿透没有一点干

的，当时感动得工人们直流泪。经过近两年不间断的临床观察，共普查了2000余人，对查出鼻窦炎患者498人用鼻窦炎口服液进行观察，收集了许多至今还十分珍贵的资料，为后来我研究鼻窦炎打下了良好的临床基础。几年后的1979年11月29日《人民日报》等全国各大报纸对鼻窦炎的中医药治疗进行了报道。当时由《人民日报》对某项事情进行报道是一个非常大的事件，后来我才知道几乎全国各报对此均进行了报道，当天中央人民广播电台在新闻联播中也进行了报道。这件事情在全国引起了轰动，全国各地患者来信堆了一大房间。后来学校为了回信，由学校待毕业的30多名学生用统一印好的信纸，用了近两个月时间回信。为此我也受到了启发，更加坚定了我用中医中药治疗鼻窦炎的信念。这件事影响了我的一生，乃至我由喜欢中医喉科转而研究鼻科了，也使我这一辈子离不开鼻子了，后来我又陆续研究了治疗过敏性鼻炎之中药——五龙颗粒。由于我对鼻科疾病研究取得了一定成绩，在国内中西医界有一定的知名度，国外也有一定影响，海外患者亦有来诊者，为此我也应邀到美国、新加坡等地的大学进行讲学，宣传中医中药治疗鼻窦炎。

困惑与无奈

中医从业人员多了，经费多了，设备好了，医院大了，可真正熟练掌握并应用中医基本理论的人不多，能全文背诵《伤寒》《金匮》的人不多。

中医的现状是：从业人员在增加，真正热爱中医的“中医”在减少，门诊病房在扩大，用中医药治疗之比例在下降，科研经费在增加，真正有中医内涵之科研不多，各个学校招生人数在增加，毕业后真正从事中医工作的人员在减少。

教学与教材

我们现在的教材，是将中医的病证与西医疾病挂钩，再用西医的定式来套中医内容，或者用西医的思维方法，来确定中医的辨证分型，或者先用西医的细菌、病毒病因来确定中医的选方用药。

教学上，我们是先将中医之证与某一西医之病挂钩，再用西医定式来讲中医，或将中医的证型划定在某一西医疾病上再来讲中医，这不是中医。

目前在搞一个中医常见病诊疗指南，我不知道搞这个指南对临床有何指导意义，中医的生命就在于辨证论治，不同的病证，不同的人，不同的地区，不同的性别，不同的季节其辨证是有所不同的，因而其就有不同的治疗方法。中医的辨证论治是一非常先进的治疗理念，是目前西方医学正大力提倡的“个性化治疗”的典型，为什么我们还要放弃。一个指南能将其说清楚吗，况且指南上的内容教材上都有，目前参与编写的人员良莠不齐，课题是由很有水平的临床专家接受任务参与，由于专家工作都较忙，回来后交由一些临床时间不长、临床经验尚欠缺的年轻大夫在写，据说还有一些正处于学习阶段的研究生在写(有的甚至可能老师还来不及全面审稿，就提交会议讨论)，真不知道这样的指南能对临床有多少指导价值。

临床门诊与病房

目前临床上（特别是对临床有示范效应的中医药大学的附属医院）真正用中医理论指导、中医思维方法认识疾病、使用中医中药治疗疾病的临床大夫有多少？特别是一些年轻大夫，他们先是开了一大堆检查化验单，下一个西医诊断，然后再来套中医教科书上的证型，很多时候非常牵强附会，临床疗效就可想而知了。

由于临床疗效不理想，认为中医疗效不好，而只好求助于西医西药，甚至手术治疗。

另外一些医院片面强调经济效益，西医西药收费高，手术收费就更高，经济效益好，也是导致一些临床大夫放弃中医中药的一个重要因素。

科　研

目前的科研有些不是按照中医思维方法来思考科研方法和路径的，实施的手段基本上是按西医的思维方法，有一证候，一定要对应一个西医疾病，结果作了一些很前沿的、很时髦的指标，看似很先进，这些能与中医的脏腑经络、阴阳五行直接挂钩吗？说穿了他们是用西医的思维方式在研究中医，能是中医所需要的吗？对提高中医临床疗效有多少指导意义？甚至有的科研结果，与中医可能毫不搭界。

目前有一些人是专搞实验研究，临床实践很少，一心只盯着目前西方实验医学的前缘，或哪些指标能上 SCI 杂志，背离了中医以临床实践为主的宗旨，这样做出来的结果可想而知了。

由于动笔的时间很短，又从未涉足过这样形式的稿件，以上仅为个人观点，偏颇之处在所难免，不过对中医一片赤诚之心尤在。

胡国俊

胡国俊（1946— ），安徽歙县人，安徽中医药大学第一附属医院中医内科主任医师。先生出生于皖南新安中医世家，幼承庭训，尽得其父胡翘武先生之真传。从医五十余年，先后担任全国第四、五批老中医药专家学术经验继承工作指导老师，全国、安徽省名老中医药专家传承工作室指导老师，南京中医药大学师承博士研究生导师，安徽中医药大学新安医学教改试验班首届、二届指导老师，安徽省中医药学会中医肺病专业委员会名誉主任委员，安徽国医名师。先生熟谙经典，治学严谨，心圆智方，大胆探索，融汇各家，学验俱丰，崇尚脾胃学说及其后新安汪机之固本培元，尤喜运用伤寒、温病经方，其在继承前贤家学的基础上，更有发挥，学思相济，融会贯通，精辨善治，屡起沉疴。擅长内科、儿科，尤对肺系、脾胃系顽难病证的辨治独具匠心，具有独特的中医学术特色。在医、教之余，先生坚持偷闲笔耕，整理丰富的临床经验和治医的学术思想，已发表在医学论文百余篇，并著有《中医临证三字诀》《老中医经验集·胡翘武专辑》《胡国俊内科临证精华》及《橘井一勺——四时常见感症求径》四部中医著作。

精诚医者

1. 淡泊名利，仁心近人

《初学记》中有云："夫医者，非仁爱之士，不可托也；非聪明达理，不可任也；非廉洁明良，不可信也。"先生正是这样的医者。先生常云，对于患者关键在医者，对于医者关键在医术和医德，而医术之关键在于医者的进取之心，医德之关键在于医者广施仁心。先生虽诊务繁忙，但对患者的态度总是笑容可掬，讲解总是从容和缓，言语间常流露出关切、安慰之情。正如孙思邈《备急千金要方·大医精诚》中的古训："凡大医治病，必当安神定志，无欲无求，先发大慈恻隐之心……若有疾厄来求救者，不得问其贵贱贫富，长幼妍蚩，怨亲善友，华夷愚智，普同一等，皆如至亲之想。"先生不仅以此言教，更时时为患者着想作为身教。先生近古稀之年仍每周应诊六次之多，虽每次门诊都因各种原因而加号，他却从不厌烦，几乎每次都耽误吃饭、休息，但把病人看完，让患者满意而归，已是从不更改的惯例。

除了每周定时应诊外，先生还承担着诸多干部保健工作。对为官者他无欲无求；对活动不便的患者，他不辞劳苦，离开座椅到患者的轮椅旁边诊脉；很多慢性病或老年患者言语唠叨，他总能耐心解释，又可发掘其中重要信息，充满着对他们无微不至的关爱；常常有很多外地患者慕名前来求诊，尤其是一些慢性病患者需要经常复诊，先生考虑到患者往返旅途的不便与花费，总会诸多嘱咐，甚至会开出不同情况下的方子，嘱其交替服用；许多患者时常打电话要先生指导更是家常便饭。先生常说，中医药知识可渗透到我们生活的方方面面，不仅指导人们养生、防病、治病，而且指导人们生活中的一言一行，他教导我们做人可淡泊名利，做事要尽心尽力。

2. 以患为师，学思相济

常言道"学无止境"，医道亦然，清代名医赵濂在《医门补要·自序》中提出的治学格言为："医贵乎精，学贵乎博，识贵乎卓，心贵乎虚，业贵乎专，言贵乎显，法贵乎活，方贵乎纯，治贵乎巧，效贵乎捷。知乎此，则医之能事毕矣。"先生一贯以之律己。先生认为，习医者必须学会精读、勤读、泛读各种古今医书，博采众家之长，才能触类旁通，提高临床疗效，并常以章次公老先生的话勉励我们：中医乃千年瑰宝，需"发皇古义"，还要"融会新知"。

先生一再告诫，向古人学、向老师学是理所，向同行学、向病人学也是当然。不管对方年长年幼，只要他确实能给你启发，给你帮助，都可以成为你的老师。用他的话说则是："还应拜掌握绝技专长的村妇乡翁为师，不耻下问，为我所用。"在先生行医初始，曾治一患坐骨神经痛半年的患者，经中西诸法屡治少效。来诊时右下肢冷痛，步履艰难。诊视后断为阳虚寒湿入络，在用温通肾督、散寒蠲痹的方中，重用制川乌 45 克，先煎 2 小时，岂知 7 剂后寒痛大减，调治一月步履正常。先生告知此案 45 克川乌之用，非其盲目胆大，而是其云南一亲戚身验口授所得。

以患为师，实事求是，多临证、多用方、多看病人是先生丰富经验的源泉。先生问医涉病之广，遣方择药之宽，开阔了我们的视野，使我们有机会接触到更多的疑难杂症。《礼记》云“独学而无友，则孤陋而寡闻”，以书为友，以师为友，以患为友，这种严谨又宽阔的治学风格，潜移默化地影响着我们，着实可谓“润物细无声”。

3. 薪火传承，甘为人梯

先生是传统的中医，也是坚定的中医，对中医的疗效深信不疑，经他治愈的疑难杂症也数不胜数。他常说，目前很多医生疗效不好，不是因为中医本身不行，而是做医生的没有真正按照中医的方法去做。怎样才能成为一个真正的中医呢？首先要有中医思维；其次，必须注重传统中医理论特别是经典的学习和运用。先生的言行，坚定了我们按传统中医思维治病的信念，坚定了我们继承中医、发扬中医的信心。

在我们跟师学习过程中，先生要求我们温习古籍，泛览今书，四大经典著作要放在手边，时常翻阅，并将自己读过的、认为有临床价值的书籍推荐给我们阅读。他还要求我们做好读书笔记，写出学习体会，如此才能体会到温故知新、认真思考的重要性。先生常检查我们的学习进度，为我们认真批改读书笔记和临证心得，让我们每次取回批改的作业时都有如获至宝的感觉。先生常说，读书时思考，才能融会贯通，临证后思考，才能修正错误，及时总结。

跟师临证是学习先生诊疗思路的好机会。每次出诊后，先生总会选择典型病案予以讲解，给我们深入浅出分析疾病的病因病机、立法治则及如何遣方用药，把他治疗此类疾病的经验毫无保留地传授给我们，甚至在别人眼中本应该是秘而不传的具体方药和剂量，他也毫无保守，口传心授，娓娓道来，让我们每每有意犹未尽之感。有时他会针对一两个典型病例提问，对我们的回答进行评价并加以点拨，并反复强调“一定要多用、多体会”，鼓励我们会“功到自然成。”

自跟师以来，耳濡目染了一些疑难重症经先生治疗屡起沉疴的实例，对中医的神奇疗效有了更深刻的体会，进一步增强了我们的专业自信心和学习兴趣，开拓了我们的学术视野，提升了我们的中医临证思维能力。先生学验俱丰、严谨治学的感召力，使我们在学习和实践中医学的道路上充满了激情和力量。

新安渊源

1. 新安古蕴，深厚纷呈

从皖南古徽州这片文化土壤中生发出来的新安医学，是我国中医药学的一个重要组成部分。新安医学底蕴深厚，源远流长，名医辈出，成就卓著，传承有序，影响深远。尤其在鼎盛时期，医家之众，医著之丰，均属全国各地域流派之首，在中医药发展史上举足轻重，有明清医学“硅谷”之美誉。新安医家推崇金元四大家，学术上提倡“穷探《内经》、四子之奥”。新安医家对《伤寒论》的研究可谓出类拔萃，见解独到。方有执开“错简重订”之先河，之后有程应旄、郑重光分别著《伤寒论后条辨》及《伤寒论条辨续注》，三者合称“新安伤寒三条辨”，学术影响至今不衰。新安医家在积累临床经验，探研学术思想的过程中，提出了一系列有重要影响的学术见解，如汪机“固本培元”说、“营卫一气论”“新感温病”说；孙一奎“动气命门”说、“胀满火衰论”；方有执“错简重订”说；吴澄“理脾阴”说；余淙“热能化湿”说；郑梅涧“养阴清肺说”；程国彭“八纲辨证”“医门八法”等，在中医学术史上都占有重要的一席之地，以其仁风济世而昭示来学。

2. 秉承家技，兼收并蓄

先生出生于皖南新安中医世家，自幼即受家庭良好学风之熏陶。学龄前，在其母之谆谆教诲下对《三字经》《百家姓》《千字文》《幼学琼林》及《千家诗》等启蒙读物的部分内容已烂熟胸中并会背诵，更耳濡目染了其父及父辈们运用中医药治病疗疾屡起沉疴的情景，对中医药产生了极其浓厚的兴趣。1961年初中毕业，因某些原因未能继续升学。恰逢当时有抢救中医，号召中医带徒的政策，遂与其兄一起随先师胡翘武先生学医，在先师指导下边侍诊边诵读《内经知要》《伤寒杂病论》《温热经纬》《外感温热论》《温病条辨》《汤头歌括》及《药性赋》，后逐渐研读诸如金元四大家的论著，《景岳全书》《临证指南医案》及近现代的名医名著。未满20岁时开始了中医职业生涯，研读了大量新安医家典籍和医案，如汪机的《石山医案》、吴谦的《医宗金鉴》、孙一奎的《赤水玄珠》、汪昂的《本草备要》、陈嘉谟的《本草蒙筌》、程国彭的《医学心悟》、吴澄的《不居集》、方有执的《伤寒论条辨》等，后又用四年时间师从先师。完成了第一批全国老中医药专家学术经验继承工作。

先师歙县胡翘武先生，家学渊源，幼承庭训，诵习医经，稍长复从歙县名医汪泽民先生学医，五年卒业，悬壶济世，1946 年参加国医考试，成绩合格并获中医师证书，1979 年荣膺荐举赴安徽中医学院执教。先师既禀家传，又得师承，更兼力学，因其学验俱丰，故卓然成家。历任宣城地区中医学会第一副会长，安徽省中医内科学会理事，新安医学会顾问等职。先生生于新安，学医于此，行医于此，更得先师启蒙、严教、真传，加之对新安医家著作的广泛涉猎，故而深受新安医家学术思想的熏陶，对其行医之路影响深刻。比如先生在临证实践中一贯案简理明，注重固本，擅调脾胃，喜用经方，用药轻灵等都是新安医家学术思想在他身上的深深烙印。

3. 融会贯通，推陈出新

先生对新安医家的诸多理论谙熟于胸，行医论药信手拈来，看似平淡无奇，却着实灵验不已，常有出其不意之效，其中对温病理论运用最广，对“新安伤寒三条辨”最有感情，对“脾阴”最有见地，对“固本培元”最为推崇，对“轻灵派”最为亲近。但先生认为，研究新安医学，不仅是要体现出历史上新安医学的发达，更重要的是要通过对新安医学的整理、学习、借鉴，来提高今天的医疗水平，要融会贯通，更要推陈出新。譬如汪机固本培元的提出是源自当时多清热、发汗、通下的时弊，然而当今随着人们生活方式、营养状况的变化，时弊已经发生了变化，一味补益易致气、血、津液黏滞不畅，滋生痰、热、瘀等内邪，故先生提出在固本培元学术思想的基础上，要注重祛邪助运以“两顾其虚”。对于脾阴及脾阴虚，先生认为常常被医者忽略，实因长期囿于“脾为阴土，喜燥恶湿”“太阴湿土，得阳始运”之学说，临床医家大多喜用温中、补气刚燥之剂。然脾有阳之不足，岂无阴之亏虚？若脾阴亏虚而致生之诸疾，仍按“脾喜刚燥”而投以辛温燥烈之品，非但无效，而必偾事，故先生常在内伤杂病及外感时邪之诊治中顾护脾阴而独辟蹊径。

治学思悟

1. 读书与实践并重

要成为名医，就必须经典熟，临证多。自古医者“白日临证，夜晚读书”，结合其自身的习医历程，先生认为研习中医之大要在于读书与临证并重，二者同步前进，其效乃著。先生初学中医时，白日随先师侍诊抄方，各种病证的诊疗过程尽收眼底，印入脑海，夜晚除系统学习中医经典著作外，常带着侍诊的问题于经典中寻找答案并请先师释疑解惑，这种带着问题学的学习方式使先生受益匪浅，并成了他终身的学习习惯。在其近 50 年的行医生涯中，白天工作，晚上读书，基本从未间断，这种“教学做合一”的方法，让他从做学生到做导师一直颇为受用。

先生行医半生，博览群书，谙熟典籍，他告诫我们，研读中医经典著作，极需耐性，又不能没有悟性，重要章节必须烂熟于心，出口成诵，用时方能信手拈来。但“纸上得来终觉浅”，要完成理论与实践的真正结合绝非易事，需要实践中学，实践中用，实践中提高。因此阅读经典著作和参加临床实践对学习中医不可或缺，必须钻进去，再跳出来，才能体会到中医理论的真谛。临证中遇到疑难杂症，要注意检索学习前人治验，加以比较推敲，久之必有大悟独识，而后验之实践，才能使自己的医术铢积寸累，疗效日增。只有长期注重理论与实践相结合，在学习中善于发皇古义，知常达变，融会新知，有所创新，才能解决疑难杂症，从而得到病人的信任。

2. 读书重经典

孙思邈《大医精诚》中有言“学者必须博极医源，精勤不倦”，然中医书籍浩如烟海，汗牛充栋，本本去读，是读不完的，所以要拜读其中尊为经典的著作。先生常教导，之所以它们能被视为经典必读之书，主要是它们确有实用价值，能解决前人不能解决的问题，这些书含金量高，皆源于临床，来于实践，具有极强的指导意义。先生认为《内经知要》《伤寒杂病论》《温热经纬》《外感温热论》《温病条辨》《汤头歌括》及《药性赋》皆为必读之经典，且宜部分背诵为佳。其他诸如金元四大家的论著，《景岳全书》《临证指南》及近现代的名医名著也应涉猎。“书读百遍，其义自见”，先生要求我们要反复研读经典，如此总会有新的感悟。

如先生将《温病条辨》一书与叶天士的《外感温热论》皆奉为温病学的经典之作，认为它们继承、创新，立论中肯，发前人之所未发，补前人之所未见。让先生深有感触的是，温病理论非但于外感热病有指导作用，对内伤杂病也有极高的使用价值，反复叮嘱我们要细细玩味。又如先生认为中医临床大家张锡纯，处在传统文化备受西方文化冲击的时代，尚能本于中、参于西，以西为我用的观点去研讨中医的传承与发扬，与其注重实践不尚空谈，医精胆大而效捷有关，所著《衷中参西录》应为中医临床学者需读之本。先生在临证中常运用张氏理论方药贯穿于诸多疾病之中，如用大气下陷理论之补益升举法治疗肺脾气虚的似喘非喘之症，用降中纳气之法治疗肺气欲静而冲气不止的咳逆上气之症，每使症平疾安，使呼吸顽疾获他法难以获得之效。

3. 实践重求实

先生指出："当今去古甚远，非但方土物候，起居服食殊异，且'三废'污染，温室效应，生态失衡，也古之罕见，由此所罹之疾，其时鲜矣；再如新医所列之病，及其医源药源而致之疾更为典籍之无稽，面对前无古鉴，后少今验接踵求治之恙，吾等只得潜心岐黄，探赜索微，于变易中求不变之律，不变中觅简易之法，始能执简驭繁，见微知著，先其所因，防患未然，古为今用矣。"但崇古不可薄今，当求实不欺，需注重反思失败原因。认为少效无效案例不全是病情之顽难所致，尚有思维之僵化，辨治之偏执，或固守一家之言，缺乏相通互补，灵活善变的辨治方法。如先生在临证实践中发现盗汗并非皆阴虚，自汗也并非皆阳虚。尚有痰热久蕴肺金，气阴伤耗日久，致肺主之皮毛疏松，而无法密固，汗常溱溱而出，可发于昼，也可发于夜。这既不是阴虚也不是阳虚，只有清化肺金痰热，才能使气阴少耗，而肌腠日渐固护，汗始有敛。再如泄泻一证，大都责诸脾虚水湿内盛，肾虚阳气不足，但由脾肾阴虚而致泄泻久治不愈者也不少见，投以养脾阴滋肾水即可向愈。如此等等不一而足，可见业医者必须破门户之见，勿困于一家之言，容各种流派，纳各家学术，博采众长，融会贯通，才能应对变化万千、错综复杂的各种病证。

4. 心悟与笔耕相益

在医、教之余，先生执着于笔耕不辍，不单将先辈们丰富的临床经验和治医的学术思想整理出来，对自己的学习心得、诊疗体会及临证经验也常笔录于本。因先生与其先师朝夕相处，对他的治疗验案及学术思想常在侍诊、会诊、释疑、解惑中获得，不但有理性认识，更有感性认识，故先生对先师的临床经验及学术思想在期刊报道颇多，且经常得到期刊杂志社及主编们的认可与好评，也常有组稿及索稿的函文邮他。如"胡翘武临床运用甘遂配伍经验"就是《上海中医药杂志》组稿发表的。再如"少男遗精证治初探""感证调补举隅""杂病治肺十法”“胡翘武养阴温阳法在湿（热）温病中的运用”“厚土敛火法刍议”等，分数年刊登在《辽宁中医杂志》上，皆深得该杂志社的好评。

先生“自思既入岐黄之道，决意专心致一，临证之暇非涉猎医籍，即反刍诊疗得失，或谈医论药于师徒之间，或追访询视于病患之中，一有所得，辄偷闲毫端”，整理成文。如从肺治疗郁证在临床取得疗效后，即在《中医杂志》上发文“郁证治肺一得”。再如对病程冗长，症状复杂，涉及诸多脏腑，又虚实一体，寒热互见，处方用药实难措手的病例，先生在前人理论的指导下，结合当时的实际症情，采取执中运旁、调治脾胃一法，取得理想疗效后，遂在《北京中医》撰文“证涉五脏治中说”。又如蚕砂是一味临床运用较为广泛的药物，方书皆谓其性温味甘辛，但先生在实践运用中发现其具有祛风清热利湿辟秽的作用，再结合《慎斋遗书·用药权衡》之言及王孟英主治湿热霍乱之蚕矢汤，遂书“蚕砂的临床运用（附性味质疑）”发表于《中医药学报》冀以抛砖引玉。诸如“论闷咳证治”“额痛证治初探”“哮喘治痰一得”“喉源性咳嗽辨治四要”“支哮夏季发作辨治体会”等，皆为先生临证之心得体会，成文以冀交流同道，增益杏林。因勤于著述，迄今为止先生共发表医学论文百余篇，并著有《中医临证三字诀》《老中医经验集·胡翘武专辑》《胡国俊内科临证精华》及《橘井一勺——四时常见感症求径》四部中医著作。先生常常提醒我们要多记多写，不写永远不会，越写越有信心，并对我们的作品不辞辛苦加以润色，认为写作是对临证的反思，是思想火花的升华，笔耕与心悟可相得益彰，否则一点心得，一丝感悟会似流水一样一去不复。先生言：“若此记事纂言，虽片鳞只羽，也熠熠映辉，与臆度闭造者未可同日而语。”

临证心诀

1. 坚持中医思维

中医来源于实践，优势在于临床疗效，需要在临床实践中培养中医思维。先生在临证中一直坚持以中医为主，能中不西，先中后西，西为我用的原则，坚信中医的生命力。

中医思维偏重于综合，擅长于直觉观察善于取类比象，注重万事万物的生死荣枯演化变易的过程，主张“天人和谐”；中医认为人独具“灵性”，除有生物特性又具有社会特性，强调“心神合一”，这些都是中医理论构建的最基本原则。坚持中医思维是临床实践的立足点、出发点，先生视其为临证第一要务。中医看的是生病的人，而非人生的病，要把握好“辨证”“整体”“天人”三关。

由于西医的快速发展和大力宣传，社会接受度远超中医，常有临床医师于临证中，以西医指标套用中医之证，以中药药味套用西医之用。然中西医目前来说还完全是两种截然不同的医学体系，有不同的哲学基础、发展规律和认知方法，对于萎缩性胃炎即为胃阴不足，高血压即为肝阳上亢，胃下垂即为中气下陷，肺炎之麻杏石甘汤，山楂、泽泻、首乌降脂，杜仲、寄生、黄芩降压，玉竹、枳实、附片抗心衰，银花、大青叶、板蓝根抗病毒，五味子降转氨酶这种非西非中、不伦不类的临证方式，先生极力反对，疾呼要“戒以西套中，约定成俗”“戒中药西化，对号入座”。

2. 紧扣病机症结

张景岳说：“机者，要也，变也，病变所由出也。”因此，病机就是疾病发生、发展与变化的机理，是疾病的本质。先生认为临床辨证就是分析病机，所以《黄帝内经》称为“求之”，所谓“求之”就是根据临床的客观表现来探求疾病机制。中医病机是病因、病位、病性、病势四个要素及其关系的总括，是从整体上和动态中对患病机体所呈现的病理状态和病理变化的高度抽象与概括，因而能够更全面、更具体、更深刻地揭示病证的本质，阐释疾病过程中的各种临床现象，为确立治疗方案、处方用药提供明确的依据。因此先生认为紧扣病机症结在临证中最为关键，绝不可小觑。

在这一过程中，先生认为辨清表、里、寒、热、虚、实、阴、阳的八纲辨证是最核心的，在此基础上结合辨病，利用五行生克制化关系进一步分析脏腑关系，此外还要注意复杂病机的夹杂，以及表现还不突出而易被医生所忽略的某种潜隐性病机关系。如对于慢性喘病患者，即使肾气虚弱并不明显，大多会有肺肾同治的思想，即体现了辨析潜隐性病机的临床价值。先生认为至少要综合八纲、脏腑及兼夹潜隐病机，才能基本做到“必伏其所主而先其所因”。当然对“先其所因”的病势分析，还要着眼发展变化，动态把握，才能真正做到病与机相合。

3. 明察细辨识证

要“主先因”，必要“去伪存真”，先生常有感慨：识证难啊！中医临床辨证要求四诊合参，综合判断，其一般思维过程是：在四诊合参基础上，抓住主症以明确疾病诊断，然后分析病因病机以确立临床证型。先生强调，对临床证型的确立，“识证”关乎成败。

识证以抓主症为要，要多查细问，舌脉俱察。主症、次症和舌脉相合者，识证不难且最为稳妥，主症与次症互吻，次症与舌脉对应，多可确立。然临床上这样典型显露的并不多，那就要体悟三者之间的关系了。

比如畏寒多与阳气温煦不能有关，伴有肢冷尿频，腰酸膝软，不喜饮自可理解，舌淡苔白也相符，但也有患者口干喜饮，舌红苔薄，让人费解，究其症结仍在阳气，前者是阳虚不足温煦不能，后者是痰热内蕴阳气被郁不能外达温煦。

有时一症即可确立，如《伤寒论》对少阳病小柴胡汤证从少阳病病机与症状之联系，就提出“但见一症便是，不必悉具”。

临证中脉症舍从的情况也经常会有，先生认为舍脉从症或舍症从脉的关键在于抓辨证过程中的主要矛盾，但仍需要根据临床疗效或病情变化随时予以调整，方可获效。再如舌诊，尽管舌有胖瘦、老嫩、水滑少津、有痕多裂等不同，单就淡红舌而言，有偏淡者，有偏红者，先生认为从偏淡到偏红绝不仅是一条线之隔的变化，而是一个较宽的面的变化，需细细体察，方药则往往判若霄壤。可见识证确非易事。

4. 悉心取方用药

方随法变，法应病机。程钟龄在《医学心悟》中指出：“论治病之方，则又以汗、和、下、吐、温、清、补、消八法尽之。盖一法之中，八法备焉，八法之中，百法备焉。”先生认为方随法变，不为古人的一方一法所束缚，而是圆机活法，知一反三，以常应变，才能参悟玄机，饮略奥妙，熔古今于一炉，施变化于一心。先生组方以法为衡，可取一方之意，也可撷取多方之验，无论如何组方不背病机即可，但切记要气血阴阳、动静刚柔相配，勿持一端。

先生常言：“识证难，用药更难。”药为治病之器，具四气五味、归经及七情和合，它的使用需要理论指导而单行或配方。一药备有多种性味，故其治疗作用也非一种，可能既有这种功效，也有那种功效，如要充分发挥其治疗作用，方剂的配伍显得十分重要。先生谓一个成熟的中医师非但对方剂要熟记，对药物之功用更要娴熟于胸，同一种药物有时会有截然相反的作用，全在审慎精当，配伍绝妙。以芍药为例，用于养血配当归、熟地黄，用于缓急配甘草，用于收敛配五味子，用于降逆配牛膝等，皆在药物相须相使的作用下发挥疗效，若只芍药一味单行，让其具有以上治疗作用就勉为其难了。

《素问·至真要大论》云："气有高下，病有远近，证有中外，治有轻重，适其至所为故也。"在准确判断疾病之轻重深浅的基础上，使用药之轻重、药味之多少、服药时间之长短等恰如其分，以求"适事为故""恰到好处"，还要参合地土方宜、性别男女、年龄长幼、体质强弱、气候变迁等因素。是故先生告诫，临证用药宜轻、宜重，宜浅、宜深，要在适事为故，不要图名与人比较大方重剂，每诩为胆略过人，殊不知小方轻剂，重点突出，以轻去实，更须真知灼见。"用药如用兵"，观先生用药虽看似平常，药味少则六到八味，多也不过十二到十五味，用量不大，组方精良，配伍精妙，取效显著。

方药运用

1. 惯用经方、古方

先生自幼谙熟新安医家，对新安医家所创方剂如止嗽散、半夏白术天麻汤、五味消毒饮、龙胆泻肝汤、香砂六君子汤、清气化痰丸、贝母瓜蒌散、养阴清肺汤、启膈散等方用起来得心应手，常能灵活变通，一方之中常汇集多方之义，取各方之长，灵活化裁。

先生对经方也甚为喜爱。以胃脘病为例，常以小陷胸汤、半夏泻心汤、四逆散组方，以升降脾胃，以调为补；又如咳喘病，常以小青龙汤、苓桂术甘汤、麻黄附子细辛汤等方化裁，以温阳化饮，止咳平喘；温清并投常用各种泻心汤、乌梅丸等。

2. 喜用药对

先生在临证中喜用药对，在他长期的诊疗实践中也创制了一些药简效宏的药对。以脾胃病为例，总结出黄芪配甘草、干姜配甘松、生地配花粉、紫河车配当归可助健中补虚；代赭石配枇杷叶、黄芪配防风、厚朴花配砂仁壳、佛手配九香虫、乳香配没药可闿气助运；蒲公英配土茯苓、大黄配枳实、甘遂配芒硝可泻实祛邪；大黄配代赭石、炮姜配阿胶球、田三七配白及、乌贼骨配煅瓦楞可止血止酸。

又如牡蛎功善敛阴、潜阳、止汗、涩精、化痰、软坚，主治惊痫、眩晕、自汗、盗汗、遗精、淋浊、崩漏、带下、瘰疬、瘿瘤等疾。且药源丰富，价格低廉，不失为内伤杂病常用之良药。先生总结出其配附子可既济水火交泰心肾，配玄参可软坚散结消匿瘰瘿，配山药可滋益脾肾驻车止泻，配椿根皮可养阴清热愈带止崩，配夏枯草可镇息风阳清灵上窍。

再如附子，临床适应证非常广泛，先生常用前人创制的附子与干姜、肉桂、麻黄、细辛等配伍的有效方剂，并总结了附子与矿物介壳类重镇之药及苦寒清解活血之品的配伍运用。如配石膏治风水、咳喘、疹出难透，配代赭石治崩漏，配石决明治怔忡、头痛，配大黄治咯血、胸痛、泄泻，配黄连治湿温后期便溏，配黄芩治恶寒发热日久不解，配山栀治心腹疼痛，配炮甲（现用代用品，下同）治骨骱疼痛、痃癖，配豨莶草治风湿痹痛，配丹参治胸痹心悸脉结代。

3. 擅用枝茎藤类治痹证

枝茎藤类药物多具入四肢、通经络、利关节、止痹痛等作用，先生习用之于痹证疾患，或伍于配方之中，或独味煎浸饮服，或汇枝藤于一方，验者甚多。然先生告曰，枝茎藤类植物入药者颇多，性味归经不同，主治功用亦别，故于枝茎藤类药物之择用时，或主或辅，何取何舍，则应随证而宜。

如风寒湿痹证择用枝茎藤药物时，则应以辛温之品为佳，再视三邪孰主孰次，配伍于祛风散寒利湿方中，可选桂枝、海风藤、松节、天仙藤、丁公藤、伸筋草、透骨草等。性寒味苦之枝（茎）藤类药物，以其具清热利湿及祛风通络作用，故在治疗风湿热痹证方中加用，主辅此类枝藤药物可增清热通络、逐痹止痛、祛风消肿之效。常用者有桑枝、络石藤、忍冬藤、豨莶草、青风藤、大血藤、常春藤等。辛热枝藤时有加入风湿热痹方中者，取其通络宣痹或作反佐之用，用量不可大，以防喧宾夺主。

其他枝茎藤类植物入药，如千年健有活血通络之用，可温阳补肾壮督；桑寄生可益血脉、补肝肾；夜交藤专主失眠之疾，可安神滋阴养血；鹿衔草补虚益肾、祛风除湿、活血调经；鸡血藤补血暖肾、活血调经；血藤养血理气、消瘀化湿，善治脚气痿痹、月经不调、跌打损伤，还可治疗痨伤吐血胃脘疼痛等症。当然对于忌辛烈蠲逐的体虚痹痛，选用此类甘温濡养之枝茎藤类配于对证方中，有相得益彰之妙用。

4. 巧选虫药搜剔，血肉有情治咳喘

虫类药古即用之，然当今运用较古人尤多，在长期的临床实践中，先生认为，虫类药较草类药有不可替代的功效，尤其可在咳喘病中发挥奇功。虫类药种类繁多，归经性味、功用各有不同，它们或祛风解表、宣肺解痉善于宣，或清热化痰、驱寒散结长于泻，或理气活血、逐瘀通络宜于通，或滋补肺肾、填补精血适于补。如能将其或补泻合用，或攻补兼施，无论对于迅速控制症状，或是缓图调治，都有独到效验。

对风寒袭肺、痰气郁闭、宣肃失司者，可配伍蝉蜕、僵蚕、全蝎、蜈蚣。先生认为，僵蚕配伍蝉蜕治疗风痰留恋肺络而致咳喘缠绵难已者，其效甚显。而蜈蚣与全蝎、僵蚕、蝉蜕等相须为用，则可迅速解除因风痰寒凝而致之支气管痉挛，达到降逆止咳平喘的目的。

对痰热蕴肺、肺失清肃、络脉瘀阻者，可于相应方中伍以清热化痰通络平喘之地龙、水蛭。先生认为，对久咳、瘀咳之祛瘀透络，两者确系佳品，可缓缓调治，不无效益。对寒痰凝闭、胸阳被遏、肺络痹阻者，先生常加蜈蚣、鹿角片、露蜂房以增强蠲痹通络、散寒止咳平喘之用。

对脾肺气虚、精血不足、肺失宣肃之咳喘久罹者，先生根据辨证于相应处方中或增紫河车、阿胶，或辅冬虫夏草以补精益血、养肺宁咳，疗效显著。而对肾督阳虚、肺络瘀痹、久喘气逆之人，常表现形体清癯，精神衰惫，四末冷凉，面颊青晦，腰脊酸软不温，舌暗淡或青紫，或有瘀斑，两脉沉涩细弱者，先生常于阳和汤或金匮肾气丸中加海马、蛤蚧、露蜂房、鹿角胶等以增温补肺肾、理气活血之功。

对肾阴暗耗、肺失滋润、络脉失濡、血燥且瘀者，先生常在滋阴润肺、纳气平喘方中辅以咸寒清热、滋阴通络之龟甲、水蛭，或佐以咸寒逐瘀、散结化痰之鳖甲、地龙，阿胶、冬虫夏草亦可辅入。精血不足之体，补之以味，古有明训，治当缓缓调治。

（安徽中医药大学第一附属医院胡国俊全国名老中医工作室
李泽庚、朱慧志、王胜、钱力维、曹仕健、杨程等整理）

顾植山

顾植山（1946— ），安徽中医药大学教授。国家中医药管理局《中华本草》学术编委、新世纪全国高等中医院校《中医文献学》教材主编、教育部“十一五”“十二五”规划教材《中医文献学》主审，主持国家中医药管理局“运用五运六气理论预测疫病流行的研究”特别专项课题、国家“十一五”科技重大专项“中医疫病预测预警方法研究”子课题等，国家“十二五”科技重大专项“中医疫病预测预警的理论方法和应用研究”课题组长、国家中医药管理局中医学术流派传承推广基地理事会理事、国家中医药管理局龙砂医学流派传承工作室代表性传承人兼项目负责人、国家973项目“中医学理论体系框架结构与内涵研究”课题专家组成员、中华中医药学会五运六气研究专家协作组组长、中国中医科学院博士后科研工作站五运六气合作导师组组长、国家卫计委（现国家卫生健康委员会）“十三五”研究生规划教材《中医文献学》主审、无锡市龙砂医学流派研究所所长、江阴市致和堂中医药研究所所长。主编《中医经典索引》、独著《疫病钩沉》等学术著作7部，发表学术论文80余篇。

顾植山全面继承了龙砂医学流派“重视《黄帝内经》五运六气理论与临床运用，运用六经三阴三阳理论指导运用经方，擅用膏方‘治未病’”等三大流派特色，特别在五运六气的研究方面，为全国这一领域的学术带头人，享誉国内外。在中医内科、妇科、老年病及诸多疑难杂病的治疗方面有较深的造诣。

家承岐黄龙砂脉，早年磨炼在基层

我于1946年出生在江苏省江阴市的一个乡镇，外祖父曹仰高是镇上的老中医，开了一爿留春堂药店；母亲曹鸣（曹桂凤）原是教师，毕业于南京女师，因外祖父的关系，当了几年教师后，又改入上海中国医学院学中医，受业于江阴柳宝诒再传弟子薛文元，为该校第六届毕业生。父亲是西医，抗战前毕业于上海陆军军医学校。20 世纪 40 年代，父亲与母亲在家乡月城镇开了一家“鸣岗医院”，我从小受家学熏陶，对医学颇有兴趣。到 60 年代，因家庭出身的缘故，我失去了上大学的机会，但国家政策允许和鼓励老中医子女可以通过师承教育学习中医，于是我在 1961 年走上了学习中医的道路。

江阴号称“中医之乡”，文化底蕴深厚，历代名医众多。宋末元初，江阴出了位精通经史百家和医学的大学问家陆文圭。陆氏集两宋学术大成，被学界推崇为“东南宗师”。宋亡后，陆文圭在江阴龙砂地区专心致力于教育事业达 50 余年，培养了大批文化和医学人才。其后龙砂地区名医不断涌现，明清时代形成了以龙山、砂山地区为中心和源头，不断向周边扩大，乃至影响全国的“龙砂医学”流派。清代乾嘉时期的著名学者孔广居在《天叙姜公传》中说：“华墅（镇名，龙山、砂山的所在地，今称‘华士’）在邑东五十里，龙、砂两山屏障于后，泰清一水襟带于前，其山川之秀，代产良医，迄今大江南北延医者，都于华墅。”到近代，这块名医辈出的土壤依然薪火不熄，绵延 700 余年的“龙砂医学”群星灿烂，桃李天下。我从小在父母身边，对龙砂医家的许多故事耳濡目染，暗暗立下继承发扬龙砂医学的心愿。

学习早期，母亲给我指引的学习方法是先读好《黄帝内经》，而且要求先读白文本，做独立思考，以免被后世一些不正确的注家局限和误导。第一年读《黄帝内经》，第二年读《伤寒》《金匮》，第三年再读方药和临床各科。父母的家训是马援的名句：“汝大器，当成晚，良工不示人以朴。”那时教我们医古文的庄祖怡老师颇有学养，其父庄翔声乃民国时期上海光华大学中文教授，与蒋维乔、曹颖甫等是至交，庄祖怡的启蒙老师就是曹颖甫先生。在父母和庄先生的影响下，我阅读了较多中医古籍和文史类文献。

1966 年学习期满毕业，我从长江南岸的江阴来到了淮河北岸的安徽省怀远县，开始了长达十余年的农村基层医疗工作。那时在乡镇医院，中医、西医，门诊、病房，内、外、妇、儿、针灸、推拿，甚至化验、护理、调剂等，什么都得干。接触的病种多，处理急重病的机会也多，受现在医院条条框框的束缚少。这段经历对提高自己的临床能力和深入认识传统中医的临床疗效具有非常重要的意义。

1978 年 12 月 26 日中央发出了邓小平同志亲自批示的中医界著名的 52 号文件——“关于从集体所有制和散在城乡的中医中吸收一万名中医药人员充实加强全民所有制中医药机构问题的通知”，我抱着试一试的心态参加了安徽省的选拔考试。当时安徽省有 500 个名额，其中 80 个是推荐名额，实际通过考试录取只有 420 个名额，而报名参加考试的有 1 万多人。所幸的是我不但以怀远县第一名的成绩被录取，并且被安徽省政府作为“特别优秀的青壮年中医”选调到安徽中医学院任教。

广涉各家筑文献功底，验证气象探运气理论

我于 1979 年底接到调令赴安徽中学院工作，学校领导见我在应试论文中引用各家论述较多，先是将我分配到中医各家学说教研室任教，又在 1985 ~ 1986 年被选派到中医研究院就读中医文献研究班，回校后在安徽中医学院开设中医文献学课程，担任文献教研室负责人。

从一个基层中医到中医大学的教师，跨度极大，“教而后知不足”，需要补充许多知识。为了加强中医理论的基本功，我重新系统学习了中医四大经典，《中医经典索引》（安徽科学技术出版社 1988 年出版，获全国首届优秀医史文献图书及医学工具书银奖）就是我在此时逐字逐句研读五部经典著作的副产品。

当时安徽中医学院的制度在学院任教的教师没有参加临床的硬性要求，教师参加临床不算工作量也没有任何报酬，但我始终认为，教中医课程的老师是不能脱离临床的，教科书的理论必须经过临床的检验。因而我坚持每周两次以上的门诊，做到“雷打不动”。

教学中需要对各家学说和历代文献做出评价，感到教科书中的许多观点与传统认识和临床实际不一致，我在讲授各家学说时，尽量能结合亲历的临床案例进行评析，受到学生的欢迎。

对《中医文献学》课程，原来使用的教材把《中医文献学》定性为古典文献学的分支学科，按照古典文献学的结构着重讲授目录、版本、校勘、训诂等文献方法学的知识，这样的课程内容在非文献专业的本科教学中势必不能引起学生广泛兴趣，因而那时大多数院校的《中医文献学》课程在本科学生中开不

下去。我认为课程内容应紧紧围绕培养目标，中医本科学生的培养目标主要是临床医生，对一个临床医生来讲最需要的不是文献整理的方法，而是如何利用文献的知识。我在安徽中医学院开设的《中医文献学》课程，从学生的实际需求出发，自编中医文献学教材，主要讲授历代中医文献的源流，“辨章学术，考镜源流”，指引读书门径，让学生对历代中医文献的概况及利用要点有一基本了解；在文献整理方面则着重于指导学生如何选择利用文献整理的成果。我们进行的中医文献学教改取得了较好效果，自编《中医文献学》教材获得学校教学成果奖。20 世纪末全国中医文献学教材编写会议在我校召开，参照我校教材模式，由我跟北京中医药大学老师一起主编了首部“新世纪全国高等中医药院校《中医文献学》”教材。以后又在此教材基础上修订为教育部普通高等教育“十一五”国家级规划教材和全国高等中医药院校“十二五”规划教材。

《中医各家学说》和《中医文献学》中都不可避免要涉及五运六气的内容。那时中医界对运气学说争议较大，教科书对涉及运气的内容不敢做正面介绍，偶尔提到时也多带有一定的批判倾向，造成中医院校毕业的学生基本都不懂五运六气，这对中医学术的继承发扬带来了很大负面影响。

“重视五运六气”是龙砂医学流派的一大特色，历代龙砂名医对“五运六气”理论的研究和应用著述颇丰，如明代吕夔的《运气发挥》，清代缪问注姜健所传《三因司天方》，王旭高著《运气证治歌诀》，吴达《医学求是》有“运气应病说”专论，薛福辰著《素问运气图说》，高思敬在《高憩云外科全书十种》中著有《运气指掌》一书等。另外有些医家虽无运气专著，但在论著中带有明显运气思想，如柳宝诒据运气原理对温病伏邪理论的阐发，承淡安在针灸中弘扬子午流注，章巨膺用五运六气观点解释各家学说的产生等。龙砂姜氏世医临床善用“三因司天方”治疗内伤外感的各种疾病，更成为独家绝技。

龙砂伤寒名家曹颖甫先生在晚年所著《经方实验录·原序》中云：“年十六，会先君子病洞泄寒中，医者用芩连十余剂，病益不支，汗凝若膏，肤冷若石，魂恍恍而欲飞，体摇摇而若堕，一夕数惊，去死者盖无几矣。最后赵云泉先生来，授以大剂附子理中加吴萸丁香之属，甫进一剂，汗敛体温，泄止神定；累进之，病乃告痊。云泉之言曰：‘今年太岁在辰，为湿土司天，又当长夏之令，累日阴雨，天人交困，证多寒湿，时医不读《伤寒》太阴篇，何足与论活人方治哉！’”龙砂医家运用五运六气思想在临床上取得卓效，给幼年的曹颖甫留下了深刻印象。

类似这样的医闻轶事，我在幼时也常会听到父母和先辈们谈论，因而从小就知道中医的五运六气是个好东西。我在教学中不迷信教科书上的现成说法，而是通过自己的研究探索和临床实践观察，做出自己独立的分析意见。

为了验证五运六气的科学性，20世纪80年代前期我去安徽省气象局收集了当时所能收集到的安徽省全部气象数据进行了系列的统计分析，结果与五运六气常位推算的符合率明显高于平均概率，说明古人总结的五运六气规律是有科学道理的。但为什么有的时候又不符合呢？通过对《黄帝内经》原文和名家注释的认真研读，领会到影响运气变化的因素是多方面的，运气学说的精神是看变化的动态是否正常，需动态地多因素综合分析，而不是简单地按照天干地支的推算就行。若把五运六气看作六十干支的简单循环周期，仅据天干地支就去推算预测某年某时的气候和疾病，这样的机械推算显然是不科学的，是违背《黄帝内经》精神的。《素问·五运行大论》强调“不以数推，以象之谓也”。若单从天干地支的推算去预测，就是“数推”了。而且，对预测重大疫病来说，分析不正常运气的状态比六十年常规时位的推算更为重要。

我们在教学中尝试着与同学们一起对每年的气候用多因素动态分析的方法进行预测实验。1991年夏的特大洪水，我们在春天就做了分析预测。洪水发生后，中国科学技术大学一位刚从美国海归的教授要我预测下一个异常气象，我告诉他这年冬天会特别冷。冬至过后的半个月气温比常年偏高，中科大一位老师拿着中央气象台预报将是暖冬的报纸来找我商讨，我跟他讲还未到三九，不急。三天后一场暴雪，合肥气温降到－18℃，为合肥地区有气象记录以来最低。

2000年，中央气象台预测长江流域要发生超过1998年的大洪水，安徽一位干部调任长江水利委员会，行前聊到此话题，我将按五运六气的预测意见告知该年重点要抗旱而不是防洪，实际情况就是发生了严重干旱。

由于预测结果绝大多数都能与实际气象符合，坚定了我们对中医五运六气学说的信心。

1988年，中国科学技术大学第一次请我去做关于五运六气的演讲，此后与中国科学技术大学一些对研究中医有兴趣的学者经常来往交流，其中有科学史和科技考古、统计、计算机、化学、理论物理、天体物理等多方面的专家，在五运六气的研究方面进行了多学科的共同研究探索。

"三年化疫"说"非典",《疫病钩沉》初试锋

2002~2003年,"非典"的爆发,给人们带来了灾难,也给中医学和五运六气学说带来了考验和机遇。

过去一些医家对运气学说提出质疑,焦点在对疫病的预测功能上。现在疫病来了,按照运气学说能预见到吗?

2003年4月中旬,"非典"疫情见诸媒体公开报道,安徽科学技术出版社的同志找到我,要求在最短的时间内写出一本防治非典的科普宣传读物。我在4月24日完成出版了《非典防治》的小册子,在书中按照五运六气的观点,尝试着预测疫情会在5月5日立夏时出现转折,5月下旬进入三之气后消退,后来疫情的发展果然如此,这就增强了我对五运六气疫病预测的信念。六七月份我集中两个月的时间对《黄帝内经》的运气学说及历代医家在疫病方面的重要著作进行了系统复习,写成了《疫病钩沉——从运气学说论疫病的发生规律》一书(2003年10月由中国医药科技出版社出版)。

在重温《黄帝内经》的运气理论时,发现按照《素问遗篇》中"刚柔失守""三年化疫"的理论,完全可以在两年以前就预见到SARS(严重急性呼吸综合征)的发生。

《素问·刺法论》说:"假令庚辰,刚柔失守……三年变大疫。"《素问·本病论》中更具体指出:"假令庚辰阳年太过……虽交得庚辰年也,阳明犹尚治天……火胜热化,水复寒刑,此乙庚失守,其后三年化成金疫也,速至壬午,徐至癸未,金疫至也。"这两段话的意思是:假若庚辰年的年运"刚柔失守",三年以后将出现大的瘟疫。庚辰年刚柔失守的表现为天气干燥,气温偏高,并出现寒水来复的变化,此后三年化生的大疫名"金疫"。快到壬午年,慢到癸未年,"金疫"就来了。

2000年正好是经文提到的庚辰年,该年出现全国大面积干旱,年平均气温偏高,而11月份又出现月平均气温20年最低的现象,符合"庚辰刚柔失守"的运气特点。按"三年变大疫"之说,正好应该在2003年发生大疫情。经文说:"速至壬午,徐至癸未,金疫至也。"广东最早发现SARS在2002壬午年,北方大规模流行在2003癸未年,而且经文明言发生的是"金疫"——肺性疫

病，预见的准确性已超出一般想象。对运气理论的信心进一步加强。

2003 年 5 月下旬以后，SARS 为什么会消退？我们看到西医的疾控理论认为冠状病毒在 10～20℃时最活跃，气温超过 25℃就不复制了，故他们预测下半年气温回到 25℃以下时，SARS 还将卷土重来。我们根据运气学说在《疫病钩沉》一书中明确指出："像上半年那样的大规模流行不会再出现。下半年'完全不具备运气致疫条件'。"实际情况是下半年一个病例都没有，再次验证了运气理论的准确。

《疫病钩沉》问世以后，一些学术期刊纷纷刊出我从五运六气谈 SARS 的论文：《中国中医基础医学杂志》在 2003 年第 12 期发表我的"三年化疫说'非典'"一文，《中医药临床杂志》2004 年第 1 期发表了我的"内经运气学说与疫病预测"，《江西中医学院学报》2003 年第 3 期发表了我的"从 SARS 看五运六气与疫病的关系"，说明五运六气与 SARS 关系的讨论成为大家关心的话题。

预测课题敢担当，屡测屡验彰绝学

运用运气理论对 SARS 疫情的预测，引起了国家中医药管理局的重视。2004 年 3 月，国家中医药管理局启动"运用五运六气理论预测疫病流行的研究"特别专项课题，由我负责组建课题组，安徽中医学院、中国中医研究院基础理论研究所、中国科学技术大学、北京中医药大学、广州中医药大学、中国中医研究院附属广安门医院等单位的十多名专家参加了课题研究。

朋友劝告：疫病预测是世界性难题，五运六气又是争议较多的学说，准确与否立马要见分晓，风险极大，搞不好身败名裂！我觉得中医学中这样精华的内容，不把它弘扬光大，是愧对我们先祖的！因而毅然接受了这一任务。

2004 年 4 月，课题刚启动，考验就来了。安徽一位研究生从国家疾控中心实验室感染了病毒，在北京和安徽两地出现了 SARS 疫情，4 月 21 号疫情见报，22 号课题组接到通知要对疫情做分析预测。我们 24 号上报的预测报告中明确指出：目前发生的 SARS"只是散在发生而已，不必担心会有大流行"。

紧接着我们在 5 月中旬做出了对 2004 年下半年疫情的分析预测，认为 2004 年下半年"不具备发生大疫的运气条件，即使有人为输入性因素发生疫情，也不会引起大的蔓延"。

在2004年12月所做“对2005年疫情的五运六气分析报告”认为：2005年是疫情多发年，会有疫情出现；疫情规模一般，可无大碍；疫情规模虽不大，但“其病暴而死”，可能死亡率较高。三之气后需适当注意疟疾一类传染病；若气候“湿而热蒸”，需注意肠道传染病。验证结果是，卫生部发布的2005年7月份疫情报告：霍乱67例，较去年同期上升了2.5倍；流行性乙型脑炎1690例，较去年同期上升28.32%；并且还发生了猪链球菌病和人间皮肤炭疽暴发疫情，部分地区出现了少见的鼠间及人间鼠疫疫情。

2005年9月29日，世界卫生组织某负责人就人感染高致病性禽流感发出警告：“500万到1.5亿人将会丧生！”引起社会恐慌。我在11月12日做出书面预测报告：“今冬明春属疫情多发期，发生小疫情可能性极大，但不必担心有大疫情。至明年（2006年）二之气（3~5月）后可较乐观。”实际情况再次验证了五运六气的预测是准确的。

课题对2004~2006三年的疫情先后作了7次预测报告，结题时专家组验收意见：“所作数次预测与以后发生的实际情况基本一致，初步证明了五运六气学说在疫病预测方面具有一定准确性，为重新评价运气学说提供了重要依据。”“课题组在预测方法学上从多因子综合和动态变化的角度辩证地进行疫情分析预测，态度是科学的、客观的，方法是先进的。”

2008年要开奥运，世界卫生组织发出通知，要求各国必须做好应对新的一波大流感的准备。4月份国家有关部门向我咨询，我说：“奥运会期间无疫情，可放心开。”

因为有上述特别专项课题的预测成果，2008年启动国家科技特别专项课题时，“中医疫病预测预警方法研究”被列为国家“十一五”科技重大专项子课题，仍由我负责。

2009年3月5日，我在“十一五”重大专项课题启动会当天就上报了《2009年需加强对疫情的警惕》的预测预警报告，认为“2009年是疫病多发年”。3月24日提交第二次预测预警报告：“今年发生疫情的可能极大，规模可达中等。”报告分析了2009年疫情与2003年SARS的区别：“疫情的强度应比2003年轻，但在下半年还将延续。”3月下旬出现了较严重的手足口病疫情，有关方面发出警告，认为手足口病5~7月还将出现高峰。我们在4月13日上报的第三次预测预警报告中认为：“5月后手足口病可望缓解，不必担心5~7月会再出现高峰”，并在有关会议上提出，进入5月后，运气条件改变，手足口病消退，2009年的主疫情暴发。事实果如所测。

因为我们对甲流预测的准确，《中国中医药报》2009年12月21日用整版篇幅刊登了“顾植山与运气疫病预测”的专题报道。

有了“十一五”期间预测的成果，课题又滚动进入“十二五”国家科技重大专项课题。

2013年出现的H7N9疫情，4月2日首见报道，我们在4月4日的分析报告中判断：“当前出现的H7N9禽流感属于节段性运气失常。”“节段性运气失常引发的疫情多为小疫。因此，H7N9禽流感发展成SARS那样的大疫情可能性不大。风性的疫病一般来得快去得快，持续时间也不会太长。”（见《中国中医药报》4月8日第1版）4月中旬疫情最紧张时，我们又在4月17日做了进一步分析，指出：“5月5日是立夏节，立夏后的运气将有所转变，可期望出现疫情消退的转折点。”（见《中国中医药报》4月19日第4版）

2013年的H7N9疫情在5月上旬如期消退。2014年初，H7N9流感疫情再次发生，发病人数超过2013年。课题组1月9日所作“对当前疫情及中医药防治原则的几点看法”中，对疫情规模的判断维持了“小疫情”的预测意见。在2月10日所作“对2014年疫情的预测报告”中进一步判断：“甲午年的运气已经迁正行令”，春节后的寒潮“对H7N9疫情的消退则是有利变化，故预计H7N9疫情将趋缓”。以后的疫情变化再次得到应验。

从预测SARS到禽流感、手足口病、甲流、H7N9，可谓屡测屡验，显示了运气学说对疫病预测预警的意义和价值。

社会上对运气预测存在一极大误区：认为运气学说是仅仅根据天干地支的推算去预测的，有些人没有去观察和分析实际天气情况，仅仅摘用《黄帝内经》中的片言只语就去搞预测，自然经常会不符合，遭到怀疑和反对也就可以理解了。我们在课题研究和预测实践中不断总结五运六气理论应用于疫病预测的规律和方法，在2006年的《中华现代中医药杂志》上发表了“五运六气预测疫病的科学态度和方法讨论”，在《中国中医药报》和《中华临床医药杂志》上发表了“五运六气预测不是机械推算”等有关文章，帮助大家了解运气预测是怎么回事。

通过对SARS的预测，我们看到运气学说的意义，不仅表现在对疫病的预测上，更是中医分析疫病病机和制订治则不可或缺的重要依据。

SARS暴发之初，一些“指南”上讲的是“风温”“春温”，要求按卫气营血和三焦进行辨证施治。但临床看到的既不是风温、春温，也没有按卫气营血和三焦传变，病人的证候寒热错杂，燥湿相间，中医病机怎么分析？有主热毒的，有主寒湿的，一时间众说纷纭，莫衷一是。国家中医药管理局设立了接受献方办公室，收到全国各地献方上万首，但终无一适宜之方，难怪古人要发出“不懂五运六气，检遍方书何济”之叹！

从运气的角度分析，庚辰年刚柔失守产生的“燥”和“热”是伏气；癸未年的“寒”和“湿”则是时气，由疫毒时气引动伏气，燥、热郁于内，寒、湿淫于外，伏气和时气的交互作用，导致了SARS内燥外湿、内热外寒的病机证候特征。

古代医家认为：“凡病内无伏气，病必不重；重病皆新邪引发伏邪者也。”因此对SARS来说，伏燥伏热是主要病机，而寒和湿是当年时气所致，是次要病机。由于“伏燥”在现行教科书中全无论及，成了现代中医的盲区。我发掘了前人文献中有关伏燥的论述，在2005年的《中国中医基础医学杂志》上发表了“伏燥论——对SARS病机的五运六气分析”一文，又在《中华中医药杂志》上发表了“运气学说对中医药辨治SARS的启示”的文章，并作为第三届国际传统医药大会优秀论文在大会上做了宣讲。

“三年化疫”之论出于《素问》遗篇。对《素问》的两个遗篇，因有学者认为出自唐宋间人伪托而不与《黄帝内经》同等看待，《黄帝内经》的注本常舍此两篇不注；一些影响较大的研究五运六气的专著，如任应秋先生的《运气学说》、方药中先生的《黄帝内经素问运气七篇讲解》等也都不讲遗篇。我认为，运气七篇大论主要讲的是六十年运气的一般规律，以时气和常气为主；而两个遗篇重点讨论的是运气的不正常状态，两者结合，才是较完整的运气学说。研究疫病的发生规律及防治，更要重视《素问》遗篇中的有关论述。为纠正学界对《素问》遗篇的偏见，我在《中医文献杂志》2004年第1期上发表了“从SARS看素问遗篇对疫病发生规律的认识”，在《中医杂志》2004年第11期上发表了“重评黄帝内经素问遗篇”的文章。

2005年11月，我撰写了“让中医五运六气学说重放光芒”一文参加中华中医药学会在杭州举办的中医药学术发展大会，大会特邀我在会上做了专场演讲

（后发表在《浙江中医药大学学报》2006 年第 2 期）；2007 年 12 月又出席在北京人民大会堂举行的“第二届中医药发展论坛”以该题作专场演讲，论文获大会优秀论文一等奖。

在疫病的病因上，西医注重的是直接致病源，在 SARS 就是冠状病毒。但冠状病毒不是 2002 年才有的，为什么 2003 年 5 月下旬人们并没有把冠状病毒消灭掉病就没有了？现在病毒还在却不再发生疫情了？西医的病因理论无法解释。中医的理论是天、人、邪“三虚致疫”，比西医单一的致病微生物理论就要全面得多。“天虚”是五运六气出现了乖戾，是自然大环境出了问题。事实启示我们，人体的抗病能力、致病微生物的传染力和生物学特性，都受制于自然大环境的变化条件。中医天、人、邪“三虚致疫”学说，将是对西方医学流行性传染病病因学的必要补充和重大突破！在疫病的防治上，若仅仅盯住致病微生物，病毒会不断变异，新的致病微生物会不断产生，老是被动地跟在致病微生物后面跑，绝不是解决问题的好办法。若能充分运用五运六气的理论，把握疫病的发生发展规律，在与致病微生物的斗争中，就可以发挥中医治未病的优势，变被动为主动。

太极图重释阴阳五行，开阖枢演绎六经大义

1987 年在北京曾拜访著名中医学家方药中先生，方先生说：“五运六气是中医基本理论的基础和渊源！”此话对我影响很深。从方老这一观点出发，再去研读《黄帝内经》，就会发现《黄帝内经》中处处都是五运六气，五运六气思想还渗透到中医学理论的各个方面，《黄帝内经》的理论基本建立在五运六气基础之上，例如“五脏六腑”显然源于五运六气，“六经辨证”其实就是“六气辨证”，丢掉了五运六气，教科书中许多中医的基本概念都走样了。故需要用五运六气来重新认识中医基础理论的构架原理和起源问题。

我从龙砂医学传承的宋代理学的太极河洛思想入手，首先重新诠释了阴阳和五行的本义。研究发现，阴阳代表了气化运动的两种象态，即由衰到盛——阳象，由盛到衰——阴象；河图洛书是数字化的太极图。自然界的阴阳气不是静态的比对，而是具有盛衰变化的节律运动。古人将自然界阴阳气的盛衰变化理解为一种周期性的“离合”运动。《黄帝内经》中有《阴阳离合论》的专篇。气化

阴阳的离合过程形成开、阖、枢三种状态，阴阳各有开阖枢，就产生了三阴三阳六气。三阴三阳说是中医学对阴阳学说的一个非常重要的发挥和创新，是中医阴阳学说的精髓，指导中医辨证意义重大。

用三阴三阳六气思想来指导经方的应用是张仲景在理论上最大的贡献，抓住了三阴三阳，就能提纲挈领，执简驭繁。明代著名医家王肯堂晚年总结说："运气之说为审证之捷法，疗病之秘钥。"

《伤寒论》"六经欲解时"，即源于"开阖枢"的时间定位。三阴三阳的"开阖枢"时间定位，可以在临床应用上得到验证。例如，我发现根据"厥阴病欲解时"，不管什么病，凡症状主要出现在丑、寅、卯三时者，用厥阴病主方乌梅丸方治疗，每可获得奇效。现在这一治病思路得到了越来越多医生的采用（一些学术期刊和《中国中医药报》时有报道）。

辨三阴三阳六气是看动态、抓先机的思想。现代人把中医看病的思路归结为"辨证论治"四字，但《黄帝内经》中并没有这个词，《黄帝内经》反复强调的是"病机"问题！辨病机要求从五运六气时间的动态规律看问题，抓的是隐机、玄机、先机，而辨证主要是空间的、静态的、治已病的思维方式，病未发作时往往无证可辨，只能在已病后抓"后机"了。

对温病的卫气营血辨证与《伤寒论》的六经辨证，学术界颇多争议，其实叶天士在讲卫气营血时，依据的仍是阴阳开阖枢理论，从三阴三阳开阖枢的模式就可以把两者统一起来。

在近现代的中医研究中，开阖枢三阴三阳几乎是个盲区，中医教科书中的三阴三阳已不知所云，失去了其应有的地位。

五行是自然界"五常之形气"，把一年分作五个时段，就会依次出现木、火、土、金、水五大类自然气息。阴阳是事物变化的性态，开阖枢是动态，开阖枢"三生万物"，五行是万物的象态，三者构成一完整体系。把五行说成是"构成世界的五种基本物质"，当然就没有继承发扬的价值了。

阴阳五行首先是古代的自然科学模型，然后才有哲学层面的推演和说理。阴阳五行强调的是动态、时态。天人相应的关键是要把握天地阴阳动态节律中的盈虚损益关系。

中医的"藏象"讲的是天地自然五行之象在人体的表现，《黄帝内经》讲"各以其气命其藏"，自然界有五行之气，故人有"五脏"。现在将基于时间的藏象学说代之以基于空间解剖实体的脏腑器官，藏象理论的天人相应思想被严重曲解。

“天不足西北，地不满东南”和“七损八益”等都是对天地阴阳动态变化盈虚损益的描述。《素问·阴阳应象大论》提出调和阴阳的大法是“知七损八益，则二者可调”。“七损八益”是启示我们辨时机、抓先机、治未病的思想。由于摒弃了五运六气，这重要思想在现行教科书中成了“房中术”。

中医要发展，学术是根本。从运气学说入手，可澄清中医学术中大量历史“悬案”。不懂五运六气，就不会真正搞懂中医理论。近十年来，我致力于用五运六气思想对中医基本理论进行正本清源式的整理，发表了多篇论文，并做了较多宣传推广演讲，例如：

在2006年第8期的《中华中医药杂志》上发表了“从五运六气看六经辨证模式”。

在2006年7月21日的《中国中医药报》上发表了“黄帝内经‘七损八益’不是房中术”。

2009年9月在中国科协第36期香山科学会议上做了“需要用五运六气来重新认识中医基本理论的构架原理”的主题发言。

2009年6月27日在中国社会科学院召开的“中医影响世界论坛北京专题会议”，发表了“学术是根本，传统要继承”的专题演讲。

在2011年2月16日的《中国中医药报》上发表了“还中医药理论本来面目”的文章。

2012年6月19日，在中医影响世界论坛北大会议上做了“阴阳离合之道——中医阴阳学说中一个被忽视的基本原理”的主题发言。

2012年7月8日，应邀在人民大学召开的中医临床疗效评价学术研讨会上做“评价中医临床疗效如何体现中医特色优势的几点思考”的专场学术报告。

2013年8月6日，应邀在福州召开的“全国第十三次《内经》学术研讨会（《内经》高层论坛）”上做“三阴三阳开阖枢——《黄帝内经》研究中的一大盲区”的专题报告等。

研究发现，中医学术流派的产生与不同历史时期五运六气的不同有很大关系。2013年10月10日，我在中华中医药学会主办的全国第五次中医学术流派交流会上发表了“中医学术流派与五运六气”的学术报告，就这一问题做了阐述。

已故中医名家邹云翔先生说："不讲五运六气学说，就是不了解中医学。"五运六气理论的存废，关系到对整个中医理论的阐述和评价，已不容回避。丢掉了五运六气，中医学术失去了最核心的基础，现行中医教材与以《黄帝内经》为代表的传统中医思想已有很大差距。

记得有一年在上海拜访裘沛然先生，裘老讲到现在的中医院校培养不出好中医的问题时说：不能怪学生没学好，是老师没教好；但老师教学都很努力，老师都是按教材讲的，所以也不能怪老师教不好，是教材没编好。

中医要发展，教育是基础；教育要发展，教材是根本！始编于20世纪50年代的教材，为中医的生存和中医院校的兴办建立了历史功绩，其中的良苦用心也令人唏嘘。现在更新中医教材到了历史性的关键时刻！

我应《健康报》约稿，在2012年2月8日的《健康报》上发表了"中医教材需要更新"一文；又在《中医药管理杂志》2013年第1期上发表了"中医要发展，教材是根本"一文，呼吁教材改革。这一呼吁已引起国家有关部门领导的重视。

推广龙砂学术特色，培育流派传承人才

太极河洛思想和五运六气学说为宋代两大显学，张仲景的伤寒学也于北宋时期成为医家经典。宋代的这些学术精华经过作为东南宗师的陆文圭的传承阐扬，在龙砂地区得到很好的继承、发扬。重视五运六气，运用开阖枢三阴三阳理论指导运用经方，擅用膏方治未病，成为龙砂医学流派的三大主要特色；而这三大特色，恰恰都是目前中医学传承中濒临亡佚的薄弱环节。

2006年我从安徽中医学院教学岗位上退休，缘我是江阴致和堂创始人柳宝诒四传弟子的关系，江阴市政府于2007年成立了"致和堂中医药研究所"，邀请我回家乡担任研究所所长。针对龙砂医学的三大特色，研究所设立五运六气、经方和膏方三个研究室。

2007年，研究所首先在江阴市科技局申请了"致和堂膏滋药制作工艺研究"的科研课题，对柳宝诒的膏滋药制作工艺进行了发掘整理。2009年致和堂膏滋药制作技艺成为江苏省非物质文化遗产，我个人获"2007年度江阴市科协创新

人才一等奖”。2011 年，致和堂膏滋药制作技艺成为国家级非物质文化遗产。

陆文圭传承的两宋太极河洛思想，为明清肾命学说的嚆矢，龙砂文化影响苏南广大地区，在此文化基础上产生了冬令服膏滋药的江南民俗，龙砂膏方体现了传统膏方养生治未病的内涵。

近年来，膏方市场空前繁荣，原流传在江浙民间的膏方正在迅速向全国推广，但各地对江浙膏滋民俗产生的文化背景和理论并不清楚，大多将治已病的膏剂混同于治未病的养生膏滋。为了推广和普及膏方知识，2009 年 10 月，中华中医药学会“全国首届膏方应用与制作培训班”和“全国首届膏方学术研讨会”由江阴致和堂中医药研究所承办，我在培训班上做了“膏滋方理论考源”的专题报告（该文发表于《中国中医药报》2009 年 11 月 6 日和《中医药文化杂志》2009 年第 6 期）。以后我们每年都要举办 1～2 次国家级的膏方培训继教班，“龙砂膏方”已在全国多个省市推广。2009 年我们在江阴市科技局立项的“膏方理论与临床应用研究”课题，于 2012 年获江阴市科学技术进步奖。

在五运六气的研究方面：2008 年 4 月参加国家中医药管理局“中医药应对突发公共卫生事件工作座谈会”，在会上我做了“中医五运六气理论对疫病发生的相关性研究”的专题汇报演讲；2008 年 9 月承办了由中华中医药学会主办的国家级继续教育项目“中医五运六气研讨班”和“全国五运六气学术研讨会”，同时，我也是研讨班和研讨会的主讲人；2008 年底，由我所牵头的“中医疫病预测预警方法研究”列入国家“十一五”科技重大专项。其后每年都要举办 1～2 次以五运六气为主题的国家继教培训班。

我们在承担国家科技重大专项课题时，与中国科学技术大学从事科学史、统计学、计算机等方面的专家共同组成课题组，进行多学科合作研究；2010 年后，我们加强了与科技各界的交流合作，例如在 2010 年 6 月专程访问了华南师范大学光子中医学实验室；2010 年 11 月访问了长江水利委员会水文局，后与水文局有关专家就疫病与灾害预测的相关性及水文资料在五运六气研究中的应用等问题多次进行了讨论；2011 年 3 月参加北师大与美国科罗拉多大学联合举办的“人类健康与环境”国际会议，我在会上做了“中医五运六气理论对气候变化与疫病发生规律的认识”的主题演讲；应邀在中国科学院大气光子研究中心做“中医学对自然变化周期性规律的认识”的专场学术报告等。

对龙砂医学流派的发掘整理和传承推广：江阴市科技局 2008 年立项资助

"龙砂医学的发掘与研究"课题，2011 年通过结题验收。随后，我们在 2011 年 10 月的《中国中医药报》上连载了"江南杏林一奇葩——龙砂医学说概"的文章，系统介绍了龙砂医学流派的源流和学术特色，使这一濒临湮没的重要学术流派重见光明。2012 年，国家中医药管理局启动对中医学术流派传承工作室建设项目，龙砂医学流派率先成为建设项目的试点，随后又成为首批立项的全国 64 家流派之一。乘流派传承项目的东风，我们在 2012 年 8 月举办了首届"龙砂医学国际论坛"；后来每年举办一次，2015 年 8 月将举办第四届。2013 年无锡市编办批准正式成立了无锡市龙砂医学流派研究所，特聘我担任所长。无锡中医院 29 名医师踊跃报名争当龙砂流派后备传承人，通过考试首批遴选了 12 人，2015 年将遴选第二批。流派建设推进了整个地区中医药的发展。2013 年在广州召开的学术流派传承工作会议，我作为龙砂医学流派的代表性传承人暨传承工作室建设项目的负责人，做了题为"流派传承显生机"的试点工作经验介绍，为全国的中医学术流派传承工作起了示范作用。2013 年 10 月，我们承办了中华中医药学会"全国第五次中医学术流派交流会"，全国主要中医流派汇聚江阴，共商流派传承大计。

国家支持中医学术流派传承的目的，除了避免失传外，更重要的是要做好推广发扬。"一花独放不是春"，遍地开花才能催生流派传承的繁荣春天！

我的宗旨不是为流派而流派，流派传承的最终目的是要让一个流派的"独家秘术"成为大家都能共享的知识和技术，这个流派就完成了历史使命。所以我们要努力做好传承推广工作，争取成为最早"消灭"掉的流派！我们对前来拜师学习的弟子倾心传授，毫不保留，一视同仁，所以传承弟子每次跟师抄方，都会有新的收获，业务上进步都很快。进行试点时，我们与广东省中医院和山东省临沂市人民医院建立了合作共建关系，试点一年多的实践证明，流派传承工作使合作共建单位的中医状况发生了很大改变，如临沂市人民医院产生了"一石激起千层浪"的效应，龙砂特色门诊的临床疗效得到很大提高，拜师龙砂的弟子很快从一个普通医生成长为市名中医，ICU 的危重病人请中医会诊已形成常态，而且还促使该院的西医掀起了学习中医的热潮。我们在该院举办国家继教项目"中医五运六气临床应用培训班"时，有超过 100 位西医到场听课；目前已有 7 名西医的主任医师拜师学习龙砂医学流派，小儿外科主任刘宇在《中国中医药报》上发表了"一名西医对五运六气的认识和应用"的文章，有望形成中西医结合的新模式。现山东省卫生计生委已在全省推广临沂经验，2015 年 4 月 2 日在临沂召开了山东省“全省综合医院和妇幼保健机构中医药工作现场推进会”。

目前，我们已新增无锡市中医医院、山东烟台毓璜顶医院、江阴市中医院等单位为合作共建推广单位。全国各地前来拜师者踊跃，现在拜师的龙砂弟子已超过 100 人，分布全国 12 个省市，其中正高职称的占了 40%。

为了让更多的人尽快了解到龙砂医学流派濒临亡佚的学术，这几年在全国各地作了一百多场次的宣讲；除每年多次的全国性和国际性学术会议、国家级继教项目外，还包括人事部“中医骨干人才能力建设培训班”，国家中医药管理局第二批、第三批全国优秀中医临床人才研修培训班，国家中医药管理局传染病专项临床人才研修班，上海市“海上名医传承高级研修班”等培养高级中医人才的讲座，并应邀在中国中医科学院基础理论研究所、中国科学技术大学、上海中医药大学、南京中医药大学、福建中医药大学、辽宁中医药大学、黑龙江中医药大学、长春中医药大学等研究机构和高校做专题学术报告。

“钥匙”明灯照方向，《内经》医魂是根本

习近平在澳大利亚皇家墨尔本理工大学“中医孔子学院”授牌仪式上说：“中医药学凝聚着深邃的哲学智慧和中华民族几千年的健康养生理念及其实践经验，是中国古代科学的瑰宝，也是打开中华文明宝库的钥匙。”

习总书记的讲话给了我很大的震撼和启发。过去只是讲伟大宝库的重要组成部分，是伟大宝库中的一颗明珠，“钥匙”论较之“重要组成部分”的提法显然又上升了一个层次。

自古以来，我们一直自称“炎黄子孙”，常说“上下五千年”，习主席也几次提到五千年文明。古代文献中讲伏羲画八卦，伏羲比黄帝早得多，古人为什么不自称“伏羲子孙”？为什么不把文明的起源定于伏羲或者更早而要定在黄帝时代？中华文化丰富多彩，四书五经、诸子百家，为什么看上中医药学能成为“钥匙”呢？

在“钥匙”论这盏明灯的指引下，我对我国的文化史和医学史重新进行了系统学习和思考研究。

终于明白了五千年是中华民族的文明史。伏羲时代的代表性文化符号是八卦，“太极生两仪，两仪生四象，四象生八卦”，这种二分制推衍模式，虽已表达了阴阳的概念，但还不足以成为文明成熟的标志。黄帝时代的文化特征是什么?《史记·历书》说：“盖黄帝考定星历，建立五行”，阴阳学说上升到了五行的层面。在阴阳五行的基础上，才可能有“大桡作甲子”“容成造历”等划时代的文化标志出现，中华民族才进入成熟的文明时代。“炎黄子孙”的提法，反映了古人在这一方面的共识。中华民族的第一次文化高峰应该是在黄帝时代而不是有些人讲的春秋战国时期。

终于明白了阴阳五行在夏代以前已成为全社会的重要准则，绝不是某些国学权威所讲是春秋战国时期才形成的思想。中医学最重要的经典是《黄帝内经》,《黄帝内经》最核心的思想是阴阳五行。所以中医学是植根于黄帝文化的医学，相比之下，道家和儒家是春秋时期才出现的思想，都只有两千多年的历史，故在传统国学中，只有《黄帝内经》最能代表中华文明的源头——黄帝时代的文化，而且《黄帝内经》整合了太极阴阳、开阖枢三生万物和五行学说三大基本理论，反映中华文化原创思维的系统最为完整；《黄帝内经》从阴阳五行模式推衍总结出来的五运六气、藏象经络等学说，在传统文化中已达最高学术层次；《黄帝内经》探讨的是天人相应的科学道理，是古代的科学瑰宝，受后世封建迷信等思想的掺杂最少，保持了中华传统文化的纯净内涵。

终于明白了“钥匙”说的深刻伟大和重要意义！如何看待中医药文化在中国传统文化中的地位，不但关系到中医药传承发展的大方向和根本原则，更关系到弘扬中华优秀文化的大局！

习总书记在全国宣传思想工作会议上强调，要“讲清楚中华文化积淀着中华民族最深沉的精神追求”“讲清楚中华优秀传统文化是中华民族的突出优势，是我们最深厚的文化软实力”。

能成为“打开中华文明宝库的钥匙”，绝对不是只从临床技术和疗效的角度上讲的，需要我们讲清楚中医药文化的精神追求和突出优势。有了“钥匙”论这盏明灯，再读《黄帝内经》感觉就完全不一样了，随处可见中华医学的特色优势，处处都是中华文明的奇珍异宝！

现在的教科书把《黄帝内经》讲成是战国至秦汉时期的著作，他们研究中医文化时，经常会讲《黄帝内经》的思想来源于春秋战国时期的诸子百家，其实《黄帝内经》是西汉刘向等汇编“周、秦间人传述旧闻”的著作，它的命名，是编者认为该书“言阴阳五行，以为黄帝之道也”。现在有些人仅依据传世本《黄帝内经》载体的时代特征去判定该书的成书时间，对于流传久远的古籍来说，文献载体的时代特征，不能代表该文献中学术思想的形成时间，这应该是文献学的一个常识。考察《黄帝内经》学术思想的产生时代，内证比载体更为可靠，例如《黄帝内经》中讲“九星悬朗”是指北斗九星，但中原地区人在3600年前才有可能看到北斗九星；运气理论中冬至点定在二十八宿的“虚”位，那是4000年前的天象等。看不到《黄帝内经》的理论基础是黄帝时代的文化模式，就难以理解中医药学可以成为打开中华文明宝库钥匙的英明论断！中医学与中国的道学、儒家思想是同源异流的关系，由于《黄帝内经》的基本思想直接植根于黄帝时代的文化，保留了许多其他文献中见不到的内容，《黄帝内经》可以给国学其他方面的研究填补一些缺失，提供一些新的视角。通过对《黄帝内经》文化源头的疏理和阐述，有助于恢复和弘扬被湮没和已被曲解的古代文化的原貌，从而对中华文明的历史做出新的评估。中国医药学的悠久历史必须重新认识，中医基本理论需要彻底改写！

现在通行的中医药理论模式要“重铸中华医魂”，是感到现在的中医学术已失“魂”落“魄”！中医之“魂”首先是中华文化之魂！中医药理论植根于中华民族传统文化的土壤之中，凝聚着中华优秀文化的精髓。中华文化的源头是太极河洛，是阴阳五行。太极河洛是古人对自然变化规律的基本认识，阴阳五行是时间的动态模型，这些都是中医思想的灵魂。丢掉了五运六气，模糊了三阴三阳，据西医的解剖生理学来研究藏象，用有效成分分析方药，在西医的辨病之下搞辨证，以证明部分内容能合乎西医原理而沾沾自喜，诊脉成了做做样子，“天人相应”徒留空名……诸如此类的问题不胜枚举！中医当然就“失魂落魄”了！

基于这一认识，我在2013年7月18日的《中国中医药报》上发表了“找回中医思想的魂”；2013年9月11日的《中国中医药报》又用整版篇幅发表了我“中医之魂在《黄帝内经》中”一文；2013年12月24日我在世界中医药学会联合会与中国中医科学院联合举办的“世中联中医药传统知识保护研究专业委员会成立大会暨中国中医科学院第二届中医药文化论坛”会上做了“《黄帝内经》的文化定位思考——学习中医药学是‘打开中华文明宝库的钥匙’”的专题报告，呼吁中医界要高度重视“钥匙”论的重要意义，重新认识中医药文化的科学内涵，真正担当起打开中华文明宝库钥匙的历史重任！

随着年岁日增，精力日衰，深感传承龙砂学术，弘扬中医药文化的责任性和紧迫性，但愿在有生之年还能为中医药复兴的伟大事业再添瓦加砖，尽一点个人绵薄之力。“知我者谓我心忧，不知我者谓我何求。悠悠苍天！此何人哉?”（《诗经·王风·黍离》）

附图：

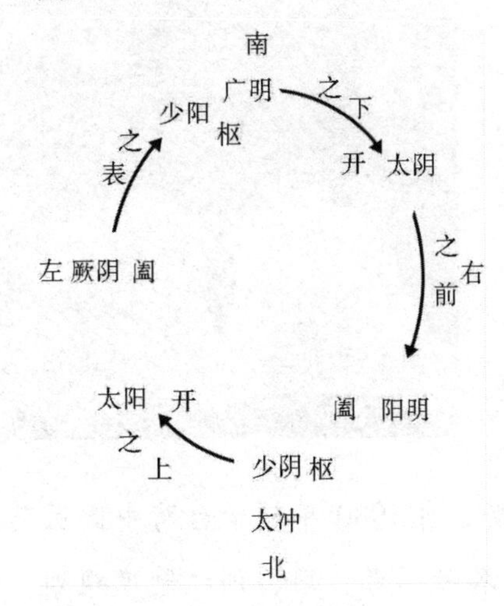

图1　三阴三阳开阖枢图

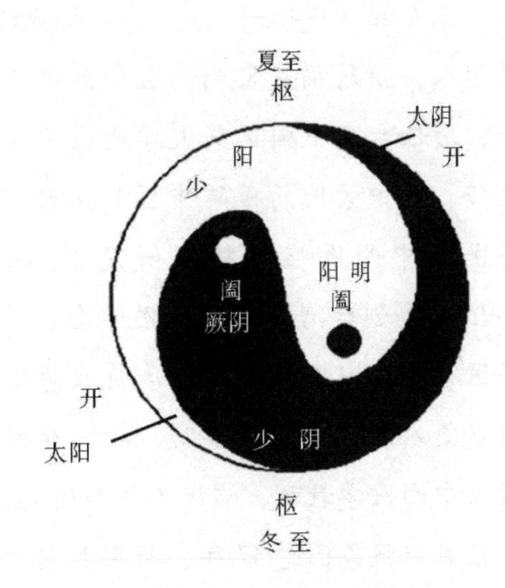

图2　三阴三阳太极时相图

（陶国水协助整理）

王人澍

王人澍（1946— ），男，台湾彰化县鹿港镇人，祖籍福建泉州。台中慈济医院副院长，历任台湾中国医药大学附设医院中医部主任、台中荣民总医院中医科主任、台中慈济医院中西医临床整合研究中心执行长，1993年筹创台湾中西整合医学会，曾担任多届医策会、中医药委员会委员及考选典试委员召集人。临床经验丰富，从学生时期至今投入中西医学教育、临床工作与研究未曾间断。自1980年起于台湾中国医药大学任教职服务已逾37年，长期参与台湾中医各教、考、用、训之制度规划，对提升中医界整体教育及医疗质量不遗余力，致力于医学临床教育，其丰厚学养及丰富的临床经验培育了更多的优秀人才。《三焦新论》《辨证论治的科学原理》等，发表于不同的报纸、杂志，与中医学界分享共勉。其三焦实质之研究，主要采取应用器官生理学之体用关系，认为“脑干与脊髓为三焦之体、三焦为脊髓脑干之用”，研究结论备受台湾中医学界之肯定，多年来已被采用为台湾中国医药大学与慈济大学中医基础医学三焦器官生理之教材。王教授是位学而不倦、教而不厌的师者，临床病患求诊络绎不绝，且以重症与难治之病患居多，如肿瘤与免疫疾病等，他与张东迪主任曾于2009年治疗一例已为植物人之病患，最后苏醒，其仁心仁术颇受广大民众爱戴，也获得台湾医师之普遍尊敬。

余1966年考进台湾中国医药大学中医学系，当一名同时接受中西医学双轨教育8年制的医学生，1974年毕业后，分别考取中西医双执照，毕业后前7年在台北担任一般外科医师工作，1980年回母校刚创设的附设医院中医部服务，以后的36年，不停息地从事以中医为主、中西医结合的临床、教学与研究工作，同时担任台湾中国医药大学研究所、大学部及慈济大学中医系的教学与临床工作。

中医的科学化与中西医的整合，一直是台湾中国医药大学创校先贤所提出的教育宗旨，也一直是大部分中医学系学生与系友们所需承担的使命。我大学求学时代跟随当代名师马光亚教授学习辨证论治、杨向辉教授学习《伤寒论》《金匮要略》、王逸之教授学习《医宗金鉴》及典籍训诂之学、吴国定教授学习《内经》、黄维三教授学习针灸与《难经》、于立忠教授学习现代化内科学，同时完成规定的西医课程学分。在这漫长岁月里逐渐孕育出个人系统性的中西医整合理念，了解中西医两种医学在各自发展的潮流中有相互融合的必然趋势。我的医学生涯可归纳如下：

一、1993 年担任台湾中国医药大学中医系系友会会长，召集成立台湾中西整合医学会

20 多年来，中西整合医学会推动发展的工作重点有三个方面：一是大陆与台湾中西医结合的学术发展与交流，通过两岸学术交流以及采用大陆期刊论文与系统性的教材，让台湾的中医医学教育得以稳定发展并具有特色。二是中西整合医学会已发展出中西医整合消化学会、中西医整合癌症学会，中西医界的医师皆可参与会员，未来将陆续发展其他专科学会。三是中西整合医学会的医学杂志 1999 年 5 月发刊至今，杂志的学术论文内容包括传统中医、中医现代化和中西医结合的各项模式，发行 17 卷，已成为台湾中医学术界的热门投稿刊物，并取得医策会认证。

二、完成三焦实质之现代化研究

1995 年完成三焦实质之现代化研究，提出脑干脊椎为三焦之体、三焦为脑干脊髓之用的观点，已纳入台湾中医基础医学三焦教材。

历代医家对三焦生理器官之有形无形及其实质之探讨，已争议 2000 年，成为中医解剖生理学上亟待解决的问题。从学术上而言，三焦理论悬而未决，深深影响着中医解剖生理学的整体性，也使课堂教学与教材编写十分为难。

自 2003 年，我重新全盘检讨并比较中西医的源流理论，确定采取“器官生理学的体用关系”为研究依据，归纳出中西医器官生理学整合的四个要项，成

为王氏中西医器官生理学归纳法。进行整合中西器官生理学之目的，乃应用现代医学阐明中医藏象泛生理系统之科学性。

为此，我采取现代医学的器官与生理的体用关系为标准架构，将中医器官生理学进行四个重要的调整，两者在采取同一架构下进行对照，调整方式如下：①将被古代中医归为“奇恒之府”的“脑”，提升回归其主控生命的中枢层级。②体腔内的“脏腑”纯为内脏器官，不再兼具有脑的功能。③让在中医生理解剖学上似乎毫无功能的“脊髓”回归担任“脑与内脏”及“脑与肢体”，即“中枢”与“周边器官组织”两者之间功能互动的传导及主控器官。④所有脏腑生理学包括经络均应合乎现代医学器官与生理的体用及临床病理证候的对应关系。

然后，从中西医学探讨《内经》《难经》《中藏经》三焦实质，归纳重点为：①确定三焦腑为有名有形之器官。②原气在脑而不在两肾之间。③三焦为元气之别使，主诸气，主通行三气，经历于五脏六腑，对应为脑干与脊髓。历代三焦病证皆非三焦本病。

根据以上研究，写成《三焦新论》一书，2003 年于台湾中国医药大学中医研究所初版。该书内容主要阐述以下观点：

1. 历代归纳三焦病并非三焦本体之病。上焦的咳、噫、呕、气逆、腠理闭塞、玄腑不通，中焦的胀，下焦的腹泻、遗溺、癃，依临床证候学皆是自律神经反应内脏神经疾病讯息所形成的脊椎神经证候。

2. 上焦应包括头面五官（不含脑部），下焦应纳入生殖系统。

3. 理解阴阳五行哲学框架下的中医器官生理学的缺漏。谨守“体用关系”，提出中医器官生理学现代化研究方法的原则。揭示《难经》经文蕴藏有三焦生理器官对应为脊髓与脑干的线索与解答。

4. 提出“原气之舍”在脑而不在两肾之间的立论，架构“原气之别使”三焦为脑干与脊髓的合理性，生命主控器官应从“肾”移于“脑”。

5. 回归现代器官生理，三焦主诸气的阐释，并依脊髓脑干生理学，扩大上焦应包括头面部与下焦应包括生殖系统之生理及病理范围。对“孤腑”“有名而无形”的理解，与“有名有形”的阐释。“脑干与脊髓”两者合一之器官生理使三焦的阐释更为完备。三焦主经络之气，内属脏腑之经络，对应为自律神经，外络肢节之经络，对应为肢体神经。

6. 回归脑为中枢，脑干脊髓为三焦，当体内第三循环系统未被确认前，依器官与生理的体用关系，“经络即为神经”应可客观地被学界充分考虑与采纳。

三、慈济医疗志业体的医疗人文与中西医临床整合研究中心的推展

协助在台湾东部花莲慈济大学设置台湾第四个中医学系。规划台湾民间草药课程纳入慈济大学中医系的特色课程。慈济大学药用植物园以心、肝、脾、肺、肾及临床应用规划药园区。结合学术与民间专家推广台湾药用植物并举办学术研讨会，培养年轻医师的临床素养。大医精诚，慈济医院有常态性偏远地区高山部落巡回医疗与冬令物资发放。

2012 年成立中西医临床整合研中心，推动中西医部科专科的医师培训与临床门会诊的合作与研究。

四、教学与教育模式

我本人担任研究所的辨证论治专论与大学部中医儿科学课程。以清代吴谦的《医宗金鉴》为蓝本，内容包括《幼科杂病心法要诀》与《痘疹心法要诀》，以中医传统医学为本，西医学部分则加入病因病机学及病理微观病证学，科学不离传统，在台湾中国医药大学与花莲慈济大学，此教学模式受到学生的普遍肯定，并编成儿科公共版教材。陆续联合台湾中医学界儿科教师编写较整体的中医儿科教材，希望能与大陆儿科名师朱锦善教授进行两岸教科书的合作，加深儿科教材的内容。

五、癌症临床的个人中西合治模式

癌症居台湾死亡率之首，就诊人数约占个人门诊的1/6，近10年来有逐渐增加的趋势，病人绝大多数以中西医会诊为主。中西医结合治疗可以减少病人痛苦，增加治疗效果及存活率。随机接受病人任何时段门会诊之临床医疗，包括西医术前术后、化疗前后、放疗前后之配合或单独中医治疗。

我治疗肿瘤之临床思维是病因、病理、病机与辨证论治属于必须考虑的治疗依据。实体块状性癌症处方中常使用昆虫药物，如蟾蜍、蜈蚣，配合金银花、蒲公英、皂角刺等。

癌症愈后评估：扶正祛邪，充分了解西医的治疗方法及用药，进行归纳阶

段性的证型与微观的病理变化，得出临床的论治处方。细菌性或病毒性诱发的淋巴肿瘤以养阴清热解毒为主，药用如板蓝根、蒲公英等。消化道肿瘤，如肝癌，则赞成先栓塞后中医疗法。大肠癌术后考虑大肠湿热菌丛环境，以黄芩汤配合白花蛇舌草、半枝莲，并芳香整肠健脾。鼻咽癌偏病毒性感染居多，药物则考虑台湾民间药物，如白尾蜈蚣、石上柏、白鹤灵芝。电疗产生软组织灼伤热痛及纤维化，电疗前先服用养阴清热药，如麦冬、天花粉、仙人掌、芦荟等。其他癌症治疗大部分采用中西医合治，当病人拒绝手术、化疗、电疗，则采取另类多元性治疗，如葛森疗法、酵素疗法。我长年来有整理医案的习惯，肿瘤医案为其中一部分。

肿瘤的辅助疗法医案举例。体重不足，无法接受手术者，用激肠三疗法。术后大肠麻痹者采取针灸与脚底按摩。以养阴凉血，清热解毒治疗恶性后咽肿瘤末期放疗后血流不止。与癌共存的临床思维、治疗模式与医案推演。腹部间质恶性肿瘤合并肾盂水肿以台湾草药合并养阴清热，解毒化瘀之剂，药物如绿苋草等。会诊医案：多发性恶性骨髓瘤中西医结合治疗。疱疹病毒感染后诱发恶性淋巴肿大以中医清热解毒剂治疗。病理第四级前列腺癌合并骨转移的多元性治疗等。

六、辨证论治的科学原理思维

辨证论治的科学原理已成为我教学的主要参考模式。辨证论治的整合现代医学微观辨证，以气喘为例：

1. 肺经火郁

肺经火郁的临床组织病理症状：气管黏膜表面持续性慢性的炎症。哮喘儿的呼吸道包括鼻、咽、气管的黏膜，长时间暴露于过敏原的环境里，黏膜常呈现无临床症状的红肿发炎现象，称为肺经火郁。

2. 肺经火盛

肺经火盛的组织细胞炎症症状：肥大细胞分泌 IL－4、IL－5、PAF、LTC4 引起炎症细胞分泌细胞毒性物质，造成黏膜红肿，持续发炎。嗜酸性粒细胞会释出 ECP、EPO、EDN、MBP，具强烈组织毒性，造成较强烈的发炎反应，出现黏膜红肿等症状，临床表现如胸闷、咽干、燥咳等。

3. 木气郁而化火

木气郁而化火是临床气管黏膜神经的过敏症状：黏膜发炎引起神经反应敏

感度增加，容易被各种诱因激发，胸闷、咳嗽气喘，其他症状尚有肺寒喘咳、气虚喘咳、阳虚喘咳、阴虚喘咳、肾虚喘咳，各有不同诱发的原因及治法。

小结：循证立方，活病活治。

4. 方药的基础医学研究

圣肺愈喘汤对小鼠急慢性肺损伤模型之免疫调节研究，研究重点采取整合中西医学，以科学研究实验证实中医辨证有效处方之科学性。

（1）抑制急性肺损伤过敏性发炎。通过中性粒细胞与巨噬细胞的浸润数量降低，改善老鼠肺脏急性发炎、水肿现象。其机转为抑制了化学趋化因子MCP－1和TNF－α的基因表现，提升抗炎细胞激素，包括IL－4、IL－10。其抑制可能与导致肺泡上皮细胞凋亡的TNF－α、ROS和NO有关。

（2）通过修复损伤组织慢性过敏性气喘的动物模型研究，降低Der p（萃取家尘螨抗原）所导致的呼吸道阻力与呼吸道重塑现象，可以抑制Der p刺激的呼吸道召集炎细胞和嗜酸性粒细胞的浸润。呼吸道重塑的改善与圣肺愈喘汤抑制了肺组织中TGF－β1和collagen分泌量有关。降低小鼠血清中Der p特异性IgE和IgG1浓度。

（3）结论。圣肺愈喘汤的研究结论：除了能够抑制急性肺损伤过敏性发炎外，同时能修复损伤组织，达到治疗气喘的效果。若兼有临床的其他证型，增减其方剂内容，临床疗效必然倍增。

此研究发表了SCI论文，第一作者林佳宏，处方原创者王人澍，指导教授高尚德。

七、论文撰写

本人学习与工作期间，发表了数十篇论文。其中，《脊髓为体三焦为用》一文发表后，在海峡两岸登载分享，台湾中国医药大学林昭庚教授及中国中医科学院李经纬教授认为，可以被采纳成为中医基础医学的教材，结束2000年来三焦器官生理学的争议，留待中医贤者匡正指教。

八、致谢

余从小在台湾成长，知道七代祖先来自福建泉州，成长过程所学包括地理、历史、伦理、道统及人文、医学，授业师长均来自大陆。

及长，接受中医教育，以修习中医为毕生志业，中医学溯至《内》《难》，下至《医宗金鉴》，窥见中华民族五千年医学的博大精深，当千年中医学会合百年现代医学，西方医学成为传统医学具有科学性的佐证。

感谢大陆中医儿科名师朱锦善教授来台湾讲学之际，邀约末学为《名老中医之路续编》撰稿，撰写个人学医历程。医学无涯，不端自陋，感恩朱教授之引见，有此机会与中医前贤分享个人在台湾的医学之路。

阎艳丽

阎艳丽（1946— ），女，河北省平山县西柏坡村人，1970 年毕业于天津中医学院（现天津中医药大学），大学本科学历。河北中医学院（现河北中医药大学）教授，主任中医师，硕士研究生导师，河北省第二、四批老中医药专家学术经验继承工作指导老师，全国第六批老中医药专家学术经验继承工作指导老师。河北省高等学校中医药教学名师。临床主要从事中医内科、儿科疾病诊治，擅长治疗病种主要有肝病、脾胃病、咳喘病、心血管病、亚健康及某些血液病。发表论文 56 篇，主编、参编出版《中医痛证诊疗大全》《伤寒论讲解》《伤寒论研究》《运气学说研究与考察》《河北历代名医学术思想研究》《中国中成药优选》等学术著作。获厅级科技成果奖励 8 项（包括一等奖 4 项），其中“心肌康的临床应用及实验研究”“小儿难治性肾病中西医结合治疗研究”获河北省科技进步三等奖，均为第一主研人。

一、酷爱中医，涉入学海

我对中医学深情厚谊的初始原因有二：第一是家庭的熏陶。外祖父是家乡远近闻名的中医，他医术精湛，医德高尚，性格谦和，平易近人，深受患者的爱戴和尊重，他穷毕生精力研读《内经》《神农本草经》《伤寒论》《金匮要略》等经典医籍，在继承中医理论的基础上，融会百家，着重创新，治疗方法丰富，形成了自己独特的医疗风格。印象中他处方遣药药味少、疗效好。我在孩童时期看到他开方常写的柴胡、白芍竟成了永久的记忆。第二是慈父的病故。父亲才华横溢，擅长书法篆刻。早年参加革命，环境艰苦，积劳成疾，患上了严重的肺心病，在我 14 岁时他因病情恶化离世。我在极大的悲痛中产生了学医的志向，“将来一定要治病救人”的决心深深扎根在我幼小的心灵中。

1965年我报考大学时填报了中医院校的志愿。当我接到天津中医学院录取通知书时，激动万分，彻夜不寐。迈进大学后，我刻苦努力，参加工作后，我更加勤奋，注重专业的学习，虚心求教，认真读书，不断进取的表现感动着同事和家人。我珍惜每次进修学习机会，优异的成绩获得老师和同道的称赞。特别是1982年我有幸作为河北省唯一正式学员到中国中医研究院研究生部全国中医研究班学习2年，各科成绩均名列前茅。学习期间，我目睹了研究生部老师们勤奋治学的氛围，聆听了全国多位中医名家的传道、授业、解惑，大开眼界，他们崇高的医德修养、丰富的学识、对中医经典的通晓、医术的高超，使我深感震撼，对名医前辈的敬重，油然而生，自此更感到我们晚辈肩负着继承发扬中医学的重任，决不负老师的厚望，为中医药学奋斗永远在路上。这次学习不仅夯实了自己的中医理论和对经典的掌握，而且临床水平显著提高，受益终生。

二、教学临证，相互促进

我的工作历程主要包括临床、教学两方面，临床至今47年，执教于中医高校38年。我深感作为出色的中医教师必须具备广博的中医理论，丰富的临床经验，精湛的医疗技能，非如此不能将课讲得深、透、活，中医教师必须具备扎实的临床功力。几十年来，我执教的同时，坚持临床，从不间断，积累经验，充实教学，而教学中一次次深化的理论又指导着临床，可谓教学、临床相得益彰。

教学注重培养学生为中医药事业奋斗的志向，“教师责任大，教学无小事”是我的精神支柱。执教以来，以“课上一分钟，课下千日功”鞭策自己，付出大量精力锤炼自己，课堂教学充满激情，让学生从抑扬顿挫的声调、滔滔不绝的语言、神采飞扬的神情中看到我对事业的热爱、扎实的专业功底、对专业的执着追求、为事业献身的精神，使学生对所学课程产生浓厚的兴趣，对将来充满无限的憧憬和向往，学习动力自然被激发出来，让自己的言谈举止，对学生产生强大的感染力。本人在长期的《伤寒论》教学中讲究教法，善用启发式，既授人以鱼，更教人以渔，融知识性、趣味性于一体，理论联系实践罕譬而喻，恰当举出切身临床诊治的生动病案，这样做，学生领悟快，兴趣浓厚，印象深刻，并感到了经典在临床中的魅力。多年来，我已形成了个人独特的教学风格，受到同行和学生的一致好评。面对全院学生包括不同层次的班级连续开设选修课“经典与临床”，本人从《伤寒论》《金匮要略》中精选部分方证予以介绍。突出原著到临床应用的系统性，使学生感悟经典是临床的根基，学好经典是继承中医药所需要的。在卫生厅历次中医临床技术骨干、河北省杏林工程、西学中及河北省中医院经典培训班人员中讲授《伤寒论》。针对学时有限，水平参差不齐，迫切学以致用的特点，对授课内容合理布局，以“读原著明其原义，握精髓突出实用”的教学理念贯穿始终，使未学者思路清晰，已学者得以深化，学生更加明确紧紧抓住经典这条根，才是提高临床疗效的关键，经典是中医工作者必修的终生课程，授课效果博得历届学员的好评。本人为弘扬中医经典，传承仲景之学做出了不懈的努力，影响较大。

几十年来，我深感教学所得，往往可以成为临床的理论之源，而临床的体验可使教学理论显得丰实而灵动。教学临床两兼又触发了许多课题研究的思路，而研究成果既为教学添加了内容，又为临床方药的运用提供依据。近年来，我紧紧围绕中医药专业主持和参与多项课题研究，包括疑难病治疗、经方发掘、中药剂型改进等，取得科研成果 9 项，获科技成果奖励 8 项，诸如“心肌康的临床应用及实验研究”“小儿难治性肾病中西医结合治疗研究”“芍药甘草滴丸的药学及临床研究”“中西医结合治疗小儿继发性免疫缺陷病的临床及实验研究”“九味羌活汤等三古方今用研究”“特发性血小板减少性紫癜的中西医结合治疗研究”等。

三、研读经典，修养医德

从医路上我深感经典著作是中医的学术之源，理论之本。特别是我对仲景之学情有独钟，这可能和家庭熏陶、执教内容及临床实践有关。《伤寒杂病论》这部辨证论治的奠基之作，作为我国第一部临床医学专著，亦堪称世界之最。它是中医临床的规矩，我觉得这部经典不仅给人以有效的方药，更给人思考问题的哲理。30 多年前，我的处女作《浅谈〈伤寒论〉的辨证法思想》一文发表于《陕西中医》，颇得老师和同道的赞同。我从仲景之学不断地汲取营养，使我的临床水平日渐提高。

本人学习《伤寒论》的方法概之为三：

第一，读白文，明其原意。文以载道，原文言简意赅，只有尊重原著，思想专直，认真读、反复读，方能领悟其理，才能胸有定见，才有根基，而不致人云亦云，才能对各家注释，择善而从，真正认识到这部朴素临床书的真谛。我很欣赏马克思《资本论》第3卷恩格斯序文的一段话，即“研究科学问题的人，最要紧的是对他要利用的著作，学会照著者写这部著作的本来样子去研读，并且最要紧的是不把著作中没有的东西包括进去”。诚如裘沛然先生谈学习《伤寒论》时说的“专读白文，用仲景之言，解仲景之意，才不致走弯路”。

第二，知精髓，掌握规律。在明其原意的基础上抓住《伤寒论》的精髓，掌握辨证论治的规律。具体做法，首先将孤立的条文联系在一起形成一个个完整的方证，然后在识其证候、求其病机、明其治法、精究方药方面下功夫。继之通过综合、分析、对比，找出各方证的异同，可采用有关方证鉴别、脉症合参析异同、方药对照识区别等法。为临床应用方便，必须对重点原文、方剂组成、药量变化，熟读熟记，特别是对有方有证的原文加强背诵，达到张口即来，运用自如。勤实践，学以致用必不能少，只有经过实践才能对原文认识深刻，记得牢固，才能体会到它的价值。总之，善辨别、苦背诵、勤实践，都是掌握辨证论治规律不可忽略的环节。

第三，参阅有关注释，与《金匮要略》互参。有目的地选择一些注本阅读，可作为学习参考，帮助自己理解原文，启迪思维。《伤寒论》虽主论外感，《金匮要略》重谈杂病，但二者联系密切，若互参可更全面地了解仲景的学术思想，辨证论治的规律，有关方证的全貌，并可校勘一些疑问之处。

这些年，本人对《伤寒论》的研究包括理论探讨、临床应用、实验研究三方面，然更侧重前二者。《伤寒论》可谓文简、意博、理奥、趣深之作，有许多理论需要深入探讨，不断地重新认识，升华对书中内容的理解。大到该书理论框架，小到每一个方证、药物运用、剂量折算等，更有学术思想、具体病种的辨治规律，乃至于蕴含的哲理等，均有着研究不完的问题。多年来本人有些尝试，略举点滴，以资说明。

称《伤寒论》为六经辨证由来已久沿袭至今，几乎约定俗成，并早已载入教科书。“六经”一词并非原著固有，本人从《伤寒杂病论》原貌钩沉分析、对《伤寒论》证治结构综观、与《金匮要略》合看三方面，论述了《伤寒论》为三阴三阳六病辨证。正是“六经辨证”的说法在一定程度上模糊了该书的本来面目，又招致了任意附会的后果，引起一些无谓的争议。从原著文字看，《伤寒论》的证治结构可以归纳为三阴三阳，划分病类；病下设证，方证一体；六病之间，互有联系。这个“病”并非一个具体的病名而是对外感病基本病理改变和体质发病规律的总体概括，三阴三阳用来划分外感病的六种类型。每个“病”中又包括若干个证，针对不同证而有相应的治法、方药。各病篇载有若干有方有证的条文，如此形成了“病”下包括有不同的证，证又与方连。方随证立，方证一体是其显著特点。如此可搞清病与证、方与证、病与方的关系，使辨证论治的特点更加彰显。六“病”中各种证候的产生是在正邪斗争作用下，脏腑经络病理变化的反映，而脏腑经络又是一个有机的整体，所以六“病”之间虽各立门户，但彼此联系，在一定条件下可相互转化。

医家徐灵胎曾说，“医学之学问，全在明伤寒之理，则万病皆通”，所谓“伤寒之理”从某种意义上说，则是仲景研究疾病的思维方法。作者之所以继承发扬前人的经验撰成理法方药完备的不朽之作，深加推究，是因为卓越的思维方法起了重要作用。本人从辨证分析阴阳为纲、疾病变化重在内因、根据证情确立治法诸方面探讨了该书蕴含的事物对立统一，运动变化，普遍联系，具体问题具体分析等辩证法的基本法则。正如恩格斯所说：“人们远在知道什么是辩证法以前，就已经在辨证地思考了。”本人认为，将《伤寒论》的研究推向哲学方法论的高度，可更好地启迪思维、开阔视野，进入研究的更新更高阶段。

治仲景之学，读原著结合临床，本人曾撰写发表多篇论文，内容涉及个人新见解，如“谈仲景辨病与辨证”“经方剂量不可忽视”“五苓散证再识”“谈葛根芩连汤治喘”“析《伤寒论》262 条”等。仲景辨治疾病的规律，如脾胃病、咽喉病、虚劳病等。仲景的学术思想，如《伤寒论》的护理学思想、辩证法思想等。经方新用，如当归芍药散防治动脉粥样硬化、高脂血症的临床及实验研究。经方的剂型改进，如芍药甘草滴丸、麻黄杏仁甘草石膏颗粒、小青龙口服液等。

恪守医德，医者之本。我出身的中医家庭对我影响很深，外祖父和兄长的医术医德一直被患者称赞和敬重。医者仁术，行医善为先，不仅是我的座右铭而且以此教育我的子女和学生。

《伤寒论》自序是一篇医德教育极好的教材，作者是我行医路上永远学习的楷模，对我注重医德修养起着鞭策作用。我深知行医责任重大，关心体贴病人是天职。本人淡泊名利，不与他人攀比，不开大方贵药，不收高额挂号费，尽量为病人节俭。急病人所急，休息时间只要病人有求，同样为他们耐心诊治，解答问题，满足病人所需。对重症病人给予精神鼓励，让他们从绝望中走出，树立信心配合治疗。对因七情致病者善于心理疏导，尽快收效。对每一位诊治完毕的病人都要告知药物的煎服方法、时间和各方面的注意事项。临床过程自始至终突出中医特色，营造一种温馨和谐的医疗氛围，使病人得到充分关爱。

我深知在博大精深的中医学面前，我永远是一个小学生，谦虚、谨慎、戒骄戒躁，能够持之以恒。在疗效满意，特别是疑难重病收效显著时，丝毫不自以为是，贪天之功据为己有，绝不沾染吹嘘个人、夸大其词的陋习。

对病人认真负责，一丝不苟，始终如一，多年来我坚持凡来就诊者都有病案记录，并做到诊后再次阅览思考，回顾辨证论治的每一环节，处理得当与否，达到心中有数，为复诊做好准备。凡病情复杂，特别是经多处诊治乏效者，及时翻阅资料，寻找治疗思路，重点考虑，倾注更多的心血。

从医后，在中医人才培养上坚持德才并重，严格要求，对跟诊学生既无私传授个人的临床经验、心得体会，又随时注重医德的培养。本人虽年事已高，但仍坚持临床，风雨不辍，为病人服务不间断。多年来以传承中医之德、中医之技、中医之魂为己任，对中医的本科生、研究生、继承人以及河北省历届基层中医技术骨干、杏林工程及西学中人员，一贯坚持专业思想、经典思维、方证运用、医德修养四传承，突出仲景之学与临床的密切结合。

四、学术经验，技术专长

本人崇尚中医经典，继承仲景之学，多年来形成的临床理念主要包括以下方面：

1. 谨守病机，贵在调

辨证论治是中医学的诊疗原则，而辨证的目的是明确病机，换言之，证的本质就是病机，只有守病机而治，调整机体失衡状态，方可动小而功大，用浅而功深。张景岳释病机为“病变所由出也”，可谓一言中的。《素问·至真要大论》强调的“谨守病机，各司其属”“谨察阴阳所在而调之，以平为期”就是中医治病的灵魂。仲景之作历两千年而不衰，有效地指导临床，其方称之为经方，根本原因在于守病机而治，正是如此，经方魅力无穷，不断扩大应用。多年来本人这一临床理念不动摇，随着阅历的增加更加坚定。对于多发病、常见病，乃至于疑难病都注重寻找病机后立法处方，在药物的加减上酌情配合一些专方专药或被现代药理学证实的一些药物，但绝不喧宾夺主，主次不分。自己临床处方用药虽属平淡，但疗效甚好，事实面前让我一次次为前贤的论断而点赞。我认为，中医临床永远不能脱离辨证论治的轨道，而去标新立异，看似“创新”，实际淡化了中医，丢掉了根本，不可不慎。继承不泥古，发扬不离宗，是应该永远遵循的。例如，《伤寒论》318 条治疗气郁致厥的四逆散，其应用范围已远远超出原著，现已广泛用于内、妇、儿、外等科。不仅常用于治疗消化系统、精神神经系统、内分泌系统、循环系统的疾病，而且成了妇科多种疾病的常用方，即使在儿科常见的腹痛、咳嗽、热厥、消化功能紊乱、小儿屏气综合征等，也是一个离不了的常见方。这些病病种虽异，然其证皆与气机失调、肝气郁滞有关，药虽四味，但一升一降，一散一收的配伍，可使肝气条达，气机归于平复，诸证悉除。这就是貌似简单的一张方，应用如此广泛，疗效如此神奇的原因。四逆散的确也是我临床应用中频率颇高，体会深刻的处方之一。

2. 探求病因，重痰瘀

长期临床加深了我对中医病因学中“痰饮”“瘀血”的认识。“痰饮”“瘀血”不仅是水、血不归正化的病理产物，又是某些疾病致病的原因，可谓倒果为因，二者密切相关，因为生理状态下津血同源，病理上则可相互影响。瘀血存在可致水液代谢的异常而痰饮水湿产生。同样，痰饮水湿的存在又可影响血液运行而致瘀血形成，《金匮要略》水气病篇中水分、血水的论述已点明水血的关系。本人临床体会，痰饮瘀血互结的病理变化比较常见，应予以重视。临证辨证求因，本人不仅重视痰饮水湿或瘀血，更注重痰瘀互结，而采用痰瘀同治。对此类病人可收满意效果，诸如脂肪肝、冠心病、老年性痴呆、抑郁症、慢阻肺、肥胖症、高脂血症、肿瘤，以及妇科的月经不调、子宫肌瘤、卵巢囊肿、子宫内膜异位症等。痰饮水湿瘀血互结的患者多表现面部虚浮晦暗或有色斑，舌质胖大淡暗，苔白滑润，舌下络脉增粗紫暗的征象。譬如，我从肝血、脾湿方面考虑，屡屡采用《金匮要略》妇人篇的当归芍药散加减治疗如上疾病，得心应手，只要辨证准确，加减得体，收效颇佳。该方由当归、芍药、川芎三血药和茯苓、泽泻、白术三水药组成，药虽六味，但它可治肝调畅血脉与健脾祛除痰饮水湿并举，达到水湿去，血分调。这不仅扩大了经方的应用范围，而且为疑难杂病启迪了治疗思路。

3. 恰当祛邪，毋伤正

《素问·五常政大论》有“大毒治病，十去其六，常毒治病，十去其七，小毒治病，十去其八，无毒治病，十去其九，谷肉果菜，食养尽之，无使过也，伤其正也”的论述，使我记忆深刻。《伤寒论》护养正气的思想更使我刻骨铭心。仲景权衡邪正虚实，恰当祛邪，从治法确立、方剂配伍、药物煎服、疾病护理等方面无一不贯穿这一理念，其例不胜枚举。诸如白虎汤以石膏直清阳明燥热，则配以滋阴之知母，养胃之粳米、炙甘草；麻黄杏仁甘草石膏汤以石膏、麻黄清泄肺热，则配以炙甘草益气；小青龙汤辛温解表，温化水饮，以辛散之品较多，则配以芍药敛阴，五味子收敛肺气以防耗散。阳明实证运用大承气汤强调“若一服利，则止后服”，即使用小承气汤亦告诫“若更衣者，勿服之”。

本人临床坚守祛邪必须把握分寸，以不伤正气为遵循。如宣肺勿耗散肺气，疏肝勿劫肝阴，攻下勿伤胃气，以邪解正不伤为目的。特别运用苦寒清热，泻下攻邪之品时，一定要慎酌剂量或佐以护胃之品。结合患者喜恶之情，进行相应配伍。如胃寒之体用芩连少佐干姜，易泻者用石膏佐以白术等，热证兼脾胃虚弱者则配以茯苓、山药、白术之味。在多数疾病中护养脾胃从不淡化，对需要长期服药者尤应注意，只有脾胃健，才能使药物更好地消化、吸收、施化，也才能为长期治疗服药创造必备的条件。多数处方我习惯加入一两味养胃消导之品，既不显得处方庞大，又可消除伤胃的顾虑。

临床屡屡见到邪未去而正已伤的患者。对比我一向主张及时顾及正气，正气充实更利于祛邪，缩短病程。例如，治疗小青龙汤证的咳喘，因病机为寒邪束表，肺气不宣，寒饮射肺，肺气不利，方中主要用辛温之品，在寒象湿象表现的同时，若出现咽干、舌前部偏红而少苔、阴津损失者，及时选加沙参、麦冬、天花粉之类；若有明显乏力、便溏、舌淡嫩苔白润时，选配茯苓、山药、白术、党参之属，喘咳病情往往可迅速改善。这也是从《金匮要略》虚劳篇“虚劳诸不足，风气百疾，薯蓣丸主之”得以启发的。

4. 因人制宜，究体质

体质是指在先天禀赋（遗传性）和后天调养（获得性）的基础上在形神方面表现出来的相对稳定的固有特性。“病之阴阳因人而异”“邪气因人而化”是中医学的发病观。本人认为，体质是形成中医证的重要基础，疾病的发生、发展、变化乃至于预后，均与体质条件有关，辨体而治，辨体而防，是突出中医特色，提高中医临证水平的关键之一。

《素问·三部九候论》有“必先度其形之肥瘦，以调其气之虚实，实则泻之，虚则补之”，即强调治疗必先审体质。《伤寒论》辨治疾病对体质的强调和重视反映得十分突出，确立治法、处方遣药无不把体质作为重要依据。体质条件关系到对药物的耐受性和反应性，仲景遵《内经》“能毒者以厚药，不胜毒者以薄药”原则，斟酌用量。诸如白散“强人半钱匕，羸者减之”；桂枝附子去桂加白术汤方后注云“附子三枚，恐多也，虚弱家及产妇，宜减服之”；十枣汤“强者服一钱匕，羸人服半钱”；四逆散一般用附子一枚，干姜一两半，“强人可附子一枚，干姜三两”。如上用法皆体现了体质决定药量的轻重。这种据体质施治的原则，实垂范后世。

本人遵循经旨，临床诊治疾病时，针对个体差异，认真考虑，如年龄长幼、形体胖瘦、阴阳偏颇、禀赋强弱，甚至性格特征，以决定择方选药，确定药量大小，服用时间等，使辨证更加准确，施治更为贴切，疗效不断提高。对虚弱易感的患者，往往从调理脾胃入手，辨清体质阴阳，阴虚者宜滋阴，阳虚者宜温阳益气，但药物的选择上，除针对具体证型外可略加健脾益胃之品，达到培土生金，加强固表御邪之力，收效亦很显著。鉴于小儿为稚阴稚阳之体，本人坚持儿科用药不可太多，寒凉不可太过，更不能用药大热，祛邪之品中病即止，虚弱者以平补为要，选择药性平和之品，其效并不逊色。

本人主要从事中医内科、儿科疾病的诊治，临床以中医理论为指导，经典为基石，善用经方，并旁参诸家，融理、法、方、药于一体，对常见病、多发病及某些疑难病疗效满意。擅长治疗病种主要有肝病、脾胃病、咳喘病、心血管病、亚健康及某些血液病等。特别对乙型病毒性肝炎及病毒性心肌炎，从临床到实验再到临床都进行了较为深入的研究，积累了一定经验。

五、具体治验

1. 乙肝治验

本人体会治疗乙肝要点有四：

第一，疏肝勿忘养肝。乙肝病机复杂，以中医理论分析，病位在肝。“肝体阴用阳”，肝为藏血之脏，其体为阴；肝主疏泄，性喜条达，其用为阳。体阴与用阳相辅相成，相互制约。肝脏疏泄正常，气机调畅，血运通达，藏血和调节血量方能正常，而藏血功能健全，肝血充足，肝木得养，肝的疏泄才能条达。反之，二者则相互影响。肝郁为乙肝的主要病机之一，疏肝理气，顺其条达之性是其基本治法。疏肝切不可忽视护养肝体，诚如名医朱良春谓“肝血充沛，肝体不燥，则疏泄有度；肝血不足，肝气有余，则易于横逆致变”。疏肝气即顺其肝用，养肝体才能柔肝性，在乙肝治疗中尤为重要。这不仅因为疏肝理气之品多属香燥，易耗伤阴血，而且祛除湿热疫毒之品多为苦寒。苦者燥而伤阴，更有热毒偏盛者肝阴暗耗，所以欲达疏肝目的，肝阴肝血的护养尤为重要，四逆散为常用经方，柴胡与白芍为疏养之典范。疏肝药味不可过多，用量不宜过重，太过反致肝气郁而不疏。如果肝气郁滞，阴伤不甚，可选柴胡、香附、青皮，而肝郁化热，肝阴已伤，则用川楝子、佛手，或用柴胡的同时重用养阴之品。

鉴于乙癸同源，精血互化，肝木得肾水滋养则荣，失之则萎，故于养肝同时酌用滋肾，可使水旺木荣，更利于肝之疏泄，一贯煎、二至丸为常用要方。如养肝血，归、芍并用，滋养肝肾则白芍、女贞子同行。

第二，治肝勿忘实脾。肝正常疏泄，则气机调畅，既有助于脾升胃降协调平衡，又可使胆汁正常排泄，为脾胃纳运水谷创造良好条件。诚如《素问·宝命全形论》说“土得木而达”。肝木为病易于横逆犯脾，致使升降失常，气血生化乏源，诸症蜂起，故治肝病，必当顾护脾胃，即《金匮要略》“见肝之病，知肝传脾，当先实脾”，脾气的盛衰对乙肝疗效乃至预后的作用至关重要。具体做法：

（1）清肝谨防过用苦寒。凡退黄、降酶、利胆及乙肝标志物转阴所涉药物多苦寒，诸如栀子、大黄、黄芩、茵陈、公英、白花蛇舌草、苦参、虎杖等，用之不可过多、过量，并随证情减轻而减量，否则伤脾败胃，土壅木郁，变证丛生。

（2）有脾胃症状者，清肝同时佐以健脾助运之味，常用山药、白术、党参、茯苓等，其中山药、白术尤为重要。白术专补脾气，《本草求真》论之“盖脾苦湿，急食苦以燥之，脾欲缓，急食甘以缓之，白术味苦而甘，既燥湿实脾，复能缓脾生津，其性最温，则能健脾消谷，为脾脏补气第一要药也”，并强调白术补脾阳，而山药补脾阴。《药品化义》论山药“温补而不骤，微香而不燥”。二药配伍，确为补脾之佳品。

（3）证情需投以大量苦寒药味，则可加入芳香化湿之品，既可祛湿，又防苦寒伤脾。对湿遏热伏，舌质红绛，白苔滑腻者，仍当先投芳香化浊，待湿去热孤，转手清热，更利于治疗。倘若脾气不足，湿热未化时，仍可用芳香化浊法，习用方剂如三仁汤、藿朴夏苓汤。常用药物如藿香、佩兰、菖蒲、郁金、苍术、砂仁等。

（4）柔肝不可过于滋腻。肝郁、肝火或苦寒燥湿伤阴，柔肝之药虽不可缺，但药物当选中和之品，尽量避免腻胃之弊，如白芍、女贞子等，以利久服。总之，治肝顾脾，实土以御木乘，为临床遵循之常规。

第三，理气勿忘化瘀。乙肝病人气机郁结会致血运障碍，形成血瘀的病理状态。湿热疫毒留而不去，既可影响肝之疏泄，以致血瘀，又可致气虚不运，血液瘀积，更有湿热疫毒入血，耗血动血，混处于血络，肝病缠绵，血液不得循环畅行，在一定意义上说肝郁气滞血瘀（肝组织损伤，微循环障碍）是本病的基本病理变化。理气固为治肝之大法，化瘀亦为不容忽视的环节。临床据证情当区分在气、在血之主次，合理处方遣药。理气活血两兼之品如郁金、川芎、元胡为临床常用，活血化瘀尤常用川芎，余如丹皮、赤芍、桃仁、红花、泽兰可随证选择。

第四，祛邪勿忘扶正。邪毒羁留，可使正气亏损，气血阴阳失常，脏腑功能失调，形成正虚邪恋、虚实夹杂之候，又是慢性乙肝的病机特点。邪实多为湿热疫毒内蕴，瘀血内停，正虚多见脾失健运，肝肾阴虚或肝血不足，气血失调突出表现肝郁气滞血瘀，故对其治疗疏肝理气、活血化瘀、清利湿热解毒、益气健脾、补益肝肾当综合立法处方，轻重主次依证而行。扶正当以调补肝脾肾气血阴阳为主，祛邪则宜清除湿热毒邪、活血化瘀为先。

鉴于正盛邪自却，邪去正自安，祛邪不忘扶正，恰当处理邪正虚实，则是自始至终应注意的问题。湿热疫毒虽为乙肝的主要因素，但并非单一清热祛湿解毒所能奏效。“至虚之地便是留邪之处”，临床如果急于乙肝病毒标志物转阴，而投大量寒凉解毒之品，往往脾胃被伤，肝脾失调，正虚邪滞，病势愈加复杂缠绵。目前，通过体外抑制试验，虽已发现多种中药有明显抑制乙肝病毒作用，但若不与人体脏腑气血功能状态相结合而单独运用，其收效不大。这在一定程度上说明，治疗本病，忽视正气（免疫功能），有失中医特色。

所谓扶正，既含有祛邪气勿伤正气，又包括补法的应用，临证当明其病位，审其病性而后行之。祛邪同样不可忽略，湿热疫毒清除有助于脏腑功能恢复，祛邪与扶正可谓辩证统一，治疗乙肝在于恰当处理二者关系。诸如疏肝不可太过，清热不要过寒，祛瘀不宜过破，健脾避免过壅，养阴谨防滋腻等，均是处方遣药的原则。

本人在上述治疗思想和经验的基础上创制和肝汤一方。该方由柴胡、黄芩、白芍、女贞子、山药、白术、虎杖、郁金、丹参、炙甘草等11味药组成。乙肝缘由湿热疫毒致肝失疏泄，故选柴胡、黄芩疏肝解郁、清泄肝胆之热。肝木不达，则横逆犯脾，脾胃失健，故伍以健脾助运之味，以山药、白术使脾之气阴得充，土木得和，以滋气血生化之源。肝脏阴血充足，肝性得柔，气机方能疏畅，故以白芍滋养肝阴，使肝气冲和条达。女贞子滋补肝肾，使水能涵木以柔肝性。肝郁易化火热，或过用苦寒燥湿之品，肝阴被耗之机常贯穿乙肝病程，白芍、女贞子药性平和而无归地之腻，更利于久服。肝气失疏，血运受阻而致瘀滞，故以丹参活血化瘀，郁金行气活血利胆，俾气血通调，功能如常。肝郁脾虚则邪气恋肝而不散，故以虎杖清热解毒。邪却有助扶正。炙甘草顾护中气，调和诸药。诸药配合，使肝气疏、脾胃健、肝肾得和、气血得调、邪毒去、正气复。本方组成寓《伤寒论》小柴胡汤及四逆散、《太平惠民和剂局方》逍遥散、《医方集解》二至丸之意，祛邪不伤正，扶正不恋邪，以调整脏腑功能为目的。本方集疏肝（疏肝理气、疏肝活血）、清肝（清解肝热、清热解毒）、柔肝（滋养肝阴）于一方，故曰和肝汤。多年来，临床以此方加减，在肝功能恢复、乙肝指标转阴及抗纤维化方面，有着满意效果。实验证实，本方组成药物基本具有免疫调节、抗病毒、保肝护肝等药理作用，此不赘述。

2. 病毒性心肌炎治验

随着病毒性疾病的日益增多，病毒性心肌炎已成为临床较为常见的疾病之一，采用中医中药对该病治疗，提高了治愈率，这已成为客观事实。中医认为，该病的形成，系患者体质虚弱，感受外邪，内舍于心所致。这与现代医学认为的病毒侵犯心肌的观点基本相符，而且更强调了素体因素对发病与否以及病之轻重有着重要影响。病邪既伤“心体”，更损“心用”，即使在邪毒炽盛的初期也因其损伤正气而有别于普通外感。《伤寒论》中已有“伤寒，脉结代，心动悸，炙甘草汤主之”的记载，本人通过查阅资料和临床实践认为，该病在病毒性上呼吸道感染或肠道病毒感染后1~3周内，以及病毒急性感染期中，当权衡邪正虚实予以相应的合理治疗，而在急性感染期之后，特别是在恢复期（半年至1年）及慢性期（1年以上）的患者，多表现正虚为本，邪实为标，以心阳不振，心气受损，心阴不足，心血亏虚为多见。余邪留恋不去，或病程中的病理产物痰浊、瘀血的产生，加之波及肝、脾、肾诸脏而造成虚实夹杂证表现不一，但气阴两虚在诸证中尤为多见。此类患者多表现心悸、气短、胸闷、自汗、乏力、脉结代等。

鉴于正气虚损通贯该病始终，尤以中后期更为突出，护养正气便是各个阶段予以重视的问题。补益气阴更为中后期的常用治法。本人深受炙甘草汤、生脉散等古方的启发，结合临床的经验积累并参照现今药理学有关研究成果，以益气养阴、化浊宁心立法，创制心肌康一方。方中人参（或太子参）大补元气、固脱生津，使心气充沛；麦冬养阴润肺、清心除烦、益胃生津，配人参则大生气津；五味子配麦冬酸甘化阴，二药辅以人参两救气阴，清补敛的作用相合，自可益气养阴，气复津回，俾气阴充盈于脉道，其脉可生可复。生地、阿胶更增滋阴润燥、补益心血之功。炙甘草补中气以昌气血生化之源，大枣《神农本草经》载“补少气，少津液”，用之合胶、麦、地、草，共奏益气、养营之效。本人深感阴药得阳药方能动，补中有通方不滞，故选桂枝、郁金、丹参之属。桂枝、甘草辛甘化阳，温通心阳，在大队阴药中用之可使阴药欲动而有所凭借，从而推动之。郁金既能入气行气解郁，又能入血化瘀止痛，丹参活血祛瘀，养血安神，缓而不峻，二者可宣通诸药，补中有通，滋而不腻，更能发挥补药之长。龙骨、牡蛎镇静心神，茯苓健脾化浊，安神定悸，使药力更趋周到。

本方益气养阴，强心复脉，补中有疏，营养心肌，促其康复，多年来体会，不仅对病毒性心肌炎，而且对原发性扩张型心肌病、冠心病心绞痛、心脏神经官能症等证属气阴两虚者，均可收到良好效果，迄今一直为临床常用。我们已进行了心肌康对实验性钴心肌病的作用观察，结果表明，该方对实验性钴心肌病模型有一定的保护和治疗作用，提示该方不失为临床治疗心肌病有开发前景的新药，此不赘述。

回顾既往，读书重经典、医疗勤实践、教学促科研走过的几十年，我深感中医学博大精深，学海无涯，虽精勤不怠，耕耘不止，也就略知一二。古稀之年，尚须努力。

（宋晓宇协助整理）

卢崇汉

卢崇汉（1947— ），男，生于成都，祖籍四川德阳。世代业医，祖父卢铸之师从清末著名医家郑钦安先生，临证畅扶阳理路，善以姜、附、桂起沉疴顽疾，于川中乃至全国皆享盛名，继开卢氏火神一派。幼年即从其祖父习医学文，直至祖父去世，达十余年之久。祖父谢世后，又继从其伯父卢永定习医。卢永定乃卢铸之之子，卢氏火神派第二代传人，亦为川中名医。因师从祖、父二辈，尽得心传，故19岁即具医名，时有“小火神”之称。26岁前往江苏新医学院（南京医学院与南京中医学院合并）学习，于此期间因屡愈顽疾，声名大振，一时，其医名、医术于南京街头巷尾传为佳话。为继承家学（时其伯父尚在），新医学院毕业后即返回四川成都。数十年来，于家学之外，不忘思求经旨，将卢氏之学术光大发扬。擅以扶阳为本，以姜、桂、附为用，对诸多疑难病症，如肿瘤、血液病、肾病、心血管疾病、妇科疾病、儿科疾病、眼科疾病等，疗效卓著，被众多病患视若神明。临证教学之余，近年尚应邀两广讲学，影响播于海外。代表著作：《扶阳讲记》。

嫡传篇

“扶阳学派”传至我这一代已经是第四代了，郑钦安先生是被公认的创始人，但追溯源头，则不能不从郑氏的老师刘沅先生说起。祖师刘沅，字止唐，四川双流人，生于1767年，卒于1855年，是清代通儒，著名的经学家、思想家。《清史稿》里有对他的相关记述。刘氏于乾隆五十七年中举人，道光六年授湖北天门县知县，由于不愿外任而改为国子监典簿，后从成都双流县移居至成都市醇化街，因其住宅内栽有大槐树一棵，故称其为“槐轩”。止唐先生每日均在槐轩给门人讲学，他所创立的学说被称为“槐轩学说”。刘氏全面肯定儒家学说，并能适当接受佛道二家之学，他的儒学根底非常深厚，后来编撰群经，留下大量著作，其著作均收进《槐轩全集》，共三千万字之多，最具代表性的是《十三经恒解》和《孝经直解》。所著医书有《圣余医案》《医理大概约说》《活幼心法》等。刘氏行医的情况之所以不见于经传，是因为他并非靠行医度日，为医固然能救人活命，但他更视行医为一种雅事。就是这样一位大鸿儒，培养了郑钦安先生这位伤寒南派的代表名医。

太师爷郑钦安先生，名寿全，生于嘉庆九年（1804 年），卒于光绪二十七年（1901 年），原籍安徽，16 岁时随父在四川邛崃县定居。郑氏自幼勤读经史，于嘉庆末年中秀才，后来弃举子业，拜在止唐先生门下学医。先生在刘氏的指导下钻研《黄帝内经》《周易》《伤寒论》《金匮要略》《神农本草经》等经典，这为他日后的经典研究奠定了基础。他后来说自己穷究 30 余年，对经典的学习从未放松，最终才悟出了经典的精髓。郑氏年少即学有所成，当时在成都行医，屡起沉疴，名声很快传遍川滇一带，自此一直在成都悬壶济世，讲学授徒，成为川中一代名医。郑氏在临证上擅用大剂量姜、桂、附等辛温之品，而且用量惊人，每每以两计，与一般医生有很大分别，故当时被称为“姜附先生”，甚至有人称其为“郑火神”，因此后人把郑氏这一门擅用温热药的学派称为“火神派”。郑氏融会《内经》《周易》《伤寒论》等经旨，先后在同治八年及十三年出版了《医理真传》及《医法圆通》，提出“元气为人生阴阳之主宰”“人生立命全在坎中一阳”“万病皆损于一元阳气”“辨证不离伤寒六经”“治病重在扶阳”等重要观点，这些观点都是他在临床上得到过验证的。在《医法圆通》刊行后 20 年，《伤寒恒论》问世，这是郑氏为《伤寒论》所进行的评注，他不拘泥前人之说，而是结合临床实际注释仲景的原文，大胆创新而不离经旨，充分发挥了仲景的扶阳思想。郑氏这三部著作曾多次刊印，传世的版本有 30 多种，就医书来说，在当时实属罕见。《伤寒恒论》出版后，晚年的郑氏并未停止对经典之研究，对医理的追求仍是孜孜不倦，扶阳思想在其晚年之时愈趋成熟。我祖父卢铸之是郑氏晚年所收弟子，他继承了郑氏晚年成熟的扶阳思想，故要研究郑钦安完整的学术思想，就必须从我祖父卢铸之身上入手。

祖父卢铸之，字禹臣，号金寿老人，光绪二年（1876）生于四川德阳的一个中医世家。少年之时，跟随止唐先生的学生颜龙臣学习医文，并中秀才。但祖父觉得八股文并不能济世救国，故弃举子业，潜心习医。颜龙臣是我祖父的姑爷爷，是清末的举人，与郑氏是同门师兄弟且交往甚密。本着易子而教的原则，颜氏将我祖父携至成都，拜当时在川中已经很有名气的郑钦安先生为师。入师门后，郑氏要求祖父反复研读《内经》《难经》《金匮要略》《伤寒论》等经典，并以《医理真传》及《医法圆通》为教材向祖父传授医理；因其时郑氏已年逾八十，故《伤寒恒论》的刊行，祖父亦参与了整理工作。这样，祖父跟师学习，与师同吃同住历十一载，直至郑氏谢世。随后，祖父遵师遗训，游历四方，足迹遍及全国21个省份，充分考察了各地居民的体质、生活习惯、常见疾病及当地医生用药特点、农作物的生长环境、药物的种植与炮制情况等。游历之余，尚于各地随缘行医。3年后，于1904年回到成都开设“养正医馆”，正式悬壶济世，由于祖父医术精湛，医德高尚，很快便享誉巴蜀，人称“卢火神”。20世纪30年代在医界有“南卢北萧”之称，其中“南卢”就是指祖父卢铸之，“北萧”是指北京名医萧龙友，可见当时祖父在中医界影响之大。中华人民共和国成立后，1954年有关部门曾邀请他至北京中医研究院任职，但当时他已年近八十，遂以年高为由恳辞。1956年成都中医学院成立，曾聘他做副院长，他也以同样理由婉言谢绝了。这段时间，祖父就待在家中看病。1958年，中共中央有一次会议在成都召开，鉴于中央领导找祖父看病很是不便，遂命四川省将祖父安置于省委党校医院，享受卫生技术一级待遇。这样一来，虽然各级领导看病方便了，但是普通百姓找他看病就不那么容易了。缘此，祖父离开了省委党校医院，又重新回到民间，直至1963年仙逝，享年87岁。

祖父完全继承了郑钦安的学术思想，并加以发扬阐释，提出了“人生立命，在于以火立极；治病立法，在于以火消阴”的重要观点。对于《周易》，祖父亦有很深的研究，他常以坎、离二卦解释人体生理，指出坎中一阳为人生立命之根本，在此基础上揭示了阴阳学说中“阳主阴从”的重要关系，从而极大指导了扶阳理论的医疗实践，20世纪20年代，祖父即在成都开设了“扶阳医坛”，公开讲授《黄帝内经》《伤寒论》《金匮要略》《神农本草经》以及郑氏三书。近代有“吴附子”之称的前云南中医学院院长吴佩衡、有“祝附子”之称的上海名医祝味菊以及成都名医范中林和“田八味”等，年轻时都曾在成都跟随祖父学习扶阳思想。祖父著述甚多，既至晚年尚著《郑钦安医书集注》和《金匮要略恒解》，惜皆未付梓而遭散失，诚为中医界的一大损失！所幸祖父的医学思想并未失传，而由祖父的嫡传——我的大伯父卢永定完整继承下来了。

伯父卢永定，字云龙，是祖父卢铸之的长子。少年时便随祖父习医，初攻外科针灸，继而专攻内科。伯父承继了郑氏和卢氏的医学思想，崇尚《周易》，强调“阳主阴从”，重视“坎中一阳”，治病立法重在“以火消阴”。伯父吸收了祖父丰富的临床经验，在临床上擅用大剂量的姜、桂、附等辛温扶阳之品，治愈无数疑难病症，誉满巴蜀，跟祖父一样被称为“卢火神”。自 20 世纪 50 年代始，伯父把每一位病人的病历都进行了仔细记录，并装订成册，30 余年间，病人累计数十万人次，病历资料共五千多万字，为扶阳学派的研究留下了一笔巨大财富。我在临床上之所以有理想的治疗效果，是因为得到了祖辈们的传授，继承了郑氏和卢氏的扶阳理念，并以其作为我临床之指导。由于郑氏和卢氏在临床上擅用姜、桂、附一类的温热之品，而疗效卓著，故当时有“医圣”之称，并称为“火神派”。后来我提出“扶阳学派”，并且在扶阳的问题上进行了深入的探讨和实践，认为“扶阳”这个说法更为贴切。

继承篇

由于我的先祖累世行医，在这个家庭背景下，我从小就接触了中医。我的家族是几代同堂的传统大家庭，我出生后，祖父为我取名崇汉，自小便被他亲自带着不离左右，3 岁之时即教我认字、习字。我识字是从中药名称开始的，诸如桂枝、生姜、制附片、天雄片等，通过两年这样的学习，我已可做到任意拿起一味药都知悉其原产地、栽培、炮炙以及药性。在家庭熏陶下，那时起我就对中医十分向往，祖父亦每日教我读诗书典籍，逢祖父外出讲课，我亦跟随其后，在旁聆听。十二三岁时，始读医典，当时一般人初学中医，先由传统入门书籍始，如《汤头歌诀》《医学三字经》《药性赋》等，唯我在祖父指导下开端所读即是《黄帝内经》《伤寒论》《金匮要略》及《神农本草经》等经典著作。经典著作言简义深，对于我当时的年纪来说，困难是可想而知的。所以那段时间的学习是异常艰辛的，很多的问题自己不能解答，翻注家也常常难以满意解决，而祖父的原则是反对依赖注释阅读，必须看原著，于是我只好自己苦思，反复探寻其理义所在。年纪稍长，祖辈即开始向我讲解经典内容，逐字逐句地将经典上的每一条逐一解释，并向我阐明经典的精义。此时再看祖辈们在医书上的批文，就豁然开朗了。祖父强调：不可人云亦云，要善化，要理解其意，尽信书不如无书，等等。这时我才明了祖父的苦心，先辈严格的治学精神一直激励着我在学习中医经典和临床实践上不断追求上进，加上后来自己研读郑钦安的《医理真传》《医法圆通》和《伤寒恒论》等，又有了更多的心得体会，就便不会固守老祖宗的成法而不发展了。总结扶阳学派的传承经过，不论是刘氏、郑氏还是卢氏，均接受了完整的师承教育，他们除了治学认真严谨，对《内经》《难经》《金匮》《伤寒》等经典的学习研究一丝不苟，皆精通《周易》，并且都以大量的临床实践严整了他们从经典中所获的思想，绝无空谈。如此造就了一代又一代的名医，这或许能给现代的中医教育带来一点启示。近年来各中医学院之学生能背诵《内经》或《伤寒论》者极少，有些甚至连《内经》的文字还不能看懂，这样怎能登堂入室呢？在少年时代，我不仅打下了扎实的中医理论根底，也养成了独立思考的习惯，这就是先辈所说的悟性吧，它使我终身受益。那时，除了理论的学习，我还要跟随祖父和伯父学习临床诊脉，常常坐在他们旁边，待他们切完病人的脉后便让我切，我们把切到的脉象各自写在纸条上，然后再拿出来对照。起初自己所切到的脉跟祖父、伯父的相比有很大差别，通常都要受罚，后来渐渐学有长进，最后我们所切到的脉基本上都一致了。单单这个学习切脉的过程便用了两年时间，还有其他的望、闻、问诊也都是经过了这样的严格训练，有关这个问题，我在传承篇的时候还会专门讲到。

先辈对我这个嫡传后人的教育与别的弟子殊无二致，只能在老师一旁侍诊，不准抄方，一来可避免我照葫芦画瓢，搞机械记忆，二来强迫我在理解其辨证立法的基础上进行记忆，这样便可以杜绝学生在没有理解中医精髓的时候，就随便抄袭方药为人治病。这等人命关天之事，万不可学艺不精，以致庸医误人。经过祖辈的悉心栽培，到了十六七岁时，我已经能够单独在外面为病人诊脉开方了。我们卢门有着严格的病例记录传统，所以每看一个病人都要记录脉证处方，回家以后大伯父就要检查这些记录，没什么问题便不说，有问题就指导我下次怎么做，当临床上遇到棘手的问题时，我便回去请教伯父后才处方。

记得我曾经诊治一子宫肌瘤大出血的病人，第一次出血，我很快将血止住，病人一年以后又大出血，我用了3剂药也没能止住，病人只好到医院清宫止血，但这也没有把血止住。怎么办呢？只有做子宫切除手术，可是病人的血红蛋白已经只有3.8g，血小板不到一万，稍有不慎便会出现更大的危险，所以医院也不敢轻易手术。在这紧急关头，我只有请大伯父出面相救，由于大伯父的名声，医院破例同意会诊。大伯父在我的处方基础上加大了附子的剂量，在有炮黑姜的基础上又加入了干姜，成为大剂温阳回脱之品，一剂药就将血止住了。这个病案不但令病人和西医大为折服，我也因此大受启发。治病时既要胆大如斗，又要心细如丝，临危不惧，仔细辨证，如此方能挽救危急。就是在这样的熏陶下，使我对医术的理解和掌握非常之快，我想这与“童子功”是分不开的。

到了十八九岁，前来找我单独看病的人越来越多，面对的病种也越来越多，常常一天要接诊七八十个病人，由于临床效果较好，我当时在成都已小有名气，有“小火神”之称。俗话说“师傅领进门，修行在个人”，我是很幸运的，有良好的家传，就像站在巨人的肩上，起步很高，但是很多东西还是要靠自己努力学习才能掌握。

随着我的年龄增大，独立应诊的病例逐渐增加，面对临床证候的千变万化，我的处理方法与大伯父的处方仅有一二味药的差别，这时我往往会提出质疑，在学习中医的过程中，大胆质疑是我一直的习惯，我认为这是一个医者应该具备的良好品格。祖辈的经验给我打下的坚实基础是很重要的，没有坚实的基础不行，但学医也一定要多动脑子，要多问几个为什么，要反复深入，不惜打破砂锅问到底。通过讨论和看实际疗效，很多问题就会迎刃而解，因为医疗是一门实践性很强的科学，实践可以检验真理。大伯父也非常欣赏我这种精神，哪怕我错了，他也不会批评，仅让我今后注意，并帮我把方子调整过来。如果是我的方法更佳，他会高兴地说：“青出于蓝而胜于蓝了。”对先辈总结的理论中有些不够明确的地方，我也会不断地提出质疑，其实祖师郑钦安就不迷信古人，不拘于注家之言，敢于以自己的理解和临床经验提出新的看法。我祖父更是在看原文的时候颇多批注，甚至改正原文。《扶阳讲记》中，我之所以强调看郑钦安的三部书要看原著，也就是这个道理。

祖父、伯父去世后，我感到非常孤独，再也没有人可以交流了，只有不断地对自己现有的知识提出质疑。通过广泛的阅读，从《周易》到诸子百家，我对扶阳思想有了更进一步的认识。《周易·彖上》曰：“大哉乾元，万物资始，乃统天。”但在谈“坤”的时候却说“至哉坤元，万物资生，乃顺承天”。乾阳“统天”而坤阴“顺承天”，可见阳气是处于主导地位的。在《易纬·乾凿度》里提到“气者生之充也”，“夫有形者生于无形”，说明阳气是机体化生四肢百骸的原动力，如果没有阳气便不能温煦化育，阴也就无以独立存在并壮大发展。同样，《内经》的重阳思想也是十分突出的。《素问·上古天真论》中的“恬淡虚无，真气从之”说明了保存真阳之气的重要性。祖父卢铸之曾在他的著述中说：“人之生成，纯在天地之中，阴阳之内，五行之间，一切动静都随阴阳之气机而转，业医者，须识得《内经》所论，‘凡阴阳之要，阳密乃固’，‘阳气者，若天与日，失其所则折寿而不彰，故天运当以日光明’等奥义，说明阴阳之虚实，变化之盈缩，刻刻都随五行运化之中，上下内外息息相通，无一刻停滞，随日月昼出夜入，昼作夜息，为养生治病之一大纲领也。”这个纲领指的是：在阴阳的关系中，以阳气为主导，扩展至五脏而言，心没有阳，血便无法运行；肝没有阳，气机便不能疏泄；脾没有阳，水谷便不能运化；肺没有阳，气也就无法宣降；肾没有阳则水液无以气化。由此可见，阳气的正常布运是机体得以正常运作的关键。祖父、伯父终其一生都在实践和凝练着扶阳的观念，只可惜没有在理论上把它具体化、明晰化。为了提升扶阳观念的理性价值，20 世纪 70 年代我提出了中医的阴阳学说中存在着“阳主阴从”的关系，这对于打破现行教材所倡导的机械的“阴阳平衡”具有重要的意义。在去年出版的《扶阳讲记》里，我更加强调了这一关系，在阴阳的变化中，阳是起主导作用的，阳气是人身的根本，治病就是要扶持人体的阳气。所以卢氏医学的一个重要观点就是“阳气宜通”，认为大多数的疾病都是因为阳气的不足或郁结，这样的不足或郁结便导致了“通”的障碍，而一旦机体的阳气失通，气血就会失通，阴阳的协调关系就会遭到破坏。从这个观点看临床上的许多“阴虚证”，就知道这些证的本质实际上还是阳气不足。由于阳的不足，影响了阳气生化和输布阴精的功能，因此对于阴虚病人，只要配伍得当，运用大量姜、桂、附，不但不会伤津耗液，反而能促进津液的回升和输布。在临床上，我之所以强调以扶阳和温阳为主要的治疗原则，大量使用姜、桂、附，实际上是以卢氏提出的“人生立命，在于以火立极，治病立法，在于以火消阴”的学术观点作为指导思想的。在各地进行讲座时，我也是根据自己几十年的临床经验，用通俗易懂的语言进行讲授，便于现在的人能够吸收，不像祖父、伯父的讲座一般都讲《易经》、八卦等。在我刚进入中医学院的时候，曾经就类似的问题与其他老师进行过探讨，当时我所用的就是祖父、伯父的那一套，但是很难沟通，很难交流，从而也就达不到解惑的目的了。

还有在用药上，现在的附片是个很大的问题。我祖辈在世时，中药的质量很好，可是现在的情况就不同了，很多中药都不按古法炮制。对于一般的中药来说问题不大，只是影响疗效而已，但像附片这样的药情况就不同了。附片的古法炮制是用来解决附片的毒性问题的，可是现在炮制的附子由于胆巴水的残余量过多，又带来了胆巴水中毒这样一个新的问题。胆巴水中毒的症状是什么？怎么解胆巴水的毒？尤其对于肾功能不好的病人来说，这更是头等的大事！因为这些原因，有些时候我只好不用附片，但是能不能在不影响疗效的前提下找到其他的替代品呢？所以现在有很多的问题要去面对，要去解决。在继承祖辈经验的同时，还必须结合当代的具体情况，我通过多年实践，使自己的用药范围有了一定扩展。在充分使用经方经法的同时，也不避后世之方、迂回之法，这样便使得整个治疗经权不紊，灵活潇洒，富有诗意。这个过程也使我认识到了搞任何学问都要自己动脑子，不能巧取。

作为一名中医，我们诊断靠的是望闻问切，而不是仪器检查，所以直觉与灵感是必不可少的，也就是我们常说的悟性，这是非常重要的。其实研究任何学问要想达到相当的水平，都离不开悟性，即便是西医也是如此。面对一个疑难病症，有没有悟性，有没有直觉判断，它的结果是不可同日而语的。所以知识越广，经验越丰富，产生的灵感就越有价值。如果你不在中医的研究上投入大量精力，即便是老祖宗教给你，你也不会很好地继承，更不要说有所发展了。每一门学问的发明和进步都离不开灵感，这在现代科学的历史中有数不尽的例子，中医学也是如此。这里就以我的一次诊疗经过为例，说明积累是可以产生灵感的，是可以造就悟性的。多年的学习，使我逐渐养成了独立思考的习惯，现在看来这个习惯的养成使我终身受益，因为它使我在许多次山重水复之际见到了柳暗花明。记得有一眼疾病人，在5岁的时候患上眼病，后来逐渐失明，找我诊治的时候患儿已11岁。患者除了失明，眼前只能数指外，后3年还出现眼球剧痛、复视，父母带着孩子跑遍了全国的大医院，如北京同仁、华西医大、中山医大、上海第一医学院等，西医检查发现其视神经水肿、黄斑苍白，有诊断为视神经萎缩的，也有诊断为视神经炎的，经用大量激素治疗，病情可以暂时好转，但是稍有不慎或是外感，视力又会急剧下降。我刚开始治疗的时候用了一些治眼的常法，患儿眼睛的疼痛虽然有所缓解，但是服药月余视力还不见改善。为此，不但患儿的父母焦急，我亦为之冥思苦想。就在此困顿之际，一个现象提示了我，就是每当患儿吃火锅或吃了过多的麻辣之味时，眼疾就会明显加重。对！这应该是胃的问题、中焦的问题。由于胃阳不足，中焦阻滞，上下失于交通，精气难以上达，遂有失明之患。悟及此端，速易调畅中焦之法，药用砂仁、半夏、蔻仁、木香、陈皮、茯苓、山楂一类，方中无一味治眼之药，可是服用不到一月，患儿视力即大幅度上升，后经较长时间的调治，最终使视力达到1.0以上，随访10年再未复发。此例成功，或者系于顿悟，或者系于灵感，但与平时的积累是分不开的。如果没有对中焦脾胃的这样一个认识，再好的临床线索，恐怕我们也会熟视无睹。

负笈南京西为中用

由于家学的积累和自己的努力，使我在中医的理论和临床上达到了一定的高度，但是对整个医学界尤其是对西医的了解还是相当欠缺的。中西医学由于理论体系不同，诊断方法和治疗思路截然相异，病名的使用亦有很大差别。现代人惯用西医的病名，脑子里装的也是西医的知识和理念，如果对西医的东西没有相当的了解和把握，一方面不利于与患者沟通，另一方面在疗效的判断上也难以令患者心服口服。从更高的角度来说，要想使中医在当代发挥更大的作用，也必须知己知彼。为此，在伯父和父亲的支持下，我于1973年到江苏新医学院学习西医。临行之前，伯父再三叮嘱我在南京要隐姓埋名，潜心学习，不可抛头露面。到南京后，我严格地遵照父亲所嘱，不露声色地默默学习，但是世上没有不透风的墙，不到一个学期，我的身份就暴露了，于是我很快成了一名特殊的学生……有关这段故事和经历，我在《扶阳讲记》中进行了比较详细的记录，在此也就不再费纸墨了。

通过在南京的学习，使我对西医学有了一定程度的认识，认识西医不但没有削弱我对中医的信心，反而使我能够站在更高的层面看待中医，更感到了中医的优势所在。所以，经过3年多的西医学习，我的中医思想更为巩固了，辨证用药也更为精当。结合我的这段经历，再看看现在的中医院校，为什么相当多的学生在学习了一段时间西医以后，便逐渐丧失了对中医的信心？为什么学习西医不能帮助中医，最后反而毁掉了中医呢？这是需要大家一起来思考的问题，否则花费了那么多的时间和精力去学习西医，到头来弄成个引狼入室的局面，我想这应该不是我们学习西医的初衷。

识药篇

自郑钦安始，扶阳学派便以擅用大剂量姜、桂、附等辛温之品而著称于世，但业内的很多人士并不理解为何这样用药，认为如此大剂地用药实属危险，更有甚者认为这纯属标奇立异、哗众取宠之举，殊不知钦安及卢氏运用大剂辛温药，是有其严密的理论依据的。这个依据就是基于对阴阳的根本认识，此外卢氏用药尚有长期大量的临床实践作为支撑。

中药是中医治病的武器。工欲善其事，必先利其器。我国地大物博，中药品种繁多，效验极为丰富。但由于药物的同物异名、名实混淆、产地不同、炮制相异等因素，在很大程度上影响了中医的疗效。因此，学习中药知识对做中医的人来讲是至关重要的。我祖父主张：学医者须先识药。祖父的这个建议不但对遣方用药有极大的好处，而且对于掌握道地药材、识别药材真伪也有好处。过去，我们家院子里常常栽种有大量药材，那都是祖父亲自栽种的，一来可以采摘作为药用，二来也可用以指导教学。这对我认识中药起到了很好的作用，像每一味药的栽种时间、适应什么样的土壤、植物长出以后药物的收采以及加工炮制等，祖父都一一给予我教导。比如淫羊藿这味药，它的产地很多，但是道地、上乘的淫羊藿是陕西产的，也只有陕西产的淫羊藿药叶片才有八十一个齿，其他地方产的淫羊藿都没有这个特征。淫羊藿采摘后，只有叶片入药，其他部分都要去掉。淫羊藿的炮制也是非常讲究的，炒制时要用到羊脂，即要用羊脂炼出的油来炒制，因为羊脂油温润而不燥，这样制出的淫羊藿才会温而不燥。如果不用羊脂炒制，那么这样的淫羊藿就会有很大的燥性，临床上就不容易达到预期的效果。除了这样一些专门的教导外，我还跟随祖父采药购药，我们家虽不设药房，但是也备有常用的中药，方便家人随时取用。祖父对于识别各种药材的真伪、优劣以及药物的标准、规格具有丰富的经验，这与他当年遍访全国考察药物密不可分。经常聆听祖父的这些教诲，听讲医坛佳话、掌故，使我获益良多，对于今后识别药性真伪优劣起到了很大作用。

近年来，一些搞药的人为谋求利益，把已经提取过的药拿来当正品卖。如有一次我就发现药房药柜里的人参竟是提取过的，人参是很重要的一味补益药，有的病治疗时必须要用到它，而且它的运用可以决定疗效的好坏，如果用到上面的人参，就等于谋财害命。但是为什么这类药会进到药房呢？我想与我们没有一双法眼、不具备识别的能力是有直接关系的。现在中医药大学把中医和中药分成两个不同的专业，使得中医生不懂中药，甚至不认识中药，一旦病人是因服药而发生意外，医生不识药，怎么能知道问题出在哪里呢？所以说这是现代中医的一个很大缺陷。

扶阳学派的传承在这200年间一直没有中断，从我的祖父算起也有130多年了，祖父行医70多年，伯父接近70年，而从我开出第一张方子到现在也已经有46年的历史了。卢氏三代处方无数，所用姜、桂、附等辛温之品极多，临床效果一直相当理想，且没有发生过一例因服用大剂量辛温药物而导致中毒的例子。最多也只是有的病人没有按照规定的方法煎药，而出现一些麻口的情况。为什么有的人用十来克附片就会出现中毒现象，而卢氏三代长期大剂量地使用却没有一例意外？我想这与我们对药物的认识、对药性的把握是分不开的。卢门用方法深而药简，一个方常常仅三五味药，多的也就八九味，来去进退，变化就在一二味之间。药为何能这般简，变为何能这般精？这都源自对每味药物的精细认识。可以说对药物的认识和对药性的把握是卢门的一大特点。有人认为大量辛温药的使用只适用于北方寒冷的地带，而不适用于南方，但在我的病人中，既有来自北京、河北、河南、山东、黑龙江的，也有来自江苏、浙江、广东、广西、香港等南方地区的，有的甚至来自海南。对于来自不同地方的病人，我都运用扶阳的法门，在治疗上都使用大量的姜、桂、附，结果同样都取得了理想的疗效。有关用药的南北差异，我还在南京上大学的时候就对这一问题进行了思考，当时南京药学院院长叶橘泉先生曾主动约见我，与我进行讨论。叶先生称得上是中医界的大师，他知道我的祖父，知道“卢火神”这个名号，也知道火神是善用热药的一派，但他很难理解为什么这套方法在南京也管用，所以见面的时候，他就提出了这个问题。传统上四川与江浙一带是有差别的，从清代的几位温病大家都出自江浙，就可以知道这片土地上的医生大都喜用清凉，在饮食习惯上两地也有很大的差别，四川人喜吃麻辣，用辛温似在情理之中，但浙江一带喜甜、味淡而不浓烈，为什么到了江浙你还照用四川的那一套呢？其实叶先生的这个提问也在情理之中，回想钦安去世以后，我的祖父花3年的时间游历全国各地，走访了21个省份，一边行医，一边了解当时当地的风俗和医药，为的就是验证扶阳理念是否只是限于一时一地。叶先生看了我给他亲戚开的30多张方子，所用都是辛温之药，他认为按照病人当时的情况，完全不应该这样来用药，但事实是这样用药以后，病情出现了明显的好转，而且没有任何副反应，这就令他大惑不解，追问我用药的机理到底是什么？我回答：核心就是“重阳”“扶阳”的思想。郑钦安在《医法圆通》中说：“仲景立四逆，究竟是专为救这点元气说法……此方不独专为少阴立法，而上中下三部之法俱备。知得此理，便知得姜、附之功也。”“今人不知立极之要，不知姜、附之功，故不敢用也；非不敢用也，不明也。”郑氏提出很多医者不明白“立极之要”，实际上就是说他们不明白人身立命在于“以火立极”，不明白“以火立极”就不会认识到阳气在人体中的主导地位，就不会理解扶阳这个法门的重要性，也就不知道姜、桂、附的价值所在。郑氏又说：“予非爱姜、附，恶归、地，功夫全在阴阳上打算耳。”说明对阴阳之理的把握是有效运用姜、桂、附等辛温药物的前提。

医德篇

我的祖父卢铸之先生医术精湛，但更令我钦佩的是他高尚的医德。民国时期，政治动荡，贫富悬殊，贫苦大众生病很多都是因为营养不良，然而那些达官贵人却是肚满肠肥。祖父看到社会上这许许多多不公平的状况，决定要通过自己的事业帮助贫苦大众。当时祖父的诊费非常高，看一个病的诊金是4个银圆，民国时期黄金价最高的时候，一两黄金可兑换35个银圆，而当时一个普通工人的月工资仅为两个银圆，可想而知4个银圆的诊费有多贵，这根本不是一般人可以负担得起的。祖父定的这个价完全就是用来针对有钱群体的，而对于贫苦的老百姓，祖父却分文不收，不但赠医，还要施药。为此他每天都要安排几个免费的号，让不能负担昂贵诊费的人来看病，对于这批病人，只要拿着有卢氏记号的处方到同仁堂或德仁堂就可以免费抓药，而卢家则会按时派人到二堂去结账。祖父就是这样一个具有大医精神、大医情怀的人。由于祖父爱国爱民，所以深受成都百姓的爱戴。1963年祖父于成都逝世，享年87岁，中国医学科学院，四川省委、省政府都发出唁电以示哀悼。出殡当日，前往参加追悼者均自发地披麻戴孝，长长的送葬队伍有千余人之多。

祖父临终的时候，把我叫到跟前，对我说："崇汉，爷爷要走了，不能再带你了，以后你要好好跟你大伯父学习！要让卢氏医学发扬光大！"说罢他穿好衣服，走到太师椅前坐下，两目合上，无声无息，安详地离开了人世。按照佛门的说法，这样离世称为"坐化"，若非相当高的成就，是不可能以这种形式离开人世的。祖父逝世令我非常痛心，当时便发誓要继承祖业，做一个大医，不为个人名利，但以救伤扶危为己任，行医40多年至今，我始终不敢忘记当日之志。

传承篇

从南京归来至今已整整30年了。30年来，虽然祖训不忘，振兴中医、光大卢氏医学之宏愿不忘，但是大多时间我也只能洁身自好，难有所为。说的悲凉一点：三十年来能忆事，多在无可奈何中。

由于现行中医教育体制的限制以及中医教材的限制，作为老师不能越雷池一步，这就将中医那种活脱脱的精神给禁锢住了。在我的教学经历中，曾经因讲授教材以外的东西，曾经因临证用方不合某些权威的心意而被停教、停诊……往事悠悠，不堪回首，作为一个饱受家学和深谙临床的老师，明明知道现行教材的这一套并不符合实际，明明知道还有更好、更快捷的路子可以造就人才，可却欲教无门，眼睁睁地看着一个个热血青年满怀着对中医的热忱而来，却又大都扫兴而归，内心的这份凄怆和苦楚，是难以为人道的。

中医的教育问题一直是我思索的大问题，中医怎么在我们这一代人身上传承下去？卢氏医学怎样传承下去？为什么现行的中医教育很难培养出理想的中医人才？这使我联想到了艺术的教育。艺术也是一门很传统的学问，几十年来，我们教育培养出了一批国际知名的大师，钢琴有钢琴的大师，小提琴有小提琴的大师，声乐有声乐的大师，民乐有民乐的大师，绘画的人才更是层出不穷。为什么同是传统的学问，艺术门类可以造就出人才，而中医却不能呢？我想很关键的一点，就在于艺术门类仍沿袭着传统的师承教育。即便是在大学中，师承教育亦占据着主导地位。理论或概论可以上大课，但是轮到教授具体东西时却都是一对一或一对几的小课。我们很难想象光凭上上大课、讲讲曲目和指法就可以培养出一个琴师来，实际上是不可能的，没有一对一的教习，没有手把手的操练，很难造就出一个高水平的琴师。我的经历告诉我，中医这门传统的学问亦是如此，比如脉学，现在是诊断课照本宣科地讲一番，再见习几次，脉学就算讲完了。更有甚者的是教诊断的老师自己对脉学也没有体会，就像一个不懂弹琴的老师可能教出琴师来吗？中医的教育其实已经处于这种尴尬的局面，可以说相当多中医院校的老师自己并不会“弹琴”，可是他们却在年复一年地培养“琴师”，这就是我几十年目睹的中医教育之怪现状。

正当我对这样的现状心灰意冷之际，南方吹来的一缕春风拂动了我的心，由邓老发起的全国名老中医师带徒的传承教育在广东省中医院揭开了帷幕，此举让我看到了中医教育的一丝希望；而另一缕来自南方的暖风亦悄然向我吹来，经朋友推荐，2005 年上半年，我读到了多年难见的一本好书——《思考中医》，书中既强调了阴阳关系中阳气的重要性，又谈到了中医教育中师承的不可替代。在中青年学者中还有这样的见地，我的心不禁为之一动。细心的夫人觉察到了这一点，她背着我给该书作者刘力红发去一封仅有百来字的短信，简要地介绍了我的情况。刘力红收到信后如获至宝。卢铸之、卢永定是他非常钦佩的大医家，而对师祖郑钦安更是推崇备至。骤然知悉他们的传人就在他曾经就读过的成都中医药大学，此时的心情可想而知。用他后来的话说，真有一种春风度玉门之感。刘力红很快通过信中提供的线索来到了成都，对这位“突来之客”是见还是不见呢？当时我是心存犹豫的，但禁不住夫人的劝说，破例接见了他。在以后的半年中，在刘力红一再地恳求下，经过多方观察，最终令我打破了卢门不授参师之徒的规矩，将刘力红和他的两个师兄弟唐农、刘方以及刘力红的夫人赵琳同时收入门下，开启了卢门收外姓弟子的先河。

2005 年下半年，在刘力红、唐农等的促成下，我应广西中医学院之邀前往南宁讲学，这也是我首次迈出四川的讲学。在广西中医学院和广西中医学院第一附属医院的两场讲座，受到了极大欢迎，我所宣讲的扶阳理念得到了师生们的热切回应。2006 年，应邓老和广东省中医院及全国经方运用提高班的邀请，我先后两次前往广州讲学，尤其是在全国经方班的讲座受到了空前的欢迎，学员们那种发自内心的渴求使我深受感动。

岁月匆匆，转瞬间，刘力红等入师门已过一年，在这一年当中，通过我的直接带教或者电话指导，使他们在临证的思路和临证的实际水平上都有了长足的进步。2006 年 7 月，我将在各地的演讲以及在电话中教授弟子的部分内容进行了整理，汇集成《扶阳讲记》一书，由中国中医药出版社出版。《扶阳讲记》

出版以来，受到了读者的喜爱，短短的数月间已连印 4 次。不少读者因看了《扶阳讲记》，临证的思路有了改变，临床的疗效有了提高，门诊量也大幅度上升。从刘力红等弟子以及这些读者身上的进步，我看到了更大的希望，同时也在很大程度上印证了我一直以来的观点——只要方法得当，培养出一个较高水平的中医，并不需要太长时间。

过去我曾经羡慕过音乐艺术的教育形式，像音乐学院有附中，艺术学院也有附中，进入附中的孩子都在音乐艺术上有一定的天赋和喜爱，在人生这个可塑性很强的阶段，让他们整日沉浸在音乐艺术的氛围里，以之陶冶气质，变化气质，以后再进入大学，那就很好教授了。我曾经梦想过中医的教育也采用这种形式，梦想过要带一批“娃娃兵”出来，以为中医传宗接代。可是光阴荏苒，韶华不在，我已是花甲之年了，再从生材教起已经不现实，只有从师才入手，收刘力红、唐农等弟子也许就是这样一个尝试。子曰：“穷则独善其身，达则兼济天下。”过去几十年，我一直谨守圣言，独善其身。现在已经步入 21 世纪，人类将迎来传统文化复兴的春天，如果因缘际会，我愿为了振兴中医、光大卢氏医学而兼善天下。

（2007 年元月 24 日于成都火神轩）

朱锦善

朱锦善（1947— ），江西省安福县人，主任中医师、教授、研究生导师、首批深圳市名医、深圳市名中医。深圳市儿童医院中医科主任、深圳市卫生局中医药专家委员会委员。兼任中华中医药学会儿科分会副会长，中华中医高等教育学会儿科分会常务副理事长，国家级中医药科技成果评审专家，国家中医药管理局《中国中医药年鉴》委员，《中医儿科杂志》《中医外治杂志》、香港《现代中医药》等8家杂志编委。

1969年毕业于江西中医学院（现江西中医药大学）并留校工作，后师从全国著名老中医、中医儿科学泰斗、中国中医研究院王伯岳教授。历任江西中医学院儿科教研室暨附属医院儿科主任、江西省中医药学会儿科专业委员会主任委员，为江西省高等学校首批中青年学科带头人。1997年调深圳市儿童医院创建中医科。从事中医儿科医疗、教学、科研工作五十余年，具有深厚的学术造诣和丰富的临床经验，通晓儿科学术发展史和儿科各家学说，对小儿脾胃有深入研究，擅长治疗小儿肺、脾、肾相关疾病及疑难病证，擅长小儿体质调理，对成人内科及男、妇科杂证亦颇具心得。注重辨证论治，注重辨病和辨证相结合，注重中医外治疗法的研究和应用。多次出席国际学术会议，在国内外公开发表学术论文100余篇，出版学术专著及大学教材30余部。代表作有《儿科心鉴》《儿科临证50讲》《现代中医儿科学》《实用中医儿科学》《中医育儿》《实用中医保健学》《妇科杂病》等，应聘担任国家级研究生重点教材《中医儿科学》副主编。10多项科研成果及论著获全国及省级奖励。1996年获全国妇联、国家教委联合颁发的“全国家庭教育工作园丁奖”。其名录载入《国家级医药科技成果评审专家数据库》《中国大陆名医大典》《中国名医列传》《中国百科学者传略》《中国教育专家辞典》《东方之子》《世界名人录》《安福县志》等。

入门学医

我走上学医行医的道路，登入中医的殿堂，既是命运的安排，也是我心路的结缘。

我家世居江西安福农村，农村贫穷，缺医少药，更缺乏高明医生，农民有了疾病往往得不到及时和良好的治疗。我父亲就是因庸医误治而早逝。当时我正读高一，痛哭了几个晚上，当时我就想，如果今后学医，一定要做一名医术高超的医生。也许父亲的病逝为我今后走上学医的道路铺垫了一块基石。1965年我考入江西中医学院，决定了我从此的人生道路。记得第一次坐火车上中医学院报到的时候，有一位中年男士对我说："学中医好，中医是我们国家特有的传统医学，以后学成还有可能出国会诊看病呢！"

刚上中医学院不久，我却患上了肾病，住进了学院的附属医院治疗。在医院里，医生对我的病以中医治疗为主，经过较长时间治疗，我的病逐渐痊愈。

现在回想起来，我与中医真的有缘，中医对我有荫佑之恩。因此在中医学院的那几年，我虽不是一帆风顺，但已真正立志学好中医。我性格比较内向沉静，也可能比较适合学医。实际上，我自觉是外静内动，向上奋进，追求探索。中医学博大精深，催人求索，又引人入胜。"直挂云帆济沧海"，我十分羡慕并向往那些国医大师渊博的医学知识和丰富的临床经验，愿意在中医学的海洋里遨游！

名师指引

"列士并学，能终善者为师"，中医学院毕业后，我荣幸地被选留校工作，分配在中医儿科教研室，开始走上我的专业道路。记得还在大学读书时，我们就很喜欢听衷诚伟老师的课。他讲的儿科学，概念明晰，而他那种从容的风度，更能使你充满自信。毕业留校时，我就希望能从事中医儿科专业，居然得到了衷老师的首肯，真的记不起当时是怎样地高兴了。衷诚伟教授是我国首批西医学习中医的专家，是一位学贯中西的儿科学者，在全国有一定的名望和影响。他主编的全国高等中医院校函授教材《中医儿科学》受到了全国各中医学院师生的广泛好评。他为我制定了一个全面的培养计划：首先打好儿科学基础，同时加强对中医经典著作的学习，到适当时候再送到国内最高中医学府进修，接受名师指点。

1975年，我有幸被选送到中国中医研究院（现中国中医科学院）西苑医院跟随王伯岳老中医学习。王老是我国著名的中医药学家、中医儿科学泰斗，他知识渊博，通文史哲，工诗词赋，精通医理，熟谙药性，临床经验十分丰富。能拜王老为师，真是三生有幸。1975年夏，河南等地发生水灾，北京许多医院调集医务人员建立医疗队支援灾区。北京的医院于是从全国各省市招选一批医务人员进修，同时也充实医疗力量，我的进修申请就是在那个时候得到批准的。

王老对学生要求很严，又倍加爱护。王老带学生有一个规矩，由学生先看病人，看过后都要写一份留底的“学习病历”，然后交王老复诊。王老复诊时，对学生写好的“学习病历”从病史、舌脉指纹，到处方用药，均一一批改。每天上午看完全部病人之后（下午一时左右），王老还要对一些典型或不典型病例的“学习病历”进行讲解。这种带教方法使每一位学生受益匪浅。更可贵的是，学习结束时，我们每一位学生都留下了大量经过王老批改的“学习病历”，成为永远值得保留的宝贵的经验教诲。现在，每当我捧出这些发黄的“学习病历”，看到王老亲笔写下的蝇头小楷时，王老当时的音容言语就浮现在我眼前。当时，他每天上午要看100多个病儿，批改100多份学习病历，还要讲解半小时左右，每天下午一点半左右才能下班回家吃午饭。我们这些学生则在上午十一时半开始，轮流去食堂先吃午饭。王老的这种对待病人、对待学生的严肃认真又体贴爱护的精神，无不令学生肃然起敬。

王老家世代在四川行医，是成都妇孺皆知的“王小儿”。1955年国家组建中医研究院，中央从各省市抽调了一批学验俱丰的名老中医，王伯岳就是当时随父王朴诚老先生进京的。在成都王老家有一副对联，同时也是祖训：开门问疾苦，闭户阅沧桑。王朴诚老先生对子女的教育奉行易子而教，先学文后学医，先学药后学医，既注重理论更注重实践，这造就了王老渊博的学识和丰富的临证经验。在王老身边学习，许多问题经他一点拨便有茅塞顿开豁然开朗之感。自1975~1976年学习一年之后，1980~1983年，我被王老点名借用在中医研究院，又在王老身边学习了几年，这几年我更是登堂入室，学业精进，可谓“日异其能，岁增其智”。

江育仁教授是南京中医药大学终身教授，也是我国中医儿科的另一大家，与王伯岳教授齐名，在中医儿科界有“南江北王”之称。1980 年，我奉王伯岳先生之召进京，王老嘱咐我路过南京时一定要去拜访江育仁先生。虽然在此之前我已认识江老，但这是第一次登江老家门，拜见江老。也就是在这一次，江老对我说：“你是王老的学生，也就是我的学生。”这一句话以及当时的情景我一辈子都不会忘记。古今中外，都是学生拜请老师，而由老师指名要学生的十分罕见。古人称“勤于学问，谓之懿德”，江老破例收徒，亦堪称懿德也。

我很感动，也很庆幸自己能成为江老的学生。自那时起，我虽然没有直接跟随江老学习，但通过认真学习江老的著作、平时大量联络通讯，以及每年的学术会议交流时直接聆听江老的教诲，亦使我收益良多。

张奇文教授是我从医道路上的又一位良师。张教授年长我 10 来岁，但比起王老、江老来，他又小得多。对我来说，他既是良师也是益友。正如晋·陶潜诗所云：“奇文共欣赏，疑义相与析。”1983 年，中华中医药学会儿科分会成立时，王老、江老就选中张奇文教授为儿科分会的接班人。王老是第一届的会长，江老是第二届以后的名誉会长，1987 年王老突发脑出血去世后，张奇文教授从第二届起接任会长至今。他们三人对我国中医儿科学专业、对中医儿科学学术的发展做出了巨大贡献。我有幸在他们的领导和教诲下从事具体工作，在学术经验交流、儿科医籍著作的编写等许多方面得到了锻炼和提高，正所谓“问学必有师，讲习必有友”。

宋·朱熹尝云：“兼取众人长，以为己善。”在我的从医道路上，我还得到过众多名师的指导，如北京中医药大学终身教授刘弼臣先生、成都市中医医院名老中医王静安先生、河南中医学院名老中医黄明志先生等，他们都是我国屈指可数的儿科大家、国医大师，我在与他们的长期交往中聆听教诲，得以学习名师学术经验。

教学相长

我 22 岁大学毕业后留校工作，从事中医儿科医疗、教学和科研工作。但在此后的十四五年时间里，多次进修培训、拜师学习的时间长于工作时间。我 37 岁时，学院即任命我为儿科教研室暨附属医院儿科主任，接了衷诚伟老师的班，这也是衷老师对我培养推荐、提携扶持的结果。在当时的全国中医学院系统内，我是最年轻的儿科教研室主任。后来我被破格晋升副教授，担任硕士研究生导师，并由江西省教育委员会确定为高校首批中青年学科带头人。

古人云：学然后知不足，教然后知困。我对此深有体会。中医学是一门博大精深的学问，是一门科学，学习中医要有坚定的信念，要有刻苦的精神，要有很深的悟性，要认认真真学习前人的经验，切忌一知半解，不要浅尝辄止，而且还要从实践入手，一切从实际出发，读书临证，临证读书，缺一不可。

“行年五十，而知四十九年之非”，现在回顾自己的学习历程，深有感触，坚定的信念是学好中医的前提。正如宋·朱熹所云：“学道，乃是天下第一至大至难之事。”中医理论深不可测，古代经典难读难懂，特别是中医的抽象思维，看不见摸不着，使许多欲涉足中医之门的人望而却步。因此，学习中医首先就要有知难而进的精神和信念。记得刚进中医学院学习时，我也是对西医知识的学习兴趣高，而对中医理论的学习兴趣低，西医直观，实实在在，中医玄乎，似明似暗。俗话说“入门容易修行难”，对中医而言，入门也不易，修行更是难。马克思说过：科学是没有平坦的道路可走的，只有在那崎岖小路上不畏艰难不断攀登的人，才能到达光辉的顶点。中医这门科学，是独具特色的科学。中医的特色是什么？最近卫生部副部长兼国家中医药管理局局长佘靖教授讲的一番话很有意思，她说：“在特色方面，中医药有独特的生理观、病理观、疾病预防观，其本质特征是从整体、功能、运动变化的角度认识生命规律和疾病演变。在临证实践中有个性化的辨证论治、求衡性的防治原则、人性化的治疗方法、多样化的干预手段、天然化的用药取向等特色。在优势方面，有临床疗效确切、用药相对安全、服务方法灵活、费用比较低廉、创新潜力巨大、发展空间广阔等。”我认为，佘部长的这一番话将中医的特色优势和内在规律讲得通俗易懂。我觉得，学习中医，先要了解概貌，了解其特色与优势，再深入研究，这样易于树立信心，也易于入门和修行。现在我们带学生了，做老师了，要正确引导学生，同时也要在教学相长中不断深化自己。对研究生的带教、对进修医生的带教以及对下级医生的指导与培养，实际上是对自己知识和技能的检验，也是对自己继续学习、深入学习的检验，是自己教学相长的真正体现。因为研究生、进修生、下级医生都有一定的专业知识和临床技能，要带好教就必须自己先掌握好，把中医的内功练好，同时在教学的互动中自己也能学习到很多东西。记得王伯岳老师曾经讲过这样一番话，他说："现在有些中医科班出身的学士、硕士、博士，甚至教授硕士、博士的教授，在中医面前则大谈西医，到了西医面前则大谈中医。显而易见，西医是他的弱项，在真正的西医面前他不敢班门弄斧。然而，中医应当是他的强项。如果我们学历最高、职称最高的中医，都不敢面对中医的话，那我们中医队伍又如何发扬中医呢？群众又会如何看待中医呢？俗话说：半桶水，荡得很。我们应当把水装满，装满了就不荡了。这样，我们不但敢于见公婆，也不怕见媳妇。"王老的话一直策励着我，直到现在，时过20多年我仍然觉得老师的话是那么深刻，实为真知灼见。

实践出真知

俗话说：读万卷书，行万里路。中医有言：熟读王叔和，不如临证多。中医学是一门实践性很强的经验科学，她注重辨证论治，强调临证思维。中医的生命力在临床、在疗效。要提高中医学术水平，提高临证能力，就必须深入实践，实践出真知。清·毛祥麟在《对山医话》中有"治病不难用药，而难于辨证。辨证既明，则中有所主，而用药自无疑畏"之论，讲的是辨证思维在处方用药中的重要作用。"九折臂者，乃成良医"，说明了临床实践的重要性，"良医者，盖谓学功精深"故也。

中医名家孟庆云教授提出了中医辨证论治三个阶段（即三个境界）的理论：第一阶段叫"对号入座"，即初入门的中医，在临证时往往根据教科书的证候分类、寒热虚实、阴虚阳虚来分证治疗，叫对号入座。在此有必要说明，风行一时的"辨证分型"，这个"型"是桎梏中医的枷锁，与证候分类的辨证论治不可同日而语，但自觉不自觉地还有人在讲"辨证分型"，这种分"型"成习惯了，中医就要停止发展了，中医的水平也就到此为止了。好在证候分类的辨证对号入座阶段，还有发展的空间。因此到第二阶段由辨证的对号入座进入"机圆法活"，这是因为疾病不是一成不变的，疾病在变化，治法也要随之而变化，这是辨证论治的高一层次，也就是我们中医的辨证论治水平提高了一个境界，对疾病规律的掌握、对疾病治疗的把握，能够"机圆法活"，善于变化，疗效自然也会提高。第三阶段是"非法为法"（我把它稍稍改为"不法为法"，不以成法为法，不以现法为法），医者掌握了疾病治疗的主动权，辨证遣方更加运用自如，这是辨证论治的最高境界。应该说这才是中医的精华所在，这种境界才能把中医理论发挥到极致。上工治未病，何谓上工治未病？一是预防疾病的发生，以预防为主；二是治法先机，在疾病发展的每一过程中都能把握先机，治未病，治病之先。这就是不法为法。概而论之，正如《素问·至真要大论》所云："谨守病机，各司其属，有者求之，无者求之，盛者责之，虚者责之，必先五胜，疏其血气，令其调达，而致和平。"

现在，我们中医队伍中的一部分人员认为中医疗效不好，不如西医。这里面有三个问题：一是认识问题，西医有西医的长处，中医有中医的长处，西医是科学，中医也是科学，可以互补，不应互相排斥；二是学习问题，中医理论博大精深，需要深入地钻研、长期地体验，才能悟出真谛；三是实践问题，有人认为中医疗效不好，那并不是中医本身的疗效不好，而是我们一部分中医医生没有在辨证论治上、在理法方药上、在中医综合疗法上求精求活，没有把中医的精华特色发挥极致，因此也就没有发挥出中医的疗效，是医生本人的疗效不好，非中医疗效不好也，非彼不能也，是我不能也。

我 50 岁的时候，离开了中医学院，调入现代化的深圳市儿童医院创建中医科（中医儿科）。我面对的是现代化的西医儿科，开起院学术会议或科主任会议来，白花花的一片全是西医专家，中医只有我一个。那种感觉真有点形独影单，同时又有一种巨大的压力。使我不由想起老师的话"现在不是面对西医谈中医，而是面对西医干中医了"。要想立于西医专家之林，就得扎扎实实地提高自己的临证水平，发挥中医的特色和长处。10 年的摸爬滚打，埋头苦干，我得到了西医同道的认可，也得到了广大群众的认可。中医儿科虽然有许多不足和弱势，但也有许多特色和特长，能够在现代化的今天与西医和谐发展共同提高。

10 年的西医院的工作经历给我的体会是：①中医要立足就必须提高自身的临证水平，必须在辨证论治上下功夫，力求达到第三境界。②要充分发挥中医的疗效就必须发掘中医的多种治疗手段及综合疗法，不要瞧不起中医传统的简便廉验的治疗方法。单方可治大病，小药可起沉疴。③要理直气壮、踏踏实实地向古人学习、向西医学习，达到古为今用、洋为中用。"广搜群籍撷其精，参以西学择其粹"，民国时期中医大家张锡纯已开"西为中用"之先河。中医不但可以与西医和谐发展，还可共同提高。

我们中医专业的大学生 20 多岁本科毕业，就要进入医院、进入临床，要学习大量的西医知识以适应临床工作，这是好事不是坏事。但如果学了西医就忘了中医，到30岁以后还不转回头好好钻研中医的话，到40岁他就会对中医没有体会，到50岁时人们就不会认为他是个好中医，到60岁也成不了名中医、名老中医。孔子曰："三十而立，四十而不惑，五十而知天命，六十而随心所欲。"这句话用到中医的三个境界上也是十分贴切的。在中医院校读书的时候，应当认真学好中医理论，学好中医知识，打好坚实基础，到了三十岁时要立足在中医的位子上，所谓三十而立；四十了，更应坚定信念而"不惑"，至少要能熟练地"对号入座"；五十了，才会对中医有深切的体验而"知天命"，做到"机圆法活"；六十了，才会"随心所欲""不法为法"。六十以后，才能运用自如地发挥中医的水平。

学无止境

回顾我的从医道路，实际上就是一个不断学习的历程。记得先师王伯岳先生为《名老中医之路》撰文时给自己写的题目就是"心有余力，学无止境"。回想我自拜师学习至今已30余年，先师也已辞世20余年了，我每每捧起老师生前写给我的第一封信，就深感惭愧，老师在信里饱含深情地为我写了一首诗：

负笈不辞万里游，去来两度逢深秋，
我自含颦君无语，蒹葭霜露满蓟州。
青毡破处秋风寒，绛帐寂寥抚流年，
早莺出谷青云上，应踏南枝向长安。
何夕明月照归人，老母倚闾稚女亲，
锦瑟明瑶无双谱，忆否土阶共一轮。
行前偕游别颐和，杨柳萧萧唱骊歌，
后湖清浅无多水，输与离人照逝波。

这是一首隔一的藏头诗（"负青何行，我早锦后"），满含了老师对我寄予的深切期望。虽然自己也勤勉而为，但自感差距很大，只有在晚年加倍努力。

说来也巧，伯岳老师在1974～1975年为《赤脚医生杂志》撰写系列讲座《中医儿科临床浅解》，在当时影响很大，后由人民卫生出版社集成一书出版，印数达40万册，当时老师还嘱我增补内容，作为补续。时隔20多年，也是该杂志（后改名为《中国农村医学》《中国临床医生》）约我进行系列讲座，我撰写了30多讲《儿科临证心法》，历时近3年。后来应中国中医药出版社之约编入我的《儿科临证50讲》，也算是时隔20年后给老师补交的答卷吧。

江育仁老师对我也是饱含殷切期望，他在晚年应上海中医药大学出版社之约主持编写上海市“十五”重点图书《现代中医儿科学》，当时他身体虚弱，嘱我负责具体编写事宜，要我和他共同担任该书主编。在草拟该书编写主旨时，我提出倡导中医辨证论治思维，发挥中医儿科特色，为现代儿科临床服务。江老十分赞同，还特地写下这样的话：“你做事我太放心了，而且是要完全依靠你。”该书在全国同仁的共同努力下圆满完成，并由江老签发交付出版社。但未等到该书出版，江老就离开了我们。张奇文教授对该书的评价是：“从内容到装帧都很不错，足慰江老在天之灵。”

谈到自己的学习历程，不能忘记中华中医药学会儿科分学会对我的培养锻炼和帮助。1978年开始，我国中医儿科界的有志之士就要求筹建中华中医药学会儿科专业委员会，1980年在昆明召开的全国中医理论文献研究会议上，王伯岳、江育仁、何世英等中医儿科老专家联名向当时的中华中医药学会秘书长吕炳奎（卫生部中医司司长）呈交了筹建儿科专业委员会的申请报告，吕老当即批示由王伯岳牵头召集筹建。1980～1983年我被借用在北京王老处工作（协助《中医儿科学》编写），因此筹建学会的具体工作由我跑腿联系。终于在1983年10月，经张奇文同志筹备，在山东省潍坊市召开了全国第一次中医儿科学术会议，吕炳奎司长亲临会议并主持了儿科专业委员会的选举。记得当时气氛十分热烈，与会代表纷纷热烈祝贺儿科专业委员会的成立，吕老高兴地为大会题词。吕老还为我题写了“风华正茂”的一个小条幅，在我要求下又专门为我题写了“继承发扬”的条幅。这幅“继承发扬”的题词，我十分珍爱，也是我以后工作学习的座右铭。在儿科专业委员会（后改名为儿科分会），我在王老、江老、张奇文教授等几位学会主要负责人的带领培养和教育下，提高了学术水平，锻炼了工作能力，学到了全国许多老专家老前辈的宝贵经验。特别是在学会组织下，我编写了《中医儿科学》《实用中医保健学》《儿科医籍辑要》《实用中医儿科学》等许多重要著作，可以说我和学会是共同成长的。1992年以后我也被推选为学会副会长，并长期兼任秘书长。

读书、教书、编书、写书，我的习医从医之路与书息息相关。但无论读书、教书、编书、写书，都是学习的历程，而且是一步深入一步的学习历程。从1978年发表第一篇整理王伯岳学术经验的论文起，至今我已在多种刊物上发表文章100余篇，出版了包括独著、主编、副主编在内的30多本著作，达几百万字，这些都是我学习的结晶。编书写书，就必须读书，而且必须要认真读书，编写一百万字的书至少要读几百万字几千万字的书才行，而且读书的质量也与平时读书不可比，是更加艰苦的读书过程，更有心得体会的读书过程。

江育仁先生评价我的写作“不随时俗，恒多创见”“继承中寓于发扬”。这实际上是江老对我的鼓励与鞭策，“创见”是过誉，“不随时俗”“继承发扬”，则是我不懈努力的方向和目标。

中医儿科学术理论与历代儿科名家的医疗经验，是一个值得继续发掘、研究总结、提高发扬的宝库。继承与发扬（或叫创新）是中医永恒的主题，二者是不可分的。继承中即有发扬，发扬与创新离不开继承。我有一个心愿，即联合全国志同道合的同仁把中医儿科学的学术理论与历代儿科名家的学术思想与医疗经验进行一次系统的全面的整理与研究，这里面包括：①中医儿科学术源流与发展。②儿科重要理论学说的源流与学术争鸣。③儿科各家学说。④古今儿科名医名著名术等。这项工作得到了全国许多同道专家的热情支持与积极参与，特别是得到了我国著名中医学家、国医大师邓铁涛教授，张奇文教授，刘弼臣教授的赞誉与指导。这项研究经过3年的努力，现已编写成专著，定名为《儿科心鉴》，中国中医药出版社将该书作为重点图书出版。我衷心希望该书的出版能为中医儿科的临床、科研与教学服务，为继承和发扬中医儿科学术与经验、为中医儿科事业奉献绵薄之力！

温长路

温长路（1947— ），笔名文茗、寓愚，河南平顶山市人。中医主任医师、教授、作家，为享受国务院政府特殊津贴专家、国家中医药管理局中医药文化建设和科学普及委员会专家、中华中医药学会首席健康科普专家。中华中医药学会学术顾问和科普分会主任委员，中医药文化分会副主任委员，编辑出版、医史文献、医古文等分会常委，兼任福建、上海等多家中医药院校客座教授，《中医药研究》《环球中医药》《世界中西医结合杂志》《中医药文化》《光明中医》等多家期刊编委、常务编委、副主任等。

长期从事医学教育、临床、科研、管理工作，曾任洛阳市第二中医院（前身为河南省中医院）院长、洛阳市卫生干部管理学校校长等职，以中医药文化、中医基础理论和卫生政策研究为方向，以中医内科脾胃病及部分疑难杂症研究和临床为主旨。已公开发表学术、文化、政论、科普等各类文章800余篇，出版著作60余种。其中有的作品被收入国家编纂的相关著作大系，并获得政府奖项；有的作品多次再版、重印，有的作品被译成外文出版。主要事迹被国内外几十家媒体报道，并载入《英国剑桥名人录》《中国科学家传记》等30余种辞书。

“来日方长”，是已故中医泰斗、北京中医药大学教授董建华先生在20世纪80年代初送给我的一款题词中的话。他说，学医永无止境、永无尽头，要活到老学到老。无疑，他的话是正确的和语重心长的。几十年来，我一直把它作为金玉良言、做人信条，在从医从教的道路上学习着、体会着、琢磨着、感悟着、践行着、努力着、奋发着、前进着，从不敢稍有懈怠之心。

医乃性命之学

“域中有四大，而人居其一焉。人法地，地法天，天法道，道法自然。”(《老子·第二十五章》)“天覆地载，万物悉备，莫贵于人。”(《素问·宝命全形论》)“世间一切事物中，人是第一可宝贵的。”(毛泽东《唯心历史观的破产》)面对人的问题、面对高于一切的性命之学，医生的责任被提到了“天字第一号”的高度。《黄帝内经》要求医生“上知天文，下知地理，中知人事”(《素问·气交变大论》)，将医以人为本的思想说得再明确不过了。唐代医家孙思邈则说得更具体：“凡大医治病，必当安神定志，无欲无求，先发大慈恻隐之心，誓愿普救含灵之苦。若有疾厄来求救者，不得问其贵贱贫富、长幼妍蚩、怨亲善友、华夷愚智，善同一等，皆如至亲之想。亦不得瞻前顾后，自虑凶吉，护惜身命。见彼苦恼，若己有之，深心凄怆，勿避险巇、昼夜、寒暑、饥渴、疲劳，一心扑救，无作功夫形迹之心。”(唐代孙思邈《备急千金要方》)

人的一生中，差不多都有过患病的经历，都当过病人的角色，体会过患者及其周围人的痛苦。我的人生经历中，同样有过这种切肤之痛：20 多岁时艰苦的军旅生活曾留下了肝病的阴影，后来还被扣上了“肝萎缩”的帽子，开始了一生中与疾病的持久性拉锯战。本能的生存欲，使我与医界乃至更广泛的人群打交道、交朋友，也真心体会到了医学之重要、医生之重要。董建华、任应秋、赵绍琴、焦树德、关幼波、刘弼臣、谢海洲、李振华、赵清理等巨擘名家都曾给我开过救命药，一些乡村草医也与我建立过密切的医患关系。我还不顾老祖宗“医不自治”的训教，尝试着自治，甚至多次品味过那些在常人看来不可入目更无法入口的肮脏偏方和带有危险性的毒性药物。由痛苦、恐惧、颓丧到漠然置之、笑对人生，精神作用是我走出疾病阴影并得以解脱的首要因素，也是我体会最深、作为医生后用于疗疾治病的重要法宝和在患者身上花费时间最多的诊治程序。

或许是因病所感，在对疾病的认识中，我始终是把对肝的重视放在第一位。尽管“五气所病：心为噫，肺为咳，肝为语，脾为吞，肾为欠、为嚏，胃为气逆、为哕、为恐，大肠、小肠为泄，下焦溢为水，膀胱不利为癃，不约为遗溺，胆为怒”(《素问·宣明五气》)，但都与肝存在着割不断的联系，与肝的气机运转失调不无关联。治疗上围绕条达肝气，采取或左或右，或上或下，或内或外施法用药，使肝气反逆为顺，一般都会有意外的收获。治肝之路是四通八达的，疏肝之法是千种百样的，清肝热、平肝阳、除肝风、滋肝阴、养肝血、益肝气、解肝郁、柔肝体、调肝用、和肝功，我总结出的“疏肝十法”也曾经被不少学者接纳。窃以为，以肝的调理、养护为中心的“精神为支柱，饮食为基础，运动为活力，药物为后盾”的“四联疗法”是中医治病的基本法则，以之对大量的感冒、喘证、腹痛、胸痛、腰痛、痹证、汗证、水肿、血淋、阳痿等疾病的治疗实践证明，都实现了“体气和平”（嵇康《养生论》）的目标。

在挣扎中，我幸运地保存了自我，也开始了救人日记的撰写，更懂得了对生命的尊重，加深了对中医学“以人为本”思想本质的认识。中医的这一思想，是中国传统文化中优秀道德观的体现，它反映出的人本（人权）思想（确定人的生存权利和崇高地位，就是生命至上的理论，强调贵人贱物、珍惜生命、保护生命）、人性思想（阐发人的本性、天性、思想性，就是立足于为人、重视人的需要的思想，强调重视活体的因素和传承扬善忌恶的理念）和人文思想（强调人的生存环境，就是“天人合一”的思想，立足于人与自然、社会和谐关系的构建），不仅是中医文化的轴心，而且是中国文化的核心，是中医自立于世界之林永不衰败的法宝，是中医人应当时刻遵循、终生蹈行的道德底线。救人无条件，救人无代价，“救人一命胜造七级浮屠”，这是刻在我从医路上的不会磨灭的灯塔和路标。

学医必多读古人书

中医学，是中华民族的瑰宝，是我国古代优秀传统文化的组成部分，它随着文化的发生、发展而不断发展、进步。中国文化所独有的广博、深厚、朴实、包容的特色，造就了中医学典型的东方医学之身。世界五大传统医学体系的形成，依托的都是他们背后的文明古国灿烂文化深厚背景。在他们之中，古希腊－罗马医药学、印度医药学、埃及医药学、亚述－巴比伦医药学渐次遁出历史舞台，只有中医学仍根深叶茂，以她完整而独特的理论体系和可靠的防治效果呈现在世人面前，影响着中国乃至地球上许多地区，充分显示出了它巨大的生命力。寻根问底，支撑中医学成长壮大的重要因素，正是它的母体——优秀的中国传统文化。

长期的实践和历史的经验告诉我们，中医学术的发展离不开读书、临证、师承这三大要素。读书，包括正规的学校教育、家学和自学，是认识中医、接受中医学术的重要途径，是从源头上说的；临证，是中医最主要的实践活动，是体验中医、运用中医学知识实现医学最终目的的基本方式，是从手段说的；师承，是按照中医自身规律总结出的经验，是传承中医、发展中医学术的学科特色，是从方法上说的。从中医学术发展的高度上去认识这三大要素，它们既是带有战略性的，也是具有战术性的，重之又重，不可偏废。

“非读书，不明礼；要知事，须读史。”（吕新吾《小儿语》）提高自己水平的途径虽然是多方面的，但最基本也是最主要的方法就是提高学习能力，从研读古代名家的原著入手，学习历代医家和当代名老中医的经验，夯实理论功底，在学习中做好学术继承，在继承中追求学术创新。有资料说，目前已知的中医药典籍有 3 万多种，可以见到的有 1 万多种。面对如此众多的古医籍，如何读懂它、消化它，是直接关系到中医学生命延续和发展壮大的头等大事，也是中国人，特别是中医人世代关心的切身大事。除医学专业书籍外，中医还需要读文字学的书、历史学的书、哲学的书和其他相关学科的书。从某种意义上说，读书多少，直接关系着对中医学的认知、理解程度，是做好医生的基本功课。

“一切道术，必有本源。未有目不睹汉唐以前书，徒记时尚之药数种而可为医者。今将学医必读之书并读法开列于下，果能专心体察，则胸有定见。然后将后世之书遍观博览，自能辨其是非，取其长而去其短矣。”（徐大椿《慎疾刍言》）我认为，在浩瀚如林的古籍中需要读的文字学类的书如《说文解字》《说文解字注》《尔雅》《马氏文通》等，历史学类的书如十三经、二十四史、《吕氏春秋》《淮南子》《史记》等，哲学类的书如《论语》《孟子》《老子》《庄子》《荀子》《周易》《近思录》《传习录》等，文学类的书如《诗经》《离骚》《两都赋》《三国演义》《水浒全传》《红楼梦》《容斋续笔》《阅微草堂笔记》等，学术类的书如《黄帝内经》《甲乙经》《伤寒论》《金匮要略》《神农本草经》《千金要方》《外台秘要》《本草纲目》《诸病源候论》《温疫论》《温病条辨》《医林改错》《世医得效方》《脾胃论》《小儿药证直诀》《审视瑶函》《名医类案》等。本人还有读字典、辞典的习惯，不仅是要读现代常用的工具书，如《新华字典》《成语辞典》《辞海》《辞源》之类的，而且还要读些专业知识之类的，如《中医文献辞典》《中医辞海》《中药大辞典》《中医方剂辞典》等。当然，读法上不是千篇一律的通读，有精读的，要字句领会，还要打边批、抄名句、写笔记；有一般读的，粗看一遍就行，运用时能够凭印象找得到所需要的内容就行；有选读的，针对性地去读那些用得上的章节。读书的时间，一天不能间断，或长或短，少睡一点觉也得挤出来。不怕见笑，有许多书我都是利用每天在厕所蹲坑的机会和差旅途中的火车、飞机上或在宾馆中读完的。这一方法还传染给了儿孙们，洗手间小柜上经常放的书都有几代人的选择。读书就得买书，逛书店、书市、书摊是我最大的嗜好，其痴迷程度不亚于女眷们逛商场的劲头。迄今为止，书房里的藏书已有几千种之多，除辟出两间专门的房子外，还延伸到客厅、卧室等所有可以利用的私人空间，老伴开玩笑说我是“不折不扣的书虫，是个生活在书堆里的人”。

读书之外，我还教书、写书、编书、评书。教的书专一，除多少涉足点文字学外，就是中医学了，传点师道、讲点感悟而已，并无多少创造。写的书大大小小也有几十册，有自撰的，也有与人合写的；有主编的，也有担任策划的；有中医药学术类的，也有中医药文化与科普类的，还有文学类的，不过是些泛泛之品，愧无几本惊人之作。编的书有限，主要是为出版界的朋友们帮忙，文史哲类的书籍都参与过，结识些朋友，开阔点眼界，也有意外的收获。评的书不少，一是由工作性质决定，曾做过有关部门委托的对中医药图书的审读工作，审读就是挑毛病、就是品头论足，算得上是“评书”的范畴吧！二是为熟识的部分专家、学者、朋友、弟子的作品作序、写评，大体都是抬轿子的事。这些序、评，虽然都是些三两千字的小文，却是极费工夫的活计：要写就得读，要写好就得读透，圈圈点点还是颇动心思的。对序、评之类内容的构想，更是重要的环节，我不想用那些落套的程式去应付差事。说点肯定与否定的套话是必要的，最要紧的是如何写出具有鲜明启发性、导向性的亮点来。我认为，有影响的书评、书序，不仅要有与书共存的价值，附着于书中，而且要有独立生存与传播的个性，影响于书外。

书把我引进中医之门，书使我受益无穷。我提出的对《黄帝内经》训诂问题上的见解和对《伤寒论》辨证艺术的研究，对《诗经》中的医学思想、《论语》中的养生学思想的诠释和医文哲理对中医思想的影响，对《黄帝内经》与《易经》阴阳观的比较和六气为病两面观的诠释等观点，都是从书中读出来、悟出来的。

科学认识中医学的属性

要当一名合格的中医，必须明白中医学的属性，并真正做到融会贯通，把它贯穿于从医过程的始终。在中医的认知方法中，整体思维、辩（辨）证思维、直觉思维、中和思维、意象思维，无一不有。但体现最充分的莫过于中和思维，中医认识论中的“天人合一”、治疗原则上的“执中致和”、药物应用上的“补偏救敝”等，无不是中和思维的具体应用。毫无疑问，中和（执中致和）是中医药文化理念的核心思想。除前面已经谈到的文化理念外，它还包括文化实践中以和为中心的教育体系、医疗体系、科研体系、经营体系、管理体系、评价体系等一系列构件；文化环境中以和为中心的生活环境、工作环境、医疗环境、学术环境等一系列构件。如何认识中医学的中和理念，关系着对中医学认识、发展上的定位，是从医人终生都不能糊涂的问题。

中医治疗观的核心，就是“以和为治”。中医学认为，适中是生理状态的前提。“适中”者，不偏不倚、不卑不亢、不多不少、执中适度、执两用中、恰到好处也。其中包含适中的外环境、适中的内环境和适中的内外环境的统一。求适中，是人类与自然斗争、与疾病斗争，改造自然、改造自身的积极措施。失中是疾病发生的条件，适中环境的破坏就必然会引起各种病理状态和病理过程，那就是“失中”，或者叫失衡、偏激。它的表现是，或过于左而呈现太过、有余，超越人的正常承受能力；或过于右而呈现不及、不足，不能够满足人的生理需要，这都会导致疾病的发生。不管疾病发生的原因多么复杂，它的核心总离不开失中这个环节，中医学把千姿百态的疾病总括为阴、阳两大类，而病“生于阳者，得之风雨寒暑”之失中；病“生于阴者，得之饮食居处，阴阳喜怒”的失中（《素问·调经论》）；病生于房屋、金刃、虫兽所伤者，得之社会、自然或人类自身调节方法上的失中。说到底，这个失中就是太过或不及这两种倾向，某种倾向成为矛盾的主宰时，疾病就朝着某个倾向发生了。适中能保持身体健康，失中会导致疾病发生，那么治病的手段当然是调失中为适中，即求得机体的相对平衡了，我们把这种基本方法称为“执中”。“执中”是人类在长期同疾病斗争过程中创造的一种对付疾病的积极手段，是体现人的因素促使矛盾转化的一个作用过程，这实质上就是中医学倡导的整体观念下的辨证施治思想，亦即中医治疗学的理论核心。“致和”是防病疗疾的归宿，和平、和谐、调和、中和、协和、平和等，皆是要“和”，“和”就是中医学的目的。《黄帝内经》中早就说得明白：“谨守病机，各司其属，有者求之，无者求之，盛者责之，虚者责之，必先五脏，疏其血气，令其调达，而致和平。”（《素问·至真要大论》）很显然，中医的所有治法，包括攻邪也是包含在“和”的范畴之内的。

根据邪气致病的特点，中医把邪的存在、性质分为三种性状，并据此提出三套应对的祛邪方案来：

对于肆虐横行之邪采取抗邪之法，即是与病邪的抗争，属于对峙战；对于坚顽难化之邪采用化邪之治，可以理解为对邪的改造，属于持久战；对于不往体外之邪施以排邪之举，就是把邪驱逐出国门，属于速决战。“人之受病，如寇入国，不先逐寇而先抚循，适足以养寇而扰黎民也。”（《医旨绪余》）表现不同，治理手段和方法亦不同，体现出的正是中医辨证施治的基本法则。汗、吐、下、清、消诸法，体现的仍然不是将邪灭除的极端手段，只是给邪以出路罢了。使邪“欲左者左，欲右者右，欲高者高，欲下者下，吾取其犯命者”（《吕氏春秋·异用》）。网开一面，用的是仁人之道，怎能把它理解为离经叛道呢？“邪气加诸身，速攻之可也，速去之可也，揽而留之可乎？”（《儒门事亲》）用汗法以“开玄府而逐邪气”（同前），用吐法以“令其条达”（同前），用下法以“推陈致新”等（同前），这些方法没有偏离和超越中医哲学关于“和”的概念界定，是“和”的另一种表现形式罢了。当然，这并不等于说，中医就没有灭邪的欲望和可能。生活中还有因为不小心而自己伤了自己的情况发生，激烈的正邪交战中怎么可能排除正邪之间相互的伤亡呢！只是杀灭邪气的原则，不是中医学体现出的主题。

中医的发展观，主体就是“以述为作”，这个概念是从孔子的《论语》中引申出来的。孔子提出的“述而不作，信而好古”（《论语·述而》），是他处理继承与创新关系的准则，其实质是说继承与创新间辩证关系的。“信而好古”，是处理好二者关系的前提。要相信历史、相信古人、相信古籍，要下大力气把古代遗留下来的财富发掘好、研究好、继承好。“好古”的实质，不是对古之实存性上的仰慕，而是出于对古今一道的领悟和文化生命连续性的契会。“述而不作”，是“信而好古”基础上的行为，属于孔子的谦辞或语言上的另一种表述方法。实际上，孔子是“述而又作”或“又述又作”的。他不仅强调了“作”的严肃性，而且是把“作”视为创新看待的。孔子的“述、作”精神所体现的，就是质与文、自然与文明的连续。文化的继承与创新，表现为生命连续性中的日新日化。反省中国现代以来的文化状况，常常使人感到，强调“继承”总有一种说不清的顾忌，而强调“创新”意识似乎更能体现出大气和时尚。仔细思考，这其中包含着的强烈的反传统意识，正是导致一种历史意识的缺乏和文化上断裂性的重要因素，也是导致中国现代以来文化发展中人文资源积累和建设性不足的重要原因之一。

根据以上观点，我们可以把中医学传承的任务用三个方面来加以概括：历史的复原、历史的激活、历史的推动。与西方的哲学不同的是，中国文化不是在否定中前进的，它的连续性和渐变特点决定了它以继承为主旨的道路。没有创新，社会就要停顿、人类就会窒息。中医学同样存在着如何与时俱进、如何创新的问题。创新的方式，可分为发掘创新（在整理中创新）、改良创新（在继承中创新）、原始创新（在发展中创新）等多种，原始创新固然代表着创新的方向，但是是非常不容易成功的，或许这正是影响中医学快速发展的原因之一。按照中医学的固有模式，应该坚持以前两种创新方式为主，有的放矢地探索原始创新的问题。“继承而不泥古，创新而不离宗”，这一方针应该是中医科研工作的基本立足点。有人说“中医没有科研”，这实际上是对中医学的误解或片面认识。科研是多层次、多侧面、多渠道的，其中实践观察和体验是最基本的手段之一。从这点出发去认识中医的科研，就不难发现，科研是贯穿于中医学科形成、发展、进步全过程的平常行为，只是有些方式与现代的方式雷同，有些方式与现代的方式不同罢了。追求具有中医特色的现代科研，也是笔者为之奔波大半生、奋斗大半生的实践，“中国国药健身浴浆”和“中国国药健身浴醋”两大系列 10 个项目的纯正中医药产品的研发虽未成太大的气候，却是下了功夫、经得起推敲的研究，也曾在医界荡起过涟漪，获得过国内外的多项奖励。

疗效是硬道理

中医学的核心问题，说到底是临床问题，是中医辨证论治水平和中医诊疗能力及临床疗效如何提高的问题，社会发展和人民健康需要品行端、功底厚、懂理论、会看病、疗效好、群众公认的临床家。历史上的中医大家，尽管其建树不尽相同，但有一点是共同的，就是表现在他们卓有成效的临床上，也因此使他们成为人们世代传颂的中医药学术和临床水平的杰出代表。笔者虽不敢以“名医”自高，但有一点可以肯定，就是始终在朝着这一目标努力着，而且已成为具有最高职称的“主任医师”中的一员。

在临证中，认准病因、病机是提高诊断准确率和疗效可靠性的关键所在，善于将宏观思维与微观思维结合在一起，是解决这一问题的基点。以对咳嗽的治疗为例，不少人把咳证的病因归结为“气上逆”，治疗思路自然就是以降气为法了。其实，这种认识是欠全面的。《黄帝内经》中虽然有“咳关于肺”之说，又同时指出“五脏六腑皆令人咳，非独肺也”（《咳论》），说明咳嗽的“气逆”，既有肺气上逆的一面，又非独肺气上逆，还可能包括五脏的气逆。“气逆”是咳的总成因，是以肺脏为主的各种气逆表现的综合。出于五脏六腑间的有机联系，气逆现象会在不同脏腑表现出不同的征象来：肺主皮毛，“皮毛先受邪气，邪气以从其合”（同上），肺气逆，形成“咳而喘，息有音，甚则唾血”的肺咳。随着邪气的传变，也会出现心气逆，形成“咳则心痛，喉中介介如梗状，甚则咽肿、喉痹”的心咳。它如“两胁下痛，甚则不可以转”的肝咳、“右胁下痛，阴阴引肩背”的脾咳、“腰背相引而痛，甚则咳涎”的肾咳及六腑诸咳，无不与该脏该腑所在部位与气在该部位的逆作行为有关。由此可知，肺气上逆引起的咳嗽，仅是咳证中最常见的一种，而不能包括咳证的全部，单凭疏理肺气的方法无法治愈所有的咳嗽。知常而不知达变成为不能取得理想临床效果的障碍，使得一些看似容易的疾病往往让人感到束手无策或疗效不彰。在治疗咳证时，如果能在注重“关于肺”的主证外，又能不放过与五脏六腑气机变化相关的其他临床表现，抓住气顺逆变化所在部位的兼证，如咳而呕恶（上）、咳而胁痛（中）、咳而溺出（下）等相关表现，找准气顺逆变化的“逆点”，有针对性地在气顺逆的枢机上做文章，收到的治疗效果肯定就会好些。据此，笔者在治疗咳嗽时不管外感内伤、病寒病热、病新病久、病浅病深，在辨证用药的同时，特别看重调理气机这一环节，根据病位和表现出的不同症状，以杏仁、枳壳为药对进行合理配伍，每每取得满意的效果。具体用法是：凡咳声响亮，咯痰滑利，胸满伴气促明显者，虽病变在上，其实为气不下行也。故重用枳壳引气下行，使上下气通畅，咳自平矣。凡咳声深重，咯痰不爽，并见少腹因咳而坠胀作痛，甚或咳而溺出者，虽然病变表现在下，其实为肺气不宣也。故重用杏仁宣发肺气，使气机上下贯通，咳自减也。凡见咳声绵绵，喉痒而咳不出，腹空而食不下者，多为气机上下不相接，病位在中。用杏仁、枳壳等量上宣下通，使气道滑利，咳自息也。

人的生命基础在食物，食物的受纳在脾胃。病有百种，治有百法，但调理脾胃当为根本之大法，这也是笔者治病所遵循的百无一变的基本法则。参苓白术散是我最爱的方剂之一，在辨证辨病的同时若能巧妙掺入其有效药物，多有奇效。

调理脾胃之法，非独健脾补脾、养胃益胃一宗，合理饮食则是最为要紧的环节。俗言中的“疾病三分治七分养”，说的就是这个道理。如临床上常见的结肠炎一病，其治疗原则如抛开了“七分养”，不能在合理饮食上制订方案，多半是治之功微或无功的。药物之外，对饮食的要求起码要有如下几条：一曰戒烟忌酒，二曰忌食生硬不易消化之物，三曰忌食辛辣刺激之品，四曰忌食大热（如狗肉）大寒之物（如冰制品），五曰忌食油腻滑利之品，六曰忌食海味，七曰晚餐必以米粥为食。大量病例证明，在药物治疗期间凡能按此要求安排饮食的，几乎没有不效者。

作为医生，如何处理中西医关系的问题是无法规避的现实。中医与西医、传统继承与现代创新的关系问题，本质上是中国文化与西方文化的关系问题。不仅受到中西医学界的高度重视，也是史学界、哲学界、文学界普遍关注的热门话题。各界具有共识的结论是，文化的独立性是相对的，文化的渗透性才是必然的和无法抗拒的。“现代化过程在中国是植入型而非原生型，现代性裂痕就显为双重性的：不仅是传统与现代之冲突，亦是中西之冲突。”（刘小枫《现代性社会理论》）事实上，世界文化东传西渐所造就的必然是本土文化基础之上的西方有中、中方有西的结果。如果可以按照这种比较宽泛的理念去认识中西医之间的关系、去处理中西医之间的问题，或许能够在他们之间找到更多的共同语言。

东方科学与西方科学、中医与西医，从不同的历史背景之中走来，这是历史的自然。从本质上看，中西医之间不仅不是不可调和的对立体，而恰恰是可以互补的协作者。在同一片蓝天下，谁都无法用“不共戴天”的诅咒驱除对方，谁也没有“离我其谁”的符篆独霸天下。人类对历史的认识，是螺旋式上升、波浪式发展的，中医从五千年的浪尖上走过来，有过丰富的经验和太多的教训；现代科技文明的历史还显得短暂，现代科技发展的道路还很漫长。千万不要把眼前中医、西医的地位、规模、成就当作神圣不变的东西，要用战略的眼光去看待中医、西医的过去、现在和未来。西医用近视镜看中医和中医用远视镜看西医，同样不能达到对对方的正确认识和互学互补的目的，如何校正自己视力，是两个学科都必须要首先冷静对待的话题。在反客为主、作为本土医学的中医处于相对弱势的今天，既需要中医的包容、胸怀和开放，又需要西医的虔诚、虚心和合作，中西医都需要有更多的大度、互补、互敬和团结的精神。中西医长期并存、共同发展，是国情决定、国策确立、国计需求、民生选择的基本方针。从实现中华民族复兴、提高国民健康素质和人类发展进步的共同目标出发，中西医之间要解决的不是谁主谁次、谁能淘汰谁的问题，而是如何互相理解、互相学习、互相取长补短、互相支持、互相配合的问题。这种“互相”关系，就是建立和诠释“中西医结合”基本含义的出发点与归宿点。

中医在处理中西医关系上，关键是如何正确把握“度”的问题，如何在“知其白，守其黑，为天下式；为天下式，常德不忒，复归于无极”（《老子·第二十八章》）的原理下去掌握“知白受黑”的分寸。“黑”好比中医本身，“白”好比中医之外的其他学科。中医的发展，首先要瞄准自身范围内的事，要守住自己的本色，保持中医的地盘，但也必须在包容的体系中不断开放，及时引入包括西医在内的现代科学知识的理论和技巧。在敢于接受、勇于接受、积极接受新知识领域时，对于原本属于自己具有独立知识产权的传统法宝“不惟不抹杀”，而且要“重新解释，回复其价值，令学者起一番自觉，力求本国学问的独立”（梁启超《中国近三百年学术史》）。生活在数千年传统文化圈包围之中的年轻西医不怕被“中化”，而在本土上称王称霸几千年的中医却时常担忧被“西化”，这是值得引起反思的命题。我是提倡要学点包括西医在内的现代科学知识的，否则就无法适应实际工作的需要，与自己的服务对象也无法进行有效的交流。20 世纪 80 年代初，我专门脱产到湖北医学院（后更名为“湖北医科大学”）学习西医，它不但没有丝毫动摇我对中医药的钟情，相反对多角度认识中医、认识疾病、处理临床上的一些棘手问题和医患关系都有很大帮助。

为中医的传播和普及鼓与呼

中医学是由预防保健体系和疾病治疗体系共同构成的完整学科，预防医学是中医的强项，譬如在治未病、食养食疗、运动健身、抗衰老等方面都广有建树，在全世界范围内都是被公认的。现实生活中，中医的这些作用正在被淡化，它们或被改头换面，或被取而代之，中医的预防保健体系逐渐失去了应有的位置。这一方面缘于现代医学飞速发展的步伐客观上对中医的预防保健体系产生的排斥，一方面因于中医人自己对话语权重视程度的减弱和不能有效的把握。如何认识中医药普及与国人健康的重要关系、如何进一步发挥中医药普及在中医振兴中的作用、如何把中医药文化和中医药知识迅速变为国人健康生活的精神食粮，要回答这些问题，需要在对历史的回顾中得到启迪、对现实的总结中把握方向、对未来的展望中抓住机遇。要扩大国民对中医的认知度、认可度、公信度、接受度，是需要做大量的、细致的、具体的宣传工作的。

我也算从事中医药科普工作时间较长的人，20 世纪 70 年代至今，一直坚持学科普、写科普、讲科普、抓科普，经历了科普由冷到热、由低潮到发展的主要过程。中医药科普，是关系中医振兴和国家繁荣、民族昌盛的大问题，不仅要认识它的重要性、用心去热爱它，而且还要深入其中，学习和掌握它的特点、要素和表现技巧，把医学知识与文学的温馨美、哲学的淳朴美、史学的古老美融为一体，制作出老百姓一看就懂、一学就会、一用就灵的大众餐。要做到这种程度的确不是一件易事，我自己尝试了一生，撰写了几十部书籍、上千篇文章，迄今离这种理想中的成功者还有颇大差距。但我一直在学习着、探索着、努力着，始终不渝为国学的普及、中医的普及奋斗着，包括在被蔑视、误解、冤枉、攻击中都一往无前，从未动摇过坚定的信念、停止过坚定的步伐。

搞好中医药科普工作的前提，是理清中医的内涵、要领和特色，把真正属于中医的东西传播给大众。以当下热得炙手的养生为例，首先需要界定的是中医的养生观究竟是什么，不能把那些随心所欲的东西一概归结于中医，把那些打着中医旗号的傍客们、骗子们的胡说八道归罪于中医。

中医的养生观，是“以顺为养”，即养生是随心、随意、随时、随缘的行为，不能有太多“刻意”的成分。人们如果能够做到心情顺、饮食顺、体力顺、保养顺，何患之有？对于此，古人的说法是非常明确的。南朝时期著名养生学家陶弘景说："若能游心虚静，息虑无为（养精神），服元气于子后，时导引于闲室（健体魄），摄养无亏（保饮食），兼饵良药（善药物），则百年耆老是常分也。"（《养性延命录·序》）他还借古代寿星彭祖的话说："道不在烦，但能不思食，不思声，不思色，不思胜，不思负，不思失，不思得，不思荣，不思辱，心不劳，形不极，常导引、纳气、胎息耳。"（《养性延命录·教诫篇》）《吕氏春秋》中的提法更加直接："何谓去害？大甘、大酸、大苦、大辛、大咸五者充形，则生害也。大喜、大怒、大忧、大恐、大哀五者接神，则生害也。大寒、大热、大燥、大湿、大风、大霖、大雾七者动精，则生害也。故凡养生莫若知本，知本则疾无由至矣。"（《吕氏春秋·尽数》）很显然，中国传统的养生思想是朴素的、朴实的，是竭力反对做作、炒作，也不需要做作、炒作的。

当前的中医药科普工作，虽然处于空前的热烈期、热闹期、热情期、热潮期，但无论是从队伍的力量、人员的素质还是从创作的形式、传播的水平判断，都与人民和社会的需求有较大的差距。在当前的科普市场上，医学科普的著作数量不少，真正属于中医的不多；打中医旗号的不少，真正能反映中医特色的精品不多。一些科普作品谈的"雅"知识太多，高深莫测，普通老百姓思想上接受不了、行动上操作不了、条件上实现不了，自然是敬而远之了。加之一些短期效应在出版、传播等领域的影响，以及近年来学术上表现出的浮躁风气，导致一些科普读物过分强调噱头、一些传媒过于作秀和炒作的情况，使一些作品出现纯娱乐化乃至低俗的倾向，也是造成医学科普市场混乱的重要原因。不是医的人写医、不懂医的人论医，使一些宣传内容出现了以博代约、以叶障"木"、以偏概全、以讹传讹、以假乱真的现象，一些人脱离国情、民情、中医学科之情，奢谈什么养生术、养生法，把养生说玄、说杂、说繁，说得脱离实际，说到人们无所适从的地步，对人民群众正确接受预防保健知识和健康养生方法产生了误导，"健康到底应该相信谁"的问题让人莫衷一是。中国的养生宣传亟待整治、亟待规范，中国人的养生理念急需回归到中国文化、中医药文化的轨道上来。科普工作需要社会的进一步重视和理解，科普宣传需要进一步的理智和冷静，科普创作需要在多样化、通俗化、形象化、艺术化上做好文章，尽快多出精品、多出正确引导老百姓生活的正品。

荀子曰："不积跬步，无以至千里；不积小流，无以成江海。"（《劝学篇》）

在从学、从军、从文、从教、从医、从政的道路上，自己虽然走了几十年，也经过了数不清的劫难和磨砺，但对许多问题仍时感迷茫。眺“千里”，还是遥远迷人的憧憬；望“江海”，仍为广阔绚丽的画图。“来日方长”，这或许正应了我名字的含义，长路路长，还需要顺着这个目标一直走下去啊！

朱建华

朱建华（1947— ），江苏丹徒人，全国首批老中医药专家学术经验继承工作指导老师朱良春之学术继承人，江苏省老中医药专家学术经验继承工作指导老师。曾任南通大学医学院中医教研室主任、南通大学附属医院中医科主任、南通市中医药学会副会长、江苏省中医药学会老年医学分会副主任委员、南通大学医学院学术委员会委员、南通大学附属医院学术委员会委员等职。为江苏省高校教师高级职务任职资格学科评议组成员、江苏省卫生高级专业技术职务评审专业组成员。擅长中医内科、妇科，尤其对风湿病、免疫性疾病、老年病的治疗研究颇深。自工作以来撰写并发表在省级以上医学杂志上的论文50余篇，参加撰写并已出版的著作、教材20余部，多次在全国、省学术会议、学习班上做专题讲座，主持、参加科研项目12项，多项获部、省、市科技进步奖，获国家专利2项。多次被南通大学党委、南通大学附属医院党委表彰为优秀共产党员、优秀教师。2001年获江苏省高校优秀共产党员称号。2002年被江苏省卫生厅授予“江苏省名中医”称号。2007年获中华中医药学会“全国首届中医药传承高徒奖”。江苏省中医药学会理事、江苏省中医药学会名家流派研究会副主任委员、《南通大学学报》（医学版）编辑委员会委员、国医大师朱良春学术经验传承研究室副主任。

我与中医不解之缘

我自幼体弱多病，因兄弟姐妹多，母亲稍照顾不及即生病。据母亲讲，我小时候几场大病都差点丧命，全靠父亲的中医药治疗，才挽救了我的生命。记得1959年秋上小学五年级的时候，我患上了急性黄疸型肝炎。病初高热不退，伴恶心呕吐，而自己坚持要去上学，终因呕吐不支，病倒了。为防止传染他人，我住进了父亲当时工作的南通市中医院。其时正值三年自然灾害，不少人都患上了急性肝炎，父亲每天带一批青年医生来查房，讨论我们的病情，病人完全依靠中药治疗而走向康复。开始我转氨酶数据很高，黄疸明显，如今依稀记得当时父亲施用了茵陈、板蓝根、垂盆草等药。后来，父亲还出版了《传染性肝炎的综合疗法》一书，我记得书的纸张都是黄粗纸，遗憾的是这本书连同其他很多书籍一起在“文革”时期失传了。总之，儿时的我经常生病，或感冒发热，或急性扁桃体炎，或眩晕等，但只要吃上父亲开的中药，病就会很快痊愈。

父亲是中医大家，是我从小崇拜的偶像。记得小学五年级时我曾写过一篇作文——《我的父亲》，记述了父亲一心扑在中医药事业上的高大忘我形象。常常晚上我们睡了，父亲才从医院下班回来；次日清晨，我们尚未起床，他已去了医院。父亲总是以医院为家，不要命地工作，家里的一切全然顾不上，很少与子女见面，甚至连我们上几年级他也不太清楚。有时夜里我们醒了，还看见父亲在埋头写作；有时早晨起来看见饭碗放在书桌上，而他仍在废寝忘食地查阅资料。父亲白天在医院里被整屋子的病人围着，认真地为每个病人诊治，忙累可想而知。回到家仍有一些患病的邻居、朋友前来就诊，而无论多么累，父亲都会精心地为他们一一诊治，且从来不收任何诊金。曾有一位陈姓女性邻居患血小板增多症，需住院治疗，但家中生活困难，想放弃医治，父亲得知后一直义务为她开中药，服药后血小板竟神奇地下降了。那时的我看到父亲用自己的医术救治了一个个患者，崇敬之情油然而生，从小就立志长大后也要成为像他那样为病人解除疾苦的医者，做一个对社会有贡献的人。中医药的神奇也让我着迷，我渐渐爱上了她。

我遵循父亲的教诲，认真读书，踏实做事。从小学至中学一直是“三好学生”，小学时担任中、大队干部，中学担任班长、学习部长、学生会主席，并入了团。1963 年考入南通市最好的省立中学——江苏省南通中学。在高中我担任过团干部、初中班的辅导员。我一直把有百年历史的南通中学校训“诚恒”融于心中，以“诚实中肯的态度，锲而不舍的恒心”作为做人、做事的准则。1966 年正当我们高三时，史无前例的“文革”开始了，我的大学梦就此破灭，代之以造反、停课闹革命，我们在学校又多待了两年。“文革”的劫难，使我刻骨铭心，同时也成就了我的一生。“文革”中，一院之长的父亲被打成“死不悔改的走资派”“反动学术权威”“漏网右派”等，挂牌、游斗，无所不及。就在我们家被造反派抄家后，学校里出现了“几位革命群众”写我的大字报，军宣队、工宣队轮番谈话，我心灵所受的创伤难以言表。为此，下乡插队我选择了投亲靠友，几经周折，获批插队到南通县刘桥公社一户贫农家。朝夕相处了三年半，他们在生活、劳动上给了我很多帮助，贫下中农的淳朴、善良、勤劳我一直未忘，至今仍常去探望他们。

插队期间，我患上了胸壁结核，当时链霉素相当紧缺，需要凭票供应，每个医生一天只有 2～3g 的计划，而我一天就要用 1g，当时我血沉 80mm/h，骨蒸潮热，背部肿块如馒头般大，色白漫肿，南通医学院附属医院外科程达人院长决定手术，且认为越早越好。给我主治的主任说要切去三根肋骨，且不能保证刀口处收口。考虑到以后还要从事农田劳动，父亲选择了保守治疗。他认为此乃阴疽，可用阳和汤加减治疗，记得当时药方中有生黄芪、熟地黄、鹿角胶、肉桂、麻黄、炒白芥子、地鳖虫、僵蚕等。加上大妹也从启东乡下托人陆续买到一点链霉素来用，我前后在家服了 8 个月的中药。每天奶奶为我熬药，督促我喝药，真是良药苦口，药到病除，漫肿逐渐消减，血沉也渐减降为正常。父亲的中药治愈了我的病，保住了我的三根肋骨，更使我对中医药的情结越发深厚了，其间也正式开始了我的学医生涯。我读的第一本书是父亲主编的《中医学入门》，这是一部极好的入门书，它把深奥的阴阳学说、五行学说阐释得通俗易懂，我则愈看愈入神。当时虽在“文革”期间，父亲尚在劳动“改造”，但他晚上仍会抽时间给我讲解中医基础理论。父亲有一本单方验方的手抄本，我也学着从中抄了一些适用于农村的草药方，以备日后到乡下为农民服务。那时我喜欢坐在父亲的写字台上看书，常看到朱步先医师从江苏泰兴、何绍奇医师从四川潼梓给父亲寄来的信，他们常把乡间的一些疑难病案写来，请教父亲，父亲从来没有因为他们的稚嫩和地位而置之不理，总是耐心地一一给予答复，他们成了父亲的遥从弟子，我也常分享着他们运用父亲的经验治愈病人的喜悦。这也坚定了我学习中医的信念。病愈回到农村，我便开始试着用草药方和穴位按摩给农民治病，往往疗效很好，深受欢迎。1973 年夏季，我因一技之长被推荐考入了江苏新医学院中医系（原南京医学院与南京中医学院合并所成），正式开始了中医的系统学习。

我出生、生长在一个中医家庭，由崇拜父亲、崇拜中医药的神力而爱上了中医；因中医药一次一次地挽救了我的生命，而与中医药结下不解之缘，并最终选择了中医作为自己一生奋斗的职业。

学习继承，成才之路

一、求学，奠定根基

“文革”破灭了很多人的大学梦，但我还算是个幸运儿，迈进了大学之门。给我们上课的老师都是一流教师，西医课程全部由南京医学院的知名教授讲解，他们知识渊博，讲课的风采我至今记忆犹新。而中医课程的学习就更为令人难忘，由中医系的孟景春、陈亦人、张谷才、孟澍江、黄雅镕、孙桐、王新华、李非等老师讲授，他们都能深入浅出，理论联系实际，将他们丰富的知识一点一滴地灌输给我们，如甘露滋润心田，使我们迈入了中医的殿堂。

那时人们在政治上还心有余悸，对经典著作的学习，也只是选取部分内容来讲授，而我们对经典著作的重要性也还不甚了解，父亲知道后语重心长地对我说：“对经典著作一定要扎扎实实下功夫学习。”他认为经典著作中又以《黄帝内经》为最重要，学好《黄帝内经》才能说得上打下了中医学的理论基础，也就拿到了打开宝库的万能钥匙，这是学习中医的正门大路。同时父亲也给我制定了学习的步骤，分为四个阶段：①通读原文，窥其全貌。②熟读警句，掌握精髓。③独立思考，兼参校注。④前后对照，融会贯通。遵照父亲制定的学习方法，我在校期间利用自修课时间对《黄帝内经》下了一番功夫，深感它确是一部旷世之作，是一部永不过时的百科全书。

在校给我们上中医临床课的老师都是著名的中医大家，周仲英、徐景藩、江育仁、夏桂成、孙宁铨、干祖望，还有龚丽娟、严明等老师，丰富的临床经验及谆谆教诲，使我终身受益。

二、进修，博采众长

毕业后我分配到当时苏北最大的一家综合性医院南通医学院附属医院的中医科。当时的主任曹向平老师是我父亲在上海中国医学院的同学，是经方派名家，副主任王展如老师是我国第一批中西医结合专家，还有学姐邵荣世老师，现在是全国名老中医。他们在临床、教学上都给了我很多指导与帮助。父亲常对我说，要博采众长，不仅要向名师虚心请教，还要向一切有专长的同道请教，甚至向学生学习，“谦受益，满招损”，只有广泛汲取经验，才能不断丰富自己；只有汲取各种不同学派经验，才不致故步自封。所以我除了向书本学习，也注意向各位老师学习。

走上工作岗位后，我的学习并未止步。1980年克服了家庭困难，离开才两岁多的女儿外出进修学习。在上海中医学院，我聆听了知名教授凌跃星、沈庆法等老师讲授经典著作，重温经典，收获良多，更珍贵的是，我利用每个星期天下午，到父亲的师兄姜春华教授家侍诊。周日下午是姜师伯接待病友的时间，患者多是外地辗转未愈之人，在他精心的调治下，病情都能痊愈。我跟姜师伯抄方，听他谈治病经验，用方妙理。而他与我谈得最多的是学校教育，他认为现在中医院校的教学方法是培养不出中医人才的，从书本到书本，教育西化，教材脱离临床，只有从课堂走出去，用师承的方法才能培养出真正有用的中医人才。在那个年代，姜老就大胆地提出了自己的远见，这恰与十年后卫生部、人事部、国家中医药管理局实施的名中医师带徒的传承方式不谋而合。姜师伯还常亲自下厨，留我吃饭，令我非常感动。1984年我又赴南京进修，半年在江苏省中医院，半年在南京中医学院参加全国内科师资班的学习。在省中医院，除了大轮转以外，我还获特批每周跟随徐景藩主任（现为国医大师，亦是父亲的好友）上一次门诊，学习他治疗消化道疾病的经验。经过一年临床和教学的进修，我的医疗、教学水平都有了一定的提高。20世纪80年代朱步先师兄专门来父亲身边研修，步先兄德才兼备，学验俱丰，读书过目不忘，给我很多指导。无私的良师益友奉献给我的是“才”富，我也在其中不断充实、成长。1985年湖南九嶷山学院中医学院邀请父亲去给学生们讲课，这是教育家乐天宇自筹资金办起的大学，目的就是培养人才，为山里人民服务。我父亲认为这是一大善举，功德无量，主动申请去讲课，派我与步先兄一同前往参加中医课程的教学，我们都被聘为九嶷山大学客座教授。次年，我又专程去了1个月，特地为学生们讲授中医内科学，我的讲学给同学们留下了深刻的印象，后来这批同学都很有成就，我们还互有联系。

三、跟师，业精技成

对我成才帮助最大，使我获益最多的还是我的父亲兼导师。1991年我被两部一局遴选为全国首批老中医药专家学术经验继承工作指导老师朱良春的学术继承人，扎扎实实跟随父亲学习了三年，使我在成才之路迈上了一个新的台阶。父亲学术造诣精深，医术精湛过人，善于发掘继承，锐意改革创新，对病人菩萨心肠，对后学精心培育。通过三年的跟师学习，朝夕相处，耳濡目染，我学到了父亲高尚的医德医风，精湛高超的医术，以及精勤不倦，甘为人梯，无私奉献，为中医事业执着奋斗的精神。非凡的智慧与卓识成就了父亲，也使我受惠终身。父亲经常以“自强不息，至于止善”，自勉自励，也成为我治学、做人的座右铭。总结收获主要有三点：

1. 医乃仁术，济世活人

父亲经常教诲我辈，做一名医生首先对病人要有仁爱之心，无论病人地位高低，贫穷或是富贵都要用“菩萨心肠”待之。其从医数十载始终恪遵先师章次公的教诲，对待病人温和体贴，胜似亲人，为我树立了鲜活的学习典范，使得我自小就对病人充满了同情心，在耳濡目染中渐渐体会出“医者父母心”的真谛。自己行医后，我便如父亲那般时时设身处地为病人着想，处处以身作则，几十年如一日，从不收受患者的红包和商家的药品回扣，对经济困难者解囊相助。处方用药总是在保障疗效的前提下，尽可能选用价格低廉者取代昂贵药味，病人常说：“朱主任真是菩萨心肠。”在我接诊的病人中，曾有一位怀孕时发高热的农民工。孕期发热是西医甚为头痛的事，都怕用药后会影响胎儿，于是推荐她来找我。1 剂中药后，热就开始退了，3 剂药后患者体温已完全正常。当时她激动不已，说中药真好，既治好了病，又没影响胎儿，还没有输液的痛苦，更节省了钱。后来，怀孕期间只要患病她就来找我，更引荐了一批农民工患者来就诊。她产后三个月，其子患上咳嗽，在儿科输液治疗半个月后仍然咳嗽不止，便又想到来找我……在我工作的医院，经常会有各科的主任、医生建议患者来找我诊治，“你去中医科找朱主任吧”，这是我常听病人转述的一句话。

还记得曾经有一位通州的心脏病患者，每年要住院三次以上，当时医院条件差，陪伴他的老伴每夜只能睡在拼起来的几张板凳上，而往往一睡就是两个来月才能出院。那次又住院 40 余天，病情没有好转，老人不能起身，一动即心悸、气急。他老伴听另外一个病员说吃了我的药后心脏病好多了，就等到我星期日专家门诊值班时来，一直坐在门外等我把病人全部看完才进来。一进门，她就央求我说，“想请您去心内科病区给我老头会个诊”，同时拿出一个红包硬要塞给我，我赶忙拒绝了，告诉她只要履行医院正常手续，我会抽时间去病房会诊的。后来我不但给老人治了病，还解除了老人的悲观情绪。经过几个月的调治，老人居然不需每年住院了，连给他治病的西医专家都感到吃惊。

另有一例肿瘤病人，是位农村老妇，患胃癌，来我门诊就诊是术后两个月。初诊时患者面黄肌瘦，是女儿、女婿搀扶来的，神疲乏力而不能进食，手术后化疗了一次，十分痛苦。她说“我再化疗就要死了。虽然我是癌症，但坚决不再化疗。”当时我安慰她说中药也能抗癌，关键要坚持，她欣然答应。治疗上，我先予补益气血、健脾和胃治疗。两个月后病人就能渐渐进食了，乏力缓解，面色也红润了，其后再逐步加入攻坚消癥的治法，用药上尽量“物美价廉”，患者坚持服药三年，完全像换了个人一般，每次来复诊都千恩万谢，还带同大队一位食道癌患者一起就诊。最终这位老人手术后又存活了七年，其去世后家属特地送来了感谢的锦旗。

平时每逢上门诊我总是拖班，有时中午一点才吃中午饭，一点半又上下午班，下午班忙完门诊再去病区会诊，常常要拖班1～2小时才能下班。医院领导考虑到病人的需求，经省里特批延迟了5年办理退休，我虽然身体不太好，仍默默工作在医疗、教学岗位上，因我深深懂得“医乃仁术”，“为医首重于德”，济世活人是医生的天职，也是我一生做人的准则。

2. 治学之道，止于至善

中医药学博大精深，古典医籍浩如烟海，蕴藏着我国历代名医与疾病斗争的心血结晶。父亲常说“自古医家出经典”，历代著名医家多数都是依靠经典医籍而获得成就的，这至理名言也是父亲成功的秘诀。通过跟师学习，我逐渐领悟了父亲的学习方法。父亲博览群书，上自《黄帝内经》，下及诸家，对张景岳的《类经》、孙一奎的《赤水玄珠全集》、张锡纯的《医学衷中参西录》等著作尤为推崇。父亲认为要学好中医，必须要奠定坚实的理论基础，读书宜有门径，要把精读与泛读结合起来。首先对经典著作要扎扎实实地下功夫，“读熟它，嚼透它，消化它”。在父亲的指导下，我潜心精读四本经典，《黄帝内经》是中医的理论根基，《伤寒论》《金匮要略》是辨证论治的重要典范，全书都是教人辨证的法则准绳，温病学说是在《黄帝内经》《伤寒论》基础上的发展，集诸家之精华。除以上经典著作外，同时还泛读其他历代名著，特别是前人的医案书，它凝聚了几代人的临证经验，如《临证指南》《柳四家医案》《章次公医案》

等，从中汲取精华，扩大自己的知识面，曾在1984年撰写读《章次公医案》的心得，90年代撰写了读蒋宝素《问斋医案》的心得，均发表于《江苏中医杂志》。此外，我也广泛阅读中医药现代书籍及杂志，以便适时掌握信息、动态，不断更新知识，跟上时代步伐。

父亲教育我们，学习的目的是为了应用，这就要求医者要勤思。孔子云："学而不思则罔，思而不学则殆。"即学与思必须密切结合，才能举一反三，触类旁通，由博返约。父亲的伟大之处，就在于他能博览而勤思，能把死的书本读活，因而恒能有所发现，有所发明，有所创造，有所前进。如父亲在20世纪50年代末就根据《黄帝内经》中"肝开窍于目"的理论，提出通过眼部血管的望诊，来协助肝炎的诊断，并将这一独特的诊断方法写进了《传染性肝炎的综合疗法》一书中，从而为中医诊断学增添了新的内容。又如父亲根据《灵枢·五色》篇"面王以下者，膀胱子处也"之启示，创"观人中的色泽及与同身寸长度之差距"来诊察男女生殖系统病变的方法，并经300例临床观察验证，这一探索丰富了望诊的内容。在同一篇中，父亲根据"阙上者，咽喉也"这句话，用短针在印堂（阙）上一寸向下平刺阙上穴留针，治疗白喉病；又根据《素问·疟论》"日下一节"，对疟疾患者从大椎向下按压，能够测出已发作几次，在压痛点旁开1寸处按揉至全身有热感，就能控制疟疾的发作，复查疟原虫也没了。这些发现足见父亲非凡的智慧和卓识，是永远值得我学习的。

父亲认为要学有所成，还必须要勤动笔，多写作。他白天诊病繁忙，阅读书籍只有靠早晚挤出时间，因此75岁之前，父亲从未在晚上12点之前入睡。他说："我一生无特殊嗜好，唯一的乐趣便是读书，发掘知识，提高自己。"父亲坚持"每日必有一得"，这已经成为他几十年的习惯，每天必在看书学习中找到心得，方能入睡。在医学的道路上，他从不停息，从不怠惰。更常以明代张景岳先生的名言"学到知羞"教育我们。在父亲言传身教下成长的我，也从不把时间浪费在玩乐上，采取早上早起一点，晚上晚睡一点的方法，把别人看电视、喝茶、娱乐的时间用来充实自己。因我清楚"学然后知不足"，只有学习到较深层次，达到较高水平时，才会发现自己的不足和错误。这也是我为什么总是低调做人的原因。只有潜下心来刻苦钻研，业务水平才能提高。

在继承学习期间，父亲将他的治学做人座右铭挥毫赠予我："读书以明理，勤学为致用；博观而约取，厚积宜薄发。法古不泥古，师心勿蹈迹；求新不求奇，思变不思邪。韬光以举贤，慎行勿守拙；继承需发扬，厚古不薄今。”至今我仍在努力践行之。

3. 临证大法，法古求新

父亲师古而不泥古，师心而不韬迹，不囿于一偏之见，不执着一家之言，他学贯中西，融汇古今，在实践中坚持革新，敢于闯出一条新路来，形成自己的学术特点。早在1962年他就提出了辨证与辨病相结合的主张，并就此撰写了文章，表现了一位医学家客观的眼光和开拓精神。我跟师学习最大的收获就是学习了父亲执简驭繁的辨证方法，机动灵活的立法用药，扣住主证，要言不烦地书写病案。父亲回忆当年在上海随章次公先生学习的情景时，不无感触地说：“章师思路敏捷，学识渊博，临床颇多独到经验，对内科疑难杂症，尤擅其长。在那里，我学会了掌握主题的读书方法，抓住主要矛盾的辨证手段，以及灵活选方用药的技巧。章师一贯提倡‘发皇古义，融会新知’的治学主张，对我影响尤深，后来我之所以能兼收并蓄，重视民间单方，走中西医结合的道路，都是章师正确引导的结果啊！”父亲无论面对如何复杂的病情，都能依据症状，从阴阳消长、五行生克制化的规律中，运用四诊八纲的方法归纳分析，提出综合治疗的措施。我在父亲身边侍诊三年，耳濡目染，天长日久，尽得真传，逐步领悟其辨证思路和遣方用药的微妙处。记得我继承学习结束回医院后，重症监护病房主任请我会诊一位脑出血的患者。病人是位护士，昏迷不醒，全身及头面部高度水肿。病区护士长称病人的头侧向哪边，水就到那边皮下，面部皮肤薄得像张纸，似乎看到皮下流动的水。病人有严重的高血压、糖尿病，西医采用多种治疗方法，水肿不减，请我会诊。病人病情很复杂，颇为棘手。我根据父亲的经验，从整体观念出发，辨为气虚水瘀内停，泛溢肌肤，从益气化瘀利水治疗，鼻饲中药汤剂第三天，浮肿明显减退。家属也是医生，非常激动，3剂药服完，正值星期日，便立即打电话给我，希望我继续予以治疗。连续几次诊治，患者病情已经趋于稳定。病区护士长又请求说：“还有一个老大难，您也给治治吧！”其后我又陆续会诊了不少重症患者，均收效满意，这都是得益于父亲“抓住主要矛盾的辨证手段，灵活选方用药的技巧”的真知灼见。我的每一点成绩都凝聚着父亲的心血。

我还有一个得天独厚的优势，就是遇到疑难病历，我会向父亲请教，与他共同商量，往往我俩看法基本相同，常常是我提出用的药均得到赞同，父亲再加上一二味，就成了一个非常完美的方案，我们共同研讨，这也是我人生享受的一大快乐。

坚守阵地，弘扬国粹

中医学博大精深，中医药是中华文化的瑰宝。著名的社会科学家田森教授说，中医药学是我国的第五大发明，而科学家钱学森院士和英国科学家李约瑟博士也都认为中医药学是未来医学的主宰，其论述精辟之极。事实胜于雄辩，中医药历经两千多年的历史，仍经久不衰，即有力地证明了其科学之所在。在科技飞速发展的今天，人类疾病谱已然发生重大改变，面对那些原因不明，无确切有效治疗手段的人类新型疾病，中医的整体观念和辨证论治特色正愈来愈彰显威力，这也是当今医学大环境下中医学的优势所在。

一、发挥优势，坚守阵地

我所工作的医院，是一家综合性三甲医院，有百年历史，中医科在其中只是一个配角。在教授、专家高手如林的综合性医院，要能站稳脚跟，有一席之地，没有一点过硬的本领是不行的，且内、外、妇、儿、五官各科病都要能治。本人主要从事中医内科、妇科病的诊治，尤其对风湿病、脾胃病、免疫性疾病、老年病的治疗研究颇多，诊治自具特色。在学术上我强调辨证辨病相结合，注重病证同治；强调疾病发生的内因，注重心理治疗；强调四诊合参，注重舌象研究。在临证上继承父亲丰富的临床经验，并加以发扬光大，自创清肝灵汤、健胃汤、安肠汤、更年安、痛经散、妇炎散等经验方，取得了较好的临床疗效，充分发挥了综合性医院的优势，解决了一些西医无法医治的疑难病症。

当时作为科主任，我要求科室的医生都要姓中，要在中医药上狠下功夫，特别要在辨证论治上找出路。我常说，如若你跟在西医后面用西药，你永远是一个弱者，要发挥我们的长项，用我们之长去弥补西医之短。临床疗效是中医学术的核心竞争力，要让临床疗效说话，要做一个邓老所说的“铁杆中医”。特别在中医临床阵地日见萎缩，部分医生受经济大潮和商品经济的冲击，追求个人利益的情况下，坚守中医这一阵地显得尤为重要。我科在风湿病、肿瘤、肾病、妇科病、疑难病的中医药治疗方面还是很有特色的。前来就诊的病人，主动用中药来调理身体的是少数，多数是西医诊断不明，无法下手治疗的；或是已诊断明确，但前期单用西药病情不能好转的患者；或干脆不能再用西药的，如肿瘤晚期，既不能手术治疗又不能化疗、放疗的病人；或体质过敏，不能服西药的人；或是孕妇、产妇患病，医生不愿冒险用西药治疗的……在全院我们中医科的会诊也是最多的，各个科病人都有，特别是一些危重病人的急会诊，我常对那些主任说：为什么到不可收拾时才让中医会诊呢？回答说：一则希望能出现奇迹，二来也让家属知道，我们该用的方法已全部用了，已尽责了。我一直坚信，若能尽早让中医加入治疗，中西医合力治疗疾病，收效一定更佳。

事实上，多年的临床工作中，我常应邀去各病区会诊，对一些急症、重症患者采用中医药治疗，均可获较好疗效。如20世纪90年代时诊治急性出血坏死型胰腺炎患者，在不能手术而西药疗效又不佳的危重情况下，我在父亲的指导下，通过辨证论治采用中药点滴灌肠，疗效显著，假性囊肿的吸收也很快。处方以大柴胡汤为主方，加入清里通下、化瘀利湿药。再如对肿瘤晚期放射性肠炎、肠梗阻者采用益气扶正、化瘀通腑中药点滴灌肠，常加入九香虫、蜣螂虫等虫类药；术后尿潴留，或拔除导尿管后仍然不能自主排尿者，常在辨证基础上加入蝼蛄、蟋蟀，均取得较好疗效。又如4年前曾治一例乳腺癌术后的患者，在我院外科行左乳切除术后刀口一直不能愈合，以至术后无法出院，后经朋友介绍来找我会诊治疗。当时看到患者刀口面溃烂，流大量脓血，惨不忍睹。西医抗炎、补充白蛋白仍乏效，手术医生束手无策，称很少遇到这样的病人。我观察到患者形体肥胖，有高血压，但舌质淡胖苔薄腻，脉沉细，辨证属于气血不足，痰瘀交阻。治法以补益气血为主，重用黄芪托毒排脓，并酌加祛湿痰及活血化瘀之虫类药以祛腐生新。治疗1周后，流脓血已减少，4周后刀口处全部结痂。今年该患者来我处全面体检，各项指标均正常。其间每次来调治时，她总要复述这段病史给其他病友听，“你们有病来找朱主任就对了”。

两年前门诊还来过一位70多岁的老人，打听谁是朱主任，说是专门来找我看病的。经询问才知道，他是专门陪他女儿来看病的。当时我很纳闷，怎么是老年人陪中年人来看病，他愤愤地说：“我女儿得了一种怪病，嘴里辣乎乎的痛，舌头也疼，医生说这个病是看不好的，她哭得要命，我说我就不相信，这病看不好，带她去了几家医院，给我回答都一样，没有好办法治疗。我不甘心，就到处打听，听到有人与我女儿生了一样的病，说是在南通大学附属医院中医科朱主任那里看好的。所以我今天专程来求您的。”我开玩笑说不用求，我就是为病人服务的。我给病人开了我自创的“灼口饮”方，服了1周后再次来就诊，父女俩进门就笑啦，说“嘴里疼痛已明显减轻了，夜里也能睡了”，非常感谢我。如此效案，举不胜举。

通过大量成功的临床诊疗实践积累，特别是治愈诸多西医乏效的患者，作为一个中医工作者，我为中医学的神奇疗效而感到自豪，更坚定了自己一定要肩负起历史赋予我们这一代中医人之使命的信念，用赤热之心去研究中医，坚守中医阵地。同时，我们也要看到现代医学的长处，不要存门户之见，做到衷中参西，西为中用，优势互补，更好地为人类健康服务。

二、培养后人，传承经验

坚守阵地，把中医学一代代传承下去，还有一个重要的任务，就是要传播中医学。我们是大学的附属医院，肩负着医学院大量的中医教学任务，我作为一名医学院校的老师，有责任让同学们走进中医，掌握中医。因为是西医院校，大部分同学对学中医没有什么兴趣，只是应付，我常常能在讲“绪论”的时候就把学生的精、气、神调动起来。我从几千年中医的发展史讲到它在历史长河中的贡献，让同学们懂得中医学是中国文明史上的一颗璀璨明珠，它历经磨难，虽曾几度遭受扼杀，但都未能灭亡，这就是民意，顺民意者昌！这就是它的科学之所在。针对他们中存在的“中医不科学论”，“中医老古董，太难学论”，“学中医无用论”，最后是都不想好好学的活思想，一一进行分析，鼓励他们，最后让同学们自己感到“作为一名中国的医生，若不懂得中医是可耻的”，从而激发他们一定要好好学习中医的决心。中医课程时间虽少，但作为教研室主任，我经常要求教师们要深入浅出，理论联系实际。我们还自编教材，通过合理构架教材内容，帮助学生在有限的时间里能基本了解和掌握中医理、法、方、药整体系统，把他们领进门，为日后在临床工作中进一步中西医结合打下良好的基础。同学们大都能认真学习，并在考试中取得好成绩，有些同学甚至利用假期来跟我抄方，还有位同学考取中医的研究生。

在社会上，我还积极参加科普宣传活动，传播中医的保健知识，还应邀到老年大学，为老同志上中医基本知识课，让中医药走进社区。

在传承中医方面，我觉得把名老中医的经验，毫不保留地总结出来，为后学者提高思路和方法，使他们少走弯路，是我们这一代中医人的职责。我的成长得益于三年的继承，在抢救、继承、发扬名老中医经验和独特专长方面也做了很大努力，较全面地掌握了老师的学术思想和临床经验，亦取得了较好的成绩，在两部一局举办的全国两次论文竞赛中分别获二等奖、一等奖，撰写老师的学术经验和独特专长八万多字，发表总结老师学术经验论文十多篇，字字句句，详尽介绍，毫不保留。有些读者写信给我，说看了我所写的文章，照着辨证开方用药，疗效很好。安徽芜湖中医学校的马继松老师在20世纪80年代看到我写的学习《章次公医案》心得，联络我一起编写了《现代名家医案选析》，三年前我们又联合出版了《名家教你读医案》1~4辑，以帮助广大青年中医读医案，继承其中精华。我从20世纪80年代起参加了缪正来名老中医任主编的《实用方剂辞典》《常见病用常用药》等书的撰写，以及父亲任主编的《朱良春用药经验集》等书的撰写，既是老一辈对我的提携和培养，也让我在写作过程中，通过学习、再学习，不断得到提高。

在自己跟师继承期间，我经常随父亲参加各种会议，有机会亲聆邓铁涛、路志正、焦树德、任继学、颜德馨、何任、张琪等国医大师的教诲。我一直与邓老家保持电话联系，因我女儿、女婿在广东省中医院工作，故去他家的机会更多些，2005年我正式拜邓老为老师，邓老“做铁杆中医”的思想在我心中已生根。以邓老为首的中医大家们为了振兴中医事业向中央建言献策，发起了“著名中医药学家学术传承高层论坛”，由中华中医药学会主办，2005年首届在南通召开，我积极参加会议的组织接待工作。全国著名的中医学家及他们的徒弟都来了，群贤毕至，济济一堂。交流点评，以传承光大中医学术。自2006年起大会均在广东省中医院举行，广东省中医院的传承工作在全国是龙头。我在每届论坛上都做大会发言，我撰写的“继承、发展、创新”，“朱良春先生论治类风湿关节炎”等论文均获得与会者好评，2007年我获得中华中医药学会“全国首届中医药传承高徒奖”，并代表全国高徒接受了上海中医药大学出版社社长的赠书《国医英才》名师与高徒系列丛书三册。老一辈中医大家为中医事业执着奋斗的精神，永远是我前进的榜样和动力。

2009年，我参加了江苏省老中医药专家学术经验继承计划，作为第一批江苏省老中医药专家指导老师，以师带徒的方式，对我院两名青年医生进行为期三年的培养。当时我已过退休年龄，对学生的指导主要是通过门诊。一名学生是硕士，一名是博士，都是2009年从外省进入我单位工作的，对我的临证思维不甚熟悉，而长期以来，门诊的患者又一直较多，因此，为了能让他们尽快了解我的临床思维特点，我都是亲自详细书写患者门诊病历，还尽量在诊疗过程中讲解辨证思路，适时回答他们的提问，以加深理解。如此一来，门诊的工作量、时间及强度都大大增加，加之我本就有些宿恙，一天下来，常感浑身疲惫，口干舌燥，颈椎、腰椎疼痛不已。女儿看到，甚是心痛，屡次劝我，不要这样拼命，学生进步不必急在一时。但一想到他们求知若渴的眼神，我还是会一次又一次忘了伤痛，透支健康，倾囊相授。作为老师，最欣慰的就是看到自己的学生能有所进步，学有所成。我的两名学生，师承之路也颇为不易。因为科室人员紧缺，他们必须在不影响临床和教学等任务的前提下来门诊跟师。尽管如此，他们还是力求精进，深刻领悟，积极总结我的学术经验，在国家中文核心期刊《中医杂志》上发表论文一篇，另在国家级期刊发表论文两篇，并多次参加相关书籍编写及撰写学术会议论文等。尤为难能可贵的是，他们还能主动将所学转化成科学研究，其中一人获得国家自然科学基金立项资助，另一人则获批江苏省中医药管理局课题研究项目。虽然内心很欣喜他们的进步，但对学生而言，我可能更多的时候还是一名严师。因为我深信，严师才能出高徒，希望他们能在中医药事业的征途中，更加严格要求自己，取得更大的进步。

我不止一次对学生们说：经验不保守，知识不带走。这是我父亲兼老师常说的话，而如今我也时时用它来鞭策自己，力求做好“师传”工作，为振兴中医事业做出有益的贡献，让中医学代代相传，薪火不熄！

三、科研成果，造福人类

父亲一生积累了丰富的临床经验，擅用虫类药在全国首屈一指，在东南亚享有盛誉，在世界上亦是闻名遐迩。他的许多经验方，如益肾蠲痹丸、复肝丸、夺痰定惊散、仙桔汤等，在临床上都获得历久弥新的疗效。特别是父亲的益肾蠲痹丸自20世纪60年代即作为院内制剂运用于临床，取得很好的疗效。20世纪80年代，我们姐妹三人与南京中医学院计算机中心联合开发了朱良春主任治疗痹证的软件，将父亲治疗痹证的经验进行推广。在朱家为首的团队努力下，1989年1月益肾蠲痹丸获新药证书，该药畅销海内外。父亲的“益肾蠲痹法”我们将其广泛地应用于治疗风湿病，如类风湿关节炎、强直性脊柱炎、痛风性关节炎、系统性红斑狼疮、系统性硬皮病、混合型结缔组织病、白塞综合征、增生性关节炎等，使许多病人绝处逢生，重获春天，多年来惠泽了来自全国各地及国外的几十万患者，我也是其中最得益者之一。1989年，我的髋关节疼痛较著，摄片诊为骨样骨瘤，全院外科大会诊，老院长认为必须换股骨头，但有专家提出，小朱年纪太轻，才40多岁，10年后怎么办，我和父亲讨论后，决定保守治疗。我一边工作，一边服益肾蠲痹汤、益肾蠲痹丸，加上口服我的师兄李健生教授新研制的扶正荡邪口服液（金龙胶囊的前身，是虫类药新鲜活体的冷冻液），治疗一年后，健康如常人。中医药又一次在我身上展示了奇迹，"益肾蠲痹法"的神效真是不可思议。去年我们医院的一位老护士，双手指红肿晨僵疼痛，伴全身关节痛，不能动弹，全靠家人搬动，日夜不能安睡，苦不堪言，西医已治疗20余日，止痛药也用过，家人来找我去诊治，我给病人诊脉时，病人都会痛得叫起来。当时查血沉71mm/h，C反应蛋白81.1mg/L，我根据辨证，运用益肾蠲痹大法治疗，3天后汗出减少，1周后汗出止，疼痛开始减轻，2周后疼痛已明显减轻，连续治疗2个月，关节红肿疼痛全部消除，查血沉28 mm/h，C反应蛋白12.6mg/L，再巩固治疗1个月，查血沉、C反应蛋白全部正常。她是一个西医护士，其后逢人便称颂中医药，让类似的病人前来找我诊治。

在父亲的指导下，我还结合自己多年的临床经验，将自拟的经验方运用现代科学技术进行研究，主持的"验方双降散治疗高黏血症的临床和实验研究"获江苏省中医药管理局科技进步三等奖，"鹿龙再生汤治疗再生障碍性贫血的研究"获南通市科技进步二等奖，作为主要研究者的"神经生长液及其有效成分神经再生素促神经生长的作用研究"获南通市科技进步一等奖、江苏省科技进步三等奖。另外，主持的国家"十五"科技攻关计划"名老中医学术思想、经验传承研究"圆满验收。

临证经验与学术专长

一、病证结合，病证同治

中医学历来强调辨证论治，我继承了父亲的学术思想，结合自身多年临床经验认为：中医临证不仅要注重辨证，亦当仔细辨病，做到病症合参，病证同治。辨证系重在推求疾病当前阶段的病理本质，将其置于疾病总体病程中加以辨析，利于切准病机，以防只见树木不见森林；辨病意在宏观把握疾病病情变化脉络，务求做到立足当前病机，实事求是，绝不可简单对号，一病一方。所以病症合参，常能切准病机；假以病证同治，则自可获效。历经三十六载临证实践业已形成多系统、多疾病病证合辨、病证同治的独特理、法、方、药体系。如曾接诊一例满脸痤疮并月经不调、尿频一年之患者，观其疮疹下颏为著，色红密集，夜尿频数，1 小时一次，近半年来又月经量少，舌红苔薄，脉细。患者涉及三个病种，若头痛医头，则不免处方涣散，难成有机联系的治疗体系，也不能体现中医整体观念及辨证论治之精髓。治疗以正本澄源为大方向，将看似错杂之症调理为统一之病机，治病求本。中医辨证属肾虚血热，辨证结合兼夹症状辨病，先以清热凉血兼顾益肾清利为主治痤疮，疮疹减轻后调整为益肾固摄为主治尿频，经治月余，诸症基本消除，夜尿减为仅一次，肤色由晦暗转荣润，又治半月，经量亦有增加，实为辨证结合辨病，病证同治之案例。再如针对肝胆系统或泌尿系统结石性疾病，父亲常在“四金一石”（金钱草、海金沙、川郁金、鸡内金、鱼脑石）清利化石的基础上，根据患者脏腑虚、实、寒、热之不同加以辨证用药。综合病症合参、病证同治，临证思维要点大略如下：①病邪轻浅，脏气不损，主以辨证。②正气内伤，脏气受损，留邪痼结，病证同辨。③阴阳尚平，无证可辨，主以辨病。④结合西医生理病理学知识，科学借鉴中药有效成分药理学进展，西为中用，完善中医病机理论，提高临床疗效。

二、强调四诊合参，重视舌象观察

中医学认为人是一个有机的整体，人体正常的生理活动是体内各脏腑组织器官协调平衡的结果；而疾病的发生则是人体脏腑器官组织功能失调、阴阳失衡的结果。人体脏腑之间不仅在生理、病理上有着密切的联系，而且与体表组织以及五官九窍也有着不可分割的关系。我一向推崇中医“有诸内，必形诸外”的诊病思维，无论疾病的临床表现如何复杂，都可以通过望、闻、问、切四诊来收集资料，进行综合分析，来推测体内脏腑的病变，以进行正确的辨治。四诊各有特色，既相互联系，又不可相互替代，只有从整体出发，四诊合参，才能谨查病机之所在，从而抓住疾病辨治的关键。

临诊时，我总是认真对待每一位患者，运用四诊，结合现代医学检查，详细、全面了解病人的病史、病情及既往检查、治疗等情况，既全面又抓住要领，常能执简驭繁。望诊是四诊之首，“望而知之谓之神”，在望诊中我又最为注重舌诊。因为脏腑气血通过经络皆上通于舌，中医学反复的临床实践也证明，在疾病的发展过程中，舌的变化迅速而又鲜明，凡脏腑气血的盛衰、津液的盈亏、病情的轻重、病变的部位，甚至预后的好坏，都能够较为客观地从舌象上反映出来。而在望舌的过程中，我每每会让患者将舌伸出卷起，从舌的背面观察舌下络脉，以判断病人气血的瘀畅。经多年临证经验发现，冠心病、脑血管病、肿瘤、消化系统疾病、老年病等疾病的患者，舌下络脉都会有不同程度的充盈、延长或迂曲，颜色多青紫，甚者有瘀斑瘀点分布。盖因此类疾病多有气血虚损，气滞、气血运行不畅，易导致瘀血留滞。而舌下络脉多与脏腑血脉相连，故表现明显。此时，我多会加用活血化瘀力度较大的虫类药治疗，常获良效。如治一疑难病症，在辨证用药的基础上，根据患者舌质淡紫，舌两边布紫黑带，而加用活血化瘀的地鳖虫、地龙、水蛭等药，随着舌紫黑带的减轻，诸多痛苦释然。另一位成某，女，65 岁，患非霍奇金病六年余，根据患者舌光红无苔无津，应用大量养阴生津药如石斛、麦冬、玄参、北沙参等，加炙僵蚕、广地龙、大贝母化痰通络中药取效，随访 3 年，病情稳定。

三、益气化瘀法论治中老年病

我从事老年病研究多年，认为气虚血瘀是多种中老年病的主要病理基础。因为中老年人随着年龄的增长，元气渐衰，脏腑功能活动逐渐减弱，由于气虚无力推动血液运行，血流不畅，久而为瘀；又由于气虚运化无能，膏粱厚味无以化生气血精微，而变成痰浊，痰瘀交结阻滞脉道，形成本虚标实的病证。气血的虚衰和瘀滞，又加重了脏腑活动的运行失常，两者之间形成恶性循环，导致了多种老年病的产生。常见的老年人气虚血瘀证有倦怠疲乏，眩晕头昏，胸闷不适，气短咳喘，肢冷肢麻，耳鸣健忘，夜不能寐，尿频或余沥不尽等表现，常用益气化瘀法取效。20 世纪 90 年代，我根据父亲的用药经验组方“双降散”。方中重用黄芪补气扶正、升清降浊，促进体内气化作用，使其气旺则血行、津行，“气血流通，百病而已”，且可免破瘀药伤正之弊。用水蛭、地龙破血逐瘀，合丹参、川芎活血通脉；泽泻、山楂、豨莶草化痰泄浊、消食降脂。全方具益气扶正、活血通脉、化瘀泄浊之功。临证常以之为基础方，随症加减，验之于临床，疗效满意。气虚严重者常加生晒参、淫羊藿补气强体；畏冷者加制附子、桂枝温通经络；眩晕、头昏因颈椎病者加葛根、威灵仙升清通络；因高血脂、高血黏者加制海藻、决明子通脉降脂；肢麻者加地鳖虫、鸡血藤活血通络；健忘耳鸣者加天麻、灵磁石健脑开窍；夜寐不佳者，加酸枣仁、茯神养心安神；尿频者加芡实、金樱子固涩精微；尿余沥不尽者加刘寄奴、冬葵子活血通淋；有前列腺增生肥大者加炮山甲（现用代用品，下同）末吞服，软坚散结。

四、立法补、疏、通，调治月经病

中医认为，月经病的主要病机在于多脏功能失常，气血失调，以致冲任二脉损伤，继而出现月经周期、经期、经量等异常。我经过长期临床实践，结合前人相关理论，提出补、疏、通三法，用于辨证调治各型月经病，疗效确佳。所谓补、疏、通即补肾、疏肝、通经之法。盖肾为先天之本，主藏精气，是人体生长、发育和生殖的根本，“经水出诸肾”，故补肾为常用大法，其目的在益先天，阳生阴长则精血自旺。临证因体质与病机不同，依其证可采取滋阴、温阳及平补各法。此外，因肾为水火之脏，阴阳互根，也当注重阴阳互求，如常以枸杞子配淫羊藿等和其阴阳。肝主疏泄，又藏血司“血海”，而女子以血为本，故肝失调达，疏泄不利则气血不和，冲任难调，因此，疏肝亦为调理月事之要法。临证之时，我在舌脉审察之余，常以患者是否经前乳房胀痛作为判断是否存在肝郁的重要标志，因胸胁乃足厥阴循行之所，肝失疏泄，常会出现胸胁乳房胀痛，而届经前气血激变之时则其胀痛更甚。治肝用药开郁行气为主，但不过用辛燥耗散，且每佐养血柔肝之品，如四逆散配四物汤类，以兼顾肝之体阴用阳之性，使气行而血不燥。对于月经产生机理，中医学素有“肾气－天癸－冲任－胞宫”的系统联系观，这一功能轴中各环节得以顺承衔接即是月事以时下的必要基础，因此，作为运行气血、联络和沟通机体物质与信息的中介经络一旦阻滞不畅，月经亦会发生紊乱，故我在调治经络痹阻之月经病时，强调辨瘀，瘀去则通，除用三棱、莪术、三七、失笑散等常规活血化瘀药物外，更喜用地鳖虫、水蛭等动物药，增强疗效。此外，我体会，运用补、疏、通三法，还应注重用药的时间阶段性。因为一方面患者在一定年龄阶段或月经周期阶段，补、疏可有其共性规律，如青春期可以补肾通经为要，成熟育龄期尤重疏肝通经，更年期则以补肾、调补阴阳为主；再者，月经周期方面，经前期注意疏肝，月经结束后调补为重。不少医家经期不主张用药，而我认为，除经量过多者，一般患者不必拘于经期停药，处方时注意药性平稳即可。

五、燮理阴阳，辨治神经、内分泌系统疾病

随着自然环境及生活方式的转变，人类疾病谱已发生重大变化，神经－内分泌系统疾病发病率日益增高。其虽常无器质性病变，但症状可涉及多个系统，出现神经功能紊乱、内分泌失调之多种表现，患者往往自觉症状突出，且症状随情绪波动而加重，痛苦异常。本人经过长期临床实践，结合近年对中医“肾”实质的现代研究进展，总结出此类疾病的中医病本在肾，系由肾之阴阳失调所致。肾为先天之本，受五脏六腑精气而藏之，是调节各脏腑功能活动之中心，协调机体矛盾统一之主宰。生命之所以能持续，健康之所以得维护，实基源于水火之相济，阴阳之合和。倘真阳没有真阴，就失去了物质基础；真阴离开真阳，则消亡了一切动力。此二者在相互制约、相互依存中保持着阴平阳秘的状态，从而维系一身健康。所谓“孤阴不生，独阳不长”，“阴阳互根”乃是生命发展变化的客观规律。人体脏腑百骸生化有源，皆有赖于肾中真阴（水）、真阳（火）二者的对立统一。一旦肾中阴阳失去平秘，患者即可出现自主神经功能紊乱、内分泌失调的多种临床表现。如既可出现肾阳虚的症状，如较常人形寒畏冷，腰膝冷痛，疲乏，情绪压抑，性欲降低；又可出现面身烘热，心悸烦躁时作，阵作汗出或盗汗等更年期综合征表现，其中更有口干严重者，甚或口腔黏膜灼热疼痛而发为灼口综合征。基于以上认识，我提倡多种神经、内分泌系统疾病治疗大法，总体应以燮理阴阳为要，强调以调节肾之阴阳为主，水火并济，乃可奏事半功倍之效。用药方面，滋肾除熟地黄、山萸外，我常用女贞子、枸杞子等性平之辈；温阳常以蜂房、淫羊藿、仙茅等；烦躁突出，常用栀子豉汤清热除烦，内热更盛则多与知母、黄柏同用；汗出过多者，酌加龙骨、牡蛎、浮小麦、瘪桃干等敛汗止汗。

（赵旭、潘峰、徐俊伟协助整理）

张存悌

张存悌（1947— ），辽宁沈阳市人。主任医师。1982年毕业于辽宁中医药大学，曾任沈阳市大东区中医院副院长，后任辽宁中医药大学第三附属医院内科主任，1998年晋升主任医师。从医四十年，曾在美国、澳大利亚等地行医、讲学，弟子众多。擅用经方，用药简练，为经典火神派的代表，对常见病、疑难病积累了丰富经验，人誉“关东火神”。近年钻研火神派，著有《火神郑钦安》《中医火神派探讨》《火神派温阳九法》《火神派示范案例点评》等书，为全国扶阳论坛组委会常务委员。治学勤奋，造诣深厚，发表论文、医话200余篇，出版专著30余部。主要有《火神派名医验方辑要》《中医火神派医案全解》《中医火神派医案新选》《刘冕堂医学精粹》《新编清代名医医话精华》《近代名医医话精华》《宫廷美容养生秘方》《品读名医》《欣赏中医》《中医往事》《名医方笺墨宝赏析》等。

高考改变命运

俗话说，“三十岁学吹打”，我学中医确实是半路出家。我走过“文革”中大多数“老三届”走过的一条典型的人生之路：下乡3年，在工厂8年。工人、农民都当过。1977年上大学时已经30多岁了。读高中在沈阳二中，是个名校，郭沫若题写的校名。1966年高中毕业时报考志愿填的是北京大学数学系，可惜“文革”终止了我的大学梦。恢复高考后，1977年我成为“文革”后第一批入学的大学生。当初报考中医，原因很简单，为的是家人亲属有病时能派上用场，这也暗合了古人“事亲者不可不知医”的理念。

大学读书时我是用心的，重点学科如内科、妇科、伤寒、温病等，先后都做了三套笔记：课堂上做一套，课后对照讲义再整理一套，最后拣重点再归纳出很实用的一套，北方话叫“捞干的”，供自己随时习用。由于有“老高三”的底子，加上用功，我的中医学得不错，《内科学》结业考试成绩 100 分，全班 260 多人，只有 2 个人满分。《方剂学》的所有方剂都背得滚瓜烂熟，方歌是自编的，后来编著《汤头歌诀应用新解》时，这些自编方歌用在书中，没用现编。在同学中我以“纯中医”著称。

勤求古训　博采众方

毕业 30 多年一直未脱离临床，读书、临床两未偏废。张仲景“勤求古训，博采众方”之旨一直鼓励着我。

勤求古训，对医经、各家学说没少下功夫，先后钻研过傅青主、王清任、秦伯未、张锡纯、岳美中、方药中、蒲辅周、范文甫、朱仁康、何绍奇等名家的著作，各种读书卡片做了 1 万多张。其中秦伯未、方药中二位的基础理论造诣很深，归纳的脏腑辨证系统最明晰，我从中加深了对中医基础理论的理解。他们的文章深入浅出，学问很好；岳美中、何绍奇的医话写得很漂亮，充盈着人文哲理，从中受益匪浅，我的毕业论文写的就是“岳美中学术经验初探”；张锡纯的书写得很好，写得活泼，看得明白，如升陷汤、固冲汤、活络效灵丹等，1993 年我在美国行医，曾用固冲汤治愈一例十分顽固的崩漏病人；傅青主的妇科、朱仁康的皮肤科我都颇为中意，傅氏完带汤、生化汤等，朱氏皮炎汤、小儿化湿汤等常能获效；王清任的活血化瘀学说独具一格，五个逐瘀汤亦为囊中常备之方。此外，我一直很喜爱《中医各家学说》这门课程，收集了多种版本的《中医各家学说》，经常翻阅揣摩，对各家特色多有了解，眼界大开。

博采众方。“医之学也，方焉耳。”通俗地说，中医的学问不过在用方上罢了。说明方剂的重要性，它就如同将士杀敌制胜的武器弹药。方剂是中医的核心，是根本。中医治病的学问最终要体现在用方上。为此学了很多方剂，包括偏方、验方，如从岳美中的延年半夏汤治疗急性胃痛；方药中教授的肝肾系列方如参芪地黄汤治疗肾病，苍牛防己汤治疗腹水，黄精汤、加味异功散治疗肝病等；朱仁康教授的皮肤病系列方等。当然，我最看重、最喜欢的还是经方，这期间发表的几篇论文都是有关经方的体会，如“经方治顽证医话二则”“苓桂剂在心脏病中的应用”“半夏泻心汤在脾胃病中的应用”等。

对于冠心病、高血压、糖尿病、头痛等常见病，肺癌、胃癌、肝癌、乳腺癌等常见癌症，我还下大功夫整理了筛选方30首。所谓筛选方，即针对某一病症如头痛，查找有关头痛的报道，收集、选取各家针对该病的经验方20多个，将其中药物摘出，然后按照出现频次多少予以排列组合，最后将出现频次多者截取前20味，组成该病筛选方。为此花了很多时间，其中关于肺癌、肝癌的筛选方还曾做过报道。总计而言，这些年学习和掌握的方剂当在500首以上，临床应用可以顺手拈来。

我的一些学生，本科生、研究生，很多人记不住几首汤头。有一次心血来潮，让他们随便考我《方剂学》中的任意一首方剂，“我若答不上来，算我没学问”。开始他们还不好意思，后来考起来，干脆专拣难的考，“五积散”“普济消毒饮”“独活寄生汤”等大方，考了十几个，我都脱口而出。至今犹记1998年晋升主任医师时，现场答辩通常要考一道方剂题，考官给我出的题目是“膈下逐瘀汤”的组成，没用思索即张口答出。

学中医是要讲究一点背功的，退一步说，别的可以不背，方剂不能不背，它是治病的本钱。

前二十年学医得与失

以接受火神派为节点，回顾从医前二十年间的得与失，有下面若干体会：

从收获而言，一直在孜孜以求地学习，在探索，基础东西掌握得比较好，坚持不脱离临床，对常见病的治疗效果不错，对经方有些粗浅体会，发表了18篇临床报道和体会。另外，从行医开始即自觉地走向治学之路，既当医生，又作学者，写书做学问。为此一直保持两个好习惯，一是读书必动笔摘录，积攒资料，20年间发表医论医话50篇，如“疑难病辨治八法”“慢性病调理八法”等，出版专著10本，包括《品读名医》《宫廷美容养生秘方》《名医治疗疑难病千方千例》等。二是治病必留医案，为日后总结留下素材。行医15年之际，1998年我得以顺利晋升中医主任医师。

不足之处呢？主要是受学院式教育影响，喜清畏温，凡病多从热论，尤其是咳嗽、感冒、“上火”之类的病症，自己有病服药亦多偏凉，脑袋里装的多是桑菊饮、银翘散之类的温病方。再有就是中医西化，对号入座，糖尿病认定是气阴两虚，肿瘤则用清热解毒法，高血压就用镇肝息风汤等，跟着西医的诊断和化验指标跑，治不好也不明白怎么回事。虽曾治好一些病，与后十年掌握火神派思想后相比，颇有“今是昨非”之感。

关键是有些常见病按教材的分型辨证方法论治，自觉也算严丝合缝，治疗就是无效，心中不解。一些疑难病症，认证还在疑似之间，处治没有把握，疗效不得而知。尤其是自觉不自觉地陷入见病医病、对症下药的路子，张景岳说得好：“见热则用寒，见寒则用热，见外感则云发散，见胀满则云消导。若然者，谁不得而知之？设医止于是，则贱子庸夫皆堪师范，又何明哲之足贵乎？”确实如此，但苦于不能提高一个层次，因而一直不断地摸索、思考，渴望找到一个突破口，将学识提到一个更高境界，但多年来未能如愿。

例如，我对方药中教授归纳的“辨证论治五步”很有兴趣，他将辨证论治过程规范成五个步骤：定位，定性，必先五胜（即找出症结标本），治病求本，治未病。按理说，中医有多个辨证模式，如伤寒的六经辨证，温病的卫气营血辨证，院校科班教育则以分型辨证为主，还有脏腑辨证等，不免交叉繁复。方药中教授将其统一为几个步骤，让人有所遵循，确是好事，我很赞成，还写了一篇“方药中教授论病机十九条及其运用规律”，发表在《中医药学刊》上。但实践起来感到麻烦，一般门诊接待病人，望闻问切之后，通常已经有个辨证概念，直接闪现的是用什么方剂。而不太可能按方药中教授的五步，一步一步地推导，既嫌烦琐，也不实用，而且门诊业务也不允许这样过多占用时间。由此，方氏五步被我否弃。

又如筛选方，按理说，筛选方体现了优选法原则，集中了各家经验的精华，疗效应该略胜一筹。可是临床投用，不见得有效。怎么回事呢？反复思考，觉得问题出在各家用药虽有不同，但筛选出来的药物却大致不离某个套方，例如头痛一症，最后筛选出来的药物基本上是川芎茶调散的组成，不过多了些蜈蚣、全虫之类的虫蚁止痛药，未离风寒头痛套方套药，仅是选药更精当些罢了。果系风寒头痛，投之固然有效，但头痛有多种原因，若非风寒所致，这个方就不会收效，若是阳虚引发，甚至可能治坏。再如糖尿病筛选方，最后筛选出来的药物基本上是生脉散与六味地黄丸两方所含药物，未离消渴之套方套药，果是气阴亏虚，用之有效，我曾治过一例，效果很好。但现代糖尿病的特点与古代大有不同，典型的多饮、多食、多尿之“三消”症状已不多见，以笔者所见，倒是湿盛阳微者多见，用此筛选方其实是南辕北辙，效果不会好。从根本上说，筛选方走的是套方套药的路子，有违辨证论治大法，由此，我对其兴趣也减了下来。

尽管走过弯路，但我一直没有停止学习的步伐，没有放弃追求，时欲上下而求索，尽早登入中医殿堂。

发现火神派，衰年变法

功夫不负有心人，2003年2月17日《中国中医药报》发表了何绍奇先生的一篇文章——“火神郑钦安”，小半版，介绍火神派的开山宗师郑钦安的学术思想，其中火神派注重阳气，擅用附子的独特理念令我心动。反复揣摩，觉得火神派也许蕴藏玄机，于是沿着该文线索，千方百计收集火神派的资料，从校图书馆借了《吴佩衡医案》，当时《郑钦安医书阐释》刚出版，市面上还没有，托人从巴蜀书社买出寄过来。由此孜孜钻研，逐步深入，结合临床实践，结果大开眼界，大获收益，于是在五十多岁时毅然变法，以火神心法应世，疗效大幅提高，患者口碑相传，局面很快打开，许多疑难杂症都能应手而愈。

想当年，齐白石58岁时已有声名，却毅然改变画风，学八大山人将工笔与写意结合，称之为“衰年变法”，终成大师。上下求索20年，于今方有登堂入室之感。坦率地说，学了火神派之后，我才觉得真正会看病了，此前困惑的问题大都得以解决。我曾想，以前那些工夫是不是白下了？仔细想想不是，观千剑而后识器，有比较才有鉴别，正是有了以前下的功夫，才能比较出火神派的独特和优势，才能毅然选定火神派，正所谓“千淘万漉虽辛苦，吹落黄沙始到金”。其实像我这样在学习和实践中认识到火神派的价值，一改原来医风（多是吴门温病清轻风格），弃旧图新，奉行火神派，成为擅用附子的医家，历史上和当代都大有人在，而且都是名医大家，我将在医话中列举。

回顾我的人生，主要有两个转折点：一是恢复高考迈入大学，从工人转变为医生，学有专长，否则我至今可能都是一个身无长物的普通工人；二是发现火神派，衰年变法，医术和疗效都得到质的提高，否则我不过是一介平庸之医。单说出国讲学，如果没有火神派的研究成果，就算挑一千位名医恐怕也轮不到我，但要论火神派，我的研究当列前茅，受邀自在情理之中。任继学教授说，“中医60岁才会看病”，在我身上得以应验，靠的是火神派给我带来的长进，否则尽管60岁，我可能仍旧不会看病。

我至今庆幸能在知命之年摸索到火神派的方向，学识提高到一个新境界，否则至今可能仍在困惑中摸索。回想起来，这应该感谢何绍奇先生。

学习火神派的体会

1. 火神派疗效确切

郑钦安“只重一阳字，握要以图，立法周密，压倒当世诸家，何况庸手!”（敬云樵语）火神派治病确实管用，个人以火神派招法应世，疗效大幅提高，真如郑氏所言，疗效差不多“百发百中”。常见病不用说，疑难杂症多能应手而愈，信心倍增，通常我可以对患者说：“服药一周，慢性病两周，必须见效，否则另请高明。”当然所谓见效不一定就痊愈，但是症状必须减轻。

2. 阴阳辨诀是第一关

阴阳辨诀至关重要，是学习、掌握火神派的第一关。张景岳说：“医道虽繁，而可以一言蔽之者，曰阴阳而已。”陈修园谓：“良医之救人，不过能辨认此阴阳而已；庸医之杀人，不过错认此阴阳而已。”自从掌握阴阳辨诀，分清了阴阳，才真正会看病了。“明于阴阳，如惑之解，如醉之醒”（《灵枢》），确实感同身受。如果说火神派的用药风格是“心狠手辣”，那么用阴阳辨诀认证则心明眼亮。

本来我是主攻内科的，由于分清了阴阳，其余外、妇、儿、五官、皮肤科的病症辨治可以说一通百通，治起来同样得心应手，从医案就可以看出这些所谓“小科”，我治好的病人并不比内科少。我常跟病人说：“中医没有治不了的病。”就是因为有阴阳辨诀作为标尺，什么病都可以分得清，治得好。

3. 弄清阴火，获益最大

郑钦安学术最独到、最精华的部分，是对阴火的认识，也是我学习火神派的最大收获。以前不识阴火，误诊阴火为阳证，确是“千古流弊，医门大憾”。现在认清了阴火，治好了很多名医治不好的“假火”病症，张景岳所说辨识假热为“医家第一活人大义”，确实可信。

4. 附子运用的五原则

关于附子用法，为保证其安全有效，本人综合火神派名家的经验，提出五条原则，即辨证、先煎、渐加、配伍、验药。

辨证，即坚持辨证论治的原则。郑钦安所谓“总之用姜附亦必究其虚实，相其阴阳，观其神色，当凉则凉，当热则热，何拘拘以姜附为咎哉?”附子用法，固然要讲三因制宜，注意天时、地域、个体差异等因素，但最重要的还是遵从辨证论治大法，所谓“病之当服，附子、大黄、砒霜，皆是至宝；病之不当服，参、芪、鹿茸、枸杞，都是砒霜”。

先煎，即附子要单独先煎。这是众多火神派医家的共识，吴佩衡先生谓：“附子只在煮透，不在制透，故必煮到不麻口，服之方为安全。”附子用至30克以上理应先煎2小时。

但在抢救急危重症时，可相机权变，李可先生认为：“按现代药理实验研究，附子武火急煎1小时，正是其毒性分解的高峰。由此悟出，对垂死的心衰病人而言，附子的剧毒，正是救命的仙丹。”因此，治疗心衰重症，倡用开水武火急煎，随煎随喂，或鼻饲给药，24小时内频频喂服1～3剂，可收起死回生之效。

渐加，即开手宜从小剂量用起，得效后逐渐增加。大剂量用药拿捏不准时，可先从小剂量用起，循序渐进。《神农本草经》讲：“若用毒药疗病，先起如黍粟，病去即止，不去倍之，不去十之，取去为度。”《金匮要略》甘草附子汤说“恐一升多者，宜服六七合为始”，皆堪取法，我用附子最初是从10克、15克用起来的。须知，附子并不一定概用大剂量，即郑钦安也并非都用大剂量，而是“在分量轻重上斟酌”，不少医家用中小剂量也治好了很多急危重症，其经验更属宝贵。同等病情如用中小剂量取得与大剂量相同效果者，当然前者更高明。但是如果病重，则应用大剂量，吴佩衡所称“病大药大”之谓也，该用大剂量时绝不手软。我现在一般出手用到30克，由于方向对头，很多案例用此剂量时即已取效。偶合的是，这个剂量恰恰是郑钦安处方的常规剂量，看其自制的姜附茯半汤、附子甘草汤中附子剂量都是30克（一两）就可以知道，而其潜阳丹、补坎益离丹中附子剂量都是24克（八钱），也算接近吧。

配伍，即选择药物监制附子毒性。试验表明，附子与干姜、甘草同煎，其生物碱发生化学变化，毒性大大减低。此三味配伍恰为《伤寒论》中的四逆汤，故又称“仲景附子配伍法”。何绍奇经验：用附子，多加生姜30克，蜂蜜50克，可以减低毒性。李可先生凡用乌头剂，必加两倍量之炙甘草，蜂蜜150克，黑小豆、防风各30克；凡用附子超过30克时，不论原方有无，皆加炙甘草60克，可有效监制附子毒性。考炙甘草、蜂蜜、黑小豆、防风均有解毒作用，可供参考。

验药，即要检查尝验所用附子的质量。乌头、附子种类庞杂，药效、毒性差别很大，因此选用好的品种是题中应有之义。“天下附子在四川，四川附子在江油。”作为道地药材，江油的附子应该是最好的。还有附子的加工质量，也是一个重要问题。医生要谨慎选择自己所用的附子，原来未曾用过的附子，新进的附子，要先尝试，用过几次后才能做到心中有数，前贤所谓“屡用达药”是也。我的医案中即有一例痹证病人，因为用了不道地的附子，服后产生反应。一般而论，倡用炮附子，生品慎用。

掌握好附子用药的五原则，使用附子是安全的，即使用大剂量也不会出事，像吴佩衡、范中林、唐步祺、卢崇汉等辈均曾声言，用了一辈子附子也没出过事。

思考与总结

行医33年，甘苦得失寸心自知，下面结合自己的经历，谈谈怎样成为一个好中医、高明的中医、今我渐入老境，既是总结，也是思考。

1. 首重读书，培养根基

虽云“熟读王叔和，不如临证多”，强调临床实践的重要性，但这丝毫不能成为忽视读书的理由。前贤认为读书在前，以培根基，方能指导临床，此乃要义。辽宁名医张奎彬说：“古今天下事，未闻不学而可为，亦未闻学之未精，为之即精者。”“虽然有善读医书而不善临证者，然断无昧于医书而精于临证者。故必先读书以培其根柢，后临证以增其阅历，始为医学之全功焉。”（近代名医朱沛文语）清·姚龙光说：“熟读王叔和，不如临证多。此乃世医欺人之语，非确论也。心中无此理解，即临证百千仍属茫然不悟。所以，多读名贤专集为第一义。”

郑钦安说：“书要多读，理要细玩。”多年来，日间临床无暇，读书常至子夜，已经成为习惯。读书丰富了我的阅历，提高了学识，使我摸索到火神派，渐臻上工境界。关于读书方法，我将另文专述。

2. 经方入手，高出时医

任何专业，都有入门诀窍。黄煌教授认为："学好中医，选择门径是关键，而以从经方入门最容易。""经方虽不是中医学的全部，但应该说是中医学的精华所在。"陈修园说："大抵入手功夫，则以仲圣之方为据，有此病，必用此方……论中桂枝证、麻黄证、柴胡证、承气证等以方名证，明明提出大眼目。"陆九芝曰："学医从《伤寒论》入手，始而难，继而易。从后世分类书入手，初若甚易，继则大难。"刘渡舟教授称："经方药少而精……有鬼斧神工之力，起死回生之妙。"均为阅历有得之论。我是毕业多年后才体会到这一点的，诚如汪莲石所言："究竟从伤寒入门者，自高出时手之上。"由此也能体会到岭南四大金刚之一陈伯坛所说"余读仲景书，几乎揽卷死活过去"的痴迷劲儿。

有了伤寒基础，掌握六经定法，再学习火神派，可以说如虎添翼。

3. 行医治学，互相促进

我能走到今天，除了守住临床，治病为本，还有一个重要因素，即将行医与治学结合起来，行医读书为治学奠定基础，治学著书则使医术得以总结、提高，二者并行不悖，互相促进。至今我已出版专著30余部，这个数目在省内同行恐怕罕有人及。由于抓住火神派的方向治学，思考不断加深，感悟日渐丰富，下笔如有神助，连续出版了相关专著10部，如《火神郑钦安》《中医火神派探讨》《火神派示范案例点评》《火神派名医验方辑要》《火神派温阳九法》等，在国内均有影响，有的销量达到5万册以上，有的还在台湾出了繁体版，不知引领多少医家踏入火神之门。先后受邀到中国香港等地区，以及澳大利亚等国家讲学，把火神派的种子传播到世界。伤寒名家黄煌教授称我："你的大作催生了一个流派！没有你的鼓与呼，没有你的点与评，火神派不会这么热。期待您有更多的佳作问世。"

当初并未想到走上著述之路，出版这些专著完全是学中干，干中学，一步一步摸索出来的。行医之初，为了积累资料，自觉地定下三条规矩：读书要做笔记，读报要留剪报，治病要留医案。三十多年一直坚持不辍。资料积多了，自然就想如何利用起来，先归纳思考，再编排总结，觉得可以成书了，于是走上著述之路，逐渐地著书立说成为我的习惯，每一本书都是学习、积累、思考的结晶，理所当然也不断提升了我的学识水平及在业界的影响。

学术观点梳理

行医大半生，渐渐积累了一些认识和体会，借此机会整理一下，梳理出若干见解和观点，也算一种升华，今公之以飨读者。

1. 火神派经世致用，疗效卓著。郑钦安屡次称治病“百发百中”，敬云樵称其“只重一阳字，握要以图，立法周密，压倒当世诸家，何况庸手!”其言不虚。

2. 外感法仲景，阳虚法钦安。汪莲石说：“究竟从伤寒入门者，自高出时手之上。”有了伤寒基础，掌握六经定法，再学习火神派，如虎添翼。

3. 善诊者，察色按脉，先别阴阳。“医道虽繁，而可以一言蔽之者，曰阴阳而已。”（张景岳语）“良医之救人，不过能辨认此阴阳而已；庸医之杀人，不过错认此阴阳而已。”（陈修园语）为此首先要掌握郑钦安之阴阳辨诀，而领会阴阳辨诀的关键是“八字真机”。（参见余之“明于阴阳，如醉之醒”一文）

4. 阴火辨认乃是大问题，“医家第一活人大义”。“既从斯道，不可不先明斯理。”（张景岳语）郑钦安名言：“总之众人皆云是火，我不敢即云是火。”说的是假火、阴火。“后学懵然无据，滋阴降火，杀人无算，真千古流弊，医门大憾也。”敬云樵批注：“齿牙肿痛，本属小症，然有经年累月而不愈者，平时若不究明阴阳虚实，治之未能就痊，未免贻笑大方。”

个人观点，头面五官多阴火。五官科有“阴火四大症”，即口疮（含舌疮、唇疮）、眼病（眼睛红肿疼痛、干涩）、咽炎、牙痛，是五官科最常见的阴火（假火）症。

5. 阳常不足，阴常有余。这是火神派经世致用的病势基础。“今人气体远不及古人，阴常有余，阳常不足，亦消长之运然也。故养生家必以补阳为先务，即使阴阳俱亏，亦必以补阳为急。盖阳能生阴，阴不能生阳，其理亦复如是……医者要知保扶阳气为本。”（清・梁章钜语）

“人以阳气为主，阴常有余，阳常不足。近世医工乃倡为补阴之议，其方以黄柏为君，以知母、地黄诸寒药为佐，合服升斗以为可以保生，噫，拙矣！人之虚劳不足，怠惰嗜卧，眩晕痹塞，诸厥上逆，满闷痞隔，谁则使之？阳气亏损之所致也，乃助其阴而耗其阳乎？人之一身，饮食男女，居处运动，皆由阳气。若阴气则随阳运动而主持诸血者也。故人之阳损，但当补之、温之，温补既行，则阳气长盛而百病除焉。”（《上池杂说》）

6. 经方为主，用药简练。经典火神派才是火神派的纯正境界，臻于上工。

7. 明医三诀：明于阴阳；分清真假；知常达变。

“见热则用寒，见寒则用热，见外感则云发散，见胀满则云消导。若然者，谁不得而知之？设医止于是，则贱子庸夫皆堪师范，又何明哲之足贵乎?”（张景岳语）

“见病医病，医家大忌。盖病有标本，多有本病不见而标病见者，有标本相反不相符者。若见一证，即医一证，必然有失。唯见一证，而能求其证之所以然，则本可识矣。”（周慎斋语）

个人观点，中医有四大假症，即假喘、假胀、假秘（便秘）、假火（热），分别相对于实喘、实胀、实秘、实火而言，皆因虚而致，极易误为实证。

8. “医之学也，方焉耳。”从务实角度说，方剂是临床的根本，案头方要少，心头方要多。但要注意知常达变。“医有上工，有下工。对病欲愈，执方欲加者，谓之下工；临证察机，使药要和者，谓之上工。夫察机要和者，似迂而反捷，此贤者之所得，愚者之所失也。”（《皇汉医学·医家十诫》）

9. 治急性病要有胆有识，治慢性病要有方有守。“治外感如将，兵贵神速，机圆法活，去邪务尽，善后务细，盖早平一日，则人少受一日之害；治内伤如相，坐镇从容，神机默运，无功可言，无德可见，而人登寿域。治上焦如羽，非轻不举；治中焦如衡，非平不安；治下焦如权，非重不沉。”（吴鞠通语）

10. 药贵精而不在多。“药过十二三，大夫必不沾。”“用方简者，其术日精；用方繁者，其术日粗。世医动辄以简为粗，以繁为精，衰多哉。”（《洛医汇讲》）

11. 擅用峻药，方显胆识。“惟能用毒药，方为良医。”（杨华亭语）范文甫说：“不杀人不足为名医。”意谓不善用峻烈药（峻烈到能杀人程度）者，不足以成为名医。

12. “附子、大黄为阴阳二证两大柱角。”（郑钦安语）“变更附子的毒性，发挥附子的特长，医之能事毕矣。”（祝味菊语）“善用将军药（大黄），为医家第一能事。”（《经历杂论》）

13. 三分治，七分养。慢性病不仅要治，还要善于养，养重于治。林则徐讲："不惜元气，医药无益。""养身在动，养身在静。饮食有节，起居有时。物熟始食，水沸始饮。多食果菜，少食肉类。头部宜冷，足部宜热。知足常乐，无求常安。"

14. 中医西化三大表现：跟着西医诊断走，跟着化验指标走，跟着药理检验报告走（中药西用）。

15. 道无术不行，术无道不久。"术"是指医术；所谓"道"，指行医之道，待患者之道，也可以说道德。士先器识而后文章，医先品德而后学问。古贤说："凡为医者，性存温雅，志必谦恭，动须礼节，举乃和柔，无自妄尊，不可矫饰。"

林天东

林天东（1947— ），男，字世光，海南省万宁市人，出身于中医世家。联合国医疗产业专家委员会主管专家，首届全国名中医，第三、六批全国老中医药专家学术经验继承工作指导老师，享受国务院政府特殊津贴。海南省有突出贡献优秀专家。第四届“国医大师”。

1990~2006年，先后担任海南省中医院院长，海南省医学会秘书长，主任中医师，教授，广州中医药大学附属海南省中医院首席中医专家，海南省政协委员，中国中医药研究促进会专科专病建设工作委员会副会长，中国民族医药学会黎医药分会会长，东方红草参民族医药研究院执行院长，海南省保健养生协会执行会长等职。荣获“华夏医魂”全国百名优秀医院院长、首届中国百名杰出青年中医、海南省首届中青年科技奖、海南省劳动模范等多项荣誉。

曾任中华中医药学会常务理事，中华中医药学会老年病分会副主委，广州中医药大学及海南医学院教授，亚太地区中医男科学会常务理事，中国性学会中医性学专业委员会主任，海南省中医药学会副会长、秘书长，中华中医药学会民间特色诊疗技术研究会副会长，香港国际中医研究会副会长等。全国老年病、不孕不育、黎医黎药学科学术带头人。

从医五十余年，临证善用经方，擅内科、男科、妇科，尤精治老年病、肝病、不孕不育症等疑难杂病，求医者众，世界各地的患者常来函求医问药，或登门求诊。成功为菲律宾前总统拉莫斯、澳大利亚前总理霍克和哈萨克斯坦总统纳扎尔巴耶夫等国家领导人进行保健诊疗，其医道医德享誉海内外。每天的专家门诊量在100人次以上，居全省之首。

累计主持课题12项，发表学术论文58篇，主编、合编出版中医著作51部。研发院内制剂11种，其中5种获得国家批准文号，并荣获11项国家专利。

一、求学之路

1. 笃志学医，锲而不舍

北国雪催梅，海南冬如春。1947 年的冬天，我出生于海南一个名叫村仔的小村庄。这是万宁市大茂镇出名的穷乡僻壤，在贫瘠的土地上，村民们世世代代重复着不懈的耕作，但吝啬的土地却长不出足够供养村民的粮食。于是就有一部分庄稼人走村闯乡，靠收购鹅毛鸭毛谋生。

贫困总和缺医少药相随。在我童年的记忆里，灾荒连年，村民食不果腹，疾病横行于乡间，许多生命因缺医少药而不幸逝去，悲惨的哭声和痛苦的眼泪，在我幼小的心灵里刻下了深深的烙印。

我的父亲林盛森，从祖父那里继承医业，一生在乡村执医，擅治疑难杂症，屡屡救人于危难之中，闻名遐迩。父亲乐施好助，仁爱慈善，但对子女却严以管教，经常教育我们要胸怀大志，艰苦奋斗，关心老百姓疾苦，多为社会做善事。在父亲的影响下，从少年开始，我就立志学医，期待做一名深受百姓爱戴的好医生。每当父亲坐诊，我总是默默站在一旁，细细察看父亲把脉、问诊、开方。耳闻目染，我从中学会了许多中医知识，学会了许多中草药的使用。

父亲认为我天资聪明，过目成诵，乐求好学，是块为医的好材料，便用心锻造，在实践中引教，将“压箱底”的一些特效秘方，传授予我。渐渐地，我成了父亲的得力助手。有时父亲外出行医不在家，遇上有急病求医者上门求医，我也常会毛遂自荐，有板有眼地为患者望、闻、问、切，及时进行诊治，解除患者痛苦，赢得民众认同，变成稍有名气的小郎中。

生命是不断追求生存和发展的过程。随着年龄的增长，从父亲身上学来的中医知识已经不能满足我的需求。我求知的欲望，就像长全了羽毛的小鹰，期待飞向广袤的天空。1963 年，我获得第一个外出学习的机会，被遴选参加卫生部举办的师带徒学习，成为当地名医杨美卿先生的学生。其间，我如饥似渴，专心勤奋学习专业知识，学识大进，成为杨美卿先生的得意门生。

我的勤奋学习，积极追求，大胆实践，使医道初成，加上我从父亲那学来的仁爱施助，很快成为一名乡间民众欢迎的医者。1972 年我被中国共产党吸收为党员，还分别当选为大队党支部副书记、公社共青团委副书记。

一边行医，一边参加社会工作，时间非常紧张。但是，不论是行医还是组织各种活动，我都能搞得有声有色，一丝不苟。当时的公社书记对我有所赏识，着力培养。每次召开工作汇报会，他总爱点名让我发言，使我得到锻炼，施展个人能力。但是，为了实现我悬壶济世的人生理想，不论多么繁忙，我从未放弃医学知识学习。几乎每个夜晚，我都会点起煤油灯，在昏黄的灯光下拼命苦读，背经典及汤头歌，那时的我便能够对《伤寒论》的 397 条原文及 112 方剂倒背如流。

1965 年，我以数理化均为满分全岛第一名的成绩，考取了白求恩医科专业学校，但未能就读。1973 年，我以全省第一的优异成绩，报考海南中医院中医班，但是竟然名落孙山。年轻气盛的我决心讨个公道，就给中央相关领导写了一封信，反映情况。没想到，当时的中央领导还真的回了信，并派人为我解决了录取问题。这在当时，是一件引起很大轰动的事情。

进入海南中医院中医班后，当时师资缺乏，我仅读完第一学年的课程，便因为成绩出类拔萃，被相关部门安排为低一届学员授专业课程。在授课过程中，我常引经据典，对经典条文及方剂，张口即来，一字不差，学员们颇为震惊，私下里经常说我是“电子脑”，对我的授课甚是喜欢。在这美誉的光辉下，我毕业后得以留任临床兼执教，并担任了中医班党支部书记、班主任，全面负责中医教学工作，成为主要授课教员。

1975 年，我从乡间小郎中走进中医界，步入而立华年，在医道医德上都取得众多患者的较好认同，形成了一定影响。政界、教育界、艺术界不少知名人士，乃至东南亚一些华侨，都慕名前来求治。但我并未因此而陶醉，而是清醒地知道，济世悬壶是永不止境的叠垒工程，需要不断学习研究和总结提高。于是，带着 10 多年的临床经验，我于 1979 年入读广州中医学院一年制中医进修班。其间，对一些实践学习的病例进行有胆有识的辨证论治，往往语出惊人，见解精当，深得教授们的赞许。也是在那里，我认识了国医大师邓铁涛教授，拜其门下，跟随学习内科杂病，开始接触邓老的五脏相关学说，以及脾胃学说，收获颇丰。特别是对邓老运用中医气血痰瘀理论在心脑血管疾病的防治，以及重症肌无力辨证论治方面的研究，深感钦佩。临床上，邓老常施用经方加五指毛桃及补中益气汤联合治疗重症肌无力，疗效极佳。从那时起，便加深了我对运用经方治疗相关疾病的新认识。

苍山千仞，不辞其高；沧海万顷，不厌其深。1984 年秋，我深感自身水平不足，在强烈的进取心驱使下，辞别妻儿，到北京攻读中国中医研究院的研究生班。两年间的青灯黄卷，潜心苦读中医经典，并有幸投入国医大师陈可冀院士门下，得到陈老的亲自指导，在老年病认知及诊治方面大有所获。我的第一部中医专著《中医肝病与病毒性肝炎》便是此时写成，开创了海南医务人员撰写中医专著的先河。

此外，在研究生班期间，我还拜国医大师王琦教授为师，得其亲自传授生殖与体质医学知识，继承了王琦教授对于治疗男科疾病、不孕不育的相关学术思想。譬如，运用经方当归贝母苦参汤治疗慢性前列腺炎，用桂枝茯苓丸治疗前列腺增生，用四逆散治疗阳痿，用桃红四物汤联合五子衍宗丸治疗男性不育症等，都获得真谛提高，受益匪浅。

知识的学习永无止境。唯有活到老，学到老，才不失丰富。我用很多时间跟师求学，通过不断吸收中医界各大家的学术思想及临床经验，经归纳总结，反复用于临床之后，逐渐形成了自己的一些心得体会，运用经方渐佳境，临床疗效稳步提升。由此获得首届中国百名杰出青年中医、海南省首届中青年科技奖、海南省劳动模范等多项殊荣。

中医的跟师学习是非常重要的传承和提升。在不断学习和数十载的实践积累过程中，我所获甚丰。然万物皆来去匆匆。我因师承而成就，因此，2002 年我申报了第三批全国老中医药专家学术经验继承工作指导老师，决心将师承延续下去，将积累的所有学识，尽数传授给有志于中医的学徒，以期培养出更多更好的后来者，让更多的人受益于中医。

2. 学追经典，推陈出新

学追经典，百法归原于道，道法自然。

治参中西，万病寻形于精，精益求精。

我一直以此为人生格言和追求。年轻时我爱读古籍，上至中医四大经典，下及傅青主等诸子百家。其中的条文、验方熟背如流，被人们美誉为“电子脑”。经过几十年临床实践，参考现代医学，以传统方法与现代方法相结合，坚持中西医互补，辨病与辨证相结合，理论上独树一帜，形成了一整套个人独特的中医治疗体系。

一剂麻黄汤，在我的手中变化无穷，广泛用于治疗呼吸系统咳喘病变。寒者加细辛、干姜，热者加黄芩、石膏，虚者加人参、五味子，实者加厚朴、大黄。如此，不知治愈了多少苦患气管病变的病人。同样，一剂小柴胡汤，加减随心应手，以治外感内伤杂病及妇证男病，效果显著。通过巧用乌梅丸，以柔肝通络之法，可疗各种胃肠疾患及肠系膜淋巴结炎腹痛等。

20 世纪 90 年代初，医学界有一种观点比较盛行，即以为海南天气炎热，当是阳盛阴衰，故温病学派居多。然而，经我多年研究《伤寒论》及实践后发现，所谓“南方阳虚、寒病者多，宜用伤寒方”且“南不用麻桂，北不用石膏知母”为错误认识。《伤寒论》经典学说本就形成于南方，这不是偶然的。由于暑热，南方人食凉喜冷易伤脾阳，暑易伤气，雨多湿重易伤阳气。诸多因素，导致南方“阳虚、寒病者多，因此宜用伤寒方，且需三因制宜，不可固化思维”，而临床上经这么一用，效果立竿见影。这一思想极大地影响了 20 世纪 90 年代在海南的行医者。

3. 锐意改革，鼎力管理

椰城海口，观海听涛。这座海南省最发达的滨海城市，正以日新月异的容貌，展现在蕉风椰雨的眷顾之中。

海南省中医院位于海口市的和平北路。这个仅有 60 年院龄的中医院，经过几代人的艰苦创业，深化改革，获得了长足发展。通过了三级甲等中医院评审，先后荣获全国卫生系统先进集体、全省环境优美十佳医院、爱婴医院等称号，现还获准为广州中医药大学教学医院和附属中医院、临床药理基地。

然而，这些光环的获得，并非一帆风顺。1999 年之前的 5 年时间里，海南率先在全国实施“社会医疗保障”，对医疗病种和药品目录的限制，引发病人在中医院住院率骤然下降、业务收入锐减。

1999 年 1 月，我被海南省卫生厅任命为海南省中医院院长，负责党政全面工作。我感到这是临危受命，身上的担子沉重无比。面对着中医院一揽的问题，我首先组织领导班子进行调研，要求大家根据医院的实际，找出问题的症结。然后“对症下药”。提出了“改革是动力，管理是保证，发展是目的”的治院口号。其次，紧紧抓住医院被省卫生厅确定为全省人事制度改革试点的机遇，以人为本，积极稳妥推进医院内部人事制度的改革，实行“能者上，庸者下”的用人原则，出台了人事制度改革的 18 项实施细则，实行竞争上岗。从中辞退临时工人和分流人员 80 人。通过竞聘，聘任了新一届中层干部 65 名，让一批德才兼备的人员走上部门领导岗位，加快了医院干部队伍年轻化、知识化、专业化进程。实行精简、高效、统一的管理调整，将原来9个科室，精简成5个，很好地解决了个别科室职能交叉重复的问题。实行后勤社会化改革，创办6个社区门诊和联营科技合作项目，使医院的剩余人员得到合理分流。

万事开头难，百创勇为先。这个时期的人事、分配制度与机构改革的强力推行，无疑为海南省中医院的后继发展，创造了良好的基调。

在担任海南省中医院院长期间，作为医院的领导者与济世的医者，让我更深刻地体验到“医者父母心”的深刻内涵。一个真正被社会称道的好医院，除了履行治病救人的天职外，还要有对病人像对待自己亲人一般的关心和爱护，尽心尽责，一丝不苟。这当中包含的是团队的医德医风问题。因此，我狠抓中医院的医风医德建设，严格执行三级医生查房制度，积极推行“明明白白看病”和争创“百姓放心医院”活动，实行住院病人“一日清单”，让病人看病放心，交明白钱。

从2000年开始，在门诊和部分病区，开展了“病人选择医生”的试点工作，取得经验后，在全院全面开展，并有机地将该项工作与医务人员考评和效绩工资挂钩，拉开医生与医生之间的收入差距，目的就是通过病人选医生，改善医务人员的服务态度，提高医疗质量，让更多的病人选择医生，切实让病人享受到优质的服务，形成众多患者选择省中医院的良好氛围。

“好雨知时节，当春乃发生”。经过一系列改革，有效地遏制了医院效益不断下滑的局面。医院门诊量以每年15%的速度递增，住院人数则以每年30%～40%的速度递增，取得年业务总收入、职工年收入、就诊人数、住院人数翻番的大发展。更值得一提的是，经引进及争取政府采购和筹集资金相结合，医疗设备投资不断增加，超过了前45年设备固定资产的总和，硬件建设得到显著改善。由此，我被评选为“全国百名优秀医院院长”。

人生就是舞台，生命的意义就是演好自己的角色。我从医50余年，求知锲而不舍，求学四处奔波，看病一丝不苟，管理雷厉风行，待人诚实热情。尽管退休离岗多年，我总希望能继续发挥我的夕阳之辉，做一些力所能及的工作，参加一些对社会有益的活动。正所谓，老骥伏枥，志在千里。我有幸获得“首届全国名中医”殊荣，这既是肯定，也是压力。唯愿以己之躯，聚多方贤能，传中医之文化，促中医之发展，扬中医药之盛名。

二、学术思想

1. 善用经方，解不孕不育之疑难，完善不孕不育症中医诊疗体系

熟悟经旨，格物致知，穷其一生的循道立新，叩南派中医之门，临证推崇“经方为要”，立琼州经方之派。在诊治不孕不育方面，主张经方联合治疗。不孕不育症的病机复杂，证候兼夹，非一证一候、一方一药所能涵盖。男子以肾为先天，女子以肝为先天，肝肾同源，肾又为人体先天之本，主以分泌生殖之精而繁衍后代。二者互相滋养，共同维系人体的生殖功能。肝又为血道，通过疏泄以濡养胞宫及精室。肾精充足，肝疏泄有度，血道畅通，阴平阳秘，方可有子。一旦肝疏泄失常，则血脉瘀阻，肝木既亏则肾水涵之，日久则肝肾俱虚，致使不孕不育。

因此，我认为不孕不育多以肝郁肾虚血瘀为主，治疗上，女子主以四逆散、当归芍药散联合五子衍宗丸治之；男子主以桂枝茯苓丸、五子衍宗丸治之，余随症加减。

我还认为，“男女异，异在经带胎产，而藏象一致；女疾男病，同属阴阳八纲，而治法则一”。基于此，临床多主张用主治女病方剂来治男病，主治男病方剂来治女病，即“男方女用”“女方男用”之意。在临床上常用易黄汤（治黄带主方）治疗男女生殖系统感染，用五子衍宗丸（治不育症主方）治疗男子少精子症和妇人卵泡发育不良症等，全新阐释了中医理论“异病同治”。同时，根据此理论成功研制了强精胶囊、精子抗体消胶囊，宫肌瘤消胶囊、振萎胶囊、促液化胶囊、加味颠倒膏、疏肝化瘀通管方等院内制剂，疗效显著，尤对治疗精液不液化、少精子、弱精子、免疫性不育取得突破性疗效。随着中医学的不断创新，不孕不育症的中医诊疗体系有待完善。我于2015年被委任为《中国中西医专科专病临床大系》执行总编，《不孕不育诊疗全书》《男科诊疗全书》主编，为完善不孕不育症中医诊疗体系添上浓墨重彩的一笔。

2. 保护黎医黎药，构建黎医诊疗体系

黎药是黎族人民的传统医药，起源于宋元时期，受《周易》和中医理论的影响，经过约三千年的生息繁衍，积累了大量的民间用药经验，日积月累而流传下来。黎药应用于黎族民间，流传于五指山地区，具有民族性、地域性和传统性。同我国的藏药、苗药一样，是中医药宝库中的奇葩，是几千年来劳动人民智慧的结晶。

黎药对于治疗许多常见病、多发病效果突出。目前，黎药对于外感病、热带传染病、肝病、肿瘤、胃肠疾病、泌尿系统疾病、甲状腺疾病、乳腺增生、疖肿、闭合性骨折的非手术治疗及毒蛇咬伤等具有独特的疗效，是一门无法替代的独特的医药学。然一直以来，黎族没有文字，而靠流传在黎医和民间的口诀，为了避免传统民族医药的遗失，我多年来一心致力于发掘和保护黎医黎药，多次深入大山之中，先后对100多种黎药进行科学保存、总结、归纳、研究，不断总结和升华集成黎医黎药的学术精髓。经过几年的实地调查研究，在多人的共同协作下，经整合构建了以“三元”为核心的黎医药学理论体系，即天、仁、地三元与人体自身脏腑器官相互平衡，依托“四行”土、水、火、气共同维系人体正常的生理机能，以“寒毒致百病、风邪致恶疾、诸病入脉论，病同症异、症同疾异论”为发病机理，以“拔寒毒、调天水、祛风鬼、通气道”为主要治疗原则。用药上多采用以形补形、以色补色等传统医药方法，如以黄治黄，即开黄花的或者黄色植物器官可以治疗黄疸型肝炎，如田基黄；以红补红，即带红树汁或红色的植物可以养血祛风，如海南龙血树等。在外治法上，主要有藤灸疗法、烧风疗法、熊胆梅花针疗法、药物外擦疗法等特色疗法，针对劳损性疾病有非常好的效果。

在多方努力下，于2015年组建了中国民族医药学会黎医药分会，我在众望所归下担任了第一任会长。我自感任重而道远，常利用空闲时间研究黎医黎药，为此废寝忘食。其间，主编的《海南黎药》及组织编写的《黎医药学概论》终顺利出版，并创办了海南首届黎医药论坛，会议期间，参会人员亲身体会了黎医黎药的神奇，纷纷为此点赞，看着大家对黎医黎药的肯定，心中自觉一暖，眼眶瞬间泛湿。虽然知道保护和发掘黎医黎药的路还很漫长，但至少我们仍在这条路上前行，仍在为保护民族医药而努力，作为一个医者，一个土生土长的海南人，我将会用一生去实现这个愿望。

三、临床验案

1. 易黄汤治疗慢性前列腺炎验案

黄某，男，35岁，海南文昌人，于2016年6月15日因“尿频、尿急1年”就诊。

初诊症见：尿频，每日10次，尿急、排尿不顺畅，偶小便刺痛及尿道口灼热，尿色黄，时有尿不尽，夜尿2次，会阴部及双侧腹股沟稍不适，小腹时有胀闷不适，阴囊潮湿，有异味，易出汗，易滑精。近期出现性欲下降，勃起硬度较前减退，纳眠一般，食欲较差，易有饱闷感，大便稀溏，每日3次，舌红苔黄腻，脉滑数。诊后认为，此乃明显的肾虚湿热蕴结之证。

治法：清热祛湿，固肾止浊。

处方：易黄汤加减。

山药15g，欠实15g，黄柏15g，车前子15g（包煎），白果10g，生薏苡仁15g，炒厚朴10g，石榴皮10g，酸枣仁10g。

7剂，水煎服，每日1剂，分3次服，每次100mL，并嘱患者放松身心，清淡饮食。

二诊：6月22日。诉尿频、尿急改善，小便刺痛及灼热感消失，会阴部及阴囊潮湿缓解，小腹胀闷感减轻，大便次数较前减少，但仍有勃起功能不佳。舌红苔黄稍腻，脉滑数。续前方，去炒厚朴，加仙茅10g、阳起石10g。7剂，煎服法同前。

三诊：6月29日。患者诉尿频、尿急症状明显改善，勃起硬度较前好转。纳眠可，大便调，舌红苔薄黄，脉滑。续前方，薏苡仁减至10g，加炒麦芽20g、淫羊藿15g。7剂，煎服法同前。

四诊：7月6日。患者诉不适症状消失，性欲好转，勃起硬度恢复较好，余未不适，纳眠可，二便调，舌红苔薄白，脉滑缓。续前方不变，14剂，巩固疗效。

按语：前列腺归属于“精室”范畴，肝足厥阴之脉“循股阴，入毛中，过阴器，抵小腹”，肝的疏泄正常与否与精室病理生理息息相关。目前，生活节奏较快，男性工作压力较大，久之易导致肝气不疏，气机郁滞，加上烟酒无度、嗜食辛辣膏粱厚味，致脾失健运，酿生湿热。《素问·太阴阳明论》云：“伤于湿者，下先受之。”故湿热之邪循肝经下移，导致肝经湿热侵袭精室，湿热日久，灼伤肾阴，继而出现小便淋沥涩痛等表现，一旦肾阴亏虚，阴损及阳，阳虚则气化失常，膀胱开合失度，出现小便频数等症。此等证候与带下病的论述不谋而合。《傅青主女科》有云：“妇人有带下而色黄者，宛如黄茶浓汁，其气腥秽，所谓黄带是也”“黄带乃任脉之湿热也，因带脉通于任脉，而任脉起于胞中，下出于会阴，经阴阜，沿腹部正中线上行，走与唇齿，唇齿之间，原有不断之泉下贯于任脉以化精，使任脉无热气之绕，而一旦热邪存于下焦，则津液不能化精，反化湿也，且任脉与肾相通相济，肝之化火与脾之生湿，湿与热相合，灼伤肾阴，使其欲化红而不能，欲返黑而不得，煎熬成汁，乃成黄带也”。综上所述，男女之病，无论在病因、病机上，都有其相似之处，对于男女之病，不能分而治之。

基于此，结合中医辨证论治及《傅青主女科》的思想，从“异病同治”角度论治慢性前列腺炎，即当慢性前列腺炎证属肾虚湿热下注时，效仿《傅青主女科》治疗带下病之法，主张应用易黄汤治疗，取其清热祛湿，固肾止浊之功。

经四诊合参，可知该患者为典型的慢性前列腺炎，肾虚湿热之证明显，故方选易黄汤加减。方中重用山药、芡实补脾益肾，为君药。白果收涩止浊，兼除湿热，为臣药。黄柏、车前子清热祛肾火，使湿邪有出路，为佐药。加薏苡仁，增强化湿之力。诸药合用，共奏清热祛湿，固肾止浊之效，再辅以仙茅、阳起石等改善勃起功能。主次症兼顾，较大程度地缓解了病人的不适。

在临床诊疗方面，余曾用易黄汤治疗慢性前列腺炎患者690例，总有效率96.8%，治愈率66.2%。可见，从“异病同治”的独特视角，运用易黄汤治疗慢性前列腺炎具有非常好的疗效。

2. 五子衍宗丸治疗不孕症验案

李某，女，28岁，海南定安人，于2016年4月7日因“结婚2年，未避孕2年未孕，求子”就诊。

初诊症见：性生活正常，男方检查正常。患者平素月经规律，经期7~8天，周期28~30天，经量少，色淡红，无血块，无痛经史，经行伴有腰酸。末次月经2016年3月28日。现月经周期第10天，腰酸，畏寒，失眠多梦。精神差，易乏力，纳一般，小便稍频，大便可，舌暗淡，苔薄黄，脉沉迟无力。既往查支原体（-）、衣原体（-）。白带常规：未见明显异常。2016年3月29日在外院查性六项及优生五项，均正常。证属肾精亏虚，冲任失养。

治法：补肾固精，调养冲任。

处方：五子衍宗丸加减。

五味子10g，覆盆子10g，枸杞子20g，车前子15g（包煎），菟丝子20g，柴胡10g，白芍10g，枳壳10g，川芎10g，熟地10g，当归10g，炒麦芽20g。

10 剂，水煎 450mL，每次 150mL，每日 3 次，每天 1 剂。嘱患者放松心情，并让患者于今日检测排卵，以了解目前患者排卵情况及评估卵巢功能。

二诊：4 月 20 日。患者 B 超结果回报：未见优势卵泡，左侧最大 10mm × 10mm。

尿频改善，精神状态较前好转，睡眠及饮食改善，但仍有腰酸、畏寒。前方加炒杜仲 10g、炒续断 10g。14 剂，煎服法同前。

三诊：5 月 4 日。患者月经于 5 月 3 日来潮，诉本次月经量较前增多，色淡红，腰酸，畏寒改善。续前方不变，10 剂。煎服法同前。嘱患者月经周期第 13 天继续监测卵泡。

四诊：5 月 15 日。患者 B 超结果回报：左侧可见最大卵泡为 17mm × 17mm。无特殊不适，纳眠可，二便调。续前方不变，10 剂。嘱患者继续监测卵泡，并对患者指导同房，近几天增加同房次数。

五诊：5 月 24 日。未有特殊不适。续前方不变，7 剂。嘱其近期检测尿 HCG。

6 月 5 日电话来报，诉自测尿 HCG 阳性。嘱患者停止服用药物，注意休息。

按语：男女孕育之事，离不开肝、肾的相互作用，并与精、气、血息息相关。因肝藏血，主疏泄，而肾藏精，主封藏，二者相互为用，共同调控女子的月经来潮、排卵和男子的排精。所以，对于不孕症，余认为女子肾精不足，精不足则气血化生失常，而肝血不足，无以化精，则生殖之精亏虚，使机体失去濡养，生殖能力下降，加之精亏则神疲，机体抵抗力下降，易受他邪侵袭，则生他病。因此，在治疗上主张补肾精，调气血，畅血道。方选《摄生众妙方》中的种子第一方五子衍宗丸。虽五子衍宗丸常用于治疗男性不育症等疾患，但通过“异病同治”视角用其治疗女子不孕症，经多年临床观察，其效显著。

该病案证属肾精亏虚，冲任失养，方用五子衍宗丸加减。五子衍宗丸载于《摄生众妙方》，多用以治疗男性阳痿、早泄、不育等。今将此运用于治疗不孕症，疗效显著。方中菟丝子、枸杞子为君，二者使其补益肝肾之力更专。覆盆子固精缩尿，五味子益气补虚，二者共为臣药。车前子泻而通之，泻有形之邪浊，涩中兼通，补而不滞，为佐药。全方不凉不燥，共奏补肾益精，培补肾气之功，再辅以疏肝活血之品，故令其有子。

四、常用效方

1. 人工荨麻疹

方药组成：生地10g，当归15g，赤芍15g，川芎15g，蝉蜕5g，防风15g，荆芥15g，刺猬皮10g，白鲜皮10g，蛇床子15g，地肤子10g，土茯苓15g，甘草10g。

主治功能：养血祛风，润燥止痒。

主治：人工荨麻疹（皮肤划痕征阳性）。

服用方法：每日1剂，水煎，早晚内温服。

注意事项：忌烟酒及生冷、辛辣等刺激食物，孕妇禁用。

病案举例：

病案1：

陈某，男，30岁，教师。

近2周来不明原因全身不定时出现“风团块”，剧烈瘙痒，消退后不留痕迹，双上肢及躯干部明显，午后或夜间加重，口干，手足心热，睡眠饮食一般，大便干结，小便正常，舌质淡红，少津，苔薄白，脉沉细。在家服药无效，来我处就诊。经查，上肢内侧一抓一红痕迹，瘙痒剧烈，皮肤划痕实验阳性，为人工荨麻疹，证属血虚风燥，予以上方药，水煎服，随症加减，服用2天后瘙痒明显减轻，皮疹基本消退，守方治愈，不再复发。

病案2：

刘某，女，34岁，公务员。

形体偏瘦，近1个月来双上肢及前胸部不定时出现大小不等、形状不一的“风团块”，剧烈瘙痒，用手抓皮肤后，沿划痕发生条状隆起，伴有瘙痒，不久即消退，消退后不留痕迹，午后或夜间加重。近3个月以来，月经周期正常，月经量少，2天干净，睡眠饮食一般，大便干结，一日一行，小便正常，舌质淡，少津，苔薄白，脉沉细。在家自行服药无明显效果，遂来我处就诊。经查皮肤划痕实验阳性，诊断为人工荨麻疹，证属血虚风燥，予以上方药，服用2天后皮疹发作次数明显减少，守方10剂治愈。

2. 三叉神经痛

方药组成：白芍30g，甘草10g，制附片3g（先煎），全蝎3g，僵蚕5g，白芷10g，丝瓜络15g，白蒺藜15g，夏枯草15g，菊花15g，柴胡15g，葛根30g，鸡血藤30g。

主治功能：祛风活血，通络止痛。

服用方法：每日1剂，制附片先与甘草同煎1个小时，水煎，早晚内温服。

注意事项：饮食规律，多喝五谷粥，忌烟酒及生冷、辛辣等刺激食物，孕妇禁用。

病案举例：

病案1：

王某，男，55岁。

右侧三叉神经痛3年余，痛楚面容，右侧颜面及下颌处出现刀割样、电击样剧烈疼痛，反复发作，起初持续数十秒后骤停，伴有同侧流涎，面肌反射性痉挛，平素洗脸、说话、进餐等都会引发疼痛，发作时疼痛频率高，迎风痛甚，心烦易怒，睡眠、饮食一般，二便调，舌质红，苔薄白，脉弦涩。血压正常，无头部外伤史。诊断为三叉神经痛，证属肝风内动，瘀血内阻，予以上方加元胡15g、郁金15g，服用7剂后疼痛明显减轻，发作次数减少，守上方继续服用1个月后病愈。

病案2：

李某，女，53岁，会计。

已绝经3年，右侧三叉神经痛2年，右侧面部电击样疼痛2年，疼痛部位为右侧眉心、鼻旁口角处，疼痛剧烈，每次持续10秒，缓解后面部无异常感，未予重视，每2~3个月发作1次。近来1个月，每隔数日发作1次，右侧口角酸胀感，多在白天，伴有同侧流涎，面肌反射性痉挛，不能触碰，说话、进餐等亦可引发疼痛，难以忍受，心烦，急躁易怒，口苦，睡眠、饮食一般，二便调，舌质红，苔薄白，脉弦涩。血压正常，无头部外伤史。来我处就诊，诊断为三叉神经痛，证属肝风内动，瘀血内阻，予以上方加元胡15g、郁金15g，服用5剂后疼痛明显减轻，发作次数减少，继续守方服用20天病愈。

3. 小儿肠系膜淋巴结炎

方药组成：乌梅10g，细辛1g，桂枝5g，黄连2g，黄柏3g，当归6g，党参10g，椒目6g，生姜2片，制附片1g，元胡10g，郁金10g。

主治功能：缓肝调中，清上温下。

服用方法：每日 1 剂，制白附片先与甘草同煎 1 个小时，水煎，早晚内温服。

注意事项：饮食规律，多喝五谷粥，忌烟酒及生冷、辛辣等刺激食物，孕妇禁用。

病案举例：

病案 1：

周某，男，9 岁。

近 1 周不定时出现脐周痛 4 次，疼痛剧烈，每次持续时间约 1 分钟，自行好转，发作间歇期如常人。家长携患儿前来就诊，追问病史，患儿上周感冒发热 38.8℃，现体温正常，扁桃体Ⅱ度肿大，腹痛发作时恶心欲呕，睡眠一般，不欲食，口干口苦，大便溏稀，每日 2 次，小便正常。舌淡红，苔薄白腻，脉弦细。B 超提示为肠系膜淋巴结炎。经辨证，属寒热错杂，予以上方加麦芽 10g，服用 7 剂，患儿无腹痛出现，大便成形，守方 7 剂病愈。

病案 2：

苏某，男，12 岁。

4 天前扁桃体发炎，发热 38.0℃，现体温正常，咽喉肿痛，近 2 天时而出现脐周痛，疼痛剧烈，每次持续数十秒至 1 分钟自行缓解，发作时恶心欲呕，疼痛难忍，睡眠一般，不欲食，食后腹胀，口干，大便溏稀，每日 2 次，小便正常。舌淡红，苔薄白腻，脉弦细。扁桃体Ⅱ度肿大，B 超提示为肠系膜淋巴结炎。证型为寒热错杂，予以上方加银花 10g，服用 7 剂，患者症状明显好转，无腹痛，大便成形，守方 7 剂病愈。

（林学英、邢益涛、苏丹、林佩芸协助整理）

杜锡贤

杜锡贤（1948—　），男，山东安丘人。山东中医药大学教授、博士研究生导师，山东中医药大学附属医院皮肤科主任医师、知名专家，山东省五级中医药师承教育项目第一批指导老师。山东中医药大学附属医院皮肤科创建者。曾任山东中医药大学附属医院皮肤科主任、山东中医药大学外科教研室副主任。在学术组织中，历任中华中医药学会皮肤科分会常委、山东省医学会皮肤病学分会副主任委员、山东省中医药学会皮肤病专业委员会首届主任委员、山东中西医结合学会皮肤性病专业委员会首届主任委员、中国性学会中医性学专业委员会常务理事、中国医师协会皮肤科医师分会委员、中华中医药学会防治艾滋病分会委员、山东中西医结合学会皮肤性病专业委员会名誉主任委员、山东省中医药学会皮肤病专业委员会名誉主任委员、《中国麻风皮肤病杂志》编委等职。承担过国家中医药管理局及山东省卫生厅的多项科研项目。在银屑病、痤疮等方面的研究获得4项省厅级科技进步奖。编著、主编、参编并出版了《当代中医皮肤科临床家丛书·杜锡贤》《疖疮痈毒中西医特色治疗》《皮肤病中药外治疗法》《皮肤病中医辨治》《中医皮肤病学》《中医外科学》等10多部著作。在省级以上医学杂志发表论文50多篇。从医五十多年来，运用中医、中西医结合治疗皮肤科常见病、疑难病，如银屑病、痤疮、湿疹、荨麻疹、带状疱疹及带状疱疹后遗神经痛、过敏性紫癜、天疱疮、脱发、白癜风等经验丰富，疗效显著。

一、仁爱之心，从小养成

我原籍为山东省潍坊安丘市郚山镇一个贫穷落后的小山村——蒯沟村。祖父杜树友是一个在当地小有名气的木匠，勤俭持家，为人正直，乐善好施。他经常到相隔二里路的有文化的大户人家做木工活，对家庭富裕又有文化的人十分羡慕，于是立志让自己的子孙上学成才。祖父有二子，长子杜增宝，次子杜增文，儿时均上过私塾学堂。杜增文就是家父，我是家中长子，但我刚出生不久，父亲即响应党的号召参加志愿军抗美援朝。祖父对我疼爱有加，还亲自为我起名为杜锡贤。锡，赐予；贤，有德行，有才能。意为赐给德行与才能，期盼孙子将来成为一名德才兼备的有用人才。大约5岁时，因父亲不在家，由祖父送我到本村小学接受学前教育。7岁时父亲抗美援朝复原回家。父亲参军期间，思想进步，不怕牺牲，立有战功，火线入党，回家后一直保持着共产党员的优良作风，工作认真负责，生活艰苦朴素，为人正直，心地善良，乐于助人。他对子女要求严格，经常鼓励子女好好学习，多行善事。当时正值生活困难阶段，虽然自己的生活很拮据，但他还经常接济生活更困难的人家。在一个寒冷的冬季，遇一穿着破烂而从不相识的老年乞丐，看到天黑下来了，他就热情地让乞丐到自己家住，当时棉被很少，只好让我和这乞丐盖一床被子过夜。这些事给正处少年的我留下了深刻的烙印。这些良好的影响也使我逐渐养成了爱人以德、与人为善的仁爱之心。参加工作后特别是1990年以来，我多次利用周末休息时间回原籍安丘市中医院或郚山镇卫生院义诊。每次回家探亲，求医者络绎不绝，我总是不顾疲倦，热情义诊。回家探亲时，得知村里修路的资金短缺，毅然捐赠1万元。后来得知村里修建储水池缺少资金，又捐赠了3万元。这些善举，也得到了乡亲们的高度赞扬。

二、立志从医，矢志不渝

童年时期，贫穷落后，缺医少药，祖父因肝病63岁即病逝。少年时正值生活极其困难时期，祖母因慢性支气管炎60岁即病逝。这些使我幼小的心灵受到很大的创伤。思索再三，慢慢有了长大当医生的梦想。少年时，一个夏季，我突发急性肠胃炎，整个腹部胀痛难忍，无奈之下，母亲带我去找本村的兄长杜锡三，这位兄长擅长使用三棱针给当地乡亲义务治病，有求必应，远近闻名。他取出三棱针简单用白酒消毒后立即针刺胁肋部，不一会儿，腹部胀痛消失。当时我感到十分惊讶，同时又感到非常神奇，从而对此产生了浓厚的兴趣。20世纪60年代初，疟疾肆意流行，我亦未能幸免。寒战、高热、身痛，隔日一次发作，一度出现神志不清与视物模糊，严重折磨着我幼小的身躯。家长很是着急，但不知去找医生，而是去找偏方，结果无济于事。无奈之下去当地卫生院就诊，经服用西药而愈。为预防复发，防疫人员亲自把药送到我正在就读的安丘第五中学。这次经历深深触动了我的心灵，一是感到药物灵验，二是感到医生是那样热心和认真负责，三是暗暗下决心，以后争取当医生为老百姓解除疾苦。

1965 年我初中毕业，当年恰好有一个学习中医的机会，即潍坊地区卫生局委托潍坊市中医院举办昌潍半工半读中医学校，在潍坊地区招收学生，学制三年。我有幸被录取，从此圆了学医当医生的梦想，也进入了中医的殿堂。当时学校的师资力量较强，其中有曾任山东省卫生厅副厅长的张奇文、山东中医药大学博士研究生导师刘持年、潍坊市中医院内科主任医师王宝光等。当时所用教材是南京中医学院主编的《中医方剂学讲义》、上海中医学院主编的《中医外科学讲义》等大学教材，中医基础教材是自编刻版油印的。

当时，学校为了让学生毕业后能适应医疗工作的需要，特别安排了一些西医基础与临床的课程。1968 年年底，我响应毛主席的号召“知识青年到农村去，接受贫下中农的再教育”，实行“社来社去”，回到原籍后在家务农。不久，政府号召以生产大队为单位建立卫生室，我被推荐当上了赤脚医生。我当时甚为高兴，高兴的是终于学有所用，能利用自己所学的知识为百姓解除疾苦。踏上医生的路后才知道自己才疏学浅，于是一边肩背药箱走门串户诊治疾病、打针送药，一边抓紧时间向书本学习，向当地卫生院的医生学习。经过那段时间的学习与实践，我医术上有了很大进步，能够运用中西医知识诊治农村常见病、多发病。当时提倡“一把草”“一根针”治病，于是组成了采药队去山上采集中草药，把采来的草药经过简单加工后应用于临床。正因如此，我也认识了一些野生的中草药。对一些常见疾病，如上呼吸道感染、腰腿痛、牙痛、中风后半身不遂等也经常用针灸治疗。例如，本村有一老年中风半身不遂患者，经过应用补阳还五汤加味内服，配合针灸治疗，效果非常显著，为此也在当地引起了轰动。从此，更加坚定了我从医的信心。由于医德好，疗效好，有求必应，我也得到了大家的好评。

1971 年春天，全国的大专院校开始从工人、农民、军队中选拔推荐学生。当时昌潍医学院（现改为潍坊医学院）与昌潍师专（现改为潍坊学院）同时在我所在的公社招收学生，我有幸被选中。在推荐选拔过程中，需要填表格，因为字写得整齐又漂亮，工作人员认为这个青年当教师更为合适，遂提出让我报潍坊师专，我当即表示不同意，并表示要报昌潍医学院，理由是有学习中医的经历，而且正在从事着赤脚医生的工作，去昌潍医学院深造更合适。工作人员听后也同意我去昌潍医学院。

因学过3年中医，又当过赤脚医生，有一定理论知识与实践经验，在此基础上学习西医，进步较快，成绩较好。因而1973年8月毕业后，我被分配到山东医学院附属中医院（现已改为山东中医药大学附属医院、山东省中医院）外科。几年后，由于工作需要，又因思想进步，文笔较好，被调到院长办公室任秘书。虽不情愿，但我还是听从了领导的分配。那时从事行政工作不能参加临床，有学习中医的经历，又有学习西医的经历，并一直酷爱从医，从事行政工作后，所学非所用，非常郁闷和苦恼。经再三考虑，我大胆地向院领导提出回科从医的要求，但医院领导再三劝留。记得当时院党委书记曾劝道："我们都老了，想培养你接我们的班。当医生很不容易成名，你要三思而后行啊！"但铁了心的我，还是再三要求回归临床，领导于1981年批准我回到外科。外科设皮肤病专业组，回外科后我选择了皮肤病专业。同年，我去山东医学院附属医院皮肤科进修学习一年。1982年回外科后，主要从事皮肤科临床工作，从此确立了中医皮肤病专业的研究方向，也实现了"不为良相，愿为良医"的人生理想。

三、建皮肤科，发展学术

皮肤科最早为外科的皮肤病专业组，为了更好地发展，我向医院书面提出了设立皮肤科的申请报告。当时，国家中医药管理局正有发展中医专科的指示精神。在医院领导的大力支持下，1985年7月建立了皮肤科，我被医院推举为科主任。建科时全科共有4名医生，2间诊室，每天接诊20余人次。到2004年，全科医护人员共有10多名，日门诊量100多人次。开设了性病实验、真菌实验、同位素、光疗、美容、五妙水仙膏外用等多种诊疗项目，主持研制了院内自制剂10多种，内服药如龙胆合剂、痤疮饮合剂、消银片、生乌美发颗粒、解郁化斑颗粒等，外用药如皮炎霜、复方硫黄霜、湿疹散、黄柏散、拔毒散、颠倒散、侧柏酊等，设病床8张，经常收治急重、疑难病人。由于疗效显著，就诊人次逐渐增多，知名度也越来越高。临床诊断以现代医学命名为主，辅以中医辨证，治疗以中医为主，以现代医学有效的治疗方法作为补充，形成了颇具中医特色的临床医疗模式。2001 年 9 月，主持举办了山东省首届中西医结合皮肤病学术会议与中医皮肤病学习班，扩大了皮肤科的对外影响，也为成立山东中西医结合学会皮肤性病专业委员会奠定了基础。由于皮肤科建设发展成绩突出，1995 年我被评为山东省高校工委优秀共产党员。2004 年年底，因受年龄限制，我不再担任科主任，换上了年轻人担任科主任。新任主任继承科室的优良传统，发愤图强，积极工作，使科室得到了迅速发展。至 2012 年年底，科室医护人员接近 20 人，其中博士研究生导师 2 人，硕士研究生导师 4 人，为国家培养了一大批优秀专业人才。日门诊量平均达 200 多人次，年门诊量 8 万人次。除常规的中医中药治疗外，相继开展了穴位埋线、截根疗法、罐法、耳穴压豆、药浴、中药塌渍、皮肤美容护理等多种具有中医特色的治疗方法，还开展了各种激光、电灼、冷冻、微波、红蓝光、紫外线光疗、艾拉光动力、光子嫩肤、脱敏治疗、表皮移植等多种现代医学治疗方法。1996 年中医外科专业（含皮肤科）被山东省教委批准为重点专科建设单位，我成为学科带头人。2002 年皮肤科被批准为国家中医药管理局中医皮肤科重点学科协作单位，2012 年被批准为省中医药重点专科建设单位。每当看到皮肤科取得的这些成绩，我总是感到由衷高兴。

四、虚心好学，勤能补拙

古语云："学向勤中得。"在昌潍中医学校的 3 年中，我除了认真学习必修课中医基础理论、中药学、中医方剂学、中医诊断学、中医内科学、中医外科学、中医妇科学、中医儿科学等课程外，还挤时间背熟了《药性赋》。当时学校还安排了较长时间的去潍坊中药厂的劳动课。劳动中我经常请教老药工，认识了很多中药，并了解了不少中药炮制加工的知识。在潍坊医学院学习的 3 年中，我认真学习了西医的基础与临床课程，无论学中医还是学西医，在老师每次讲完课后总是背诵和总结老师讲课的内容，然后认真整理笔记。由于勤奋好学，认真扎实，学习成绩也较优秀。

我参加工作后仍然勤奋好学。1973 年毕业后先是从事中医外科工作。那时的外科包括骨科、肛肠、皮肤病专业，除了学习中医外科知识，还要学习手术操作等西医知识。由于勤学苦练，不久就能独立从事骨科的跟腱延长术、部分简单骨折或关节脱位的手法整复与小夹板固定、外科的阑尾炎手术等。为了熟记中药方剂，还经常自编歌诀，如治疗外科阴疽的常用方阳和汤，药物组成与剂量十分巧妙，临证用之常获卓效，于是自编歌诀为“阳和汤治阴证方，生草熟地各钱两，肉白胶钱一二三，姜炭麻黄五分量”。

为了提高基础理论与专业知识水平，我还经常报名参加学习班。1982～1984年参加了山东省卫生厅组织的基础医学电视讲座，系统学习了局部解剖学、生物化学、生理学、药理学、病理生理学、免疫学及病毒学、遗传学。其间，还挤时间参加了中医基础讲座，有重点地学习了四大经典著作。1984～1986年参加了山东省卫生厅组织学习的医学英语。1986年参加了中国中医研究院广安门医院举办的全国首届中医皮肤病学习班及桂林医学院举办的全国中西医结合皮肤病学习班等。听说江苏省灌南县中医院周达春医生研制的五妙水仙膏外涂治疗多种皮肤增生性疾病效果良好，随后就奔赴灌南进行了短期学习。一林氏农民毛遂自荐有验方要提供，随即于1996年元月冒严寒赴山东邹城尚河乡郑家庄村拜访。临证经常遇到一些与内科相关的症状，如转氨酶升高、尿蛋白等问题，为提高疗效，经常虚心请教内科专家。此外，我还经常阅读经典著作、相关古籍、现代医著等医学书籍。读过或有选择读过的书有《内经》《伤寒论》《金匮要略》《温病条辨》《中医原著选读》《诸病源候论》《本草纲目》《千金要方》《医宗金鉴·外科心法要诀》《刘涓子鬼遗方》《外科正宗》《理瀹骈文》《串雅全书》《濒湖脉学》《中医舌诊》《病源辞典》《医学衷中参西录》《疮疡外用本草》《中华本草》《朱仁康临床经验集》《赵炳南临床经验集》《中医皮肤病学》《中国临床皮肤病学》等。诚如清代徐大椿《慎疾刍言》所言：“一切道术，必有本源。未有目不睹汉唐以前之书，徒记时尚之药数种而可为医者。今将学医必读之书开列于下，果能专心体察，则胸有定见。然后将后世之书遍观博览，自能辨其是非，取其长而去其短矣。”回顾自己的行医之路，虽未达到如此境界，但也深深体会到多读书的重要性。除了读医学书籍外，还读过《道德经》《论语》《庄子》《增广贤文》《中国通史》等，这对医德修养，树立良好的人生观，提高文学水平等也起到了一定作用。

五、潜心临床，追求良效

山东中医药大学中医大家周凤梧教授曾要求他的学生要“多读书，勤临证”，这也正是提高临床疗效的重要前提。行医40多年来，读书和临证须臾不离。皮肤病种类繁多，有些疾病易诊难治，困惑自然不少。这就需要掌握中西两套理论知识。除了系统学习某门专业知识外，还经常带着临床遇到的困惑，例如诊断问题、治疗问题等进行学习。我一般是白天应诊，带着应诊遇到的问题利用晚上或其他业余时间学习，多年来养成了比较严谨的治学态度，对不属于自己专业范畴的疾病主动向患者建议另请某专家高诊。实践出真知，通过多临证、多实践，不仅可以取得丰富的临床经验，还可以创新，疗效自然会逐渐提高。

银屑病的常见致病或加重因素是上呼吸道感染，包括咽炎、扁桃体炎等。根据《伤寒论》少阴篇311条云："少阴病二三日，咽痛者，可与甘草汤，不差者，与桔梗汤。"临证除了处方中加入桔梗、甘草，还经常另外处代茶饮方：银花6g，桔梗6g，甘草3g。如此也提高了银屑病的治疗效果。过敏性紫癜为临床常见病，西医常常应用糖皮质激素。虽然应用激素后取效较快，但停用后易于复发。经过多年的临床观察，应用龙胆泻肝汤合小蓟饮子加减内服，再配合非特异性抗过敏药治疗单纯性紫癜、肾性紫癜等常常获得满意疗效，愈后不易复发。慢性炎症性皮肤病如银屑病、湿疹等临床多长期应用一些清热解毒与清热利湿的苦寒药物，这些药物大都是无毒性的，一般是比较安全的。但也曾遇到个别患者出现转氨酶升高甚至也有发生药物性肝炎的病例。据此，凡是需要长期应用清热解毒或清热利湿药物，用药前须检测肝功能，应用一段时间中药后再进行检测，如有异常则立刻纠正，避免了不良反应的发生。降酶中药临证常选用茵陈、五味子、女贞子、白芍等，转氨酶较高者可配合应用五酯颗粒、复方甘草酸苷等。

根据多年的临床经验，我在古方的基础上自创了一系列内服与外用的经验方，用于临床常获良效。例如内服方：具有清热利湿功效的清热利湿饮；具有清热解毒，凉血活血功效的双花土苓饮；具有清热解毒，凉血活血，消肿排脓功效的消毒饮；具有疏风清热，除湿消肿，养血润燥功效的消风饮；具有养血润燥，祛风止痒功效的祛风饮；具有疏肝理气，活血化瘀，健脾益气功效的化斑饮；具有补益肝肾，活血化瘀功效的补发饮；具有补肝益肾，养血活血，散风除湿功效的白癜饮等。又如外用方：具有养血润燥，清热燥湿，祛风活血功效的黑豆方；具有清热解毒，祛风燥湿，杀虫止痒功效的桑鱼洗药；具有清热解毒，祛风活血功效的洗疣方；具有清热凉血，杀虫止痒功效的皮炎霜等。其中，对清热利湿饮的临床与实验研究较多。经多年临床观察表明，本方应用范围相当广泛。无论是急性还是慢性，无论是感染性还是非感染性，无论是一般性还是疑难性皮肤病，无论是否同时患有其他科疾病，如心脑血管病、糖尿病，无论是否为妊娠或哺乳期，只要辨证为湿热证，均可用本方加减治疗。另据临床观察表明，辨证为风热证的某些皮肤病，如荨麻疹、湿疹等，辨证为血热证的药疹、过敏性紫癜、银屑病、玫瑰糠疹等，应用本方加减治疗同样能收到显著疗效。例如，一名19岁女性患者，13年前（1994年），双小腿突然出现瘀点，渐增多。3天后，到当地医院住院治疗，诊为过敏性紫癜，经用皮质激素等治疗10天后皮疹消退出院。出院4天后复发。此后3年，为寻求有效治疗，曾先后去过多家大医院诊治。曾应用过酮替酚、泼尼松、长效激素针、清热凉血中药汤剂等，病情仍然反复发作，时轻时重。1997年病情有所变化，小腿瘀点逐渐减少，足踝部开始出现红肿、瘀斑、溃疡，伴有疼痛。此后8年又先后去过北京等多家大医院诊治。1998年7月20日，经北京某医院病理检查，诊为变应性血管炎。曾先后给予丹参酮、雷公藤多苷、氨甲蝶呤、硫唑嘌呤等多种药物。此间病情虽有阶段性缓解，但仍然反复发作。2005年4月27日，经人介绍接诊。当时患者行走困难，表情痛苦，双足踝部多处疮面，并见水疱、结痂、溃疡、渗出，疮面周围红肿热痛，舌苔薄黄，脉象滑数。当即诊为变应性血管炎。辨证为湿热兼热毒、血瘀证。治宜清热，利湿，解毒，活血，止痛。方用清热利湿饮加减：龙胆草10g，黄芩15g，栀子10g，银花30g，土茯苓30g，柴胡10g，生地15g，当归10g，玄参20g，地肤子20g，茯苓皮15g，车前子20g，泽泻15g，蝉蜕10g，甘草10g。水煎服。硝矾洗药（朴硝、白矾、硼砂各等分）冲化外洗，湿疹散（青黛、枯矾、黄连、黄柏、硼砂、薄荷、冰片、儿茶）麻油调敷日1次。7天后复诊，患处红肿疼痛减轻，疮面收敛干燥。继用上方加减治疗2个月，溃疡愈合，疮面结痂，红肿热痛消失。此后因情绪变化，辛辣饮食等复发过几次，但病情轻微，守方治疗，十数日症状即消失。2007年3月4日复诊时症状完全消失，患处仅留色素沉着及轻微瘢痕。

中医为主，中西结合，取长补短，优势互补，提高疗效是我多年来临证时坚持和努力的方向。“医之所病，病道少”，借助西医，中西结合，诚为从事中医者开阔了思路，丰富了诊疗蹊径，提高了临床疗效。临证多采用西医诊断，中医辨证论治。因为许多疾病西医诊断与中医辨证论治都是各自的优势。有些皮肤病西医疗效好的就采用西医治疗，中医疗效好的就采用中医治疗，中西医结合疗效好的就采用中西医结合治疗。例如甲癣，虽然中医有很多治疗方法，但无论内治还是外治都不如西医疗效好，特别是近年出现的一些新药，如特比萘芬、伊曲康唑等，大大提高了临床疗效，因此这些药物往往成为治疗甲癣的首选。重症药物性皮炎发病初期及时应用糖皮质激素常常迅速显效。有些皮肤病如痤疮、湿疹、寻常型银屑病等为中医优势病种，就应以中医治疗为主。天疱疮急性发作阶段，皮损广泛，症状较重时应以西医治疗为主，早期足量应用糖皮质激素。待皮疹控制，病情稳定后，以中医辨证论治为主，以调整机体，扶正祛邪，同时防治糖皮质激素引起的不良反应，如此可明显提高治疗效果。临证时重视心理疏导，细心叮嘱患者用药方法及如何调护也是提高疗效的重要环节。随着经验的积累，疗效的不断提高，慕名求医者越来越多，而且外省患者前来求医者也逐渐增多。

六、医乃仁术，医德在先

由于从孩童时期就受到党和国家的培养教育以及家庭的教育和良好的影响，从小即养成了仁爱之心、怜悯之心。从医之初即立志成为一名良医。深知“良医处世，不矜名，不计利，此其立德也”。医以德为本，医德谨遵孙思邈《千金要方·大医精诚》所言。如今，逐利行为较为普遍，医界亦不例外。许多医院为了经营鼓励创收，许多医生为了私利而随波逐流。回顾多年的行医生涯，虽身处经济大潮而尚未受其影响，始终以中共党员的标准严格要求自己，全心全意为患者服务，处处为患者着想。在竭尽所能为患者提高疗效的前提下还要尽量减少患者的经济负担。例如，目前大力提倡发掘和应用中医特色疗法，合理应用可提高疗效。但内服中药或配合中药外治法即获显著疗效的疾病就不必要添加某种中医特色疗法。中西医结合可提高临床疗效，但应用中医疗法能医好的就不必要加用西医疗法。应用西医疗法能医好的就不必要增加中医疗法。处方用药时，在不影响疗效的前提下，尽量应用价格低廉的。如果病情需要价格较昂贵之药时，必先征求患者意见，根据是否能够承受而取舍。临证时常常给患者介绍一些简便易行或有助于提高疗效的治疗方法，如过敏性皮肤病可在当地自采鲜马齿苋煎水冷湿敷，或用绿茶泡水冷湿敷；过敏性紫癜、银屑病等可自采鲜白茅根、鲜小蓟煎服或代茶饮；自备薏苡仁内服治疗扁平疣；自备黄豆熬汤外洗治疗手足皲裂、慢性湿疹等。随着知名度的不断提高，慕名就医者越来越多。外地前来就医者因路途遥远，赶到时已到下班时间，此时或延迟下班时间，或免去挂号为其诊病，尽量满足其要求。有的患者或为了感谢，或为了更好地为其诊疗而送给红包，此时总是婉言谢绝。对正在住院的患者总是暂且收下，随后为其交到住院处。为此，也曾多次受到医院的表扬。我每次回家探亲时，慕名就医的乡亲们常常络绎不绝，此时总是热情为其义务诊治。利用回家探亲的机会也曾多次去所在市中医院及乡镇医院义诊。在担任山东省中医药学会皮肤病专业委员会主任委员及山东中西医结合学会皮肤性病专业委员会主任委员期间，多次利用学会这个平台组织省内专家去偏远的农村为老百姓义诊。由于医德医风端正，疗效显著，慕名就医者较多，医疗服务成绩突出，退休前连续3年荣获医疗服务优异奖，多次受到医院表彰。

七、教书育人，德艺并重

身为山东中医药大学附属医院的一名医生，一直肩负着教学任务。先后从事过中医药大学本科生、研究生的课堂教学与在校生、进修生的临床带教，多年来协助大学培养出了一批优秀的中医人才。其中仅硕士与博士毕业生就有50余名，这些毕业生遍布在许多省市，如北京、上海、广州、山东、山西、河南、河北等。他们大多已成为医院的业务骨干，有的担任了院长，有的担任了科主任，有的成为硕士研究生导师，有的承担着国家自然基金青年基金科研项目等。因教学成绩比较突出，曾多次获得山东中医药大学的优秀奖，多次被山东中医药大学评为优秀共产党员。1995年被评为山东省高校优秀共产党员。回顾多年教书育人的生涯，尽力做到了如下几点：

1. 关心爱护

学生选择了老师，老师有责任带好学生，对学生的学习、生活都应给予关心和爱护。当得知某学生家境窘迫供学困难时，毅然给予资助直至其度过困难时期。当知悉某学生发生过错，唯恐学生的利益受到影响，出面协调，维护了学生的利益。现在学生毕业后常常为就业犯难，在我和其他老师的帮助下，有多位学生找到了比较理想的工作。这种爱心赢得了学生们的尊重和爱戴，也在不断激励着学生上进与感恩的情怀。

2. 德行垂范

为人师表，身教重于言教。在接诊时除了始终注意态度和蔼，平易近人，细心为患者诊治外，在不影响疗效的前提下还特别注意尽量为患者节省医疗费用。临床中的一言一行能体现出医生的医德医风，也深深地影响着学生。有一水煎外洗治疗手足皲裂的自拟经验方，当得知方中白及的价格较昂贵后即常常减去该药而用他药代替，由此引起学生疑问，解惑后方知用意。有一次，为脱发患者开一瓶外涂酊剂，患者取回药说对酒精过敏不能用，并要求退药，退药程序又非常复杂，于是当即用自己的钱如数退还给了患者，并向患者道了歉。这些点滴行为为学生树立了良好的学习榜样。

3. 治学严谨

知之为知之，不知为不知，不可不懂装懂，弄虚作假，作为医生更应该具有科学严谨的态度。在临证中不免会遇到记不清或疑难问题，此时常常会当场查阅资料或另请高明。在指导学生临床观察、实验研究、论文写作中，特别强调学生要注意实事求是、科学严谨。有一位在读学生的论文，为其修改了10遍之多，投稿后一字未改即给予发表。这位学生对我的治学态度十分敬佩，并一直珍藏着这份修改过的论文草稿。

4. 倾囊相授

临证多年，应用中医、中西医结合方法治疗常见病、多发病以及一些疑难病证，常常获得显著的疗效，根据多年的临床经验，自拟了十几首内服和外用的中药方，带教或学术交流时，常常把这些经验方的组成、加减、用量、用法等毫不保留地传授给大家。多年来，这些经验方已成为所在皮肤科医生天天在应用的协定处方，用于临床，行之有效，有的学生、同事或同道也不断应用其中的经验方进行科学研究。每每看到越来越多的医生在应用我的经验方，为患者解除疾苦，为中医事业、为人民的健康事业做出点滴贡献，幸福之感，油然而生。

5. 孜孜不倦

学如逆水行舟，不进则退。作为一名合格的医生、教师就必须孜孜不倦地学习，不学习就不能胜任工作，就会落伍。从事中医皮肤科需要掌握的知识非常多，不仅需要扎实的中医基础与丰富的临床知识，还必须掌握较多的现代医学知识与前沿的研究动态。多年来，虽不敢与孔子的教诲“温故而知新，可以为师矣”相比，但还是尽量挤时间复习所学过的知识，特别是对《内经》《伤寒论》《金匮要略》《温病条辨》四大经典的学习，大大丰富了我的中医基础知识和临床思路。另外，我还积极参加学术交流、学习班，这对更新知识、提高疗效、科学研究以及指导带教学生等都大有裨益。为了适应工作的需要，获取更多信息，从20世纪70年代末开始，我从头学习英语，最终能借助词典阅读本专业英文资料。自20世纪80年代初开始学习电脑知识，多年来已成为工作、学习中离不开的有力工具。

八、著述科研，均有成绩

原北京市中医研究所所长、中医皮外科泰斗赵炳南先生曾说过："知识不停留，经验不带走。"中医事业需要薪火相传，发扬光大。作为一名有一定实践经验的老中医工作者，总结经验，继承整理，责无旁贷。自20世纪80年代开始，先后编著、主编、参编10多部著作，公开发表论文50余篇，如《五妙水仙膏点涂治疗色素痣107例报告》《镇银膏外治寻常型银屑病105例疗效观察》《中药痤疮饮性激素样活性的实验研究》《皮肤病湿热潜证探讨》《清热利湿饮治疗荨麻疹疗效观察及抗过敏作用机制初探》等。在全国、省内多种学术会学术演讲30多次。如2001年在中国中西医结合皮肤性病学术会上报告了"镇银膏外治寻常型银屑病疗效观察及作用机理研究"；2007年应中国医师协会皮肤科医师分会邀请在第三届中国皮肤科医师年会上报告了"清热利湿法在皮肤科的应用"；2009年在世界中医药学会联合会皮肤科专业委员会成立大会上报告了"内服中成药在银屑病中的应用"；2011年应中华中医药学会邀请在银屑病中医药防治交流会暨赵炳南学术思想高级研修班上报告了"应用清热利湿法治疗银屑病"；2013年应中华中医药学会皮肤病分会邀请在第十次学术交流大会上、2014年应中华医学会皮肤性病学分会邀请在第二十次全国皮肤性病学术年会上报告了"清热解毒法在细菌感染性皮肤病中的应用"；2015年应世界中医药学会联合会邀请在第六届中医皮肤病国际学术大会上报告了"孕期皮肤病验案举隅"。这些讲座内容因实用性较强，受到与会者的欢迎。在科研方面，围绕常见病、疑难病进行过几项研究。如"镇银膏外用治疗寻常型银屑病临床与实验研究"，获山东省教委科技进步奖一等奖；"痤疮饮合剂治疗寻常痤疮临床观察及机理探讨"，获山东中医药科学技术奖三等奖；"Th1/Th2细胞因子水平与尖锐湿疣患者不同中医证型及临床转归的相关性研究"获山东中医药科学技术奖三等奖等。

九、热心学会，提高学术

山东中医药大学附属医院于1985年7月建立了皮肤科，起步较晚。刚刚成立的皮肤科，作为科主任，万事开头难，压力相当大。当时的皮肤科，规模较小，设备缺乏，人才缺乏，经验缺乏，病人很少。“世上无难事，只怕有心人”。用心经营，忘我工作，领导支持，特别是积极参加学术会、学习班，使我找到了前进的方向，丰富了专业知识，使皮肤科逐渐走向了正规，并得到了迅速发展。中国中西医结合学会皮肤性病专业委员会成立以来，经常组织学术活动，对提高中西医结合学术水平起到了巨大的推动作用。2000年4月，我有幸参加了在海南举行的中国中西医结合学会第四届皮肤性病学术会，并被推荐当选为本届委员会的委员，在委员会议上要求至今尚未成立专业委员会的省市应尽快成立，并要求各地委员热心学会工作，为中西医结合工作做出贡献。鉴于山东省的皮肤病专业中医、中西医结合学术水平较落后，我所在的医院又是全省的龙头单位，有责任为山东省的中西医结合皮肤性病学专业学术水平的提高做出贡献。于是，我提交了成立山东省中西医结合学会皮肤性病专业委员会的申请报告。为了给尽快成立该专业委员会打下基础，我带领同道于2001年9月举行了山东省首届中西医结合皮肤病学术会暨首届中医皮肤病培训班。经申请，于2005年4月率先成立了山东省中医药学会皮肤病专业委员会，并被推荐当选为主任委员。2010年5月换届改选，担任名誉主任委员。经多次申请，终于2011年1月成立了山东省中西医结合学会皮肤性病专业委员会，并被推荐当选为主任委员。任职期间，按照学会章程，积极开展工作。定期组织学术讲座，多次组织专家下基层义诊与讲座，为偏远地区的农民患者解除疾苦，还多次组织全省的专家举行银屑病大型义诊活动，为广大患者普及防治知识。2014年，组织所在科室的专家在全省四个地区先后举办了4期中医皮肤病学习班，大大提高了基层医生的中医诊治水平。同时，在担任山东省医学会皮肤性病专业委员会副主任委员期间，曾多次在学术会议上报告中医、中西医结合诊治皮肤病的专题。在省内各种学术交流会上报告的题目有“皮肤病病因病理”“皮肤病中医辨证”“皮肤病中医内治八法”“皮肤病常用中医外治药物与制剂”“银屑病的中医治疗进展”“中药针剂治疗银屑病概况”“变态反应性皮肤病中医辨证论治及研究进展”“部分过敏性皮肤病中医西医中西医结合治疗选择”“部分细菌感染性皮肤病中医西医中西医结合治疗选择”“部分丘疹鳞屑性皮肤病中医西医中西医结合治疗选择”“补肾法在皮肤科的应用”等。这些学会的活动有力推动了山东省中医、中西医结合皮肤病专业的学术发展。

十、张师序言，赞誉有加

非常幸运，张奇文老师成为我学习中医的授课教师之一。当时，张老师虽然年轻，但知识渊博，演讲精彩。授课之余，还常带学生出诊，亲授临床诊治经验，为后辈的成才奠定了良好的基础。从那时起，张老师对学生的成长进步一直非常关心。在《当代中医皮肤科临床家丛书·杜锡贤》中，张老师亲自撰写了序言，对学生的从医之路给予了很高的赞誉。序言如下：

中医皮肤病属于外科。俗传“内科不治喘，治喘丢脸，外科不治癣，治癣丢脸”，是言“喘”与“癣”都属缠绵难医之病。而原山东中医药大学附属医院皮肤科主任、博士研究生导师杜锡贤教授，这位我曾两次作他的领导和老师，至今仍挂在嘴边的学生，他在选择定科时却知难而进，以皮肤科作为自己一生事业的主攻方向。从此学贯中西，博采古今众家之长，临证不辍，潜心研究，硕果累累。一路走来，其成才、成名、成家的经过及多次寄给我他已出版的著作，我都一清二楚，如数家珍。每提起这位在农村长大的农民的儿子，今天能以其煌煌业绩和探索之路，入选全国名家行列，作为曾教过他的启蒙老师，忆及我在山东中医学院任职党委书记时，他向我提出要求，不干行政事务，专事研究业务的往事，看到今天他如愿以偿地不负众望，成为享誉全国的中医皮肤科名家，心中的宽慰和喜悦，是难以用言语来形容的。

1965年仲冬，潍坊市半工半读中医学校开学，杜锡贤同学以优异成绩被录取。不久，“文革”发动，时任潍坊市中医院院长的我，被“造反派”当成“当权派”而批斗。就在这个时候，有部分学生把我接到学校，明里是把我当“当权派”批斗，实际上是让我为他们讲课。医院的“造反派”把我当成“一棵草”，这些想学技术、学业务的同学，把我当成了“一个宝”，其中就有经常去安慰我的杜锡贤同学，后来连学生中的“造反派”也认为我只干了不到半年的院长，确是无辜的。我看到大多数的学生都是愿意学好业务的，不愿整天跟着参加运动，我觉得心底踏实了，同学们问这问那，我就认真授课，与同学交起了朋友。学生愿学，老师爱教，教学相长，从那时我就想，这些来自农村的学生中，将来一定能出几把好手，那时的杜锡贤，也是我常夸奖的一位。

与其他同学一样，在潍坊中医学校学习三年毕业后，他响应知识青年到农村去，接受贫下中农再教育的号召，回原籍干赤脚医生。1971 年又被推荐到潍坊医学院学习。他先学中医，后学西医，奠定了中西医结合的牢固基础，后有幸又步入山东省中医的最高学府即山东中医药大学附属医院，这更使他如鱼得水。起先，院领导安排他从事附属医院办公室秘书，我二次调入山东中医学院干党委书记时，他找到我，要求重新拾起自己学过的中医本行，搞中医皮肤专业，我十分理解这位学生的想法，也希望他在中医治疗皮肤病领域中多作些贡献，于是满足了他的请求。他也未辜负老师及同事们对他的期望，从零做起，先后到省内各大医院进修学习后，博采中西医诸家之长，如饥似渴地补救在“文革”时期耽误的时间，经常彻夜不眠。他主持开创并发展了所在医院的中医皮肤科，带教硕士、博士研究生，为国家培养出了一大批优秀的中医人才；先后担当起了首届山东省中医药学会皮肤病专业委员会的主任委员与中西医结合学会皮肤性病学专业委员会的主任委员，为推动本专业的学术发展做出了突出贡献；不断被邀请到全国性的学术会上演讲，广泛传播了自己的学术研究成果，扩大了在中医学术界的影响。围绕以清热利湿法治疗皮肤病湿热证与湿热潜证进行了一系列临床与实验研究，已取得了丰硕的研究成果，形成了他的主要学术特色。总结经验，著书立说，传承学术，成就斐然。据我所知，省级多家大医院皮肤科都有他带教的硕士研究生和博士研究生，这些学生运用中西医两法结合治疗皮肤病常见病、疑难病，医术精湛，经验丰富，疗效显著，为众多患者解除了疾苦，赢得了患者的交口称赞。

由于杜锡贤教授是从乡村走出来的农家子弟，他对农村病人有着特殊的感情。我经常介绍一些难治的、农村来的患牛皮癣之类的病人，他都体贴入微，不怕脏，不怕累，为病人亲自换药，凡经过他治疗的病人，都很快转危为安，在我面前讲过很多夸奖他的话。愿他百尺竿头，再进一步，为克服单用西医或单用中医方法都治不好的顽固性皮肤病，运用中西医结合的两套本领，走出一条创新之路，为人类的健康事业做出更大贡献。

周铭心

周铭心（1948— ），男，山东安丘人。新疆医科大学中医学院主任医师、教授，博士研究生导师，享受国务院政府特殊津贴专家，首届全国名中医，首届新疆中医民族医名医。第四、六批全国老中医药专家学术经验继承工作指导老师，第一批全国中医药传承博士后合作导师，国家中医药管理局名老中医药专家传承工作室项目专家，新疆维吾尔自治区有突出贡献优秀专家。1975年毕业于北京中医学院，1978～1981年于中国中医研究院研究生班首届硕士研究生毕业。历任新疆医科大学副校长兼中医学院院长、中华中医药学会常务理事、中华中医药学会方剂学分会副主任委员、中华中医药学会体质分会副主任委员、《新疆医科大学学报（汉文版）》主编、中华中医药学会顾问、新疆中医药学会会长、《新疆中医药》主编等职。从事中医临床与教研工作五十年，致力于辨证论治理论与方剂计量学研究，临证长于治疗呼吸系统疾病，胃肠、心脑血管疾病，妇科杂病、痛经、不孕症等。主要著作有《中医时间医学》《中医脾病临床实践》《西北燥证诊治与研究》《汶阳艺医》等。

仆籍山东安丘，家汶河北岸，故少时曾取“汶阳”为别号。23岁赴新疆，兹后便长期工作、生活于此地。今已向老矣，虽热爱新疆，却难忘故乡，乃又启用汶阳之号，如将乌鲁木齐家居眉曰“汶阳山居”，偶弄笔墨涂鸦，亦落款“汶阳山居主人”，而所著论文集则冠名《汶阳艺医》，所著诗集谓之《汶阳诗话》，殆惟怀乡之情所使耳，故宁冒附庸风雅之嫌矣。今蒙《名老中医之路续编》主编张奇文先生提携，忝入编内，窃以德艺非厚，不胜忐忑，复念张老与仆有同乡之谊，谅无嗤笑，更多指教，是敢畅所欲言，略述学医从业之感悟焉。

一、明乎自知，扬长补短

浏览往古医家学医缘由，屡见者凡四：幼承家训，世代相传，故学有根底，其术业必深，一也；至亲染疾，时医莫治，遂立志习医，其用功必笃，二也；儒门世家，科战未捷，感良相良医之论而弃儒从医，其眼界必广，三也；奇遇异人，饮上池水，授以仙方，活人无算，其医名必高，四也。若仆之学医，固无四者之缘，且学医亦非初衷。自 6 岁入学，18 岁高中毕业，时当 1966 年，高考在即，志愿报考物理专业，适值“文革”开始，停课停考，升学遂罢。不想 1972 年，24 岁时，得入北京中医学院（现北京中医药大学）学习中医，1978 年又考入中国中医研究院（现中国中医科学院）研究生班，遂为首届中医研究生。然则学医虽非初衷，亦乃幸事也。

复观往古医家学医路径，盖有三途：一为父子传承，其传固亲而承必实；然或不免宽严失宜之情。二为师徒授受，其授亦切且学必笃；然或遗蕴秘弗传之憾。三为自学私淑，其学故广而心无拘；然传授非亲或失其真也。时至现代，复增学院培养一途，其入门也快，且所学亦全；然其根基非深，学必泛泛矣。合而论之，学医亦四途也。若仆者，自属学院培养一类。

学医之缘之路，各有利弊焉。俗有“扬长避短”与“取长补短”两说，仆于学医，主张两说合一，曰“扬长补短”。盖人之长难取，人之短当避；己之短莫避，己之长可扬；扬己所长，方可补其短也。综观古今名医大家，仲景为鼻祖，自不待言；即后世医家，其所长岂易为我辈取耶？金元四家，河间之擅用寒凉，东垣之力补中气，从正之常主泻下，丹溪之善滋阴分，均其所长，而后之学者，未尝不识其长，然动辄走偏，学之反成己短矣！他如明清两代，张景岳之读经境界，李时珍之识药手眼，叶天士之临证灵性，俱乃所长，后人学之者夥，用功或亦不浅，而能企及者鲜矣！何耶？学非所宜也。凡人各具特质，彼我不同，彼之长，或为我短，岂可学哉？而况时势有异，彼人处彼时彼地所行某事本为长，此人处此时此地再行其事恰为短矣，复可学哉？然则前人之长，将无从学乎？亦非也。殆惟合于我之特质，复近乎所处时势者则可学能学，学必有得；否则勿学，学亦无益也。是以学医从医者，贵有自知之明，既知我禀赋若何，亦知我阅历若何，复知我所处时势若何，而后可习学当学宜学之人，拣读当读宜读之书，爰望学有所成欤。

虽然，仆初学之时，却鲜少自知，无此见地。回顾就读北京中医学院及读研于中国中医研究院时，闻知老中医多能背诵《药性赋》《汤头歌诀》《时方歌括》，尚有背诵《医宗金鉴》者，复有背诵《神农本草经》《伤寒论》《金匮要略》者。尝思：人既能之，独我弗能？乃多方购书，欲求熟读背诵，直至工作多年后，仍购书不止。举凡中医古籍，自《内经》以降，迄明清诸家著述，多有所收。殆已数百上千矣！每见一书，先在书店观读良久，遂购之。购后一二日，随意翻阅一过，便自谓曰："后当精读。"回视不少书籍之读书时间，大概以初购当日于书店中阅览时间最长，再读者少，渐次淡忘，强半已搁置罔顾，遑论精读欤！以至整理书架时，见《伤寒总病论》（庞安时著）一书，竟有两本，盖前后重购而莫之察也。每恨熟读者少，精读者罕，而能熟诵者更寥寥无几！当时尚能背者，唯《汤头歌诀》耳，若《药性赋》《医学三字经》等，第可背其篇首一页，后即支离断续，词句无整焉。想来不无赧颜。历经十余年后，方才幡然觉悟：回望学医之路，得失参半；究其所失，却不在读书多寡、背诵生熟，而在自知未明，不能扬己所长，以补所短也。

遂自责所短，计有数条：初学本晚，已二十有四，成年后业医，公私多故而杂务分心，非强记诵读之龄、潜心求知之时也，此其一；赋性好奇，而浅尝辄止，志少持恒，事难久耐，非坚毅之性、专注之质也，此其二；学无家承，难得秘传，未经学徒，复少亲授，非中医固有传承之路、授受之式也，此其三。然亦有所长：眼界开阔，心思明达，性好辟新，较少守旧，一也；素喜数学，略解格物，亦爱书画，易知取舍，二也；学院科班，课目周全，师法非一，固少偏颇，三也。倘能扬此所长，何愁短之无补耶？若果扬长补短，庶几不难出入岐黄堂室也。迨至四十岁以来，悟得斯理，努力行之，观瞻境界日阔，学识得以渐进，临证治验益多，越发挚爱中医矣。

二、广于涉猎，约取精要

大凡为学，欲学有所成，必当广采博取，固所共识，治中医之学，尤当如此。仆今则但言"广于涉猎，约取精要"，盖不得已而为之也。学问本当多多益善，谁何不欲广采？孰人厌恶博取？然素质有限，时势所囿，尚有不得、不能、不可之情相制焉！故广采或可，博取实难，退而求其次，倘能于广泛涉猎中，约取其精要亦已足矣。

广于涉猎，既谓阅读宜广，又谓从师宜众。就从师之众而言，仆确已得之矣。上述仆有三长，前二者乃夙性所禀，毋庸赘言，独于学院科班一长，颇感幸运。何以言之？盖仆恰逢中华人民共和国成立后第一批由全国遴选征招之名老中医药专家健在任教之时也。其中 1972～1975 年就读北京中医学院时，任应秋老师亲授《内经》，刘渡舟老师亲授《伤寒论》，方药中老师主讲内科，赵树仪老师主讲妇科，印会河老师带领临床示教，王绵之老师带领临床实习。1978～1981 年于中国中医研究院读研究生时，复能亲聆面受国内诸多名老中医授课带教，如中国中医研究院岳美中、钱伯煊、王伯岳、赵锡武、方药中、董建华、赵心波、施奠邦、程莘农、谢海洲、路志正、朱仁康、赵树仪、傅方珍等，北京中医学院任应秋、印会河、刘渡舟等，北京中医医院关幼波，协和医院祝谌予，上海金寿山、姜春华，南京孟澍江，广州邓铁涛，浙江潘澄濂，重庆黄星垣，湖北李今庸，江西万友生等。诸师讲课，各具特点，亦饶有风趣。如关幼波老师讲课中曾传授一方，笑曰："我师兄临终时，于病床前紧握我手，含泪言道：'愚兄有一秘方，白芍、木瓜、甘草各一两，水煎服，以治膝关节退行性病变之酸痛甚效，今将就木矣，传与师弟，珍之珍之！'师兄临终方才传我，我今尚健即传与各位。"我等热烈鼓掌。此事迄已 40 年欤，忆当时音容，恍如昨日。如此师事众位大家巨擘，何幸如之！苟非院校培养，乌得斯享乎？此师徒传承所弗能者也。再则，内中如岳美中、钱伯煊、赵锡武等老师，其后不久便相继辞世，苟非其时入学，安得其全哉？而钱老只招一届研究生，恰即我等三人，良机真若天赐矣。

求学期间，获益尤深者，莫过于三番从师。其先就读北京中医学院时，1974 年随王绵之（带教中医）、于文忠（带教西医）老师赴河北定县实习半年，侍诊师侧，每令仆等先行辨证处方，再予批改更正。王老用方灵活、药量跌宕之风，令仆尚行迄今。如所用药，一方之内，大者以两计，小者才数分，药物由是而合其性以彰其能，方制由是而尽得君臣佐使职分。其白芍、茯苓等用量每大，动辄一两；谓其味淡而力薄，少则难显其用也。通草、马勃等用量尚小，才以分计；谓其质轻而性急，多则恐伤阳气也。同为矿石类药，龙骨、石膏用量大可过两，而代赭石用量却小至三钱；谓代赭石沉滞，多则反碍胃气也。仆尝开一方，用马勃三钱，王老立删为五分；又开一方，用代赭石一两，则立改作四钱。

次则于读研期间，师从钱伯煊老师及赵树仪、傅方珍老师。钱老为我国中医妇科泰斗，博学敦厚，识证精诣，用药稳当；而赵老医通中西，眼界颇广；傅老尤擅《医宗金鉴》妇科心法。诸位均为仆终身受益之师。如钱老治月经失调、不孕症等经验仆已屡用不替；而其桂香琥珀散（肉桂、木香、琥珀等）治痛经，仆则拓其用而治胃炎溃疡，亦每收效。又如，钱老每诊，必亲笔书写处方，书近正楷，其字端庄淳美，亦我辈之榜样。赵老将月经周期各阶段作为疏方遣药参考而调治妇科病之经验，仆今仍时而取用。

后于 1992～1995 年，有幸以全国首批名老中医药专家学术继承人而师从张绚邦老师，则仆以学院出身，复得师徒亲授矣。张老性灵洞达，其早年求学上海中医学院时曾亲受沪上名医多人指教，用药精当而饶变化，颇有叶桂之风，尤长于内科杂病辨证论治。从诊三年，常得口授指传。如张老擅用之预制药组，若珍珠母、龙骨、牡蛎之镇逆宁心，珍珠母、草决明、石决明、钩藤之潜阳降压，桑叶、桑白皮、新贝母之止咳嗽，蜣螂虫、地龙、僵蛹之治痿废（重症肌无力）等，令仆受益良深。张老处方，必先书写药名，次乃填写药量，如此则既便于斟酌厘定君臣佐使配伍，又可检点遣药是否允当，且能及时避免药名重复书写。仆固医无家传，学问非勤，未敢鸣高，而所幸得众多名家授业解惑，非甘卑微而愧对明教者也。些许进步，亦师辈所赐，须谨记师恩而莫忘。

至于阅读宜广，则仆迄今汗颜。盖志欲为之而行尚远之也。因仆素来志少恒持而事难耐久，加之生性疏懒，是以屡下决心，欲多多读书，却每以虎头蛇尾而作罢。虽然，涉猎书籍门类则不为少。除时常阅读《内经》《伤寒论》《金匮要略》而外，于后世历代诸多名医之书，亦常捡读，大抵浏览一过，即行搁置。其能再三翻阅者，以《类经》《医门法律》《医宗金鉴》《医学心悟》《读医随笔》《成方切用》《医方集解》《临证指南医案》等书，以及陈修园诸书为主。医书之外，则爱选取哲学类、数理类、绘画书法类、诗词类书籍观览之。合而计之，阅书亦不下百千，第难与几十年光阴之久相称耳。

仆所读书，多以浏览为主，通读者少，唯求知其大略耳，必于引发兴致之处，或欲做探讨研究之用时，方才查寻相应书籍相关章节而精读之。仆于《中医经典要文便读》（系我博士研究生吕光耀、安冬青主编）序言中曰："凡习学研用中医，必当以经典为本源，盖无异议。然经典夥矣，涉猎之非易，皓首而不能穷，熟谙之尤难，毕生而未允就。是故以短暂之有生，临深广之学问，不可求全，贵在精要，有所为与不为可也。”仆早年不晓此理，尝叹读书不多不精。大概于45岁后始有自知，变被动为主动，一改旧习，尚用新法：泛泛之书，则泛读之，浅尝辄止；精辟之处，则精读之，必探究竟。斯即仆所谓广涉约取也。盖浏览宜广，广则眼界乃宽；选取宜约，约而钻研方深。

另须提及，读书贵在取舍得宜，不但要去粗取精，尚要去伪存真。涉猎渐多，临证既久，愈觉前人“师古不泥”“不可尽信书”之说，诚不我欺也。初学医时，先得《傅青主女科》，其方简要，用量跌宕，主治明切，从业后每爱用之。然有一点，其所述用方之效验，实系夸张之词。如易黄汤方下曰：“连服四剂，无不全愈。”他方之下，亦多有此类叙述。更有甚者，其治经水失调各方之下有“四剂而经调”“四剂而经期定”等语，尤乃虚说。盖经水失调，须月经再潮方知其期准否，用药四剂，治未足月，焉知其经期调定哉？虽有是疵，而瑕不掩瑜，其书其方仍不失为大有益于临证者也。再如《医林改错》《血证论》等书内，亦可见浮词芜语，甚或有虚妄之论。读书遇此，当辨其误而莫之信，亦不可因此贬斥其书，第删去繁芜，撮其枢要可也。

非但古人古书不可尽信，即今人今书又何尝不如是也。早年读研时，曾聆听某中西医结合学者讲座，其姓氏并讲座内容早已忘却，唯记得讲课中有别样一说谓：“衡量临床大夫水平，有一测知方法，即观察其诊病情况，若直接索看X光片，则知其有水平；倘不看原片，只看X光室报告，则知其水平低。”此说曾困我数年。本来实在看不准X光片，并稍后兴起之B超、CT等亦所识寥寥。因信其说，复碍于情面，每每装模作样索看之。窃思：欲成为一好大夫，殆今生无缘矣。后来识见日广，渐觉其说之误人也。盖术业有专攻，人必长于所学专业，余则知其约略可也；矧学力无多，时光有限，欲面面俱精者实难。倘为医师者，必精通X光、B超、CT等业务，不信其专业人员报告，得毋我医师辈必较彼专业人等优越耶？彼专业人员岂非专家？将置操彼专业者于奚地？

所以絮絮此言，盖欲自省，亦欲与初学者共勉焉。须知读书治学，当以博为始而以专为终，既有所取，更有所舍，不可贪多也。然则专于一家一派可乎？又非也。治医之妙，贵在变通，不可囿于门派。徒生或问：“老师之学，宗何流派？”曰：“学宜泛而仅取其精；师宜众而各承其长。医者当以临证疗效为首务，莫以源流门派为趋求。倘果欲以流派论，则宜选古今名家学之，所谓‘取法乎上，仅得乎中’也。若不能即从名家，凡医之擅一技之能者，俱可学也。倘能集众家之长于一身，则湖之海之矣，岂河流之堪比哉？我辈‘虽不能至，然心向往之’，沿此努力可也。”

仆早年亦尝关注医学流派之事，窃谓流派乃自然形成，多系当时当地有某医成名，便有徒众从之，复有他医私淑之、仿效之，于是便见某地域某时期呈现数位医家，其认证相近，论治相似，选方用药亦复大同，则流派成欤！然其领袖者必名家大医，余者多无显绩。何耶？盖为先者广采博收，是以学有所成；后继者唯师一家，故而终难卓立，不如其师也远矣。尝读黄庭坚《山谷题跋》，其论习学书法曰：“不善学者，即圣人之过而学之，故蔽于一曲。今世学《兰亭》者，多此也。鲁之闭门者曰：‘吾将以吾之不可，学柳下惠之可。’可以学书矣。”喻嘉言《医门法律》论中风之治曰：“河间、东垣、丹溪，各举一端，以互明其治。后学不知变通，但宗一家为主治，倘一病兼此五者，成方各安在？况不治其所有，反治其所无，宁不伤人乎？”就两说思之，其欲专学某派者，殆泥于一家，不晓变通，甚至未学乃师之长，反即其过以为得，焉能不蔽于一曲也。

三、知艺之理，可以治医

前已述及，仆之素养，短长相抵，每思扬长补短。仆性迟滞，却多嗜好，早年偏喜数理，亦爱绘事临池，只因心旷意疏、眼高手低，终无所成。偶欲附庸风雅，诌几句拙诗，却平仄无知，音律莫辨，未敢轻易示人。俗语云：百巧百能，一事无成。又云：艺不压身，多多益善。前言艺多累人，足以偾事；后言艺多无害，反而有益。虽两说相左，却无悖谬，艺不厌多，要在博约运用耳。盖喜好既广，求知不专，则心意无定，学力分散，必空怀众艺，术业难精，终难有成，此博而无约，运用不善所害也。而古今成就大业之士，其身兼数艺者多矣，要皆禀赋大智而博学约用者也。若仆，既乏慧禀，而又偏好多歧，岂能成就事业？流散时光者数年，乃有新识：既已入于医门，便当专一而勿多他顾；书也，画也，莫望其成，权借以怡情适志可也。遂安心于医。临证既久，体验加深，渐至爱而乐为之矣。其后又思：学书画未精而略知其理，学数理未深而稍通其法，其法其理宁无助于医学者哉？于是留心以艺比医、以艺拓医之事。如此累月积年，竟也弋获小丰，多有艺医之思之文，并启迪临证，不乏出奇制胜之验欤。

先是以数学方法演绎干支，撰写《干支纪年、纪月、纪日、纪时公式推算法》《干支万年历》《万年子午流注取穴卡》等。由此而学习五运六气与子午流注理论，探讨中医依据时间施行医疗之推演方法，于1989年出版专著《中医时间医学》。既而以物理方法辨析经络运行，借电路之并联串联比照十二经气血流注，发现《灵枢·五十营》叙述之误，撰写《五十营探疑》。进而以计数计量方法推测方剂运用，借聚类分析而比类医家处方遣药特点与亲疏关系等，撰写《傅青主女科方药特色分析及作者考识》《张绚邦治疗过敏性疾病用药特色分析》；凭数学推导而评价中医师临床决策，撰写《不同诊治策略的评价》；旋又提出“方剂计量学”概念，撰写《方剂计量学研究方法与指标体系概论》《古今医家临证处方模式方剂计量学研究概述》《从疾病辨证论治文献萃取本病证候与旁从证候》《复诊处方用药变化分析方法与指标设计》《论方剂君臣佐使药定义及其判别方法》《预制药组之运用规律与方剂计量学分析方法》等。

其中撰写《五十营探疑》一文之起因，饶乃趣事。大约1979年，读研于西苑医院，离颐和园甚近，听方药中老师讲，每日晨间去颐和园散步，必遇一老者练太极拳，据称其每练一遍所用时间，次次相同，不差数秒。问其奥妙，则曰：“遵照《灵枢·五十营》经气流注而练，焉得有误乎？”仆为之感叹，遂索读经文，欲探究竟。及至将该篇原文与《灵枢》相关各篇对照，竟见其误处明显，颇有疑窦。以《灵枢·脉度》所载经脉长度测知，“五十营”之28脉，乃指左右十二正经共24，任、督脉各1，跷脉左右各1，总长十六丈二尺，即为经气运行一周行程。然则经气于12正经中乃“串联”单线运行矣！于是疑问出焉：以手太阴经为例，其运行方向由胸走手，若为串联而行，则问左先行，抑右先行？假令左侧先行，经气行至左手后向谁交接？若交与手阳明经，则右侧手太阴经将断流而等待耶？若欲交与右侧手太阴经，则经气如何从左手而回至胸中，其飞跃乎？如此得勿气血偏颇、停滞、逆乱乎？宁有是理哉！足见其文之误。其实，依据《灵枢·经脉》所载，十二正经之经气流注，左右同名两经总是并联而行，绝无串联之理。好在《内经》非一人一时之作，容有瑕疵，不掩其瑜也。爰知太极老者拳固熟矣，时故准矣，而其谓遵“五十营”而运行气血者，则系虚妄之言也。

仆所立方剂计量学，乃运用数学方法，分析临证医案之数量信息，借以探讨古今医家辨证论治经验与遣方用药规律。该法客观而实用，其效果乃传统分析方法所难能者。其中从疾病辨证论治文献萃取本病证候与旁从证候，从临证处方而分析预制药组等，将使学习辨证论治理论与方药配伍经验更行方便。例如，传统方法总结医家用药经验，常凭经验认识加简单频数统计而获取医家所常用之药对，仆则运用方剂计量学，不止获取药对，犹能遴选包括药对在内之预制药组。设计有三种方法：一为“组合强度法”，二为“相关分析法”，三为“聚类分析法”。今以聚类分析法为例稍加说明。其法先对某医家之临证处方或某类成方进行药物运用频数分析与公式判断，选出常用药若干，再列出其常用药在该类成方或临证处方中之运用行列表，然后进行药间聚类分析，根据树状图中分枝与结点形状以甄选预制药组。此处特将《伤寒论》经方加以预制药组分析。先统计用药累计频数序列，再以公式法选定其常用药29种，随后加以聚类分析，提取其树状图如附图。

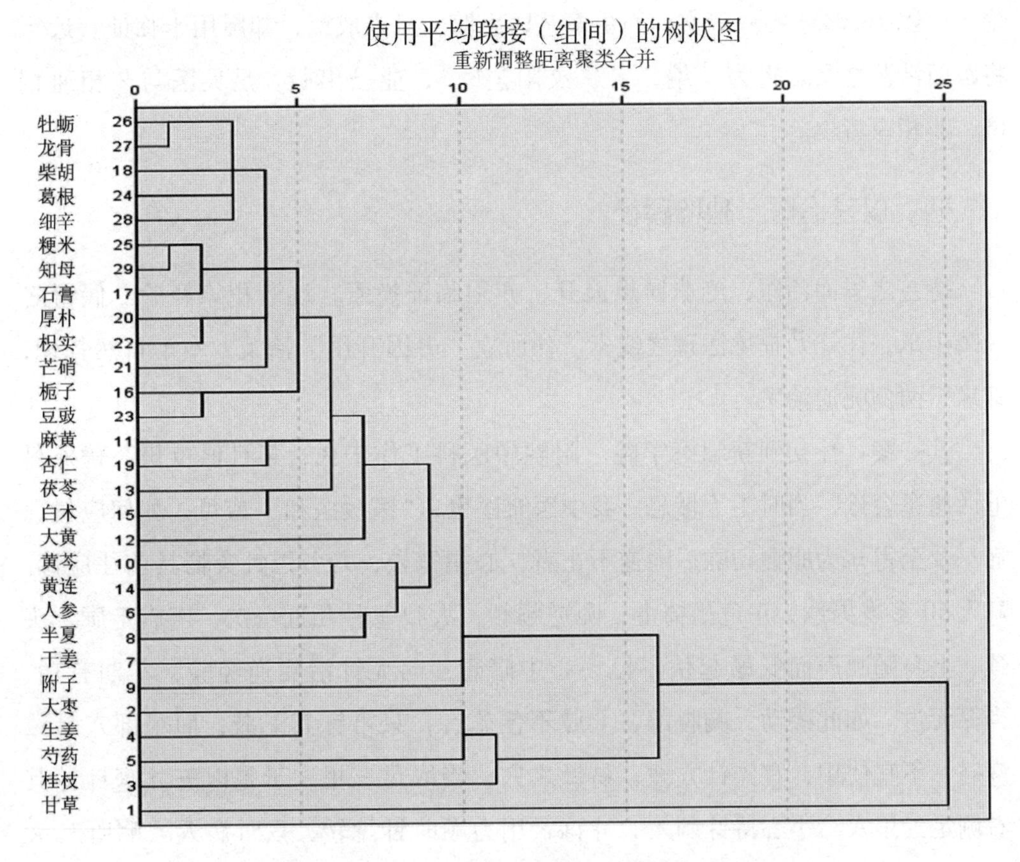

附图 《伤寒论》方剂29味常用药运用情况聚类分析

观察此图，可提示经方用药之预制药组凡三种共11组：其一，药对7组，即［龙骨－牡蛎］、［枳实－厚朴］、［栀子－豆豉］、［麻黄－杏仁］、［茯苓－白术]、[附子－干姜]、[生姜－大枣] 等；其二，药仨2组，即 [柴胡－葛根－细辛]、[石膏－知母－粳米] 等；其三，药发（借简谱音符1、2、3、4之4而谐音命名四味药药组为“药发”）2组：即 [人参－半夏－黄连－黄芩]、[桂枝－芍药－生姜－大枣]。图中尚可提示，甘草一药，运用最多，每与诸多药物相伴用于一方之内，却因无特异性亲疏对象，故而不入药组。可见，此种提取方法，既具体直观，又客观全面，信可广泛运用于古今医家之经验总结。

仆于45岁之后，凡浏览书画诗词书籍，不再以提高艺技为动机，转而以汲取方法、锤炼医技为趋务，并翻阅哲学、军事之书时，亦揣此想。其哲理也，画理也，书法也，兵法也，无非艺理，凭艺理而拓医理，亦乐事也。尝将艺中之理引入临证实践，用以启迪辨证、比照方法、借鉴用药，亦颇兴心悟，确有所获。其间曾撰有《古今医家临证处方模式类型分析》《升因升用》《旁治法概论》《论治策略述要》等文，而更多艺医思路，虽未成篇，却屡用于临证。近年将医而涉艺之文，辑为一编，名《汶阳艺医》，业已出版。足见医与艺相通相济，非相左者也。

四、以艺治医，独辟蹊径

持艺之思而治医，绝非异想天开，亦须临证摸索，逐渐积累经验。偶得之一鳞半爪，往往乃提炼医理之线索。仆所立“升因升用”治策，本于自然哲理，却缘于两例呃逆治案。

其一案：仆初到新疆医学院一附院中医科工作未久，某日值夜班，普外科电话遽邀会诊，当时不无慌恐，我中医雏医也，“医缓医和”或可，如何应付急症？及至得知为胆囊切除后呃逆不止者，心稍宽松，乃备以针灸器具前往应诊。病人50多岁男性，正危坐椅上，呃逆频频，大致每秒几近一次，声震走廊，头颈、上身随呃声而低昂起伏不已。心中暗想：向无针治呃逆经验，不期有功，当保无过。如此躁动，胸腹部、上肢不便施针，只可针其下肢；而足部穴易致疼痛，不宜使用；宜先针方便、易针之穴，当取足三里。于是以三寸毫针针其右侧足三里穴，小心持针刺入二寸许，用力顺时针捻转，只听病人“啊呀”大叫一声，呃逆遂止。病人及家属连连称谢，夸我技艺高超。其实我何尝敢言技艺，原本心中无数，偶获意外之效耳。

前案不久后又治一案：某男，29岁，因患结核性胸膜炎、胸腔积液，经西医治疗病情好转，唯呃逆频作，时见加重，应邀会诊。为疏二陈汤加旋覆花、代赭石、丁香。服5剂而呃逆依然。询知病人患此症已近1年，前后服中药不下60余剂无效。出示药方，类皆旋覆代赭、橘皮竹茹、丁香柿蒂等，无非理气降逆，且方中杂以全虫、蜈蚣等所谓“解痉药”。因思既已屡经通降，不便复蹈故辙。察见病人舌淡苔少，脉细寸沉，纳呆肢困，遂萌起用补中益气汤念头。但又深惧呃逆之“逆”，不敢尽用升补，只在首诊原方内加黄芪，并加服补中益气丸以探消息。5日后，呃逆见减，便放胆予补中益气汤加味。疏方：黄芪30g，党参、白术各15g，陈皮6g，升麻、柴胡各4.5g，当归、桔梗各9g，甘草6g，川芎3g。服至10余剂后，呃逆几平。复以补中益气丸善后而愈。追访半年未见复发。

寻常治法，上逆而降胃，下陷以升脾，正治也。今两案呃逆，俱胃气不降也，前案症急，用足三里针刺峻补，当即而平；后案病缓，用补中益气汤升阳，渐得痊愈。是则上逆之病，反用升举之法，却见显效，何也？盖升降相因之理使然也。天地气化，地气上升，升已而降；天气下降，降已而升；高下相召，升降相因，而成一体。人亦如之，脏腑之气，升而复降，降而复升；升降相宜，生命不息；升降有乖，疾病遂生；调顺升降，疾病可平。于是创立升因升用治策，列于寒因热用、热因寒用、塞因塞用、通因通用之下，以期羽翼古人，为反治辟一新法也。举凡呃逆、头痛、咽结等病证，若正治久而罔效，可用此法。

仆辟复有“旁治”一法，可与“正治”“反治”鼎足而三。其始创亦缘于一例验案。邻居某，女，58岁。患高血压病10余年，虽屡用中西药物而血压总难降至正常，多波动于180/110mmHg。近以眩晕、头痛较重，求仆调治。先用潜阳清火方药5剂无显效，测血压176/100mmHg。因述大便干燥，遂于原方加制大黄9g（同煎），冀上病下取。再5剂。2日后来诉，才服1剂，夜间大便七八次，稀溏如泻，腹中微痛，而次日顿觉清爽，眩晕、头痛若失，仅见乏力，所喜者自测血压竟已正常，乃自行停服降压药，因见所余5剂与第1剂品味不同而未服，欲索第1剂方药。盖二诊药实只5剂，因药房惯于将大黄另包而未及交代，病人误作1剂服下，其量达45g，故致泻如此。测血压130/90mmHg，脉细，舌苔薄白。虽获偶效，终系误得，不敢与前量，却以小承气法探之：制大黄15g（同煎）、厚朴12g、枳实12g、当归10g。3剂。服药后未再致泻，仅得稀便日1次，眩晕未发，血压正常。2个月后告知，体况仍好。按：本案病人，辨为肝阳亢盛之证，不为不确，药后罔效，亦可托之疗程过短，然以大量大黄取胜，可否认为本属脏热当涤之证？观其脉证，俱无可凭，只能认作旁治之功。不以正治，从旁论治也。夫中焦为升降之枢，肝升肺降皆赖以斡旋。今以大黄清刷胃肠，胃气得以直降，肺气随之，清肃之令布，则肝木有制，政得敷和，遂无亢阳之害。张景岳有言："凡临证治病，不必论其有虚证无虚证，但无实证可据而为病者，便当兼补，以调荣卫精血之气。"我于此例则曰："亦不必论其有实证无实证，但无虚象可据而为病者，不妨用泻，以疏畅三焦升降之机。"此论当否，有待后验。

艺与医多有相通之理。仆之"节律服药法"，即从临证体验，而借鉴山水画开合迎让法创立。中国山水画设景，有平远、高远、深远之别，皆须由开合迎让体现。由远而近，自下而上，有开有合，或迎或让，透出气韵变化，显现美妙意境。将医家治病比之作画，则单元治疗周期即一帧画也，彼画之上下开合布景，即此治之先后节律服药；彼画之开处景疏地阔，合处景稠地狭，即此治之甚时服药密集，间时服药稀少矣。现今中医每日服药 1 剂，每周 7 剂，中无间断，可称作连续服药。仆所立节律服药法，即在一个用药周期内，按照特定节律安排服药时间，并非每日 1 剂，而是有间歇、有顿挫之服药方法，故谓之节律服药。

仆自 20 世纪 90 年代中期，便开始尝试节律服药之法。而此前萌生念头、酝酿思路，则可上溯至 20 世纪 80 年代之初。当时已有一定临床经验，时有治验。然有一事，萦绕心际，久难释怀。遇不少病人于复诊时云：服头二剂或头三剂药疗效明显，后几剂药则无甚效果。以问同事，所遇亦多如此。究竟何故使然？其识证未的，用药未准？抑药力衰减，病人抗药？初服既已见效，料非辨证用药之过，当属人体反应性减弱，而对药物耐受性增强所致。几经琢磨，突生一念：若于疗效将减未减之际，停药一天如何？遂试之临证，果有应验，竟鲜少再现疗效先显后微之情。此后便屡屡用之，并借画论之开合迎让布局，尝试探索多种间歇服药方法，逐渐形成一组节律服药模式。其中短期服药节律包括脉冲式、虎头式、豹尾式、蜂腰式、豚腹式、张弛式、重密式、交互式等；长期服药节律有复合式、乐曲式等。每种模式各有相应病证或相宜时机，临证时可根据病情特点与方药性能而选择运用。

举虎头式为例：用药周期内，前半期每日服药 1 剂，后半期服药有间歇，服药以初始几日为重心，如虎之伟乎其头，故称虎头式。该模式节律不等，前密后疏。尚有多种组合：一周 4 剂（1101010），一周 4 剂（1110100），一周 5 剂（1110101），两周 8 剂（11101101001001）（括号内为服药顺序安排："1"表示当日服药 1 剂，"0"表示当日不服药，依次而行），亦可有其他格式。当需要对某些病证加大药力进行突击治疗时，却担心攻伐太过，或虑及副作用积累等情，便可以此式服药。例如，闭经而借重破血通经剂，便秘而动用硝黄承气剂，疼痛而施以虫类镇痛剂等，均宜用之。此外，治女子非月经病，需连续服药，而逢月经二三日间将行，可先用此模式服药，等再诊时月经已过，可恢复连续服药。

长期模式则针对慢性易复发性疾病，如类风湿关节炎、慢性肝炎、慢性支气管炎、高血压病、便秘、哮喘、月经失调等，或外地病人，居处偏僻遥远，不便复诊者。如设计其 2 个月（8 周）之节律服药模式为：［AAOAOAOA ‖ A（1101010）］。其中"A"表示本周服药，"O"表示本周不服药，每周之内，则"1"表示本日服药，"0"表示本日不服药。

节律服药之临床意义，盖有数条。一能加强疗效：因间断服药，使每一间断后再服，犹首剂乍用，其效不减。譬如堤流遽决，洪泻汹涌；发硎新试，其快可知。二能规避耐药：药既间断，停药一日或两日，再服时又如新用。三能减弱副效：对于有一定毒副作用之药，间断用药可免除毒性积累或副反应叠加。四能多获信息：节律用药可在一次用药周期内观察到服药与停药两类信息，察知药效之久暂缓急。如服药当日有效，停药当日无效，则考虑为即时效应；若皆有效，说明疗效可维持 1 天以上。五能节省药材：节律服药较连续服药节约药材，可提高药物利用效率。至于长期用药节律采取乐曲式，是否可与人体固有生命节律形成谐振，从而有利于人体功能自行调整优化，亦未可知，不妨加以探讨。

中医之学，乃医疗经验之以哲理连缀成体者也。《内经》中哲理医理丰富多彩，看似纯乎说理，实属古人临证经验之结晶。某些观念，初不在意，及至临证偶遇，方知古人之不我欺也。例如，《素问·六元正纪大论》："妇人重身，毒之如何？岐伯曰：有故无殒，亦无殒也。"读书至此，以为既已有孕，岂能再用毒烈之药，并未深信，视为当弃之虚说。恰逢一例治验，顿改前识，知其理之不诬。

病人系本校干部，痛经6年，结婚3年未孕。婚后痛经不减反重，西医诊为子宫内膜异位症，多方调治罔效，不堪其苦。故已不急于嗣孕，只望治其痛经。脉症见瘀阻寒凝之征，宜辛温通降、直攻瘀滞，与少腹逐瘀汤变化。当归、益母草各30g，元胡、乌药、炮姜、白芷、制乳香、制没药各10g，肉桂、木香各6g，丁香1.5g，小茴香12g。水煎服，隔日1剂。同时，用成药大黄䗪虫丸，每晚服2丸。复诊知月经已潮，以往行经之恶心呕吐及肛坠股痛等已无，腹痛减轻。改作丸剂：早服八珍益母丸2丸，晚服大黄䗪虫丸2丸。约病人经前5日来诊。三诊再疏初诊汤方去元胡，加牛膝10g，每日1剂；成药仍如原法不变。四诊：月经逾期未行，妊娠试验阳性，妇科检查确认有孕。六脉小数。急嘱病人停用所有药物，与参苓白术丸以健脾化湿保元。其后足月顺产一男，产后半岁断乳，月事复行，但痛经依旧，虽再施以原法调治，终未见效。按：本案以破血逐瘀法治痛经，固非求嗣之计，不想中途怀孕，已属意外之得；而孕后仍未辍药，复无损伤胎元，适足庆幸。此案正可印证“有故无殒，亦无殒也”之旨。刘恒瑞《经历杂论》云：“有故无殒，言有病则病受之，治邪尚且不足，焉有余力以伤胎乎?”本案用大黄䗪虫辈，属碍胎伤胎、妊娠禁忌之品，仅望去病，而反得孕，岂止不暇伤胎，犹能成胎养胎矣。是知患病而不孕者，治病即所以求嗣；病而适孕者，去病即所以养胎。虽大黄䗪虫之峻，又何畏之有？然本案病人妊娩之后，痛经如故，再治不应，内中隐微，非拙见能逮，还望同道指迷。

此案之后，尝以此法治不孕症，屡有所应，并由此新辟治策曰“有故无殒”。凡求嗣而患有某种疾病者，怀孕之前，总可依病证而加以调治，无须顾虑有碍胎孕，亦无须等待疾病治愈后再行怀孕，多可边治病边致孕。然遇一例，痛经且月经量少，数年不孕，用此法已孕，病人却来质询，谓方中有大黄、桃仁，属碍胎药，恐于胎儿不利。仆再三解释曰：此乃促成受孕之方，今孕正此方之力也；既已孕，则改用保胎益元之方，勿以为虑。但病家不听，却要与我签一协议，旨在“保证所生子女能考取大学”。噫！何奢求之甚也！令人啼笑皆非，只好嘱其刮宫。自此而后，并未尝停用此法，然必小心从事。每嘱病人备好测早孕试纸，及早检测孕否，倘未孕，则继续前治；若已孕，则遽停前治，改用益元保胎方药。

临证愈久，经验愈丰，诣诊求治者日众。其中尤多不孕症患者。为方便医患交流，共同坚持合理调治，特定求嗣三段疗法注意事项，要病人熟知而力行之：

（1）避调段：嘱病人以工具避孕，据其身况与所患病证，施以相应调治。两阅月（其间最少行经2次，有时亦可3个月以上）后转入备孕段。

（2）备孕段：不再避孕，可于末次月经第1天数至14天前后各5日内同房多次，不必刻意而行；坚持“三不”（不测排卵，不测基础体温，不测性激素），以避免心情紧张；从末次月经第1天数至20天，开始用早早孕试纸测尿，3天1次，直至经潮；一旦测得阳性结果，立即来诊，转入保胎段。本段两阅月，亦可三月；倘仍未孕，再转回避调段。

（3）保胎段：纯以中药，不用西药；无阴道出血等情者，用补气益肾兼健脾清热法；有阴道出血、小腹痛者，加重固冲敛阴止血；怡情适志，规避烦恼恚怒，调适劳逸，谨慎饮食起居。本段时限，最短12周，凡有多次流产史者，可延长至36周。

近10余年，治不孕症而妊子者着实不少。其以常法治常证而得嗣者勿论，今举奇恒治验一例，以示中医临证，切莫拘泥于常理，当于无声处闻声，无法处觅法。

病案述略：某女，36岁。多年前曾有2次怀孕，第1次不足50日而自然流产，第2次于3个月时发现畸形而刮除。其后月经减少约2/3，但经期尚准，而4年间欲嗣不果。前年行妇科检查，见有盆腔炎症并双侧输卵管阻塞，欲行试管婴儿法，尚未商定。不久月经忽后愆20天而阴道流血，妇科查为早孕流产，并查左侧有卵巢囊肿，又建议行试管婴儿法，而病人未允。然迄今又过2年，未再怀孕，仍不想采用试管法，专欲求中医调治。月经尚可依月而行，但量极少。视为元气有伤，精血不足，下焦湿热郁火滞留。为之施行三段疗法。避调段，前后调治六阅月（其间病人曾因事停药2个月），月经量有增加，B超示卵巢囊肿已明显缩小（5cm减为1cm）。备孕段，调治1个月未孕，再调1个月而得孕。遂入保胎段，其间服药5剂后曾自行停药，既觉小腹坠痛伴阴道有小量出血，方来再诊。用药当日血止痛平。保胎至8周时，妇科测知为双胞胎。迄近日已妊八月，查无异常。按：本案为一求嗣特例。患者二孕二殒，月经血量遂少，查有盆腔炎、双侧输卵管阻塞、卵巢囊肿，西医两番欲为之行试管婴儿法而未允，转而求诊中医。因思及曾于查出双侧输卵管阻塞之后自然怀孕而复殒折，有此奇恒之情，故敢接诊而施以三段调治。其间月经之超前与量少渐次改善，且卵巢囊肿缩小，终至怀孕且为双胎，殊乃意外之获。此案足可鼓舞病人，嗣育之事，最为奇特，竟有不能而能者，生机无限欤，勿轻灰心！复可振奋医家，辨证论治，饶多变化，或遇难得而得者，弥足珍贵欤，莫拘常理！

古代医家谓：用药如用兵。仆亦尝试借兵法之道而比照临证，亦有收获。谨举两则，以明兵与医相通之情。

其一，保我仓廪与顾护脾胃。凡熟谙兵法之将，无不先谋粮草。粮草所重，无如保我仓廪，此备战之基也。仓廪坚固，则给养无虑，兵无冻馁，三军振奋；仓廪失守，则给养断绝，军心遂乱，不战而败。敢不委以强将精兵，时时守卫保护焉。其兵家良策，无不虑及粮草，则医家葳谋，乌可罔顾脾胃哉？是以经谓："有胃气则生，无胃气则亡。"脾胃，人身之仓廪也，无论平病安危，亟须时时养护之。以仆之见，顾护脾胃，即无论作何治疗，均要虑及脾胃，使之纳化不衰，运谷气于诸脏诸腑诸经，化为彼处正气，以耐得补泻攻伐、将养调摄，犹仓廪出纳之源源不断，以保征战粮草之给养，以备荒年灾民之济困也。如何顾护脾胃？概言之则无时无处不当顾护，条析之则疾证各有方略焉。一者，清热宜兼温中，滋阴不离启脾；二者，祛风必伴养胃，利湿当合固中；三者，攻坚积化癥结，佐治必用培土；四者，边治病边培土，先后相间用之。

其二，断敌粮草与忌口慎食。护我仓廪，固为谋粮首务，而断敌粮草，亦不失为谋粮要着，亟关征战胜负者也。断敌粮犹增我粮也，粮足则战利之本，粮断则败亡之由欤。疗病有忌口慎食之戒，犹征战有断敌粮草之计。断粮之敌，奄奄而弱，不远败亡，忌口慎食，正可令病邪生计无继而式微，不得不退却也。何情而必当忌口慎食？虽具常识，亦有隐曲焉。忌口慎食，本为病邪而设，譬犹断敌粮草也。认准敌粮，固当断之；知乃邪食，方可忌之。其理一也。是以欲令忌口慎食相宜无误，必先分辨邪气果何食而嗜？果何食是恶？然后可也。邪气为我敌，凡体性与邪相同相近者便为敌粮，故寒凉食饮，寒邪嗜之而热邪恶之；温热食饮，热邪嗜之而寒邪恶之；辛辣食饮，燥邪嗜之而湿邪恶之；油腻食饮，湿邪嗜之而燥邪恶之。此俱乃敌粮，敌不同而粮有异，所当慎忌者也。然则诸邪与诸食之亲疏，各不相同，交互万端，实难尽述，是以欲尽知而尽行者不易，第知其大端，使勿犯之可也。一曰勿犯寒热之忌，二曰勿犯虚实之忌，三曰勿犯激发之忌，四曰勿犯腻补之忌，五曰勿过忌与盲忌。知此五者，庶几可也。

今举荨麻疹治验一案，非欲言如何护胃与忌口，却单表忌口之不可过。某男，54 岁。患荨麻疹 7 年，近 3 年又罹过敏性鼻炎。西医测过敏原，示 40 多种食品敏感，包括苹果、梨、鸡蛋等不少常见食品。来诊述已 2 年未吃苹果，馋瘾难耐。几乎每天服用抗过敏西药，辍药则两病皆发，鼻塞、喷嚏、流涕、目痒流泪、皮肤时发丘疹。仆认证为伏风藏于肺窍而发于外合，当益气强卫、搜除伏风。疏方：羌活 20g，白芷 15g，辛夷 10g，薄荷 12g（后下），浮萍 10g，黄芩 10g，炙麻黄 10g，白芥子 15g，白鲜皮 15g，地肤子 20g，荆芥 12g，生黄芪 30g。5 剂（1110110），水煎服。嘱停服西药，放开饮食，勿再忌口。病人连道不敢如此，经再三说明方才应允。其后未及时来诊，曾料为疾症复发加重，不再信任之故。不想 2 周后来诊曰：服上药，并停西药，且未再忌口，所喜者荨麻疹与鼻炎均已不发，虽已辍药 1 周，仍无出现。亟防其病复萌，仍与原方 9 剂（11010110101101），后又自取 9 剂再服，仍未见复发症状。再与原方稍事加减，12 剂（1101011010110100110001），并嘱服后停药，谨防感冒受寒，只需忌食海鲜及火锅等。按：西医治过敏性疾病，服抗过敏药，并查过敏原以避免接触，看似极其合理，实则消极被动之举。依中医而论，过敏性疾病实伏风为患也。乃人体正气有亏，风邪伏于肌腠，正邪交争机制变异所致。是以每感外风，与内伏之风合邪，既亏之正气被激，勉力奋争，故反应烈于素常，虽系微邪，本无须与争者而与之争，本小争可平者而争之太过，乃发为风疹、湿疹、鼽疾等。及其治也，重在驱除伏邪，燮理气血，令人体反应回归恒常状态。至于忌口慎食，可有而不可过也，否则将因噎废食，始欲断敌粮草，终反绝我给养矣。本例即忌口太过，久而水谷精气缺乏，正气无继，伏邪越发难去，今反其道而行之，解除禁忌，谷气得复，并施以祛风强卫之药，竟获痊愈。然则非独药战之力，亦粮战之功也。

此外，仆亦尝学毛主席所创战略战术，以为临证参考。如取法其“农村包围城市”理论，用以调治肿瘤、肝炎等病；仿效其“持久战”思想，用以调治便秘、哮喘等慢性难治性疾病，亦每有所获。仆深感中医学术之大有作为，愈觉以艺治医之天地宏阔。

由于爱好数学，善用数理统计方法探讨问题，并熟悉中医时间医学理论，故运用两者开展新疆方域性病证研究，提出“西北燥证”概念，带领徒生进行大样本流行病学调查，实施临床观察、动物实验研究，取得显著成果。撰写专著《西北燥证诊治与研究》，已于2011年出版。加之方剂计量学研究、辨证论治研究，已经发表学术论文180余篇。其间曾主持完成4项国家自然科学基金资助项目，2项新疆维吾尔自治区自然科学基金资助项目，获得新疆维吾尔自治区科技进步奖二等奖、三等奖等奖励4项。多年来积极从事中医药学术继承与研究生培养工作，带教第四批全国老中医药专家学术经验继承徒弟2名，培养博士后2名，博士研究生18名，硕士研究生42名。近又被选为第六批全国老中医药专家学术经验继承工作指导老师，已与2名徒弟商议传承事宜。暂将继续与众徒生交流探讨，研究切磋，总结经验，检点失误，以期共同增长学识，锤炼辨证论治技艺，提高防治疾病水平，为促进新疆各族人民身体健康而奋进！

稿既初成，自读一过，顿感谈成功经验者多，而述失误缺憾者少，迹近于自炫矣。唯望同道批评指正。兹将仆所著《汶阳艺医》跋语中拙诗四句殿于文后，以示自勉。

术业未精莫惆怅，奋将丹青佐岐黄。

耕耘不辍桑榆晚，敢教艺医出汶阳。

时2017年，岁值丁酉，12月22日，周铭心题于乌鲁木齐汶阳山居。

侯玉芬

侯玉芬（1949— ），山东莱州人，中共党员，山东中医药大学教授、主任医师、博士生导师，第四、五批全国老中医药专家学术经验继承工作指导老师，山东省名中医药专家，山东省千名知名技术专家。兼任中华中医药学会周围血管病分会副主任委员，中国中西医结合学会周围血管疾病专业委员会副主任委员，山东中医药学会周围血管病专业委员会名誉主任委员，中华中医药学会科学技术奖评审专家库专家，中华医学会医疗事故技术鉴定专家库成员，《中国中西医结合外科杂志》常务编委，《山东中医杂志》和《山东中医药大学学报》编审。

1974 年 8 月毕业于山东医学院，同年被分配到山东中医药大学附属医院从事中医外科及周围血管疾病的医疗、教学和科研工作。2007 年荣获“山东省优秀医务工作者”称号，并荣立三等功。2008 年荣获“山东省高工委优秀共产党员”称号，同年荣获“山东省优秀医院管理工作者”称号。2009 年在“两好一满意”活动中荣获“山东省示范标兵”称号，并荣立二等功。2012 年，被国家中医药管理局批准成立“侯玉芬全国名老中医传承工作室”。

研究成果分别荣获中国中西医结合学会二等奖 1 项，山东省科学技术委员会三等奖 4 项，山东省教育委员会三等奖 2 项。出版《中医外科病名释义》《周围血管疾病中西医结合诊疗学》《实用周围血管病学》《周围血管疾病防治》《中西医结合周围血管疾病学》等专著 10 余部，撰写学术论文 80 余篇，为周围血管疾病的临床诊治和科学研究做出了突出贡献。

刻苦求学　夯实基础

幼时，因为家境贫寒，我一直到9岁时才得到渴望已久的入学机会。我非常珍惜这来之不易的学习机会，入学后，就认真听讲，刻苦学习，很快就成为班里的尖子生，各门功课成绩优异，并很快引起班主任及各科任教老师的注意。1968年，我以优异的成绩毕业于山东省莱州市第十一中学。当时正经历着轰轰烈烈的“文革”，我便回村参加农业劳动。在回村三年中，我被村委会推荐为民办教师。在这三年中，我教过一年级幼小的孩童，教过六年级茁壮成长的少年，也教过联中的学生。接手的班级，我都会认真负责，把班级的各项工作做得有声有色，给校领导和学生留下了深刻的印象，得到了大家的一致好评。1971年3月，我被山东省莱州市第十一中学及山东省莱州市沙河镇路旺侯家村联合推荐为第一批工农兵学员，到山东大学医学院中医系（原山东医学院中医系）学习。在那个特殊的年代，我深知学习机会的来之不易，在校期间，一直是早起晚睡，勤学好问，认真攻读每门功课，为以后的从医生涯打下了坚实的基础。

勤思精研　硕果累累

1974年8月，我以优异的成绩完成大学的学业，毕业后被分配到山东中医学院附属医院（山东省中医院），从事中医外科、周围血管疾病的临床、教学和科研工作。怀揣着“悬壶济世”的理想，我精心钻研中医经典及外科专著，尊古而不泥古，吸收现代医学的研究精华，参西而不离中，开始走中西医结合之路。从医以来，我认真进行临床及科研研究，刻苦钻研业务，虚心向老前辈学习，对病人服务周到、热情，很快引起医院领导及科室领导的注意，并获得好评，同时也受到了患者的爱戴。1991年，山东中医药大学附属医院周围血管病科成立，由于工作突出、认真负责，我被医院领导任命为科室副主任。我深知责任的重大，积极配合科主任干好每一项工作，不管是分内的还是分外的，都会认真地做好。1996年，我被任命为山东中医药大学附属医院周围血管病科主任。在1996~2009年担任科主任期间，我带领的团队和科室，成为山东省中医药管理局重点中医专科、山东省优势学科、山东省教育委员会重点学科、“十五”国家中医药管理局重点中医专科，一直保持着周围血管疾病学术水平在全国的领先地位。2003 年，我被授予“山东省名中医药专家”（鲁卫中发〔2003〕5 号）、“山东省千名知名技术专家”。2008 年、2012 年，我分别当选为第四、五批全国老中医药专家学术经验继承工作指导老师。我历任第三、四届中华中医药学会周围血管病分会副主任委员，第六、七届中国中西医结合学会周围血管疾病专业委员会副主任委员。2008 年，我筹备、成立了山东中医药学会周围血管病专业委员会并担任首届专业委员的主任委员。2011 年，担任山东中医药学会周围血管病专业委员名誉主任委员，为周围血管病专业的发展付出了巨大的心血。我还兼任中华中医药学会科学技术奖评审专家库专家，中华医学会医疗事故技术鉴定专家库成员，《中国中西医结合外科杂志》常务编委，《山东中医杂志》和《山东中医药大学学报》编审。

因为工作出色，我荣获 2006～2007 年度“山东高等学校优秀共产党员”荣誉称号；2007 年被评为“山东省优秀医务工作者”，记三等功；2008 年被评为“全省优秀医院管理者”（鲁医协发〔2008〕25 号）；2009 年被评为“全省卫生系统‘两好一满意’示范标兵”，记二等功（鲁卫政发〔2009〕4 号）；多次荣获山东中医药大学附属医院先进工作者等荣誉称号。

荣誉的背后，是我四十年在中医临床、教学和科研工作中的辛勤付出。为了周围血管病科的建设，可以说倾注了我全部的心血，把自己的爱心无私地奉献给了周围血管病事业，奉献给了所有的患者。1996 年以来，我做过两次大手术，而每次手术尚未痊愈，就拖着虚弱的身体回到心爱的岗位，回到日夜牵挂的患者身边。为了把科室的工作做好，为了完成领导交给的每一项工作，我总是早出晚归。我认为医院里的一切工作都是大事，解除患者的病痛是大事，教育好每一位学生的教学工作是大事。为了完成医院交给的第一批国家中医药管理局重点专科建设的任务，我曾带领科室人员通宵达旦地忘我工作；为了患者的抢救工作，我经常在医院到深夜，直到患者平稳后才离去；为了培养好学生，我总是手把手地教，一字一句地修改学生书写的病历及论文。四十年里，我以科学严谨的态度，积极发掘中医药理论的精华，精心设计科研方案，并不断创新。经过艰辛的探索和实践，先后研究出了中药外敷疗法、微创手术治疗下肢静脉曲张等治疗方法，并建成了集中医药精华和现代技术为一体的中药熏洗室，其功效可使药物直接作用于病变部位，具有活血化瘀、通络止痛、清热解毒、利湿消肿、改善机体微循环等多种功能。这在国内独此一家，占据了国内这一学术领域里的领先水平。运用中医药治疗外科疾病、周围血管疾病，我积累了丰富的经验，具有独到的见解，尤其擅长周围血管疾病的诊治，如对下肢深静脉血栓形成、闭塞性动脉硬化症、糖尿病性坏疽、血栓闭塞性脉管炎、多发性大动脉炎、雷诺综合征、下肢静脉曲张、血栓性浅静脉炎、肢体淋巴水肿、小腿慢性溃疡、丹毒、血管炎、痛风等均有丰富的治疗经验。

我主持和参与了“脉荣合剂治疗闭塞性动脉硬化症的基础与临床研究”“彩色多普勒在周围血管疾病检查及中医临床中的应用”“消栓通脉合剂治疗下肢深静脉血栓形成的临床及基础研究”“消栓通脉颗粒剂对深静脉血栓形成干预机制的研究”“凉血散瘀法治疗静脉性溃疡”“糖尿病肢体动脉闭塞症血管内皮相关张力因素变化规律及中医药干预研究”等课题的研究，获中国中西医结合学会科技二等奖 1 项，山东省科技进步奖 4 项，山东省教委科技进步三等奖 2 项，山东高等学校优秀科研成果三等奖 1 项，山东软科学优秀成果三等奖 1 项。

我不断总结，笔耕不辍，主编和副主编《中医外科病名释义》《周围血管疾病中西医结合诊疗学》《实用周围血管病学》《周围血管疾病防治》《中西医结合周围血管疾病学》《中医外科学》（全国高等中医药院校规划教材），参编专著 10 余部，发表学术论文 80 余篇，在本学科具有较大的影响。主编的《中医外科病名释义》一书荣获 1998 年山东省教育委员会科学技术进步奖三等奖；“中西医结合治疗下肢深静脉血栓形成 311 例分析”论文荣获 1998 年第二届华东地区科学技术推广大会优秀论文二等奖。借助媒体，我积极普及周围血管疾病防治知识，撰写并出版了《周围血管疾病防治答疑》丛书，提高了广大人民群众预防周围血管疾病的知识水平，深受大家欢迎。

中西汇参　独树一帜

我嗜好典籍，勤于钻研；重视临证，博采众长。在《黄帝内经》、张仲景《伤寒杂病论》、陈实功《外科正宗》、吴师机《理瀹骈文》、唐容川《血证论》、王清任《医林改错》等名家名著的影响下，我形成了“脾肾为本，兼调心肝；遣药组方，治病求本；内外并举，辨证论治；治未病”等学术思想。

临床实践中，我坚持中医整体观念、辨证论治的精髓，中西医互参，形成辨病与辨证结合、宏观辨证与微观辨证、整体辨证与局部辨证结合的思辨规律，并研制了消栓通脉颗粒、花栀通脉片、冰硝散等治疗周围血管病行之有效的内服和外用药物。我运用中医药诊治周围血管病的独到见解和临证经验，主要有以下几个方面。

（1）辨病辨证，因人制宜。我诊治周围血管疾病时，首先辨病，明确疾病诊断，区分血管病变的性质。更重要的是注重疾病的复杂性，因人而异，施以治疗。还要善于将辨病与辨证相结合，在明确疾病诊断的基础上，根据疾病分期、发病部位、病变性质、禀赋体质等因素，按照中医理论进行辨证论治。

（2）无创微创，病人至上。在诊治病人时，我首选彩色超声多普勒、节段动脉压测量、CT 等无创诊断措施，治疗上积极开展微创手术与中医药治疗相结合。如开展的下肢静脉曲张激光治疗术及中医药特色无创疗法，临床疗效非常突出。

（3）组方遣药，治病求本。在长期的临床实践中，我善于围绕周围血管疾病的主要病机，治病求本，并将自己的经验处方组成协定处方、科研处方或院内制剂，无私地在临床实践中推广应用，这既有利于总结临床经验，又便于深入探讨其药理机制。

（4）祛邪活血，紧密结合。我认为，周围血管疾病属于中医血瘀证范畴，在传承应用活血化瘀法治疗周围血管疾病的基础上，应根据致瘀的不同病理因素，以清热解毒、利湿化湿等祛邪药物结合活血化瘀药物组方，标本兼治，方能取得良好的临床疗效。

（5）多途径给药，力达病所。在治疗周围血管疾病时，我善于运用中医外科丰富的中药剂型，多途径给药，力促药力直达病所。例如在治疗急性下肢深静脉血栓形成时，强调内治的同时，十分重视中医药的外治疗法，自创冰硝散外敷患肢，擅用熏洗疗法等，取得满意疗效。

言传身教　桃李芬芳

我忠诚于中医事业，努力钻研，学为人师，以身作则，因材施教，教学相长，别开生面的教学方法，平易近人的风格，深受学生的推崇与爱戴。在课堂授课和临床教学中，谈医理，讲文理，深入浅出，循循善诱，善于激发学生的积极思维，揭示知识的“未完性”，传递新信息，常常使学生产生探索问题和学习的兴趣。1995 年我被山东中医学院聘为硕士研究生导师，至今已培养硕士研究生 30 余名，大多已经成为医疗战线上的业务技术骨干。2003 年又被山东中医药大学聘为博士研究生导师，至今已培养博士研究生 12 名，大部分学生成为中医外科及周围血管疾病专业学术骨干，有的还成为学科带头人。我十分重视中医学术的传承和发展，强调培养优秀的中医人才离不开“读经典、跟名师、做临床”，通过言传身教，已培养学术经验继承人 2 名，目前指导着学术经验继承人 2 名。2012 年国家中医药管理局批准成立“侯玉芬全国名老中医药专家传承工作室”，为更好地传承名老中医的学术思想和临证经验提供了高层次的研究平台。

临床验案举例：

例 1　徐某，女，54 岁。因左下肢广泛性粗肿、胀痛 5 天，以“左下肢深静脉血栓形成”于 2009 年 5 月 14 日来我院就诊。

初诊：2 月前，患者扭伤左足外踝致骨裂，卧床静养。5 天前，患者左小腿出现胀痛，未予重视。2 天前，左下肢出现广泛性粗肿、胀痛。在当地医院行药物治疗，疗效不佳，故来我院。现患者左下肢广泛性粗肿、胀痛，无胸闷、胸痛、咯血，无发热、头晕，纳食可，夜寐安，二便调，舌暗红苔白，脉滑数。查体：左下肢广泛性粗肿，浅静脉扩张，皮色暗红，皮温高，腓肠肌饱满紧韧，挤压痛，胫前呈凹陷性水肿，股三角区压痛。测肢围周径如下：内踝上 5cm、髌骨下缘下 15cm、髌骨上缘上 15cm，左侧肢体分别为 24cm、42cm、58cm，右侧肢体分别为 22cm、36cm、50cm。

辨证思路：患者外伤后，脉络损伤，气滞血瘀，加之长期卧床，耗伤气血，血行不畅，瘀久化生湿热，湿热下注，经脉痹阻，营血回流不畅，水湿泛溢肌肤，故肿胀。气滞血瘀，不通则痛，故胀痛。湿热熏蒸肌肤，故皮色暗红，皮温高。舌暗红苔白，脉滑数皆为湿热下注之征。

中医诊断：股肿（湿热壅盛型）。西医诊断：急性下肢深静脉血栓形成（中央型）。治以清热利湿，活血通络。方用消栓通脉汤（茵陈 30 克，赤小豆 30 克，赤芍 20 克，水蛭 10 克，黄柏 12 克，金银花 30 克，栀子 10 克，苍术 15 克，桃仁 10 克，红花 10 克）加川牛膝 15 克，水煎服，日 1 剂。复方消肿散（芒硝、冰片、红花等）外敷左下肢。

酌情配用尿激酶、低分子肝素、丹参注射液等药物治疗。

复诊：2009 年 5 月 25 日。治疗后患者左下肢肿痛减轻，纳食可，夜寐安，二便调，舌暗红苔薄黄，脉滑。查：左侧股三角区压痛，Homans'sign（+）。同一平面两侧周径差最大为 5cm。D－D3 2.15μg/L，Fib（纤维蛋白原）3.67g/L。此仍为湿热之邪为患，脉络瘀滞，瘀血痹阻经脉，营血回流受阻。治法不变，仍以清热利湿、活血通络为主。内服消栓通脉汤加川牛膝 15 克，外用复方消肿散。

三诊：2009 年 6 月 4 日。经上次治疗后，患肢轻度粗肿，皮色略暗，浅静脉扩张，纳可，眠安，二便调，舌质暗，苔薄白，脉弦。查：左侧髂股静脉行径无压痛，Homans'sign（－）。此时患者以血瘀、湿邪为主，热邪渐消，已经不明显。治法以活血化瘀、利湿通络为主。消栓通脉汤去栀子，加川牛膝 15 克、当归 15 克、茯苓 20 克，以活血化瘀、健脾利湿。

四诊：2009 年 7 月 5 日。经治疗后，患肢基本不肿，皮色略暗，皮温可，纳可，眠安，二便调，舌暗苔白，脉沉。此上诸症为血脉瘀滞，故以"疏通气血，令其调达"为治则，治以活血化瘀、行气通络。方选血府逐瘀汤加减（当归 12 克，生地黄 12 克，桃仁 12 克，红花 9 克，水蛭 6 克，枳壳 9 克，赤芍 12 克，柴胡 10 克，甘草 6 克，川芎 10 克，怀牛膝 9 克，苍术 12 克，党参 15 克，鸡血藤 20 克），水煎服，日 1 剂。穿医用弹力袜。服 10 剂后，彩超示左下肢静脉血栓形成，部分再通。

按：股肿主要因创伤、产后、长期卧床，致肢体气血运行不畅，瘀阻脉络，营血回流受阻，水津外溢，流注下肢而发病。"脾主四肢"，"诸湿肿满，皆属于脾"（《素问·至真要大论》），故其与脾脏关系密切。《医宗金鉴》载："产后闪挫，瘀血作肿者，瘀血久滞于经络，急发则木硬不红微热。"该患者早期，以"湿、热、瘀"之邪为主，急则治其标，治以清热利湿、活血通络；迁延期以"湿、瘀"之邪为主，宜标本兼顾，治以活血化瘀、健脾利湿通络；后期以"瘀"为主，以调理气血为主，治以行气活血、化瘀通络。古人云："外科之法，最重外治。"复方消肿散外用具有消肿止痛作用，能快速改善患肢症状和体征，在急性期效果尤为明显。

例 2　牛某，男，40 岁。因左上肢广泛性粗肿、胀痛 25 天，以"左锁骨下静脉血栓形成"于 2008 年 5 月 22 日来我院就诊。

初诊：患者有胰腺炎病史10年，2002年、2004年先后复发。2000年查出糖尿病，2003年患高血压病，现长期药物治疗，血糖、血压控制较稳定。25天前，患者左上肢突发广泛性肿胀，曾行药物治疗，效不佳。就诊时患者左上肢肿胀，抬举肢体肿胀减轻，下垂则加重，无胸闷、胸痛、咯血，无发热、头晕，纳食可，夜寐安，二便调，舌暗苔薄黄，脉弦。查体：左上肢广泛性粗肿，浅静脉扩张，皮色暗红，皮温高，沿锁骨下静脉行径无压痛。静脉彩超：左锁骨下静脉血栓形成，近端未通，远端小部分再通25%。

辨证思路：患者消渴日久，加之饮食不节，损伤脾胃，痰湿内生，气血运行不畅，气滞血瘀，经脉痹阻，营血回流不畅，水湿泛溢肌肤，故肿胀。瘀久化热，湿热熏蒸肌肤，故皮色暗红，皮温高。舌暗苔薄黄，脉弦皆为血瘀日久，内有湿热之征。

中医诊断：肿胀（湿热壅盛型）。西医诊断：锁骨下静脉血栓形成（左）。治以清热利湿、活血通络为主。方选消栓通脉汤（茵陈30克，赤小豆30克，赤芍20克，水蛭10克，黄柏12克，金银花30克，栀子10克，苍术15克，桃仁10克，红花10克）去栀子、黄柏，加桑枝30克，黄芩12克，炒地龙12克，水煎服，日1剂；复方消肿散外敷患肢。

同时应用低分子肝素等抗凝、疏血通活血化瘀以及降糖、降压、调脂药物。

复诊：2008年6月2日。患者左上肢轻度粗肿，下垂后感坠胀，皮色略暗，肩部浅静脉扩张，纳可，眠安，二便调，舌质暗，苔薄白，脉弦。彩超示：左锁骨下静脉血栓形成，近端微通，远端再通50%。热邪渐退，前方去黄芩，加当归12克，云苓20克以助活血化瘀、健脾利湿，并用活血消肿洗药熏洗患肢。

三诊：2008年6月16日。服药14剂，患肢症状有明显改善，效不更方，继服上药。

四诊：2008年7月2日。经治疗后患肢下垂后略肿，舌暗苔白，脉弦。彩超示左锁骨下静脉血栓形成，近端再通12%，远端再通85%。此时湿热之邪已去，血脉瘀滞。以“调理气血”为主，治以活血化瘀，行气通络，软坚散结。方选血府逐瘀汤加减。药用：当归12克，生地黄12克，桃仁12克，红花9克，枳壳9克，赤芍12克，柴胡10克，川芎10克，鸡血藤20克，水蛭10克，桑枝30克，浙贝10克，甘草6克。水煎服，日1剂。

五诊：2009年7月17日。经上次治疗后左上肢诸症状消失。

2009年3月16日随访，彩超示：左锁骨下静脉再通40%，远端基本再通。

按：本病属中医学“肿胀”“脉痹”“瘀血”“瘀血流注”等范畴。《备急千金要方》记载：“气血瘀滞则痛，脉道阻塞则肿，久瘀而生热。”《血证论》描述更加详细，如：“瘀血流注，四肢疼痛肿胀，宜化去瘀血，消利肿胀。”“瘀血消散，则痛肿自除。”因“脾主四肢”，“诸湿肿满，皆属于脾”（《素问·至真要大论》），故本病与脾脏关系密切，病位在血脉。深静脉血栓形成下肢发病者居多，上肢发病者较少。本病的病机特点为“湿、热、瘀、虚（气虚、阳虚）”，其中瘀血既是病因，又是病理产物。该患者早期，以“湿、热、瘀”之邪为主，急则治其标，治以清热利湿，活血通络；迁延期以“湿、瘀”之邪为主，宜标本兼顾，治以活血化瘀，健脾利湿通络；后期以“瘀”为主，以调理气血为主，治以活血化瘀，行气通络，软坚散结。

例3　季某，男，64岁，因右足发凉、怕冷、疼痛半年，踇趾切除术后1个月，以闭塞性动脉硬化症（三期2级）于2009年2月10日来我院就诊。

初诊：半年前，患者右足出现发凉、怕冷、疼痛，伴间歇性跛行，跛行距离约100米。3个月前右足踇趾出现干黑、坏死，疼痛剧烈，当地医院诊为“脉管炎”。1个月前行右足踇趾切除缝合术，拆线后局部渗液，疼痛，活动后加重，为系统治疗，遂入院。现患者右足背红肿，触痛，踇趾缺如，切口处破溃、渗液，纳眠差，二便调，舌质红，苔黄厚腻，脉弦滑。查体：右下肢皮色可，皮温低，胫前凹陷性水肿，足背红肿，触痛，踇趾缺如，残端有0.5cm×0.3cm大小的坏死，有少量渗液，压痛。泛红试验（+），肢体位置试验（-）。左下肢皮色、皮温可。足背动脉、胫后动脉、腘动脉、股动脉：左侧（+）（+）（+）（++），右侧（-）（+）（+）（++）。股动脉听诊未闻及血管杂音。动脉彩超：右下肢动脉硬化并粥样斑块形成，股、腘、胫后动脉狭窄，血流尚可，足背动脉闭塞。有高血压、冠心病病史5年，现口服卡托普利、硝苯地平，血压控制不理想。

辨证思路：老年男性，肝肾亏虚，气血虚弱，加之病久耗气，气虚无力运血，瘀血阻于脉中，经脉痹阻，四末失于温煦濡养，故有肢体发凉、怕冷、间歇性跛行。气滞血瘀，不通则痛，故疼痛。术后，脉络损伤，血瘀日久化生湿热，湿热下注，热胜肉腐，故有坏死、渗液，疮周红肿。舌红苔黄厚腻，脉弦滑皆为湿热下注之征。

中医诊断：脱疽（湿热下注证）。西医诊断：①闭塞性动脉硬化症。②高血压。急则治其标，治以清热利湿，活血止痛。方选八妙通脉汤（金银花30克，玄参30克，当归20克，甘草10克，苍术15克，黄柏12克，怀牛膝10克，薏苡仁30克）加减。配合静滴抗生素、活血化瘀中药制剂及口服解热镇痛药、降压药等药物治疗。

复诊：2009年2月17日。患者右足仍疼痛，但较前稍减轻，夜间加重，纳可眠差，二便调，舌质暗苔白，舌底脉络迂曲，脉弦结。查体：右足溃疡少量渗液，疮周皮色暗，皮温可，略肿，轻度压痛。湿热之邪减轻。仍以祛邪为主，治以清热利湿，活血止痛。效不更方，上方继服。解毒洗药溻渍，日一次，外用马黄酊以达清热解毒、活血化瘀、消肿止痛之效。

三诊：2009年2月24日。经治疗后患者右足疼痛明显减轻，纳可，眠安，二便调，舌质暗苔白，脉弦结。查体：右足大部分坏死痂皮脱落，溃疡结痂，无渗液，疮周皮色、皮温可，无浮肿，无压痛。气血亏虚，经脉痹阻，四末失养。宜标本兼顾，治以益气活血、化瘀通络。方选血府逐瘀汤加减加炒地龙、金银花。解毒洗药溻渍，日一次，外用马黄酊以达清热解毒、活血化瘀、消肿止痛之效。

四诊：2009年3月3日。患者右足溃疡面痂皮部分已脱掉，无渗液，纳可，眠安，二便调，舌质暗苔白，脉弦。气血亏虚，脉道不利，四末失养。宜标本兼顾，治以益气活血、化瘀通络。方选血府逐瘀汤加减加炒地龙、金银花。解毒洗药溻渍，日一次，以达清热解毒、活血化瘀、消肿止痛之效。10日后，痂皮全部脱落，溃疡完全愈合。

按："脱疽"最早见于《灵枢·痈疽》："发于足指，名脱痈，其状赤黑，死不治；不赤黑，不死。治之不衰，急斩之，不则死矣。"通过本病案，体会到"脱疽"的手术治疗，不能操之过急，若局部血运未得到明显改善，"急斩之"，则导致术后病情恶化，切口不愈合。此患者的治疗体现了局部辨证和整体辨证、疾病分期与证候、内治和外治结合的整体治疗思路。

（刘政、刘明、张莉协助整理）

潘朝曦

潘朝曦（1949— ），江苏省连云港市人。先后毕业于南京中医药大学和上海中医药大学研究生院，师从当代中医泰斗张伯臾教授5年，尽得心传。以擅治各种疑难重危病证且疗效显著而闻名海内外。曾应邀赴日本、英国、马来西亚等国会诊、讲学。中央电视台（现中央广播电视总台）、《人民日报》《文汇报》《上海滩》、香港亚洲卫视，以及英国、德国国家电视台对其业绩均进行过大型专题报道。

历任上海中医药大学教授，上海名医特诊部特邀专家，上海中医药大学研究生院导师，上海曙光医院中医经典研修班导师，上海复旦大学兼职教授，上海交通大学研究生名誉导师，上海中医回春疑难病研究所所长，上海中医药大学出版社总编，是中医学术流派研究课题组带头人。有多部医学著作和艺术著作行世。医余精诗文，擅书画，博涉文、史、哲，尤谙古代天文。为中国书法家协会会员，上海浦东美术家协会会员，中华诗词学会会员，上海诗词学会理事。其业绩已被载入《中国大陆名医大典》《中国当代书法家大辞典》和其他多部人物辞典。

家学启蒙

我生于江苏连云港市一个世代为医的家庭，祖父裕华公及父亲良弼公除精于医学外，还有个共同之处，就是精于文，尤精于儒学。祖父青壮年时正值清朝末年，当时读书主要为了科举仕进，后来科举废了，祖父就设馆讲学，后转而习医、行医。父亲承继了祖父爱读书的传统，读私塾一直读到和我母亲结婚后还未止。他学医也采取一个“背”字，主要背诵《医宗金鉴》中的多种要诀，然后再博览多种医书，终成为一方名医。我生长在这样的家庭环境中，从幼年起，父亲就经常给我讲历史上文化名人苦学成才、齐家治国的故事，他发现我们上学的课本内容简单且量少，就说，这怎么能学到东西？要我课余去背诵《三字经》《幼学琼林》等知识量丰富的一些旧时学子的启蒙读物，并还教我写毛笔字，对对子，讲解作诗词的平仄等格律，至今回忆起来，我的这些“童子功”都是在他的引导下练就的。我之所以能在中学里成绩领先，全应归功于父亲的教子有方。他对我影响最深的是要我立志，他常说：“男儿应立大志，千万不能鼠目寸光，老鼠只盯住眼前的食物，有什么出息？人应该立志做圣贤，去为国家、民族、人民做些好事。你将来不一定会做医生，即使做医生，大医也是先医国，然后才是医人啊！”他的这些教诲影响了我的一生，我从小就立下大志，要为国家和人民做大事好事，真有一种“齐家治国平天下”之心啊！我小时候兴趣广泛，对文学、哲学、历史、美术、音乐、医学都有所涉猎，但是命运最终还是安排我“嫁”给了医学。

我是1964年考入高中的，属于人们常说的“老三届”，读到高中二年级时即1966年，“文革”开始了，后来高中毕业生全都上山下乡，我也回乡务农。我按父亲意愿背诵医书，《药性赋》《汤头歌》《针灸经穴分寸歌》《内经辑要》都是那时背的。父亲边督促我背书，边教我医学。到农村的第二年，我就能用针灸、草药或开一些处方为农民治病了。记得当时疟疾大流行，且农村常见病也很多，我都能用我所学的技术应手而愈。每当中午，我家院子里就坐满了向我求医的病人，成为当时我村的一种景观。

尽管我受家庭的熏陶，对医学产生了浓厚的兴趣，并且在农村时也当了医生，但说实话，我的最大志向不在于医学，而在于能为国家和人民做些改变命运的大事。然而现实如一堵高墙横亘在我面前，我的家庭出身是医生，土改时划成分把我家划为富裕中农，中农本是团结对象，这倒也罢了，可是农村闹派性，剥夺了我入团入党参加基干民兵等的一切权利。一次县里决定调我去淮安师范学习，回来做代课教师，通知已到手，硬是被他们到公社“告状”给搞砸了。现实冷酷地宣布我从政不可能，因而转而求其次，倾心于文学艺术，写小说、编文艺节目、参加演出、绘画，其中我编排的生产队的文艺节目居然被调县城上演，在绘画方面，我也被认定为公社唯一的骨干，调县城参加了县美术创作员学习班，我还为教育界操办了一个教育革命展览，画了不少画。大概正是因为我会画画，在当地影响比较大，“文革”后期大学开始招生，一天，一位县文教局的干部来到我当时担任民办教师的中学，对我说：“听说你画画得不错，能不能找点给我看看?”我说：“好的”，当即带他参观了我们学校的学习雷锋展览，其中的画基本上是我画的。他一边看一边点头，说：“画得很好”，并说：“现在艺术院校开始恢复招生，你是否愿意上大学，去报考艺术院校?”听了他的话，我犹在梦中。要知道，在那个强调阶级斗争的年代，我能当上民办教师，还是我们乡里一位姓王的文教干部看上我的才能，和我们大队承诺不要大队的工分，由文教系统给我出工资硬争取来的。上大学，我连做梦都没想过，但是那位文教干部还是真诚地嘱咐我：“你好好准备一下，等通知。”不久，果真如梦幻般地接到了要我某日到某地去参加美术院校招生的考试通知。当我来到公社换取正式通知时，公社黄以芳秘书对我说：“小潘，我看你音乐不是也很行么?音乐院校你也应该去考。”于是，他就自作主张，给我开了报考音乐和美术院校的两份介绍信。来到考场，正好两门课考试时间不重叠，我就先后参加了美术、音乐两门学科的高考。可是，时不助我！成绩下来后，虽然音乐、美术都过了录取分数线，但是在政审时，他们发现我的出身原来是“疑惑农”。所谓“疑惑农”，就是有人说是中农，有人说是富农，就这样，我的大学梦又破灭了。一年以后，形势大变，新的高考又开始了。因为我曾同一年参加两门学科的高考，且成绩都过线，传开后，我成了当地的名人，尤其在当时的县文教局陈局长和我们公社党委王德松书记心里留下了深深的印记。他们都说：“像潘朝曦这样的人才，全国难找。”由于他们在招生动员大会上以我为例，批评地方某些人“极左”、压制人才，我又获得了再次考大学的机会。在填写报考志愿时，我起先仍填报美术、音乐，后来招生办告诉我，音乐、美术专业当时招生很少，我县没有名额，问我除了这两门外，还愿学什么，我说，那就学医。就这样阴差阳错，我以优异成绩考入了江苏新医学院（即后来的南京中医药大学和南京医科大学“文革”期间合并而成的大学）中医系，踏上了正规学习中医之途。

人有知学则有力矣

由农村跨入大学，眼前的一切都变得十分新鲜，特别是听了老师的课又进了图书馆，真是使我眼界大开。原来我对西医是一窍不通的，当时我们从解剖到西医临床各科十几门课程，全是由南京医科大学的一流资深名师讲授，至今很多老师上课的情景仍常浮现在我脑际。通过西医课程学习，我由不知何谓人体构造及功能到对其有了较为系统和深刻的了解。等到开设中医课，那气象更是让人铭心难忘。著名的孟景春、孙桐两位教授为我们讲授《内经》，深入浅出，归类演绎，十分易解易记；《伤寒论》和诊断则是由全国有名的伤寒论专家陈亦人教授讲授，讲得也很生动；《金匮》则是由临床经验丰富的著名金匮学家张谷才教授讲授，他讲课联系临床实际，学生们都非常喜欢；温病则由鼎鼎大名的温病专家孟澍江教授讲授；此外，著名中药学家黄雅镕教授给我们讲中药学，方剂学家李非教授给我们讲方剂，著名中医临床家周仲瑛、江育仁、夏桂成、干祖望等教授给我们讲授临床各科，萧少卿、袁九棱等教授为我们讲授针灸。每门课都十分精彩，教授的好多内容至今我仍记忆犹新。

大学几年，由于老师教得好和我的努力，学习成绩总算还不错，在全年级120名同学中也还算佼佼者，加之我还有多方面的专长，所以成为学校的优秀学生。学校和老师出于对我的厚爱和看重，在毕业前就向我透露：要把我留校任教。我当时想，学校名师多，资料多，是一个可以一展身手的地方。然而，正当我满心以为会被留校时，事情发生了变化。就在毕业分配时，我原籍的人事局死活不放人（当时地方人事局是有权把学生要回原籍的）。学校的做法让我十分感动，他们先后打了四次长途电话和人事局协商，希望对方放人，能把我留给学校。可对方执意不放，难道我这个人对原籍来说就那么重要么？不是的。后来才知道，原来是有个出身高干家庭的同学也要留校，正面和我竞争不过，就在我原籍人事局找关系搞了个“围魏救赵”，结果我被分配到家乡淮阴市一院，任医生和淮阴医专教师。环境条件一下子与大学反差很大，在业务工作开展方面也遇到很多困难。经过一番思考，我下定决心，看书学习专攻临床。我先是看门诊，后来就管病房，先用西药较多，后来经实践发现西药疗效并不理想，转而专以中医理法方药治病，遇到难题即看书或向有经验的同事请教。渐渐地，我尝到了中医治病的甜头。我所在的医院是一家综合性医院，规模虽大，但全院是以西医为主体的，中医只能在夹缝中生存。于是我就采取了兵法上所谓“以至实击至虚”的办法，先找出西医临床上的薄弱环节，即找出他们治疗效果不显或根本没有疗效的一类疾病，如肝炎、心肌炎、肾炎、自体免疫病等去攻克，以杀开一条生路。功夫不负有心人，几年努力下来，成就不错。如以养心、镇心、温心阳来治疗各种顽固性心律失常；以小量甘遂等逐水通便药治疗顽固性肾炎蛋白尿；以清利活血加大量饮水跳跃及结石总攻疗法治疗尿路结石等，效果均十分明显。成就有了，自然引起了西医的关注。综合性医院每周有一个全院大查房，当时西医内科的周杰士主任兼全院大内科主任，他是西学中出身，当他查到我管的病床时，发现不少病人单用中药治疗效果明显，即在查房后的大早会上给予肯定、表扬，并要全院各科凡遇到西医难治的病可找新医科小潘医生会诊。后来果然有一些科室开会诊单要我会诊，当时我才二十几岁，也就不知轻重地冲上前去了。由于疗效奇特，小潘医生的医名在患者中也就传开了。

随着学科的发展，尽管我学习未辍，仍时时感到自己眼界太窄，怎么办呢？这时国家已恢复研究生招生，我动了考研的念头。初招生那几年不需要考外语，考研比较容易，然而单位死死卡住不让考，连续三年，每次我要求报考均被打下。眼看时光被一年年耽误，我只好硬着头皮找单位领导论理摊牌。一番唇枪舌剑，据理力争，单位在招生办已先让我填表报名的被动情况下，顺水推舟，勉强同意了只让我考一年，考不取，下次不得再试。机会是争取来了，我自知专业考试问题不会太大，然而外语对我来说是一大难关。中学时，我曾学过俄语，不仅考研时用不上，而且早已忘光了。其他外语我是一天也没学过，因为大学时没有开设外语课，我连字母都识不全，更不要讲单词、语法，虽曾自学过一点，然要应对全国统一的考研试卷，显然差得很远。离考试时间仅有几个月了，怎么办？我开始动脑筋、想办法，最后我想出一个绝招，就是像背中药药性赋和方剂歌那样把外语语法编成只有我自己才能看懂的歌诀去背诵。这一招果然有用，再加之勤学苦练，后来我竟以 74 分的外语成绩考取了 1982 级上海中医药大学中医内科专业研究生。回顾人生这一历程，困难是多，处境也苦，然而这些却磨炼了我的意志，丰富了我的人生阅历，也提高了我的学识。这种苦，对人生又何尝不是一件好事呢？

转益多师　幸遇良师

“转益多师”，引自大诗人杜甫“转益多师是汝师”句（《戏为六绝句》）。诗人以作诗为例，指出同一件事要向不同的师友请教，在比较中学习才能获得真知。我体会，不管做事做学问都是如此，学医亦然。我习医期间，除了听过好多名师讲课外，还到江苏江阴师从中医内科名家邢鹂江、妇科名家周慕丹，到海安师从针灸名家夏治平，到江苏如皋师从杂病名家张谷才等。名师各有所长，治病用药也各有特色。这些特色只要留意是容易学到的，如邢鹂江极擅长用清利药治发热、胆囊炎；周慕丹则侧重于清利湿热治妇科病，常用的药是碧玉散、墓头回等；夏治平擅长针水分穴去水肿，针药并用治各种杂病及男性不育等；张谷才则特擅用草药奇方治疗疑难病。我向老师学习的倒不仅是这些，而是如同请名医会诊式的学习。其方法是就某一疑难病请教各地专家，如治疗高血压，A 怎么治，B 怎么治，C 又怎么治，然后再综合验证判断。一次，张谷才教授来上海，我就临床上许多疑难问题向他请教，因我们师生情笃，一直请教到凌晨近两点才罢，张老师笑着说："你终于放过我了，在我几十年教的无数学生中，你算是最能追根问底的一个。"此外，我请教的人也不光是名医，普通医生，甚至我的学生、我的病人我也会去问。学生实习回来见我，我常主动问他们："一年下来有什么心得？跟实习医院的老师学到什么经验？"并还向多个实习医院的学生询问他们老师在治某种病方面有什么经验。为什么说病人也有可学习之处呢？因为病人在叙述病情时常会无意间说起原有什么病，后经某医生用什么方法治好。说者可无心，听者当有意，其实这就是经验。我告诉后学，我的不少治病思路和经验都是从各方咨询、"侦察"来的。古人说："三人行，必有我师。"此话在学医方面更常可得到印证。因而我把杜甫的诗句改了一个字，成为"转益多师是我师"。

习医治学除了要向多方学习外，更重要的是能选择良师。只是目前学术界，人品学问能称得上良师者实在太少。且良师往往可遇不可求。我此生最大的幸运是遇到了一位良师，他就是我读研究生的导师张伯臾教授。张伯臾教授曾主编过五版《中医内科学》教材，是近代名医丁甘仁的亲传弟子，有当代中医泰斗、当代"御医"之称。他学问、人品皆为一流，待人却十分谦和。我跟他做研究生时，他虽已 84 岁高龄，然仍能竭尽师职。一次，放暑假回乡前我去看他，他对我说："小潘，我知道你回乡后找你看病的人很多，你知道夏季的常见病怎么治么？"我说："书上学了点。"他说："不行，目前好多书上讲的不实用，我给你讲一下吧。"于是，他就一个病一个病地讲解辨证用药心得，直讲到声音发哑才止。他和我交流最多的就是他的治疗心得，因为他学术地位高，找他看病的人大都得的是难治病，有很多病人还是高干，并曾经多方名医医治过，既棘手，又责任重大。他曾给我讲起给中央某领导看病，症状是发热不退，中西药都用了，皆无效。张老细审病情，用扶正退热法，第一味药开了生晒人参15g，谁知那位领导也懂医，当即就说："张老，这药我可不能吃，北京的医生给我看了，我这人素体阴虚火旺，如要用人参顶多用西洋参两片嚼服，你现在给我用这么大量的生晒参，怎么能行?"张老当即自信地说："侬请我来，就得相信我，侬先服我药试试看，反正我还未走。"这位领导就按方服了，第二天体温就下来了，这让他佩服得连连称许。还有一次，我随师门诊，病房的顾双林老师拿了本厚厚的病历来到张老面前，说："张老，病房有一个患咳嗽的病人，住院已快两个月了，所有检查或治疗方药都用了，就是治不好，想请你会诊。"张老说："好的。"来到病房，我翻看了一下病历，天啊！解表、化痰、清肺、温肺……所有我知道的中医治法均用过了，而且还用了不少西药，这该怎么办呢？这时张老开始四诊察病，当问到病人是否口渴时，病人说口渴，每天要喝一热水瓶水，又问他恶不恶寒，有无出汗，病人说："有些恶寒，没有汗。"张老在看舌诊脉后，说："这是越婢汤证，开方!"于是他说方药，别的医生抄记，方中重用石膏清热，以麻黄、生姜发汗解表，加郁金、瓜蒌皮化痰舒郁，药仅数味，不想这多日咳嗽就凭这么简单的方子竟应手而愈。给我印象最深的是，病人服了三剂药后，正值张老又来门诊，病人见到张老，咕咚一下，跪在张老面前，说："佩服！谢谢老先生高手！几乎把我咳死的病被你三剂药就治好了。"这一幕，至今仍刻在我脑际。还有一次，我的研究生同学郑某对我说："朝曦，听说你老师治病特行，我得了咳血病，翻遍医书，用了很多方药，均无效。后来找了我自己的导师张某看了，也不行，能否请你老师帮我治一下呢?"我把此事对张老说了，张老笑着点点头说："可以啊，让他来。"那是一个晚上，张老边看边分析病情，他这一分析，使我开悟了，原来张老是这么看病的。他治病的最大特点，就是辨证细致入微。老师在实践中的点拨，仿如迷雾中的灯塔，为我深入学习指明了方向。后来我同学服了药，果然效果明显。那么是否仅辨证细致就可以解决问题呢？张老后来语重心长地告诉我："辨证用药是否精当，其根本在于熟悉中医经典。"张老对中医经典之熟，当是中医界首屈一指。记得1987年前后，上海开了一次《伤寒论》国际学术研讨会，会上大家就少阴病发言，张老对文献之熟、理解之深，引起日本、中国学者一片赞誉。张老一生行医60余年，倾注全身精力于临床，很少得暇著述。他的主要学术思想曾由我整理，并经他过目认可。他平常也看西医书，但仅作为了解以知彼知己，他从不用西药，医名蜚声海内外，全靠中医，这当引起怀疑中医疗效的人的思考、深省。张老的师德、医德高尚，对学生如同己出，关爱有加，让学生如沐春风；对病人耐心和蔼，如甘霖润物无声。正如唐代孙思邈《大医精诚》所言："望之俨然，宽裕汪汪。"吾师张伯臾夫子，诚乃当代一位当之无愧的名师和大医。

一波三折　研发"克感王"

在所有疾病中，大概数感冒的发病率最高。在 13 亿中国人中，常年一次感冒没有的人可以说少之又少，一般而言，每人每年发病 1 ~ 2 次总是有的。即使平均每人发病两次，这数字亦大得惊人。感冒，分为普通感冒和流行感冒两类。流行感冒，其危害较普通感冒更大，如 1918 年西班牙流感竟夺走了 5000 万人的生命。直至今天，欧洲人谈起流感仍然心有余悸。其实，普通感冒危害也不小。平常身体健康、年轻力壮者患普通感冒问题不大，而对于老人，特别是患有心、肺、肝、肾等疾病的人，普通感冒也会带来严重后果，常会引发肺炎、气管炎、心衰，从而导致死亡。还有不少疾病如肝炎、心律失常等虽经治疗已好转，一场感冒常会使前功尽弃。鉴于这一认识，我决定独创新路，攻克感冒。

经过悉心研究，我发现我们治疗感冒的思路有误。除流感外，普通感冒病毒平常多寄生在鼻咽部，为什么不致病？主要是由于我们的抵抗力这一"卫兵"时时把它看牢。当人因淋雨、吹风而受凉时，"抵抗卫兵"就会撤防去集中抵御寒冷，这时感冒病毒就开始活跃，在鼻咽部繁殖扩散。人体的防卫系统随之立即采取措施，通过打喷嚏，企图用气流将病毒赶走，通过流鼻涕把病毒冲走，或用其中的免疫球蛋白把病毒杀灭。一旦这些都不成功，病毒就进一步向气管、肺扩散，于是人就开始咳嗽，以期咳出病毒及代谢产物，当一切都无济于事时，病毒则通过血液播散至全身，从而引起恶寒、发热等全身症状。

我们一般如何治疗呢？大多通过服药。然而药物从服入到吸收，需 4 ~ 5 小时的时间，其中药物还经过胃酸、肠液等酸碱的破坏，又经肝脏的解毒后，才通过血液分布全身，真正到达病所，已是强弩之末，所剩无几。就如同上海发生战事，我们虽是从上海附近调兵，而兵不是直扑上海，是从上海绕到黑龙江，绕经大半个中国，多少天后才调到上海，加之一路兵力不断折损，正好给敌人以发展时间，怎么可能马上制伏强敌呢？我想，我们能不能改用从上海附近调集空降部队？通过思考，我认为可以。这个方法就是通过鼻把药物吸入，直达病位。用什么药呢？当然是气味芳香、性多升发、趋上的药物。解表药大都具备这一特点。此外，我又研究了鼻黏膜的组织结构，发现鼻黏膜组织呈筛状，不仅小分子物质可进入，大分子物质也能进入，同时药物还不会遭胃肠酸碱破坏，能直接进入大循环。“空降兵”和攻克途经找到后，我就开始试验摸索。谁愿意接受我的试验呢？那只有自己。

第一步，先把自己“整”成感冒，我是怎么做的呢？正如《文汇报》一篇报道所言：“数九寒冬的夜晚，万物萧瑟，雪地冰天，浦江两岸的人们早已裹着厚厚的棉被，进入了沉沉的冬眠，在零陵路附近中医学院的一间宿舍里，却还亮着幽暗的灯光。只见屋子门窗洞开，潘朝曦身着衬衫短裤，在屋里哆哆嗦嗦地来回踱步，任凭北风呼啸毫不在乎。他在干什么？难道神经有些不正常？不！他只是在自己身上‘制造’感冒。为了研究感冒这病魔，为了研制出征服感冒的药物，他已经不知多少次这样地将自己‘整’成感冒了。”

第二步，用研制的“空降部队”给自己治疗感冒。

第三步，自身实验获得成功后，为了让“空降部队”成为成药，造福大众，还得按照药物研发的要求委托上海第二医科大学作感冒病毒抑制试验。成功后，还要继续做急毒试验及几大医院临床大样本观察。

经过几年苦战，我研制的攻克感冒的“空降部队”终于通过合法审批（获批为三类新药），得以问世，名为“克感王”。这种不服药、不打针、通过吸入迅速治疗感冒的新药一上市，即受到国内很多媒体的关注和热捧。厂家利润当然不菲，而我呢，却当了“天下第一号大傻瓜”，不光未获利，而且不久就被厂家甩了，心中自然气愤，诉诸法律，官司赢了，又改“嫁”第二家，不久又被骗了，真是“秀才遇到兵”。最后，计穷智生，决定将其改型，与空调联姻。一番苦战，克感王防治感冒空调终于在我手中诞生，并通过了测试和有中医院士参加的专家鉴定，山东科委还对此进行了科技查新，发现这竟然是全球第一台独具特色的功能性空调，继之由我的合作者山东青岛一家大型电器厂在人民大会堂发布新产品新闻。克感王防治感冒空调的问世，为人类征服感冒拓展了一片新的天地，也对空调的含义进行了革命性的扩充和诠释。

收复急重危病阵地

急重危病，即急症、危重病证的统称。这类病多突然发作，来势凶猛，能顷刻危及生命，按归类属中医急症范畴。目前，在一般国人的印象中，中医能治疗急症无异于天方夜谭，他们总认为中医所治的病大都是些慢性病，或死不了也好不了的病，因为他们觉得中医疗效缓慢，只能应对慢性病，不能治急症，治急症还得靠西医。从目前临床现状来看也难怪人们这么认为。全国大小医院包括中医院，还能找出几个医院用纯中医方法去治疗急症？谁有此胆量？尽管国家有关管理部门也曾组织过中医急症攻关组对急症进行攻关，然多年来由于总体观念和思路不对头，加之缺少真正的中医人才，且有些人本身就对中医信心不足，所以虽苦心经营多年，花了不少经费，仅搞出几种不中不西、疗效不确的所谓中药急诊制剂，根本未能成气候。而我们中医队伍也大多患了“恐急恐危的软骨病”，一遇到急症，就被吓软了腿，挺不起腰，大多不敢也不愿去思考中医怎么治疗，干脆缴械投降，全面“臣服”西医，清一色用西药治疗。其实这是一种妄自菲薄、极没有出息的做法。他们根本没有想到，几千年来，中国没有西医，得了重危急症的人难道都去等死吗？其实不是的。翻开医学文献及历代病案，即可看出历代中医治疗急危症的办法很多，有的还很巧妙，只是我们未去学习，被西医遮住眼目，自动放弃。由上可见，开辟中医治疗重、急、危疾病阵地，对力挽目前中医颓局，意义特别重大。因而，从二十几年前起，我就立定了以中医药攻克重、急、危病证的志向。具体做法是：

1. 首先翻阅学习了大量中医治疗急症的文献，对其中治疗急症的小方、奇法、验方，我都进行了摘录，对古人描述不清或文献上定为“死”“必死”的病证，也进行了认真分析，弄清楚属于今天的什么病，是否真是死症，然后再去探索治疗方法。

2. 心中有了“家底”以后，我认为第二步也是成功的关键，就是要有必胜的信心。不管遇到什么重危病，首先不要让其吓倒，吓倒了就会自信全无，同时还要不被权威和各种权威著作吓倒。对一些权威说法或结论，要大胆怀疑，小心求证。怎么求证呢？就是根据病人的症状求证古人，看古书上有没有类似描述，继之去求证今人，看杂志上今人对该病的认识、治疗是否有道理。最后再去求证病人，看所拟的方药灵不灵，其中最后一关是否有效最重要。如某方某药用了一段时间没有效果，或前人今人用过的方子亦无效，就必须另辟新路，重起炉灶，创立新法。这种做法何时方停止，就是直至出现疗效为止。“疗效是硬道理”，这是我从某位人物的讲话中摘出的一句常讲的话。其实对待重危病用常法不行，往往要用变法、奇法，要善于变通，要有悟性，这就要从古人今人大量的医案和医话中去寻求启发、思路和智慧，一句话，就是去寻求过硬的疗效。

记得我曾治疗武汉一例十分重危的肝脓肿病人，该病人男性，58岁，肝上分别有13cm×12cm、8cm×10cm大小的脓肿两个，每天发热，体温均达40℃以上。或许有人会说，西医用抗生素治疗感染是拿手好戏，告诉你，这位病人不仅用了一般抗生素，而且用了多种新的、价昂的抗生素，每天光抗生素的费用就约2000元。连用多日，高热就是不退，奈何？或许有西医知识的人会说，当行肝穿刺抽脓，但是告诉你，患者脓腔是一个个分隔开的，怎么也不能把脓都抽出来。病人已经昏迷，气息奄奄，医院却束手无策、应对无招。此时病人家属只好电话向我求救。我还没做可否答复，患者弟弟就打来电话说：“通过托关系先已请到中科院西医院士、留德归国学者会诊过了。”我问他会诊意见如何，他告诉我：“院士建议立即行肝穿刺。”我说：“他要抽脓么？”他说不是的，是取样作细菌培养，然后再根据细菌的药敏程度使用相应的抗生素。我也懂西医，于是说：“你去问他，病人肝脏肿得这么大，穿刺能不能保证不出血？如果出血，引起弥漫性腹腔感染，那将怎么办？”他就去问了，院士说：“不能保证，穿刺是有这一风险，所以必须家属签字才能做。”我又问：“做细菌培养加药敏实验要多长时间？”回答说：“需要五天至一星期。”患者弟弟问我怎么办，能否签字？我说：“尽管是院士，但办法并不高明，出于对生命负责，我不赞成。其道理就是如穿刺出血，必引起腹腔感染，病人将必死无疑。其次，即使不出血，等他们把细菌培养出来，药敏实验做好，恐怕等不到结果出来，病人即已逝去。我建议停用西药，改用中医治疗。”患者的弟弟是某报纸总编，既有头脑，又有些医学知识，当即听从我的建议，请我行中医治疗。我给病人辨证为热毒、瘀血、痰浊、腑实互结于中，用大方处以仙方活命饮加大量清热解毒药、通腑药、化瘀药同用，并打破一日一剂的服药方法，而是不论剂，只要腹中有空就服药，并加服季德胜蛇药片。病人第二天开始体温渐渐下降，七天后，体温退至正常，疼痛缓解，两周后，肝部两大脓肿包括原先胆道一块结石竟神奇般荡然无存。检查报告下来后，患者全家欣喜若狂，患者所住的某大学附属医院科室上下亦皆折服、称叹。

还有一例发生在上海，患者是女病人，48岁，其职务是江苏海安县政协主席，因感染来上海某大学附属医院就诊，住院后医院自然给她用抗生素治疗，不想用后过敏，换了另一类抗生素，还是过敏，只好再换一类，结果还是过敏，而且这次过敏反应很严重，竟引起全身剥脱性皮炎，全身布满像鱼泡一样的大水疱。医院一看，第一张王牌不仅不行，而且捅出了很大的娄子。病人发热加重，原先的感染未能控制，又面临全身全面感染。医院只好先停用抗生素，转用大量肾上腺皮质激素抗过敏，用后非但过敏未能控制，更出现吐血、衄血、便血，且血小板降到2万以下，病情十分重危。该院立即找来上海最大医院的数位有关院士会诊，有的院士说："还要用抗生素抗感染。"医院就问："用哪种抗生素?"院士说："某抗生素。"医院说："目前各类抗生素都用过了，皆过敏。"院士说："那没救了。"一句话，多个院士的会诊意见就是两个字：等死。该病人有位同乡是上海复旦大学教授，对我比较了解，就推荐我会诊。海安县委领导也对该医院施加压力，说："我们好好一个病人，竟给你们西医治得要死了，你们看能不能请中医高手治疗?"万般无奈之下，医院同意请我会诊。那是晚上9点多钟，我来到病房，看到病人全身水疱，面孔漫肿色红如胀大的猪肺，眼睛也肿得睁不开，周身皮肤红紫，口鼻渗着血沫，舌红且光，气息奄奄，诊其脉细微稍数。看后我回到医生办公室，里面济济一堂，坐满了西医各有关科室的专家和各科主任。我毫不客气地开言："请问各位专家，这位病人用你们西医治疗还有无办法?"我言甫出，他们就异口同声说："院士都说等死，还有什么办法?"其实，我也料定他们会这样回答，依照我的个性，如果他们谁还敢站出来说个"能"字，我就会拂袖而去，让你治吧！现在他们自甘认输，这也难得，这已长了我中医的志气，够了。于是我坐下来，对病人家属说："这病虽重危，但在我们中医看来，不是死局，还有几步棋好走，要我治疗，你得先写一纸承诺，就是病人在我用药期间死亡，不能归责于我。"因为我知道，病人血小板已低至2万以下，随时都有脑出血死亡的危险，这得事前讲清楚。承诺写还是不写，病人丈夫还在犹豫。这时，戏剧性场面出现了，病人的一位家属从病房端来半脸盆血水，对满屋医生说："医生，不好，病人又吐血了。"这时，所有医生除了我以外，都一齐对病人丈夫说："你这人真糊涂，潘教授让你写承诺，为什么不写？"病人丈夫也开始急了，张口结舌地说："这东西我从未写过，不知怎么写。"一位医生说："那好，我们起草，读给你听，你若同意，就签字。"承诺写好，我就开始辨证开方。我认为该病人主要病机在于热毒炽盛、血热妄行，治当清热解毒凉血，以犀角地黄汤合普济消毒饮化裁。犀角已禁用，就用水牛角60g代之，另加用血证神丹——制大黄，并加用3g真牛黄分吞。会诊后全市中药店已关门，我就代为打电话找关系、开后门，折腾了两个多小时，才把3剂药配好，嘱病人连夜服用。第二天天刚亮，病人丈夫的弟弟就打来电话报捷，说病人出血已止，热也稍退。待3剂药吃完，我又进行了些调治，病人就痊愈了。一下子，我的医名就在上海西医界传开了。后来，我还陆续受上海和各地邀请看好了不少疑难重症，上海中山医院高级专家会诊中心也常邀我就一些疑难重症进行会诊，可见中医治疗急危病证是大有可为的。

攻克疑难病

疑难病，是临床多种难治性疾病的统称。疑，顾名思义，就是似是而非、难以确定，指病状似热非热、似寒非寒、似实非实、似虚非虚……往往一时难以判断确定确切的病位、病性；难，指治疗棘手，往往叠经中西医多方或长期治疗，效果不显或根本无效。疑难病病种涉及广泛，究竟有多少种，至今尚无统一说法。疑难病是威胁人类健康的大敌，是人类的第一杀手。攻克疑难病，既是医生的天职，又是拓展中医阵地、为中医赢得信誉的一大战略。在目前西医强势驾凌的情况下，攻克疑难病，尤其具有多方面的意义。

我曾打出旗号，专看疑难重危病证，有些杂志也曾报道我与别的医生不同，遇到疑难病不是退缩、畏惧，反而会兴奋，会把它当成是挑战极限的一个机会。因而我门诊或平时碰到的几乎清一色都是疑难怪病，形形色色，多种多样。一次，我们家乡一位大专院校的校长无意中犯了一个生活常识方面的低级错误。他日常生活均由他的夫人一手打理，一天，夫人早晨上菜场了，他急着要上班，就自己冲早点喝，每次早点吃什么、东西放在哪他都一概不知，胡乱找了一通，竟把橱中的一包鱿鱼水发剂当成早点冲上开水饮下。鱿鱼水发剂即工业上的强碱（氢氧化钠），这还了得？当时连吐带呕，还是把食管烧坏了，痛得钻心，汤水难下。X片显示食管被灼伤成3～4cm长的一段一段，粗的地方约无名指粗，细的地方仅如绒线针那么细。到医院诊治，医生说："除非把整个食管换掉，别无他法。"可是拿什么来换呢？医学界还未有过先例，因此只好每天仅用抗生素消炎，可这是化学灼伤，炎怎么消得掉呢？有的医生说："试试看能不能用食管扩张术。"另一位主任医生马上反对，说："这是馊主意，食管这么细，怎么插器械去扩？要是硬扩，不是食管破裂就是穿孔，均是死路一条。"这时病人由于多日不能进食已日渐消瘦，饥饿难忍，每天静脉滴注大量脂肪乳，既解决不了营养问题，又使血管也壅堵不畅，难以再行滴注。在多方西医会诊没有办法的情况下，专程来上海请我诊治。我先给病人开了汤药，他试着去喝，可是连一滴也喝不下去，这该怎么办呢？我开动脑筋，想起了外治法。我想，化学灼伤后食管周围肯定与烫伤创面一样水肿、充血、破烂，食管平滑肌收缩，这和汤火烫伤的理是相通的。于是将生川军、四季青、鲜地龙、地榆等凉血消肿治烫伤的药和血竭、麝香等活血化瘀药，研粉捣成糊剂，敷在病人直对食管的前胸和后背上。想不到不到两天，病人即告知疼痛大减，并且能少量饮水。我听说能饮水，为之一喜，马上给他开了理伤、消肿的内服药，嘱他药煎好，要细滤无渣，放温后慢慢含服。渐渐地，病人即由能饮水而渐进米汤、流质饮食。这是春天的事，暑假时我回老家，病人获悉后，特备盛宴酬谢我为他治好这一特殊难症。席间，我看他进食已基本如常人，只是稍硬的饮食下咽比较慢。近几年，病人已痊愈。

上述是特殊疑难病，此外，像红斑狼疮、慢性肾炎、顽固性高血压以及各种癌症、肝病等多种疑难病我也经常治疗，效果均不错。

红斑狼疮是典型的疑难病。该病可以侵犯人的肝、肾、心、关节等多个系统和部位，病情表现形式多样。西医认为，该病属自体免疫性疾病，就是自身的免疫系统和自己身体过不去，自相残杀。而按其临床表现，则表现为虚实错杂。虚，主要是阴虚、气虚多见，实，多表现为血热、风湿、湿热、瘀血等，治疗须细细分析病机，心中的章法千万不能乱，更不能认为这是难症，就放弃中医治疗或求助西药用大量肾上腺皮质激素和免疫抑制剂，这样往往导致病人气血阴阳水液逆乱，病邪盘结而不治。我曾治疗一例红斑狼疮病人，表现为面唇暗红，关节疼痛，皮肤时有红斑，长期发热，肝肾功能明显不正常，舌质暗红，脉细。辨证属血热正虚相兼，我就用经方升麻鳖甲散合清骨散、犀角地黄汤三方化裁治疗。起初效果不显，但认准方证对路，稍行调整，坚持治疗，当病人服至第29剂时，高热开始下降，关节疼痛好转。后依此方加减，终至痊愈。该病人一次西药也没有使用。我体会，治疗这类自体免疫性疾病，对从未用过西药、激素之类药物的病人，效果尤为明显。用了激素以后往往导致病情复杂，治疗由容易转为棘手，但只要辨证用药精当，也常能化难为易。

至于癌症，我治疗的就更多了。临床治疗癌症的一大误区，是只看到肿瘤，而看不到发病之本，往往一味攻伐，西医如此，中医也多效颦。不少医生在治疗时往往不辨证，只是根据所谓药理研究，如某药能抑制肿瘤、杀癌细胞等，就把这些药统统开到一起，其实疗效大多不显。尤其是经过化疗、放疗的病人，往往元气大伤，这时这样治无异于雪上加霜。我则一反时风，须补时则大补，能攻时方攻，或先补后攻，或先攻后补，或攻补兼施，方中常找不到所谓药理研究显示能抑制肿瘤的药物。效果如何呢？还是我说的那句话，“疗效是硬道理”。在我所治疗的癌症病人中，带瘤生存近二十年、十几年的已经很多。

除了上述公认的疑难病外，还有些奇怪的疑难病，我也治疗过不少。如一个小青年，骑摩托车时太快，竟撞到卡车上，当即胸骨断裂，胸腔变形，昏死过去。经抢救复苏后，发现心脏由圆变扁，心腔及瓣膜全部变形，血液循环不能正常进行，西医力主手术，其父担心有危险，请我用中医治疗，我就用治伤法把心脏由扁治圆了。

还有一例，是一个16岁的女孩，患便秘，经西医药物治疗效果不佳，最后医生反复检查得出“高明”诊断：天生肠子过长。于是行手术，把肠子切除一大段，由于切的太多，之后竟一日要数十次大便，一个花样少女，无法上学，终日忙着奔厕所，苦不堪言。病人找到我，我借用物理和数学之理一想，办法有了。现在病人是肠子“距离”缩短了，把速度减慢，时间不就延长了么？于是我采用固涩法，终于把肠子治“长”了。

我治疑难病的名声也传到了海外，外国人有时也会邀我出诊。一次，我应邀去日本为一个音乐界文化名人治病。此事在我和日本人看来，都是正常的，然而却引起了我国几位在日留学生的莫大惊讶。他们说：“日本医学先进，比中国强，请中国学者过来进修、讲学、作访问，都是常有的事情，怎么会特地请中国医生为日本人看病？”我听后，觉得很悲哀，不过转而一想，我们中国人一向崇洋，看不起本国人之风已司空见惯，我决定要给他们点“颜色”看看。经过我精心治疗，这位日本文化名人的病有所好转。不几天，另有6位曾患疑难病并经我治疗好转的日本人从东京坐飞机来福冈看我。这样才从根本上改变了在日留学生对中医学的偏见。

大概正因为我治疗疑难病会动脑筋想办法，渐渐地，我在社会上有了一定的影响，因此复旦大学出版社找到我，要我为他们写一部我用中医治疗疑难病的专著，我已答应，此工作正在进行中。

为中医自身诊病

通过对中国文化与中医经典理论的学习和临床实践，我自认为对中医学术有了一定的认识，中医确实是我们中华民族创造的迥异于西方医学，能够防病、治病、延年益寿的瑰宝和利器，理应得到很好的重视、发展、壮大，广为人用，然而现状却非常不尽如人意。揭去表面的繁荣和虚热的假象后，剩下的就是走向衰亡的现实。凡对人类文明成果稍知珍爱的有良知的中华儿女，对此都应忧心忡忡。那么造成今天中医这种局面的原因是什么？我们当如何去力挽颓势、收拾残局呢？我认为，首先得静下心来，为中医自身把脉，找到其将亡的病根究竟在哪里。通过学习思考，我认为导致中医衰亡的主要原因既有历史的，也有文化的，还有体制的。因而总其要，关键有两条：其一是中华大文化的衰落和中医学术的浅薄、异化；其二是体制不顺。这两大主因不除，国家政策无论怎么宽，资助经费无论怎么多，也无济于事。首先中医自身要争气。不争气、不自强，将必亡无疑。著名中医施今墨曾说："吾人非振兴医术，决不足以自存。故敢断言，中医之生命，不在外人，不在官府，而在学术也。"他还说："只要中医学术不断提高，不断发展，就谁也消灭不了中医"，也是这个意思。

什么是学术浅薄？就是从学术上看根本未学到中医，或者名义上是学中医，实际没有学到中医，连中医最起码的原理都不知道怎么回事，甚至连"中医"二字皆不知怎么理解。这种情况不是几个人，说严重一点，是中医群体现象。对中医队伍来说，当是一件不光彩的事情，是一种莫大的悲哀和羞辱。为什么说得这么严重，全盘否定？当然有我的理由。

阴阳被称为中医理论骨干中的骨干，然而这两个字在我们中医界甚至文化界却至少被误读一百年。清代以前，文化界很少专题谈阴阳，1840年鸦片战争以后，中国国门被打开，在强大的西方文化涌入以后，中国的一些学者面对国力疲弱、民生凋敝的时势，开始反思中国文化。阴阳，自然是他们研究、反思的内容。他们是怎样认识与评价阴阳的呢？让我们从近代思想文化史上具有代表性的、被称为大师级人物的认识谈起，其中值得一提的人物当是梁启超。梁启超12岁中秀才，16岁中举，一生著述一千余万字，文章涉及文化、思想、政治、文学、诗歌等方面，被公称为国学大师。有一种说法，梁启超“每一文出，则全国之身目为之一耸”，可见其影响之大。那么他是怎样评价阴阳五行的呢？他说：“阴阳五行说为两千年来迷信之大本营，直到今日，在社会上犹有莫大势力。今当考其来历，辞而辟之。”他还说：“春秋战国以前所谓阴阳，所谓五行，其语甚希见，其义极平淡。且此二事从未尝并为一谈。诸经及孔、老、墨、孟、荀、韩诸大哲皆未尝齿及。然则造此邪说以惑世诬民者谁耶？其始盖起于燕齐方士；而其建设之，传播之，宜负罪责者三人焉：曰邹衍，曰董仲舒，曰刘向。”在考辨“阴阳”“五行”语意变迁的基础上，他指出：“此种诡异之组织遂两千年盘踞全国人之心理，且支配全国人之行事”。根据上述引文，稍行历史文献及近年考古资料搜索印证，即可看出大师有关“春秋战国以前所谓阴阳，所谓五行，其语甚希见，其义极平淡”一说的结论是不符合史实的，近已有学者撰文驳正。至于“阴阳五行说为两千年来迷信之大本营”一说，则更近荒谬。我可以不客气地说，国学大师的“国学”二字，戴在梁启超头上，不配。因为阴阳五行是中国文化乃至东方文化的灵魂，是哲学上支撑中华文明大厦的栋梁，连灵魂、栋梁都不知其所以然，还能配称“国学大师”？足证大师不是大圣，是人不是神。梁启超之错在于，不知阴阳五行之源是肇于上古，发端于天文，仅就文字、经史、子集、章句，从字面上去揣摩阴阳五行，而不是从文化发生学及整个东方文化本质内核上去理解阴阳五行。而中医界呢？总体上文化浅薄，从明代张景岳、清代徐大椿以来，数百年来，文化造诣深的人才大多一意科举、从政，为文而不为医，只有当从政、为文实在上不去了，才退而求其次，“不为良相，则为良医”，就是这一历史现象的最佳注解。连梁启超这种被称为“国学大师”级的人物，皆不知阴阳五行，要求比他文化程度低多少等级的中医去正确理解阴阳五行，也就十分不现实了。而中医界事实也如此。习医大多先从药性、方剂入手，然后本于《内经》《伤寒杂病论》等经典，下至临床各家，从表面上看，除略通儒学外，旁涉很少，至于天文历算、地理、物候、农学大多一概不知。连曾国藩这样清代首屈一指的大儒，还称“平生有三耻，其中一耻就是不知天文”，遑论一般中儒、小儒呢？中医界还有一个传统，就是对中医理论，往往只取其用，而少究其理和穷溯起源，这一传统一直延至当代中医界，则更是“小和尚念经，有口无心”。由于无心，就必然易产生曲解，说阴阳五行是古代哲学者有之，是当代矛盾者有之，是朴素辩证法者也有之；释阴阳之理，平衡者有之，对立者有之；论五行，机械者有之，不科学者有之；论阴阳形质，是c-AMP、c-GMP者有之，种种谬误邪说，不一而足。一句话，不知阴阳五行究竟是怎么回事，盲人瞎马100多年，才造成今日全错之局面。目前中医界绝大多数人，问其阴阳是怎么产生的，其本质是什么，概念如何，恐怕没人说得对。这不是群体悲哀和羞辱又是什么？这是中医学术浅薄、异化的典型。我想，全球各类大专院校所设物理、化学、天文、地理、数学、文学……近千个学科，大概没有哪一个学科至今还不明白自己学科的理论的概念、定义吧，中医算是全球高校学科中的特例。我看这不仅是浅薄、蒙羞，更是一种滑稽和荒谬。我想，大概正是中医学术浅薄，人才荒漠至此，在当前有人群起而攻中医时，才会出现目前中医界的群体失语现象。

鉴于中医阴阳被误读，五行被曲解，我已就我所见撰文正误，请参见我的有关文章。中医学术浅薄，当然不止上述，还表现在把中医解读生命的复杂性、多样性浅显化、程式化，甚至庸俗化，失去了中医的本意。至于中医学术的异化，更使中医被阉割、变性，乃至肢解、灭亡。一句话，异化表现在中医理论从临床、教学到科研的一切领域，阴阳五行的异化已有专文讲述了，这里就具体谈谈藏象学说的异化。

藏象是中医学的理论核心之一，对内脏的研究，早期的中医文献《黄帝内经》和《难经》等确有关于内脏形态和重量、功能的记载，但是这种记载由于受历史和方法的局限，从人体解剖角度看不仅极为粗浅，而且多有谬误。尽管《黄帝内经》上有“其死可剖而视之”一说，但中医由于受中国传统重宏观轻微观、重系统轻局部、重活体轻死体等思维的影响，几千年来并没有遵经而行，去大量解剖尸体来探索人体，而是走了另一条“见诸外，求诸内”，又以外干涉于内，观其变化以验证总结上升为理论的完全不同于西医的道路。

中医通过大量实践发现人体在生理上以五脏为中心，五脏与外部不同形体器官分别联络成了五大功能团，维持着人的生命活动。这五大功能团除自身团内联络紧密，生理上各有分工外，团与团之间也是分工不分家，既协作支持又相互管束。在病理表现上，同样是一个团遭殃，另一团往往难以免灾，同样会受到波及和戕害。这团绝不等同或相当于西医任何一个系统，古人为它们起了名字叫心、肝、脾、肺、肾，如果当时起了个A、B、C、D、E也同样可行。问题的不幸就是出在这名字上。当年西医传入中国，他们讲的解剖学的内脏和中医藏象所说内脏并不同义，功能体系相差就更大了，而当时没有相应的现成名词可借译，就把其强译为中医的五脏名称，不料祸从此出！由于两个不同性别和人种的人用了同一个名字，自此就打起架来，不仅后来的学子们弄不清，连闻名中医界的学者也被搞糊涂了。学生如果仅学中医还好，如果学了中医又学西医，再加之中医理论知识不及西医知识学得扎实，脑子里不是一盆糨糊才怪呢！而我们的教材和教学呢，却常常引西医比照中医，以西医解剖脏器套中医藏象，比如讲“心主血脉”，我们常说这相当于西医的心脏和血液循环，殊不知如此一来，即忘了中医的肝、肾、脾等都对血液循环有着重要影响。如高血压，该属西医心血管病，而中医往往从肝阳、肝风、肾阴阳失调、肝脾湿热或脾肾阳虚论治，不从心治，效果却很好，这当如何解释？同样，冠心病也是典型的心血管病，我师张伯臾教授对实证往往用泻胃通腑逐瘀，虚证往往补肾健脾取效。若把西医的心与血液循环等同于中医的“心主血脉”，那我们立法就只能治中医的心了。另外，“心主血脉”功能正常与否还与宗气是否充旺、经络是否调畅、“气为血帅”等学说有关，这在西医学中均找不到对应的实体。更何况中医的心还有“主神明，与小肠相表里，开窍于舌，其华在面”等功能和特性，西医的心血管与小肠表里相通吗？与舌相通吗？这难道不是典型的中医理论的异化？

搞中西医脏器比照沟通者，其实质是根本没有掌握中医藏象与西医内脏的根本区别。“文革”中还有人荒唐地从西医脾脏的组胚细胞学方面去研究、印证中医脾的功能，殊不知西医解剖学的脾脏是可以被切除的，中医的脾是后天之本，能去除吗？这是典型的“驴唇不对马嘴”。

中医和西医的研究对象虽然都是人，但由于历史背景、民族思维和采取的方法不同，其结果当然不会一样。西医是以解剖分析的方法，把人拆成大大小小甚至不能再拆的零件，去研究人体的各个器官、组织乃至细胞、分子结构的构成与功能。人的生理功能是器官、组织乃至分子功能的组合或叠加。殊不知其弊端正出在此。人与机器不同，拆开了有些功能就不存在了，如大脑拆开了就是脑细胞、神经元、神经介质等化学物质，这些物质功能加在一起怎么也不能重组大脑。就如同电脑，拆开了仅是电子元件、塑料、金属等，这些零件的功能、性能综合在一起能等于一台电脑吗？这是非常简单的道理，而我们有些人却偏偏对分析拆开研究崇信得无以复加，认为是科学的唯一，这是不是有些愚不可及，思维板结了呢？中医藏象采取的研究与此相异，采取阅象于外，探测其内的方法，在人的活体上，并在不打开人体“黑箱”、不干扰人的生命活动的情况下，根据人体生理活动外在自然流露的表征及其相关联系探索内脏的运转规律，总结其生理功能。根据望、闻、问、切所得及病人的自我表述，再对照生理，找出内部病候之所在，根据“候之所始，道之所生”去立法用药施治。施治方案正确与否，又可根据望、闻、问、切及病人自诉去验证，验证上升为法则和理论即成为中国的医学。其实这些历经千百年医家及无计其数的病者的实证，远比实验动物验证来得科学，加之验证的对象是人，就更为合理可信。例如柴胡汤证，中医书上明言不管什么病，只要有往来寒热，胸胁苦满，口苦默默不欲食，心烦喜呕，目眩，脉弦，主症或兼渴兼咳，兼身微热，千古以来，用之必效，若用实验动物这种模型恐怕还难以造出来吧？对于一些精神性疾病，动物模型更无从下手。批判中医不科学者，是否反省过自己所持西医实验方法更不科学呢？西医弊端还有一点就是重局部，只见树木，不见森林，中西两种医疗思路和方法同样可以类比为电脑，例如某气血不足的虚证病人眼睛视物不清了，相当于一部电脑显示器出了问题，持西医观点者见到眼睛不明，就对眼底、眼球进行详细检查，甚至穿刺剖开检查，均未发现问题，这就如同立即把显示器卸下拆开找其不显示的原因，折腾半天，显示器未坏。中医辨证眼睛不明是由气血不足、清气不升引起，一剂益气聪明汤解决问题，就如同从电脑主机总体运转原理和各部功能上分析找原因，发现原来是主机出问题或电流强度不够，只要修好主机或增加电流即可。如此你能说前者科学，后者不科学吗？其道理不是一样的吗？

中医的藏象理论更先进处，在于把人的五脏六腑与人的形体、五官、五味、五色、五音、六淫、七情等相联系，把人的生理病理、人的饮食和环境、社会因素等综合在一起去考察研究人的生理和病理，这比西医单纯以生物因素去分析考察疾病要更全面、更合理、更科学，可惜多少年来我们的藏象教学却偏偏热衷于西化，硬是把“经”念歪了。

由于理论的异化再加之国人潜意识里认为西医科学合理，必然导致临床对疾病的认识向西医靠拢、投降，从而导致中医临床学术独立性的丧失，似中似西，其实是非中非西，是地道的异化，使临床疗效严重下降。例如，目前在临床一见到西医肝病就按中医肝病治的现象已遍布全国，有人还将此写成专著。就以最常见的乙型肝炎为例，乙型肝炎是中医肝病吗？我看不是。据其临床症状，多表现为消化滞呆，四肢无力，倦怠，腹胀便溏，面色萎黄，当然有的也表现为胁痛，仅就上面的症状，可以说是典型的中医脾病，或脾虚失运，或脾胃湿热，或脾因湿困，或中焦失运等证，以此论治亦效果显著。而我们临床就怪了，一风吹，全国对此病大多从中医肝病论治，且多偏于清肝泄热，我考察了不少专科医院和一些综合医院的协定处方，多为茵陈蒿汤或柴胡疏肝散一类方加减而成，病人吃下去，不死不活，一拖多年，效果极其不佳，也有的病情急转直下，而医者多不从自身业务上找原因，反怪中医不灵，是中医不灵还是你学术上的异化？我想如果让古代医家活过来，让他据证候去治疗今天的肝病，我想绝对开不出我们现代某些大医家甚至肝病专家的这类方子来的吧。

与肝病情况相类似的就是高血压、糖尿病。不知谁定的调子，凡高血压一律清肝、平肝，记得最早秦伯未曾说过高血压有的是肝风、肝阳，但他并没有说高血压病就一定是肝风、肝阳。诚然，高血压病中属中医肝风、肝阳者确占有一定比例，但也有非肝风、肝阳，而属肾虚，或脾虚，或心火亢盛，或痰热壅积，或阴阳失调等，据证论治亦有效。再说糖尿病，属于中医的消渴吗？此说最早见于张锡纯，继之一犬吠形，百犬吠声，全国各种内科教材相互抄袭传承，糖尿病等同于消渴似已成定论，因之按消渴论治糖尿病也成定法，连药也如此，治疗糖尿病的一种中西合方的成药即名为“消渴丸”就是明证。本人通过文献考查学习，认为糖尿病不能等同于消渴。糖尿病表现为三多一少，即小便多、多食、多饮、消瘦，而消渴的原始定义在古籍中明确指出是口渴而小便少者。消，即水在体内消耗掉为消，不是排出为消，与糖尿病“三多”症状不符。不典型的糖尿病（2 型糖尿病多见）大多“三多”症状不明显，就更不能等同于消渴。或谓张仲景不是说“病人消渴，小便反多”，足证消渴小便多不误。问题就出在对古籍望文生义不求甚解上。我认为张仲景此句经文的关键是一个“反”字，说明消渴，小便不应多，“反多”是一变证。目前临床上糖尿病按消渴方治往往不验，也可作为反证。上述一些观点我已撰数文发表，有意者可查阅。

类似的问题举不胜举，如由于受西医感冒为病毒引起的理论，和药理研究板蓝根有抗病毒作用的影响，临床凡感冒大多不辨证，一律用板蓝根冲剂治疗，结果可想而知。同样，由于板蓝根等中药有抗病毒功效，因而治疗肝炎甚至防“非典”的方子也大多以板蓝根类作为主打，全不知解肌发汗排除体内代谢产物以兴奋免疫机能，或扶正增强免疫以调动体内的抗毒机能，也均能抗病毒。当然我此说当属“以子之矛刺子之盾”吧。

近年的中医内科教材，在异化西化上更是“成就辉煌”，效颦西医，把临床疾病分成某系疾病，继之全力揉进西医内容，把疾病也像西医内科那样分成几大证型，丢尽中医特色，可谓“满纸荒唐言，一把辛酸泪”，这样的教材全部出于闭门附会于西医的臆造，根本不符临床证情变化万端的实际情况，用此教材怎么能培养出“解决临床问题的高级中医师呢”？所以学生问我说：“老师，为什么你开出的方或其他名医开出的方能治好病，我却不能呢?”我答曰：“同学们，这不怪你，当怪病人太调皮，他竟然完全不按照我们教科书上的证型去生病，如果按教科书生病，我们把教科书背熟了不就把问题全解决了吗?”学生大笑，我想他们对我的这一调侃深意大概已领悟了吧。

下面再简要说说科研的异化。科研异化包括以下几个方面：

（一）立项忽视中西两种医学的根本差异

中医与西医是两个独立的学术体系，各自从迥然不同的角度探索人体的奥秘，中医的对象是活体，以宏观、整体、系统的视角观察研究人体的生理、病理过程，而西医则是将人体作为一部机器来研究，将一个整体分解成若干部分，再用放大镜不断地放大，直到分子、原子、基因。由上可知，中医是用系统思维研究人体，西医用的是还原论思维研究人体，而还原、分解原理适用范围是有限的，世界上的事物虽有可分解、还原的一面，但更有其不可分解、不可还原的一面。人是最典型的最高级的系统，虽然从特定的角度可以进行一定的分解、还原研究，但人的本质是不可分解、不可还原的。诚如 1865 年伯乐纳在《实验医学研究引论》一书中所指出的：“我认为生命现象不可能全部用无生命世界中所阐明的物理、化学现象来说明。”（《中医哲学基础》）比如人虽然可以分解为组织、器官、细胞，但这些部分离开人体后就不能单独存在。再如，王水具有溶化黄金的性能，但把王水还原成浓硝酸和浓盐酸，就不再具有溶化黄金的性能了。上述事例告诉我们，事物间相互作用结成系统就具备了“整体大于部分之和”的功能。正因为如此，组织、器官、细胞经解剖打乱以后就再也不能组成人体。分解、还原研究的弊端已显而易见，而我们的科研立项选题却多年来一直热衷于此，完全没有依据中医学术特点去立项及设计选题。例如对经络的研究，其起始的研究立项思路就是错误的。很多选题均是侧重于研究“经络是什么解剖形态”，结果经费、时间花了不少，所有努力却均告失败。原因就在于经络的结构不是解剖形态，立项背离了经络的本质。同样，对“阴阳本质的研究”、对“气的本质的研究”等立项统统犯了类似的低级错误。

（二）研究方法完全照抄西方医学

动物实验是现代医学常用的科研方法，分析药物的成分和化学结构也是西药药理常用的研究方法，这类方法在西医研究中虽常用，但其弊端却显而易见，往往只看到事物的相似一面，而忽视其有重要差别的一面。例如，小白鼠的肠管能等同于人的肠管吗？狗的胃能等同于人的胃吗？如果谁在生活中把这两者画等号或互用互借，必定是一大笑料。然而我们的科研人员对此却情有独钟。此外，人因为七情所伤可以导致一系列疾病，我不知这类动物模型用小白鼠和狗如何制作。药物是由不同化学成分组成的，然而这些化学成分在人的肠道中由于体内酶等物质的作用，又产生了哪些分解和化合反应，产生哪些化学物质，对人体产生哪些作用呢？特别是有些中药一味药成分即多达数百种，这样一剂方几十种药喝下去，恐怕在体内装个计算机也难以跟踪分析透彻。还有，一味药与另一味药组成方剂后，虽然每味药的药理成分已搞清，但它们作为方剂的功能就不是两味药相加了。例如，日本人研究发现白虎汤中的石膏有降血糖作用，知母也有降血糖作用，假设作用程度都为一，而石膏知母加在一起，其降血糖的作用就大于二。甘草无降血糖作用，粳米不仅不降血糖还有升血糖的作用，但四者相加，作用不是大于四，而是大于五、大于六、大于八了。还有西医常用的样本设置也常为我们中医研究者所推崇。临床有些病种如神经内分泌癌全球仅几例，分布地区不一样，还有，有的病种，做一辈子医生也仅能见到一或两例，我不知这种临床样本怎么做。此外，在科研中我们也发现有的样本仅增一例，就和对照组有显著性差异，少了一例就无，这里边有无设置上的幸运巧合和不幸呢？其严谨性又如何呢？再者，中医在几千年发展中，在人的活体上对很多疾病作了世界上最大的样本观察，一些否定中医者认为只有实验、样本等才是科学，面对这一世界上独一无二的大样本、独一无二长逾千年的时间跨度研究，对中医这一超大实验的科学性不知有何高见？此外，实践是检验真理的唯一标准。那么，为什么不用数千年深得群众信任的实践去检验中医是否科学呢？我们不少中医异化者对此也往往视而不见，不去总结研究，却甘为西方医学研究方法左右，并为之陶醉，让其牵着鼻子走，这是不是中医研究人员的一大悲哀？

（三）以西方医学的指标作为中医研究成败的判定标准

在动物实验和临床研究中，中医研究往往用的是西医的判定指标，生理、病理上大多仍沿用如血压、心跳、神经、机体反应、体液血液的成分变化、生化反应、病理结构的改变等指标，而中医考察的指标如病人主诉、情志变化、季节气候、社会环境、舌苔、脉搏、面色、声音、形体等在人体用药中或前后所引起的反应变化，却均被忽略。还有一些如判定人的阴、阳、虚、实、痰浊、瘀血等指标均落在西医视野之外，这还叫研究中医吗？这样得出的评判标准只能是西医的标准，不是中医的标准。依此标准来评判中医方药的疗效，解读中医所认知的人的生命现象是不是有些文不对题，失之荒谬呢？

目前，对于中药新药的研究开发，很多专家已申述再三，近乎哀告现行的药物研发标准有悖中医学术特色，将导致“废医存药”甚至葬送中医的后果，可有关方面依然故我，症结不知何在？

有关中医科研的异化还有很多问题要讲，对此，李致重先生的《證、证、症、候的沿革和证候定义的研究》，匡萃璋先生的《血瘀证与活血化瘀研究的几点思考》两篇文章均对目前中医科研的弊端进行了较为详细的分析，我完全赞同，限于篇幅和本人的水平，本文只能从略了。

为中医自身把脉，病源、病根是找到了，但怎么治呢？目前虽有对症良药，即逆转异化，重振没有异化的、地道的中医传统学术，然而药虽有，中医自身却无法用，主宰中医的权属机构又不愿意用、不能用，这样长此下去，中医只能走向灭亡。造成这种尴尬局面的要害就是前文所述两大主因的第二因——体制。为什么这样说呢？因为目前体制不是促进中医发展，或者表面上说是促进中医发展，实质却是逼使中医灭亡，是在奄奄一息的中医的脖颈上套上一条条致其窒息的绳索。证据如下：

中医未能被洋风扫荡、消灭，首先应感谢党和国家的重视，然而与党的中医政策不协调的是，中医在法律上虽与西医处于同等地位，然而在具体发展和体制制定上却遭到了重重枷锁。在资金方面，明明《宪法》规定中西医同等并重，而事实上却是西医投入比中医多之又多。放眼看去，全国哪一所西医高校、医院不比中医的阔气、时髦、辉煌。相反，中医哪一所高校、科研所、医院与西医的相比不是灰头土脸、规模狭小。中医多年无职称可评，干得好无人表扬，干得坏却有人批评。同样一个病，西医看死，理所当然，中医看死，大祸临头。中医人员在临床上再有奇迹、再有创新，不算奇迹、不算创新，中医的治验多被斥之为低层次不能重复的个人经验。目前的中医院校凡晋升高级职称，或已有高级职称而要想保住高级职称和待遇，其重要考评指标就是要有课题。而课题呢，则大多必须按照西医或西方的所谓科研规范去设计、申报，否则就甭想中标。不中标，无课题，就甭想上岗，这可是一把硬刀子。问题还不仅于此，目前大学中所谓的学科带头人、专家组成员，除了一些个别年龄比较大的特例外，也大都从有课题的、同时干西医课题比较卖力投入的、有“成果”的、其实不懂或不全懂中医的所谓专家中选拔，真正死心塌地在大学搞中医的人却大都不是中医学科带头人或所谓拔尖人才。近年，各地开展名中医选拔，然而由于评定多系官方操办，当代名医有的名副其实，有的却名不副实，有的却是地道的因官得“名”、因权得“名”，临床深受病人推崇的中医却不是名医，相反，门诊常坐冷板凳的中医却堂而皇之、莫名其妙地被册封成名医，这种名医评定机制奖掖了谁打击了谁不是很值得思考吗？再如，中医的一些用之千年的成药，目前已从市场上消失，其原因也是体制。目前的中药研发，完全不顾中医自身规律，即使临床千年效方，也不能成为成药，要成为市场上流通的药物则必须通过以西医为标准的审查。另外，在临床上，多年来的大锅饭体制在一些国有医院仍根深蒂固，看得好病、门诊量大的医生和看不好病、门诊量少的医生工资一样，甚至前者比后者还要低，原因仅是职称一样或工龄一样。业务晋升，往往不是看真实业务水平，而是需要论文，论文还必须要有样本、有实验。样本、实验呢，又必须按西医套路来，这种种连环套不是把热衷中医者引入绝境，就是逼向异化之途。奈何？

“冰冻三尺，非一日之寒”，体制问题，一言难尽。体制之固，如铜墙铁壁，老司长吕炳奎、老部长崔月犁均对此由衷呼吁过，他们呼得几近声嘶力竭、身心交瘁，直至生命结束，其情其衷之悲壮可以感动上苍，然却不能撼动体制于丝毫。

中医学术的浅薄和异化，目前已直接导致中医真正的接班人缺失、断代，形势十分严峻，大概等到当前这班中老年中医“遗老遗少”一过世，在中国就找不到真正的中医了。体制又横出一刀，对中医赶尽杀绝，中医真的危矣！值此中医生死存亡之秋，谁能救我中医？所以，为中医诊脉容易，让中医起死回生难矣！至少目前我还看不到希望。

把中医教给大众

由上文看来，中医真的危矣！怎么办？由于我爱中医之切，作为中医的一分子，中华民族的子孙，我当然有责任捍卫我们祖先留给全人类的这一宝贵遗产。既然目前从体制上难以扭转颓局，我思考再三，觉得挽救中医就只有“曲线救亡”一条路好走。何为“曲线”？就是靠正常正规教育途径不行了，而是需唤醒民众去“打游击战”“地道战”，把中医教给大众，让大众了解中医、认识中医，把中医的种子播撒于大众这一沃土，那样就谁也别想灭亡中医。思考成熟，目标既定，我即开始我的行动。中医理论普遍文辞深奥，那么怎样让大众了解其奥旨、妙义呢？方法只有一条，就是深入浅出。其次，力避直谈医理和医学名词，而是用大众都能理解的道理和语言进行现代表述。鉴于此，我把中医的学理、精义写成《中华解读生命的大智慧——中医》一文。文很长，洋洋数万言，分别从：大智慧之一——生命与自然一体，生命应顺应自然；大智慧之二——执简驭繁，把握大道；大智慧之三——注重宏观整体，又不忽视微观局部；大智慧之四——随机应变；大智慧之五——以不变应万变；大智慧之六——尚中、尚和；大智慧之七——取象比类，同理、同构相借；大智慧之八——治心为上；大智慧之九——因势利导；大智慧之十——以哲学为用，共十个方面，对中医有关生命认识及其规律的把握作了较全面的介绍和高度的评价。我已就该文内容在上海一些大学进行了演讲，并打算将该文扩充配图出版，作为我唤醒民众、把中医教给大众的第一步工作。

第二步工作我拟以现代图文、声像的录制与传播手段，把我治病的过程，病人经治后的情况、反应和医学物理检查、化验指标的变化等用声像全面真实地反映出来，以期用活生生的事实告诉大众，中医是科学的，是治病养生的至宝。这一工作，我也已开展近两年，目前仍在进行中。

第三步是建立广泛的统一战线，保存中医种子。凡世界上一切尊重中医、理解中医、热爱中医、从事中医、相信中医的各界人士，都是我们中医“救亡”团结的对象。与此同时，我们还要教育、“策反”一些不明真相、盲目反对中医的人士，以壮大中医的力量。鉴于目前中医教育已普遍异化，教材与教学管理已普遍僵化、程式化，要其改也难，依靠目前正规中医教育培养的学生特别是研究生已不是中医接班人，而是如著名老中医李今庸所言，是“培养自己的掘墓人”，因此，我还打算联合中医高校及民间有志于挽救、捍卫中医的有中医真才实学的专家志士去授徒、讲学、开展论坛、出专著，以建立传承真正中医的、中医“正规教育”以外的“中医别动队”，为保存中医留下种子。

赠君数言留共勉

学无止境，这是古人的一句名言，在对中医学术的追求上，在对文化的探求上，我自知差得很远。《名老中医之路续编》一书的主编张奇文教授来信约稿，让我撰写成才之路。其实从心里讲，成功真的不敢当，但要说感想或治学经验，倒也有一点，所以不妨讲出来，希望能给读者一点启发或借鉴。体会之一是人要有自信，千万不能自卑，更不能自傲。自卑，就会迷信权威，迷信名著，迷信名人，既然迷信，你就会走不出名人权威的圈子，就会缺少创造力。我这人从不盲目敬仰官，敬仰名人，不管什么人，只要他真的有学问，哪怕他就是捡垃圾的，我也会谦恭地拜他为师，向他学习。我的好多新观念的提出，就是从怀疑名人、权威开始的。其二，我这人不喜欢随大流，遇事喜欢独立思考，如果没有道理，就坚决不跟风，这样做当然有时会受到误解，甚至有人会指责我“狂傲”。对此，我曾写过一首小诗作答：“守法奉公不骂娘，世人依旧笑吾狂；自知狂在不随俗，不愿跟风有主张。”对事、对看病我能提出些较为独到的见解，就是基于不愿跟风。其三，做学问不能紧盯一门学问去做，一定要博览旁涉。我曾撰了一副“专业务须学透，大才必得旁通”的对联贴在办公室与同事、学生共勉。凡留心学问者，对我这副对联可能都有同感，我自己就深感知识广博与否对一个人能否成才有时确起到决定性的影响。有些报纸曾总结我的专长：“说他是诗人，因为他是上海诗词学会理事；说他是书法家，因为他是中国书法家协会会员；说他是画家，因为他是书画家协会一级画师、上海美协会员。然而，他的职业是医生，并以擅治各种疑难病证且疗效显著而闻名海内外。他就是沪上中医名家，上海中医药大学教授潘朝曦。”中央电视台“名师名校”栏目介绍我时，在我出场前，把我的书房、作品、照片等先放给现场的大学生看，让他们猜我的职业，结果现场观众猜对我职业者仅占1/4。我在医学以外确实爱好很多，并且有的也搞出点名堂，让专业人士侧目或推重。我在学校开设的课程除中医课外，还有中国古代天文，据查在中医院校我还是开设这门课的第一人。我特别爱好文学、历史，平常阅读的书，古有诸子百家，现代则有当代小说、散文，我业余写过小说、散文，更多的是写诗，我的诗作曾多次被诗友拿去发表，我的画也曾发表于《人民日报》《文汇报》等多种报刊，字画还被上海、江苏一些大的拍卖行拿去拍卖，卖价还不菲……所以，我常会不无调侃地对我的学生说：“等到中医灭亡了，我还可以凭我的薄技去混碗饭吃，到时候看你们怎么办？我老了可救不了你们了。”这当然是笑话了。我说这话的目的并不是要我们中医去改行，而是劝我们一些年轻同道去旁涉中医以外的知识，有时别的知识能使你在专业上触类旁通，有些知识能润滑你的思维，有的知识能使你百思不解的难题豁然开朗。据说美国哈佛大学曾对学生的创造力进行过分群比较，发现专业以外爱好或了解熟悉艺术者普遍创造力高于不懂艺术者。说也奇怪，我曾撰写过一篇题为《大道纲驭书道中——论阴阳与书法》的书法论文，发表在《书法研究》杂志上，想不到这篇论文不仅被北京大学出版社出版的《中国书法文化大观》一书所收载，还被上海书画出版社出版的《20世纪书法研究丛书》收载，真是“无心插柳柳成荫”啊！其实根源就在于我是学中医的，比别的书法家通阴阳学说。可见，学术间无处不可渗透融贯。我在临床上的好多治法都是借鉴的兵法和艺术上的形象思维，我的一些发明专利也是从医学以外的一些学问中得到启发的，一些与众不同的观念的提出，也是通过博览他书而获得的。曾是我所在大学的一位校长说：“潘朝曦的成功全在于他脑子活。”其实我知道，要是我脑子真的比别人活一点的话，那完全来自我的广泛兴趣和爱好。不少记者采访我，问我："你最欣赏的名言是什么？"我说："就学医而言，我最欣赏的名言是：一个医生，如果仅仅是医生，就绝不是好医生。"这句话是外国的一句谚语。现在，我想把这句话和上面的人要有自信等观点借本书赠给后学同道，希望以此共勉，也希望我的同道能"好风凭借力"，早日"上青云"！

"借我人生二百年"

前人讲："人生有涯学无涯。"学无涯，上文已讲了，人生有涯，我在年轻时，真是感觉不到，现在，不知不觉已过50岁，向60飞奔了。虽然按新的青、中、老年划分标准来看，我还属中年，但现在我倍感时间过得飞快，要做的事情还有很多。有关中医，还有一些病我没有攻克；有关学问，还有很多学理没有学到；有关学子，还没有很好地去栽培；有关艺术，还有很多创作构想没有去实现；有关世风人心，还没有去很好地感化扭转；有关国家人民，有的还很贫穷落后，还没有去扶助关爱，还有……一切的一切，我想干的事情太多了，这些无疑均需要时间去完成。更加之当前"真风告逝，大伪斯兴"，人心不古，社会责任心凋敝之际，我不赴汤火谁去？然而，面对现实，纵然能活到100岁，我看也不够用，不够用怎么办？大概出于诗人的特质，我突发奇想，写了一首诗，诗题是：《借我百年》，向谁借呢？读者一看就知道了：

欠条掷至阎王前，借我人生二百年；

一半挽教时俗转，余多炼石补苍天。

仅以此诗作为我平生不懈追求途中的一个永不会结束的总结和宣言。

朱婉华

朱婉华（1949— ），毕业于南京中医学院，硕士，主任中医师，安徽省中医学院兼职教授。南通良春中医专科医院、南通良春风湿病医院院长；南通良春中医药研究所所长；中华中医药学会名医学术思想研究会副主任委员；中华中医药学会肿瘤分会委员；中华中医药学会风湿病分会常委暨江苏省专业委员会副主任；中国中西医结合防治风湿病联盟副主席暨专业委员会副主任；中国癌症基金会北京鲜药研制中心委员。江苏省第十届人大代表。国医大师朱良春教授的学术继承人。

在风湿病领域已获得五项部、省、市级科技成果进步奖，并研发“益肾蠲痹丸”；参加过四本著作的撰写和五部大型工具书的编写。在国际、全国和省级杂志发表学术论文50余篇。主持完成国家科技部“十五”重点攻关项目两项；为国家科技部“十一五”科技支撑计划——中医治疗常见病研究项目——“痛风性关节炎中医综合治疗方案研究”课题负责人和疑难病中医干预及疗效评价研究项目——“基于二次临床研究的中医药治疗类风湿性关节炎的临床评价”课题、江苏省科技支撑计划“朱良春诊疗经验传承创新及运用示范”课题分中心负责人，国家中医药管理局“十一五”重点专科（风湿病科）建设项目负责人暨全国痛风协作组组长；2008年获中国中西医结合学会风湿病专业委员会授予的“推动风湿病学术发展贡献奖”；2009年荣获江苏省“五一劳动奖章”。

医乃仁术

我认识的一位新华社的朋友和我都是新中国同龄人，他说了段手机段子形容我们这代人的人生：该长身体时没饭吃（20世纪60年代三年自然灾害），该读书时没书读（“文革”时期下农村），该结婚时没房子，该升职时没学历，真是什么都赶上了。1968年我高中毕业，毕业后到建设兵团插队，锻炼近三年后，兵团领导得知知青中有名医后代，就派我们回城去学医（当时父亲还未能正式解放），我就是在这种机缘下踏上学医之路的。从学医的第一天起父亲的教诲“医乃仁术”就在我心中扎下了根。“仁”字拆字“亻”是“人”，“二”是医生和病人，“仁”就是医生和病人，二者的关系是和谐合作关系，做医生必须把病人当亲人，病人才会信任医生。父亲说：“医生必须要具备‘仁心’才会有‘仁术’，做医生对病人，要做到章次公老要求的‘菩萨心肠，儿女性情，英雄肝胆，神仙手眼’。”（这是父亲出师时章老赠言）正是有了这样的教诲，加之在农场与老职工同吃、同住、同劳动的磨炼，将我的“骄”“娇”二气都磨掉了，同化了。所以对病人尤其是对普通老百姓，我对他们的感情是由心而发的亲近、耐心，当看到这些身陷疾病困扰，由病致贫或由贫致病的病人我会尽力给予理解和帮助。

记得2003年6月份从上海市松江区来了一对中年夫妇带着他们在上海复旦大学读书的儿子来看病，母亲为某中学教师，儿子陈某为复旦大学学生，因患硬皮病在上海医院诊治两年余，病情一直进行性加重，形体消瘦，两手指由雷诺现象逐渐发展至手指皮肤僵硬、指腹破溃坏死、指骨显露。就诊后家父考虑其经济状况给他开了中药和浓缩益肾蠲痹丸一月，价格约900元。当时天气已逐渐转热，我考虑到夏季高温易引发感染，如孩子指腹软组织坏死不能愈合而出现继发感染，就会截指。如果是这个结局，这对孩子乃至父母都太残酷了。如果孩子能康复，将来肯定是国家有用之才，所以我就建议他改用起效快、价格较高的鲜动物药，一个月约3000元的药费，当时病家听了我的建议同意换价格高的药，我也告之病家三个月为一个疗程，判断这个治疗方法有效、无效为六个月，一般三个月可以起效。病家在服用两个月的药后，第三个月应该函诊买药时，我收到患者母亲的来信，信中讲述服药二月未见明显效果，不客气的话语显见字里行间：“我儿子从患病到现在两年余，在上海看的都是知名大医院、大教授，还没有一个医生敢对我们讲这个病是能治好的，你却竟敢说大话。为了孩子的病我们已花掉近十万元了……你不要见了一个病人就宰一个病人……”看了这封信后我心里很平静，因为我是真心为患者着想，没有半句谎言，根据我的经验，我有信心，当天晚上我怀着一个母亲和一个白衣战士的心情给她写了一封信，同时寄了一张近期的《中国中医药报》，报纸上介绍了广东省中医院用中医药成功治疗 SARS（严重急性呼吸综合征）的报道，西医治不好的病，不等于中医也不能治，并表示愿意先免费提供她儿子四个月的药物，希望她在儿子服用六个月药以后再下结论，我是否是夸大口！第二天药还未寄出，刚巧上海龙华医院的教授介绍一个皮肤病人前来就诊，我请这位上海病人替我们将药送给她，当她收到药时，误认为是我们医院的职工送药上门，拒绝接受；当来者告之她自己也是去南通看病的病人，是顺道做好事送药来时，她才勉强将药收下。到了第四个月，我估计药该吃完了又给她寄了一个月的药，在服第四月的药期间，患者坏死的指腹已经康复如常人。快第五个月时，我接到她的来信，告我患者十指坏死全都愈合，身体健康，体质明显增强，信中感激之情溢于字里行间："感谢朱医师的大恩大德，一家人永世不忘……" 两年后，陈某大学毕业，凭着他优秀学业成绩和健康的身体，很快在外企找到一份好工作，当时月薪就 5000 元。

透过这件事，我悟到了苏轼"以至诚为道，以至仁为德"的真正含义，家父所训"医乃仁术"的道理是对病人真诚和奉献。

经典是基础

父亲要求我们：做医生要耐得住清贫、耐得住寂寞、耐得住苦读，心无杂念，才能潜下心来读书做学问。1978 年 11 月因父亲身边无子女继承，所以我被从南通市第一人民医院调到南通市中医院跟父亲学习中医。从学习中医的第一天起，父亲就强调：中医学，是中华传统文化的一部分，要想真正掌握它，运用它，不熟读经典，深入钻研，精思敏悟，长期实践，融会贯通，是不可能得其精髓而有所造诣的。"自古医家出经典"，历代著名医家多数都是依靠经典而获得成就的。经典著作，文简、意博、理奥、趣深，要熟读精研，先通读原文，理解全书主要精神，辨别精华与糟粕；然后熟读警句，掌握精髓，所谓"书读百遍，其义自见"。我一直牢记父亲的教导，刻苦钻研中医经典，特别是《黄帝内经》《伤寒杂病论》，下苦功夫去"心悟"，除了熟读中医四大经典外，对后世历代名著，我也进行了泛览，择其善者而从之。在临床实践中，熟读经典，触类旁通就能加以引申扩展。

记得初涉临床时，我遇到一中年妇女子宫肌瘤切除术后 45 天，感受风寒，自汗盗汗，时值夏末秋初，天气尚热，患者却头裹大围巾，只露双眼，身穿厚外套，动辄大汗淋漓，汗出恶风，咽中如物梗阻，吐之不出，咽之不下，恶心呕吐，呕吐物为白色泡沫状，五心烦热，口干而苦，夜寐不安，苔薄黄，舌质紫，脉细濡。虽然患者主诉较多，症情复杂，但仔细分析，患者术后感寒，动辄汗出，恶风，这不正是《伤寒论》中“中风表虚证”吗？（原文“太阳中风，阳浮而阴弱，阳浮者，热自发，阴弱者，汗自出，啬啬恶寒，淅淅恶风，翕翕发热，鼻鸣干呕者，桂枝汤主之。”）患者术后体虚，复感风寒，腠理不固，卫气外泄，营阴不得内守，而出现自汗，汗出，恶风，恶心呕吐，所以是表虚证，配合“玉屏风散”，治虚人腠理不固，易感风邪；患者咽中如物梗阻，吐之不出，咽之不下，索《金匮要略·妇人杂病脉证并治》“妇人咽中如有炙脔，半夏厚朴汤主之”；患者尚有五心烦热，口干而苦，夜寐不安的症状，乃《伤寒论》中“栀子豉汤证”，予桂枝汤合玉屏风散合栀子豉汤合半夏厚朴汤加减，服药 14 天，五心烦热，自汗盗汗，大汗淋漓，汗出恶风，咽中如物梗阻，吐之不出，咽之不下等症状明显好转，外出亦不需头裹大围巾，衣着如常人。

类似能指导实践的经典病案不胜枚举。通过学习中医经典，以及多年的临床实践，发现确实有许多内容是超时代的智慧结晶，但还有不少宝藏未被发掘，奥旨精义未被阐明。中医经典是取之不尽，用之不竭的宝库。中医经典理论的内涵，可以用“伟大的真理，科学的预见”来概括。因此，后世的中医学生，对中医经典应当努力学习、研究、不断发掘、弘扬。通过学习，接近经典，其实就接近了这些大师，通过学习经典，最后把我们自己造就成雷公、少俞、少师，这也是学习经典最根本的意义。

传承是关键

学习中医，“师传”是学习过程中一个重要的关键，正如雨路教授所说：“中医这个东西要想真正学好来，只有两个字，就是应当‘师传’。”

1978 年我到中医院继承学习后，发现父亲治疗内科杂病，都有自己独到的经验和体会，很有价值，尤其是对风湿、肿瘤及肝、肺、肾重症治疗有很多宝贵经验。例如对痹证中久治难愈的疾病，喜用“顽痹”统称，他认为“顽痹”

具有“久痛多瘀、久痛入络、久痛多虚、久必及肾”的特点，同时患者多有阳气先虚的因素，病邪遂乘虚袭踞经隧，气血为邪所阻，壅滞经脉，深入骨骱，胶着不去，痰瘀交阻，凝涩不通，邪正混淆，如油入面，肿痛以作。而骨为肾所主，故提出益肾壮督治其本，蠲痹通络治其标的“从肾论治”观点，益肾壮督与祛风散寒、除湿通络、涤痰化瘀、虫类搜剔诸法合用，标本兼顾。通过益肾壮督，提高机体抗病能力，使正胜邪却，此即所谓“不治之治，正妙于治也”。另一方面蠲痹通络之品多辛温宣散，走而不守，药力难以持久，而与益肾壮督之品相伍后，尤其加入大队虫类药后其药力得以加强，药效得以延长，所以疗效明显提高。

1985年我参加了全国中医痹证协作组学术活动，组长冷方南教授带领全国的专家，对以焦老、路老为首的老专家拟定的经验方进行验证，同时要求百花齐放，如协作组成员中有好方子也可以做对比观察。我觉得父亲所研制的“益肾蠲痹丸”（医院制剂）效果较好，就萌发了将益肾蠲痹丸开发成新药的念头，这是我第一次搞新药研究。父亲带领我与中国中医研究院基础理论研究所合作，在首创Ⅱ型胶原加寒湿因素所致的具有自身免疫反应特征的大鼠关节炎模型，通过实验证实“益肾蠲痹丸”能使滑膜组织炎性细胞及纤维素渗出减少，胶原纤维减少，软骨细胞增生修复，该项研究在中华中医药学会，中国中西医结合风湿病专业委员会大会交流后，受到很高评价。之后我们组织江苏省中医院、安徽戈矶山医学院附院、扬州市中医院等五家医院进行了临床观察，前后用了4年的时间，于1989年1月获新药证书，北京同仁堂药厂厂长和研究所所长专程来南通要求将益肾蠲痹丸转让给他们厂，后因地方保护原因转让给江苏一个药厂，没能发挥好该药的最大社会效益，第2年又转让广东一家药厂。1990年获国家中医药管理局科技进步三等奖。15年前我院制剂室对工艺进行改良研制了浓缩益肾蠲痹丸，对胃肠道刺激性小，深受患者青睐，成为医院拳头产品。

在跟随父亲多年临床中，我发现父亲除治疗风湿病的疗效非常好外，对其他一些疑难杂症往往也都是药到病除。如能系统地总结，找出他们的个性与共性，再用现代科技手段做成电脑软件进行推广应用，那该多好。1986年与南京中医学院计算机中心合作，在总结家父50年治疗痹证学术思想和用药经验基础上，对痹证中常见、多发、难治的慢性风湿性关节炎、强直性脊柱炎、类风湿性关节炎、颈椎增生、坐骨神经痛、肩周炎、风湿热等病进行了医理设计，共设141个主证，36个兼证，证候分类较为全面，对每个证均设有中西医诊断标准，理、法、方、药齐全，人机符合率达98%，经专家评审达国内领先水平，1988年获江苏省科技进步奖，1990年应邀参加新加坡国际电脑软件展示，展示后，新加坡客商要求做此软件在东南亚经销，后来由于体制和认知等关系，父亲的临床经验和科研成果并未得到有效推广，有价值的经验处方未能被很好地开发利用，我深感惋惜。这种情形并非个例，名老中医学术继承曾是中医界一个十分突出的问题。作为朱良春的学术继承人，我经常有机会出去接触邓铁涛、路志正、任继学、颜德馨、张琪、吉良晨等中医大家，他们对中医事业和中医前途忧心忡忡，一切只为中医传承的那种场面和情怀，看了让人都要掉眼泪。他们说："真希望你们这些继承人能为中医药撑住一片天啊!"听后我觉得这个责任首先应该由我们名老中医子女来承担。怀着这种强烈的使命感，为了更好地传承父辈老中医们的学术精华，1992年8月，在邓小平视察南方讲话精神的鼓舞下，我放弃了第二年可以享受国务院政府特殊津贴的待遇辞去公职（当时我被任命为南通市中医院风湿病专科的负责人，为1991年度南通市中青年技术拔尖人才），创办了首家由全国名老中医自办的中医药临床研究所，从四间简陋平房起步，逐渐做大做强，经过十几年的努力和奔波，不断超越，2006年9月建立了现在的良春风湿病医院，拥有符合GMP要求的中药制剂室2800平方米，生产根据各名老中医经验方研制的21种有自主产权的院内制剂，2007年3月医院被国家中医药管理局确定为"十一五"重点专科风湿病项目建设单位和痛风协作组组长单位，并承担"十一五"国家支撑计划中医治疗常见病研究项目"痛风性关节炎中医综合治疗方案研究"等课题研究。

全国这么多的风湿病人、肿瘤病人，一个良春医院是看不过来的。我很重视民营医院的社会效益，对学生及外院进修人员言传身教，毫不保守，医院积极向外界传播经验，是中国中医科学院基础临床研究所博士后流动工作室和南京中医药大学的临床实习基地，先后承办全国、省级风湿病、疑难病培训班十多期，向全国各地的中医师传授家父擅长虫类药治疗疑难杂症的经验，让名老中医的学术精华能代代相传。

临床是根本

中医学术、技能的提高，既要善于发掘继承，更要通过实践创新，不断总结提高。在理论指导下拓展，在实践总结中升华，“实践出真知”。父亲常教导我们：在研读经典之余，一定要勤实践、多领悟，从而把客观的间接经验，变成自己的直接经验，使之得心应手，发挥中医药的卓越作用，才能成为处理各种疑难杂症的高手。

20 世纪 80 年代，我就根据家父治疗痹症的经验，从理论上提出“顽痹从肾论治”的观点，并与中国中医研究院基础理论研究所合作运用现代科学手段证实了该论点的正确性；后与南京中医学院计算机中心合作研发了朱良春主任医师痹症诊疗软件；研制了新药益肾蠲痹丸，20 世纪 80 年代末即获得三项省、部级科研成果。在忙于科研的同时，我也没有放松临床。创业刚起步时，没有做任何的宣传，若要留住病人，临床疗效显得非常关键。通过三十余年的磨炼和临床经验的积累，我的临床水平与日俱增，总结了父亲一套系统治疗风湿病的理论和方法，为申报国家中医药管理局 2005 年科技成果推广项目奠定了基础，在我院治好的病人不计其数，患者口口相传，成为医院的无形广告，门诊量逐日上升，每天至少要看四五十个病人。记得 2006 年 6 月份从厦门来了一家人，抬了一个长匾和一个大花篮送给我。老太太叫顾平，通州人，是我十年前治疗的一个胃癌病人，当时她胃癌开刀后复发，西医建议她继续做化疗。她侄女在苏州曾找我看过胃病，特地带她来南通找我看病，当时她一脸痛苦，呻吟不止，口中还不断涌出白色泡沫痰，我直言不讳：如果再做化疗她一定难以耐受，如能坚持服用 5 年的中药可延长生存期，改善生活质量，她丈夫也支持她坚持服用中药，药后病情逐渐好转，1 年后，随女儿移居厦门。随后我们每月给她寄药，一直到胃镜复查全部正常才开始逐渐减药至停药，距离现在已有 9 年没见面了，当时那个瘦弱的老太太，如今面色红润，我竟认不出来了。通过自己长期的临床实践和验证，深切体会到父亲行之有效的理法方药是经得起重复和值得推广的。类似这样的例子很多很多。

中医药是传统文化中的一枝奇葩，我们责无旁贷，一定要做好“承接岐黄薪火，传承中医衣钵”的工作，为振兴中医药事业而不懈奋进。

创新是发展

从 1978 年我调到南通市中医院到现在，一直跟随父亲学习，耳濡目染使得我进步较快，同时在继承父亲学术思想的基础上有所发展，虽然我不可能成为父亲这样的“大家”，因为该学习的时候没有学上，但是我有些西医的基础，看病时是双向思维，即“双重诊断，一重治疗”（中西医诊断，中药治疗）。治疗时，我会与父亲经常交流，父亲水平高超，但只要你对他的处方提出这个方子再加点什么效果会更好，他认为有道理也会加上。有时他在开药方时，也会特意叫上我：“你看看再加点什么药?”我会很放松地说上一两味药。父女之间的相互切磋也是一种创新火花的碰撞，我继承了父亲的学术精髓，但看病处方并非父亲的“翻版”，在诊疗思路上也不尽相同，在临床学术上具有自己的风格和经验。

例如：益肾蠲痹法治疗风湿病（类风湿关节炎、风湿性关节炎、颈胸腰椎退变、椎管狭窄、骨关节炎），被国家中医药管理局定为2005年度全国科技成果推广项目，我根据自己临床经验的积累，将“益肾蠲痹法”创新应用于系统性红斑狼疮、干燥综合征、硬皮病以及幼儿特发性关节炎的治疗，把临床观察用药的时间放宽在3~5年，临床取得满意疗效。近日我们对2002~2008年在我院治疗的54例SIE服药在3年以上的患者进行了回顾性研究，54例患者治疗后症状积分显著下降，ESR、CRP明显下降；激素用量逐渐撤减至停服，ENA系列指标阴转率最高达96.3%，文章近期将在《世界科学技术——中医药现代化》杂志上发表。10年前又将治疗肝癌的鲜动物药“金龙胶囊”纳入重症风湿类疾病治疗方案，该药亦已纳入国家中医药管理局“十一五”风湿病重点专科类风湿关节炎、强直性脊柱炎全国验证方案。

父亲在诊治痛风的长期临床实践中，深入研究，反复推敲，对痛风性关节炎的治疗积累了丰富的临床经验，并创立了“浊瘀痹”新病名以及“泄浊化瘀、调益脾肾”的治疗大法。我根据父亲治疗痛风的经验方研制了医院制剂“痛风颗粒”，2003年“痛风冲剂（痛风颗粒）治疗痛风的临床和实验研究”获南通市科技进步奖，在此基础上又根据临床实践总结出急性期、间歇期、慢性期治疗方法，配合浓缩益肾蠲痹丸使用对慢性期痛风结石也有满意疗效。我制定的“痛风性关节炎中医综合治疗方案”2007年被列为国家科技部“十一五”科技支撑计划“中医治疗常见病研究”项目。

中医要进步、要发展，就必须要有所创新、有所创造、有所发明，没有继承就不能保持中医药优势与特色，没有创新中医药发展就失去原动力。父亲常对我说："继承与创新是中医药发展的永恒主题，继承是创新的基础，创新更是继承的动力，只有将基础理论进行深入学习研究，才能全面继承，方可系统整理，进而创新、发展、提高。"

弘扬才必然

中国的中医药学，历史悠久，博大精深，经过几千年的不断充实、完善，形成了独具特色的理论与实践体系，是传统医学中的一枝奇葩。然而中医的学术传承却曾经是中医界的一个突出问题。

2000 年开始，广东省中医院请国内著名老专家举办拜师带徒的活动，让名老中医的学术思想能够传承下去。我非常赞同他们的中医传承模式，2004 年 11 月，我在广州参加"邓铁涛学术思想国际研讨会"时，广州中医药大学宴请老专家和陪同人员，敬酒时我对吕玉波院长说："与会的老先生们约好明年都到我们南通去看看，如果能把你们广东省好的经验做法带到江苏，那对中医药事业将是一件很有意义的事。"心有灵犀一点通，我的想法得到吕玉波及其他领导的全力支持。回到南通后我又把想法向丁大卫市长汇报，丁市长马上批复，让各部门大力支持。2005 年 6 月，"首届著名中医药学家传承高层论坛"在南通召开，开幕式上，省政府朱步楼副秘书长，市委罗一民书记都来参加并宴请了所有专家，丁市长不在家，其他主要领导都出面了，整个接待规格非常高，比如警车开道接送，车队都直接开到机场里面的停机坪，会议安排在五星级宾馆举行，当时在全国也是很轰动的，因为这不是为款待某些领导，是把它提到中医药事业发展的战略高度上了。当时来了 30 名老专家、国家中医药管理局局长佘靖和三个司的司长、三个中医药大学的校长、三个省的中医药管理局局长，可以说国内最著名的中医药大师都来了，在主席台坐了两排。大师们的得意门生，也就是学术继承人也基本都来了。三天的会议，交流的论文就达 150 多篇，论文质量之高、论题范围之广，都应该说是非以往可比。我还专程去著名国画大师吴冠中家请他亲笔题写"名师与高徒"。广东省是中医药强省，对中医药的传承和发展非常重视，从 2006 年开始每一届的中医药传承高层论坛都在广东省召开。通过这种传承高层论坛的形式，更好地继承老一辈中医学家的学术精华，更好地弘扬中医药学，让更多的患者享受中医药服务。

后　记

我是新中国的同龄人，我属牛，是劳碌命，应该退休了，看着93岁高龄的父亲一周仍坚持三个半天出门诊，所以我更不能怠慢，更要生龙活虎地为中医药事业努力工作。虎年的担子更重，国家中医药管理局“十一五”风湿病重点专科要通过验收，120张病床的大楼要竣工，70亩地的中医专科医院建设项目（肿瘤、养生康复）要运作，我牵头的“十一五”国家科技支撑计划中医治疗常见病研究项目“痛风性关节炎中医综合治疗方案研究”课题要结题，江苏省博士后科研工作站要启动，21个医院制剂要继续研发……走吴仪副总理提出的“名医、名科、名院”的中医院发展模式之路，将是历史赋予我们的使命。我们坚信坚持中医药治疗特色，是中医走出困境的唯一出路。

马大正

马大正（1949— ），浙江省温州市人，毕业于浙江中医学院（现浙江中医药大学），在温州市中医院从事中医妇科工作，曾师从浙江省高级中医师吴国栋主任。为主任中医师，上海中医药大学硕士生导师，浙江中医药大学兼职教授，浙江省名中医，国家中医药管理局“十一五”重点专科不孕不育协作组专家，浙江省卫生技术高级职务任职资格评审委员会专家，全国中医学妇科分会委员，浙江省妇科分会委员。先后获温州市专业技术拔尖人才、浙江省医学优秀中青年科技人员称号，享受国务院颁发的政府特殊津贴，为中华医学会浙江分会评选的浙江省优秀医生，为浙江省人民政府评选的浙江省名中医，被卫生部、人事部、国家中医药管理局遴选为全国第三批名老中医学术经验继承工作指导老师。

临床上提倡辨证论治，善于运用经方治疗妇科疾病，又极力主张对专病专方的研究。擅长医治男女不孕不育症、功能性子宫出血、先兆流产、子宫肌瘤、子宫内膜异位症等疾病。创制出不少高效的临床方剂。诊务繁忙，日接待门诊120人次以上，年完成门诊量达3.6万人次。研究课题曾获温州市科技进步奖二等奖、南怀瑾医药科技奖励基金会三等奖、浙江省中医药科技进步奖优秀奖和浙江省中医药科学技术创新奖三等奖。著有《中国妇产科发展史》《中医妇科临床药物手册》《妇产科疾病中医治疗全书》《疑难病症中西医结合攻略·子宫肌瘤》《妇科证治经方心裁——206首仲景方剂新用广验集》《全国老中医药专家——马大正中医妇科医论医案集》《中医1000问·妇人篇》，共计7部著作，发表医学文章94篇。

皛雪映简牍 目耕驾银齹

我出生于温州市一个“书画传家三百年”世泽绵长的书香门第，家族代有医家。清代医家赵学敏在《本草纲目拾遗》中记载：“昔客东瓯，闻马氏点眼药粉为天下第一”，记录了当时马氏家族医事之盛况。父亲是国内著名的诗人和散文诗作家，在杭州大学中文系从事写作教学，我从小便接受熏陶，热爱文学。

1966 年就读于人才济济的温州市第一中学，因为“文革”，支边已成为我唯一的选择，考虑到东北农村十分缺医少药，毅然决然地立下弃文从医的决心，靠几本借到的针灸资料，誊抄文字，描摹图谱，编成一本自题为《针砭杂俎》的笔记自学，带上针具，肩负行囊，于 1969 年奔赴黑龙江省七台河特区某生产队插队当农民。

初事稼穑，劳苦万分，但我仍坚持晨起早读，与农民日出而作，日落而息，掌灯时还为百姓诊治，并认真做治疗记录。我担心时间的流逝而荒废光阴，便孜孜不倦地努力学习。作于 1972 年的一首《早读》诗，便是当年情景的真实写照：“皛雪映简牍，目耕驾银齹。祖狄固黾勉，司晨焉敢误。”通过自学针灸和临床实践，掌握了北方常见病、多发病的针灸治疗方法，如慢性气管炎、支气管哮喘、关节炎、胃病等。当细菌性痢疾肆虐时，只要几次针刺便可以使患者迅速痊愈。当时治愈了一位年逾花甲双目失明的老人，从中我看到了针灸的神奇功效，针灸给我带来了极大的乐趣，还因此与农民结下深厚的友谊。由于当地缺医少药，经生产队贫下中农协会的极力荐举，不久我便成为村里半农半医的“赤脚医生”。光阴荏苒，因医技日精，疗效每卓，声誉日隆，七台河特区还专门对我的事迹作了广播报道，远近求诊者络绎不绝。此时我借到了当地公社卫生院刘姓老中医的一本《医学白话》誊抄，自学中医。还搜集各地出版的中草药小册子，栉风沐雨到田野山林识别采集中草药，熟悉了许多中草药，与草药结下不解之缘。因治病常能针到病除，人们给我起了个“马一针”的雅号。

1974 年我调往浙江省温州市永嘉县一个半山区的公社卫生院从事农村基层卫生工作，由于工作需要，我开始自学西医，攻读《实用内科学》，山区经常没有电，青灯夜读，一夜油烟熏得鼻孔发黑。三年的诊疗磨炼，我掌握了南方农村常见疾病的西医诊疗知识。此时我有一方自刻的章，镌有“半路小集”，自谑半路出家，立志入门。直至1977年我国首次恢复高考招生，我仅用了3个月的复习时间，复习完初中到高一的课程，自学高二到高三的课程，并考取了浙江中医学院。

1978年我踏进浙江中医学院进行深造，这一直是我梦寐以求的理想，也是我“入门”的最佳途径，犹如夜行者获秉烛之光。学习成了我最大的志趣，我如饥似渴地忘我学习，立下誓言，要将“文革”期间损失的光阴弥补过来。与当时的普通学生不同，我绝非死记硬背，而是能够将学到的东西与自己以前临床遭遇的问题对照解读，使我获得比常人更多的启迪和更深的理解。

1982年大学毕业后我被分配到温州市中医院，开始从事中医妇科的临床工作，这才是我真正意义的中医临床工作的开始。今后的道路是多么的漫长，任务是多么的艰难，我感到任重而道远。1983年我师从浙江省卫生厅指定的高级中医师吴国栋副主任，在为期三年的伺诊学习中，学到了老师诊治妇科疾病尤其是独具匠心运用一些经方治疗的经验，并获得浙江省卫生厅的奖励。之后又进修了西医妇科。通过不断地临床实践与中医理论的研究，渐渐声誉鹊起，就诊患者络绎不绝，遍及全国各地甚至国外。

在《中华名人格言》一书中，我如此写道：“没有对事业的钟爱，便不会有成功。有时对事业的钟爱比聪明和才智更重要。”

读书济苍生　听涛著文章

（一）妇科发展史研究

在大学读书期间，我发现当时我国还没有一部专门介绍妇产科发展史的专著，仅有教材上的几页内容。通过八年的发愤研究，搜集参考文献达二百多种，从经、史、诸子、考古、文学、哲学、医学等方面对我国妇产科的发展史进行了全面的发掘和总结，系统地反映了我国历代妇产科学的发展状况，于1991年在山西科技教育出版社出版《中国妇产科发展史》，填补了我国妇产科发展史研究的空白。全书共分10章，分述春秋时代以前、战国、秦汉、魏晋、南北朝、隋、唐、宋金元、明、清至中华人民共和国成立等各个历史时期的妇产科学，诸凡历史背景、妇产科发展的原因及妇产科医家、医著、理论与临床进展等内容，并附有中国妇产科发展史大事记和清代以前妇产科书名索引。《中国妇产科发展史》出版之后，受到国内外诸多同行专家的高度评价，纷纷来信致贺，全国中医妇科分会副主任委员、博士生导师、中医妇科五版教材主编罗元恺教授为本书写序，对本书给予充分肯定，并认为填补了国内研究的空白。2000 年 6 月由余瀛鳌、李经纬主编出版的《中医文献辞典》对本书进行了介绍，《中华医史杂志》1994 年 4 月第 24 卷第 2 期发表专评文章，美国南加州大学历史教授[Char-lotte Furth 在 1999 年出版的著作 A Flourishing Yin——Cender in china′s medical history（960—1665)] 的序言中说："我从许多历史学识的著作中获益，其中一本马大正的妇科史——《中国妇产科发展史》尤为杰出，它兼备了临床与历史学识的眼光。"全书参考《发展史》达 30 多处。《中国妇产科发展史》作为科研成果载入《中国百科成果大全》之中。目前，《中国妇产科发展史》一书已在美国的南加州大学、耶鲁大学，日本的顺天堂大学、北里研究所附属东洋医学研究所、茨城大学，法国的东方语言学院，德国的基尔大学，英国的剑桥大学李约瑟研究所，韩国的庆熙大学等处的图书馆，以及美国国会图书馆中陈列，还流传至新加坡、斯里兰卡、沙特阿拉伯、澳大利亚、加拿大。

（二）妇科药物功效研究

在初涉临床时，我便发现大学的教育模式使从事中医妇科专科的学生在临床时出现用药十分局限，很多药物不知如何使用的普遍问题。为此，我参考医学著作 372 种，医学期刊 69 种，选方 2000 多首，现代文献摘录 800 多条，系统介绍 405 味中药的妇科临床功效，于 1992 年在安徽科技出版社出版《中医妇科临床药物手册》。从中医妇科专科的角度首次对中药的功效进行了系统研究、总结，开辟了编著专科药物学的先河。

经过近 30 年的临床实践，我已开始着手总结个人在妇科领域的用药经验，有很多独特的见解，包括开发应用和用药分量的探索。例如用小麦治疗妊娠便秘；分别用白茅根、海螵蛸、车前子、连翘、平地木等为主药治疗闭经；分别用升麻、天南星、牛蒡子、仙鹤草等治疗霉菌性阴道炎；用木耳治疗经量过少；用甘遂或王不留行治疗胎物残留；用石韦治疗阴道出血；用石膏治疗经色发黑；用鱼鳔治疗胎漏；用胡桃仁治疗崩漏；用拳参治疗月经病；用蒴藋治疗恶露不绝；用商陆治疗输卵管积水；用蛇莓治疗外阴湿疹；用鹅管石治疗带下；用黑大豆治疗闭经等。我认为每一种药物都有其独特的功效，应该使各种药物充分发挥其疗效，临床施治才能做到草木金石皆为我所用，遣药左右逢源，开出具有自己特色的高效方剂。由于我以前认识很多草药，因此非常喜爱使用草药，经常用马齿苋、马鞭草、凤尾草、白毛藤、龙葵、鸡冠花、鸡屎藤、蛇莓、野荞麦根、野海棠、爵床、蒴藋等治疗经、带、胎、产、杂病，取得意外疗效。

根据药食同功，我也重视食物治疗，如姜、葱、枣、米、麦、糖、酒、醋、蜜等的使用，都有心得体会，对于山药、山楂、冬瓜皮、桂圆肉、扁豆、玉米须、南瓜蒂、秫米、莲子、黑大豆、乌骨鸡、木耳、羊肉、鸡蛋（黄）、鱼鳔、淡菜、猪肾、鲤鱼等，也讲究使用。

例如，一妇妊娠7个多月，2个月前行羊水穿刺后阴道出血一直未净，血量少，无腰腹疼痛。舌淡红，苔薄腻，脉细。我用苎麻根50g、太子参20g、大枣10个、糯米100g，5剂，煮成药粥后食用，经治之后，阴道出血即净。

还有用艾叶煮鸡蛋食用，治疗先兆流产，并在病房推广食用，收到良好效果。

为了能将自己的用药经验传授给年轻一代，打算出版一本《妇科用药400品历验心得》。

（三）妇科治疗方法研究

许多医生在多次用药治疗无效的时候，便束手无策，难以应对。除了药物治疗之外，我认为应该有许多种治疗方法可以作为补充。为此，我参考医学著作78种，介绍中医妇产科疾病的治疗方法34种，于1996年由广东科技出版社出版47万字的《妇产科疾病中医治疗全书》。书中对妇产科疾病的中医治疗方法进行了全面的论述，内容翔实丰富。该书被人民卫生出版社出版的《中医药学高级丛书·中医妇产科学》列为主要当代书目。该书三次印刷，发行量达2万多册。

在平时的临床实践中，我注重选择各种治疗方法，做到殊途同归。例如治疗经期头痛案，因月经周期第3天受风之后头痛呕吐，胸闷身上冷，失寐，如此每月发作10载有余。用川芎茶调散加味配合菊花1000g、决明子1000g、磁石（杵细）2000g，混合后做成药枕当枕头使用。自从使用药枕之后，头痛症状控制，经期无须再服药物。

例如治疗巴氏腺囊肿伴感染案，用地骨皮30g、龙葵30g，3剂，水煎3次，合而为一，待药液温后坐浴。外洗 1 剂，巴氏腺囊肿明显缩小，红肿减退，外洗 3 剂后巴氏腺囊肿消失。

例如治疗妊娠出汗案，孕期 8 个月，寐中脐下至臀部大腿大量出汗约半个月，以致被褥潮湿，每天均要晾晒。用五倍子 30g 研成极细末，水调外敷脐部。敷药 2 天之后，身体出汗消失。

例如治疗药物流产后恶露不绝案，妊娠 37 天用新洁尔灭宫内注射流产术，因阴道出血持续不止，曾使用抗生素治疗无效，再行清宫术，术后阴道出血减少，经治疗仍无效，用隔盐艾炷灸脐中穴 7 壮，阴道出血明显减少。次日再灸，连灸 3 次痊愈。

例如治疗妊娠齿衄，用地骨皮 30g、升麻 15g，5 剂。水煎漱口。一诊痊愈。

例如治疗阴臭，用墓头回 50g，6 剂。水煎 3 次，合药液约 1500mL，凉后先用冲洗器冲洗阴道，再坐浴，不拘次数，每次 15 分钟。药毕阴臭即除。

例如治疗妊娠痔疮肿痛出血，用大黄 10g、玄明粉（冲）10g、生甘草 10g、槐花 20g，7 剂。水煎之后用纱布浸，局部湿敷，不拘时。用药之后外痔肿痛、渗血渗液现象依次消除。

（四）对子宫肌瘤的研究

子宫肌瘤是妇科多发病和难治之病。我于 2006 年在上海科技出版社出版了 15 万字的专著——《疑难疾病中西医结合攻略·子宫肌瘤》，对子宫肌瘤进行单一病种的研究，书中系统论述了子宫肌瘤的流行病学特点、临床特点、临床分类、预后和转归、病因病机、诊断和鉴别诊断、辨病辨证和治疗原则、中西医保守疗法、期待疗法、手术疗法、兼症的治疗、疗效评定、中草药使用情况、临床与实验研究等。目前，因子宫肌瘤前来就诊的患者已经很多，对许多患者可以达到消除肿瘤或避免手术的最佳效果。

（五）妇科领域经方超范围、发挥性使用的研究

张仲景是我国乃至世界最具影响力的超越时空的伟大医家，人们称他为“医圣”“医方之祖”，将他的方剂尊为“经方”。经方的临床特点是药味精简，疗效显著，尤其能深刻体现中医辨证论治的观点，在历代都占有十分重要的地位，研究至今仍方兴未艾。尽管在我国《伤寒论》和《金匮要略》被中医院校

列为必修课，但是绝大多数大学毕业生如《素问·著至教论》所云："诵而未能解，解而未能别，别而未能明，明而未能彰"。目前，对仲景学说的研究还未能真正走出学术"沙龙"，即研究与推广应用脱离。因此，在我国当前的中医临床中，使用经方的情况并不乐观，对仲景方剂的开发应用尤其落后，停滞不前。已经做成的经方成药仅有肾气丸、理中丸、大黄䗪虫丸、小柴胡汤、鳖甲煎丸、桂枝茯苓丸、麻子仁丸。相对而言，日本厚生省批准生产的汉方成药仅限于张仲景的210种经方，其中147种批准为"医疗用医药品"，可以在医院中使用，其余63种为"一般用医药品"，只能在药店柜台销售。日本医学界对仲景方剂超范围使用的研究已经走在我国的前头。对于祖业的继承和发挥，我们责无旁贷。为此，经过多年的研究，我于2007年在人民卫生出版社出版了71万字的《妇科证治经方心裁——206首仲景方剂新用广验集》，并被列入现代名医证治丛书。原先的妇科经方36首，扩大至206首（全书方剂260首），治疗妇科疾病由原先的28种扩大至135种，书中收录医案580则。

（六）传授经验，带教学生

在多年的临床中，我带教的学生不计其数。其中有乡村医生、大学毕业生、进修生、本院医生和研究生。在第三批全国老中医药专家带教期间，我于2006年在中医古籍出版社出版了50万字的个人专集——《全国老中医药专家马大正妇科医论医案集》，作为临床带教的教材，使学生能够系统领会掌握我的学术思想和经验。该书分医论、医家妇科学术思想、妇科医学史、妇科临床、经验方介绍、医案以及历代妇产科医籍查录，具有很高的学术价值。

（七）注重科普教育

在我担任业务副院长期间，积极开展医院的科普工作，使医院在社会的知名度大大提高。与此同时，我也在报刊上创作发表了十几篇科普文章，并于2000年在上海科技出版社出版了16万字的《中医1000问·妇人篇》，为广大群众提供了中医妇产科方面的科普知识。该书质量高，两次印刷，发行量达1万册，目前网络上已有电子版本可阅读。

临证贵总结　继承更创新——临床诊疗及用药特点经验介绍

（一）注重辨证论治、辨病论治和中西医结合三种治疗方法

“治病必求于本”是指导辨证论治的根本法则，但是在临床中我还注重辨病论治和中西医结合治疗的方法。

以闭经的治疗为例。闭经是中医妇科的难治之疾，根据我的临床经验，可将闭经的治疗分为辨证论治、辨病论治和中西医结合三种治疗方法。其中辨证论治中的补虚有益冲任、补肝肾、补气血之不同，泻盛有活血、疏肝、散寒、散结、化痰、渗湿、清热之异。在活血法之下又有活血破瘀法、活血攻下法、活血化瘀法、活血通络法、磨积导滞法、疏肝理气法之不同。在辨病论治之下又有活血化瘀法、补益气血法、补益肝肾法、温阳健脾法、温冲调经法等不同的治疗方法。在中西医结合诊治中针对多囊卵巢综合征、高泌乳素血症、卵巢功能早衰、子宫内膜过度损伤等不同病因，设立不同的治疗方案。在辨证论治时注重以下几点：

1. 治病求本　注重脾肾

月经病为妇科病之首，我治疗月经病，推崇明代张景岳的学术观点，主张“阳非有余，真阴不足”，“补脾胃以资血之源，养肾气以安血之室”。

曾治疗一位17岁学生，因服减肥药物后，出现闭经4个月，就诊时形体消瘦，厌食，以参苓白术散加菟丝子、覆盆子、淫羊藿、巴戟肉调治一月余，月经自潮，胃纳正常。此患者肾气素虚，脾胃受损，气血生化无源，精血无以下行胞脉，故血枯经闭，予以健脾补肾，精血乃生，月经得下。

2. 治病求本　标本兼顾

我认为医者临证只有明确疾病的标本，遣药处方时才不会被变化万端的各种临床表现所迷惑，正如《素问·标本病传论》所说：“知标本者，万举万当，不知标本，是谓妄行。”可见标本在诊断疾病中的重要意义。曾治一崩漏患者，其遣方用药正说明了这一点。

杨某，45岁，因“阴道出血21天”于2001年12月3日来诊，就诊时阴道出血量多，色鲜红，小腹部胀满不适，面色苍白，唇色无华，全身轻度浮肿，

四肢触之冰冷，头晕乏力，舌质淡，苔薄白，脉沉细，前一周在外院曾肌注“丙酸睾酮针 50mg/d，共 5 天”，阴道出血无减少，B 超提示子宫增大（66mm × 58mm × 66mm），子宫小肌瘤（19mm × 15mm 大小）。血常规：WBC 6.5 × 10^9/L，RBC 2.95 × 10^{12}/L，Hb 66g/L。通过审证求因，诊为“崩漏”，证属“脾肾阳虚”型，治拟“健脾补肾、温阳止血”，以真武汤加味治疗 2 剂后经血即止，共服 5 剂。后改归脾汤调治，病情无反复，月经按期来潮。

3. 治病求本　去伪存真

我曾多次应用《内经》反治法理论治疗妇科疑难杂症，体现了治病求本的学术思想，举治疗妊娠消食症一例，以供参考。

孙某，女性，35 岁，1993 年 6 月 12 日初诊，妊娠 5.5 个月，平素深居简出，纳谷尚佳。近一月来，嘈杂易饥，善啖健食，犹空壑难填。每 1 ~ 2 小时即须进食一次，日食量达 3 斤。一旦索食，辄先用开水冲冷饭吞食，以解燃眉之急。丈夫再煮、买点心以果其腹。若稍怠，即脘痛颜汗难耐。虎咽之后，胃脘胀闷。大便松软，时或泛酸，口淡不渴，下肢漫肿至膝，溲频，每 2 小时解一次。血糖及小便比重都正常。口糜，舌稍淡，苔薄白，脉细滑。诊断：妊娠消食症（脾胃气虚，阳虚湿滞）。治法：健脾调气，温阳燥湿。方药：白术 50g，茯苓皮 20g，苍术 10g，川朴 8g，陈皮 8g，藿香梗 10g，苏梗 8g，蔻仁 4g（杵冲），猪苓 10g，甘露消毒丸 12g（吞），2 剂。二诊：6 月 21 日，患者下肢水肿明显减退，嘈杂消失。每日饮食 6 餐，总食量减少一半。进食后仍觉胃脘胀闷，嗳气泛酸，倦怠便溏。舌淡红，苔薄白，脉细。治法：健脾和胃调气。方药：薏仁米 120g，白术 60g，茯苓皮 20g，怀山药 20g，砂仁 4g（杵冲），陈皮 6g，木香 5g，猪苓 10g，扁豆 20g，苏梗 10g，半夏 10g，3 剂。三诊：7 月 1 日，患者每日 6 餐，日食量恢复至正常时的 1 斤左右。脘馁，下肢轻度水肿，大便软。舌淡红，苔薄白，脉细。治法：调气健脾和胃。方药：天仙藤 8g，苏梗 10g，藿梗 10g，佛手 10g，木香 5g，蔻仁 4g（杵冲），半夏 8g，茯苓皮 20g，白术 60g，薏仁米 120g，扁豆 15g，川朴 6g，3 剂。此后，消食未发，即有别恙，略加调理亦愈。

消食症多见于胃火炽盛、胃阴不足，而常规的治则是清胃火滋胃阴，我在此反其道而治之，主要抓住了胃脘胀闷，大便松软，口淡不渴，下肢漫肿至膝，溲频，舌稍淡，苔薄白，脉细滑的症状，辨为脾胃气虚，阳虚湿滞，治以健脾调气，温阳燥湿。

4. 治病求本　注重四诊

在妇科诊疗过程中，充分运用四诊中的切诊十分重要，在妇科检查中，除了认真做好双合诊检查外，不要疏忽三合诊检查，通过三合诊，往往能发现其他医家难以发现的问题，如盆腔结缔组织炎、子宫内膜异位症（往往在子宫骶骨韧带触及痛性结节）等。诊断明确，处方用药时辨证与辨病相结合，往往药到病除。

（二）学崇仲景　常用经方

仲景方组方有法，配伍有制，用药精灵，实用性强，源于实践，又经千百年临床之反复验证，多是有效之良方。我在月经病崩中漏下、痛经及带下病、妇科杂症中应用经方颇多，疗效显著，如用黄芪建中汤、真武汤、胶艾汤、白头翁汤、栀子豉汤、天雄散、柏叶汤等治疗崩漏；温经汤、乌头赤石脂丸、当归四逆汤、乌梅丸等治疗痛经；四逆散、十枣汤、桂枝甘草龙牡汤、排脓散及汤治疗带下；半夏泻心汤、吴茱萸汤、苓桂术甘汤、麦门冬汤等治疗妊娠恶阻；五苓散加味治疗卵巢过度刺激综合征；栀子柏皮汤、葵子茯苓散、当归贝母苦参丸三方合用治疗尿路感染，尿道刺激征；桂枝茯苓丸治疗慢性盆腔炎；桃核承气汤治疗牙龈肿痛等，往往起到立竿见影，药到病除的疗效。试举一例，以供大家参考：

黄某，40 岁，2005 年 2 月 24 日初诊，妊娠 5 个月。自妊娠起一直下腹部隐痛，时作时止。2 月 11 日以来因子宫收缩频繁，每 3 ~ 5 分钟一次，伴有便意而收住他院，血压 145/95Hg。经用硫酸镁静脉滴注、舌下含舒喘灵片 2 天后，症状缓解，血压降至 114/75mmHg，再连续用药至 2 月 14 日，突发子宫收缩频繁，下腹疼痛，出现便意，伴心率增快，彻夜难眠。心电图提示：①窦性心动过速（130 次/分）。②频发室性早搏。③ST－T 段改变。纳呆，夜寐不安。从他院住院部前来就诊，就诊时痛苦异常，双手紧捂下腹，呻吟不断，无法久坐。患者原有慢性心肌炎、高血压病史。生育史：1－1－2－1。舌淡红，苔白厚腻，脉数结代。治法：通阳复脉，宁神安胎。方剂：白术散（《金匮要略》）合炙甘草汤、芍药甘草汤（《伤寒论》）加减。药物组成：炒白术 10g，牡蛎 15g，川椒 3g，炙甘草 9g，肉桂 3g，干姜 3g，柏子仁 10g，红参（调冲）12g，阿胶（烊化）10g，炒白芍20g，大枣6个，鸡子黄（打冲）1个，2剂。二诊：2月26日，服药之后，24日晚子宫收缩明显减少，下腹疼痛消失，心率降至86次/分，安睡一夜。25日晚因同室产妇分娩影响睡眠，今晨心率105次/分，子宫收缩又增加，病房医师认为舒喘灵片是造成心率加速的原因，硫酸镁用量已接近中毒剂量，均停止用药，并认为目前该用的药物均使用过，已到了万般无奈的地步，要家属做好自然流产的准备。家属前来代诉，舌苔已转淡黄。治法：养阴清热，宁神安胎。方剂：黄连阿胶汤合当归散、白术散（《金匮要略》）加味。药物组成：黄连3g，阿胶（烊化）10g，鸡子黄1个，炒白芍30g，炒黄芩5g，当归6g，炒白术10g，红参（调冲）5g，牡蛎15g，川椒3g，3剂。三诊：3月1日，心率86次/分，子宫收缩正常，腹痛便意消失。家属代诉，黄腻苔已减少。治法：和血气，益气，散寒安胎。方剂：白术散合当归芍药散加味。药物组成：白术12g，炒白芍30g，川芎5g，川椒4g，牡蛎15g，当归5g，茯苓10g，泽泻10g，莲蓬10g，红参（调冲）12g，砂仁（杵冲）4g，4剂。四诊：3月5日，子宫收缩一直正常，心率78次/分，血压114/78mmHg，胃脘饱胀。家属代诉，舌脉无殊。处以参苓白术散（《太平惠民和剂局方》）加莲蓬10g，佛手10g，炒谷麦芽各10g，鸡内金5g，5剂。服药之后，康复出院。五诊：3月31日，昨晚起腹泻腹痛，矢气多，头痛，脘胀。舌脉不详。治法：清理湿热。方剂：葛根芩连汤（《伤寒论》）加味。药物组成：葛根12g，炒黄芩10g，炒黄连4g，生甘草5g，神曲10g，藿香9g，佩兰9g，炒谷麦芽各10g，乌梅6g，薏苡仁15g，木香5g，5剂。服药之后大便正常。

（三）博采众长　精益求精

由于我阅读面较广，接收到的医学信息较丰富，临诊遣方用药，不但善用经方疗疾，而且博采众长，善用历代各家名方、时方、单验方、食疗方及现代研究之成果。撷古采今，相得益彰，旨在精益求精，提高临床疗效。如用调经升阳除湿汤治疗带下、崩漏等病症；用礞石滚痰丸治疗闭经；用三子养亲汤治疗崩漏；用犀角地黄汤治疗功能失调性子宫出血；用仙方活命饮治疗妇科疾病盆腔炎、盆腔脓肿等；用镇肝息风汤治疗更年期综合征等。试举一例，供大家参考：

李某，34岁，1986年9月18日初诊，平素身冷多衣，带下量少，色白质稠，即使少量白带外渗，阴冷犹触冰，不可忍耐，甚或寒栗发颤，不能自禁。舌稍淡，苔薄白，脉沉细。治法：温阳止带。方剂：阳和汤（《外科全生集》）加味。药物组成：鹿角胶（烊，冲）10g，熟地12g，炙麻黄6g，干姜6g，白芥子9g，肉桂5g，炙甘草6g，胡芦巴10g，仙茅10g，韭菜子10g，益智仁10g，3剂。二诊：9月22日，带下减少，阴冷减轻。舌脉如上。守上方增损，续进15剂，诸症消失。

（四）勇于探索　自拟专方

我极力主张对专病专方的研究，认为许多疾病的初期阶段常常是隐匿的，无证可辨，也并非“有其内必形诸外”，专病专方的研究和推广势在必行。为此，通过不断地探索，创制了许多疗效较高的经验方剂。如凉血清海汤治疗血热型经量过多；桑地三七汤治疗更年期肾虚血热型崩中；消癥汤治疗子宫肌瘤、卵巢囊肿、子宫内膜异位症、盆腔炎症性包块、陈旧性宫外孕、子宫内膜息肉等；克异汤治疗子宫内膜异位症；四逆清带汤治疗慢性盆腔炎；健脾清带汤治疗脾虚、湿重于热所致的带下或脾虚湿热经期过长夹带不断者；二龙溻痒汤治疗湿毒、真菌引起的外阴瘙痒症；黛玉疏肝散治疗肝气郁结引起的胸闷痞塞、郁郁寡欢；ACA1号方、ACA2号方治疗抗心磷脂抗体（ACA）阳性、母儿血型不合等因素引起的自然流产或习惯性流产；宫外孕方治疗可以保守治疗的异位妊娠；卵巢过度刺激方治疗超促排卵过程中出现的卵巢过度刺激综合征；三七红藤汤治疗热瘀阻引起的输卵管阻塞症；消乳饮治疗肝经郁热引起的高泌乳素血症；抑亢汤治疗多囊卵巢综合征。其中的温肾安胎汤是开创温法子母同治的方剂，治疗先兆流产尤其是出血色暗者，疗效卓著。下面列举几张自拟方，供同道参考：

1. 助孕汤

药物组成：菟丝子12～30g，枸杞子15g，覆盆子15g，巴戟天12g，淫羊藿10g，鹿角片10g，续断10g，杜仲12g，桑椹子15g，何首乌10～20g，紫石英30g，当归6g。

功效：补益肝肾，以助胎孕。

主治：肝肾不足引起的不孕症或月经不调。

按语：在月经周期的卵泡期服用，直至子宫内膜增厚至8mm，优势卵泡发育至 18×18mm 以上时，改为排卵药物，促使卵泡排出，以达到助孕或调整月经周期的功能。如口苦便结，加生地 15g，女贞子 20g；如畏寒小腹冷，加淡附片 6～9g、肉桂 5g；如夜尿频数，加桑螵蛸 12g、益智仁 12g；如大便溏薄，去枸杞子、何首乌，加怀山药 20g、神曲 10g；如药后脘胀，加砂仁（冲）5g、陈皮 10g；如下腹发胀，加大腹皮 12g、槟榔 10g；如带多如水，加金樱子 15g、芡实 30g、海螵蛸 20g。

2. 排卵汤

药物组成：急性子 15g，茺蔚子 12g，丹参 15g，三棱 12g，莪术 12g，王不留行 15g，刘寄奴 12g，当归 8g，路路通 10g，香附 10g，大腹皮 15g，地鳖虫 10g。

功效：活血行气。

主治：用于排卵功能障碍的患者。

按语：在 B 超监测下，当子宫内膜达到 8mm，优势卵泡发育至 18mm×18mm 以上时，就可以使用该方，有利于成熟卵泡的排出，服药期间要继续 B 超监测卵泡及子宫内膜的情况，如果优势卵泡萎缩或卵泡出现黄素化，基础体温已经升高，或子宫内膜已经过度增生，便停止使用该方。如服药期间下腹胀甚，加枳壳 15g、赤小豆 30g；如下腹疼痛，加延胡索 12g、血竭 4g；如大便秘结，加制大黄 10g。

3. ACA1 号方

药物组成：丹参 10g，益母草 15g，莪术 10g，丹皮 10g，赤芍 10g，炒栀子 10g，苎麻根 20g，茯苓 10g，怀山药 15g，土茯苓 15g，生地 15g。

功效：活血化瘀，清热凉血。

主治：抗心磷脂抗体（ACA）阳性、母儿血型不合等因素引起的自然流产或习惯性流产。

按语：此方在月经干净之后开始服用，一直服到月经来潮时为止，对于经量不多的患者，经期也可以照样服用。如经量过多，也可以在经期减去丹参、莪术，加贯众 20g、重楼 15g，继续服用；如经前乳房发胀，可加八月札 12g、郁金 10g；如服药之后胃脘不适，恶心者，加半夏 12g、陈皮 12g；如大便秘结，加制大黄 10g。

4. ACA2 号方

药物组成：益母草 10～20g，桑寄生 15g，半夏 9g，白术 20g，赤芍 10g，茵陈10g，炒栀子10g，野苎麻根20g，茯苓10g，怀山药15g，土茯苓10g。

功效：清热益肾，和血安胎。

主治：已经妊娠，但抗心磷脂抗体和抗异型血型的抗体滴度仍偏高的患者。

按语：对于以往曾经因为抗心磷脂抗体阳性、母儿血型不合引起自然流产和习惯性流产的患者，在未曾将其抗体的滴度降至正常之前就已经妊娠，为了保护胎儿，使患者能够继续顺利妊娠，可以通过服用此方，以降低抗心磷脂抗体和抗异型血型的抗体滴度。在服药期间做到及时监测抗体的滴度，监测胎儿的存活和发育情况，以调整药物和治疗方案。如患者口苦而干，加生地15g、石斛15g；如口淡恶心，加佛手10g、蔻仁（杵冲）4g；如腰部酸痛，加旱莲草20g、女贞子12g；如食欲不振，加扁豆20g、薏苡仁15g；如阴道少量出血，下腹隐痛，去益母草、赤芍，加黄芩炭10g、仙鹤草15g、阿胶（烊冲）10g、荆芥炭10g。

5. 三七红藤汤

药物组成：三七4g，红藤30g，莪术12g，三棱12g，皂角刺15g，制乳香5g，制没药5g，水蛭10g，蒲公英20g，败酱草20g，丹参15g，石见穿30g，路路通12g。

功效：清热化瘀，行气通络。

主治：湿热瘀阻引起的输卵管阻塞症，慢性盆腔炎、盆腔瘀血症瘀重于湿热者。

6. 消乳饮

药物组成：龙葵15~20g，郁金10g，白蒺藜12g，龙胆草6g，炒栀子10g，枇杷叶12~20g，蝉蜕6~9g。

功效：清热疏肝。

主治：肝经郁热引起的高泌乳素血症，出现乳房发胀、溢乳、月经后期或闭经、不孕等。

7. 抑亢汤

药物组成：炒栀子10g，生地10g，龙胆草5g，柴胡10g，丹皮9g，川牛膝30g，枇杷叶15g，茜草10g，制大黄6g，紫草20g，香附5g，丹参15g。

功效：清热凉血活血。

主治：可以治疗高睾酮血症，使过高的促黄体生成素降低，因此，可以治疗多囊卵巢综合征，但对促卵泡生成素的升高无效。

（五）力求处方简便验廉

我认为治病以疗效为前提，但应尽量做到简便验廉，以满足广大患者的需要。应该用重剂的疾病，用药就要重，例如我治疗妊娠嗜食症用薏苡仁 120g，治疗腹胀用莱菔子 30g，用蚕砂治疗闭经用 30g，用王不留行治疗子宫肌瘤用量达 100g。应该用轻剂的疾病，用药就要轻，切莫养成开大方、贵重方的不良习惯。王孟英的“不但药贵精而不贵多，并不贵贵也”是我的座右铭。

例如一患者胃痛，前医治疗无效，我一药未改，仅将他开的吴茱萸汤中的吴茱萸从 5g 增加至 9g，结果疗效斐然。

一妊娠 122 天妇女右侧下颌下淋巴结肿痛 4 天，两侧少腹有抽感。舌边尖红，苔薄白，脉细。药用生白芍 15g、生甘草 9g，5 剂。进药 3 剂，淋巴结肿痛和少腹部抽感均消失。

一位经行 12 天未净患者，用地榆苦酒汤加味治疗，用药仅仅 4 味，价格仅需几元钱。地榆 60g、醋 100mL、槐花 20g、贯众炭 30g，先用醋浸地榆半小时，再加其余药物及水共煎，3 剂。服药完毕，经水即净。

一位漏下半月未净患者，阴道流出咖啡色分泌物，量中等，伴小腹坠痛、腰酸，平时带下量多，呈水样，长期腰酸。舌稍红，苔薄白，脉细。药用夏枯草 30g、炒栀子 10g、仙鹤草 20g、海螵蛸 20g，3 剂。进药 1 剂，阴道出血即净。

一位外阴瘙痒，带下如渣 3 天的霉菌性阴道炎患者，用威灵仙 50g，3 剂，每次加水 1000mL，煎取 500mL，连煎 3 次，合药液，凉后先用冲洗器先冲洗阴道，再坐浴，不拘次数，每次 15 分钟，用药完毕，带下消失，外阴瘙痒立即控制。

因此，我在治病的时候经常告诫患者，不要以为用 50 元的挂号费就要开几百元的药方，其实，贵重的药物并不一定能够治好你的病，切莫以价格来推测药方的疗效。

（六）提倡中西医结合

我十分注重中西医结合治疗妇科疾病，把握现代妇科最新进展的脉搏，探索如何运用中医去治疗。中西医结合治疗妇科疾病，大大提高了临床疗效。目前除了子宫肌瘤、子宫内膜异位症、更年期综合征我都设有专方之外，还对高泌乳血症、多囊卵巢综合征、卵巢早衰、免疫性不孕、输卵管阻塞性不孕、母儿血型不合引起的先兆流产、异位妊娠、卵巢过度刺激综合征等疾病都开展过研究，并设有专方，目前正在开展对药物提高子宫内膜容受性探索研究。

结语

60 岁是一般人即将退休的年龄，而对于从事中医临床的医生来说，正值学验俱丰之时。此时的我声誉鹊起，就诊患者络绎不绝，遍及全国各省甚至国外。每日要接诊 120 人次以上，2008 年年门诊量已经突破 3.6 万，就诊者经常需要凌晨前来排队挂号，有时仍一号难求。

老骥伏枥，壮心未已，面对如此众多的患者，我有更多的思考，这么多的患者，是我开展科学研究的重要保证，也是我观察到更多病种的前提。虽然我曾经对滋养细胞肿瘤、先兆流产、功能性子宫出血、更年期综合征、男女不育不孕症都进行过较深入的探讨，发表过研究文章，对子宫肌瘤的研究还出版过专著，但摆在我面前的还有很多的问题需要进行新的思考和研究，由于许多问题至今中西医都没有很好的解决办法，这就需要我付出更多的努力。学海无涯，需要的就是这样苦作舟的人。

我的研究、写作都是在繁忙、紧张的工作之余完成的，几十年来，我没有休息天，书本和电脑便是我的伴侣。目前，我已经出版的著作计 7 部，270 万字，公开发表的文章 94 篇。人们都惊叹我的精力会如此的旺盛充沛。我需要查阅许多许多的资料，大到一个课题，小到一味中药。我要从许多文献中学习总结别人的经验，经过独立思考，然后提出自己的治疗方案，再通过临床来检验和扬弃；我要对所有的研究内容以发表文章或出版著作的形式进行总结，回报社会。如今，我又添有一对印章，上面镌有“日出读书济苍生，月沉听涛著文章”。读书、看病、著书立说成为我生命的全部。

爱好使我对事业的钻研能够持之以恒，以苦为乐；博览群书使我获得深厚的文化底蕴，因为学好中医需要很好的学问和文化造诣；“留心处处皆学问”是我的座右铭，从 30 多年前誊抄的书稿到今天重要的临床笔录，我都收集在案，用心做事，事无巨细，我从中学到了许多，发现了许多，也创造了许多。不断学习和创作，是一个接纳和反刍的过程，每一篇文章，每一本书的写作，成为我学习的动力，也使我获得更多的信息，掌握更多的学问，我的许多知识都是在写作之中获得的。我力求认识每一种药物，可以遣用各种各样的药物治疗妇科疾病，包括被认为毒药的甘遂或商陆，草木金石都能够各尽其才在我的治疗中发挥其独特的作用。我不摒弃内治以外的所有疗法，只要有效就为我所用，殊途同归，可以达到最高的治疗境界。我反复学习古典中医名著，以期掌握其中的真谛，同时我又很喜欢接受最现代的医学知识，古今中西医学的融会将伴随我的一生。

刘沈林

刘沈林（1949— ），男，江苏南京人，硕士研究生，主任医师、教授、博士研究生导师，享受国务院政府特殊津贴专家。江苏省中医院原院长，全国名中医，中央保健委员会会诊专家，中国民族医药学会脾胃病分会会长，第四、五批全国老中医药专家学术经验继承工作指导老师，科技部973项目中医基础理论研究中医专家指导组成员，国家中医药标准化研究专家技术委员会委员，国家科技进步奖评审专家。江苏省高级卫生技术职称评审委员会副主任兼中医类专业组组长，江苏省“六大高峰人才”评审委员会医学类内科专业组组长，江苏省中西医结合肿瘤临床研究中心主任，江苏省中医药学会脾胃病专业委员会名誉主任委员。

著名脾胃病及中医消化系统肿瘤专家，从事中医临床工作五十年，有较深的学术造诣。曾师从于国医大师徐景藩教授，两次公派赴日医学研修，对应用经典古方并结合现代医学诊治疑难病证颇具疗效和心得。主持国家重大行业专项、国家自然科学基金等4项，省部级课题6项，获省级科技进步奖3项，主编专著5部，获国家发明专利授权3件。获全国首届“中医药传承高徒奖”、第二届“中西医结合贡献奖”、第九届“中国医师奖”等荣誉称号。

一、杏林之路

岁月匆匆，不知不觉已近古稀之年，正是“菠萝山下读书郎，转眼已是白头翁”。1975年7月，我从南京中医学院中医系毕业，先在基层医院工作，1979年调入江苏省中医院内科当一名小医生。江苏省中医院名医众多，中医学术根基深厚，如孟河医派和吴门医派的张泽生、曹鸣高、许履和、邹良才、马泽人、江育仁等，均是当时名满杏林的名医大家。在这里我深受教益，曾师从全国著名脾胃病学家、国医大师徐景藩教授，自进院之始，到1985年考入南京中医学院攻读硕士研究生，以及作为全国首批名老中医学术继承人，先后跟随导师徐老学习，临证抄方，研读经典，涉猎临床，耳濡目染，受益良多，徐老是我进入中医殿堂并不断成长的恩师和领路人。

在长期的临床实践中，我深刻体会到，做中医不易，做一个良医更难。数十年如一日，我兢兢业业，刻苦研读，诊治病人，从中找到治病救人的乐趣，也深刻体会患者的病痛之苦。特别是一些晚期肿瘤患者，他们除病痛之外还有精神上的悲观和失望，中医的“带瘤生存”和扶正祛邪的方法，常常为很多患者减轻痛苦，带来延生的希望。这正是我在脾胃病学术的基础上，侧重消化道肿瘤临床和研究的一个重要选择。

二、临证心得

受江苏吴门医派、孟河医派影响较大，我以脾胃病及消化道肿瘤为主要专业方向。现将个人的临证经验和心得略述一二。

（一）脾胃病

1. 脾胃病宜善用疏和一法

在脏腑相关理论中，脾胃与肝的关系最为密切。盖脾胃为仓廪之官，气血生化之源，非肝之疏泄而无以正常运化；脾胃又为气机升降之枢纽，非肝之条畅而难司气机升降之能。在消化系统病证中，疏和一法用之颇多。“疏”即宣通流畅之意，“和”即和调气机。肝郁气滞能犯胃克脾，引起胃胀、脘痛、腹痛、泄泻等相应症状，通过疏肝调气，可使脾胃功能复常，症状得改善。逍遥散、柴胡疏肝散、柴芍六君子汤之类是临床常用方药。柴胡是疏肝解郁之要药。《本草备要》说：“人第知柴胡能发表，而不知柴胡最能和里”“补中益气汤、逍遥散，皆用柴胡，取其和中”。个人体会，对于这类病证，善于从肝论治，注重调理气机，选择恰当方药，最能取效。对于脾胃病兼有胁肋胀痛者，每用柴胡配合养肝血之归芍，行气之枳壳、香附、青陈皮。中虚气滞，兼有肝郁者，亦可在归芍六君的基础上加入疏调肝气的药物。前人有“柴胡劫肝阴”之说，对于舌红少苔，肝之阴血不足者可以不用，但阴血不虚者，用之无妨。金陵名医张简斋，在其存世的医案中，尤其善用疏和之法，常以苏梗、枳壳、桔梗作为药对配于柴胡疏肝散或逍遥散之中。如医案中所载：“陆右，32 岁。始由腹部半痛，近则上移。脘胁胸次胀闷，嗳气方快，食欲不振。经行缩时，刻将屈期。脉象沉弦而小。恙由抑郁太过，肝胃两病所致。药用柴胡、当归、赤芍、川芎、香附、青陈皮、苏梗、桔梗、枳壳、茯神、法半夏、戊己丸、川楝子、白蒺藜、麦芽、路路通。”药味虽多，但思路清晰，用有法度，方药以疏肝行气、和胃畅中为主，丝丝入扣，故治效颇佳。

在慢性萎缩性胃炎患者中，因情志不畅，忧思气结，而使症状加重者不在少数，其中“恐癌”思虑致“郁”者尤为主要因素，由情志而最影响疏泄运化，当以“木郁达之”以治。若郁而化热，口苦咽干，舌红苔黄者，又宜在疏和之中加入山栀、丹皮、黄芩、蒲公英之类以清肝泄热，这是临证组方时必须考虑的常用加减。

2. 中虚气滞胃脘痛，香砂六君是良方

香砂六君子汤出自《古今名医方论》，是在六君子汤基础上加木香、砂仁组成，该方在脾胃病中应用甚为广泛，而且疗效确切。按方论所云，功能益气健脾、行气温中，主治脾胃气虚、气滞痰阻之证。其特点是补气健脾与理气和胃相互配合，药性略偏温，伍方平中见奇。凡消化病见胃脘胀痛，或胀闷不舒，食欲不振，大便溏软，舌苔薄白，脉细弦者，皆可应用。由于该方配伍严谨，如陈皮、半夏及木香、砂仁均是前人常用药对，故临证时不宜过多化裁。我常在原方基础之上，根据症情略行加味。如胃脘胀甚加枳壳、佛手；脘胁胀痛加制香附、台乌药（青囊丸）；胃虚隐痛加桂枝、白芍；血虚舌质淡者，加黄芪、当归；食少化迟加炙鸡金、炒谷麦芽等。每收良效。读江南名医医案，归芍六君或香砂六君用之最频，实由经验所得。

日前曾治一张氏女性病人，年 48 岁。患慢性萎缩性胃炎伴肠上皮化生，幽门黏膜局灶糜烂，HP（+）。因事务烦劳，胃痛发作月余未得缓解，已服多种西药及益气健脾、清热和胃的中药效果未显。询之胃痛且胀、嗳气频频、腹部怯寒、大便不实，舌苔薄白质淡红，脉象细弦。考虑此胃痛实由中焦虚弱，胃气壅滞所致，“不通则痛”。予以香砂六君子汤加味，药如：炒党参 15g，炒白术 10g，云茯苓 15g，木香 10g，砂仁 3g（后下），陈皮 5g，法半夏 10g，桂枝 5g，白芍 10g，制香附 10g，台乌药 10g，炙甘草 3g。药后胃痛即止，胀闷、嗳气亦随之减轻。秦伯未在《谦斋医学讲稿》中说，胃痛“治寒痛用大建中汤，治虚痛用香砂六君子汤”。中虚气滞所致的胃胀、胃痛、食少、便溏均是该方的适应证候。

3. 旋覆代赭与胆汁反流性病证

旋覆花、代赭石是旋覆代赭汤的主药，具有降逆下气、化痰止呕噫的作用。我常以这两味药为主，配合其他药物治疗胆汁反流性胃、食管病证。这些病证属于“吞酸”或“吐酸”范畴，常伴嗳气、烧心、嘈杂，舌质偏红，苔薄白或黄，脉象细弦。多因肝胃郁热，胃气上逆所致。《内经》云：“诸呕吐酸……皆属于热。”《丹溪心法》谓：“噫气吞酸，此系食郁，有火，火气冲上。”其均认为以热郁为患，左金丸苦降辛开是常用之剂。但临证也有少数表现为中阳不振，湿浊内停，病机性质偏寒者，一般伴有腹部怯寒，大便溏薄，泛吐清水或呕酸，舌苔白腻，舌淡齿印，脉细等症，用药则宜以“温药和之”。导师徐景藩教授对反流、吞酸病证论述颇详，治验丰富，认为在治疗上应从疏、降入手，提出“疏即疏泄肝胆，调畅气机，降即理气和胃，降其气逆”，确为经验之谈。临证我每遵徐老之经验，以旋覆花、代赭石降其气逆；用黄连、吴萸清泄郁热；并配合木香、砂仁、陈皮、法半夏等疏调气机；煅瓦楞、乌贼骨制酸；白芍、甘草缓急和中。用于临床一般均能见效。如兼有腹部胀满，大便不畅者，尤当下导腑气，如枳壳、槟榔、莱菔子等均常配用。腹部能得宽松，腑浊下行，对胃气上逆、胆汁反流能起到较好的改善作用。

如治秦姓慢性萎缩性胃炎伴胆汁反流患者，泛酸、嘈杂，食道及胃脘有烧灼感，咽干口苦，嗳气，胃部闷堵，食后胀甚，便溏不畅，舌苔薄白，脉细弦。辨为肝胃郁热，气逆于上，治拟清泄降逆，药用。旋覆花 10g（包煎），代赭石 30g（先煎），川连 3g，淡吴萸 1.5g，陈皮 5g，法半夏 10g，木香 10g，砂仁 3g（后下），煅瓦楞粉 30g（包煎、先煎），枳壳 10g，白芍 10g，炙甘草 3g。服药 7 剂，泛酸、嘈杂、烧灼感即见明显改善，胃脘部痞胀、闷堵感亦随之减轻，后以上方略行加减调治，发作渐少。胆汁反流性病证十分常见，对郁热呕逆者，在清泄胃热，苦降辛开的同时，以旋覆花、代赭石降逆下气，结合疏调气机，确能收到良好的治疗效果。

4. 腹痛须分部位，慎用寒凉多行气

人体腹部为阴，腹痛多偏于寒。从部位来说，上腹中脘属太阴，脐腹属少阴，左右为少腹属厥阴，脐下为小腹属冲任奇脉。诊治腹痛，首先应分清疼痛部位，结合病程久暂、寒热虚实，以及在气在血的性质，加以辨证治疗。

脐腹痛，痛时多在脐腹周围，或绕脐而痛，喜暖喜按，或伴便溏、肠鸣，舌苔白腻等。其暴痛多实，每由受寒饮冷引起，痛无休止，治宜行气散寒，用排气饮（藿香、木香、乌药、川朴、枳壳、香附、陈皮、泽泻），也可用天台乌药散（乌药、高良姜、小茴香、木香、青皮、槟榔、川楝子、巴豆），但巴豆慎用。至于夏秋之间，脾胃伤冷，大便溏泄，腹痛较甚，小便不利，舌苔白腻，寒湿中阻者，可用胃苓汤（苍术、厚朴、陈皮、甘草、猪苓、泽泻、白术、茯苓、桂枝）加减，寒痛必用肉桂，此对缓解腹痛甚为有效。脐腹疼痛，时轻时重，腹部怯寒，大便不实，多由脾肾虚寒所致。久痛每用温养，常以附子理中汤（附子、党参、白术、炮姜、甘草）或加四神丸（肉豆蔻、补骨脂、五味子、吴茱萸）化裁，治之有效。

少腹痛，多与肝气有关，部位属肝经分野，偏于下腹两侧，痛时的特征均兼作胀，或牵及胁肋，得矢气则舒。治以疏肝理气，可用加味乌药汤（乌药、砂仁、木香、延胡索、香附、甘草）或正气天香散（乌药、香附、陈皮、苏叶、干姜）。另外，金铃子散（川楝子、延胡索）和青皮、荔枝核等均可加用。若少腹疼痛较久，绵绵不休，畏寒喜暖，舌淡苔白，脉沉细者，则属肝肾虚寒。宜用暖肝煎（当归、枸杞子、小茴香、肉桂、乌药、沉香、茯苓）温补肝肾，佐以行气。寒甚加吴茱萸、干姜；气滞加香附、青皮。

小腹痛，每与女子痛经病证联系较多，常伴月事不调，胁部和乳房胀痛，或下腹绵痛下坠，腰酸，疲乏等现象。如属气滞、寒阻、瘀血内结者，治当温经散寒、活血化瘀，用调经饮（当归、香附、青皮、山楂、牛膝、茯苓）和延胡索散（延胡、当归、川芎、乳香、没药、蒲黄、肉桂）加减。如属气血不足，不能固摄，则宜胶艾四物汤（阿胶、艾叶、熟地、白芍、当归、川芎、甘草）加减。

总之，腹痛应审察部位，根据脏腑分经的不同，在辨证用药上有所区别。一般来说，脐上胃脘疼痛，有寒有热，理气药多用木香、砂仁、陈皮、半夏、佛手、苏梗、香橼皮之类。脐腹、少腹、小腹部位的疼痛，则寒证多热证少，理气药多用乌药、香附、川楝子、枳壳、槟榔、川朴等，温经散寒多取肉桂、小茴香、吴萸。治疗腹痛，“慎用寒凉多行气”，这是前人经验所得，录此以供参考。

5. 乌梅丸治疗肠道息肉

肠道息肉，尤其是腺瘤样息肉，是大肠癌发病的基础，约有80%以上的肠癌是由腺瘤发展而来的。因此，要预防肠癌的发生，控制肠道息肉生长是极其重要的治疗措施。腺瘤样息肉属癌前病变，多发性比单发息肉风险更大。肠镜定期检查，摘除2cm以下的息肉，能有效控制肠癌的发生。然而肠道多发性息肉摘除后，容易反复再生，除镜下治疗外，目前世界上尚缺乏能有效抑制息肉生长，并能长期服用的安全药物。

近年来，我以乌梅丸药物煎汤，用于临床治疗肠道息肉，收到良好效果。该方出自《伤寒论》，临床治疗蛔厥腹痛、下利泄泻有效。方中以乌梅独重为君，酸苦辛合法，杂味相投，配伍方法独特，能适用于多种肠道疑难病证的治疗。乌梅味酸、性平，除安蛔、生津、涩肠止泻外，《冯氏锦囊秘录》谓其“蚀恶肉”。《疡医大全》记载：以乌梅肉、荔枝肉等分，捣烂敷贴，能使鸡眼软化脱落。另据临床报道，以乌梅为主与他药配伍，经鼻腔内用药，可使绝大多数鼻息肉消退。

治疗肠道息肉，我常以炙乌梅30g，黄连3g，黄柏10g，附片5g，桂枝5g，干姜3g，川椒3g，细辛3g，党参10g，当归10g为基本方，在此基础上加炙僵蚕10g、炮山甲10g（现用代用品，下同）、败酱草30g，一般连续应用2个月左右，大部分多发性息肉包括腺瘤样增生能消失或数量明显减少，原有肠道症状亦能显著改善。

此方剂运用过程中尚须适当注意加减，如：①用后如有苔黄口苦，内热偏重者，去附子、川椒、干姜，加黄芩、山栀。②大便秘结、腹痛腹胀者，加槟榔、火麻仁、瓜蒌仁。③胃脘嘈杂、舌质偏红者，适当去辛温之品，加入甘凉濡润的药物，不适症状多能缓解。

（二）消化道肿瘤

胃肠肿瘤是腹部常见消化道癌肿，包括胃癌和肠癌，其病理性质以腺癌为多，对于能够手术根治而没有进一步扩散者，手术根治是在目前医学条件下部分病人可能获得治愈的唯一手段。辅助化疗除毒副反应外，由于治疗作用有限，对患者生存期是否获益，仍有其不确定性。除手术、放化疗、分子靶向等治疗外，越来越多的病人寻求中医药治疗，希望从中找到康复和新生的希望。

中医对于积聚的治疗，清代程钟龄提出按初、中、末三期论治，他说：“邪气初客，积聚未坚，宜直消之，而后和之。若积聚日久，邪盛正虚，法从中治，须以补泻相兼为用。若块消及半，便从末治，即住攻击之药，但和中养胃，导达经脉，俾荣卫流通，而块自消矣。”又说：“虚人患积者，必先补其虚，理其脾，增其饮食，然后用药攻其积，斯为善治，此先补后攻之法也。”这是治疗积聚的大法，对后世治疗癌肿有重要指导意义。

我个人对胃肠肿瘤的施治有几点认识：

（1）积聚包括肿瘤但不完全是。古人认为，“积”和“聚”有联系，但性质上有区别，一般以血积坚著不移者为癥，属脏病；气聚移动不定者为瘕，属于腑病。同时认为，两者之间不能绝对划分，有先因气聚，日久成积的；也有积块坚固，治后能移动的。因此，积聚也包括部分良性肿瘤或其他腹腔病变。

（2）古谓积聚初、中、末三期的概念，不可能脱离当时认识疾病的时代背景，不能简单地与现代肿瘤诊断的病理分期画等号。古人对疾病演进过程中出现的邪正消长状态，提出在不同阶段分重点治疗是其主要内容，如说“邪气初客，积聚未坚”，能够在肿瘤形成的早期加以认识已属不易。在治法上，提出正气未衰，邪气未盛，则“宜直消之而后和之”的观点。消法是祛邪之法，是“坚者削之”之意，待邪消之后则和中养正以善其后，这时强调的重点是祛邪为先。

（3）提出扶正与祛邪相兼为用的理论，主要用于“积聚日久，邪盛正虚”之时，相当于肿瘤未能祛除或积块增大而机体日渐虚衰，正气不足之状。此刻既不能一味攻邪伤正，也不能姑息养奸，任其滋长，宜采用“补泻相兼”的方法，虚实兼顾，不失偏颇，方能符合病况。

经云：“正气存内，邪不可干”“邪之所凑，其气必虚”。肿瘤之发生与正气虚衰有着密切的关系。《景岳全书·噎膈》认为：“少年少见此证，唯中衰耗伤者多有之。”肾为先天之本，脾为后天之本，由于正气内虚，瘀毒内结而发生肿瘤。从扶正方面来说，多从补脾益肾入手，《脾胃论》对“正虚”有独到见解，认为“人以胃气为本”，所以胃肠肿瘤更要重视补气健脾。从临床治疗效果来看，补脾不但患者症状改善明显，食欲转振，体重增加，而且有利于气血的生长，降低化疗药物所致的胃肠毒副反应。动物实验亦表明，健脾益气的黄芪、党参、白术、茯苓等能显著增强人体的免疫功能，对肿瘤细胞有较强的抑制作用，“四季脾旺不受邪”，它的抑癌作用是通过恢复和提高免疫功能实现的，因而补虚旺脾是胃肠肿瘤的重要治法，它应贯穿在辨证治疗的各个阶段，前人称此为“善治”。

“瘀毒内结”是腹部肿瘤邪实的重要特征，《医林改错》提出：“肚腹积块，必有形之血。”肿瘤患者的血液普遍处于高凝状态，微观癌栓形成与肿瘤生长、浸润、转移存在密切的关系。因此，古谓“攻邪”“削坚”等治法，重点在于化瘀散结，使有形之瘀毒得以化解，初萌之癌栓难以成形，可能有利于复发转移的积极预防。中医对于肿瘤本质的寒热属性，古今认识差异较大。古人认为，积聚的成因与寒证有关，如《灵枢·百病始生》云：“积之始生，得寒乃生，厥乃成积”“温气不行，凝血蕴里而不散，津液涩渗，著而不去，而积皆成矣”。历代治疗积聚的方药偏于温药居多，认为瘀属阴邪，非温不克，与现今治疗肿瘤大量使用清热解毒类中药在思路上有所不同。

基于肿瘤的基本病机，补虚旺脾与化瘀解毒常相兼为用。比如肿瘤手术、化疗后，正虚而“余毒”未尽或肿瘤术后复发转移，以及发现时已属晚期肿瘤者，均可根据前人治疗积聚的大法，结合今天的肿瘤医学研究进展，病证结合，灵活掌握扶正与祛邪的治法运用。

1. 胃癌

Ⅱ期和Ⅲ期胃癌在手术或化疗后，约有 60% 的病人会在 2 ~ 3 年内复发转移，这是一个严峻的现实。现在的问题不在于手术能否完全切除原发病灶，而在于脱落和逃逸的癌细胞会在一定时间内再次发生增殖和转移，这也是患者致死的主要原因。根据我们的临床观察，手术送检的病理组织中脉管内发现有癌栓形成者，大多是手术后高复发转移的肿瘤人群。尤其在年龄 60 岁以上的人群中，胃癌的发生有一个陡然上升的趋势。因人体正气正处于衰退阶段，复加胃癌手术创伤及化疗伤正，气血尤其不足，免疫功能下降尤为明显。气为血帅，气行则血行，气虚推动无力易造成血行瘀滞，因此我认为，西医所谓“癌栓”就是中医通过四诊而无法观察到的，具有一般瘀血特征同时又带有“癌毒”性质的瘀血病理产物。恶性肿瘤患者血液处于浓、黏、凝、聚的高黏滞状态，血液成分和流态异常可致血流缓慢甚或瘀滞，符合中医血瘀证的微观病理变化，在一定程度上反映了肿瘤疾病以血瘀证为本质。

癌栓形成与肿瘤细胞的生物学特性以及多种因素有关，如果能有效地减少或阻断癌栓的形成，从某种意义上讲就可能干预肿瘤的增殖和转移。如果气虚血瘀是胃癌手术后的主要病机，益气化瘀则是临床重要治疗方法。益气健脾与活血化瘀相互配合，通过安全有效的给药，使逃逸的癌细胞持续不断地处于机体和药物的抑制状态下，使得凝聚的微小癌栓消于无形，从而减少肿瘤的复发和转移。近几年来，随着对胃癌研究的深入，我在用药方面有些认识和体会：

化瘀消积，三棱、莪术独具良能。宋以前尚无这两味药的记载，自宋代起，在历代治疗积聚的方药中几乎备受推崇，被称为“消癥瘕之专药”。王好古谓：“三棱、莪术治积块疮硬者，乃坚者削之也。”《本草汇言》曰：“荆三棱，破血通经，为气中血药也。盖血随气行，气聚而不流，则生瘀滞之患，若老癖癥瘕，积聚结块……非此不治。”《本草备要》云：“莪术破气中之血，消瘀通经，开胃化食，解毒止痛。”此对两药的功用特性进行了明确说明。近代名医张锡纯通过自己的实践，更对两药做出高度评价，认为“三棱、莪术性近和平，虽坚如铁石亦能徐徐消除，而猛烈开破之品，转不能建此奇功，此三棱、莪术独具之良能也”。由此可知，两药并非攻破猛浪之品。我经多年临床实践，习用三棱、莪术配伍使用，收效良好。虽长期应用也未有一例曾见破瘀伤正或不良反应者。个人认为，对肿瘤瘀血或抑制癌栓形成的针对性治疗，三棱、莪术当引为重点药物，其他药物很难在这方面替代其独特作用。近几十年来，清热解毒类药物在抗肿瘤治疗中应用比较广泛，与古医籍记载在思路上有所不同。从现代药学研究来看，三棱醇提物三棱总黄酮有较强的抗血小板聚集、抗血栓形成作用，能显著减少全血黏度，明显阻止胃癌细胞的转移。莪术是当前抗肿瘤研究中比较热门的一味中药，所提取的有效成分如姜黄素、β 榄香烯、莪术醇等研究也比较多，认为莪术具有多靶点的抗癌作用，包括抑制肿瘤细胞的增殖，促进肿瘤细胞的凋亡，抑制肿瘤血管生成，阻止肿瘤细胞的侵袭和转移等。值得重视的是，也有学者通过实验证明，三棱、莪术配伍后其协同作用增强，所获得的效果明显高于单独用药的效果。此外，还有研究表明，它们在抑制癌栓形成和抑杀肿瘤细胞方面具有双重功效。这与古载“两药相兼为用，破瘀消癥者良”的经验是相吻合的。

益气扶正，党参、黄芪联合增效。《内经》曰：“阳化气，阴成形。”气为阳，血属阴，两者相互资生，关系密切。胃癌术后局部瘤体已经切除，机体的肿瘤负荷减轻，这与古人无法切除肿瘤病灶在病情上是有区别的。Ⅱ、Ⅲ期胃癌从手术摘除到复发转移有一个过程，其间人体的免疫机能和身体状态的修复是十分重要的。中医不同于西医的一个特点是“祛邪不忘扶正”，肿瘤虽然切除，但正气内虚，余毒未尽，“伏邪”仍然会再度复燃。近几年来，我们在临证中，常以三棱、莪术化瘀消积，用党参、黄芪等健脾益气，同时根据气虚和血行不畅的特点，伍以当归、白芍养血和血，或增加石见穿、白花蛇舌草等清泄郁毒，既突出重点，又照顾整体，较为符合病情特点。正如《本草备要》所云：“东垣五积方，用三棱、莪术，皆兼人参赞助成功”“宜于破血行气药中加补脾胃药，气旺方能磨积，正旺邪自消也”。张锡纯对此亦有论述，他认为：“若治瘀血积久过坚者，原非数剂所能愈，必以补药佐之，方能久服无弊。”三棱、莪术“若与参、术、芪者诸药兼用，大能开胃进食，调血和血”，诚为经验之谈。

我对胃癌术后患者，以气虚血瘀为病机切入点，以抑制癌栓形成作为临床治疗的关键，选用孟河学派马培之先生治疗癥积病证所推崇的归芍六君为主扶正，用三棱、莪术等药物化瘀消积。基本方如：炒党参15g，炙黄芪15g，炒白术10g，云茯苓15g，陈皮6g，法半夏10g，全当归10g，白芍10g，炙甘草5g，三棱10g，莪术10g，石见穿30g，白花蛇舌草30g。由于中医治病的规律是辨证论治，肿瘤疾病还要充分体现因人而异的个体化治疗特点，故在基本方应用的同时，常常又须随症加减。如胃阴不足、舌红少苔，加生地、麦冬、炙乌梅；肝胃郁热，泛酸烧灼，加川连、淡吴萸、煅瓦楞；中虚气滞，脘腹胀满，加木香、砂仁、佛手；脾虚胃寒，脘痛便溏，加桂枝、炮姜、肉豆蔻；瘀毒内阻、舌质紫暗瘀斑，加失笑散、守宫、紫丹参等。适当选择少量虫类药物，对于改善病情、提高疗效多有帮助。通过上述方法治疗后，多数病人均有不同程度的症状改善，如食欲转振，体重增加，体力恢复较快等。经初步观察，较长时间接受中医药治疗的Ⅱ、Ⅲ期胃癌患者，与单纯手术或化疗而未服用中药的患者相比，其复发转移率有明显降低，5年生存率提高者多。

案例：陈某，男，74岁。2006年4月初诊。患者半年前因腹胀不消，食欲减退，体重下降，经胃镜诊断为贲门癌Ⅲa期，遂行根治手术，病灶5cm×5cm×1.5cm，所切3个淋巴结均有转移。术后接受化疗，在化疗第3个疗程结束后，白细胞水平下降至2.3×10^9/L，同时因严重消化道反应而中止化疗，后求助于中医。初诊时患者体质较差，每天仅能进少量稀粥或面条，不足半斤，同时伴有上腹部痞胀隐痛，便溏次多，形体消瘦，舌苔薄白质偏淡，脉细。考虑术后脾胃功能受损，复加化疗伤正，气血不足，运化失常，拟在养正基础上佐以祛邪。遂用基本方加煨木香10g，砂仁3g（后下）。服药14剂，患者症状明显改善，脘腹胀满渐消，大便成形，饮食增加。患者一直坚持用本方随症加减，持续服药，病情稳定，多次复查未见肿瘤复发转移。

2. 大肠癌

翻阅中医历代文献，可以发现中医学对肿瘤的认识源远流长，对肠道肿瘤的描述更是具体形象。如《灵枢·水胀》曰："肠覃……寒气客于肠外，与卫气相抟，气不得荣，因有所系，癖而内著，恶气乃起，息肉乃生。"《外科大成》记载："锁肛痔，肛门内外犹如竹节锁紧，形如海蛇，里急后重，便粪细而带扁，时流臭水。"这些描述与现代医学的结肠癌、直肠癌症状颇为相似。

肠道肿瘤的一个常见症状是排便障碍，这并不是一个特异性症状，但在研究了古代治疗该病的大量方药后发现，很多古典记载的方剂中均应用了大黄、牵牛子、皂角、槟榔一类的润肠通腑药物，其因何为？中医理论认为，大肠为六腑之一，主传化糟粕，泻而不藏，以通为用。从临床观察来看，确实很多病人在确诊大肠癌之前，已有大便习惯改变，或溏或秘，特别是便下不畅，黏滞难解，或肛门坠胀不适，直至出血仍误作痔疮而延误诊断，也有部分病人需要长期服用导泻药方能排便，这是肠腑功能通降失常的典型表现。

通过纤维结肠镜检查发现，这类病人中不少有肠道腺瘤样息肉，即使内镜摘除后在数年内还会不断复发，这是癌前病变的基础。由于病灶刺激反应，引起肠道蠕动功能障碍，大便排出不畅成为共同特征。另外，粪便长期在肠道内停滞时间延长，腑气不通，不利于浊毒、瘀热等病理产物的排泄，促进病情发展，日久生变。对于这类病人，临床始终要有一个"尽量排除肠道肿瘤，控制癌前病变，保持大便通畅"的概念和警觉。一方面应嘱咐病人定期肠镜检查，摘除已有或再发的腺瘤；另一方面，还需要辅以药物治疗改善。古人云，"热则闭，寒则泄"，是指大便秘结不通者，以热结为多，苦寒通降为其基本治法，大黄、黄连之属清泄腑热积滞，每多应用。尤其大黄一味，古称"川军"，《本草正义》谓其"迅速善走，直达下焦，深入血分，无坚不破，荡涤积垢，有犁庭扫穴之功"，临床对大便不畅或秘结难下者，取其泻下瘀滞，荡涤肠腑，每多良效。现在临床畏其峻猛或通后再秘，以及顾忌大肠"黑病变"而不敢放胆使用，对该药的认定有一定局限性，影响古称良将之大黄的效用发挥。如何应用大黄，关键是掌握好剂量和配伍，其次是应用的时间问题，宜暂不宜久，用在其时。对于肠道腺瘤样息肉影响肠腑通降者，我常用适量大黄和乌梅、黄连、木香、槟榔、火麻仁、莪术、僵蚕等配伍应用，收效良好。从某种意义上说，能够保持肠腑通畅，及时排泄肠道病理产物，抑制大肠腺瘤增生，可以预防和降低肠癌发生的风险，值得临床重视和研究。

大肠癌病人由于手术创伤，或化疗药物引起的毒副反应，不少病人首先反映的仍然是以消化道症状多见，如腹部胀痛，大便溏泄，食欲欠振；或神疲气短，面色少华，舌苔薄白，脉细，以及白细胞减少等。“得胃气则昌，失胃气则亡”，故调理脾胃，恢复胃肠功能，增强患者体质，是扶正的重要治法。明代张景岳谓：“健脾宜温养，祛邪宜苦寒。”从辨证角度观察，肠癌手术或化疗后，属于脾虚失运、脾肾阳虚者比较多见，香砂六君丸、参苓白术散、附子理中汤、四神丸等都是临床可供选择的常用方剂，可随症加减取用。部分病人有时会表现虚中夹实或寒热错杂的证候，可以在温养脾肾的基础上，适当配伍芩连或蜀羊泉、败酱草、白花蛇舌草等清化解毒抗癌之品，也是临床常用配伍。个人认为，此时若不加辨证地过用苦寒药物，味多量大，则会更伤脾阳和胃气，症状非但不易改善，而且对后续治疗带来不利影响。“扶正重在脾肾，温养每见效功”，这是我在临床实践中借鉴前人经验的一点体会，也是临床容易见效的一种方法。

复发和转移是肿瘤的生物学特征，因此在肠癌的治疗过程中，必须充分了解“辨病”的重点是慎防癌毒在脏腑间的传变，能够由一个病变阶段考虑到下一个病变阶段可能发生的病理演变，从而防微杜渐，给予更加积极的序贯性治疗。据临床医学统计，50% 以上的结直肠癌会出现肝肺转移，有时在病人症状并不明显的情况下，逃逸的癌细胞或微小转移灶已经沿着血道或淋巴转移。在这方面，中医也要树立脏腑传变的认识。现代医学研究证实，门静脉癌栓形成是肠癌肝转移的一个重要步骤和关键因素，应用中医的方法活血化瘀、降解浊毒，从理论上讲是必要的。对中晚期肠癌患者，或手术提示脉管内有癌栓形成者，我常在益气健脾的基础上加用三棱、莪术、水蛭或乌梅、黄连、败酱草等以化瘀解毒、酸苦祛邪，取效良好。尽管有些患者舌质不紫，辨无“瘀”证，但体内实际存在的癌栓可能就是中医所讲的“瘀浊”。通过临床病例的初步观察，以辨证和辨病指导用药，肠癌肝转移的发生率似较目前统计的概率有明显的降低，其中是否有增强免疫、促进血流、溶解癌栓的作用，可以进一步观察研究。

此外，给药方式的不同，有时也会影响到治疗效果。个人认为，对大肠癌的治疗，除口服中药外，中医还可拓宽给药途径，借以提高治效。比如，可以通过中药保留灌肠的方法，从肠道直接给药，这是一个有意义的治疗方式，中医药对此有长期的应用经验和独特的优势，值得探索。据有关研究报道，肠道给药90%的药物成分可以被肠黏膜吸收，其局部静脉的血药浓度是体循环的10倍。从解剖角度来看，门静脉是附属于下腔静脉系统的一个特殊部分，它将大量由肠道吸收来的物质，经肝门入肝。中药保留灌肠对肠癌来说，其意义不仅仅在于肠道局部，而是使药物吸收后，由肠静脉入肝，"循经入穴"，尽快到达作用部位，以防止肝转移的形成。该法操作简便，病人不良反应少，尤其对口服反应不良者更为适合。我对部分大肠癌患者常常结合中药保留灌肠，如仙鹤草60～120g，龙葵30g，败酱草30g，浓煎100～150mL，每日1次，10次为1个疗程，隔5天再给药。可以住院治疗，也可以教会病人在家中自行灌肠。实践证明，这种方法不但肠道症状改善较快，而且有些病情尚能获得意想不到的控制效果。一般来说，选择灌肠的药味宜少，药量可大，发挥药专效宏的作用。

案例：林某，男，55岁。2008年7月6日初诊。2008年5月14日因直肠癌Ⅳ期（肝转移）在江苏省某医院行直肠癌手术（保肛）。病理诊断：腺癌，中低分化，肿瘤侵及浆膜，4cm×4cm×2cm，肝右叶有2cm×2.5cm转移灶，术后行肝癌行介入治疗，并辅以全身化疗6个疗程。诊时：患者大便正常，肝区疼痛，食欲欠振，面色萎黄，尿色淡黄，口微苦，舌苔薄白腻，脉细弦。患者精神负担很重。据证认为，肝脾两伤，癌毒弥散，正虚邪结。姑拟补益肝脾、化瘀散结为法。服药14剂后，肝区疼痛明显缓解，食欲稍振，患者情绪渐趋稳定。几年来患者坚持服用中药达数百剂，病情一直稳定，MRI检查肝脏未见转移灶，血液检查肿瘤标志物指标正常，从诊断至今已近4年，患者状态良好。病程中以下列处方为主，随症加减，药如：炙黄芪15g，潞党参15g，当归10g，白芍10g，三棱10g，莪术10g，制军5g，桃仁10g，水红花子10g，炙水蛭5g，炮山甲10g，枳壳10g，郁金10g，炙鸡金10g，石见穿30g，白花蛇舌草30g等。

三、医德感悟

我认为，医德与医术都关系到医疗的质量和效果，就二者关系而言，应当是以德统才，方为良医。“医者，仁也”，这是我数十年临床工作始终遵循的准则，深切同情患病之苦，对每一位病人都能热情服务，认真负责，从未因拖班忍饥而疏于诊务，出差在外，也常是深夜赶回，第二天出诊，不耽误病人。

面对越来越多的病人我有时不得不限号，可是每当外地的患者找来加号，我又不忍心拒绝，于是，提前半小时上门诊，中午一两点下班，成了家常便饭。下班后回到办公室匆匆吃完简单的盒饭，下午还要为医院的建设发展继续操劳。每当我看见头顶悬挂的“大医精诚”的牌匾，疲惫的身躯就重新焕发了无穷的活力。

2010 年 8 月，由于砖面台阶拖洗后水滑，我不慎跌仆，左上肢骨折肿胀疼痛。同事劝我停诊，我说：“专家号已提前约出去了，外地病人已经来到南京，我躺着休息心里不安。”于是，事隔一天我托着石膏板固定的伤肢，在诊室看病，令患者十分感动。

近几年，我先后获得了“中国医师奖”“江苏省百名医德之星”和“百姓信赖的医生”等荣誉称号，受到广大病员和社会群众的广泛信赖和赞誉。

四、治学观点

古人云：“医之所患患方少。”多年来，置身临床，诊治患者，感触颇多。因病有多端，治有多途，有治之能愈者，有治之不能愈者，也有先有改善，而后又少效者。因而深感医道未通，学养不足，经验不丰，倾注的苦功也很不够。实践证明，中医的深奥医理，经典著作，以及前人的经验，非自己勤于实践、学习、思考而不能真正掌握。

“学而后知不足”“学贵有恒”，因而我常带着临床问题，对经典著作和前人经验精读细研，从中受到启发。《内经》《脾胃论》《证治准绳》《临证指南医案》《杂病源流犀烛》等重要医籍均是我精勤学习的知识源泉。

经验在于积累和不断学习，多年来我也养成了记载病案的习惯，对于疑难病证自己治疗效果好的病案或取效不佳的病历都能如实记录下来，诊后细细分析推敲，从中总结经验，提高治效。如此日积月累，逐步丰富自己的临证辨治能力和处方用药技巧。

五、结语

“路漫漫其修远兮”，在脾胃病和消化道肿瘤方面，既有中医治疗上的特色，也有许多疑点和难点问题。如何在现代社会和医疗背景下，继承创新，探求未知，提高治效，给患者和需求中医的人们减少病苦，带来希望，这是我热爱中医学恒久不变的初衷和目标。

王新陆

王新陆（1949— ），男，湖南湘潭人。研究生学历，教授，博士研究生导师。全国政协常委，山东中医药大学名誉校长，全国老中医药专家学术经验继承工作指导老师。兼任中华中医药学会副会长、世界中医药学会联合会教育指导委员会副主席、山东中西医结合学会会长等，为中华中医药学会首席健康科普专家、全国学术流派“齐鲁内科时病学术流派”代表性传承人之一等。2017年被评为国家级百名老中医。

王新陆教授长期从事中医内科临床医疗、教学和科研工作，具有坚实的理论基础、深厚的专业知识和丰富的临床经验，尤其擅长内科杂病的治疗。倡导中医“继承不离大宗”，认为“中医具有自然人文双重属性”“经方治时病就是中医现代化的一种表现形式”，治学尊“儒医相继”，在实践中提出“辨识血浊”是提高疗效的新途径，擅长应用“援药”等。主要著述有《徐国仟学术经验辑要》《脑血辨证》《王新陆中医内科治疗经纬》《王新陆医论医案集》《血浊论》《中医现代预测学》《中医文化论丛》等，发表《再论中医学的双重属性》《儒家致中和思想与中医稳定理论》《〈易〉医关系论》等学术论文近200余篇。多次应邀到世界各地讲学，弘扬中医，曾在中央电视台《百家讲坛》中系统讲解中医。

一、步入中医之门

20世纪70年代初期，我在农村下乡时，农村条件差，百姓缺医少药，老乡们常常带病劳动，又见到中医药治疗疾病的简、便、验、廉，逐渐对中医产生兴趣。我间断跟随当地为数不多的大夫学习，利用闲暇时间随他们上山识药、采药，时间久了，便也懂了一些基本中医知识。偶尔跟着大夫给病人针刺、拔罐等，时有卓效，这更激发了我对中医的浓厚兴趣，立志于学习中医，想尽微薄之力，为病人减少些痛苦。

1973年，国家推荐知识青年考大学，我径直报了山东中医学院，从此踏上学习中医的历程。在校期间，除了课堂上认真听讲，做好笔记外，每日早晚诵读中医经典及汤头歌诀等。20世纪70年代的大学，虽说学制短，但特有的教学方式对于实践性很强的中医来说确实有很多值得借鉴。譬如上午老师讲了经络、穴位定位、主治疾病，下午就带我们挨家挨户出诊，给患者针灸、开药。这种早实践、早临床、学以致用、急用先学、教中练、练中学的学习方法，往往是眼到心到、心到手到，反而记忆终身，获益良多。正是“纸上得来终觉浅，觉知此事要躬行”，想要做好中医，必须将理论与实践相结合，早临床、多临床，知行合一。

二、求学访名师，实践出真知

本科毕业后，我被分派到烟台市中医医院工作，在临床工作中，确实能为一些患者解除病痛，但治病的疗效常觉不能达到十拿九稳，时有捉襟见肘，深切感受到孙思邈所言“读方三年，便谓天下无病可治，及治病三年，乃知天下无方可用”的意味，产生了继续深造学习的念头。

1978年，正值全国硕士研究生报考第一年，我毅然下定决心要考取研究生，报考了山东中医学院中医内科学专业。在备考过程中，我白天工作，晚上挑灯夜读，复习旧学，感悟新知，最终顺利通过研究生入学考试，结果专业调整，就这样我成了徐国仟老师的“首席”伤寒弟子。

回想起来，最初接触徐老是1975年在章丘县绣惠教学点，当时徐老给我们讲伤寒，老师讲课声音洪亮，底气十足，深入浅出，课讲得详尽透彻却又干净利落，重点讲两遍，其他讲一遍，没有一句废话，对我以后中医学术以及授课方法启发很大。没想到3年后，我竟成了他的硕士研究生，倍感荣幸。研究生期间，与恩师朝夕相处，学做人、学处世、学自我调节、学忍辱负重，获教无数，今生受用。徐老一生勤勤恳恳，兢兢业业，严于律己，谦虚谨慎，医术精湛，生活简朴，其精神和学术思想是我一生的巨大财富。记得临毕业前，研究生需要考核教学，让我给1979年入学的学生讲《伤寒论》厥阴篇。我当时觉得，学了3年伤寒，不要说原文背诵得朗朗上口，就是精微奥旨也能出口成章，根本没有备课的想法，整天忙着准备毕业论文。大约上课前1周，徐老到我宿舍，坐下很随便地问我："把你备课的教案给我看看，要讲课了。"我的头一懵，知道坏事了，只好如实"坦白"。徐老递给我一本讲稿，说："快准备吧！这是我的，你参考参考。"接着又正色道："你记住，我们每讲一次课，就要备一次课，不能误人子弟！""不能误人子弟"，是惭愧，是感激，是教诲，是警告。从此以后，不管是教书育人，还是临床治病，我都谨记老师的教诲，考虑问题细致入微，反复斟酌，三思而行，从不敢有半点马虎。

研究生期间，负责带教我的还有李克绍老师，他们2个老师一共带了4个研究生。李克绍老师对我们4个人的要求就是把《伤寒论》背下来，要求是398条，用45分钟，不停顿。我成天拿着《伤寒论》背，满口袋都是，睁开眼就开始背，走路时背，吃饭时也背，就连睡觉时也在背，自己觉得背得差不多了就背给老师听。李老低着头、眯着眼听我背，我一打梗他就给我提问，他提多了就说："你回去再学学吧！"他就不听了，就这样我背了3个月才将《伤寒论》背下来，这也成了以后临证用方的源头活水。如今有人问我如何学习经典，我说经典就是看着学，一遍一遍地学，张仲景自己就说"若能寻余所集，思过半矣"。所以说学习经典，一定要读熟、背熟，要在不同的年龄，不同的时期反复阅读学习，在就读期间学习，当了十年医生，当了二十年医生，你再看一遍，就会有新的体会。

比如，我1983年看的一个病人，70多岁，低热，体温不到38℃，有腹痛但不明显，血象非常高，当时就已经有B超了，B超显示是胆囊炎，但是不像现在彩超做得这样清楚。同时见脉微细，但欲寐，身有微热，呕而不适，小便利，手脚凉。我下意识想到《伤寒论》281条"少阴之为病，脉微细，但欲寐也"，便果断予以四逆汤，制附子10g，干姜6g，炙甘草18g。病人吃了3剂以后，症状缓解，烧也退了，后来口服利胆片巩固，症状又见反复，仍用上方，6剂而愈。我们中医看病就是要强调基本功的重要性，背诵经典的重要性即体现于此，背熟了，临证就会有事半功倍的效果。

这前后，为求经解，我还经常问难于我校周凤梧、张珍玉、张志远等前辈，也曾程门立雪，到外地拜访任继学、邹云翔、王永炎等诸多名师，受益良多。正如美中岳老所言"自视当知其短，从师必得其长"，要想做好中医，除了多读经典、多临床外，还要多跟名师。诸位老师的谆谆教诲，如甘甜玉露，让我在学术上飞速成长。

毕业后行医、学习，再行医、再学习，边行医、边学习。我常常要求自己，不论身居什么样的位置，作为一名医生，都不能脱离临床一线。从最初任烟台市中医医院院长、烟台市副市长，到山东中医药大学校长，再到任山东政协副主席期间，我都要定期到医院坐诊。因为我认为，中医的价值在临床，中医的活力在临床，中医的生命力也在临床，做中医如果不看病，看病如果没有疗效，要我们中医就没有意义了，唯有常临床，勤学习，才能成为“苍生大医”。

三、发皇古义，融会新知

硕士毕业后，我回烟台市中医医院继续工作多年，在中医临证上总结了一些经验，同时积极学习并掌握了很多西医知识，以现代医学的知识丰满中医的羽翼，使我在临证中更加得心应手。我也更加深刻地认识到，对于中医西医来说，目标是完全一致的，全是为了救人，全是为了治病，从这一点上来说，中医和西医一定要结合在一起，才是老百姓的福气。不管是中医还是西医，如果完全抛弃了对方，都不是科学的态度。尺有所短，寸有所长，应当取长补短，互相补充。

我在不断的临床过程中，认识到用故有的思路不能够完全适用于临床所需，渐渐地有了许多新思想，并反复临床验证，总结了一些东西。比如，用于辨治现代疾病或者未病先防的血浊理论。张元素说“运气不齐，古今异轨”，生活环境变了，疾病谱系变了，我们的思维不能守在原地。疾病谱系的变化是临床医学发展的原动力和火车头，它的改变决定了中医理论体系的改变与治疗方法的变革。金元时期出现的寒凉派、温补派、攻下派等诸多学派并存，百家争鸣，学说蜂起的现象，细究其原因，正是由于疾病谱系的改变，新的病种不断出现，古方今病已不相能。现在，由于医学的发展和生活水平的提高，自然界的风、寒、暑、湿、燥、火六淫致病渐退其次，而精神因素、环境污染、不良生活习惯等成为现代人致病的主要因素，这些致病因素均可作用于血，血液失去其清纯状态，或丧失其循行规律，影响其生理功能，扰乱脏腑气机，便成为很多疾病的发病基础，我将其称为血浊致病。许多现代疾病，诸如代谢综合征、心脑血管病、糖尿病、肥胖症、高脂蛋白血症、痛风等，均有血浊的特征。我创制化浊行血汤（荷叶 10g、焦山楂 15g、决明子 30g、制水蛭 5g、赤芍 10g、酒大黄

5g、路路通 20g、虎杖 20g、何首乌 15g）加减治疗此类疾病，疗效显著。

我在临床中治疗皮肤科疾病亦常从血浊辨证。如治疗一结节性痒疹患者，双侧上肢手腕后褐红皮疹伴剧烈瘙痒，以夜间及精神紧张时为甚，几经治疗未见明显效果，舌质暗，苔薄白，脉弦。辨证属血浊、肝郁，予以化浊宁肤汤（薏苡仁 15g、荷叶 10g、白花蛇舌草 15g、浮萍 6g、白鲜皮 15g、白茅根 15g、地肤子 10g、露蜂房 10g）加苦参 10g、全蝎 6g、红花 6g、白蒺藜 10g、赤芍 10g，水煎服，经治 6 周后皮疹及瘙痒消失，获得了较好的效果。

我临床用药还经常参考中药现代药理，我称之为“援药”。援，引也。援药，顾名思义，支援、支持之药也。许多中药对人体某些靶点有十分确切的作用，可直接作用于确切靶器官，对主病、主因、主症有明确治疗作用，配伍到方中能起到缓解症状或改善实验室检查指标的药物，与君、臣、佐、使并列成为方剂的重要组成部分，即君、臣、佐、使、援成为新的组方配伍方法。如荷叶、虎杖、山楂、何首乌、泽泻可以调整血脂；苦参、甘松、黄连抗心律失常；黄连、葛根降血糖。恰当使用援药，可直达病所，收到事半功倍的效果。

四、继承创新，不离大宗

中医需要继承发扬，但必须把“继承创新，不离大宗”作为中医学发展的理念。我在烟台担任院长时，有幸邀请到李克绍老师到烟台进行学术讲座。是夜我和李老促膝长谈，谈及中医学的继承与发扬时，李老意味深长地说：“继承不离大宗。”继承是指基本理论、根本宗旨不变，就是认真发掘我们古老文化和传统医学的真精神所在，继承中医药核心理论的科学内涵和丰富的临床经验，保持和发展中医药的特色和优势，以便把我们优秀的医学贡献给人类社会。创新是与时俱进不断发展，提出新思路，探索新方法，开展新实践，争取新突破。具体而言，病名的诊断、病机认识、辨证思想都要与时俱进，在适应现代社会发展的总趋势下给中医学以现代的诠释。宗：本，主旨之一。万变不离其宗之“宗”，谓之大宗，不离大宗是不离中医之根本，保持鲜活的中医传承、中医脉络，中医的血缘不变。继承和发扬中医的关键是“吃透”，尤其是吃透中医学的精神和根本，这样才能使其真正走在社会发展前列。

1998 年，我被推荐回学校任校长一职，与其说是担任校长，管理校务事宜，不如说是党和政府给我的又一次深造的机会。中医教育是发展中医事业的基础，而教育的关键在于人才和学术。中医事业能否振兴与发展，能否适应现代社会的需要，关键取决于中医学术的进步与中医人才素质的提高，归根到底就是人才培养。培养一批什么样的中医人才、培养一种什么样结构的中医人才群体，直接关系到中医的前途和发展。只有培养和造就一批素质良好、结构合理的中医药人才群体，才能进一步发展学术，中医事业才能兴旺发达、代代传承。为此，我不断学习、调研、反思，总结出中医人才的培养模式必须坚持多样化原则，主要培养学术型、临床型、传统型、中西医结合型、外向型、边缘型、其他等七类人才。我带领着全校领导积极筹划，在政府领导的大力支持下，于2006年把这七类人才中紧缺的传统型人才培养方案付诸现实，开设了纯粹的中医传统本科专业，只教授中医课程，不把西医内容及英语和计算机作为必修课，并让这些学生从入学便跟师侍诊，着力于培养一批在现代社会中有着深厚的中国传统文化积淀、真正意义上的中医，把中医事业的基因传承下来，我把他称为“中医基因班”。没想到各地兄弟院校争相效仿，培养了一批更具传统味道的中医，用传统中医的方法来更好地服务于人类健康。

中医学实在是博大精深，我们每一个人所学、所见，仅仅是沧海之一粟。虽然时时钻研，总感到不能像先师们那样得心应手、药到病除，特别是许多理论性的问题，需要在长期的临证中来活学活用，往往要多次实践、多次思索，才能有所感悟，正如古人所说：“学到老，做到老，学不了，做不好!”

人们常说，手艺人在学习过程中有四重境界，即会、通、精、化。学会了，学通了，学精了，最后进入化境了，挥洒自如，出神入化。每想及此，就非常惭愧，本人才疏智薄，又不是非常有悟性，40多年了，仍在会、通之间徘徊，会未全会，通未全通，只能是老牛奋蹄，以勤补拙，不断努力，将毕生的精力，贡献给祖国的中医药事业，贡献给人民的健康事业。

（王兴臣协助整理）

张同振

张同振（1950— ），曾用名张同震，号彤震、五福堂主人，山东省莱芜市鲁西村人。生于书香门第，医学世家，家中藏书较多，自幼耳濡目染，对中药、方剂耳熟能详；“文革”结束后参加了1978年高考，进入山东中医学院（现山东中医药大学）中医系学习；毕业后在莱芜市中医院工作，工作中兢兢业业，任内科主任后，并没有安于现状，又以优异的成绩再次考入山东中医学院中医基础理论研究生班学习；研究生毕业后，回莱芜市中医院先后任内科兼急诊科主任、医务科主任，成为当时莱芜市第一个中医研究生。为了更好地继承发扬传统中医，1992年辞公职创办莱芜中医研究所。从事中医工作四十余年，理论基础扎实，临床经验丰富，对内科、妇科、儿科常见病有较深入的研究和较好的临床疗效，尤以心脏病、脑血管病、脾胃病、痛经、不孕不育、儿科时令外感为著。发表有《长寿秘诀选注》《实用中药鉴别》等著作及十余篇学术论文。其中“《伤寒论》《金匮要略》用药剂量续考”一文的内容被全国高等中医药院校规划教材附录所引用。获“莱芜市科技标兵”称号，于2005年被评为“莱芜市名中医”。

耳濡目染，矢志不渝，一心要学岐黄术

我出生在一个书香门第，医学世家。高祖张甸基，字禹坪，号兰坡，又号棠阴逸人，道光二十五年太学生，同治九年贡生，奉直大夫军功五品衔，擅书法，莱芜境内多有所书碑碣匾额。曾祖父张嘉林，民国时莱芜县十大参议之一。光绪年间在鲁西村创建莱芜第一所民办小学，女学生也可入学学习。因此家中藏书较多，除四书五经外还有许多医书，如《图注难经脉诀》《医宗金鉴》《增

补本草备要》等。祖父张淑玉，是爱读书的人，吾幼时就常常看到他读书，常对我讲一些典故及中医的奇闻轶事，至今记忆犹新。每年春节写对联，他都要写“春酒熟时留客醉，夜灯红处课儿书”“事非经过不知人难，书到用时方恨少”的对联。他有一个治病绝招，就是给人“画瘊”，瘊是家乡俗语，其实就是今天说的“腮腺炎”“痄腮”。每有家长领小孩子来诊，我就看到大都是中午时分，老人家即在地下画一“十”字，让孩子背朝太阳，然后他喝一口清水，朝外喷去，即以用醋研好的香墨，毛笔沾之，书一“虎”字于其肿大腮腺上，然后用墨涂满腮部，一般孩子来画两三次就消肿不痛了。伯父张伯凝是个军医，又自学了中医。后转业到铁路医院工作，每次回家探亲，好多乡亲们请他看病。记得有一次，一个男青年来看病，进屋还未开言，伯父就说“抓紧去医院透视一下，怕有结核病吧”，结果就是肺结核。后来我问他是怎么看出来的，他说这个男青年脸面白瘦，两颧艳红，又不时干咳，这是比较明显的结核表现，听后心中对伯父的技术啧啧称奇。平素祖父及乡里的老人也常对我说，家里有个医生了，这孩子上学，将来也学医吧。我便听进了心里，更有学医的冲动了。还有我的父亲张仲坚，早年参加革命，在莱芜县纪委工作，非常热爱中医和武术。他买了许多的医书，如《医学三字经》《药学三字经》《医学传心录》《汤头歌诀话解》等放在家中。正上初中的我有空就翻看翻看。我 18 岁时，父亲带领一个工作队在农村吃住，参加春种生产，因劳累过度而患心肌梗死去世。这使我悲伤欲绝，更是铁了心要学中医。

高等学府，忝列门墙，知识天地任翱翔

1978 年恢复高考时，我已 28 岁，是三个孩子的父亲了。第一年即考入了山东中医学院（今山东中医药大学）中医系，多年的梦想变成了现实，学习的热情是没得说了，往来于教室、宿舍、图书馆，真是“三点一线”，一门心思要学好中医。在见习、实习期间更是刻苦虚心，向带教老师请教学习。五年后毕业，回莱芜市中医院工作两年，又考入山东中医学院中医基础理论研究生班学习两年。在这多年的学习过程中，先后在张珍玉、刘承才、刘持年、张奇文等老师的指导下，学习了写文章、做科研、编书籍，有了初步做学问的能力。先后在全国期刊发表“胎胪药录议”“《伤寒论》和《金匮要略》用药剂量初考”

“《伤寒论》和《金匮要略》用药剂量续考”“《内经》二阳之病发心脾浅释”“温胆汤方名新解”“凡十一脏取决于胆刍议”“孙思邈养生观探微”等论文十余篇。其中“《伤寒论》《金匮要略》用药剂量续考”一文的内容被全国高等中医药院校规划教材《伤寒学》附录所引用。著作有《实用中药鉴别学》（主编）、《长寿秘诀选注》（副主编）、《中医知识漫谈》（主编）等。

熟读经典，博采众方，忙活到老学到老

中医经典著作永远是临证的源泉活水，只有不忘经典，熟读经典，在临证时才能够左右逢源。这些年案头床头常放《内经》《难经》《伤寒论》《金匮要略》《神农本草经》《脉经》，不时翻阅，开卷有益，想古代医家，能成一代之名医，不都是从其中学习而成吗？今天在临床丢了经典，临证就成了无源之水了，遇到疑难杂证或治而不效的患者，就束手无策。所以经典著作能背诵最好。记得临床碰到这样一位中年男性患者，天天自觉右半身冷，左半身热，已三年有余。诸医莫治，多次到省级医院神经科求治，皆以“植物神经紊乱”治之而无效，后延余诊治。吾望其舌淡红，苔薄稍黄，六脉亦较平和，方药虽用了很多，之所以无效，还是辨证不对，当即想到《难经》《脉经》都指出左脉候心肝，右脉候肺脾。左热者，心肝之热，右寒者，肺脾之虚。拟清心肝之热，补肺脾之气，处方用栀子、连翘、野菊花以清心肝之热，黄芪、炒白术、怀山药以补肺脾之气，百合、甘草补养心肺调和诸药，三剂而病瘳，又三剂以固疗效，使多年痼疾得除。

除医学经典著作外，各个朝代的医家名著，也要不时披览，如孙思邈的《千金要方》《千金翼方》，金元四大家，及明清各医家的著作，对于名家的论述、经验、名方，仔细阅读，并记了大量学习笔记，使得在临证中多有得益。如拙荆患咽痛咳嗽，昼间了了，夜发而甚，疼痛而干，难以入寐。初以清热解毒，养阴止痛之剂，数天不效，后查阅《石室秘录》有喉痛一节：“雷公真君曰：凡人有咽喉忽肿作痛，生双蛾者，饮食不能下，五日不食即死矣。但此证实火易治，而虚火难医。实火世人已有良方，如用山豆根、黄芩、黄连、半夏、柴胡、甘草、桔梗、天花粉治之立消。唯虚火乃肾火不藏于命门，浮游于咽喉之间，其症亦如实火，唯夜重于日，清晨反觉少轻，若实火清晨反重，夜间反

轻，实火口燥，舌干而开裂，虚火口不甚渴，舌滑而不裂也。以此辨证，断不差错。此种虚痛若亦以治实火之法治之，是人已下井，而又益之石也。故不特不可用寒凉，并不可用发散，盖虚火必须补也。然徒补肾水，虽水能制火，可以少差，而火势太盛，未易制服，又宜于水中补火，则引火归原、而火势顿除，有消亡于顷刻矣。方用引火汤：熟地黄一两，元参一两，白芥子三钱，山茱萸四钱，北五味二钱，山药四钱，茯苓五钱，肉桂二钱，水煎服。一剂而痰声静，痛顿除，肿亦尽消，二剂痊愈。”遂照原方，改熟地黄为生地黄，以增凉血生津之效，一剂痛大减，二剂痛止，三剂而愈。又加养阴清热化痰之麦冬、天冬、知母、贝母，续用三剂病瘳。我自己深深体会到，中医学之博大精深，学无止境，工作再忙也要坚持读书学习，正所谓忙活到老学到老。

勤于临证，服务患者，中医根基在基层

俗话说：“熟读王叔和，不如临证多。”只有勤于临证，善于思考，才能把理论和实践更有机地结合起来。我在数十年的基层医疗工作中，深深体会到这一点。而且要努力争取做全科中医大夫，只有这样，才能满足基层广大患者的医疗需求，这些年来除内科一些疾病外，我也努力钻研妇科、儿科、皮肤科、五官科的一些疾病。我觉得除了一些科别的特点外，隔科不隔理，其医理是相通的，是在一个理论体系框架之内的。由于在这方面的钻研努力，有许多儿科、妇科、皮肤科的患者也多慕名而来求治。

在多年的临证中，大胆探索，勤于学习，既刻苦钻研传统文献资料，又积极学习当代许多名家的经验，并订报纸杂志十余种，及时了解相关医学信息，不断提高自己的学术及医疗水平。经过多年的潜心探索，提出：气虚、痰、瘀、毒是时下许多疾病特别是心脏病、脑病的病理基础。并据此采用益肺健脾补肾、化痰祛瘀解毒等辨证施治原则，对中风、眩晕、头痛、胸痹心痛、胸胁痛等疾病，收到良好的效果。

对妇科经带胎产病的治疗，应以肝肾两脏为重。由于当今社会环境的改变，人文风化的翻覆，致使现今女性过早的性生活，频繁的流产，使肾脏受伤而变生诸证。其次由于女性在工作、家庭、社会交往等方面较之男性有更大的压力，加之节奏快，冲突多，致郁怒伤肝，而生经带乳房病变，故滋补肝肾、舒肝解

郁是妇科非常重要的治疗原则。

现在的儿科患者，因多是独生子女，极易娇生惯养，饮食方面多无节制，贪食生冷、油腻、辛辣等厚味之品，损伤脾胃而生痰湿或湿热。故治小儿病勿忘调脾胃，祛痰湿，清化湿热。又小儿多重衣厚被，冬天室内温度过高、干燥，且常常汗出，而致卫气不固，易生外感。所以，益肺固表也是一个重要的治则。根据小儿服药困难的特点，制小方微剂，选择既有疗效又易于服用的方子，配合小儿推拿、中药外洗，治外感发热、咳嗽、哮喘、腹泻，每收良效。

临证多讲多说，积极宣传中医药知识，普及中医药知识，积极参加中医进社会活动，细心热情为患者服务，为推动基层中医药事业的发展做出了一定的贡献。获“莱芜市科技标兵”称号，于2005年被评为“莱芜市名中医”。

言传身教，薪火相传，杏林伟业有传人

岐黄伟业，生生不息，师徒相授，薪火相传是功不可没的，时至今天仍是传承的重要形式。二十余年来，在带教学生的过程中，也深深体会到这一点。中医应该传承的首先是思辨体系，其次是学术思想，再次是临床经验。而思辨体系来源就是中国传统哲学，当然首先是周易了，还有就是医学经典著作，五运六气学说等，只有这样才能高屋建瓴，得心应手地对疾病进行辨证施治。平常也经常告诫学生不要死记老师的一方一药，而要学习老师的思维方法、辨证思想，这就需要认认真真读书，深刻领会，才能将理论与实践结合起来。为此给学生制订指导性学习计划，列出读书目录，主要是医学经典著作，还有历代名家医籍。为提高古汉语水平，增强阅读能力，就要学习王力先生著的《古代汉语》。另外也要读一读周易、五运六气的书。

近来，奥巴马推出“精准医疗计划”倡议，即尝试通过收集基因组学和其他分子信息，为患者提供个性化医疗。我认为真正的中医学就是“精准医学”，对每个患者提供的就是个性化的治疗。所谓整体观念，因人而异，辨证施治。这是思辨理论体系，是中医之魂。通过教师讲学、老师传授、刻苦自学的途径继承下来，发扬中医的“精准治疗”需要有大批真正的中医人倾注心血而不懈努力。

尹常健

尹常健（1950— ），男，主任医师，教授，博士生导师。山东中医药大学附属医院内科主任，中华中医药学会理事，山东中医药学会副会长，中华中医药学会肝胆病专业委员会委员，中华中西医结合学会肝病专业委员会委员，山东中医药学会肝病专业委员会主任委员，山东省医学会肝病专业委员会副主任委员，山东省保健科技协会常务理事，《中西医结合肝病杂志》编委，国家自然科学基金会委员会评委，山东省重点学科中医内科学学科带头人。享受国务院政府特殊津贴。

1995年以来先后获“中国百名杰出青年中医”“山东省优秀青年中医”“山东省富民兴鲁劳动奖章”“山东省优秀科技工作者”“山东省名中医药专家”“全国卫生系统先进工作者”“全省卫生系统廉洁标兵”、第二届“中国医师奖”“山东省优秀研究生导师”、首届“感动山东十佳健康卫士”等奖项和称号。

长期从事消化系统疾病特别是肝胆病的中医临床、教学和科研工作，先后出版学术专著《肝胆病中医研究》《肝病用药十讲》《尹常健文集》，主编《腹水与临床》，主译《心肌病与心肌活检》，参编著作9部。发表学术论文53篇，曾参加国家“七五”“八五”肝病攻关项目，主持山东省“十五”“十一五”中医药攻关课题项目，6项成果获省部级科技进步奖。

我在2007年出版的《尹常健文集》中收录了我写的从医三十年感怀的《满江红》词，全文为：“望舌诊脉，都以为，就知四诊。谁晓得，学兼中西，满腹经纶？继承发挥非易事，双重压力倍艰辛。更有是，临床医教研，费精神。读经典，念外文，勤实践，重理论。愿脚踏实地，平朴是真。人文涵养增睿智，科海泛舟需用心。莫忘了，中医千秋业，惜寸阴。”这首词既是我对从医三十年的无限感慨，也是我多年从事中医临床研究工作的真实回顾。

初入医门　得遇良师

我1974年8月毕业于山东医学院中医系，被分配至我一直向往的山东中医学院附属医院（1996年更名为山东中医药大学附属医院）内科工作，正式走上艰辛的中医临床探索之路。我之所以长期以来一直深深向往山东中医学院附属医院，一是因为我早在少年时代就耳闻了该院老一代名医的传奇故事，包括刘惠民院长如何为毛主席治疗感冒和失眠，疗效又如何神奇，冯鸣九老院长如何用温热药治疗高热不退等，这些传奇深深地吸引了我；更重要的是，我在该院度过了一年的实习生活，目睹了老一代中医名家的学术风采和专业精神，更为该院浓厚的学术氛围和良好的人文环境所吸引。毕业后分配到该院工作实现了我心中最大的夙愿，对于一个立志投身中医研究事业的青年人来说，真可谓如鱼得水。

工作之初，我始终牢记“业精于勤，荒于嬉”这句中国古代格言，为自己制定了严格的学习计划，白天参加病房或门诊工作，晚上和休息时间结合实际工作中遇到的问题，刻苦攻读有关书籍和文献，找寻答案，反复印证，释疑解惑，认真做好读书笔记和卡片，学以致用。几年下来，积累了十几万字的读书笔记、诊疗记录和文摘卡片，对内科常见病的诊疗常规、辨治规律等已能熟练掌握，为深入进行临床研究工作打下了坚实的基础。

山东中医学院附属医院在20世纪50年代建院初期曾从全省会聚了一大批优秀的中医人才，院内名医荟萃，流派纷呈，学术空气甚为浓厚。我初到医院时，这些名老中医大都还健在，形成了一个十分强大的学术群体，为我系统学习名老中医的学术思想和临床经验提供了极为方便的条件。一部分谢世的名老中医也都留下了宝贵的医案、医话选集，一些病人复诊的病历上也留下了他们的诊疗实录。我以随诊、请教等方式系统学习了叶执中、张哲臣、李庭玉等名老中医的医案、医话、医论，受到极为深刻的教益，使我在校学习的中医理论从空泛到充实，这一互为印证的过程更使我认识到中医学的博大精深和丰富的科学内涵，也更坚定了我从事中医临床探索的信念。

1975年夏天，我们几个刚走上工作岗位不久的年轻医生跟随著名肝病专家王文正教授下乡巡回医疗，大家久仰王教授大名，这次终于有了随时学习请教的机会，大家都很兴奋。在半年多巡回医疗的时间里，在繁忙的诊务之余，王教授向我们系统讲解了中医肝病研究领域的一些主要学术问题，还特别系统介绍了他宝贵的肝病临床经验，使我们学到了许多课本上学不到的东西，大大激发了我从事中医肝病研究的兴趣和信念。在这一过程中我们还对王文正教授的从医经历有了深入的了解。

王文正教授幼承家学，16 岁即随父应诊，1958 年参加山东省首届中医培训班，打下了扎实的理论功底。20 世纪 60 年代初王教授即开始肝病中医临床研究工作，在长期的临床实践中艰辛探索、不断总结，提出了很多独到的学术见解，积累了丰富的临床经验，取得了丰硕的研究成果，成为国内中医肝病学术界的大家。我在对王文正教授的学术思想和临床经验有了一定的了解后，即产生了一个强烈的愿望，就是能在他的指导下从事肝病中医研究工作。在王教授的大力支持和关怀下，我于 1979 年实现了这一愿望，他精深的学术理论造诣和丰富的临床经验使我受益良多，特别是他在临床用药方面的深厚功力与特色更是魅力无穷，使人敬佩。

现在回顾从医之初，能得遇那么多的好前辈、好老师，实在是万分幸运，特别是王文正教授指引我走上肝病中医研究的道路，他的学术思想、经验、治学态度及方法都使我终身受益，对我之后的成长产生了极其深远的影响。

勤能补拙　学贵“三多”

1979 年，我正式确立消化专业并在王文正教授指导下以肝病中医临床研究为主要方向，开始了艰辛的跋涉。当时，我对肝病这一领域还是十分陌生的，认识也很肤浅。20 世纪 70 年代由于各方面条件的限制，中医肝病研究面临许多实际困难，如中医药对乙肝病毒携带者的治疗都还处于摸索阶段，缺乏成熟的经验。我作为一个工作不久的年轻医生，有时更感到无所遵循，但是我坚信勤能补拙，只要勤于学习，善于思考，付出努力就一定会不断在业务上有所进步。为此，我为自己确立了两个任务，一是认真做好日常临床诊疗工作，二是充分学习好王老的学术思想和临床经验。要完成好这两个任务，我认为必须做到“三多”，即多学习，多思考，多总结。要在实践中不断学习新知识、新方法、新理论，吸收新经验，掌握新技能，以不断丰富自己，从而适应临床研究的需要；要多思考，对于书本理论、老师经验、研究动态等都要勤于思考，善于思考，多问为什么，这样才能增长新知，锻炼才干；要多总结，要有计划地将所看、所听、所学、所干不断进行总结，形成文字，使知识系统化、条理化，有总结才会有提高。应该说这“三多”是缺一不可的，我向王老学习的实践过程也充分证明了这一点。

我在向王老学习的过程中通过随诊查房、门诊、会诊及聆听王老讲课，学习王老以往的诊疗记录等，深切地感受到他在肝病中医研究这一领域所做的大量开创性工作，特别是他处方用药的深厚功力和鲜明特色，更使我耳目一新，深受启发。归纳起来主要有以下特点，一是用药准确，王老常说，有是证，用是药，只有用药准确才能收效，而用药准确的前提是辨证和立法准确；二是平实规范，他开的方药十分平实，如四逆散、柴芍六君子汤、归芍地黄汤等，皆平实规范，药味十分精练；三是新颖灵活，他对药性十分熟悉，对许多中药都有自己独特的用法，如用蝉衣、莱菔子利水，用寒水石止呕，用石花、王不留行止痛，用十大功劳叶退低热，用鹅管石化痰，用威灵仙、楮实子化积，用鲜麦苗退黄等都别有创意；四是量大力专，他认为对有些病证非量大力专不能奏效，如退热柴胡常用至90～150g，用生石膏30g，利水用灯心草30g先煎代水，另加蝼蛄粉、蟋蟀粉冲服等，都反映了他的匠心独运。

在向王老学习的过程中，我进一步认识到悟性的重要，学习名老中医经验，不但要接受知识，更要善于领悟，不断揣摩，细心体会，真正感悟精髓，才能举一反三，为己所用，因此悟性聪敏与否，直接关系到学习效果如何。经过几年的学习，我对王老的学术思想、诊疗经验、用药特色等渐有领悟，从而使思路开拓了，眼界更宽了，为自己的临床实践起到了重要的指导和借鉴作用。

王老曾给我们举办过一次关于慢性肝炎辨证分型治疗的讲座，他将慢性肝炎分为肝郁气滞型、肝郁脾虚型、肝胆湿热型、肝肾阴虚型和气滞血瘀型五大临床证型，分别确立治法，选方用药，还为每一证型确立加减范围，内容非常详尽，非常具体，几乎涉及慢性肝炎证治的每一个细小环节，如症状、体征及生化指标的异常等都有相应的药物加减。这次讲座使我对慢性肝炎的中医治疗有了一个大致的概念和轮廓，我将听课记录进行了系统整理后撰写成文，发表于1977年第二期《山东医药》杂志，当时“文革”刚刚结束，部分医学期刊刚刚复刊，文章发表后引起很大反响，王老成为国内较早提出这一分型方法的学者。

王教授在20世纪80年代初就萌发了要将肝病主要症状与体征的辨证论治进行系统阐述的想法，他向我讲了他的总体思路、证候范围划分、治法和方药应用等，先后选了胁痛、食少、乏力、发热、腹胀等五个主要症状，对每一症状的发生原因、主要病机、临床表现、相应治法、方药选用等进行详细讲解与勾勒，后来由我整理成文，在《山东中医杂志》进行了连载，在学术界引起了较大反响，编辑部收到许多参加讨论的来信与稿件。这实际上是建构肝病中医对症治疗框架的初步尝试，对肝病深层次研究的理论意义是十分深远的。

我还将王老讲解的肝病用药、内科杂病用药及肝硬化的治法等内容进行了系统总结与整理，分别收载于我发表的相关论文和肝病著作中，在学术界产生了广泛影响。

我深切地认识到只有将自己的所学、所用、所悟进行认真的书面总结，才能使自己学到的知识系统化、条理化，这对理论提高和经验的积累都是至关重要的。

精勤不倦　博学多思

自20世纪70年代末开始，我一直在王文正教授悉心指导下从事消化系统疾病特别是肝胆病的中医临床研究，我一边学习王老经验，一边接受国内外最新研究成果，对病毒性肝炎、肝硬化、脂肪肝、胆囊炎、胆石症、溃疡病、胃炎及炎症性肠病等进行了一系列深入系统的理论探索与临床研究，积累了一定的经验，形成了自己独到的学术见解，总结出许多行之有效的治法与方药，取得了较好的临床疗效。在不断总结临床证治经验的基础上，我先后研制了“抗脂肪肝颗粒”“降酶Ⅰ号”“乙肝祛毒片”等系列制剂并广泛应用于临床，取得了很好的治疗效果，深受广大患者的欢迎。同时，在诊疗方面形成了自己的特色与专长，较为出色地完成了专家门诊、查房、会诊等各项医疗任务，在社会上和患者中享有较高的声誉，多年来，专家门诊量一直在全院名列前茅。

在长期的临床实践中，我深切地认识到中医药所具有的众多作用功效，如止呕、止吐、止痛、止泻、止咳、化痰、化积、化瘀、消食、消胀、利水、退黄、退热、镇静、安神、开窍、明目、活血等，正是这些功效在肝病治疗中发挥了重要作用，成为中医药治疗肝病的疗效基础，而许多功效又正是现代医学所不具备和不能替代的。

与此同时，我也更加深切地认识到中医学目前遇到了巨大的挑战和困惑，就中医临床而言，根本的挑战在于治疗目标的转换，中医治疗所面对的已不再是单纯中医病证如头痛、胁痛等，而是实实在在的现代医学疾病，包括病变实质和客观指标的异常，疗效目标也不再是单纯追求证的改善和消除，而是同时也期望客观指标的恢复，而现代医学疾病的许多指标在中医理论中完全是空白，仅用辨证就显得远远不够了，临床上经常遇到某些实质病变或客观指标异常而无证可辨的尴尬局面，使中医治疗无所遵循，让人束手。由此而产生的困惑常使我陷入沉思，我更感到当前传统中医理论已不能完全适应疾病谱的变化和临床研究的实际需要，迫切需要构建新的理论体系，而这又不是在短期内所能做得到的，在新的中医理论建立之前也正是中医学的迷茫时期，我们对此应该有清醒的认识。

见解源于思考，学术贵在求索。在实践中不断学习和经常思考，使我在中医肝病研究的一些主要领域都形成了自己的学术观点，如对中医肝病临床研究的方向与目标，研究思路与方法，中医药的作用目标、作用领域、作用途径、作用机制、疗效定位、疗效评估、规范用药等都从理论与实践的结合方面提出了个人的见解，得到国内外同行的普遍认可。如我在国内外首先提出中医药治疗乙型肝炎的主要作用领域为抗肝损伤、抗肝纤维化、抗肝脂肪变性、调节免疫失衡和改善症状与体征；提出建立科学统一的疗效评估标准；建立中医对症治疗框架，建构新的中医理论体系；提出中医药治疗乙型肝炎、肝硬化等现代医学疾病应当既坚持辨证论治，又借鉴现代医学的新成果、新理念，更要结合个人的经验，使中医治疗既对“证”，又对“病”，既体现宏观调控，又反映具体针对，力求达到医者与患者共同期盼的证与客观指标的同步改善；提出明确中医药治疗肝病的作用目标即主导治疗、辅助治疗和善后治疗，根据疾病的不同阶段、不同环节，分别采取不同的治疗原则与方法，以求达到最佳效果，只有明确这三大目标才能方向明确、思路清晰、少走弯路，真正提高疗效。我同时提出中西医结合势在必行，对肝病领域中西医结合的理论基础、实践依据、主要领域、基本方法、科学使命等进行系统探索和全面阐述，提出了中西医在

“肝”与“肝脏”解剖位置的一致性、生理功能的相近性和病理变化的相关性；提出了中医药肝病研究具有深厚的学术积淀、丰富的经验积累和丰硕的研究成果；提出了宏观辨证与微观辨治相结合、辨病与辨证相结合、临床观察与实验研究相结合的基本方法；提出了中西医结合肝病研究必须实现理论互融、实践渗透和构建中西医结合双重诊疗体系的三大目标等，这些观点和论述分别发表于各学术杂志和收载于我的著作中，在内容上基本涵盖了肝病中医、中西医结合研究的各个方面，这些观点的形成是学习、实践与思考的结果，无论对错如何，也无论片面与否，我以为都是可贵的，学术的美丽也正在于新颖独到的见解和睿智清晰的心路历程。

科研是临床研究的原动力。多年来，我先后参加国家“七五”“八五”肝病攻关课题，主持山东省“十五”“十一五”中医药攻关课题和重大疾病项目，其中“柔肝抑纤饮防治肝纤维化作用机制研究”“慢性肝炎中医辨证规律与超声直方图相关因素的研究”获山东省科技进步二等奖；“肝胆病研究”“康立特护肝胶囊的研制”“乙肝祛毒片治疗 ASC 的临床与实验研究”获山东省科技进步三等奖；“中药复方抗丙肝一号治疗丙型肝炎的临床与实验研究”“肝荣汤治疗慢活肝的临床观察与实验研究”获山东省科委科技进步三等奖；《肝病用药十讲》获山东省医学科技进步三等奖。山东省重大疾病课题“慢性乙型肝炎中医证的规范化治疗方案的研究”正在进行中。

自 1979 年至今，我先后在国内外学术期刊上发表学术论文 53 篇，这些论文系统反映了我从事肝病中医研究的主要观点和研究成果，其中有多篇以专论和主要论著形式发表，在学术界产生了广泛影响，有的论文还被国外杂志选载。

1993 年 11 月，我出版了第一本个人学术专著——《肝胆病中医研究》，董建华老在序言中赞誉该书“理论探索层次较高，富寓新意，临床研究来自实践，切合实用”，这是对我巨大的鼓励与鞭策。

肝病用药研究是肝病临床研究的最重要环节，用药正确与否直接关系到疗效优劣和疾病预后。有感于国内在肝病用药方面普遍尚未突破经验用药的藩篱，距离规范的科学境界尚有很大差距，我在学习王老肝病用药经验的基础上，结合个人多年的实践经验和体会撰写出版了《肝病用药十讲》一书，就肝病用药的诸多理论与实践问题进行了系统阐述，完整表达了个人在这一领域的主要观点、体会及经验，明确提出规范用药是肝病用药研究的最高科学境界，实现从经验用药到规范用药的过渡是每一位中医肝病研究者的神圣使命。该书详尽介绍了肝病临床应用频率较高的100味中药的性味归经、作用功效、现代药理毒理研究结论及个人应用心得，出版后成为热销书，短短几年内连续三次印刷，仍供不应求，2007年增订版（第二版）正式出版，得到中医肝病界的普遍认可。

我还主编了《腹水与临床》，参编了《新编乙型肝炎学》《肝癌》《中医内科学》等著作，也都从不同侧面反映了个人学术研究思路和观点。

甘为人梯　乐育英才

我1994年遴选为硕士生导师，已先后培养硕士研究生30名；2001年遴选为博士生导师，已培养博士生11名。“得天下英才而教之，乃人生之最大乐事”，我在几十年的教育生涯中始终把教书育人视为最神圣的职责，我认为培养德才兼备的中医药后继人才事关中医药事业的发展和前途，作为导师既要教书，又要育人，而要真正出色地完成教学任务，培养出合格的优秀人才，首先要有高尚的师德，欲为良师，先修其德。

作为中医临床导师，我认为，高尚的师德首先要体现为高尚的医德，“医为仁术，厚德方可为之”。在长期的中医临床教学中，我爱岗敬业，坚持廉洁行医，全心全意为病人服务，把对患者富于同情心、责任感作为对自己的根本要求，对工作认真负责，对病人态度和蔼，诊查耐心细致，使病人倍感温暖，也使学生们深受教育。我认为教会学生专业技术是重要的，但引导学生树立正确的人生观，培养学生高尚的医德和责任感更是第一位的。

我认为，坚持实事求是、恪守科学道德是一个临床导师必须遵守的行为规范，科学来不得半点虚假，不文过饰非，不自吹自擂。我给学生们讲解了许多生动的事例，如一位中医界老前辈在诊治疾病过程中当着病人的面查书核对自己所开的药物，这种实事求是的科学态度，甘于放下架子的认真负责的精神使学生们受到深刻的教育，为培养他们的科学态度发挥了很好的作用。

我经常教育学生们发扬团结协作的精神，要团结同志，宽厚待人，充分尊重他人意见，在学术上提倡互相讨论，不轻易否定别人，更不能唯我独尊，要严于律己，善于学习他人的长处，只有这样，才能使自己更快地进步，各方面得到更大的提高。

导师授业解惑，教学生以知识和专业技能，因此，导师首先要有广博的学识，具体到中医临床专业，就是不但要有熟练的临床专业技能，还要有深厚的学术理论造诣和宽广的学术素养。作为临床导师，教给学生过硬的专业技能是必要的，也是重要的，但更重要的是教会他们正确的思路与方法，培养其严谨的治学态度和醇正的学风，更要传授个人临床经验，启迪学生的悟性，这就要求导师对本专业研究领域应非常熟悉，了解研究动态，把握正确的研究方向。

作为临床导师，教授学生专业技能，要从一点一滴做起。比如查体，现在有的医生只重视器械和实验室检查，而忽视物理查体，淡化舌苔脉象诊查，这其实是很大的误区。对于临床医生来说最重要的首先应当是仔细询问病史和进行认真正确的查体，我经常告诫学生们一定要认真对待；要教给学生正确的诊治方法，要经常指导他们对复诊病人进行疗效分析，不断总结经验。学生们经过三年学习，对肝炎、肝硬化、胆石症、脂肪肝、胃炎、溃疡病、炎症性肠病等疾病的常规诊疗都能了如指掌，对老师的经验也有自己的见解和体会，都能对常见疾病进行正确的诊断和治疗，在学术理论水平和临床专业技能方面都有长足的进步。

我认真指导学生进行科学研究，包括科研选题、立项、设计和实施。多年来，我先后参加国家“七五”“八五”肝病攻关课题，主持山东省“十五”“十一五”肝病攻关课题。在这些课题的研究过程中，我充分发挥学生们的积极性，合理分工，使他们都参与到科研的不同阶段工作之中。我经常告诫学生们，科学研究的目的在于发现真理，医学科研的宗旨是为临床服务，因此，选题一定要准确，设计一定要合理，技术路线一定要科学实用，要有创新性，违背了这一宗旨和要求，科研就会走入误区，不但浪费科研资源，而且会对中医药学术的发展产生消极影响。学生们通过参与科研工作，科研意识和动手能力大大增强，从总体上提高了科学研究素质。有 6 位学生参加的二项课题分别获得省部级科技进步二等奖和三等奖，学生们共发表学术论文 30 篇，有的论文被国内外期刊多次引用，受到学术界一致好评。

我经常指导学生们撰写论文，从立论、设计、体裁、内容、格式等不同方面进行指导和讲解，提高他们书面表达的能力，这样，学生们既学习了导师的学术思想、临床经验，又体会和领悟了导师的学术风格，也才能真正提高专业理论水平和实际工作能力。近年来，有多位同学受到上级部门奖励，多位同学先后获得“省级优秀毕业生”“省级优秀学生干部”“山东省优秀青年知识分子”“山东省卫生系统青年岗位能手”等称号，有两位同学的论文还被评为“省级优秀毕业生论文”。看到同学们热爱中医事业，刻苦钻研学术，我内心充满了喜悦之情。

“想过去努力尚不够，望将来任重而道远”。当前，党和国家对发展中医药事业给予了高度关注和重视，中医事业欣逢巨大的发展机遇，同时也面临严峻的挑战，摆在我们中医人面前的任务是艰巨的。我们要继承好中医学宝贵的科学财富，凝练中医科学主题，与时俱进，不断接受现代科学的渗透，要不断地提出新观点，总结新经验，解决新问题，使中医学术不断得到提高，使中医事业不断向前发展，以适应医学科学的发展和满足人民卫生健康的需要。

丁安伟

丁安伟（1950— ），教授，博士生导师。1977 年毕业于南京中医学院药学系，1988 年任系副主任，1994 年赴英国伦敦大学药学院学习。1996 年 1 月任南京中医药大学药学院院长、药物研究所所长直至 2009 年卸任。国家中医药管理局中药化学三级实验室主任、江苏省方剂研究重点实验室常务副主任。兼任中华中医药学会炮制分会副主任、江苏省中医药学会药学专业委员会主任、南京市药学会副理事长，科技部自然科学基金审评专家、国家食品与药品监督管理局审评专家、国家学位与研究生教育评议专家、全国高等医学教育学会医学教育评估专家、新加坡卫生科学局植物药国际专家组专家、江苏省国家中药现代化科技产业基地咨询专家等。长期从事中药学、中药炮制学、中药化学等中药相关学科的教学和研究工作，在中药质量标准、中药炮制机理、中药复方配伍规律及中药新药研究等领域取得显著成绩。发表学术论文 300 多篇，主编专著 14 部，副主编 4 部。近年来承担国家科技攻关、科技支撑、重大创新药物研究项目及省部级科研课题 20 多项，已主持研制成功三个五类中药新药，获得国家发明专利 3 项、实用新型专利 3 项。

千百年来，中医药为中华民族的繁衍昌盛做出了不朽贡献。中医药学知识博大精深，其中，既有中华民族数千年中医药临床实践的积累和沉淀，又有利用现代科学方法、手段，对中医药深入研究的发展和结晶。随着国民经济的高速发展和对外交流的不断扩大，中药在现代医药学领域的地位日显重要。在当今“回归自然”的世界性潮流中，中药作为祖国文化宝库中一颗璀璨的明珠，备受世人青睐和关注。我始终认为自己这辈子注定要与中药结缘，近四十年来我潜心于中药学的学习、教学和研究，毕生致力于探索中药学的真谛和奥秘，从中获得了无穷无尽的乐趣。回顾我的中药学追寻之路，感慨万千。

医药启蒙，受父亲良好教育

我出生于1950年秋天，父亲是当地颇有知名度的一名医生，因家父医术高明，且能处处为病人着想，而在民间享有很好口碑。至今我仍记得家中并不宽畅的客厅里曾挂满了诸如“济世仁术”“妙手回春”等字样的条幅和挂件，当时对这些词句虽不能完全理解，但我知道这是许多被父亲治好病的人对父亲的感谢。我曾因此而为父亲感到自豪，并在朦胧之中逐渐产生了要当一名像父亲一样能治好很多人疾病，解除很多人痛苦的医生。

父亲是一名西医，但他并不排斥中医药的治疗手段。记得在我刚上小学的那年春节，父亲带我乘车外出，在汽车站见到一名妇女突发剧烈腹痛而满地打滚，在周围人都束手无策之际，父亲从车站的备用小药箱里找到一包针灸针，连续几针扎下去后不久，患者竟然神奇般的不痛了，人群里立时响起了一片赞叹声。事后父亲告诉我，他用的是中医的针灸疗法，我好奇地问怎么医还分为中医和西医？父亲说：中医是中国特有的，是我们的祖先创造并流传下来的。西医是西方现代医学，是从国外传到我国的，二者各有优点和长处，可以互补。父亲是这么说也是这么做的。“文革”期间，父亲因是“资产阶级学术权威”且有“海外关系”而被下放到农村医疗站劳动改造近一年。后来在提到这段经历时，父亲充满感慨地说，在农村虽然生活很苦，但却学会了使用中草药，一般的常见病用中草药治疗不但效果好，而且可以节约很多医疗费用，农民很欢迎。据说，父亲在农村工作期间，其所在医疗站的医疗费用是全公社最低而治愈率和群众满意度却是最高的，以至于有造反派大不相信，曾派人去调查，最后的结论是：“这是中草药的功劳而与个人无关。”无论是谁的功劳，只要能治好病父亲就感到欣慰，老百姓就会发自内心地拥护。

父亲是我以后走上中医药之路并为之追求一生的启蒙老师，我感谢我的父亲。

“文革”期间，我像千百万知青一样在农村插队五年，劳动了两年以后，因我出生于医学世家且懂一点点医疗常识，被安排到农村医疗站当了一名“赤脚医生”，即不脱离劳动的农村卫生员。我很热爱这份工作，在父亲的指导下买了很多书，其中有很大一部分是中药方面的书籍。中医理论较复杂，在无人指导的情况下难以掌握。当时全国开展了一场轰轰烈烈的大搞中草药运动，中药的理论和使用方法被相对地简单化和模式化，故而中药相对容易理解，对中药的兴趣亦日益加深。

大学生涯，遇良师受益匪浅

能够进入南京中医药大学学习是我人生的最大转折，在这所被誉为“现代中医药教育的摇篮”的学校里，我真正领悟到了中医药学的博大精深和无穷魅力，我如饥似渴地学习。从此，我走上了一条与中药终身为伍的道路，冬去春来，周而复始，至今已近 40 个春秋。年龄在增长，时代在变迁，科学在进步，而我则淡定人生，对中医药不懈追求的信念始终未变。

大学期间我学习的专业是中药学，这是我醉心向往的专业。我最尊敬的一位老师是德高望重，为中药学奉献了一生的孙鹤年教授。2004 年 50 周年校庆恰逢孙老 90 大寿，校友们本想借此机会搞个仪式为孙老祝寿，但因孙老身体不适住院而未能办成。后来在 2007 年我们年级同学聚会时，孙老亲自到会，并嗓音洪亮地做了讲话。大家被孙老的演讲所感染，在激动之余都惊讶孙老健康的身体和良好的记忆力，他甚至能准确地报出大多数已有 30 多年未曾见面学生的名字。大家在为尊敬的老师祝福的同时，也感慨道，为科学尤其是为中药学事业而献身的人是不会衰老的，他们将随着中药学的发展而不断获得新生。

孙老对我的影响是多方面的，最重要的是做人和做学问。他为人正直，谦逊，一生淡泊名利。他生活俭朴，像诸多老一辈科学家一样，对物质生活没有什么追求，而对科学和事业却锲而不舍，认真执着，精益求精，学而不厌，诲人不倦，60 多岁仍跋山涉水亲自带领学生上山采药。大家都说，孙老之所以 90 多岁仍身体健康与其始终坚持的野外实践教学有密切关系。孙老治学严谨，实事求是，从不以自己是中药系的首席教授而自以为是。孙老是中药资源分类学和中药鉴定学的著名专家，学富五车，但却能为了科学而不耻下问，我就曾目睹孙老在宜兴山区野外采药时虚心向当地农民请教的场面，至今我仍能清晰回忆起这一幕幕场景。孙老高尚的人品道德、渊博的中药学知识和严谨的科学精神影响了我此后的人生道路。

投身教育，苦追求其乐无穷

大学毕业后，我留校任教。最初的十年我是在现今年轻人难以理解的艰苦环境下度过的。我结婚后直至女儿 6 岁一家人都蜗居在一间 12m^{2}的平房里，没有卫生间，没有厨房，烧饭在走道。直到 1986 年夏天才搬入总共 24m^{2}的所谓单室套房，我至今还很佩服该套房设计者的奇思妙想：卧室 12m^2，女儿房 6m^2，客厅、厨房、厕所三位一体（无隔间）6m^2，最令人叹为观止的是抽水马桶与灶台之间的距离不足 1m。即使在这样的条件下，我仍精力十足地投入到中药学的教学和研究之中。至今我仍完好地保存着当年的一套完整的讲稿、20 多本备课笔记、10 多本科研心得，以及数千张文献卡片。以后的几次搬家我扔了包括全套旧家具在内的不少东西，唯独这些纸质发黄、笔迹变淡的手写记录我精心收藏，将之当成一笔珍贵的财富，从无散失。它让我想起一个年轻而充满朝气的年代，一个为探索中药学的奥秘而不倦地学习追求的年代，一个付出了青春却获得了扎实的专业理论知识和独立科研能力的年代，一个奠定了自己为中药学的教学和科研奉献一生的坚定信念的年代！

我所从事的第一项教学和研究工作是中药学科中与临床关系最为紧密的专业之一中药炮制学。

中药一般来源于自然界，其原药材不可直接使用，必须炮制成饮片才能入药，故中医临床使用的药物都是炮制后的中药饮片。中药炮制是根据中医理论，依照中医临床辨证施治的用药需求和药物自身的性质，所采取的一项独特的传统制药技术，是中医药学的一大特色，也是中药与一般天然药物的显著区别之一。

药材经加工炮制后，其外观性状和药物性味、功能均发生较大变化，更有利于临床使用，并可充分发挥其临床疗效。中药炮制工艺技术的形成和发展历时数千年，现已形成了独特的理论和工艺技术体系。中药炮制在我国中医药学的发展进程中起到了极为重要而且不可替代的作用。

我参加工作之时恰逢“文革”结束，百废待兴，当时医药市场对中药的需求在上升，中药生产规模迅速扩大，但用于临床配方的中药饮片质量却令人担忧。由于受“文革”中不尊重知识思潮的影响，在中药饮片的炮制过程中对炮制工艺随意更改，该炮的不炮，该制的不制，尤其是有毒中药的不规范炮制，大大增加了临床用药的安全隐患。针对当时的状况，我将自己工作以后的第一个科研项目定位于有毒中药的炮制研究。我跑遍了江苏及其周边地区的所有中药饮片厂及部分医院的炮制车间，对有毒中药的炮制现状进行了深入了解，并在此基础上选择了乌头、巴豆、马钱子、甘遂、半夏等几味常用毒性中药为研究对象，考察炮制前后药物主要毒性成分的变化情况，并对其安全性进行评价。研究结果揭示了对有毒中药规范炮制的重要性和必要性，对不合理的炮制方法以及虽能降低毒性却有损药效且烦琐费时的炮制工艺提出了科学的改进意见。我还将研究成果融入教学之中，开设了一系列与现代科学紧密联系的教学实验，丰富了教学内容。该研究成果还被《江苏省饮片炮制规范》采纳，产生了良好的社会效益。

这一研究过去三十多年了，每当回忆起当时的研究经历都有一种异样的激动。当时的科研条件较差，毒性中药的炮制车间大多设在郊区，交通不便，步行奔波是常有的事。因为没有计算器，实验数据均为人工笔算得出，工作量相当大，常常夜以继日地工作，但凭着青年人的一股朝气却并无半点怨言。记得当时和我住同一宿舍的一名教师常常因为一连好几天见不到我而感到奇怪。有一次他很疑惑地问我，这些天你是否出差去外地了？我说没有啊。那怎么见不到你人，却又感觉到有人在用你的东西？我笑言，东西是我用的，因为这些天我都在通宵实验，早晨你上班后我才回到宿舍，稍事休息后又去实验室，你自己每天也是早早即去实验室，当然就见不到我了。这名教师是和我同年留校的，极其勤奋，现在已是著名的医学电镜专家。

在20世纪70年代末的国内中医药院校中，中药炮制学的教学和科研基础都较薄弱，大多数学校将中药炮制和中药药剂合为一个教研室，且从事中药炮制的教师寥寥无几，此种状况曾被中医药界戏称为“熊猫队伍”，意即人员稀少。有幸的是在我工作后的第二年，学校正式成立了独立的“中药炮制学教研室”，编制为2人，我成了该教研室的第一名教师，教研室主任由曾任中药系主任的叶定江教授兼任。叶教授在20世纪80年代就为全国著名的炮制学专家，在他的带领和几代人的努力下，直至今天，南京中医药大学的中药炮制专业仍始终在全国处于领先水平。

我是一名教师，教学是我的本职工作，能将中医药学的精华传授给有志于中医药学的莘莘学子是我的责任。我先后为本科生和研究生开设了《中药炮制学》《中药炮制学选论》《临床中药炮制学》《中药文献学》《中药复方研究与新产品开发》《中药学研究进展》《中药学科学研究导论》等多门课程，向学生系统讲授中药学的基础理论知识及与其相关的交叉学科和边缘学科知识。我从不单纯地讲授理论，而注重理论与实践的结合，我从不强行要求学生接受中医药学的观点，而注重通过事实提高学生的学习兴趣，让学生自己去思考和领悟中医药学的真谛。正因为如此，学生都很喜欢听我的课，多年来，我面向研究生所开设的几门选修课选课率在全校一直名列前茅。

我热爱教师的职业有很多原因，我经常向别人说起当教师的最大好处是可以年复一年地始终面对同一年龄段且充满朝气和旺盛求知欲的青年人。虽然随着年龄的不断增长，生理年龄逐渐步入中年和老年，而自己却往往浑然不知。他们时时刻刻都在感染着我，和他们在一起我感到快乐，感到充实，从他们身上我看到了年轻时的自己，更看到中医药事业的未来充满了一片灿烂的阳光。

1988 年 11 月，我开始担任中药系副主任，在承担管理工作的同时，我没有放松业务，成了“双肩挑”人员。要说行政和业务二者之间完全没有影响是不现实的，为了妥善处理二者关系，唯有牺牲更多的业余时间。从此，下班后以及双休日和节假日大都成了用来处理业务工作的时间。多年来，我始终像一个被拧紧的发条，不停地运转，虽然很累，但却感到充实。在此，我还要特别感谢我的妻子，她为我付出了很多很多。为了让我的发条正常运转，她在完成自己一份工作的同时，还承担了全部家务，几十年如一日，从无怨言。假如说我这一生为中药学的学科发展做出了一些贡献，取得了一些成就的话，那么军功章应该有我妻子的一半，甚至更多。

走出国门，求提高报效祖国

随着学科的发展和研究的深入，我逐渐感到再学习的必要。1994 年我高分通过了国家公派访问学者的英语考试，赴英国伦敦大学药学院研修学习。

伦敦大学药学院位于伦敦市中心，邻近大英博物馆，我研修的学科为天然药物化学，主要进行天然药物化学成分的提取分离和结构鉴定。我的导师是生药系前后两任系主任（在我研修期间前一位退休）。当时国外的实验条件比国内先进很多，而且中药的化学研究很大程度上是借鉴了天然药物的研究方法和手段，因此做起来倒也顺手。在英国学习期间，我特别注重了解他们的科研思路，学习新的实验方法和手段。国外的世界是多彩的，尤其像伦敦这样的国际大都市，吃喝玩乐应有尽有，而且每天都不缺新闻。对于访问学者来说，在学习和研究中是基本没有压力的，导师不会要求你必须完成什么，而且我是带了一个研究项目去的，项目的研究进展完全可以由自己掌握。我住在学校宿舍，除了学校组织的集体活动外，我很少外出，时间大多在实验室和图书馆度过，直到第二年妻子和女儿来英国探亲，才陪她们一起去欧洲大陆走了一圈。现在回想起来，在英国的这段经历是非常有益的，它使我开阔了眼界，接触并较深地了解了新的科研理念、科研方法和实验手段，吸收了许多交叉学科和边缘学科的知识，为我以后的教学和研究工作提供了一个新的较高的起点。

伦敦大学的研修即将到期时，是否按期回国，成了我面临的一个需要下决心的选择。20 世纪 80 ~ 90 年代出国学习人员的回归率较低，其原因是多种多样的。首先国外的科研气氛和实验条件优越，生活条件较好，再加上人际关系简单，可以省去很多精力的浪费和烦心事，因此很多人采取了延期或不归。当然，近年随着国内工作生活环境的改善和综合国力的提升，大批早年出国学习的人员纷纷归国，并且成了各行各业的科技骨干和创业人员，这也是一种很可喜的现象。在英国期间，我向学校提出妻子（与我同一单位工作）和女儿同时赴英国探亲的申请，学校毫不犹豫地批准了我的申请，时任党委书记在我妻子临行前让她转达党委希望我回校工作的口信，我被单位这种重视人才的精神和以诚相待的办事风格所感动，于 1995 年底携妻女同时回国。回国后有人夸我思想好，我却不太同意此种说法，各人有各人的具体情况和自己的想法，不可以简单地用思想好坏来划分概括，我之所以回来除了单位主要领导的诚意和人格魅力外，还有一个很重要的因素，即与我对中药学的热爱和追求有关。我始终保持着对中药研究的极大兴趣，而在国外我所接触到的中药是极不完整的，甚至是片面的，这对于我的事业发展是不利的。此外，我出国的主要目的是开阔眼界，吸收新知识，提高科学研究的能力，在我已基本达到了当初出国的目的后，就应该回去继续自己的事业，何况年龄不等人，当时我已 45 岁，假如是 25 岁或 35 岁，情况或许会不一样。但历史一旦走过，就没有假如，我至今仍对自己当初回国的选择深感庆幸。

回国前，伦敦大学药学院我的导师为我写了一份研修期间的工作评价：

“丁先生是我最出色的研究助手之一。他具有植物药学和天然药物化学方面的渊博知识，聪明且具有创造性，总是有准备地、孜孜不倦地工作，其卓越的独立科研能力得到了同事们的高度评价。丁先生在其研究领域做了大量的工作，尤其是对植物荆芥的研究取得了令人注目的成就，赢得了同行的赞赏。

在我与丁先生共同工作期间，我深感其友善、乐于助人、工作勤奋、品德优秀。我深信丁先生对你校是一难得人才。

我曾有意聘请丁先生在我系继续工作一段时间，但丁先生归国心切，谢绝了我的聘请。我对丁先生为国服务的愿望深表赞赏，我极希望今后能有机会在天然药物化学领域与丁先生再次合作。英国伦敦大学药学院生药系主任、教授 Fred J. Evans（签名）”

我认为这份评价对我来说是真实而公正的。

从英国回校后，我被任命为药学院院长，身上的担子又重了几分。我意识到，我不仅要继续自己的专业事业，努力提高学术水平，而且我更肩负着学科建设和药学院整体发展的重担，我必须加倍地努力工作。我致力于一流学院、一流学科的建设，同事们善意地批评我是“完美主义者”，即做任何事情都追求完美和极致，以至于有时会将别人累得苦不堪言。在学院全体教职员工的勤奋努力下，我带领大家先后申报获得中药学一级学科的国家级重点学科、中药学一级学科的国家级特色专业、《中药炮制学》国家级精品课程等。建立了“中药学”“药学”“制药工程”“药物制剂”及“中药资源与开发”五个专业，以及12个相关专业方向。随着新校区的建设和国家对教育事业投入力度的加大，学科步入了从未有过的快速发展阶段。

实事求是，破迷信崇尚科学

中药学在长达两千多年的医疗实践中不断充实发展，其博大精深的理论体系及丰富多彩，变幻莫测的方剂配伍令人叹为观止，只有深入其中潜心探索方可取其精华，弃其糟粕，继承创新。但也毋庸讳言，由于时代的局限性，中药学也不可避免地夹杂着不科学的元素。在教学中我非常注意在对学生正面引导的同时，敢于指出中药学中某些需要澄清或重新认识的东西。如在充分肯定明代李时珍划时代药学专著《本草纲目》巨大学术贡献的同时，也明确指出该书将诸如“上吊绳”“床头土”“耳垢”等迷信、不洁之物作为药物收集是极为不妥的，是违背科学的。

中医药学是一门科学，在发掘和弘扬的同时，有一个问题一直引起我的关注，即如何正确看待人们对中医药学的不同看法或批评。我认为中医药学与其他任何一门科学一样，都必须在实践的过程中不断完善和发展。世界上没有不可以批评的科学，我们反对歪曲事实的批评和带有严重偏见的对中医药学的全盘否定，但我们敢于进行自我批评并虚心接受一切善意的批评。我们不可以老虎屁股摸不得，不可以对别人的批评动辄暴跳如雷，甚至于扣上“不爱国”的大帽子，这是不可取的，也是不利于中医药学进步的。

在发达国家科普教育宣传受到极大重视，卓有成就的科学家都将科普工作视为自己重要的社会责任，这有利于破除迷信和偏见，倡导崇尚科学的良好风气。而国内有很多专业人员往往不屑参与科普活动，认为科普耽误了他们的时间甚至降低了他们的身份，这是一种糊涂看法，也正因为这种糊涂看法的存在，给社会上一些心怀不轨者提供了可乘之机，以致芒硝、绿豆、茄子包治百病的谎言喧嚣尘上，贻误众生。我觉得，作为一名中药学教师在从事专业教育的同时，还必须积极参与专业科普宣传，将经过去粗取精、去伪存真后正确的、准确的中药学知识告诉民众，我多年来一直通过咨询、演讲以及撰写科普论文和专著坚持该项工作，自己也在从事该项工作的过程中得以提高。

潜心科研，欲探索中药奥秘

国家“九五”期间明确提出了“中药现代化发展战略”，对中药学科学研究的经费投入也逐年增加。体现了国家对中医药学研究的高度重视。针对当时中药存在的主要问题之一质量标准混乱、可控性差等问题，国家科技部设立了“九五”科技攻关重点项目“66 种中药材质量标准研究”，我作为分课题负责人承担了其中“中药材荆芥质量标准的规范化研究”课题研究。我和研究团队共同投入了极大的精力，对全国各地产荆芥的质量进行比较研究，从该药材中发现并分离得到具有强生理活性的新化合物荆芥内酯。药效学研究表明，该化合物具有良好的符合原药材临床主要功效的药效学作用，且在药材中具有明显的专属性。我们以荆芥内酯为指标性化合物，建立了包括指纹图谱在内系统而全面的荆芥药材质量标准，该项目的研究成果于2004年获得国家发明专利。我作为“九五”科技攻关重点项目的主要研究人员之一，获得了2001年国家科技进步二等奖。

为中药制定科学而合理的质量标准是一件复杂的系统工程，这涉及几方面的问题：

1. 中药的化学成分复杂，且常因产地、生产环境、采收时间、加工贮藏方法等不同而出现较大的变化。

2. 有效成分认定困难。中药是按照中医药传统理论使用的药物，而中医临床实际使用的基本都是以复方配伍的方剂，处方中的药物配伍关系复杂多变，且以中医辨证论治为指导，此时要确定其主要有效成分存在一定困难。

3. 实验方法学不适应。我们目前进行中药复杂成分体系和药效学作用的研究手段虽然已有很大进步，仪器设备条件已基本与国外先进水平同步，但在实际研究中仍显力不从心。这既有科学发展水平与研究对象复杂性之间的矛盾，更有实验方法学理论基础的不适应，比如药效学研究和活性成分筛选时所采用的基本都是按照现代药理学、病理学所制作的药理模型，此与中医的辨证论治理论相去甚远。在这种极尴尬的情况下所研究的实际上是“天然药物”而不是真正的“中药”。

虽然存在着上述三大困难，但中药毕竟是要有质量标准的，这将是一个渐进的过程，因此，我认为，在制定中药质量标准时，应在完全考虑其临床情况的前提下，借鉴天然药物质量标准的某些成功经验和科学内涵，既要最大限度地客观反映每一味中药的总体状态，又要有主观特征性成分的定性定量标准。在研究中，我们对在制定中药质量标准时极为重要的“指标性成分”的内涵有了新的认识。我认为中药的指标性成分应符合以下四个条件：

1. 具有符合中医临床主要功能主治的药效学作用。

2. 具有化学识别的专属性（包括与基原相近药材、较常配伍药材及易混淆药材之间比较的专属性）。

3. 具有准确可靠的检测方法。

4. 在药材体内化学稳定性较好。

我认为，但凡含有符合上述条件化学成分的中药均应以此制定质量标准。在此同时还应建立可全面反映中药质量信息的参数系统，包括各类化学指纹图谱和生物学指纹图谱等。我们以此为依据，对中药荆芥药材及其炮制品的质量标准研究取得了学术界的高度认可，研究成果被2005版《中国药典》收载。

中药生产环境和过程的不可控是对中药质量产生影响的重要因素之一，要根本改变中药质量的问题就必须全面推进GAP（中药材生产质量标准规范），即抓住影响药材质量的源头。GAP是一项极为复杂而困难的系统工程，在专家的积极呼吁下，国家自“九五”期间开始推进该项工程，但至今进展缓慢。其原因涉及国家政策、推进力度、千百年来所形成的药材种植或采集习惯、地域影响，以及对药材次生代谢产物形成规律的了解不够等多方面因素。鉴于GAP在较短时期内难以全面实施，我在多种场合提出了“关注源头，抓住中间的思路”。所谓“中间”就是指中药饮片，饮片既可以直接用于临床配方，又是中成药生产的原料，抓住了饮片质量也就是抓住了中药的质量。

“十五”和“十一五”期间，国家高度重视对中药饮片炮制工艺、共性技术、饮片质量标准及生产设备的研究，我作为课题负责人承担了国家科技攻关项目“中药饮片炮制工艺及质量标准研究”、国家科技支撑项目“中药饮片炒炭炮制共性技术及设备研究”和国家重大科技专项“创新药物研究”等课题研究。尤其对中药“炒炭”炮制共性技术及其饮片质量标准进行了深入而系统的研究。

中药炭药是中医临床常用的一类特殊药物，中药经炒炭或煅炭炮制后其药物性味、归经、功效和临床主治均产生较大变化，部分中药经炮制成炭药后可产生良好的止血作用，可用于各种出血病证。古人对炭药的炮制极其严格，要求做到“制炭存性”，即炮制成炭后既要使原有药性产生较大变化，但又不可让其丧失殆尽。此时，“度”的把握十分重要。其控制指标涉及外观性状、化学成分变化和生物学效应指标等多个方面。

在项目研究中，我对中药炮制机理研究的重要性有了更深入的理解，对炮制机理研究的模式产生了一些想法。中药炮制的理论体系是与临床密切相关且不可分割的，所有的炮制行为都是为了加强或获得某一临床疗效，而评价炮制工艺正确与否的前提则是正确认识该药物的炮制机理，了解各种不同炮制品与临床辨证主治相符的生物学效应基础。因此我提出在进行炮制机理研究时应充分注意以下问题：①通过对古代文献的研究，正确理解古人的真实炮制目的。

②通过临床调研，了解不同炮制品在临床应用中的差异。③通过对与临床作用相应的生物学指标检测，揭示各不同炮制品的作用机理。④通过化学研究寻找各炮制品的主要药效学作用物质基础。

在上述研究思路指导下，我根据中医理论并结合临床归纳认为，各类“血证”因病因、病机等的不同，临床表现有别，故治法、方药各异，一般主要分为凉血止血法、温经止血法、化瘀止血法、收敛止血法、益气止血法等几类，各类治法所用药物各异。由此可见，虽同为炭药，但其止血机制却并不完全相同。

我们在对中医临床用药深刻理解的基础上，我选取了中医临床常用，疗效确切，且已有一定研究基础的16味炭药进行研究。结合各类出血病症及其止血过程中的生理生化过程，选取多种临床和实验生物学指标，进行大样本的生物学实验研究，从中寻找传统炮制理论与现代医学科学之间的联系，取得了一系列研究成果。

对外交流，重宣传弘扬中药

自1995年底我结束在国外的学习回国以来，利用多种渠道继续加强与国外学术界的交流，我始终认为，中药必将在广泛的对外交流中以其独特的疗效被全世界人民所认识并得以提高。

自1997年开始，我参加了WHO传统医学发展总署对植物药的整理和评价工作。在该项工作中，我大力宣传中国的常用中药，并向该组织推荐了大量与中药有关的国内研究文献。1999年3月我作为中国区的唯一专家被WHO传统医学发展总署聘为 *WHO Monographs on Selected Medicinal Plants* 系列丛书编写顾问，并出席了在意大利举行的该丛书第二卷审定会。当时我因签证耽误而迟到了一天，下飞机后即被会务接机人员直接送到会场参加讨论。在前一天下午的讨论中，针对丛书第二卷中由我所提供的植物药当归引起了激烈的讨论，部分代表认为当归收录的条件不成熟而主张删除。会议采取票决制，一般每讨论一个药即进行一次表决，大会主席认为表决前有必要听听中国专家的意见，因此将该药延至第二天下午补充讨论。

我进入会场未及坐稳，会议主席即对我说：“昨天下午在对当归进行讨论时，部分代表建议删除当归，现在想听听你的意见。”他针对我们所提供有关当归的资料向我提出了三个问题：①为什么没有单味使用当归的临床资料？②为什么没有单味使用当归临床产生毒性反应的资料？③所提供的临床研究资料不符合现代研究规范。对前两个问题我回答：“当归在中国临床已使用了两千多年，目前仍然是中医临床最常用中药之一，具有长期而可靠的临床基础。中医临床用药特点之一是复方用药，极少单味使用，而且当归在中医理论指导下使用非常安全，临床未见单味使用的毒性报告应属正常。至于临床研究规范性问题确实值得注意，但我可以在三天内（即在会议结束前半天）补充临床研究资料，请主席批准。”会议主席很友好地认可了我的陈述和要求。

会后，我即电话请求学校帮助。学校领导和同事给了我极大的支持，在规定时间内补充搜集了高质量的临床研究资料并传真给我，最终当归获得通过。由此可见，中药走向世界不只是个口号，它的实现必须依赖于一件件具体而艰苦的工作，依赖于对每一味中药深入而全面的研究，依赖于每一个中医药工作者和研究人员长期不懈的努力。

2003 年 11 月我校与澳大利亚墨尔本皇家理工大学在墨尔本联合举办“首届中医药大会”，南京中医药大学派出了近 20 人的专家团队出席会议。在会议期间出现了一个颇有意思的小插曲，分会场有一位欧洲代表发言时首先对中医药表示了肯定，但接着说了这样一段话：“If anyone who applies traditional Chinese medicine to his patients were asked，what is the chenaical composition of the medicine that you gave to them? The answer will surely be I don’t know.（如果问一名使用中药治病的人，你所用中药的化学成分是什么？答案肯定是不知道。）”显然这位代表对中医药专业人员的知识结构和学术水平状况表现出了极大的无知和偏见，引起了许多华人代表的不满。我和我的同事们都认为有必要对此有所反应，于是在该代表发言后的提问阶段，我率先提问，我说：“I am a person who applies traditional Chinese medicine to my patients. So may I know which Chinese medicine’s Chemical composition would you want to know?（我就是一名使用中药治病的人，你可以问我，你希望知道哪个药的化学成分？）”该代表略想了一下报了中药麻黄。我随即说出了麻黄中所含的主要化学成分及其药理作用，并反问：“May I have a quick question? Would you please tell me the chemical structure of Penicillin?（我是否可以请问你盘尼西林的化学结构是什么？）”该代表立时一脸茫然，并连声说：

“Sorry, I am so sorry. I don't know.”

国外很多人不仅对中药所知甚少，而且对中医药专业人员的了解也很少，我们应该在各种场合理直气壮地宣传中医药，将我们长期以来对中医药的研究成果展示在世人面前，让更多的人知道中医药的悠久历史和先进科学研究水平，弘扬中医药需要我们一点一滴的积累。

多年来，我先后去过英国、法国、意大利、澳大利亚、日本、韩国、新加坡等地进行学术交流，新加坡卫生科学局自2006年以来连续三届聘请我担任植物药国际专家组成员。在出访交流期间，我总是尽量抓住一切机会宣传介绍中药，我所做这一切的最大目的就是让更多的人认识中药。

平台建设，为提高科研水平

在多学科参与下，中药学研究近年来有了长足的进步，尤其在中药的作用物质基础、中药质量标准、中药炮制工艺及炮制机理研究，以及中药药性和复方配伍机理研究等方面已取得大量成果。随着我们对古人用药意图的认识和理解不断深入及学科研究的发展，中药学科学问题的复杂性逐步显现，单一的研究方法和手段已不能适应中药学领域复杂科学问题的解决。在一次全国性学术会议上，我提出了多学科结合建设综合性中药学研究平台的重要性及对其内涵的认识。

我认为中药学研究平台应具备以下基本要素和功能：

（1）基于文献研究，准确理解传统的中医药理论和用药意图。

我们在进行中药学研究时，必须首先正确理解传统的中医药理论和用药意图，以及中药不同炮制品的临床作用。为此，大型文献数据库的建立和使用非常重要。采用数字化高效率信息检索系统，方便查阅古今数字化文献，引入基于数据挖掘技术的搜索引擎和先进的数据管理、统计分析软件，便于信息检索、分析和利用。

（2）基于临床实践和研究，构建传统中药学理论与现代医学科学之间的信息通道。

中药学研究应以中医药理论为指导，并紧密联系中医临床实践，正确认识中药的临床作用，深入理解中药不同炮制品在中医辨证施治过程中的作用机理，并借助现代科学手段阐述中药配伍的科学意义。要实现以上目的，就必须构建一个以中药临床和方剂研究为纽带，使传统中药学理论与现代医学科学之间有机联系起来的信息通道，通过生理病理学、分子生物学及临床医学的综合研究，验证并用现代科学语言诠释中药学理论。

（3）基于化学、药效学、毒理学和分子生物学研究，阐明中药作用的物质基础。

中药及其炮制品具有复杂而确切的临床作用，其药效学物质基础的阐明具有十分重要意义。中药炮制及配伍过程中其所含化学成分的质和量均可能产生变化，并导致药性和临床作用的一系列变化。采用先进的化学分离、分析方法以及药效学、毒理学等生物学的研究手段，阐明中药作用的物质基础，并以此为指标进行中药质量标准等领域的研究。

（4）基于现代科学技术手段，建立先进的数据研究处理系统。

中药学的研究因其涉及的范围广泛、学科多而交叉、指标繁杂而属于复杂科学范畴，在多学科综合研究的过程中，将生成大量实验数据和生物学信息，对这些大批量数据信息的分析和处理不仅仅工作量巨大，而且对所采用数据处理系统的科学性、先进性、针对性和延伸性均具有较高的要求。该系统应能与信息检索系统良好对接，可在线连接包括化学、药学、生物学、临床医学研究等各相关大型数据库，同时建设“中药学传统理论－涉药方剂－临床用药－有效物质－药理学、药动学研究－分子生物学研究等”多参数、多节点、可链接的中药学综合数据库。以利对研究结果做出正确判断。

在中药学研究平台建设及其应用中有以下几个关键问题值得注意：

（1）应充分认识中药与西药研究平台之间的差异。

西药的研究需要使用一个科学而不断创新的平台去发现新的事物，创造新的药物。而中药的研究首先需要使用一个科学而成熟稳定的平台去验证已知的事物，用现代科学语言去阐述传统的中药学理论，揭示中药学的科学内涵。中药学研究平台既有一般科学研究平台的共性，同时又有该学科研究的特殊性，对此应有足够的认识。

（2）中药学研究应紧密联系临床，选取目标药物应与临床用药理论相符。

中药学研究应从纯天然药物研究的思维误区中重新回归到真正意义上的中药研究，即药物研究要以中医药理论为依据，紧密联系中医临床实践。如对中药炭药的研究，就是必须了解传统中医理论对出血性疾病的认识，以及中医临床对该类病症的理、法、方、药过程。这些将关乎平台建设中研究目标药物的选取及研究工作的成败与否。

（3）药物研究应尽量选择多学科多指标，并注意实验室指标和临床指标的衔接。

中药化学成分复杂，作用的物质基础难以确定，单纯的一个或数个成分指标难以从整体上反映中药的总体生物效应。中药是通过多环节、多渠道共同发生作用的，对于这一系列的生理、生化过程，现代药理学、分子生物学等方面的研究逐渐清晰，出现了一些较为敏感的、稳定的生理、生化指标，在此方面生物效价指标在一定意义上比化学指标更具代表性。指标的选取应多学科、多指标结合，并注意各类指标之间的印证关系，以及实验室指标和临床指标的相互衔接。

（4）研究方案应根据不同情况依托研究平台进行个性化设计。

研究方案的设计应区别各类药物、各类方剂以及不同临床实践的具体情况，在平台的应用过程中既有平台所提供的共性技术研究，也有平台所涵盖的具有个性研究的方法和手段。例如在进行中药炭药炮制研究和方剂配伍规律研究时，其具体研究方案的设计即应有所不同。

终生心愿，盼中药振兴腾飞

当今国际医药界对中药的使用和研究已产生浓厚兴趣，中药独特而可靠的临床作用逐渐被越来越多的专业人员所认可。中药研究实践中所表现出的复杂性和艰巨性显示，这是一项巨大的系统工程，既需要中医药学基础的支撑，又需要现代多个相关学科的交叉渗透，任何一门学科若与同时代相关学科的发展脱节，是难以展现勃勃生机的。同时，中药研究还受到来自社会、经济、管理和技术等层面的制约和影响，需要政府及研发机构的相互协调。近年来，中药研究的国际化已呈必然趋势，其研究成果必将造福于全人类。为了实现这一目标，高瞻远瞩的战略规划和切实可行的保障措施是必须的，而坚忍不拔的毅力、严谨务实的科学态度、超常的聪明睿智和创造性的工作也是不可或缺的。中药现代化绝不仅仅是一个口号，它是一个通过我们一代又一代人的努力一定可以实现的科学的明天。

我始终认为，对专业的热爱和追求是一个人在学术上取得进步的重要因素，几十年来我一直沉浸在中药学的乐园之中，之所以将其称为“乐园”，是因为我在其中确实获得了无穷的乐趣。步入花甲之年，我没有什么遗憾。当我为一批又一批毕业的研究生戴上博士帽的时候，内心唯有激动和欣慰，我为自己的付出而感到满足，我为中药学后继有人而由衷高兴，我更为中药学的振兴和腾飞而充满希望。

郑伟达

郑伟达（1950— ），副主任中医师，教授。出身于中医世家，福建省闽清县人。毕业于北京光明中医学院，是全国名老中医专家郑孙谋教授及新中国中医药事业奠基人、中医泰斗吕炳奎先生的关门弟子。历任福州市第九、十届政协委员，福建省第九届、十届政协委员。北京中医药大学客座教授。中华中医药学会第四届理事会理事，中华中医药学会肿瘤分会副主任委员、中国民间中医药开发协会副会长。全国民营中医院院长工作委员会副主任委员，农工党福建省委常委，农工党中央医药卫生工作委员会副主任委员，农工党中央委员，卫生部（现国家卫生健康委员会）中国医促会中医肿瘤防治专业委员会主任。在几十年的医疗实践中，郑伟达教授注重整体治疗，讲究辨证论治，对肿瘤、肝硬化、风湿病、前列腺病、冠心病等疑难杂病颇有研究，尤其擅长于肿瘤的中医防治，提出“以人为本，科学抗癌”的先进理念，总结并创立了“治癌新十论”和“四位一体抗癌疗法”，为众多患者解除疾苦。发明了国家级抗癌新药“慈丹胶囊”“参灵胶囊”“甘芫逐水胶囊”等16种系列药物，并获得国家众多奖项和专利。著有《中医治疗肿瘤的经验》《疑难杂病中医治验》《肿瘤的中医防治》《八名方临床应用》《前列腺疾病中西医结合诊治》《慈丹集》《养生药膳集萃》《郑伟达医文集》《郑伟达医论集》等18部医学著作。先后在福州、深圳、北京、香港创办了中医肿瘤防治研究所、中医肿瘤医院、中医药研究院等防治肿瘤机构。中央电视台（现中央广播电视总台）、《人民日报》《光明日报》《健康报》《中国中医药报》等一百多家新闻媒体对其医疗相关事迹进行了专题报道。

学习中医药的心得体会

我自幼承家传、受师训。从小就耳濡目染，潜移默化，酷爱中医。青少年时代，耳闻目睹了农村民众缺医少药的痛苦，便立志行医济世，为民除病。以“求医立志明，奉献为人民，克己无私念，终生学杏林”来激励自己，立下了“矢志从医，拯救百姓”的宏志。常于课余阅读《内经》《伤寒论》《金匮要略》《温病学》《本草纲目》《内科学》《肿瘤学》《方剂学》等医著。大学毕业后，已有扎实的中医理论基础，并先后向全国各地30多位著名老中医拜师学艺、求知取经。其中对我影响最深的是新中国中医药事业奠基人、中医泰斗吕炳奎先生和著名中医专家郑孙谋教授，跟随临证，详记医案，随访疗效，积累了丰富的临床经验。对化瘀解毒、消肿散结、扶正培本、益气养血做过反复的研究，诊治各种疑难杂病详加研讨，探其诊治规律，斟酌有效处方，做到临证之时有法可循，有方可施。在组方时，处理好温与清、攻与补、升与降、静与动的辩证关系，积累了大量、丰富而又独特的经验，尤其对肿瘤病的治疗颇有研究，不乏真知灼见。

在学习中医药中，初步了解了中医经典著作《黄帝内经素问》《灵枢经》《伤寒论》《金匮要略》《温病条辨》《湿热经纬》和综合性著作《儒门事亲》《脾胃论》《丹溪心法》《景岳全书》《医宗金鉴》《医林改错》《本草备要》《医方集解》《医学衷中参西医录》《张氏医通》《临证指南医案》《医学心悟》《病因脉治》等的学术精华，力求精通常见病、多发病的病因病机，辨证论治和处方用药规律，重点掌握疑难重证和急证的治疗原则及治疗方法，在学习中分清主次，抓住重点，结合临床，融会贯通，把中医临证的思维方法和防病治病的本领牢牢地掌握。把中医理论知识的深厚积淀与临床经验的活用有机地结合起来，活学活用，学用结合，提高思考、思辨的能力。边学习，边临证，边总结，不断提高。“勤求古训，博采众方”，融汇新知，勤于临证，发皇古义，创立新说，创新成果，走出了一条独特的读书与临证相结合，做科研和著书立说并进的路子。几十年来，以家传家学为依托，师承老师的经验，长期摸索探求，做到手不离笔，坚持每日必读，工作再繁忙仍坚持每周二、五出诊不变。

读书除了勤能补拙，死记硬背外，还要独立思考，学用结合，做到精读经典医著，勤写医学论文，深思临床经验，善记经方验方，做到刻苦勤奋，持之以恒。

三十年，虽是历史长河的一瞬间，但我在拼搏的道路上却尝尽了咸酸苦辣。我之所以在中医药学上能取得一些成绩，与热爱医学，刻苦钻研，不断进取，矢志不渝的精神是密切相关的。

治疗疑难重症的体会

治疗疑难重症，秉承家传家训，精研《伤寒论》《金匮要略》《张氏医通》《医宗金鉴》《脾胃论》之方，学习其基本理论、诊疗方法、思维方式与方药运用规律，广泛临证，师法不泥。临证于思考，认为疾病的发生、发展、转归及辨证用药均有规律可循，并结合自己的家传心法，诊治经验，博采众家之长，阐发己见，形成了自己的理论与实践相结合的辨证思路。认为辨证论治是中医的基础，对疾病首先要辨证，并推崇脏腑辨证治内科病症，六经辨证治外感病症，三焦辨证治疗湿热病症。治疗疑难重症，推崇五脏十大关系，认为人体五脏之间，存在着密切的联系，其相生促进生长，相克互为制约，共同维持着各个脏腑生理功能的协调与平衡，从而使人体生命活动正常进行。如：心与肺的关系，实际上是气与血相互依存，相互为用的关系，肺气助心以行血，心血载肺气以布周身。故肺气虚则宗气不足，就会出现气血瘀滞的病症。心血不足，则血行不畅，导致肺失宣降，出现胸闷气短，喘咳瘀血的症状。脾与肝的关系，肝主疏泄，脾主运化，故肝脾两脏的关系首先表现在疏泄与运化上，肝之疏泄可使脾升而胃降，从而使脾胃气机畅达，健运不息。脾主运化，化生气血，脾气健运，则水谷之气可滋养肝阴，使肝木得养，而能使升发疏泄，若肝失疏泄，则会影响脾之运化，若脾失健忘，气血生化无源，亦可使肝血不足，疏泄失常。在五脏十大关系中，脾胃最为重要，如：心与脾的关系，心主血，脾为气血生化之源，脾气旺盛，则气血生化有源，心有所主而功能正常，若脾气虚弱，气血生化不足则心之气血亦可受损。脾统血，心主血，若脾不统血，血液妄行则会造成心血不足之证。脾与肺的关系主要表现在气与水液代谢两个方面。人体气的生成，主要依赖肺的呼吸与脾的运化。脾与肾的关系，主要在于脾为后天之本，肾为先天之本，而先后天相互滋生，则水液代谢的作用正常。因此脾胃乃是气血生化之源，气机升降出入之枢，五脏六腑、四肢百骸皆禀气于脾胃，只有脾胃健运，才能纳化水谷，使气血生化有源，五脏得养，生机旺盛。因此在临床中，处处刻意于调理脾胃，兼益气养血，安抚五脏，在处方中喜用四君子汤类，常用柴芍六君汤，香砂六君子汤，升阳益胃汤，归脾汤，补中益气汤，苓桂术甘汤等方。除四君子汤类外，还常用四物汤类补血，如气血双亏，把四君子汤和四物汤合用。外感喜用麻黄汤、桂枝汤类，并常用柴胡汤类调和肝脾、胆胃、胃肠等方面，用二陈汤类燥湿化痰，理气和中。治疗痰湿诸症，总结了八个名方治疗内科疑难杂症，在临床中辨证准确，立法严谨，以法统方，用药轻灵，处方精要，尤其擅长运用经方，不拘时方、验方均广泛应用，独具一格，屡显奇效。

治疗恶性肿瘤的体会

早在距今约3500年的殷商时代，殷墟甲骨文上已记有“瘤”的病名。该字由“疒”及“留”组成，说明当时对该病已有“留聚不去”的认识。中医学的奠基著作《黄帝内经》中“昔瘤”“石瘕”“癥瘕”“癖结”“膈中”“下膈”等病症的描述与现代医学中的某些肿瘤症状相类似，如“噎膈不通，食饮不下”类似现代医学中的食管、贲门肿瘤所造成的梗阻症状。如《灵枢·九针》云：“四时八风之客于经络之中，为瘤者也。”《素问·异法方宜论》云：“美其食……其病皆痈疡。”此处的痈疡，包括了现代医学中有体表溃疡的肿瘤。《内经》《伤寒杂病论》，以及后世历代医家所提倡的“四诊八纲”是中医学论断疾病的基本理论，也是中医对肿瘤病进行辨证论治的理论源泉。《难经》继承和发展了《内经》的理论，对某些肿瘤的临床表现进行了明确的阐述，对良、恶性肿瘤的鉴别与预后提出：“积者，阴也，故沉而伏，五脏所生，其始发有常处，其痛不离积部，肿块上下有所始终，左右有所穷处，死不治。聚者，阳气也，阳伏而动，六腑所生，其始发无根本，其痛无常处，可移动，虽固可治。”宋元时期，中华文化进一步繁荣，通过金元四大家医学流派间的学术争鸣，进一步促进了医学的发展。宋代重校的《圣济总录》云：“瘤之为义，留滞而不去也。”到明清中医肿瘤学已逐步成熟，人们开始用“癌”字来描述某些恶性肿瘤。窦汉卿著有《疮疡经验全书·乳癌篇》，申斗垣《外科启玄》中有“论癌发”的记载。

近代，中医防治肿瘤已发展到研究其治疗原则、方法、作用机制。

我从医30余载，专攻肿瘤20余年，圆机活法，善纳新知，临证集中西医优势，辨病与辨证并举，采用“四位一体”治疗肿瘤，认为心疗是起决定性作用，药疗起关键性作用，食疗起重要性作用，体疗起积极性作用。肿瘤是全身性疾病的局部表现，病因错综复杂，主要表现在阴阳、气血、虚实、寒热、燥湿十大方面。因此，治肿瘤要“以人为本，科学治癌”。辨证施治，对症下药，方能屡起沉疴。

（一）运用四位一体疗法治肿瘤

“治癌新十论”是我通过20多年的肿瘤临床研究，结合前人理论精髓总结出来的。其中“两以论”“中医四大优势论”和“以人为本、带瘤生存论”等均有发人深省的思辨意义，而“四死论”和“四疗论”则是针对肿瘤危害的分析和应对策略。“治癌新十论”是我运用中医药治疗肿瘤的理论基础。在新十论中将肿瘤患者死因归纳为“四死论”，即“怕死、毒死、冤死、饿死”。针对四死，我又提出了解决方案——“四疗论”，也就是北京伟达中医肿瘤医院一直以来临床应用的“伟达慈丹抗癌康复四位一体疗法”，将药疗、心疗、食疗、体疗贯穿肿瘤治疗全过程，各疗法整体协同，优势互补，是中医整体观念与辨证论治在临床治疗中的具体化，是每一个具体的康复疗法独立性与整体性的完美结合。可以看出，“四位一体疗法”是贯彻“以人为本、带瘤生存”，“治癌新十论”学术理论的临床体现。

我在长期的理论研究和临床实践中，悟出了肿瘤治疗是战略问题，而不仅是战术问题，要改变思想观念，抛弃以往只见肿瘤不见人的以“瘤”为中心的治疗原则，而应以“人”为本，科学抗癌，临床上应以“疗”为主，兼以“治”之。要明确治疗目的是提高生存质量，延长患者的生命，而不是仅仅把肿瘤切除了事。只要把瘤体控制住，不危害人的生存质量，人瘤共存更是明智之举。

多年的临床实践证明：“四位一体疗法”能很大程度地改善临床症状，稳定病情，抑制肿瘤发展，该疗法为众多癌症患者延长生命达5年以上。

（二）运用十纲辨证治肿瘤

恶性肿瘤之病因虽然至今为止西医尚在探索，但中医对此有新的认识，认为主要病因为外感六淫，内伤七情，饮食劳倦，化学，物理，病毒，遗传等因素。肿瘤病机可归纳为脏腑失调、气滞血瘀、痰湿凝聚、热毒内蕴、正气虚弱。除此之外，还与体质、精神、情志状态、自然环境、社会工作有密切关系。肿瘤是全身疾病的局部表现，病因错综复杂，主要表现在气血、阴阳、虚实、寒热、燥湿十个方面，因此临床中要辨气血、辨阴阳、辨虚实、辨寒热、辨燥湿，运用十纲辨证治肿瘤。具体地说，肿瘤的形成主要原因为气血失调，常表现为气虚血瘀、肝郁气滞、血行不畅、瘀毒日久，必成癥瘕积聚，导致肿瘤的产生。因此辨证论治，对症下药时，要运用补气养血、活血化瘀、疏肝解郁、化瘀解毒等法治疗。辨阴阳在治疗肿瘤病中很重要，因为肿瘤患者病程长，发现时间晚，常表现为真阴和真阳亏耗，故治肿瘤病时滋阴补阳是不可忽视的重要环节。在十纲辨证中，尤其对辨虚实、寒热、燥湿更为重视，认为癌症患者病因错综复杂，寒热并见，虚实夹杂，燥湿兼有，因此治疗时应审视其因，应用祛寒清热、扶正祛邪、润燥化湿方法治疗。如肺癌、肝癌等癌症术后虽有气血亏虚之证，又有瘀毒互结的实证，治疗时应用四物汤加当归补血汤益气养血，又用慈丹胶囊、复方莪术消瘤胶囊化瘀解毒，这样双管齐下，补其不足，祛其有余，才收到显著疗效。又如一患者，肺癌晚期伴有胸腔积液，患者体质脾虚肺燥，中医辨证为脾虚水饮，兼肺阴亏虚，治以健脾逐饮，滋养肺阴，以苓桂术甘汤加生脉散再加细辛、半夏、麻黄、白术、鱼腥草等治疗，即用苓桂术甘汤除痰饮，用生脉散益气养阴治肺燥。此证虽有虚实、寒热、燥湿之错综复杂，但方中运用补虚泻实，祛寒清热，润燥祛湿（饮），定当收到良好疗效。

治疗肿瘤强调“以人为本，带瘤生存”

早在 2004 年 7 月在北京人民大会堂举办的“21 世纪传统中医药防治肿瘤战略论坛”上，我就提出了“以人为本、带瘤生存”新的防治肿瘤的观点。众所周知，肿瘤的治疗在相当长的时间都是西医的手术、放疗、化疗占主导地位，治疗技术在不断提高，治疗药物层出不穷，治疗费用节节攀升，然而治标不治本，斩草未除根。这个“本”就是西医说的造血系统、消化系统、免疫系统三大系统；中医说的先天之本和后天之本，肾为先天之本，脾为后天之本。如果三大系统损伤了，脏腑功能没有了，人就根本无法生存。

以人为本、带瘤生存的观点得到了以吴阶平、吴孟超、陈可冀、程莘农等院士及与会专家的一致认同，也逐渐为越来越多的中、西医专家所接受。

三十余年的临床实践，使我深深地体会到：①不论是做人还是行医，人有多好，事业就有多好，胸怀有多大，事业就有多大。②中医药是传统文化中的一枝奇葩，具有顽强的生命力，巨大的承载力，广泛的包容性，高度的代表性，灵活的适应性，深邃的思想性，多维的方法性，时代的前瞻性，是历久弥新的一门技术，党和政府十分重视中医药在新世纪的发展，我一定要做好“承接岐黄薪火，继承中医衣钵”的工作，并愿与同道们加以创新，勇攀医学科学高峰，为振兴中医药事业而不懈奋进。

附诗一首：

三十年来皆悬壶

三十年来皆悬壶，救死扶伤不小数。

人道主义为天责，要当良医做大儒。

研究新药抗癌魔，振兴国粹带学徒。

创办集团求发展，与时俱进绘宏图。

（郑东英协助整理）

梁继荣

梁继荣（1950— ），山东省枣庄市人。自幼酷爱中医，1968年从师当地名医孙茂淦，1976年12月毕业于山东中医学院（现山东中医药大学）。先后任枣庄市医科所副所长、枣庄市卫生局中医科科长、枣庄市中医药管理处处长、枣庄市中医院院长兼党委副书记，王开结核病防治院院长兼党委书记，主任医师。2008年元月作为中医专家赴英国从事中医诊疗三年，利用中医药、针灸推拿治疗万名患者。因弘扬中医学，取得很好疗效，受到国外患者好评。2011年元月回国后，受聘于枣庄市中医院名医堂。作为省、市级中医导师带徒弟3人。为全国中医药学会会员，全国医院报刊协会理事，山东省青年医协、山东省防痨学会常务理事，山东省中医管理学会理事，枣庄市青联副主席，枣庄市青年医协主席，枣庄市中医药学会副理事长，山东中医函授枣庄站副站长，《中医药信息报》《山东卫生报》记者，山东中医药大学兼职教授。

从事中医工作四十余年，有扎实的中医理论基础和丰富的临床经验，擅长中医内、儿科，对肿瘤、胆石症、脾胃病、结肠炎、高血压、湿疹、小儿咳喘、厌食、心肌炎、癫痫等疾病的治疗，具有独到的经验。

先后主编、参编了《千家妙方》《医古文应试要览》《中医试题解答》《中医应试要览》《中医治病绝招》《中医诊疗辑要》等30余部近400万字的著作。在全国、省、市级刊物刊登或学术交流会议上发表和交流学术论文60余篇，完成中医药科研8项。参加工作以来，先后被评为市新长征突击手、富民兴鲁先进个人、山东省优秀青年中医，抗击“非典”时荣获市委市政府二等功，市优秀科技工作者，市优秀党员，多次受到省、市政府和卫生部门的嘉奖。

酷爱中医，从师孙茂淦

1950年十一月初七出生在枣庄市峄城区古邵镇邱庄村，自幼身体羸弱多病，常与医生、药铺打交道。在与医生打交道的时候，我仰慕以手搭脉的老中医，目光如炬，洞察秋毫，望闻问切，开方取药，背后散发着草药的清香的百宝箱似的药橱，精巧的小秤，精致的算盘，黄铜锃亮的药捣，灵动的手指在捻撮中取舍，机敏的心机在沉思中开方。

后来读了“言师采药去，云深不知处；鄙性常山野，尤甘草舍中”的诗句，眼前常常晃动身着布衣，脚踏草鞋，手持药铲，行走山川草泽，奔忙于街里巷内的那一个个普普通通、平平凡凡的身影。他们了解我们眼睛和舌头上的天象，掌握我们生命潮起潮落的规律，他们于云山雾霭之间解读大自然的秘密，在病痛疾苦中探究生命的密码，从蛛丝马迹中寻找病因，从人的整体上辨证析理。他们对自然、对生理、对生命有着深刻的体悟，对沉疴痼疾有着浓厚的兴趣，对病人的疾苦有着朴素的情愫，对瘟疫怪病有着独特的敏感。他们在一张小纸上写着：沙参三钱，杷叶四钱，陈皮三钱，甘草一钱……便成为一个个可以扶正祛邪的良方，像破解生命密码的钥匙。他们脑子里存着诸多的偏方、验方，是一句句关于生命的神秘暗语。

我喜欢中药房那种接近书香的气味，这是大自然气息的标本，对人有一种与生俱来的亲和力。在我眼里，中药房是风干的大自然，每一味药都是皇天后土赐予芸芸众生的雨露天恩。甘草是自然界循循善诱的语言，如母爱般细声细唱；红山楂里，隐藏着关于人生的酸甜哲理；雪莲是一片冰心，那巍峨神奇的雪山之巅，有上苍无瑕的玉壶；而黄连最能代表大地的一片苦心，是一句最逆耳的忠言；徐长卿、刘寄奴既是中药名又是人名，有许多楚楚动人的故事；麻黄一棵植物，茎叶解表发汗，根却收涩止汗；藕全身都是药，藕汁、藕节、莲子、莲须、莲子心、荷梗、荷叶都是中药，且功效各有不同……记得在上小学时，有一年春天，我嗓子疼痛，去医院找医生看病，医生给我开了两剂中药，取药时我出于好奇，询问中药房杨药师“豆根”是否是农村种大豆之根。药师没正面回答我，却给我讲了一个故事：从前有一位教书先生要测试一下当地方圆百里有名的木匠，他取了一个黄豆根让木匠辨认是什么木料，木匠没有认出是什么树，先生见木匠辨认不出，难免要讥讽一番，于是就说："你是什么名木匠，连木料都分不清，这是豆根。"木匠人到中年，也十分爱面子，就给教书先生写了个字，让先生辨认，"自己"的"自"去里面两横，教书先生左看右看，摇头不认识，木匠反唇相讥："你识文解字，连字皮都不认识。"讲的虽然是笑话，我的心情却久久不能平静，若干年过去了，这个故事我一直没有忘记。

药师他们心中都有一本天地万物的陈年老账。巧指灵动，他们捡摘几个大自然的辞藻，每一剂中药，苦涩中都有一种玄天高义，一片云水襟怀。反复煎熬的，是一种苦口婆心地劝诫。

后随着时间的推移，20世纪五六十年代农村缺医少药的现状较为普遍，在农村有不少病人因治疗不当、不及时而被夺去宝贵的生命。如我们一个生产小队的黄某，腹痛、发热，后转至东关医院（现区人民医院），诊为"化脓性阑尾炎合并腹膜炎"，抢救无效，死于医院，年仅58岁；二生产小队陈某之妻，临产大出血，保住了双胞胎的生命，她却离开了人间，年仅46岁。若在今天，这两位病人得到及时诊治，进行手术和输血，就不至于被夺去生命。目睹了这些残酷的现实，从而增加了我学医的信心。

1968年冬，雪下得特别早，又特别大，我母亲突患重病卧床不起。早5点天气十分寒冷，滴水成冰，我先后三次去卫生室叫大夫，大夫才去，结果用西药效果不明显，后又顶风冒雪到古邵卫生院和阴平分院求医生诊治，效果仍不佳，母亲危在旦夕，后到烟庄请当地老中医褚思良开了两剂中药而治愈。母亲的病愈又增加了我对中医的爱好和兴趣，进一步增强了我学中医的决心。我把这个想法告诉在上海工作的大伯父梁允诚，得到了他大力支持，他写信告诉我：由于"文革"，院校停课，上大学已无望，学习医学，做个医生可以济世救人。并给我一个日记本，写了四句话："胸怀百卷清囊书，成功运筹二竖翦，无争人间千蚨志，唯抱韩康济世术。"鼓励我学医，让我做一名受人民欢迎的好医生，还给我买了一些医书、常用药品和火罐、保健箱等，准备让我做一名赤脚医生。

1969年冬，当时我在十四中读高中，经熟人介绍，我拜阴平东金庄孙茂淦老中医为师。当时孙老先生年过八旬，身体康健，鹤发童颜，原本在当地教私塾，28岁开始学医、从医，从事中医工作50余年，学验俱丰。孙老先生从阴平分院退休后，他退而不休，在家中经常接诊附近乡镇疑难杂症病人。他为人谦虚谨慎，治学严谨，接诊病人问诊详细，四诊合参，辨证论治思路清晰，对学生循循善诱，起初先让我背诵《药性赋》《汤头歌》《脉诀》等，他经常给我讲，“学医如同盖房子一样，一定要打好基础，循序渐进”，千里之行始于足下，九尺之台起于垒土，学医切忌见异思迁、好高骛远。这样，白天我在十四中读书，晚上到离我们村2里多路的东金庄去学习，寒暑易节，风雨无阻，坚持学习一年余。并开始采集当地中药材如香附、薄荷、连翘、车前草、藕节、白茅根、小蓟、鸡冠花、半夏、柏子仁等近百种。有些病情相符合，配上几味药一熬，就能解决病痛，又不花钱，病人十分欢迎。

在此期间，我先后两次到上海参加全国中草药推广应用及赤脚医生经验交流会，会上聆听了来自全国各地优秀赤脚医生的经验介绍。参观了在中苏友好大厦举办的中草药土单验方成果展览，抄写了不少验方，开阔了视野，增加了许多感性认识，还到626针灸医院参观，专用针灸治疗中风后遗症、腰腿痛、风湿等慢性疾病治病，还曾借了一套李时珍编著的《本草纲目》，手抄了近20万字笔记，从上海回到家使用在上海学到的单方治好了两例病人。一位是本村二小队的袁某，男，46岁，他在给别人盖房子，胸前区钻顶样疼痛，大汗淋漓，痛得从草房上滚了下来，伴有恶心呕吐，疼痛放射至右肩及季肋处，症状像胆道蛔虫病，我让他的家人从门市部买了半斤食醋，略加温后让病人一气喝下，痛止而病愈。与他一起盖房子的人都说神奇，后来还闹出一个误治的病例，同他们一起盖房子的张某，其父胃痛，胃酸多，他也购了一碗醋加温后让其父喝下，不仅没有止痛，反而疼痛加剧。他跑来问我为什么不仅没效果，反而加重了，我说两个虽然都疼痛，但病因不一样，前一个蛔虫钻到胆道去，胆道蛔虫病，因蛔虫见酸则静，不再上窜，故服酸醋止痛；后一个病人后检查为胃溃疡病人，服酸醋不仅不止痛，反而加剧。第二例是我的一个亲戚，李某，男，19岁，经常腹痛，大便时便蛔虫。一天深夜，劳累一天的庄户人都进入了梦乡，一阵急促敲门声把我从梦中惊醒，我表婶说他儿子肚子疼，辗转不安，折腾一身汗，家中无他药。我让表婶用一两豆油加热放入10克花椒，将油冷却后将花椒壳捞出，让患者一口喝下，喝后半小时许，患者泻下十余条蛔虫而愈。六七十年代农村蛔虫、钩虫病很多，农村卫生条件差，经常见到大便内有蛔虫，医院蛔虫性肠梗阻的患者也比较多。通过这两例验案，我尝到了甜头，更增加了学习中医的信心和决心。

1970年春天，先生驾鹤仙去，享年85岁。噩耗传来，不胜悲恸，周围村庄的村民，接受过治病的患者，从四面八方赶来吊唁这位德高望重、学验俱丰的老人。在众多花圈和挽联中我尚记得一副挽联：“业医发岐黄，济世活人、成无算；寿期至耄耋，心旷神怡、溘然归。”恩师虽然离我而去，却留下了一笔宝贵的财富，他那博览群书、谦虚好学、诲人不倦的品格，胆大心细、行方智圆、贫富一视、一心赴救的作风，为我一生的行为规范和榜样。恩师留下了几十万字的临证病案，对启迪后学，指导临床，大有裨益。

乡里执教，实践岐黄术

正当做好各方面准备，踌躇满志想做一名赤脚医生，为乡亲诊疗服务的时候，公社教育组的领导两次来到大队，找大队负责人让我到古邵中学教书。当时由于极“左”思潮影响，许多外地老师被赶回原籍执教，一时古邵籍的老师极缺。于是就来到离家3千米的古邵中学教学，当了一名民办老师。当时的中学教师每月工资9元，还得交生产队5元买工分，自己剩4元零花钱，生活十分清贫。

当时初中共9个班，近500名学生，初中三年级三个班，共有12名老师任教，我教语文、历史，并担任一个班的班主任。班级中54位学生，有的年龄比我大，个子比我高，学习成绩参差不齐，由于几年“文革”的折腾，基础差，不守纪律，难以管理。有的老师被学生气得哭鼻子，我开始上课时心里打怵，准备了几个小时的内容不到半个小时就讲完了，其余的时间让学生提问，五花八门的问题都有，让人啼笑皆非，讲了几节课后就慢慢习惯了。除了当班主任教语文、历史课外，还承担了学校校医和宣传工作，学校的宣传主要是办黑板报、写广播稿、出专栏等。每天忙忙碌碌、紧紧张张，经常为给病人治疗而耽误吃饭，在接受治疗的病人中，除了中小学近千名师生外，还有临近庄上的病人也来就诊。学校卫生室没有单独的房间，更没有多少药品，保健箱内除了针灸针、消毒酒精、红汞、紫药水、APC、胃舒平外就没有什么了。

为了满足更多病人的需要和减少漏诊、误诊，我在每晚备完课后，挤时间阅读李时珍的《本草纲目》、杨继洲的《针灸大成》、张锡纯的《医学衷中参西录》等医学书籍。利用针灸、拔罐等简、便、易、廉的方法为腰腿痛，牙痛，胃脘痛，急、慢性腰扭伤，肠道蛔虫，风湿病，癫痫等疾病患者解除病痛。由于病人和学生的相互宣传，病人不断增加，就诊人员不仅局限在校学生、学生家长，邻庄和外公社的病人也来诊治。治疗时间大多集中在课间和吃饭时间，自己休息的时间很少；没有治疗床，只好在我们住的宿舍里老师睡的床上。三年下来，义务接诊病人近千人次。

在古邵教学的三年期间，教了三年的毕业班的语文，1973 年夏天经层层推荐，最后在枣庄师范参加全国统一考试，于同年 8 月正式被山东医学院中医系录取。

如愿以偿，山医读中医

1973 年 9 月 13 日我肩负着父老乡亲们的重托，怀着万分喜悦的心情，胸前戴着大红花，背着简易的行装，乘上了徐州至济南北去的火车。到磁窑站转至东去徂阳的火车，在徂阳站下了火车，有接站车把我们拉到山东医学院楼德分院，透过车窗可以看到墙壁上到处张贴着醒目的标语，“热烈欢迎工农兵学员”。楼德属于新太市的一个镇，隶属泰安地区，到处是待收割的玉米、大豆。山东医学院楼德分院当年招收三个系（中医、医疗、药学）10 个排（班）500 名新生，我们中医系 102 名同学为一个连，药学系两个班为一个连，医疗系六个班为三个连，我们班 52 名学员，除了部队学员来自外省外，其他都是来自本省，从工作岗位看，来自工厂、部队、学校、农村、医院等，各行各业都有。当时的流行语是：“大家来自五湖四海，为了一个共同目标走到一起来了。”入校后经过简短的入学教育，紧张的大学生活就开始了。每天天不亮起床号就响了，大家急忙起床洗刷后就去跑操，实行军事化管理。第一学期中医系主要开设的课程为：医古文、日语、化学、物理、高等数学、政治、中医基础、体育等。一天 8 节课，不包括晚自习。上课有时合堂，有时分开。大家十分珍惜这来之不易的学习机会，学习都十分认真刻苦，分秒必争。我们这一级后来出类拔萃的人才很多，如山东大学医学院院长、医学院士张运，国家药品监督管理局局长邵明利，国家自然基金会天然药材组主任、博士后王昌恩，山东省政协副主席、山东中医药大学校长王新陆，山东省中医管理局局长于淑芳等。

我多年的夙愿以偿，更倍加珍惜这来之不易的学习机会，但由于“文革”的影响，高中的基础不牢，除了每天认真听讲、认真做笔记外，我采取笨鸟先飞的办法，每天早晨起床很早，跑十里路后，再借助微弱路灯灯光背医古文和中医经典条文，并且这一学期从来没有睡过午觉。以致若干年后在我编写的《36个怎么办?》一书，王新陆所写的序中还提到此事。由于当时的学习气氛好，大家的求知欲强，遇到难题又能及时解决（老师跟班上自习），在学习上大家见贤思齐、互帮互学、取长补短，期末考试大家都取得很好的成绩。

1974年2月初开学，就到济南上课了。1974年春节后下了一场大雪，开学时雪还没有完全融化，我们从济南火车站下车后，踏着残雪乘上接站的汽车，驶向久仰的山东医学院。济南是山东省省会，众多的大学所在地，也是我多年向往的地方。车很快来到了由舒同书写校牌的校门，经过一号楼、三号楼、八号楼曲径通幽的小路，来到操场东南角的南六排平房宿舍，按照已经贴好的名单我找到了属于我的床铺，放下行李与接站学兄谢别。

开学后不久就冬去春来，各教学楼和宿舍楼周围鲜黄的迎春花、粉红的月季花、紫红色的玫瑰花争相开放。在那鸟语花香的地方学习，心情舒畅，效果显著。这学期主要开设中医基础、中药、解剖学、日语、组织胚胎学、生理学等，任我们课的老师有周凤梧、张珍玉、杨林、李占文等资深教授。年近花甲的老师认真备课、讲课，同学们聚精会神听讲，教学秩序井然，尤其是西医基础课各种标本参观，便于理解记忆，大家的学习兴趣很高。为了多看会儿书，多学一点知识就想办法，当时学院规定教室晚上9点熄灯，我有时到位于学校南边的山东医学院附属卫生学校去看书（那边10点熄灯）；星期日大部分同学去逛街，走亲串友，我为了多学点知识，时常带着水和馒头爬到千佛山上的树荫下，或在黄河岸边找个安静处看书；有时头一天晚上在教室学习时最后一个离开，将窗户的插销有意不插死，第二天从窗户爬入，一学就是一天。6月中旬开设的中药课快要结束了，根据教学安排要到柳埠山区采集中草药。在李来田老师的指导下，我们压制了近300余种蜡叶标本，我还写了一篇近万字的济南地区中草药调查报告。

1974年暑假我回到老家，当时农村缺医少药的现象比较普遍，我从高等学府回来的消息不胫而走，前来看病的人络绎不绝。其中住我家南边的一位我叫二奶奶的老人，当时她已经八十多岁了，生病卧床一周，不吃不喝，神志恍惚，送老的衣服和棺材都准备好了。他的儿子邀我诊治，我诊其六脉滑利，舌苔黄，一问七天没有大便，腹部胀满，证属热结肠胃，腑气不通，我开了增液承气汤 2 剂，服一剂后泻下许多宿便，神志清，想进食，又服一剂，即痊愈。后又活了六年。使我感到辨证用药正确，效如桴鼓的真正含义，从此我能起死回生的名声在附近的村庄传开了，看病的人也越来越多。一个假期看了几百人次。

1975 年第二学期上临床课，为响应国家号召，到章丘的埠村和秀惠开门办学，贴近群众，结合常见病上课学习。我们小组被分到埠村，共三个组 25 人左右，开设中医妇科和中医儿科。老师带着我们到老百姓家里诊病，送医送药上门，在此期间我和白善信、陶汉华等同学编印了《妇产科百问解》及《民间土单验方选》共有 20 万字，材料成稿后，由张志远老师亲自把关审订。当时天气较冷，张老师坐在炉子旁边，让我念给他听，遇到不合适的地方让停下来，他说怎么改我就用笔记下，改好后再让他看，他认为满意才定稿。利用晚上的时间加班刻钢板，油印后装订成册，我至今还保留一本，打开后还散发着油墨的清香。在开门办学期间，有两例典型患者给我留下很深的印象。一例是一位中年妇女患崩漏半年，先后看了三四位中医，有的按血热用清热凉血药，有的按气血虚弱治疗用补气养血的药，有的按血瘀用活血化瘀的药，都没有止住血，老师诊后让患者去县医院做妇科检查，经检查是子宫肌瘤，经手术切除后出血止，后用八珍汤加减治疗慢慢恢复。第二例是一位 70 岁老人，他腰痛经年，先后服中药近百剂，大都是活血通络、去湿止痛之品，后经老师建议去医院拍 X 光片，诊为腰椎间盘突出，骶椎隐裂，经牵引和针灸按摩疼痛消失。通过这两例给我留下很深的印象，我与陶汉华合写了一篇题为“从辨证和辨病相结合看中西医结合的重要性”的论文，刊于《新中医》杂志。

在 1975 年课程相继结束后，我发起还有白善信、陶汉华、朱静三人参加的一项活动，即将新中国成立以来，《中医杂志》和各省的《中医药杂志》中刊登的对鼻炎、气管炎、哮喘、肝炎、肾炎、胃炎、肠炎、胆结石、心肌炎、关节炎、中风、牛皮癣、高血压、糖尿病、肿瘤等 15 种常见病、疑难病的中医治疗的经验总结，全部用复写纸抄录，一式四份，大家把最不清楚的一页留给自己。历时五个月，参阅了 2000 多本杂志和内部刊物，共订成三大本，足有 100 余万字。至今仍保存完好。

1976 年山东医学院与中医学院分家，我们的宿舍也搬到山上（山东师范学院的东邻），临床课已全部结束，进入毕业实习。我西医实习在山东医学院附属医院和章丘人民医院；中医临床在山东中医学院附属医院和泰安中医院实习。在泰安中医院实习期间，受到刘洪祥、吕学太、韩子江、安其纯、李心正等学验俱丰的老师的指导。实习把学到的理论知识加以验证，加深了对一些理论的进一步理解，晚上老师进行专题讲座，因此收获很大。

在中医学院附属医院实习内、外科时，一次在骨科门诊跟着梁铁民老师实习，他出身于中医世家，是《中医正骨学》的主编。在一上午诊治的30个病员中，有四个是膝关节疼的，第一个他给患者做了个“浮髌试验”，显示阳性，诊为化脓性关节炎；第二个他给做了“抽屉试验”，显示阳性，诊为十字韧带损伤；第三个他给患者做了个“研磨试验”，显示阳性，诊为膝关节软骨垫损伤；第四个他给患者做了“‘4’字试验”，显示阳性，诊为骶髂关节炎，诊断非常明确，治疗各有侧重。一般的医生笼统地诊为腰腿痛，开一些活血通络止痛的中药就算了。

在山东医学院附属医院实习西医外科时跟着寿楠海老师，一天晚上9点钟来了一位发热腹痛呕吐的病人，老师带着我检查病人的下腹部压痛反跳痛，老师让我说是什么病，我说是阑尾炎，推到手术室不到一小时就做完了手术。第二天仍是我的夜班，带教老师是胡老师，晚8点半一位腹痛的患者来外科急诊。老师让我查患者的腹部，也有压痛和反跳痛，老师问我是什么病，我说是阑尾炎，推到手术室做手术，打开腹腔后，发现阑尾没有发炎，只见阑尾附近的肠系膜淋巴结肿大发炎，把病人的阑尾拿掉然后缝合。回到门诊，老师给我讲了许多临床经验，告诉我做医生不可主观武断，在临证的过程中不断地丰富自己的经验，尽量把失误减到最小限度。若干年后我带学生时把这些讲给我的学生听。

1976年12月30日毕业典礼合影后，大家执手相别，离开了母校。

三年半的大学生活使我在知识的海洋中遨游，丰富了我的阅历，拓宽了我的视野，增长了知识和才干，坚定了我学中医、干中医、做一名受人们爱戴的好中医的信心。

重返煤城，就职医科所

离开母校，从泉城来到煤城，先到市人事局报到，报到后我被分到医科所。

当时医科所在市立医院药厂的两间平房内办公，以市立医院药厂为依托，开展中草药治疗气管炎等疑难病的研究。医科所当时正开展“千日红治疗气管炎”“715组织液治疗癫痫的研究”“养胃丸治疗胃溃疡的研究”等项目，还负责编印《枣庄医药》、开展肿瘤的普查等工作。总共九人挤在这两间办公室，又是药厂、编辑室，还是职工宿舍。报到后让我先休息一天，就去甘沟医院参与715组织液治疗癫痫组的活动。事先预约的病人在医院的院子里等候，当我到达时，已足有五六十人。在学校读书时认为癫痫病不多，眼前一看癫痫病人真不少，同车的医生告诉我，每一个患者的背后都有一个故事。下车后分为两组，我和施主任一组，负责病人的诊疗和登记，另外两人负责治疗。医院的贺院长负责维持秩序和服务，施主任边诊断边给我讲解，我负责登记记录。他说，癫痫病主要症状是，突然昏倒，不省人事，口吐白沫，或尖叫一声，醒如常人，具有突然性、暂时性、反复性的特点。我们之所以选甘沟做点，是因为这边的病人较多，治疗方法是根据民间吃狗脑子治疗癫痫的验方，我们进行改进，将新鲜的狗脑子在无菌的环境中搅成组织液，经灭菌后给每位癫痫病人肌内注射。由于效果较好，加之癫痫病没有很好的治疗办法，所以来这里治疗的病人越来越多，病人也不局限于本省，外省市的也来了不少。吃过午饭后他们三位回枣庄了，我住在甘沟医院帮助坐诊。第二次治疗患者后，所领导决定将此点撤到市中区疙塔埠医院，离枣庄近些。我仍然住在卫生院，这时市举办第四期西医学习中医班，让我教中医基础课，这个西学中班参加学习的都是区级医院以上高年资主治医师。这样每周接诊病人一次，做一些准备工作，其他时间可以备课，讲完课后骑自行车再回卫生院住。

后来给医科所批了13.5亩地，当时文化东路没有冲开，地势十分低洼，后冲路占了4亩多，在路北靠东边建了三排18间防震棚，中间建了药厂、门诊，人也随之增加；业务要拓宽，李所长又派我去上海购置医疗设备，先后购置了X光机、心电图机、病理切片机、电动呼吸机、基础代谢仪、安瓿自动灌装机等一大批医疗设备，先后在上海待了3个月。

1978年国家召开了全国科学技术大会，广大的科学技术工作者受到长期“文革”压抑的科研热情迸发了出来，各地的科研所如雨后春笋一般出现。科学技术是第一生产力，知识分子再不是“臭老九”，全国出现了“日出江花红胜火，春来江水绿如蓝”的科学的春天。全所人员一下子增加了30多名，分为临床组、药剂组、资料组和后勤组四大块，临床组10人，当时我任组长。年内的主要任务是开展门诊业务，配备了放射科、化验室、中药房、制药厂；开展了“脑宁注射液治疗癫痫病的研究”“抗狂犬丸治疗狂犬病的临床研究”“鸡骨散治疗牛皮癣的研究”“翠云草治疗肾炎的研究”四个科研课题。为了配合癫痫病的研究，拟在全市范围内进行癫痫病的普查，在年初的全市卫生工作会议上下发了癫痫病调查表进行调查，最后的调查结果是3‰，比全国的平均发病率稍高。寻访病人两人一组，主要靠骑自行车，先后到兰城、唐阴、北庄、周营、陶关等地寻访病人。

1978年，市第五期西学中班在市卫生局新址二楼上课，这期学员较多，学习的风气好。我主要讲中药课，教室离我住的地方只隔一条路，很近，也很方便。其间还安排了几天的采药时间，由班长孙连德带队先后到抱犊崮、山亭等山区采药，压制了300多种中草药标本，而后又对全市五区的中药材进行普查，初步摸清了全市中草药的分布、产量、收购情况的底子，对全市中草药的开发和利用提供了信息，为中医药临床工作者对中草药的辨认和以后的西学中教学提供标本，也为全市《中药志》编写提供了素材。

为了帮助专业技术人员晋升考试，1979年上半年，我们牵头组织了相关的中医专家编写了《中医试题解答》一书，供晋升考试人员学习参考，并与兄弟地市进行了资料的交流。一直到若干年后，还有一些单位来信来函索要此资料。

1981年我参加了市卫生局举办的为期一年的医用英语学习班，英语学习班未结束，所里又安排我参加为期一年的中医经典学习班。1985年参加了在黄山召开的全国第六届医史会议，交流了学术论文，有幸见到了许多医史专家如李经纬、耿鉴庭等；1985年先后还参加了在重庆召开的全国首届青年中医学术研讨会，交流了“青年中医成才之路”论文。1985年起草了“枣庄市卫生1985～2000年发展规划”和“枣庄市中医药1985～2000年发展规划”，参加了朱关兴市长主持召开的枣庄市1985～2000年发展规划论证会；编写了《卫生专业技术职务改革与晋升指导》《中医应试要览》《医古文应试要览》等参考书，有效地指导了专业技术人员的晋升考试；撰写了“论职改的八大关系”“枣庄市卫生系统中医药人员知识结构分析”等论文，并在《山东医药》杂志发表。我于1987年晋升为主治医师，1988年破格晋升为副主任医师。

从事管理，描绘新蓝图

1989 年 6 月，因工作需要我被调入市卫生局工作，出任中医科科长；同年 9 月，根据全省振兴中医大会要求，结合各地实际，我市将中医科改为中医药管理处，我由科长改为处长。在市卫生局的领导下，主管全市的中医医、教、研和学会的工作，根据全市中医工作的现状和上级要求，提出了“三年初见成效，八年全面振兴”的宏伟目标；拟定了“以机构建设为基础，以人才培养为重点，以科技发展为先导，以开展学术为依靠”的指导思想。筹备召开了新中国成立以来规模最大、规格最高的全市振兴中医大会，山东省卫生厅副厅长张奇文、山东省中医管理局副局长王继寅参加大会并做了重要讲话。会上制定下发了《枣庄市中医药事业发展规划》和《中医药人员奖励条例》，要求各区市卫生局成立中医科。会后各区相继召开了振兴中医大会，贯彻落实全市振兴中医大会精神，各区（市）卫生局都成立了中医科，形成了全市的管理网络。中医处牵头组织各区（市）中医科长先后去烟台、青岛、威海、潍坊等地参观学习，主要参观了烟台、威海、文登、乳山、青岛、诸城等中医院的医院管理、重点专科、中药制剂、人才培养等。借鉴外地经验，结合本地实际，努力开展工作，在全市范围内掀起了振兴中医事业的高潮。各区（市）借振兴中医大会的强劲东风，中医院的建设有了突飞猛进的发展，滕州市、峄城区、台庄区新建了门诊大楼，医院的院容院貌得到了很大的改观。中医的学术活动空前活跃，每年都举行几次中医学术会和笔谈；学习中医、热爱中医、发扬光大中医的风气在全市初步形成。

1989 年 8 月，我当选为市青联副主席，兼任青年医务工作者协会主席，青年医协的主要任务是团结和组织广大青年医务工作者钻研业务技术及交流学术经验。为青年医务工作者的健康成长搭建平台，先后组织了三次大型全国部分城市青年中医、护理等会议。第一次于 1989 年 11 月在市工人文化宫组织召开了“全国部分城市青年中医学术研讨会”，有 12 个省市的青年中医代表 120 余人到会，进行了学术交流。第二次是 1990 年 9 月召开的“护理专业学术研讨会”，在市科技馆会议室召开，有近 200 人与会，主要研讨在新的形势下如何做好护理工作，聘请了省立医院、山东医学院附属医院的专家进行了讲座。第三次是

1992 年 6 月在滕州召开了全国有 22 个省、市、自治区参加的“青年中医学术研讨会”，有 300 余名青年中医代表与会，大会由市青年联合会、市青年医协主办，滕州市卫生局承办，大会聘请了国家、省一级的知名专家与会，大会交流了 200 余篇学术论文，并编印了学术论文集。通过三次会议，扩大了枣庄与外地的交流，扩大了枣庄中医的影响，受到了省市领导的好评。

为了抢救名老中医的宝贵学术经验，更好地弘扬中医学，从 1990 年开始立项争取科技经费，利用两年的时间编写了枣庄市中医药的三集成，收集整理了枣庄市范围内的年龄在 55 岁以上的名老中医的成果和经验，编辑出版了《枣庄市老中医经验选编》。山东省人大常委会科教文卫委员会主任向克为该书题词：“老中医具有丰富的临床经验，其立意之奇、用药之妙要认真整理提高，为继承发扬中医学是有意义的。”市委副书记秦尧基为该书题词：“发掘中医中药宝库，振兴中医事业。”省卫生厅副厅长张奇文为该书作序。收集了枣庄市民间的土、单验方，编辑了《枣庄市民间验方秘方选编》。还收集整理了 1979 ~ 1989 年全市中医药人员在十年间发表的论文，编辑了《枣庄市中医药人员 1979 ~ 1989 年发表的论文题录》。

两年以来编辑人员跋山涉水，奔波于城乡之间，废寝忘食，收集素材，伏案于灯光之下，整理抄写采访资料，慎慎然唯恐遗一珍，冥冥苦思只怕谬一字。我市开创了全省集成整理老中医学术经验之先河，受到了山东省卫生厅和中医药管理局的肯定和好评。

事业发展，人才是关键。先后组织了两批老中医带徒，承办了中医自学考试辅导、山东中医学院的函授辅导、健康中医刊授辅导，与北京、济南等地的医院联系，选派本市技术骨干去进修学习。通过几年的努力，全市有 150 余名中医药人员拿到了大专文凭，中医药队伍的知识结构发生了变化，人员的素质也明显提高，受到了省、市自考办的表彰。

为了使中医药走出国门，适应改革开放的需要，扩大中医药对世界的影响，借鉴外地在国外开中医针灸诊所的经验，由国家经贸部牵头联系，我市就与匈牙利赛诺公司在匈牙利布达佩斯建立中医诊所事宜，我和中医院王兴勤院长、局计财科张铁民科长，在吕宜亮副局长的率领下，连同经贸部的两位领导，一行 6 人于 1991 年 5 月 12 日从北京坐国际列车赴匈牙利进行了为期 2 周的考察。

1993 年初秋，局领导让我带五家中医院院长去东北参观考察，先后参观了黑龙江省中医院、黑龙江省中医药研究院、长春中医学院附属医院、辽宁省中医院、大连市中医院、丹东市中医院等，重点学习他们突出中医特色，中医治疗急症，中医走出国门，中医院管理，中医特色制剂等方面的经验。

担任院长，创三甲医院

1994年2月7日，组织上安排我到市中医院任院长兼党委副书记。上任后在局党委的领导下，带领党委一班人在调查研究的基础上，制定了“枣庄市中医院1995～2010年发展规划”，提出了“医疗上水平，管理上台阶，医院上等级”三上和“从严治院，科技兴院，勤俭办院，质量建院”十六字的指导思想，院领导班子带领全体干部职工以开拓拼搏的精神，积极投入到创三甲医院，创全省重点中医院的工作中去。从治脏入手，美化环境，1995年被评为市级绿化先进单位；从治乱入手，编印了15万字的《中医院各项规章制度》，集中精力对乱收费、乱开药进行专项治理，强化了劳动纪律，从而保持了连续六年的市级精神文明单位的光荣称号；从治差入手，积极开展业务讲座，进行“三基”训练、处方联展、技术比武、知识竞赛，使处方、病历合格率分别达到了98%和90%以上，1994年底被山东省卫生厅确定为省重点中医院建设单位之一。

创三甲医院是一项系统工程，有一千多个参数和指标，要达到规定的要求，其难度可想而知。我们从以下几个方面做起：

1. 层层召开会议，广泛宣传发动，把争创三甲的意义、要求及每个人在创三甲中的角色告诉职工，使广大职工提高认识，增强信心，形成了“千斤重担人人挑，个个身上有指标”的局面。

2. 查找缺项，拾遗补漏，找出了医院土地没有确权、供应室不达标，污水处理不合格、制剂室没有验收合格证、自制药品没有药监部门的批准文号、图书室藏书不达标、门诊病历不规范、中药使用率低、医疗设备达不到规定要求等问题，我们把查找出来的问题一一解决。

3. 采取走出去、请进来的策略，先后去济南、淄博、临沂等中医院参观学习，聘请省级管理、医疗、护理、药剂专家来医院实际指导，找出差距，及时整改。

4. 认真抓了双十大工程："十大业务工程"即处方工程、门诊病历工程、住院病历工程、专科专病工程、"三基"训练工程、院内感染控制工程、科技兴院工程、责任制护理工程、制剂工程、五室（病案室、急诊室、手术室、图书室、供应室）建设工程；"十大效益工程"即再塑白衣天使形象工程、舆论宣传工程、开源节流工程、四周辐射工程、以副补主工程、借水行舟工程、设备优配工程、临边联姻工程、特色示范工程、拳头产品工程。

5. 开展了五方面教育，即理想前途人生观教育、三学三爱的爱岗敬业教育、爱国主义教育、法制教育、作风和纪律教育。

6. 开展了五方面建设，即班子建设、组织建设、队伍建设、制度建设、廉政建设。

通过领导和广大职工齐心协力，加班加点、夜以继日地工作，1996 年元月上旬，山东省中医院分级管理评审团在王继寅副局长的带领下，一行 19 人分四组，对医院进行为期三天的评审，当省中医分级管理评审团宣布枣庄市中医院通过三甲评审时，会议室内掌声雷动，许多干部职工激动地流下了热泪，会议室外鞭炮齐鸣，不少的兄弟单位为之祝贺。创三甲的过程使我体会到：提高认识、统一思想是创三甲的前提，狠抓基础、加强内涵是创三甲的关键，增收节支、增强实力是创三甲的基础，坚持两手抓、两手硬是创三甲的保证。

《枣庄日报》以"苦心浇灌花自香"为题目，详细地报道了枣庄市中医院创三甲的经过，开头的几句话是这样写的："世界上最易的事莫过于空喊口号，世界上最难的事莫过于把口号变成现实。'患者第一、质量第一、服务第一、信誉第一'，这一串口号几行大字书写在大大小小医院最醒目的地方，然而真正实践这些口号的医院却更难能可贵，枣庄市中医院的可贵之处就在于将这些口号付诸现实。"这几句话是对枣庄市中医院创三甲的最好诠释。

在中医院工作的五年期间，枣庄市中医院先后获得了"爱婴医院""市卫生科技先进单位""老干部工作先进单位""三产先进单位""省市精神文明先进单位""全省卫生系统先进单位""省重点中医院"等称号；成为山东中医学院、曲阜中医药学校、莱阳中医药学校的教学实习医院。并与枣庄卫校合办了一个为期三年的中西医结合班。我先后被评为山东省青年优秀中医、富民兴鲁先进个人，荣立市三等功。

精勤不倦，看硕果累累

我经常牢记韩愈的“业精于勤荒于嬉”和华罗庚的“妙算还从拙算来，愚公智叟两分开，勤能补拙是良训，一分辛苦一分才”的诗句。在读书学习的过程中，发扬四勤（口勤多问、耳勤多听、手勤多写、脑勤多思）、三股劲（挤劲、钻劲、韧劲）的精神；从基础学起，从无字句处读书，养成了读书记笔记的好习惯。这些年来除通读了《内经》《伤寒论》《金匮要略》《温病条辨》《名老中医之路》《血证论》《临证备要》《傅青主女科》《临证指南》等150余部中医著作外，还阅读了200余部小说散文，写了40余本读书笔记。有一分耕耘就有一分收获，现将这些年来的科研成果、学术论文、著作介绍如下。

在科研方面：先后承担了“715组织液治疗癫痫临床研究”“中药敷脐散治疗小儿泄泻的临床研究”“氦氖激光血管内照射NH－08光针导引器临床研究观察”“复肝宝抗肝纤维化临床和实验研究”“益肝宝治疗脂肪肝的临床和实验研究”“平心降脂茶治疗高脂血症临床及实验研究”“小儿退热口服液治疗小儿上感发热的临床及实验研究”“参杞口服液治疗放疗后白细胞减少的临床研究”等8项科研课题。其中3项获市科技成果二等奖，5项获市科技成果三等奖。

在学术论文方面：先后在《枣庄卫生》《枣庄医药》《枣庄日报》《山东卫生》《山东医药》《山东中医药杂志》《中国中医药报》《陕西中医》《峄城文史》《时代》《抱犊》等杂志和全国、全省学术会议发表和交流的论文有：“学习中药方剂的体会”“从补中益气汤的应用谈同病异治和异病同治”“乙脑诊治笔谈”“高血压药谱”“试论青年中医成才之路”“枣庄市卫生系统中医药人员知识结构分析”“枣庄市卫生系统防疫人员知识结构分析”“论职改的八大关系”“七情治病与中医的心理治疗”“《金匮要略》中大黄的运用初探”“血府逐瘀汤运用举隅”“中医养生探骊”“基层中医工作难点、原因与对策”“小儿外治法证治举隅”“影响中医发展的三因素”“疑难病辨证刍议”“解毒健脾汤治疗慢性腹泻80例分析”“术高德超、誉满乡里”“布达佩斯之行”“试论中医与地理环境的相关性”“中医的药外功夫”“秦汉医学的哲学思维方法对现代医学哲学思维的影响”“误补病案辨析”等60余篇论文，近百万字。

主编、参编、协编的著作：《千家妙方》《保健手册》《中医试题解答》《中医应试要览》《医古文应试要览》《枣庄市卫生志》《枣庄市老中医经验选编》《枣庄市民间土单验方选编》《实用医学伦理学》《时代病》《当代中医绝技荟萃》《中药治病的故事》《董阶平医案》《继续医学教育读本》《中医医院管理与实践》《中医科研思路与方法》《杏林诗稿》《杏林诗联》《中医诊疗辑要》《百家养生锦言集》《碧野流香》《36 个怎么办》《域外风情》《广沛上池》《运河医话》《运河药话》《妙悟岐黄》等 35 部著作，共 300 万字。

良方济世，如春雨膏田

从 1968 年学医迄今 40 余年，先后从事过教学科研、编辑、临床和管理工作。40 余年来，我从未因环境和工作的改变而改变对中医的初衷，不因工作的繁忙而推辞找我就诊的病人，不因身体的倦怠而影响诊疗质量。在乡镇医院，星期天坐诊，我坚持了 7 年，看病成为我的乐趣，治好一个病人，交一个朋友。在 40 余年的行医过程中，诊疗了数万病人。在辨证论治的过程中我力求做到四个重视：

一是重视实践，勤于论治。要想当一名好医生就要多实践、多诊治病人，只有在实践的过程中印证所学过的理论知识，才能再升华成为自己的经验。张仲景的《伤寒杂病论》不仅是张仲景勤求古训、博采众方的结果，更是观察其宗族死亡者“伤寒十居其七”，经过平脉辨证的结果。《温疫论》的形成，既缘于吴又可对“一巷百余家，无一家幸免”的身受，亦源于“以正伤寒法治之，未有不殆者”的反思，更基于平日所历验方法的临床总结。孙思邈的“读方三年便知天下无病可治，治病三年便知天下无方可用，”是在临床辨证论治的实践中总结出来的经验之谈。当今有个别医生夸夸其谈，争名于朝、争利于市，不愿意临床多诊病人，热心搞无临床病案积累总结的科研，编写无临床指导意义的书籍，殊不知“熟读王叔和，不如临证多”的道理。工作这么多年，我无论在繁忙的管理岗位上，还是骑自行车回老家，往返百里看望老母亲，疲惫不堪的时候，只要有病人看病我总是热情接待，认真诊疗，从未推辞。我坚信实践出真知，临证多了才能出经验的道理。

二是重视博学。做医生要博学多识，知识面要广，因为医学与自然科学和社会科学有着广泛的联系，要求做医生的要上知天文、下知地理、中晓人事，古人有“秀才学医犹如宰牛刀杀鸡”的名言。读书要不局限于一家之言，学会融会贯通、举一反三，力求做到博学与多思相结合，还要返约。博学之返约与浅学有质的不同，一则守一家之言而不排斥他家，二则孤陋寡闻拘泥一家之言而自以为是。

三是重视辨证与辨病相结合，牢记“他山之石、可以攻玉”之训，中医和西医在临床上互相学习、取长补短。西医是在现代科技基础上发展起来的医学，检测手段比较先进，辨病较深入、细致、具体，特异性和针对性强；中医的辨证论治是建立在经验的基础之上，是以临床表现为依据，而不同的疾病具有相同的临床表现有很多，因此，辨证起来不免显得笼统，我一直主张辨证与辨病相结合，坚持传统与现代研究相结合，取长补短，相得益彰。

四是重视民间的土单验方和特殊疗法。卫生部（现国家卫生健康委员会）副部长兼国家中医药管理局局长王国强在“抢救挖掘民间中医药”时指出：“民间中医药存在着许多很好的东西，包括许多大病和疑难病如肿瘤的治疗，民间也有一些高人，我们不能穿上皮鞋忘了穿草鞋的。”清代赵学敏在《串雅》序中，对民间医生给予了很高的评价，列举了昔日欧阳修暴利几绝求药于牛医的故事。我在中医药管理处工作期间，利用一年多的时间，深入五区一市收集整理民间的土、单、验方，编印出版了《枣庄市民间土单验方选编》，还先后对肝病的贴敷疗法，治疗咽炎的火针疗法，治疗面瘫的塞鼻疗法，治疗高烧的放血疗法等进行了实地考察，虚心向有一技之长的医生学习，不断丰富自己的经验，启迪思路，收到较好的效果。

在治疗的病种上也要随俗而变，起初以中医儿科为主，对小儿的咳喘、厌食、癫痫等疾病的治疗积累了一些经验。后来在中医门诊，尤其是基层医院的门诊，来什么病人就得看什么病人，内、外、妇、儿、皮肤都得看。经过多年的临床实践，对汗证、结石、水肿、中风、瘿瘤、肾病、肝病、脾胃病、湿疹、牛皮癣、斑秃、月经病、带下病、不孕症等常见病、多发病的治疗用药做到心中有数。近年来开始对老年病和肿瘤的治疗进行学习和研究，并积累了一些经验。

远涉重洋，悬壶英格兰

2008年元旦刚过，瑞雪初霁，我离开了故乡，在首都机场乘上北京—伦敦的938次波音747空中客车。我怀着弘扬民族文化、振兴中医事业的愿望，怀着开阔视野、增加阅历、了解异国他乡对中医药和针灸需求情况的心情，远涉重洋到英国去从事中医工作。飞机起飞后，告别了蜿蜒曲折的八达岭长城，千里冰封的内蒙古草原，途经苏武牧羊的贝加尔湖和水色湛蓝的芬兰海湾。经过了11小时的飞行，到达了伦敦的希斯罗机场，下机后早有公司的王振经理接机。机场离公司所在地有35千米，小车在车水马龙的闹市穿过，用了近1小时的时间到了公司的招待所，安排好住处后已经是晚上九点了。

第二天时差还未倒过来，就去总部培训，总部办公地点在伦敦北六区伯汉姆伍德切斯特路4号德文郡商业园内。培训由王振经理主讲，重点讲了三方面内容。①公司的基本情况。公司1996年成立，老板是天田孙健，在英国开设100余家中医诊所，为英国较大的公司之一，公司的宗旨是“弘扬中医学，造福世界人民，以疗效促效益，以效益促发展”。诊所如同国内的坐堂医，小的诊所有一名医助（翻译），一名中医师，以诊疗及针灸推拿为主，大的诊所有2～3名医助，3～5名中医师，10张床左右。②对医生的要求。医生要树立中华民族的良好形象和团队精神，病案记录完整，注意个人卫生，增强法律意识和自我保健意识等。③介绍了英国和伦敦的情况及相关的注意事项。培训结束利用两天的时间，分别去警察局注册和银行办理开户手续，休息一天后又安排到伦敦的四家诊所见习，了解这些诊所的工作环境、模式和如何接诊病人。我因为初来乍到，加之语言不通，每天晚上都让同寝室熟悉地理环境的刘专大夫给我写好换乘的车次和诊所的位置以及联系电话，第二天一早天未亮就得起床赶车，行程路线即便写得很清楚，遇到换成大站，火车、地铁线路多，还得反复地问，有些英国人很热情，亲自把我带到换乘的地点。

因工作的需要，元月底我被派到利物浦店。利物浦曾是英国的第二大城市，是驰名世界的国际商港。它位于英格兰的西北部，濒临爱尔兰海，与上海市结为姊妹城市。这里的华人很多，老华侨较多，唐人街建得十分气派，每年的大年初一到十五，唐人街举行各种活动，如龙灯会、书法绘画比赛、猜灯谜等，丰富多彩、热闹非凡。我住在利物浦大学附近的宿舍，离诊所有二里多路。诊所位于火车站附近的商场里，有两间房子大小，隔成三室，一间是药房，一间是诊室，一间是治疗室，诊室与药房相通。医助是北京人，名叫陈珊珊，女，28岁，清华大学毕业后到利物浦大学留学，她已在英国工作三年了，个子不高，老成持重。原来在此诊所工作的中医师嵇仲三，浙江中医药大学毕业，来英国三年了，家住杭州，爱人在杭州教学，因回国过春节所以让我来替班一个月。这里每天接诊8~10人，多数为腰痛、郁证、肥胖症、头痛、失眠、牛皮癣、不孕症等病种。来这里接受治疗的有45%是英国人，20%是印度人、巴基斯坦人，20%是中国人，其余的是美国、澳大利亚、日本等国旅游人士。这里上班的时间为每天早8：30到下午5：30，中饭在诊所里吃，每天工作8小时，每天接诊的新病人要写病历，老病人要询问疗效，在病历上如实记录。在接受治疗的众多病人中，有一位法国的科学家路易斯德，他患了重症肌无力，在法国治疗无明显效果，他每半个月来这里接受针灸推拿治疗一周，带一周的中药，病情得到了有效的控制，他很高兴，逢人便讲中医针灸的神奇。在他的宣传下又来了几位法国人到诊所接受治疗。2008年2月7日是农历春节，我是第一次远离亲人在异国他乡度过的。除夕夜这里没有家乡的鞭炮声的喧闹，没有春节联欢会的喜庆，加之大学放寒假，整个宿舍区十分寂静。这里的春节不放假，大年初一诊所的人很多，除了一些常规治疗的病人外，还有一些中国的留学生、中餐馆的华人，都聚在一起畅谈家中的春节如何热闹，英国过春节的无聊，他们把诊所当作华人的联络点。那天还来了一位刚到利物浦大学就读不到半年的温州小伙胡平，他患了急性腰扭伤，在别人的搀扶下来到诊室，经询问病情和检查后，我给他针刺了腰俞、委中、阿是穴，烤了半小时的神灯后，站起来能走了，他很高兴，后来他介绍他班里几位同学来这里接受治疗。病人和熟人渐渐地多起来，在他们的陪同下参观了利物浦港，英国最大的教堂、船舶博物馆、唐人街、利物浦大学、披头士纪念馆等地方。过了元宵节，正月十六探亲的嵇医生从国内回来了，我们进行了简单的交接，总部又把我派到曼彻斯特工作。曼彻斯特是英国第三大城市，在利物浦的东边，有一个小时的路程，正月十七那天，医助陈姗姗和另外的两位留学生开车将我送到长途汽车站，乘巴士去曼彻斯特，下车后公司安排曼彻斯特店来自大连的郭静接站，把我送到住处，并让我第二天去TRAFLORDCENTRE店上班。它位于市南区欧洲最大的商场Trafforcentre二楼，这是天田孙健的旗舰店，诊所面积100多平方米，设十张床，诊所设经理一人，四个医生，四个医助，一个按摩员，分早、中、晚三班，早班早九点上班晚六点半下班，晚班十点下班，因为这个商场是欧洲最大的商场，每天的顾客熙熙攘攘，川流不息，这个店也是公司最大的店，每天每人接诊平均13~16人次，来自不同的国家和地区，有着不同的肤色，来按摩的人很多，一个按摩员根本忙不过来，多数医生都在按摩，有的病人一按就是两个钟头。我在国内以开中药为主，针灸按摩都是理疗科的事，来这里经理不管你的年龄大小，尤其是新来的总让你去按摩，我只好边学边干，开始不得要领，手指关节肿胀，一顿午饭有时要中断2～3次才能吃完，一天下来肩膀都抬不起来。“推拿推得两膀酸，按摩按得手生茧，天天往返百余里，日日披星戴月还”是当时的真实写照。一个月的时间接诊了2000多人次，给我留下较深印象的有两位患者。一位是曼彻斯特警察署的负责人，因不小心扭伤了脚，肿胀得厉害，行走困难，来诊所治疗。经过五天的针灸按摩，中药外洗，肿胀消除，效果显著，他十分高兴，连说“Good! Good!”另外一位是南非的一位叫巴氏的艾滋病带毒者，就诊时他就直言不讳地告诉翻译，他是艾滋病带毒者，抵抗力差，经常感冒。接诊时有点犹豫，经理鼓励我，放心治疗，专床专用，针灸时要戴手套，治疗后将床单枕巾一起烧掉。除了针灸外还用了参、芪、虫草以扶正，治疗半月后没有感冒，自觉体力、精力恢复，回国前带了一个月的中药，还给店里写了感谢信，赞扬中国医生医德高尚、医术高明。一个月下来，我的体重下降10斤，肩背疼痛，手指关节肿胀，经理考虑我年纪大不太适应，建议总部给我调整一个不太忙的小诊所工作。总部把我安排到曼彻斯特南边一个小城市曼斯菲尔德坐诊。时值春天，空气清新，到处鸟语花香，景色迷人，田野里的草丛由冬天的深绿变成嫩绿，住处对面是公园，周围分布着错落有致的别墅，住宅的前后院长满了花草。每天上班，经过花园，百花开放，姹紫嫣红，令人目不暇接，报春花最早，依次为灿如云霞的樱桃花，皎白如雪的汉水仙，高雅脱俗的白玉兰，如霞似火的楠木花，卉红蕊黄的郁金香，素艳相宜的海棠花，鲜红的杜鹃，粉红的月季，深红的玫瑰……把小城装点得绚丽多彩，分外妖娆。我被这浓艳含娇的神韵和沁人心脾的清香所陶醉，那素有翡翠三岛之称的英国的确名不虚传。

从住处到诊所不到三里路，每天早饭后沐浴阳光步行上班。诊所在商场的一头，有三张诊床、一把按摩椅，医助是沈阳的张义辉，女，37岁，来英国四年，嫁给一位英国铁路工程师，刚从国内度假回来。和他们住得很近，上班一起来去。诊所每天接诊6～7个病人，工作量要比曼城少得多，人际关系也不复杂，工作较轻松，心情舒畅。春去夏来，转眼间到了5月，5月12日一上班，家中发来短信：“四川汶川发生7.8级地震，伤亡惨重。”我听后心情十分沉痛，不由得想起32年前在山东中医学院就读，毕业前夕，参加唐山抗震救灾惊心动魄的一幕，破碎的河山、扭曲的铁轨、坍塌的楼房、哭泣的母亲、嗷嗷的婴儿，断水、断电……震灾让无数安宁的人们远离幸福的彼岸。5月13日诊所一开门就来了十多位患者，有的不是当天预约的病人，因为他们出于友好和关心，把他们从收音机听到的、从电视上看到的汶川地震的消息急于告诉我，并关切地询问我家乡是否被波及，这种友好的举动使我深受感动。我通过公司和慈善机构分别捐了款，并从媒体了解到旅英华人、华侨和英国各界积极参与抗震救灾，用爱心架起与震区桥梁的情景。使我深深感受到震灾无情人有情，苦难有尽、大爱无疆。在这里工作四个月，整个夏天在这里度过的。这里的夏天比较凉快，平均温度23℃左右，没有苍蝇，没有蚊子，不用撑蚊帐，夜晚睡觉还得盖被子。

英国的气候像小孩的脸多变，早上上班时晴空万里，中午就下起雨来，一会儿就雨过天晴，很少有连阴雨，因为英伦三岛四周是海，空气较为潮湿，为了防止潮湿大巴车和住宅区，夏天常开暖气以除湿气。在此期间治疗的典型病例有很多，仅举两例。

例一，Mollard，男，76岁，他是一位从事邮递工作近50年的老邮递员。主要症状：双脚板痛，行走无力，头晕耳鸣，舌红少苔，脉细数。患者从事邮政工作近50年，久行伤筋，筋为肝之余，肾主骨，证属肝肾不足的筋痹。治以补益肝肾，口服杞菊地黄丸一日两次，每次15粒，针灸足三里、三阴交、太冲、涌泉、地机、悬钟等穴位加足疗，每周两次，经治疗15次，疼痛好转，嘱其在脚底板垫海绵垫，治疗结束后病人满意，执意要请我们吃饭，被婉言谢绝了。

例二，Brian，男，65岁，农场主，因高血压、前列腺炎、双下肢麻木，在此诊所诊治三年，他与诊所的医生、翻译都很熟，接诊时血压140/90毫米汞柱，双脚麻木，舌体胖苔黄，脉弦。治疗：活血通络，平肝潜阳。处方：丹参15克，木瓜15克，苍术、白术各12克，钩藤15克（后下），黄柏10克，独活12克，黄芪18克，泽泻10克，知母12克，牛膝10克，伸筋草30克，陈皮10克，甘草6克，水煎服，日一剂，每剂服两汁后，再煎水泡脚；针刺风市、阳陵泉、悬钟、三阴交等穴，加足疗，先后治疗三个月，血压降至正常，麻木减轻，改服小活络丹以善其后。后我调至纽克斯尔坐诊时Brian开车专程去看我。

7月底我又被调到达令顿，这里的诊所因欠房租被关门。据说因老板把钱投入国内房地产开发，资金占压较多，外欠诊所房租两年多而被关。诊所一关就没有地方上班，原来签的合同就失效了，达令顿租的房子已交一个月的房租，房东也不退款，只好住在这里再联系其他公司。这时认识了一位马来西亚的华侨李卓群，他得知我没地方上班后，主动邀请我到他家做客，一边安慰我，一边找中文报纸上的招聘广告。在他家看完了奥运会的开幕式，还给我做了一些豆沙包让我带回宿舍做晚餐，在最困难的时候，有朋友伸出援助之手使我终生难忘。在朋友的帮助下，我转签到永乐公司，公司老板是台湾人，名叫王台生，在全英国开了40家诊所，大多集中在伦敦。我从达令顿又南下返回伦敦，在伦敦的诊所跑店，有时光在路上就得6个小时，倒好几次车，天天紧紧张张。通过近两个月的跑店，对该公司的情况有了了解。他的经营模式与天田孙健不同，他不讲究诊所的装修和室内的陈设，中药以自制NO号为主，如NO1是治疗湿疹的，NO2是治疗牛皮癣的，一共35号。每大盒有7小包，每包20克左右，为中草药粗末，每天一包，水煎服，日一剂，一盒35英镑。此外还有一些自制中成药，如黄柏膏、珍珠膏、虫草胶囊、丹参片等。其管理模式为家族式，公司的主要部门都是他的亲戚把持。

2008年10月3日，我被派到英格兰北部纽卡斯尔东侧的盖茨赫德，欧洲第二大商场中的诊所工作。这里有一个经理，6个医助，两位医生，一个大诊所一个小诊所，大诊所有四张床，小诊所开始没有床，后来设了两张床，两边统一核算。我在这里一干就是一年半，先后调换了8位医生，30位医助，5位经理。来这里就诊的患者当地居民和游客各占一半。这里医生和医助集中居住，轮流做饭，北方人多的时候就以面食为主，如一周内吃两次面条、一次水饺、两次油饼，其他为米饭，买菜到纽卡斯尔批发市场，批发一次够一周的，每周一算账，每人20英镑左右，吃得很开心。遇到节日或职工的生日，要到纽卡斯尔的大酒店会餐。在那里过了两个圣诞节，一个春节。

在纽卡斯尔工作期间，我先后去爱丁堡、德姆等地代班。爱丁堡为苏格兰的首府，去那里饱览了素有“北方雅典”之誉的山川风情。爱丁堡三面环水，风景秀丽，碧海蓝天，彩云朵朵，雄伟的古城堡屹立在山城的中心，这是17世纪古老王国的都城，南挡陆敌的要塞，从18世纪中叶起这里曾是欧洲文化艺术和哲学的中心，英国著名的作家司各特、诗人兼小说家史蒂文森、电话发明家贝尔都在这里工作和生活过。这座古希腊式的城堡，高地湖水，吸引着成千上万的游客。1947年以来，每年初秋，历时三周的爱丁堡国际艺术节在这里举行。

据说7～8月来这里，如不事先订房就很难找到住处。这里诊所接受的病人80%是游客，以美国、澳大利亚、加拿大等国家为多，以按摩、购中药保健品为主。

还到德姆代班两月，从我住处去德姆坐车一小时。德姆大学的法学很有名，在全英国排前十名，德姆城居民以大学的师生为主，其他的居民很少。我去的时候正赶上欧洲百年不遇的大雪，学校放寒假，到处冰天雪地，诊所就在大学的附近，一放假，学生、老师多数回家或旅游，就诊的病人就寥寥无几。每天上班都顶风冒雪，在德姆下了汽车后还得走一段上坡路，路由石头铺成，一结冰路特别滑，一不小心就会摔倒，每天上班小心翼翼，提心吊胆。有一次从中午就开始下雪，鹅毛般的大雪越下越大，地上的积雪有40厘米厚，下班时间还没有停下来，市内的公交、的士全停了，我和医助只好改乘火车坐到纽卡斯尔，然后又打的回家，我回到家已经快到夜间12点了。老板为了稳定情绪，给我安排了一场庆贺六十大寿的宴会，两个诊所的经理、医生、医助12人参加，老板从伦敦捎来好酒，并电话预祝我生日快乐，每位同事都送了一份贺卡，使我颇受感动。我写下了："六十回首沧桑情，异国他乡友谊浓。海外赤子思国壮，躬耕杏林盼邦兴。喜闻承办奥运会，笑观神七探太空。国盛方有华人位，交杯论盏乐融融。"

在我的要求下，2010年春节前把我调到东海边的一个小城市——斯卡伯。斯卡伯的位置如同山东的蓬莱，东临北海，与荷兰隔海相望，城市人口不足三万，多数是老人。药店在商场内，两人的店，每天下班走不到10分钟就可以到海边，经常借退潮到海滩捡海带、紫菜、小海鱼等。附近的山坡上长满了山韭菜。从山坡采来的山韭菜加上在海边采来的紫菜，鸡蛋皮包饺子新鲜可口，医助和同宿舍的留学生都喜欢吃，像吃了山珍海味一样。在这里工作了半年，先后到了约克、利兹、兰开斯特等地代班。接诊的病人以风湿疼痛、老年病、湿疹、牛皮癣为主。我在这里治愈了一位牛皮癣患者，英国人，女，46岁，因在短时间内家中两位亲人相继去世，精神打击太大，身体的免疫力下降，头部和双肘关节出现片状皮损，揩之脱屑、出血，如铜钱大，伴有心烦失眠，舌红少苔，脉细数。经针灸、中药治疗三个月后皮损全部清退，精神状态改善，每晚能睡7小时。还治疗了一位乌克兰人，女，31岁，跟丈夫同居三年未孕，前来就诊。询问其病情，得知服用避孕药而导致月经紊乱，月经来潮前精神紧张、乳房胀痛，治以疏肝解郁调经，用逍遥散和桃红四物汤加减，配合针灸治疗三个月，月经按月而至，后怀孕，夫妇专程去诊所致谢。

2010 年 9 月，我去兰开斯特代班一周后就去伦敦了。这是第三次到伦敦，在伦敦的中心居住，到西部温莎古城堡坐诊一月，参观了英国的避暑山庄——温莎城堡，这里是英国女王居住的地方，经常有国家元首来这里访问。这里地面光洁如镜，城内的商店大多陈列着高档名牌商品。住在诊所里，生活也算方便。接诊病员以游客为主。由于离西塞罗机场较近，起落的飞机很多，噪音较大。突然黑斯廷斯的医生有事请假，临时动意让我去那里。黑斯廷斯位于英国的最东南部，如同中国的福州，正常的情况下从温莎到黑斯廷斯 3～4 小时的火车。那天是星期天，有一段铁路维修，还有罢工的，从早上 5 点起身，带着三个行李包和一个大箱子，先后倒了 12 次车，晚 5 点才到目的地。由于上下车一共四大包行李，劳累过度，住下后洗完澡手连衣扣都不能扣了。第二天上班双手不能写字，针灸针也不能拿，我选穴让前台给我扎针，烤神灯，这样三天才好。诊所就在海边，住的地方离海很近，又是冬天，阴冷潮湿，我周身的关节痛疼，有时按摩半个小时都坚持不下来。来英国三年没有回家过春节了，我萌生了回国的念头，家中的子女也盼我回家。我于 2011 年一月中旬乘伦敦至北京国航 937 次航班返回北京，这样在英国整整工作了三个年头。

三年来，我利用工作和节假日，游历了英国的 15 个城市和很多风景区，了解了英国的风俗人情、医疗教育、生活习惯、交通状况、气候环境的变化等，写下了 11 万字的笔记，曾在《枣庄晚报》连载。

王静波

王静波（1950— ），山东莱州市人。1971年3月进入山东医学院中医系学习，1974年8月毕业后留校任教，1976年12月至1984年12月任山东中医学院中医系眼科教研室助教；1985年1月至1991年2月任山东中医学院附属医院医教科主任、主治医师；1991年3月起任山东中医药大学附属医院眼科副主任医师、主任医师、博士研究生导师。曾担任眼科副主任、主任职务。从事中医眼科专业医教研工作40年。为首批全国名老中医药专家衣元良主任医师学术继承人，第五批全国老中医药专家学术经验继承工作指导老师。兼任世界中医药学会联合会眼科专业委员会理事，中华中医药学会山东分会常务理事，中华中医药学会眼科专业委员会常务委员，中国中西医结合学会眼科专业委员会委员，山东中医五官科专业委员会第二、第三届主任委员。擅长中医、中西医结合治疗青光眼、弱视、结膜炎、角膜炎及各种眼底疾病。主持设计科研课题6项，完成科研课题5项，并分别获省厅级二、三等奖，在省级以上刊物发表专业学术论文50余篇，主编、副主编著作7部，参编著作9部。

幼年志向　潜心学医

中学时代的一堂语文课上，“你的志向是什么”的作文题目摆在了十几岁的我的面前。20世纪60年代的中国尚处在一种要解决温饱问题的状态下，没多少未来的路可供选择，但我还是小心翼翼写下了：“我的志向是当一名医生。”当时就认为“治病救人”是最崇高的职业。

命运给了我美梦成真的机会。1971年，作为第一届工农兵大学生，我被推荐进入了山东医学院中医系学习中医。三年的学习生涯，我很珍惜，从不轻易浪费一分一秒的时间。每天学习到晚上的熄灯号吹起，然后躺在开始静谧下来的黑夜中回味一天的所得，也使一身的疲乏安歇在睡梦中。我那时想得最多的就是，我以后是要给别人看病的，我要是学不好，万一哪一天出现了失误，那得给病人带去多大的痛苦啊！1974 年，我从山东医学院顺利毕业，留在了山东医学院的眼科教研室做老师。到 1985 年，又进入山东中医学院附属医院任医教科主任一职。

相较于临床医生的辛苦和奉献，医教科主任的职位实在算是安逸平稳了，但六年之后的我还是做出了一个让许多人有些难以理解的选择：到眼科一线工作。不做医教科主任不是放弃，而是我成为一名真正意义上的眼科医生的开始。想起当年的决定，我从没有丝毫后悔。而我也庆幸，多亏那时无悔的选择，使我成为一名真正的眼科医生。

从主任“降格”成为一名普通医生，从行政管理到临床一线，这对我来说，无论从心理上还是从技术上说，这样的转折并没有产生什么落差。在我还做医教科主任的时候，医院眼科医务人员正处在青黄不接的状态，年轻医生很少。而我正年轻，也是干事业的时候，所以，科里有什么手术，老主任总会喊我一起上台。我也会定期在眼科看门诊，个人订阅了中医、西医眼科的各种杂志，平时没事的时候就翻翻眼科杂志，那时的眼科，就是工作的第二“阵地”。六年来的“不放松”，使得在跟随衣元良老教授学习时没有感觉多吃力。

衣元良老教授是著名的中医眼科专家，也是全国第一批师带徒传承的名老中医。1991 年，因对眼科的热爱，我郑重地向衣老报上了自己的名字，以精勤不倦的态度再次开启了一个与众不同的三年学习生涯。三年后以优异的成绩毕业，也从此开始真正以一名眼科医生的身份展现在患者眼前。南怀瑾在《南怀瑾谈心兵难防》中说：“学问最难是平淡，安于平淡的人，什么事业都能做好。”到如今，从事中医眼科专业医教研工作已跨进了第 40 个年头的门槛，兢兢业业治学，谨谨慎慎医病，是几十年来未变的坚持。

现在的我还是每天要看书、要学习，这不是一种迫不得已，而是已经成为一种追求的习惯。为了学习，已经年过花甲的我手机上开通了微信，“齐鲁青光眼论坛”“国际眼科时讯”“尖峰眼科”等，都是我每天所高度关注的。这样就能随时了解眼科发展新动向，毕竟这一块儿的学习是终生的。

热爱眼科　潜心研究

工作中的门诊、病房、教学、科研的循环几乎成了我几十年全部的记忆。与专业研究人员相比，大夫做研究更难。这是我的真实体会，大夫太忙了，要看门诊，要查病房，还要教学，然后才能挤时间做研究。母亲在世的时候，总说我："你怎么这么忙？整天加班。"但为了我热爱的这份事业，我始终无怨无悔。

在山东中医学院附属医院发展初期，各种设备都比较落后，没有足够的资金买先进医疗、科研机器，但作为眼科发展的必需，我们不断提出申请，医院也努力调度经费，那时候是真不容易啊，我们都是创造条件搞科研。经过不懈的努力，我们医院的眼科在中医眼科界声誉鹊起，几十年下来，在中医药治疗小儿弱视、青光眼、葡萄膜炎等领域进行了研究和探讨，近十余年又主要对小儿弱视、青光眼的病因病机、临床治疗方药及其作用机理进行了相关研究。

在继承衣元良老教授学术思想的基础上，首先对衣老应用30余年的处方"视明宝"进行了一系列临床研究，观察了各年龄组患儿"视明宝"治疗前后的变化情况。研究结果表明，基本治愈率为73.2%，有效率为96.3%，治愈三年后视力保持在0.9以上者占88.1%。该研究领域在20世纪90年代是无人涉及的，处于国内领先水平，"中药治疗弱视的临床研究"课题也获得了1995年山东卫生科技二等奖。

不过，虽然大量的基础研究工作充分证实了"视明宝"的开发价值，但由于中药汤剂服用不方便，不利于推广应用，我们也陷入了为难境地。到底该怎样使这项工作更有意义？我们与山东中医药研究院协作，在中医药理论的指导下，根据处方中各味药主要活性成分的性质，确定了合理可行的提取工艺，将汤剂改为颗粒冲剂。完成了颗粒冲剂弱视治疗观察，其临床基本治愈率为72.6%，有效率为94.7%，与汤剂比较无显著差异。而"视明宝颗粒治疗弱视研究"课题也获得了2004年山东中医药科技进步二等奖。后期我们课题组又进行了深入的实验研究，探明了中医药治疗弱视的机理，这些成果在全省乃至全国都处于领先地位。我们的这些研究成果在全国中医眼科是被公认的，集合了在各学科、各领域全国领先的知名专家编写的《今日中医》之分册《今日中医眼科》，特别邀请我撰写了“斜视、弱视”章节，而此后的新世纪本科生全国统一教材的“弱视”章节也是邀请我们编写的，并且采用了我们对弱视的辨证分型及治疗方案。

益气养阴　独特见解

青光眼是致盲的主要疾病之一，是不可治愈性的，而且在提高青光眼手术后患者的视功能和预防其术后眼压再升高方面，目前仍然没有有效、可靠的方法。如何保护和提高青光眼病人的视功能是每一个此眼病患者期待解决的疑难问题，也是摆在我们面前的重要课题。

经过大量研究，用“益气养阴开窍法”治疗青光眼取得初步成效后，便立即进行了深入研究。结果显示，此治疗方法对中晚期青光眼的提高视力、稳定眼压、扩大视野都有很好的作用，青光眼全国重点专病的研究将我们的研究成果列为青光眼中医辨证的主要证型之一。可以说，“益气养阴开窍法”开创了中医药治疗青光眼的新思路，在国内尚未见同类研究报道。对于中晚期青光眼“益气养阴开窍法”的提出，源于我个人多年来对青光眼的一些认识和分析：

1. 治疗手段的变化

原发性急性闭角型青光眼之急性发作是造成目盲的急症，目前多中西医结合治疗，在急性发作期多以缩瞳药及局部全身降压西药为主，因其能在短时间内降低眼压，控制症状。虽然20世纪80年代初期也曾有“丁公藤碱”“槟榔碱”等中药滴眼液问世，但因与毛果芸香碱比，无优势及开发利用等问题而未被临床广泛应用，其研究成果被束之高阁。另外，现代西医手术方法的改进，有效地预防了并发症的发生，大大提高了手术成功率，亦使能早期就诊的青光眼病人避免了目盲的发生。同时中西医结合治疗手段的开展，许多中医师掌握了青光眼手术技术，辨证治疗因其许多不确定因素目前在闭角性青光眼，特别是急性闭角性青光眼已被弃用，仅在手术后或视功能严重损害时应用。

2. 中医药治疗青光眼治则的变化源于治疗病种的不同

如前所述，目前闭角性青光眼多用西药或手术治疗，而中医药的治疗则多用于开角性青光眼、正常眼压性青光眼及青光眼手术后或各种出现视神经萎缩、小视野的晚期青光眼等。本人认为，青光眼属中医“五风内障”“雷头风”“偏头风”范畴，对本病中医认识多为情志不舒致肝胆火炽，风火升扰，或由阴虚火旺等，其诱因与七情有关，多为气郁，日久化火，火动阳亢则风自内生。而引起阳亢还与其他脏腑功能失调有关，如肾水不涵肝木，心血不濡肝木及肺气虚不能制约肝木，土壅侮木等。又因瞳孔属肾，肝肾同源，肝肾阴阳偏盛，肝脾气机郁滞，痰浊内生，导致气血不和，目内气血阻滞，玄府闭塞，神水瘀滞为患。所以肝经阴阳失调是主要发病机理。在其治疗上应分缓急，别虚实，辨证施治。病急者多属实证，风、火、痰饮为病，治当平肝息风、清肝泻火、化痰降浊。病缓者，多属虚中夹实或虚证，以气血失和、阴阳失调、肝肾亏虚为主。治疗多用养血疏肝、滋阴潜阳、补益肝肾之法。对术后视神经萎缩、小视野等晚期青光眼，近年来多从益气活血、健脾利水治之，认为术后多有瘀滞。本人认为，晚期青光眼主要是因为肝风耗伤阴液，阴虚阳亢日久，气阴双亏，气阴亏损，目之窍道无力以通，无物以养而视物不清，所以制定了益气养阴开窍治则。益气药可提高视神经的耐缺氧、抗损伤能力；养阴药可增加视网膜功能，提高视网膜敏感性，增加视网膜抗损伤功能。中医学认为，青光眼是玄府闭塞，而广义的“玄府”指所有的窍道，目为肝窍，目内房水流通之道亦为窍道之一，《外台秘要·卷二十一·眼疾品类不同候》在论五风内障病因时曰：“此病之源，皆从内肝管缺，眼孔不通所致。”本人认为，佐以开窍药可配合益气药开玄府闭塞之气道不通，与养阴药配合可通过开通之窍道以濡养眼目。现代中药药理研究实验证实，滋阴药能改善血液中环核苷酸，能使甲高模型脑及肾中升高的β受体数降低。肾上腺素能β受体阻断剂有降低房水生成率，增加房水流出率而降低眼压的作用。我们曾用本治则在临床对术后晚期青光眼的低视力、小视野患者进行了观察，结果显示，对晚期青光眼的提高视力、稳定眼压、扩大视野有较好作用。

中医学以重功能、轻形质为特点，“神水”一词不仅指眼内水之形质，还包含维持此水正常生成和运行的多因素在内。因此，不能将消除神水瘀滞单纯理解为机械性的提高眼内水液的排除量，而是具有调节脏腑功能紊乱、消除眼内气血瘀滞、改善局部营养的作用。因此，中药治疗青光眼的巨大潜力有待进一步发掘。

关心患者 以心交心

带着感情做医生，是我取得患者信任的根本。我给他们治疗，他们就是我的病人；我去帮助他们，他们就是我的朋友。

记得有一次，一个外地的患者晚上回家后，发现拿的药比病例上所写的要少，便给我打了一个电话。后来弄明白了，原来是医院自从启用 HIS 系统（医院管理信息系统）后，病人交钱拿药的信息都在就诊卡上，这位患者开始使用时并不熟悉流程，也没有询问导医，药没拿全就回家了。但患者打电话时已经在几百里之外的家里了，来回拿药花钱不说，还耽误工作。第二天一大早，我就赶到了医院，让一位学生陪着去窗口询问解决办法。但该窗口的药学人员告知，如果没有就诊卡，不知道具体的药物信息，就没法拿药。犯愁之际，一旁的另一位药学人员提了个醒：如果重新办一张就诊卡，将患者的信息调出，或许就能解决这个问题。我一听，赶忙跑到挂号缴费窗口，此时已经有很多人在排队了，我只能排在最后面等着。排到后，却又被告知需要患者本人的准确信息，又赶紧和患者联系。一阵紧张忙碌之后，终于办好了一张和患者原就诊卡一样的新卡，然后又返回取药窗口继续排队。药学人员刷卡查询后，总算得到了患者的用药及缴费信息，这个时候，我已经忙得满头大汗了。患者是一个小孩子，先天性弱视，为了给她治病，家里求医问药已经产生了很大的经济负担。加上孩子的母亲所在单位管理比较严格，请假困难，如果再跑一趟，既浪费时间，又多了一些不必要的开销。我为她跑这一个多小时，免去她一天的奔波。拿到药后我让学生帮自己一个忙，尽早把药给患者寄过去，并坚持自己出邮费。

还有一个家长给孩子看病，希望孩子不要耽误上课，说下课以后 5 点左右到医院，让我等她一下，但路上堵车，一直到 7 点多才急急忙忙赶到，她以为我一定下班走了，跑到诊室看见我还在等她，激动万分。病人在我眼里没有高低贵贱，全部一视同仁，我的手机 24 小时不关机，常常是晚上在电话中解答患者的疑问；为了不让需要按照病情变化调药方的患者来回跑医院，让患者把拍摄的眼部、舌苔及当地的检查结果图片发过来，然后再把调好的药方发过去。有的病人还替我着想，说：“你这不是把你的处方秘密都让别人知道了吗？”我说：“没关系，只要你们的病好了就行。”

四十年医生的职业生涯，我认为就是在干一个良心活儿。其实，患者是最讲感情的，你对他们好一分，他们会对你好十分。我认为医患关系，就是件以心交心的事儿！

教书育人　甘为人梯

作为研究生导师，近年来培养了6名博士研究生，近20名硕士研究生，现在都是各个医院的业务骨干。最近见到毕业多年的学生，在下面干得很有成绩，我表扬她时，她说“没有给老师丢人吧？我可记住老师的话了，不论什么时候不给你丢人”，因为我经常对学生说“不论什么时候，什么地方别给我丢人”。这当然指人品和学术两个方面。前几年遇到了一所眼科专科医院的院长，这位院长在了解到自己医院几个技术过硬的青年医生竟是我的学生时，说道：“你的学生真是个顶个儿的棒！”我认为对于研究生而言，有时身传重于言教，你的一言一行，他们会深深牢记心中，并将影响他们的终生。我对学生的要求不仅是学术上有所建树，还要求做人也要端正。学生跟老师上临床，要求他们一点一滴系统地学习，在门诊上碰到典型的病人会让他们仔细观察症状，再回去看书，然后下次上门诊的时候会提问他们。在病房查房之前，要求他们将每个病人的病例准备好，自己理解的、该做的检查做好。到了查房的时候进行提问，所以有的学生说怕我，我常说：“医疗本身就是严谨的，作为学生，在学习阶段不能稀里马虎的。我的学生不能混！”我常以自己点滴的严谨学术态度影响着学生，如为学生修改论文，最多的时候曾改到七遍。严以律己，督学严厉，才能培养出优秀的学术人才，也才能为我们的中医事业尽一点微薄之力。我时常将自己认为好的学习资料推荐给学生，也将自己成才之路的一些体会讲述给学生，希望他们青出于蓝而胜于蓝。

金　伟

金伟（1950—　），中共党员，生于山东淄博。山东省中医药研究院脉学研究所所长（二级研究员），全国名中医专家，全国老中医药专家学术经验继承工作指导老师，国家“十二五”支撑项目——“金氏脉诊仪的研制”首席课题负责人。享受国务院政府特殊津贴。兼任世界中医药学会联合会脉象专业委员会荣誉会长，世界华人医学会常务理事，山东省中医药学会脉象专业委员会副主任委员，滨州医学院及南京中医药大学客座教授。

金伟自幼跟外祖父学习中医，1973年至1978年在东北工作期间，又在几位老教授的指导下系统学习了血流动力学、血液流变学、应用数学和模糊数学，之后他把数理知识跟脉学融合在一起进行了深入研究，历经四十年不断努力，创立了“金氏脉学”。

金氏脉学是以中医理论为基础，吸收和借鉴现代科学研究的成果与思想，以脉诊为手段，以数学为量化工具，按照血流动力学和血液流变学的基本规律，建立发展起来的一种无损伤诊断理论。金氏脉学确定了198种常见疾病的脉象数学模型，提出了“以特征定性、以脉点定位、以周程特征密度及其离散系数定量”的三定方法，解决了传统脉学无法精确定性、定位、定量诊断的难题，改变了几千年来脉诊只能作为证候诊断参考依据的被动局面，基本实现了只用脉诊就能对疾病做出三定诊断的目标。

截至目前，金伟用这些数学模型诊断病人近20万人次，诊断准确率在70%左右。

自1989年以来，金伟先后在国内外发表、宣读论文72篇，19篇获奖。1990年出版《脉诊新法》（盲文版，15万字）；1993年出版《金氏实用脉学》

（汉、盲、英三种版本，29 万字）；2000 年出版第三本脉学专著《金氏脉学》（汉文版，130 万字）；2006 年出版第四部脉学专著《我的脉学探索》（36 万字）；2010 年，他的传记小说《执著光明》也已出版发行。

鉴于他在脉学研究方面取得的成绩，先后被人事部和中国残疾人联合会授予“全国自强模范”，被卫生部（现国家卫生健康委员会）和人力资源和社会保障部授予“全国卫生系统先进工作者”，被山东省卫生厅评为全省卫生系统“服务好，质量好，群众满意质量明星”“全省卫生系统两好一满意示范标兵”和“全省卫生系统为民服务创先争优服务标兵”，被淄博市政府授予淄博市“专业技术拔尖人才”等荣誉，曾受到过党和国家领导人的亲切接见。

脉诊是中医诊断学的核心内容之一，是数千年来中医诊断的基本手段，时至今日仍广为使用。但由于传统脉诊理论过于玄奥，历朝历代只有少数医学大家能够真正掌握其精髓，一般医生只能根据指下的感觉，结合临床经验对病人进行诊断，不仅脉诊结论笼统模糊，而且大多数病人对这种模糊的评价、诗文附会的描述不能理解，很难对自身的疾病准确地掌握。

随着国家的发展强大，人们的生活水平不断提高，从简单的物质需求转向了对健康的渴求，对自身的健康也越来越为重视。众所周知，任何一种医学的发展都离不开患者这一群体的推动，谁得到了这一群体的信任，就等于得到了发展的机会。在科学飞速发展的今天，医疗设备越来越精微准确，对于现代医学的发展来讲是一个推动，对中医更应该如此。近百年来，中医药虽然得到了一定发展，脉诊却越来越显得落后，已无法满足患者的需求。

1973 年至 1978 年在东北下乡期间，我跟一位老教授系统学习了血流动力学、血液流变学和模糊数学，并从一个全新角度对脉学进行了深入研究，历经四十多年不断努力，创立了“金氏脉学理论”。

金氏脉学的形成背景

脉诊从其起源到形成脉学，是经过历代医家长期的探索、研究、整理、总结而发展起来的，也是由实践到理论的升华过程。传统中医脉学的发展大致可分为三个阶段：第一阶段为《内经》成书以前，这一阶段为脉学的萌芽阶段；

第二阶段为《内经》成书到晋代王叔和《脉经》成书，这一阶段为脉学的发展和理论成熟阶段；第三阶段为《脉经》成书至今，这一阶段为脉学充实和完善阶段。

中医传统脉学的发展，就时间而言，第一阶段用了多长时间已无法考证，第二阶段用了大约四五百年，第三阶段至今已有一千七百多年。在这期间，著名医家王叔和在《脉经》中首先确定了独取寸口的诊脉方法，并明确提出了“二十四脉”，自此以后，脉诊发展就十分缓慢。后世医家都是宗法《脉经》，后人所做的只不过是一些对《脉经》的修修补补，虽然有些医家也提出了一些不同脉法，但大同小异，各有优劣，基本上没有超出《脉经》的范围。一直到了明代，著名医药学家李时珍才总结了自己的临床经验，在《濒湖脉学》中把《脉经》中的软脉改为濡脉，并在原二十四脉基础上增加了长、短、牢三种，称为“二十七脉”。后来李世才又在《诊家正眼》一书中增加了疾脉，共计二十八种病脉。

尽管中医在漫长的发展过程中曾有过金元时期的学术争鸣，明清时期的伤寒、温病学的发展，以及临床各科、各种新疾病新问题的提出和解决等重大进步，但脉诊却未能与之同步，以致影响了中医诊断学的发展。到现在为止，我们的《中医诊断学》上仍是“二十八脉”。

新中国成立以来，中医名家跟医学科学家们走到一起，共同为探索证明脉学的科学性付出了大量艰辛的劳动，取得了许多科研成果。但实事求是地说，由于受到多种局限因素的影响，在形式上具备象征意义的成果比较多，而对脉学能够产生实质推动作用的成果则较少。即所谓的“有进步，无突破”。

与之相反，现代科学技术和西医学发展却是日新月异，新技术不断涌现，B超、CT、核磁共振都是近几十年先后问世的先进的诊断仪器，一直在临床上广泛使用。一开始，只是西医使用，后来许多中医，尤其是年轻的中医医生也开始使用，而且渐渐养成了对仪器诊断的依赖——患者来了，不是仔细检查、认真分析病情，而是象征性地摸摸脉、看看舌象，就让患者做化验，做B超，或是做CT。岂不知，这些先进的设备，只能辨病，不能辨证。中医讲的是辨证论治，只辨病不辨证开出的药方就很难对症，这样一来，不仅会影响疗效，自己的脉诊技术也会越来越生疏，这也就是近代以来脉诊不进反退的主要原因。

另外，中西医理论体系的差异也是脉诊发展的瓶颈。中医学有着独特的天人形神合一的模式，从宏观上以整体观念为主导思想，以阴阳五行为论理工具，以脏腑经络、气血津液为生理病理基础，以辨证论治为诊治特点；整体恒动观和辨证论治是中医学的两个基本特点，更由于望、闻、问、切四诊的简便易行、无损伤，深受广大患者的喜爱。但随着现代医学的普及，人们越来越习惯用数字了解自己的健康状况，如谷丙转氨酶是多少，血压是多少，胃火炽盛、肝阳上亢之类的笼统结论已无法满足人们的需要。加之脏腑经络、气血津液理论与现代人对人体生理和病理的理解不尽相同，也与现代医学的生理学、病理学等描述的客观存在不够一致，使患者难以认同。

西医理论是建立在现代科学理论基础之上的，以解剖学、生理学、生物化学、病理学、诊断学等为基础的微观科学理论。西医从微观上以具体问题具体分析为原则，以生理、病理、解剖为物质基础，采用各种精密的诊断仪器，对机体和疾病进行细致入微的探察，从而得出分子水平上的认识，并能针对病因治疗。西医具有断病科学、明晰，治疗针对性强的特点，这是现代西医得以飞速发展的重要原因。不过，西医的诊治过于注重局部和微观，对人体是一个有机整体这一客观现实有所忽略，这往往导致“头疼医头，脚疼医脚”的片面性，人为地割裂了整体与局部的关系。而且，由于西医的诊断手段多依赖于各种仪器，一方面易对机体造成损伤或使患者痛苦，另一方面因为诊断仪器大多制造精密、操作烦琐、价格昂贵，所以诊断起来不但复杂，且成本较高，增加了患者的经济负担。

如何把现代西医的微观理论和传统中医的宏观辨证结合起来，建立一种新的无损伤诊断理论体系，从而真正实现中西医的优势互补，在诊治过程中既强调人体是一个统一的整体，又能就局部疾病进行具体分析，这是摆在医学工作者面前的一项重大而艰巨的任务。金氏脉学正是根据这一要求发展起来的一种脉诊方法。

金氏脉学的特点

金氏脉学是以中医理论为基础，吸收和借鉴现代科学研究的成果与思想，以脉诊为手段，以数学为量化工具，按照血流动力学和血液流变学的基本规律，建立发展起来的一种无损伤诊断理论。

金氏脉学通过对传统脉学的深入研究，提出了“脉元”和“脉象空间”的新概念。脉元即构成脉象的基本要素，以不同脉元为不同的维度构成的多维空间称为脉象空间。金氏脉学以数学为量化工具，将传统脉学的脉象表示为由八个脉元构成的八维脉象空间中的不同空间区域。也就是说，金氏脉学就是在传统脉学基础上，引入新的概念、进行理论创新而发展起来的。由于引入了新知识，产生了许多新概念，从而打破了传统脉学封闭的理论体系，建立了一个开放的理论体系，使传统脉诊理论更系统、更完善、更客观。

金氏脉学不但从宏观上论证疾病的整体性，也从微观上探讨病灶的具体性，从而在临床上对疾病的诊断既考虑机体的统一性，也考虑疾病的特殊性，做到了宏观和微观、整体和局部的有机结合，为从根本上实现中西医的真正融合走出了一条新路，提供了新的发展方向和空间。

金氏脉学建立了198种常见疾病的脉诊数学模型，提出了以特征定性、以脉点定位、以周程密度及其离散系数定量的三定方法，解决了传统脉学无法精确定性、定位、定量的难题，改变了几千年来脉诊只能作为证候诊断参考依据的被动局面，基本实现了脉和病的统一。

金氏脉学的理论基础及支持理论

金氏脉学是一种无损伤诊断理论，其建立发展的物质基础是脉搏的搏动，没有脉搏的搏动，就无所谓脉学。脉搏波产生的机理、传递的方式、包含的物理及临床诊断的意义，对金氏脉学而言是非常重要的。故阐述脉搏波产生机理及其发展变化和血液在脉管中流动情况的血流动力学和血液流变学是创立金氏脉学的基础，而解剖学、生理学、生物化学、病理学、诊断学是脉诊中根据脉搏波的空间形状及其变异来诊断疾病的依据，可以说，金氏脉学是中医传统脉学理论与现代科学理论有机结合的产物。

同时，金氏脉学认识到脉搏是一个有机组成的系统，所以，在研究脉学时，必须用系统的全局观和层次观来考虑脉病之间的对应关系，把人体信息系统和脉搏信息系统，由脉病对应关系联接起来组成一个脉病统一的脉诊系统。系统学是金氏脉学理论建立和临床应用的方法论，系统学的观点和方法贯穿于脉学理论和实践的始终。

信息是以物质为载体，表征某一抽象的，有待传递、交换、存储以及提取的内容。在物质世界中，无处不涉及信息的传递、交换和利用。人体是物质世界的一部分，机体的生命活动无时无刻不与内、外环境进行着信息的传递、交换和利用。血液循环是人体生命得以维持的关键，在进行物质交换的同时，实际上也进行了人体各种信息的传递和交换，这种信息随着心脏的舒张和收缩沿血管传播到全身。当携带着人体各种信息的脉搏波呈现于腕部桡动脉时，医者通过对其上携带的信息的采集识别，即可得出有关人体生命状况的结论，这就是金氏脉学研究的核心。如果说血流动力学和血液流变学是金氏脉学的理论基础，则信息论就是从广义角度阐述脉诊诊病原理的科学。

马克思认为，一种科学只有当它达到了能够运用数学时，才算真正发展了。康德（E・Kant）也认为，任何一门自然科学，只有当它能应用数学工具进行研究时，才能算是一门发展渐趋完善的科学，而且一门科学对于数学工具的应用程度，就是这门科学渐变为真实科学的发展程度。

金氏脉学是一种新的脉诊理论，自然也离不开数学。可以这样说，这一理论揭示出脉学理论中的数学内涵，是运用物理学、化学、生物学乃至现代医学认识和研究中医脉学的基础。因此，脉学理论内在数学机制的发现，将会给脉学的现代研究开辟新的领域。

经过四十多年的临床实践，金氏脉学建立了有关脉形确诊疾病的理论确诊率公式、肿瘤恶性度判定公式、根据脉形权值判断疾病的预向度和实向度的数学模型，以及计算肿瘤体积、溃疡面大小的数学模型等，这是数学在金氏脉学理论中得到广泛应用的前奏。现在所应用的数学知识大致为概率论和数理统计及模糊数学，还较浅显。随着实验手段的强化，以及对脉搏、脉象、脉诊认识水平的提高，相信在不远的将来，数理方法、时间序列分析、数论、图论、混沌论等数学理论将会对脉学的研究提供更多的帮助。

唯物辩证法是关于联系和发展的科学，是了解事物、分析事物的认识论和方法论。物质世界的普遍联系和永恒发展，是唯物辩证法的两个总的特征、两个基本原则。在唯物辩证法看来，普遍联系和永恒发展是物质固有的根本属性或物质的存在方式，事物总是同时既作为系统又作为过程而存在的。从普遍联系来看，事物总是作为系统而存在的；从永恒发展来看，事物又总是作为过程而存在。揭示事物如何既作为系统又作为过程而存在是唯物辩证法的根本任务。

脉搏波从其联系的角度来看，是作为脉搏系统存在的，这个系统的整体反映了机体的整体生命状态；从其发展的角度来看，脉搏波是随着人体的生命活动而不断变化的，这种变化提供了通过脉诊来诊断疾病的可能性。因此，金氏脉学的研究、建立和发展，必须以唯物辩证法为指导，以普遍联系和永恒发展的观点来认识脉搏，只有这样，脉学研究才能有突破。

金氏脉学的基本内容

（一）金氏脉学的核心内容

金氏脉学的核心内容可以用一、二、三来概括。一是一个基本原理，二是两对基本规律，三是三对基本概念。

1. 一个基本原理

一个基本原理是脉病统一原理，是指“有其病必有其脉，有其脉必有其病”这一客观事实。

人体是一个有机的整体，机体内的组织、器官的功能状态或器质性改变都会在心血管系统得以体现，并能通过脉搏反映出来，这就是脉病统一，也是金氏脉学的基本原理。脉即脉搏，是人体各种生理病理信息的载体。大量试验资料证明，脉搏信息完全能够真实、全面地反映机体的生理、病理状况——人体健康，脉搏就呈现生理信息；人体有病，脉搏就呈现病理信息，正所谓“有其病必有其脉”“有其脉必有其病”。中医所谓的“舍症从脉”或“舍脉从症”，主要是因为受当时历史条件的限制，对脉搏认识还不够透彻，对脉搏携带的信息还无法全面采集、正确识别所致。若通过血流动力学和血液流变学知识充分认清脉搏的物理本质，换一种新的脉诊方法对脉搏的信息全面采集、正确识别，人体所患的疾病应该都能通过脉诊诊断清楚。

脉病统一的观点不仅在临床实践中不断地得到验证，同时又是符合唯物辩证法原理的。从辩证法来看，脉病的统一实际上是本质和现象的对应。本质是内在的、主动的物质存在，现象则是外在的、被动的物质表现。现象的产生是由本质决定的，没有无本质的现象；同时，现象又是本质的外在表现，也没有无现象的本质，对本质的认识必须通过对现象的认识来实现。本质和现象是互相依存的。

2. 两对基本规律

两对基本规律是：病变与脉应的对应规律、脉点与组织器官的对应规律。

（1）病变与脉应的对应：血液循环的主要功能是完成营养物质的运输和代谢产物的排出，使机体新陈代谢能不断进行；体内各内分泌腺分泌的激素及其他体液物质，通过血液的运输，作用于相应的靶细胞，实现机体的体液调节；另外，机体内环境理化特性的相对恒定和血液防御机能的实现，也都依赖于血液的不断循环流动。当血液的性状或血管的性状出现异常时，就会影响血液的流动，致使速度波性状发生改变，这些改变造成的脉搏变异就是脉搏特征。

血液循环的意义在于物质交换。物质交换正常，机体功能和体液的理化性质才能保持相对稳定，此时脉搏呈现的特征就是生理特征。血液流经每个组织器官时，都要进行物质交换，因为物质是信息的载体，所以，物质交换的同时也进行了信息交换。所谓信息交换，就是通过组织器官的物质交换造成了血液理化性质的改变。在正常情况下，血液的这种理化性质的变化较小，对心血管系统的功能无明显影响，故脉动流中蕴含的信息（脉搏特征）较弱，呈现于脉搏即为生理特征。在病理情况下，某一组织器官功能遭到破坏，血液流经这一组织器官时无法进行正常的物质交换，致使血液的理化性质发生改变，这种理化性质的改变直接或间接地影响了心血管功能，使脉动流运动发生异常变化，影响了速度波。这些变化从脉搏上反映出来，就是病理特征。

从宏观上看，人体的运动，机体内部肌肉的收缩与舒张，神经兴奋的传导，各种体液以及各种脏器的运动，骨、关节、韧带在外力作用下的变形，一直到微观的细胞膜内外的物质交换，细胞表面的黏弹性和变形性，细胞质的流动以及红细胞、血小板的聚集与分散等，都与血液流变学有着千丝万缕的联系。

近年来的研究表明，严重威胁人类生命健康的疾病（如心脑血管病、恶性肿瘤、糖尿病等）和许多常见的全身性病理过程（如休克、发热、炎症及创伤等），患者均存在着明显的血液流变学障碍。这些障碍将通过对循环尤其是微循环功能产生一定影响，如肾功能不全时，一方面因肾小球细胞增生肿胀，压迫毛细血管，致管腔狭小，肾血流受阻，肾小球滤过率降低，可引起少尿，使钾随尿排出减少；另一方面因肾组织破坏，释放大量钾至细胞外液，从而导致高血钾，血钾过高时，可引起心传导阻滞和心律失常，致使脉动流运动出现异常变化。这些变化从脉搏上反映出来，就是高血钾症的病理特征。

同样，血管性状的变化也会使脉动流中的速度波发生变异，导致脉搏出现异常变化，呈现病理特征。例如，当局部血管狭窄时，血流受阻，流动速度降低，压力上升。管壁边界层处的流体必定克服压力梯度而运动，在一定距离之后，边界层变得不稳定及紊乱，并且，流体离开壁面而形成射流，而分离区发生涡漩运动。这种射流在脉搏上表现为冲搏，这是占位性病变的典型特征。

正常情况下，各脏器功能形态正常，则脉动流正常，脉搏波无变化，经腕部桡动脉呈现出来就是生理特征，由这类特征构成的脉形叫生理脉形。当机体的某脏器或某系统发生病理倾向性改变，但尚未形成病理变化时，造成脉动流出现异常，通过脉搏波呈现于腕部桡动脉就是中介特征，由这类特征构成的脉形称中介脉形。当机体的某脏器或某系统发生病理变化时，其原有的形态或功能遭到破坏发生变异，这种变异导致心血管系统发生改变，这些改变呈现于腕部桡动脉脉搏时就是病理特征，由这类特征构成的脉形叫病理脉形。

不同疾病中可能会有相同的病理变化，这些相同的病理变化对心血管系统的血流动力学和血液流变学造成的影响相同，在脉搏波上的性状也相同，即有相同的特征；同样，心血管系统的血流动力学和血液流变学的相同改变在脉搏上呈现的特征对应的病理变化也相同。这就是脉应和病理变化之间的对应规律。

（2）脉点与组织器官的对应：机体内不同脏器的结构、功能不同，对布满自身的毛细血管的影响肯定相异，因为血液循环流经某一特定脏器的途径、顺序是固定的，故特定脏器的信息在脉搏波上的体现一定会出现在固定的位置，这个位置就应该是脏器在脉搏波上的对应点，即脉点与脏器之间存在着一一对应关系。

我们知道，脉搏波的脉点与组织器官之间有着紧密的、一一对应关系，这种对应关系以血液循环为纽带，把动点和各组织器官紧密地联系起来。在快速射血期，心室肌处于强烈收缩状态，室内压迅速升高并达峰值（历时 0. 11 ~ 0. 12 秒），由于血液在短时间内大量迅速地进入主动脉，远远大于由主动脉散向外周的血液，血管壁显著扩张，形成脉搏波的上升支，即为 A 组。A 组包括 A1、A2、A3 三个动点。根据主动脉的充盈情况我们把快速射血期分为前期、中期和后期，分别对应着 A1、A2、A3 各点。因为快速射血期血流的平均动能较大，能够克服本身的重力势能向心脏上部的器官供血，故与心脏处于同一或较高水平面上的组织器官的信息多反映在 A 组。具体说来，快速射血期前期主动脉内血液充盈度相对较小，管腔内压力相对较低，信息传递能力也相对较弱，只能传递心脏的信息，故与快速射血期前期相对应的A1点只能获得心脏的信息；快速射血期中期主动脉充盈度相对较大，管腔内压力相对较高，信息传递能力也相对较强，所以与快速射血期中期对应的A2点就能反映肺脏的信息；快速射血期的后期主动脉的充盈度最高，管腔压力最大，信息传递能力也最强，所以与快速射血期后期相对应的A3点就能反映处于人体最高位置的脑部信息。减慢射血期，由于心室内血液减少及心室肌收缩强度减弱，室内压由峰值逐步下降至低于主动脉压，室内血液依其惯性（因为此期室内血液仍具有较高的动能）仍能继续射入主动脉，但较快速射血期射血量已明显减少，动脉壁的扩张幅度开始减小，形成脉搏波的下降支，即为B组。B组包括B1、B2、B3三个动点。根据主动脉内压力的变化将减慢射血期分为前期、中期和后期，分别对应着B1、B2、B3。因为此期血液动能较小，向高于心脏水平的脏器供血量明显减少，而向低于心脏水平的器官和组织供血增多，故低于心脏水平的位置上的组织、器官的信息多反映在B组上。

另外，动点、点位、层位、层面应该是与血液循环流经脏器的顺序有关。先流经的脏器对应的动点、点位在后流经的脏器对应的动点、点位的前面。血液进入某一脏器时，是由外及里，故浅层面对应着脏器的外层，深层面对应于脏器的内部。但是这种说法仅仅是一种假说，是对脉应和病变性质对应、脉点和脏器对应这两个规律的尝试性的解释。因现有的实验条件有限，尚无法验证。

3. 三对基本概念

三对基本概念是脉动与脉点、脉应与脉象、脉搏特征与脉形。

（1）脉动与脉点

1）脉动：脉动，又称脉搏，是指在每一心动周期中，随着心脏的舒缩，动脉压力及容积发生周期性变化产生的机械波传播而引起的动脉管壁周期性的搏动。脉动有四个层位，即浅层、中层、深层和底层。根据桡动脉管腔内各液层的流动特点，可将脉管纵向搏动空间分为浅、中、深、底四个层位，各层位上呈现的脉动依次为：浅层脉动、中层脉动、深层脉动和底层脉动。每个层位又可分为浅深两个层面，即浅层浅层面、浅层深层面；中层浅层面、中层深层面；深层浅层面、深层深层面；因底层脉动搏动空间极小，很难分出两个层面，所以底层只有一个浅层面。从脉搏图上看，一个完整的脉动包括上升支、下降支和平台期，金氏脉学把脉搏的上升支称为 A 组，下降支称为 B 组，平台期称为 C 组三个动组，分别对应心脏泵血的快速射血期、减慢射血期和舒张期。每个动组都有各自的脉点，即 A 组的 A1 点、A2 点和 A3 点，分别对应于快速射血期的前期、中期和后期；B 组的 B1 点、B2 点和 B3 点，分别对应于减慢射血期的前期、中期、后期；C 组只有 C1、C2 两个动点，分别对应于等容舒张期和心室充盈期（因为脉搏图的平台期脉搏变异度较小，触觉很难分辨，故一般讲的脉点不含 C1、C2 两点）。

2）脉点：脉点是指脉搏上与机体组织器官相关的特定空间位置。大量研究资料证实，不同组织器官发生疾病时在脉搏上的反应位置也不同。应该说，人体有多少个组织器官，脉搏上就有多少个空间位置，只有把人体的各组织器官与脉搏上的空间位置一一对应起来，才能真正实现脉诊的定位诊断。另外还应指出，特征相同，点位、层面一样，但特征和点位所处的左右脉位不一，反映的患病脏器也不尽相同。左侧脉位主要反映位于左侧的组织器官（脑部则相反），当位于左侧的组织器官发生病变时，同侧的脉搏性状变异度较大，周程密度也较对侧为高；右侧脉位主要反映位于右侧的组织器官，位于右侧的组织器官发生疾病时，右侧脉位的脉搏性状变异度较左侧为大，周程密度亦较左侧为高；居于左右之间的脏器发生病变时，则两侧脉位显示的特征密度完全一致（如膀胱、子宫、直肠等）。

如前所述，一个完整的脉动包括四个层位、七个层面，每个层面按其径向变化分为 A1、A2、A3、B1、B2、B3 六个脉点，七个层面就有脉点 42 个。两侧脉位的脉点相加，就有 84 个脉点。这些脉点与人体各组织器官相互对应，就能基本建立起脉点与组织器官的一一对应关系。

（2）脉应与脉象

1）脉应：脉应是一种单一的生理功能或病理改变在脉搏上的反应。反映的是具有共性的某种确定的生理病理变异，按照脉应的表现形式可分为整体脉应和动点脉应。

系统功能变异或病理改变在脉搏上的反应称为整体脉应。整体脉应反映的是机体发生的整体生理病理变异中的一般性概括。单一组织器官的功能变异和病理改变在脉搏上的反应称为动点脉应。反映的是机体某一组织器官发生的局部的生理病理变异中的一般性概括。脉应的特点是只能给单一功能变化或病理

改变定性和定量，但无法为其定位。（详见特征条）

2）脉象：一个或多个整体脉应与一个或多个动点脉应按照其内在的联系和规律综合起来，可以反映一种确定的生理状态或病理状态的共性，则称这个脉应的综合体为脉相。因为构成脉象的脉应未跟脉点结合，所以脉象也只能为疾病定性和定量，但不能为其定位。

（3）脉搏特征与脉形

1）脉搏特征：脉应与脉点结合称为脉搏特征。脉搏特征是指机体在生理、病理状态下呈现于脉搏相应点位上的性状变异，是指机体在生理或病理状态下，压力脉动和流量脉动在脉搏波上的具体反映，是描述机体生命状态的重要指标，是组成脉形的基本单位。

按照特征分布可将脉搏特征分为整体特征和动点特征。分布较广，反映人体整体状况的特征称为整体特征，分布面小仅限于一个脉点的称为动点特征。脉搏特征是对机体具体病理状态反应的最小形式，对应着机体的各种单一的变化，这种变化的根源在于病变导致的血流动力学和血液流变学的改变。当血液流经病变部位时，病变部位的异常导致血流发生动力学和流变学改变。改变产生两种作用，一种作用效果致使心血管系统整体性质异常，出现压力脉动和流量脉动的变化，造成脉搏波的整体变异，这就是整体特征；另一种作用效果是局限性的变化，使流经病变处的压力脉动和流量脉动发生突变，致使脉搏相应脉点发生变异，这就是动点特征。

2）脉形：一个或多个整体特征与一个或多个动点特征按照其内在的联系和规律综合起来，可以反映机体一种确定的生理状态或病理状态，则称这个特征的综合体为脉形。脉形是脉相的具体形式，反映的是机体存在的实实在在的疾病，是临床诊断疾病的依据；脉相是脉形的理论表现，反映的是实在疾病的一般性。两者之间以脉动和脉点为桥梁。脉相与脉动和脉点结合就成为脉形，脉形去掉脉点则为脉相。脉形是对机体全面完整的反映，既反映了整体性，又反映了局部性，是按照特征的外在联系和内在规律进行的有机结合，不是特征之间的简单相加或总和。根据组成脉形的特征的性质，脉形可分为生理脉形、中介脉形和病理脉形。

生理脉形是生理脉相和脉点的结合，包括生理整体特征和生理动点特征，反映机体处于健康状态，其变化常随人体内外因素的影响而发生相应改变，但这些变异是在生理健康范围之内的。

中介脉形是由中介脉相与脉点结合而成，包含中介整体特征和中介动点特征，反映机体处于亚健康状态，并且提示相应具体组织器官的病理倾向性改变导致的机体的亚健康状态。中介脉形的特点由中介特征决定，即极易变化，常随机体抵抗力和病因等影响因素的改变而改变，如影响因素增强或增加，中介脉形趋向或发展为病理脉形；如影响因素减弱或减小，中介脉形趋向于生理脉形，直至还原为生理脉形。

机体内外的环境条件无时无刻不在发生变化。通过神经系统和激素的调节，机体内环境的各种条件，不致因为受体内外条件改变的影响而发生很大的变化，始终能保持在相对恒定的水平上，从而保证机体的新陈代谢过程和生理功能的正常进行，此时呈现在脉搏上的脉形，即为生理脉形。如果某一器官、系统或某调节机构功能减弱，就会导致机体内环境的相对恒定在某些方面受到影响，从而引起相应的变化。这些变化在脉搏上呈现的脉形，即为中介脉形。如果这一器官、系统或调节机构功能进一步减弱或致病因素增强，就会导致机体内环境的稳态受到破坏，从而引起相应的疾病，在这一状态下，呈现于脉搏上的脉形，即为病理脉形。若此时得不到及时、合理的治疗，人体的防御能力进一步减弱，致病因素进一步增强，疾病可进一步发展，病理脉形演进；若治疗得当，人体的防御能力逐渐增加，致病因素逐渐减弱，机体损伤开始修复，病理脉形演退，逐渐转化为中介脉形，直至还原为生理脉形。

中介脉形的转化过程可分为直线演变和迂回演变两类。

直线演变：是指脉形由生理脉形经中介脉形演进为病理脉形或病理脉形经中介脉形演退为生理脉形的过程。根据脉形演变方向的不同，又可将直线演变区分为进向演变和退向演变两种。所谓进向演变是指正常脉形在病理因素作用下，逐渐演进为中介脉形。此时，若致病因素持续增强或机体防御能力进一步减弱，中介脉形可进一步演进为病理脉形，这种由生理脉形演进为中介脉形，再由中介脉形演进为病理脉形的过程称为进向演变；退向演变是指病理状态下呈现的病理脉形，在及时合理的治疗下，病情逐渐好转，病理脉形逐渐演退为中介脉形，此时，若自身免疫力进一步增强，致病因素逐渐减弱，中介脉形又可还原为生理脉形，这种由病理脉形演退为中介脉形，由中介脉形还原为生理脉形的过程，称为退向演变。进向演变与退向演变相比，其发生概率大致相等。

迂回演变：是指生理脉形演进为中介脉形后未能继续演进为病理脉形反而又演退为生理脉形，或病理脉形演退为中介脉形后未能继续演退为生理脉形而又演进为病理脉形的过程。根据中介脉形的变向特点，还可细分为进向迂回演变和退向迂回演变两种。所谓退向迂回演变是指生理脉形在某些较弱因素影响下，可演进为中介脉形，此时，由于自身免疫力的增强或影响因素的减弱，中介脉形不再继续发展，重新还原为生理脉形，这一由生理脉形到中介脉形，再由中介脉形到生理脉形的脉形演变过程，称为退向迂回演变。进向迂回演变是指病理状态下，呈现的病理脉形，随病情的逐渐好转，逐渐演退为中介脉形，此时，由于机体自身免疫突然下降或致病因素的突然增强，中介脉形又可重新演进为病理脉形，这一由病理演退到中介，再由中介演进为病理的脉形演变过程，称为进向迂回演变。退向迂回和进向迂回通常均可见到，二者相比，前者较后者出现的概率高。

总之，中介脉形是生理状态与病理状态的中间环节，提示人体将要发病或疾病即将痊愈。中介脉形在临床上虽然不能直接诊断疾病，但通过中介脉形的强弱变化可以大体了解疾病的转归，对疾病的早期治疗、积极预防和防止病情复发起着极其重要的作用。

病理脉相和固有信息（脉点）结合构成病理脉形，包含整体特征和动点特征，反映机体的病理状态，并重点表明机体处于病理状态的根源——疾病中的具体病变和疾病整体状态及位置。病理脉形简称脉形，是金氏脉学重点研究的对象。在脉形中，按照疾病的病理改变或机体的功能变化情况可分为主特征和副特征。由疾病的病理改变产生的脉应形成的特征，称为主特征，包括整体主特征和动点主特征两类，在临床上还可根据主特征对疾病诊断贡献概率值的大小，分为一级、二级、三级等；机体或组织器官的功能变化产生的脉应形成的特征为副特征。

脉形是脉搏信息的综合体，是金氏脉学临床诊断疾病的依据，只有通过脉形，才能对疾病做出准确的定位、定性、定量诊断。

根据脉形的诊断特异性可将脉形分为缺陷脉形、基本脉形、标准脉形和最佳脉形。

缺陷脉形：组成缺陷脉形的主、副特征平均密度一般在 20% ~40%，离散系数均大于40%小于50%，该类脉形诊断准确率一般不大于30%。

基本脉形：组成基本脉形的主、副特征平均密度一般都在 41% ~50%，离散系数都在 30% ~40%。该类脉形诊断准确率一般不超过 40%。

标准脉形：组成标准脉形的主、副特征的平均密度均在 51% ~70%，平均离散系数一般在 30% ~40%。该类脉形诊断准确率一般在 50% 左右。

最佳脉形：组成最佳脉形的主、副特征平均密度都在 70% 以上，平均离散系数都在 20% 以下。该类脉形诊断准确率一般都在 60% 以上。

（二）脉动周期与周程密度

在临床上，一般取一定次数的脉动为一个脉诊单位，这就是一个诊脉周期。同一脉搏特征在一个诊脉周期中出现的次数就称为该特征的周期密度。诊脉周期包含的脉动次数并非一成不变的，病情较轻，病理特征单一者，诊脉周期宜短，可以 50 次脉动作为一个诊脉周期；病情较重，病理特征较为复杂者，诊脉周期宜长，一般以 100 次脉动作为一个诊脉周期。实践证明，周期越长，误差越小。为减小误差，临床上常以 100 次脉动作为一个诊脉周期。这虽然满足了一般信息的采集，但对复杂脉搏特征的采集时间仍显不足，尤其在某些复杂的病理情况下，病情时进时退，脉搏特征呈现次数变化较大，几个周期采得的脉搏特征数量不一。如果按照某一个周期的脉搏特征密度诊断疾病，就会由于脉搏特征的突变而造成诊断失误，故临床上一般不以脉搏特征周期密度作为诊脉断病的重要依据。而是以周程密度作为诊脉断病的主要依据。

所谓周程是指几个诊脉周期构成的诊脉过程。诊脉周程的长短临床上亦无严格规定，主要与病情有关。病情较轻，特征相对稳定、脉形分辨率高者，周程宜短，一般以 3 个周期作为一个周程；病情较重，特征不够稳定、脉形难以分辨者，周程宜长，一般以 5 个周期作为一个周程；病情严重，病因复杂、脉搏特征极不稳定、脉形极难分辨者，周程应适当延长，可以 7 个或 9 个周期作为一个周程。根据病情的严重程度适当延长周程可有效地减少诊断误差。

一个诊脉周程中，所有周期密度的算术平均数称为周程密度，是疾病发展动向的量化指标，用 ρ 表示。其计算公式如下：

$$\rho = \frac{\rho_1 + \rho_2 + \cdots + \rho_n}{n} \qquad (n=1,\ 2,\ \cdots)$$

其中，ρ_1，ρ_2，…，ρ_n 分别为各个周期的特征周期密度，n 为周程中的周期数。一般来讲，特征的周程密度表示疾病的轻重程度。

（三）离散系数

一般脉搏信息离散系数（简称脉搏信息离散系数）是一个表征某一脉搏信息变异程度的指标，是指在一个诊脉周程中，某一信息周期密度的均方差与其算术平均数之比，用百分数表示。用公式可表示为：

$$\nu = \delta/\rho \times 100\%$$

$$\delta = \sqrt{\sum_{i=3}^{n}(\rho_i - \rho)^2/n} \qquad (n=1,\ 2,\ \cdots)$$

其中，ν 为信息离散系数，是反映疾病发展过程稳态的脉诊指标；δ 为均方差；ρ 为周期密度的算术平均数，即周程密度；ρ_i 为第 i 个周期密度。

例如，第一个诊脉周期中呈现冲搏的密度为40%，即 $\rho_1 = 40\%$；第二个周期密度为60%，即 $\rho_2 = 60\%$；第三个周期密度中为50%，即 $\rho_3 = 50\%$，则：

$$\rho = (40\% + 50\% + 60\%)/3$$

$$= 50\%$$

$$\delta = \sqrt{\frac{(40\% - 50\%)^2 + (60\% - 50\%)^2 + (50\% - 50\%)^2}{3}}$$

$$= 0.0816$$

$$\nu = \delta/\rho \times 100\%$$

$$= 0.0816/0.5 \times 100\%$$

$$= 16.3\%$$

频变信息的离散系数是一个表征脉搏频率变异程度的脉诊指标，是指在一个诊脉时程的各时段脉搏频率的均方差与算术平均数比的百分数。用公式可表示为：

$$\mu = \delta/P \times 100\%$$

$$\delta_a = \sqrt{\frac{1}{n}\sum_{i=1}^{n}\frac{(P_i - P_a)^2}{n}} \quad P_a = \frac{1}{n}\sum_{i=1}^{n}P_i \qquad (n=1,\ 2,\ \cdots)$$

其中，μ 为频变信息的离散系数，P_i 是第 i 个时段的脉搏频率，P_a 为平均脉搏频率，δ 为所有周期密度的均方差。

金氏脉学的三定诊断

疾病是一个整体，是病因作用于机体，使机体产生的异常反应，是由多个病理变化共同作用于机体，使机体呈现出的一种综合性的病理反应。此时，这些病理反应作用于心血管系统，从而形成相应的病理脉搏信息，通过对这些信息的采集识别就可构成脉形。脉形是由各种单一病理变化对应的特征组成，反映了机体在特定条件下生命的运动状态，是机体疾病的整体反映，是疾病在脉搏上的体现。机体不同的病理变化有不同的病理反应，不同的病理反应就有相应的脉搏信息呈现出来。根据对各种特征（也可以说是病理变化）的综合分析，可以判断疾病的性质、位置、程度、预后等。因此，利用脉形可以对疾病进行定性、定位、定量诊断，脉形是诊断疾病的依据。

（一）定性诊断

疾病的病理变化可引起器官的生理功能和组织结构的变化，从而产生相应的症状和体征。在现代西医或中医临床中一般采用询问病史、体格检查、实验室检查以及特殊检查等间接方法，将所获得的临床资料加以全面分析，以判断出病变的内在属性，即是定性诊断，是临床诊断疾病的关键。金氏脉学中所说的定性诊断是脉诊定性诊断，即根据对脉形中各个特征性质的分析，确定各种主要的和次要的病理变化，然后加以综合得出的疾病内在属性的诊断，较一般临床上的定性诊断简单、方便、无损伤。

金氏脉学的定性诊断在判断占位变方面有着极其重要的临床意义及独到的见解。冲搏是占位变的特异性特征。如果在脉搏中发现有冲搏（密度 $\rho \geqslant 20\%$，离散系数 $\nu \leqslant 40\%$），提示机体有占位变；如果冲搏伴有致密软涩搏，则说明占位变为炎性包块；如冲搏伴有致密硬涩搏，表征占位变为良性肿瘤；当冲搏伴有黏滞性涩搏时，若黏滞性涩搏密度 $\rho < 20\%$，离散系数 $\nu > 40\%$，仍可判定为良性肿瘤；只有黏滞性涩搏密度 $\rho \geqslant 20\%$，离散系数 $\nu \leqslant 40\%$ 时，才标志着占位变为恶性肿瘤，黏滞性涩搏一般为恶性肿瘤的特异性特征。

（二）定位诊断

金氏脉学的定位诊断较一般临床上的定位诊断简便易行。但由于指腹触觉的局限性和脉诊理论的不完善性，目前定位诊断的准确性仍不如现代医学诊断手段可靠。

在金氏脉学中，脉点和脏器之间建立了准确的对应关系。这种对应关系表达了脏器的位置在脉搏波上的某一确定的空间位置（脉点）的体现。根据脉应呈现的脉点，即呈现的动点、层位、层面，可以较为准确地确定病变所处的脏器，从而达到定位诊断的目的。

（三）定量诊断

疾病的程度不同、病灶的大小各异，其临床治疗亦有一定程度的差别，因此，对疾病的诊断除了定性、定位以外，还必须确定疾病的程度、病灶大小的数量化指标，从而对疾病进行准确的判断。金氏脉学的定量诊断是指根据脉形中各特征的表现度，利用经验公式来综合确定疾病的程度、病灶的大小以及对疾病发展的预测，做出较为准确的量化诊断。

1. 疾病的预向度和实向度

在脉诊中，通过对脉搏呈现特征的密度、离散系数大小的判断，完全可以预测疾病的轻重程度及发展变化的趋势。但是，使用单一特征来确定并不可靠，偏差较大。脉形由几个特征组成，特征又分为一级特征、二级特征、三级特征等，且各特征的表现度不尽相同，只有把各特征的表现度用类权的方法统合成脉形的密度及离散系数，利用脉形的密度及离散系数即可判定疾病的轻重程度及发展变化趋势。在金氏脉学中，将这一量化指标称为疾病预向度。

疾病预向度是一个了解病情轻重、预测疾病发展趋向的脉诊指标，是通过对脉形中各特征的周程密度及离散系数的权值 JW 的大小来判定的，用 D 表示。在临床脉诊中，用密度的权值判定疾病的轻重，用离散系数的权值判断疾病的发展状态。比如，若某患者脉搏呈现的密度及离散系数的权值为 $JW(\rho)=57.00\%$，$JW(\nu)=13.00\%$，则可以预测该患者的病情较重，且有发展趋势。

疾病的实向度是用来鉴定治疗效果以及指导临床用药的指标，指在任意两个相邻诊脉周程中，用周程密度权值增加量 $JW(\Delta\rho)$ 及对应周程密度离散系数权值增加量 $JW(\Delta\nu)$，来判定疾病发展动向及变化过程稳态的综合脉诊指标，用 F 表示。其中，$JW(\Delta\rho)=JW(\rho_i+1)-JW(\rho_i)$，$JW(\Delta\nu)=JW(\nu_i+1)-JW(\nu_i)$。

2. 病灶的大小及肿瘤的体积

临床上确定病灶的大小对于患者掌握自己的病情，医生采取有效的治疗措施是十分重要的。金氏脉学利用脉形中对应于病灶的特征密度的最大值和最小值，结合临床经验系数，就可以方便地确定病灶的面积。如确定溃疡面的大小，可以根据脉形中的断搏的密度值来确定。因为溃疡面一般为椭圆形，故溃疡面积的经验公式为：设周程中最小密度为ρ_{min}，最大密度为ρ_{max}，因大多数溃疡为椭圆形，故其短半轴$a=0.98\rho_{min}$，长半轴$b=0.98\rho_{max}$，则溃疡面面积为$S=\pi ab$。其中，0.98为经验系数。

对于肿瘤，了解其体积是确定治疗方案的重要参数，所以计算出肿瘤的体积有着非常重要的临床意义。由于冲搏是表征占位性病变的脉应，故根据冲搏密度的最大值、最小值和平均值即可确定肿瘤的体积。

若在某个诊脉周程（i个周期）中发现冲搏，且冲搏对应的机体部位为胸腔（盆腔）部位，其周期密度分别为ρ_1，ρ_2，…，ρ_i，周程密度为ρ（$\rho\geqslant 20\%$，$\nu\leqslant 40\%$），则有

$$L=k\times Max\ (\rho_i) \qquad (i=1\cdots\cdots n)$$

$$W=k\times Min\ (\rho_i) \qquad (i=1\cdots\cdots n)$$

$$H=k\times\rho_a$$

其中，$k=8$（厘米）为金氏脉学中的经验系数，所得的L、W、H值即为占位性病变的长、宽、高；该模型我们称为胸腔（盆腔）模型，记为$T-X$模型。

在临床中我们使用上述占位性病变体积模型时发现，因为颅腔为硬腔且生长空间较小，故同样的占位性病变在颅腔显示的特征密度高，约为胸腔占位性病变密度的两倍，因此在计算颅腔占位性病变体积时，应对$T-X$模型加以修正，为

$$L=k\times\frac{1}{2}Max\ (\rho_i) \qquad (i=1\cdots\cdots n)$$

$$W=k\times\frac{1}{2}Min\ (\rho_i) \qquad (i=1\cdots\cdots n)$$

$$H=k\times\frac{1}{2}\rho_a$$

该模型我们称为颅腔模型，记为$T-L$模型。

腹腔为软腔且生长空间较大，故同样的占位性病变呈现的特征密度较胸腔

为小，一般应在实际采集的特征密度基础上增加5%，因此腹腔占位性病变体积模型应对 $T-X$ 模型加以修正，为：

$$L=k\times\left[Max\left(\rho_i\right)+5\%\right]\quad (i=1\cdots\cdots n)$$

$$W=k\times\left[Min\left(\rho_i\right)+5\%\right]\quad (i=1\cdots\cdots n)$$

$$H=k\times\left(\rho_a+5\%\right)$$

该模型我们称为腹腔模型，记为 $T-F$ 模型，通过这些数学模型，我们就可用脉诊对内脏肿瘤做出一个大概的诊断。

综上所述，金氏脉学融合了中医的整体观、辨证施治的合理性以及西医具体问题具体分析的辩证法思想，在疾病和呈现于人体脉搏上的信息之间建立了一种映射，通过对脉搏信息的分析处理评价，从而得出与机体状态基本吻合的诊断结论。

马克思曾指出，一门学科只有与数学相结合，才能称之为科学。现代医学是这样，中医学也同样如此。金氏脉学是中医诊断学的重要组成部分，当然也离不开数学，只有这样才能在现有的对脉象的认识水平上，通过数学的方式来揭示和量化脉和病之间的关系，并为金氏脉学的进一步发展提供有力的佐证。

金氏脉学研究的是脉诊，诊断时不仅要对疾病定性，也要对疾病定量，那么就必然要考虑脉和病的对应关系，这种关系在临床上是通过脉形理论确诊率来表示的，这样就把一种模糊的关系通过模糊数学的处理得出了定量的结论。脉形是复杂多变的，其变化与许多因素有关，如何评价脉形的好坏优劣，一般的数学方法是难以做到的，本研究通过模糊数学的综合评判模型考虑各种影响因素的权重，来确定脉形适用性的强弱，根据脉形适用性的强弱，判断机体发生某一病变的可能性。所以，模糊数学是金氏脉学从定性到定量诊断的桥梁。

笔者已经建立了有关脉形确诊疾病的理论确诊率的公式、肿瘤恶性度判定公式、根据脉形的类权值判断疾病的预向度和实向度，以及计算肿瘤体积、溃疡面大小的数学模型等，这是数学在金氏脉学理论中得到广泛应用的例证。现在所应用的数学知识大致为概率论和数理统计及模糊数学领域，应用得还比较浅显。随着试验手段的强化，以及对脉搏、脉象、脉诊认识水平的提高，相信在不远的将来，数理方法、时间序列分析、数论、图论、混沌论等数学理论会对脉学的研究提供更多的帮助。

刘德泉

刘德泉（1950— ），男，汉族，山东省滕州市人。研究生学历，中医学硕士学位，一级主任医师。曾任山东中医药大学兼职教授，北京老年医院中医科主任，北京市老中医药专家学术经验继承工作指导老师。

1970年从医，擅长诊治老年心脑血管病、支气管炎、哮喘、胃炎、胃溃疡等常见病。在顽固性发热、多汗症、神志异常、慢性疲劳综合征等疑难病治疗方面也积累了丰富的经验。以“选择最简单的方法，应用最便宜的药物，争取最短暂的时间，治愈最难治的疾病”为行医座右铭。提倡总体诊疗观念，就是根据病人的病情、心理、体质诸方面的情况，制定全面、系统、长期的诊疗方案。达到标本兼治，提高生活质量，延年益寿的目的。

在学术上主张“既不薄涉而止，也不务广而荒；尊古而不泥古，继承重在发扬；温故融会新知，实践才能创新”。发表了40余篇学术论文，主编、参编专业著作5部，获得省市科研成果奖3项，取得3项国家专利。被评为山东中医药大学优秀兼职教授、山东省卫生科技管理工作先进个人、首都防治非典型肺炎工作先进个人，获得全国中医药抗击“非典”特殊贡献奖。

万事皆有缘，我与《名老中医之路》的缘分始于1981年。那一年《名老中医之路》第一辑出版，当时我正在山东中医学院读研，导师周凤梧教授正主持此书的编辑工作，我也耳闻目睹此事。30多年弹指一挥间，我也已近近古稀之年，又收到《名老中医之路续编》编辑室的邀请函。手捧邀请函，回首既往事，无限感慨在心头。几十年来上来下去，南来北往，也算是万里云天万里路。值此国庆中秋佳节之际，将所经之事回忆，以谢编者盛情之邀。

一、人生之路，顺势而为

我出身于一个民主人士的家庭，祖父是县人大代表，市政协委员；父亲是一名人民教师。家虽在城里，但家庭成员多半是农民。城市的喧闹，农村的繁忙，祖父为人乐善好施，父亲教书两袖清风，都在我的少年时代留下深刻的印象。成年后，在济南读书的7年，又有幸受到三祖父布衣大师刘子衡的教诲，在我的心灵上打下深深的烙印。特别是和恩师周凤梧教授相识的20多年，周老言传身教更是深深地影响着我的行医之路。这一切都影响着我的成长。

我于1958年上小学，多病又偏食，正在长身体的时候，恰逢三年困难时期，身材十分瘦小。1964年考入滕县一中时，体重仅有24千克，身高1.21米。但我学习十分努力，初一时7门功课平均96分，成为全年级第一名。那时，我特别爱好数学，每次考试都是100分。青少年都有自己的偶像，我最崇拜的是华罗庚，希望能像他那样，将来做一个有名的科学家。但是现实改变了我的人生道路。

1970年6月，我高中毕业后回家种地，并当上了生产队的卫生员，从小队到大队，又到城关镇卫生院，一直到1973年进入山东医学院学习，从此与医结下了不解之缘。据当时山东医学院团委书记孟昭泰老师说，我是以济宁地区第一名的成绩跨入山东医学院的，分在中医系。我深知学习机会来之不易，牢记“既不要务广而荒，也不要薄涉而止，谦虚谨慎，刻苦学习”的家训，争取当一名人民好医生。入学的第一年，我就在山东医学院校刊《医药学报》上发表了《谈学习中药与方剂的体会》的论文，以哲学与医学相结合，论述了方剂的科学性。论文在同学中引起轰动，也引起老师的注意。

1976年12月，我被分配回家乡，到新成立的滕县医学科学研究所。医科所始建于城东龙泉塔下，只有所长、会计和我3人。当时一方面进行基建，一方面负责《滕县科技》杂志卫生专刊的编辑工作。后由于整理老中医经验，我有机会跟随李光耀、李兴邦、赵宪瑞等10余名老中医学习，东到山亭西到岗头，从山区到湖边，遍访滕县名医，一边随他们看病，一边整理他们的经验。在和他们的共同生活中，不仅学到了许多实际本领，他们高尚的医德也深深教育了我，而且山区、湖边农民因病致贫，贫病交加的痛苦，更使我难以忘却。从那时起，“选择最简单的方法，应用最便宜的药物，争取最短暂的时间，治愈最难治的疾病”便成为我行医的座右铭。

国家恢复高考和研究生招生后，熟悉我的老师来信，希望我报考第一届中医研究生。科学的春天来到了，面对这难得的机遇，在兴奋之余，我开始紧张复习。在高高的龙泉塔下，度过了难忘的日日夜夜，短短的一个月时间，我竟用了一瓶墨水。功夫不负有心人，我很顺利通过初试，再赴济南参加复试。考场设在山东中医学院办公楼上，参加复试的有 22 个人，只准带笔进入考场，单人单桌，有 4 个老师巡视，不知为什么，监考老师常常在我身边停留。和初试一样，我答题十分顺利，再经过面试，最终考取了全国名医周凤梧教授的研究生，成为他的开门弟子，从事组方用药规律的研究。这时老师才告诉我，由于我初试的专业课答卷许多和标准答案一字不差，竟怀疑是抄袭所致。因此，在复试中，监考老师特别注意我，但复试答案仍和课本一致，几乎连标点符号都一样，这才使老师们信服。一分耕耘，一分收获，实际上，良好的记忆来源于苦学和深思。

1981 年研究生毕业后，我又带着档案，回到了家乡，分配到枣庄市中医医院，一年后医院迁到枣庄。我在枣庄主要是看病，也曾在中医提高班、日语学习班教课，并担任山东中医学院函授大学枣庄函授站主任，也曾负责医院的科研工作。医、教、研工作的锻炼，使我增长了才干，1988 年 6 月，以研究生学历、科研成果、专业论著和学术论文四项硬指标，我被破格晋升为副主任医师，成为全省最年轻的高级中医人员。枣庄是一个煤炭城市，空气污染严重，我患上了过敏性鼻炎和支气管哮喘。在去济南看望恩师周凤梧教授时，恩师提出帮助我联系调动。

1990 年 2 月，我正式调入泰安市中医医院，自此有了离开故乡的感觉。在泰安我仍是一个临床医生，经历内科、急诊科，也曾在院外开门诊，锻炼更加全面。泰安是个美丽的旅游城市，雄伟壮丽的泰山，庄严肃穆的岱庙，幽静宜人的普照寺，香火缭绕的王母池，工作之余，可以尽情地游玩。1991 年，我被聘为市长联系人，这算是第一个社会兼职。在其位谋其政，为振兴泰安中医，曾就中医政策、学术发展、医院建设，向市政府献言献策。1994 年起，我开始涉足管理工作，担任泰安市中医医院科教科科长，具体负责医院的科研和教学工作，使医院的科研项目从无到有，科研成果从少到多，并在泰安市首届中医科研学习班上讲解科研方法，从而推动泰安市中医科研工作的发展。1996 年，我被市人事局市卫生局评为泰安市第一批名中医药专家指导教师，开展中医带徒工作。然而，晋升工作颇费周折，本来1993年高评委评审时，已通过专家投票，但在复议时，因领导认为年轻，而未获通过。直到1998年，经历10年才晋升主任医师，后被聘为山东中医药大学兼职教授。同年，山东中医药大学校长专程来泰安，欲聘我到山东中医药大学附属医院（山东省中医院）任院长，我自知不谙人事关系，婉言谢绝。放弃从政当官之机遇，我心坦然，至今无悔。但是信息也在泰安市中医医院传开，众说纷纭，我有了离开泰安的想法。

2000年12月23日，我去北京看望在空军总医院实习的孩子，恰逢举办全国卫生系统第一届人才交流会，北京胸科医院欲改建老年医院，正在招聘人才。由于专业对口，个人简历引起领导重视。2001年3月22日胸科医院领导一行4人来泰安调查，感到十分满意，几经周折，6月28日我到北京胸科医院报到，至此“五十而知天命之年”又落户北京。

北京胸科医院位于海淀区温泉京密运河之畔，占地17万平方米，面积之大，环境之优美，在京城医院中屈指可数。著名的历史文物“辛亥革命滦州起义纪念塔”耸立在医院内的显龙山上，各种碑刻点缀其间。穿行院内，花草茂盛，曲径通幽，百年古树成林，可谓天然氧吧，正是治病养生最佳处。2001年10月25日农历九九重阳节，北京老年医院正式挂牌，仍保留北京胸科医院名称。

“天有不测风云”2003年3月，北京出现“非典”，并迅速蔓延，北京胸科医院成为北京市最大的救治“非典”医院。作为胸科医院的中医科主任，我义不容辞地承担起治疗“非典”的重任。我根据掌握的资料，研制预防中药，2003年3月26日在我院应用，减少了医院内感染，我院医护人员无一人因为感染“非典”而死亡。3月29日，病房有一个“非典”病人高热不退，应院长之命，我进入病房会诊。查舌诊脉，服用3剂汤药高热即退。由此自创治疗“非典”的一系列处方，并开展中西医结合治疗“非典”的临床研究。这期间连续撰写10余篇论文，先后在《健康报》《中国中医药报》等报刊上发表，并接受中央电视台、中央人民广播电台的采访，通过中西医结合治疗“非典”所取得的成就，引起国内外的关注。我在论文中提出的“非典”病机演变规律也受到专家重视，在国家的诊疗方案中也有所体现，并因此受到党和国家的表彰。2004年6月，北京市中医管理局把北京老年医院中医科列为北京地区示范中医科建设单位，中医科的工作开创了新的局面。2008年我被聘为一级主任医师，这是卫生系统的最高职称，这是国家给我的荣誉，也标志我要更好地为人民健康服务。

自从研究生毕业以来，我每年都撰写论文，到全国各地参加学术交流会，这不仅增长了才干，也有机会欣赏祖国山川之美。长白山看天池，泰山观日出，黄山赏松，张家界见奇峰，黄果树瀑布，桂林山水，三亚天涯海角，台湾日月潭，足迹遍及祖国各地。在游览的同时，也喜欢根雕奇石，每到一地都会捡一些小石头，以作纪念。随着居家环境的改善，也在家中养花种菜，不仅平添了一抹绿色，也净化了空气，有益于健康。我还积极参加全民健身运动，在北京卫生系统举办的登山比赛中，2002 年、2003 年连续取得专家组第一名的好成绩，其后至 2010 年也连续获奖，这是多年坚持身体锻炼的结果。

2011 年 8 月，经单位同意及北京市中医管理局批准，我成为第四批北京市级老中医药专家学术经验继承工作指导老师，带教 2 名继承人，耳顺之年又开始新的工作。2014 年办理退休后，被返聘 2 年。2017 年又到海淀区苏家坨社区卫生服务中心中医科坐诊。这样，我从基层又回到了基层，仍然从事临床第一线医疗工作。

在行医的道路上，恩师周凤梧教授不仅传授医术，在医德上对我影响也很大。周老曾经送我一副关于“中药钱”的字画，该文以药论钱，提出“面对金钱，应精炼七术，即道德礼义仁智信”，如能具备这七术，面对金钱就会有益于身心，健康长寿，不然就会气溃神亡，说明钱要取之有道，用之有理。因此，我行医时，看的最多的并不是专家号，而是普通号，特别是对一些在北京谋生的农民工，可以免费咨询诊疗，遇到取药困难者，也曾自掏腰包为其取药。

作为医生，最重要的是病人的认可。我最感欣慰的是收到 80 岁的逄海风老人送的挂幅，题曰：“德重望高众口颂，泉流深远技艺精，主持诊务施辨证，任劳任怨长者风，病者同声歌华扁，人民共赞好医生，良方妙手回春术，友爱无私奉挚诚。”这是一首藏头诗，每行第一字横读为“德泉主任病人良友”。作为病人的良友，是我的心愿，尽管治病救人“路漫漫其修远兮，吾将上下而求索”，以求做个苍生大医。

二、勤求古训，不断创新

我在学术上主张“既不薄涉而止，也不务广而荒；尊古而不泥古，继承重在发扬；温故融会新知，实践才能创新”。潜心攻读《内经》《伤寒论》等经典文献，在基础理论有所创新。

我认为，中药方剂是取得临床疗效的关键，研究中药方剂十分重要。在对“君臣佐使”的研究中，我提出了起源于《神农本草经》的新观点，论文《“君臣佐使”起源辨》在《山东中医学院学报》发表。在对金匮肾气丸的研究中，发表论文《肾气丸补肾气辨析》，提出金匮肾气丸是补肾气之方，并非补肾阳之方。还提出本草发展分主流本草和支流本草两部分，从《神农本草经》到《唐本草》，再到明《本草纲目》是主流本草，其他如中药炮制、地方本草、食疗本草等为支流本草，勾画出本草发展史的清晰脉络。对方剂的分类，提出通用方和专用方的分类法，通用方是指一方可治多病，专用方是指一方专治一病，有利于学习和掌握方剂的应用。这些创新对中药方剂的理论研究产生了影响。

结合临床实践，我提出宏观辨证和微观辨证，宏观辨证是指传统的中医辨证论治，微观辨证是指根据现代医学的检测结果辨证用药，丰富了中医辨证论治的内容。

随着社会的发展，我国步入了老年型社会。随俗而变，从 1989 年起，我又专攻老年医学。由于医学模式的改变，医生由单纯的治病，转为预防、治疗、康复、保健四大职责。医生面对的不仅仅是病人，将是整个社会群体。生活水平的提高，科学技术的发达，使人们对延年益寿的渴望更加强烈。因此，医生的诊疗观念也要适应这种变化。真理是不可穷尽的，科学是不可穷尽的，医学也是不可穷尽的。面对未来医学的发展，我提出总体诊疗观念，这种观念就是根据病人的病情、心理、体质和社会环境诸方面的情况，集保健、预防、治疗、康复为一体，制定全面、系统、长期的诊疗方案，以中为主，中西医结合，以中药为主，中西药并用，急则以针汤之剂治其标，缓则以膏丹散丸片治其本。同时，更注重心理、饮食、运动等多种治疗方法，从而达到标本兼治，提高生活质量，延年益寿的目的。

总体诊疗观念的核心是制定全面、系统、长期的诊疗方案。所谓长期的诊疗观念，是指从胎儿期直到死亡后，这期间所有的保健、预防和治疗措施。从保健来讲，从胎教开始，直到人生晚年的抗衰老，以及死亡后的遗体利用。从疾病来讲，将从未病先防，已病早治，以及疾病的急性期、缓解期、康复期全盘考虑而制定的治疗方案。所谓全面的诊疗观念，是指在进行诊断制定治疗方案时，除详细地审察病情外，应全面考虑每一个病人的心理、体质和社会环境，以及与病情和用药有关的地理、气候、时间等诸种因素，强调个体化诊疗，使现代疗法或西医疗法，和传统疗法或中医疗法相结合，使药物疗法和非药物疗法相结合。特别重视一些非药物疗法，如心理疗法、运动疗法、饮食疗法、音乐疗法等在治疗中的重要作用。所谓系统的诊疗观念，是指在长期、全面诊疗观念的基础上，使各种诊疗方法之间互相配合，尽量减少毒副作用，缩短治疗时间，降低治疗费用，达到安全、方便、高效、廉价的最佳目标，也就是说，在诊断和治疗中应当选择最简单的方法，应用最适宜的药物，争取最短暂的时间，花费最低廉的代价，治愈最难治的疾病。长期、全面、系统的诊疗观念是一个有机的整体，三者之间是相互联系，不可分割的。只有从系统的观念出发，才会考虑长期、全面的诊疗措施。要采取全面的诊疗措施，也必须具有长期诊疗的观念。只有从长期、全面的观念来考虑诊疗措施，才会达到系统诊疗的效果。要做到这一点，不仅需要广博的知识，高超的医疗技术，更需要有高尚的医德。

三、临床实践，灵活多变

在临床工作中，重视用补气健脾和胃法治疗老年病。我认为，气虚是老年病最重要的病机。老年人与一般青壮年人的病因病机是有差别的。首先，由于自然衰老，脏腑老化，功能减退，出现气虚证候。如《素问·上古天真论》曰："女子……五七，阳明脉衰，面始焦，发始坠；六七，三阳脉衰于上，面皆焦，发始白""男子……五八，肾气衰，发堕齿槁；六八，阳气衰竭于上，面焦，发鬓颁白；七八，肝气衰，筋不能动；八八，天癸竭，精少，肾脏衰，形体皆极"。其次，由于老年人久病多病也容易出现气虚证候。在长期临床工作中，发现相当数量的老年人往往一身多病，如中风、冠心病、糖尿病、高血压等同时并存，又多由青壮年期患病延续到老年，这样多病久病，也必然造成老年病正气虚弱的状况，临床多见乏力气短、活动后加重等以气虚为主的证候。另外，老年人由于正气虚弱，气虚不能推动血液运行，形成气虚血瘀。同时，由于气虚，水湿不能及时运化，停聚而为痰浊，如中风、冠心病、痴呆多有气虚血瘀、痰浊内停的证候。总之，老年病的病因病机主要是正气虚弱，由于气虚导致血瘀阻滞、痰浊内停等。

因此，治疗老年病当以补气健脾和胃为主。补气法包含补肺气、补脾气、补心气、补肾气等，在以往的补益法中，素有补肾与补脾之争。但对老年人而言，补肾不如补脾见效快。补气健脾为治疗之关键。这是因为，脾胃为后天之本，气血生化之源。只有补气健脾和胃，气血生化之源旺盛，其他脏腑之气才能得到补充。“胃为水谷之海，气血生化之源，脏腑经络之根”“五脏六腑皆禀气于胃”。气是维持人体生命活动的精微物质，升降出入是气机的基本运动形式。正如《素问·六微旨大论》所言：“非出入，则无以生长壮老已，非升降，则无以生长化收藏。”脾胃居中焦，连通上下，是升降运动的枢纽，其升而上输心肺，降则下归肝肾。“有胃气则生，无胃气则绝”。因此，从生理而言，脾胃具有十分重要的地位。

从病理而言，李东垣在《脾胃论》中云：“百病皆由脾胃盛衰而生也”“脾胃弱则百病皆生，脾胃足则万邪皆息”。李东垣还指出：“元气之充足，皆由脾胃之气无所伤，而后能滋养元气。若胃气之本虚弱，饮食自倍，脾胃之气即伤，元气亦不能充，而诸病之由生也。”老年人脾胃极易受损，原因除其本虚外，也有过劳伤脾、过思伤脾、肝郁乘脾及气血俱虚累及脾胃。

因此，在治疗上，李东垣指出：“善治病者，惟在调理脾胃”“脾胃通四脏，脾有病必波及之，四脏有病也必待养于脾。故脾气充，四脏皆赖于煦育，脾气绝，四脏不能自生。后天之本绝，甚于先天之根绝，非无故也。凡治四脏，安可不养脾哉”。民间有句老话，“老人全靠饭力”，脾胃气一伤，百药难施。故在治疗上，当以补气健脾和胃为先。

在应用补气健脾药时，要注重组方配伍应用。一是要注意配伍健胃消食药，如炒鸡内金、炒莱菔子、焦三仙等，以增强补气健脾的作用。二是要注意配伍疏肝药，因为肝郁则克脾，影响脾胃功能，可配柴胡、郁金等以疏肝。三是要注意配伍通腑药，腑气不通，大便秘结，也会影响脾胃功能，可配生首乌、生大黄、肉苁蓉之类以通便。

在临床工作中，也创制了一些新方。我认为，老年胸痹心痛，气阴不足，痰瘀内阻是基本的病理变化；肝郁不舒，劳逸过度，寒热失调是发病之诱因；主要涉及心、肝、肾三脏。在治疗上，采用益气养阴、疏肝补肾、活血祛痰之法。针对其辨证分型复杂，中成药物繁多，令人无所适从的状况，由博返约，提出三型辨证分类法，就是针对气阴不足、痰瘀内阻的基本病变，以寒热为纲，分为普通型、热证型、寒证型，创制了健心通脉方、健心清热方、健心祛寒方三个系列方。在组方选药上，善用补气益肾疏肝之品，如党参、黄芪、黄精、淫羊藿、柴胡、郁金等，而且参考现代药理研究，处方中所用药物具有防治动脉硬化，扩张冠状动脉，降低心肌耗氧量，抗心绞痛的作用。因此，在治疗老年胸痹心痛时，不仅收到止痛解闷之效，而且起到抗衰老、延年益寿之用，体现了中医治疗老年病的特色和优势。在诊治脾胃病方面，强调肝脾相关，治脾宜疏肝，必配柴胡；认为脾胃久病必有正虚，益气健脾宜用香砂六君子汤；又常配少量黄连以清热健胃，以大量鸡内金以护胃消食；创立柴连金君汤，用于治疗各种胃及十二指肠溃疡等脾胃病，都收到良好的疗效。

在临床工作中，我十分重视中西医结合应用中药。现代科学的发展，推动了医学的进步，对疾病进行定性定量分析，是十分必要的，而中医由于基础理论的限制，尚难以用现代科学手段来表达，要在临床实践中取得更好的疗效，必须进行中西医结合。我在临床中总结出一系列中西医结合应用中药的方法，发表了一系列论文，明确指出了如何具体地进行中西医结合运用中药。如《中药治疗高血压的应用规律》，对高血压的治疗根据中药的现代药理研究，结合辨证，将具有降压作用的中药分为 18 类，对高血压患者具有里热者选用清热降压药如黄连、夏枯草、大黄等；对气虚型高血压应用人参、黄芪、灵芝等；对阳虚型高血压应用淫羊藿、巴戟天、杜仲等。同时，将降压食物单独列出，如芹菜、菠菜、海带、木耳、西瓜、苹果、豌豆等，高血压患者日常生活中可经常食用，有一举两得之妙，既可以降压，又有利于身体健康。在《肝病用药规律研究》中，除传统辨证用药外，还根据现代药理研究，针对检测结果选用中药，提出衷中参西，定性定量辨证配伍应用。对肝病具体情况，如属于何种肝炎，转氨酶、黄疸指数，蛋白比例等，单凭望诊是无法了解的，必须依靠现代医学的检测手段，再结合辨证论治，有针对性地选择药物配伍应用。如转氨酶高，肝郁者可选用柴胡；湿热者可选用虎杖、败酱草；阴血不足者可用当归、五味子等。这样可以迅速降低转氨酶，收到更好的疗效。在治疗咳喘病方面，喜用百部、紫菀、冬花、杏仁，认为其性平和，不论寒热虚实、新久咳喘都可配用，还特别重视应用具有抗过敏作用的中药。古云“肺为娇脏”“肺如钟，撞则鸣”“五脏六腑皆令人咳”，说明肺对内外变化特别敏感，各种刺激均可发生咳喘，现代医学也认为，呼吸系统疾病出现咳喘时，往往与过敏因素有关。因此，辨证配伍抗过敏中药治疗咳喘，可收到意想不到的效果，如外感风寒配麻黄，肺热咳喘伍石韦，痰饮咳喘用细辛，阳虚咳喘选淫羊藿等。

针对复杂病情，灵活配伍应用中成药，也是我的临床经验。随着生活节奏的加快，加之中药口味不佳，难以服用，许多年轻人更愿意用中成药进行治疗。但由于病情复杂，一种中成药往往解决不了所有问题，这就需要将几种中成药配伍起来应用。如许多患者有习惯性便秘又有脂肪肝，同时患有失眠多梦等病证，这时就选择通便类中成药在清晨空腹加重用量，如实证患者用一清片6~8片，虚证患者用芪蓉润肠口服液2~3支，每天1次。在三餐后应用降脂保肝药物，如九味肝泰胶囊、荷丹片之类。在晚8点和睡前用2次镇静安眠类药物，如百乐眠在晚上8点用4粒，在睡前再次用4粒。这样改变了正常每天3次或每天2次的服用方法，灵活配伍应用中成药，既方便了病人，也提高了疗效。这种方法，更适合于老年病人，因为老年病人往往一身多病，病情复杂多变，用药品种繁多，而且需要长期坚持用药。

按照时间医学原理，择时配伍应用中药也是我的临床治疗特点。时间医学是根据生物钟的原理，按照人体在不同时间所出现的不同病理反应，以及对药物的吸收利用不同的机理，在不同的时间选用不同的药物进行治疗，以获得更好的治疗效果。最简单的例子就是焦虑失眠的病人，他们夜间失眠多梦，白天则焦虑，精神不振，导致阴阳失衡，违反了神经系统兴奋和抑制规律，造成了生物钟紊乱。这时，在治疗上就应按照医学时间学的原理，在白天辨证应用使人兴奋、提高生理功能的药物，而在晚上应用镇静安眠的药物，建立正常的生物钟，恢复阴阳的平衡，据此制定了日方和夜方。日方以补气养血类药物为主，在上午9点和下午2点服用，以提高人体机能。夜方以清热除烦安神类药物为主，在晚上9点服用。同时，要养成良好的休息习惯，晚上10点休息，早上6点起床，白天尽量不睡觉，这样自然会收到良好的效果。对于其他类似疾病，也是如此，择时配伍用药。如胃肠疾病病人在饭前用药，咳嗽病人在饭后用药等。虽然只是改变了药物的习惯用法，却会收到事半功倍的效果。

在治疗温病方面，尤其在2003年抗击“非典”期间，积极探索中药治疗“非典”的方法，连续撰写并发表了《关于SARS中医命名的探讨》《试论传染性非典型肺炎的中医病名病机与处方用药》《SARS症状的辨证及量化》《如何面对SARS的待解之谜》《从SARS谈中西医结合治疗研究》等10余篇论文，并主持开展“‘非典’系列方配合西医治疗‘非典’的临床研究”，被全国防治“非典”指挥部科技攻关组列为科技攻关项目，对抗击“非典”起到了积极作用。这对今后类似传染性疾病的防治也有一定指导作用。

精益求精，顺势而为是我的基本原则。学医要精益求精，才能去伪存真，有所创新；行医要精益求精，才能深入探索疑难杂症的诊疗方法，不断提高诊疗水平。顺势而为就是根据形势的发展，适应环境的变化，不断完善自己，去创造新的生活。回顾往昔，车到山前疑无路，柳暗花明又一村；立足现今，老牛自知黄昏晚，不用扬鞭自奋蹄；展望未来，自信人生二百年，会当击水三千里。我从一个赤脚医生到一级主任医师；由贫穷到富裕；住房也由狭小到宽大，由简陋到优雅。作为一个时代的幸运者，没有祖国的强盛，没有中医事业的繁荣，就没有我的一切。我怀着一颗感恩的心，感恩我的祖国，感恩我的老师和朋友们，感恩我的家人。万事皆有缘，我与中医有缘，我与《名老中医之路》有缘。此缘与事业相关，此缘与命运相连，此缘也将和生命一起延续。我相信，《名老中医之路》会将中医精神发扬光大，将中医经验代代传承。

（刘永衡协助整理）

田月娥

田月娥（1950—　），女，1976 年 12 月毕业于山东中医药大学中医学专业。1985～1988 日本千叶大学眼科学研究生。曾任首都医科大学附属北京中医医院眼科主任、北京王府中西医结合医院眼科主任。北京丹溪堂主任医师、国家自然科学基金委员会评审专家、中国医师协会中西医结合眼科专业委员会委员、中国中西医结合学会北京眼科专业委员会常务委员、北京医疗事故鉴定委员会鉴定专家、《中华临床医师杂志》编委、中国留日同学会理事、中国中西医结合学会眼科专业委员会委员、清华大学老科学技术工作者协会医疗健康研究中心中医药专家委员会委员。承担北京中医药大学和首都医科大学的中医眼科教学工作，2011 年被载入《中国科学人》。

多年来从事中西医眼科学的基础与临床工作。擅长中西医学对眼科常见疾病的预防和诊治、中西医药对内眼病的防治、中医药对病毒性角膜病的防治及针灸在眼科疾病中的应用、儿童近（远）视的防治等。临床长期从事中西医药对老年黄斑变性、干眼症、糖尿病视网膜病的研究。

多少年来，人们一直认知一条简单道理——路是人走出来的。但每个人的路径、步伐又不尽相同。每个人都沿着自己的人生轨迹，以求到达目的地。

一、路是人走出来的

我生在新社会，长在红旗下，不是出身于医学世家，而是经过一段崎岖之路踏入了医学的大门。自小沐浴着党的阳光，我度过了欢乐的童年。自进入小学后，我的奖状贴满了家里的墙壁，功课几乎都是 5 分（那时是 5 分制），我也是被老师宠爱的好学生。但最难忘的是小学毕业的作文，我竟然得了 4 分。这可是我作文的最低分啊。为什么？因为作文的题目是“我的理想”，老师批评说我的理想应该是当医生、教师、科学家……而我竟然想当一个地质考察队员，被老师批评为“不实际”。老师特别提出将来要当个医生。这是在众多的伟大理想中我从来也没考虑过的理想。

我高中毕业后来到了原济南军区生产建设兵团，被分配到卫生队工作。经过一年的医护培训，我做过护理，当过化验员，做过手术助理，渐渐对医生这个职业有了初步认识，直到热爱这个工作。经过3年兵团生活的历练，终于迎来了1973年推荐加考试的上大学机会。我从几百人中脱颖而出，踌躇满志地等待着录取通知书的到来。那时，我满脑子都是站在手术台前去挽救一个又一个的生命。这时候我真正的理想是做一名优秀的外科医生。

终于，我兴奋地盼来了入学通知书。阴差阳错，我被通知上的“中医专业”四个字刺痛了眼球，我一遍又一遍地看着，那四个字依然没有改变。失望、沮丧、对中医的不解，使我扔掉了通知书，拒绝到校报到。报到时间一天天临近，战友们为我整理行装，开欢送会，可我仍然没有要去报到的行动。他们不知道这是为什么，只是为我能上大学感到高兴。最后，我的领导拿出被我揉坏丢弃的通知书。他是医学专业干部，他的话让我半信半疑地踏上了中医的征程。至今我还记得那“中医是一个伟大的宝库”“中医是光明的，有前途的”“我相信你能学好”的嘱咐。

进入了中医的殿堂，我还是不相信那些树皮花草能治百病，那些阴阳理论就是医学的理论。后来“阴阳者………万物之纲纪”，我想既然是纲纪，那就先好好听课吧（因为那时我还惦记着如何能换专业的问题）。渐渐地，医古文、中药、方剂、基础理论陆续开课。老师的讲课出神入化，我被他们代入了远古，又走近了现代，多么神奇！年轻的老师讲课生龙活虎，朝气蓬勃；中老年教师博览群书，知识渊博。我被老师们的风姿所迷，把对老师的敬仰转变为对中医的热爱。我不会忘记真正把我领上中医之路的是尊敬的老师们。

后来，尤其获知张奇文教授20多岁就写了那么多论文及著作，深深被他们的精神所打动。我渐渐地认识了中医，决心沿着中医之路走下去，而且要真正走出自己的轨迹。

我开始朴素地考虑，古代人为什么用草根树皮就能治病，而现在人们用那先进的检验仪器、西药、给予复杂的治疗方案，却取不到理想效果，而且中医和西医的治疗成本又相距甚远。我更加相信，中医的前途是光明的。

毕业后，我从事了中医眼科临床及教学工作。中医和西医对眼科的认识截然不同。中医认为，眼睛虽为局部，但与全身脏腑、气血、经络有着密切关系。西医则将眼看成是独立的器官。所以，治疗也会采取不同的方式。临床治疗中，我常用中医简单的治疗方法，揭示中医理论的奥秘，以使病人认识中医、相信中医。一次，一个带着孩子来治疗的家长偷偷地告诉我，他的孩子来用耳穴压豆的方法治疗近视眼，经过1个月的治疗，结果视力改善了，9年的尿床病也治好了。家长又惊又喜，感到不可思议。我告诉他，我用了调补肝肾的方法进行耳穴压豆治疗，这样可以改善病者体质，改善视力，随即尿床的症状也就逐渐痊愈。

要想取得良好的治疗效果，首先自己要相信中医，利用中医的理论指导，坚持中医治病的理、法、方、药，又不拘泥于形式，辨证施治。青光眼在临床上是严重的致盲眼病之一，西医治疗往往在高眼压时实施手术，但有些病人手术后眼压虽临时较原来降了下来，但有不少病人仍不能有理想的正常眼压，用任何降眼压药都无济于事。北京某医院青光眼病房病人属上述情况，自行到我处就医，并要求说，你用中医方法只要能使我的眼压下来2mmHg，我就承认中医治疗有效。我综合考虑了病人的病情，经过辨证，给予中药治疗1周后，病人眼压达到正常，那知名医院医生称奇不已。其他病人纷纷前来求治。我自此看到了中医药对眼科疑难病治疗的希望。

二、耐心与患者沟通，取得患者信任

“医者仁心”，有的患者虽得了眼病，不愿到医院就医，究其原因是患者惧怕医生，不信任医生。有一眼底病患者，首选了知名医院去看病，从深夜就排队挂号，好不容易几小时后来到医生面前，医生看完了说，你这病是老年病，就这样了，药物无效。患者想多问几句，被医生阻止。从此这位患者拒绝到任何医院就诊，他认为医生不加解释，是医疗水平不高。医生的一个眼神，一个动作，一句话，就会给患者带来极大的影响。与患者沟通，并不是无边际的聊天侃大山，而是抓住病人的心理矛盾，推心置腹，解决主要矛盾，使患者感到温暖，认为医生是值得信赖的人。患者经常对医生的付出心存感激，我认为我们作为医者，应该感谢患者。是他们的信任，把身体交给了素不相识的医生，接受医生的治疗，才使医生通过治疗患者取得了经验，收到了良效。

三、医生以精湛的医疗技术取得患者的信任

患者能够配合医生的治疗，才能取得较好的疗效。医生必须有缜密的思维，精湛的医术，才能给患者足够的信任和信心。记得1985年的一天，一位农村妇女前来就诊，身边带着一个六七岁的小姑娘。诉说病情后，她又哭着说："我家里穷带的钱少，你能给我治好吗？我可是家里的主要劳动力啊！"我检查后，视力右眼1.2，左眼0.5，诊断为左眼中心性视网膜炎并请她放心，花最少的钱，尽快治愈。再三分析病情后，我决定用复方丹参注射液给患者进行球后注射，每周2次，每次注射2mL。经过2周治疗，患者视力恢复到1.0，眼底正常。这样从检查到治愈，患者只花了几十元钱，患者感激不尽，一直让女儿给我磕头。这虽不是书上所说的该病的规范治疗，但能够简、便、廉、效地解除患者的疾苦，也不失是一种极好的方法。

患者的信任是对医生最大的褒奖。这种信任，也包含着对中医的信任。有了患者的信任，患者才能配合治疗。有一55岁男性白内障患者，经某名医行白内障手术后，视力无明显提高，右眼0.2，左眼0.4，进一步检查后，诊为双眼黄斑变性，黄斑水肿。当时被告知白内障手术做得不错，黄斑变性无法治疗，就这样了。患者于心不甘，抱着试试看的想法前来要求中医治疗。病人的体型较胖，患高血压病，脾气较暴躁。经辨证，我认为患者脾肾不足，气滞血瘀。给予五苓散合血府逐瘀汤加减，水煎服，每日1剂，分2次服。连服1个月后复查，视力右0.8，左0.8。告知患者可停药休息。2个月后患者复查，双眼视力均1.0，眼底正常。随访至今，10多年过去了，患者双眼视力仍为1.0。后来才知道，患者说现在相信中医治病的效果了，并将上方前后共服了2个月。

四、中西医汇通，造福于患者

经过8年的中医临床实践，我认为要成为一名优秀的中医眼科医生，必须多方面地汲取知识。要在实践中学习，把学到的知识转化为医疗技术。在中医海洋里要游刃有余，又要与现代的临床技术融会贯通。有一次，我们上级医生为6岁患儿做斜视矫正手术，术后检查斜视度数较前更为严重，多方检查不知问题出在哪里。最后让我为病人再检查一次。经我仔细检查，发现上级医生手

术量计算错误。本应肌肉（眼肌）后徙，计算成了前移。我赶紧报告给了上级医生，很快为患者施行了二次手术。虽然斜视纠正了，但病人二次手术的痛苦，始终刺痛着我的心。我想必须到西医学的海洋里去充实自己，1984 年我来到西医院进修。各种先进的设备使我眼花缭乱，我在这知识的海洋里拼命汲取着知识，不放弃一切机会向护士请教，向老专家讨教。当时遇到一病人，一只眼突然视力极度下降，继而前房积脓。经病例讨论，还是未明确诊断。但抗生素、激素、抗病毒药物均无效。经多方查资料，我认为是“急性视网膜坏死”，立即向上级专家进行了汇报，并提出可以试用中药治疗。专家同意了我的看法并用西药加中医辨证施治，取得了较好的疗效。进修期间，我珍惜分秒时间，努力去掌握新的医学理论、观念，掌握新型设备的使用，并把中医的理念渐渐渗透。我想手术前后服用中药能减轻术后反应，有利于患者的视力恢复，把想法汇报给了上级医生，他也认为有创意，经临床使用后确实收效良好。要知道，在西医院给手术病人服用中药，要顶着多大的压力，但由于效果良好，也渐渐地被接受了。

随着科学技术的不断进步和发展，我们的医疗知识也必须不断更新。我越来越感到自己贫乏的知识无法跟上飞速发展的时代步伐。我决定远渡重洋去为自己“充电”。1985 年，我来到了日本千叶大学，成为一名研究生。我很荣幸地成为著名专家安达惠美子教授的学生，是她把我带进了更广阔的知识海洋。她第一个把白内障摘除后人工晶体植入手术从德国带到了日本，她毫不保留地把手术方法和技巧传授与我。她把大型设备的厂家介绍给我，使我了解到了最新型的医疗设备。她带我参观了医院的各个科室，使我看到了非常和谐的医患关系。我和她一起接待患者，使我了解了患者的整个就诊过程及医生的处置方法。我在学术会上发表文章，受到日本同行的关注，她为我高兴和骄傲。在千叶大学学习的日子里，我恨不得把一切新的知识都装进眼里、记在心里、融化进血液里，带回我的祖国，让我们的医生也都用上最新型的设备，让患者有良好的医疗条件及环境。1988 年，我举家返回祖国，继续完成自己的事业。我把日本一家医疗设备公司代表邀请到中国，他们把一台先进的眼科设备赠送给北京一家大医院；我把一家从事中医药业务的公司引进到我工作的医院合作，每月进行一次学术交流；我建议旅游业把参观中医院、体验中医保健作为一道风景线、一个旅游项目，借此机会宣传中医，把中医推向世界。

五、教书育人，培养优秀的中医人才

从医从教30多年来，我一直认为，中医要进步，要发展，除了上有博才广识的老专家外，培养优秀的中医人才更加任重而道远。多年来，我承担着首都医科大学和北京中医药大学的授课任务。我认真教学，使学生明心明志，热爱中医，热爱所学的专业。我对学生言传身教，做学生的好老师、好朋友。有些学生毕业十几年了，又在外地工作，出差、开会来京时，都不忘记来看望我。得知他们在中医战线上都做出了优异成绩，我也十分欣慰。

我把培养人才为己任，为下级医生修改论文，审核课题，夜以继日，这些事情我已经习以为常了，所以，我多次被评为优秀教师，并载入2011年《中国科学人》。

六、始终如一坚持中医之路

从事中医眼科医疗、教学、科研工作近40年，当了16年眼科主任，我看到年轻医生中不乏许多优秀中医人才，但也有只求方便（自己），忽视中医的辨证施治，甚至有的连中药处方也开不好。针对这些问题，我在继续教育讲课时，对眼病诊治的辨证施治重点讲解。

回顾踏入了中医的大门，走了四十年的中医之路，感慨万千。过去看中医是雾里看花，现在看中医是前途光明，宽广无限。我要在这条路上继续走下去，走出自己的轨迹。

丁 樱

丁樱（1951— ），汉族，江苏南京人。1968 年河南卫校毕业，1977 年本科毕业于河南中医学院中医系，从医 46 年。为第四批全国老中医药专家学术经验继承工作指导老师，第二批全国老中医经验传承工作室专家，享受国务院政府特殊津贴，全国卫生系统先进个人，河南省教学名师。河南中医学院第一附属医院主任医师、二级教授、博士生导师，儿科医院院长，河南中医学院儿科研究所所长；为国家中医临床专科、国家中医药管理局重点学科、重点专科带头人，兼中国民族医药学会儿科分会会长，中华中医药学会儿科分会副主委，世界中医药学会联合会儿科分会副主委，全国中医药高等教育学会儿科分会副理事长，河南省中医、中西医结合儿科分会主任委员，全国中医重点专科小儿协作组组长、小儿紫癜专病协作组组长。主持国家“十一五”“十二五”科技支撑计划重大疑难疾病项目课题 2 项，国家自然基金课题 1 项，省部级项目 8 项；发表学术论文 96 篇，主编、副主编、参编 11 部国家规划教材《中医儿科学》，编写专著 7 部；获省部级二等奖 4 项，三等奖 5 项；参与研发国家新药项目 1 项；先后被邀在国内多所高校讲学。

医学生涯

我是“文革”前的中专生，“文革”期间毕业的大学生，今天能成为二级教授、博士生导师，并被确定为国家名中医，享受国务院特殊津贴专家，抚今追昔，感慨万千。作为我这样一位学历不硬的临床医生兼大学教师来说，谈不上什么惊人的治学经验，但从学医、临诊到执教，确也走过了一段不平坦的路，仅以自己的一点体会与同道共勉。

1. “工农牌”大学生

我出身于江苏南京一个知识分子家庭，父亲是外语教师，系民国时期大学生，典型的“老学究”；母亲是医生。20 世纪 50 年代，为响应国家号召，我们举家迁到河南。父亲教书，母亲做医生，一家人过着平静的生活。随着 1957 年父亲被打成了“右派”，年幼的我遂成了“右派子女”。1965 年初中毕业后以优异成绩顺利考上省重点高中，后因“家庭出身不好”，加上家境困窘，为获得每月十元钱补贴，母亲做主让我转到西医卫校。上卫校一年半，解剖、生理、病理、药理等基础课刚学完，因“文革”学校停课，我随即成为“黑五类”。更因我在校成绩名列前茅，年仅 15 岁的我竟被妒忌我的同学写了一张“走白专道路、不问政治的资产阶级小姐”的大字报。在这种境遇下成长起来的我，继承了父亲生性执着和母亲吃苦耐劳的特点，不仅学习成绩优异，课余常干家务活，虽在家排行老三，却被称为“管家婆”而深得父母信任。

1968 年，卫校毕业，被分配到林县河顺公社医院（现今的乡医院）。我因性格开朗、勤快，眼里有活，看病、抓中药，甚至连护士打针的活儿也抢着干，很快就得到了领导和同事的一致好评。第二年就送我去当时已具有相当规模，且已成全国典范的林县人民医院进修，期间适逢国家医疗队（北京协和医院、阜外医院的医生组成）来县医院开展早期食管癌普查暨手术工作，人手短缺，由于我表现突出，把我留在县医院，这一干就是 2 年。在这 2 年中，我有幸与国家医疗队、河南省医疗队的老一代诸多专家朝夕相处，一起工作，这些专家如胸外科邵令方、张汝刚、刘方圆、梁遵时，病理专家沈琼等，后来大多成为国内外有重大影响力的著名学者，他们对医学事业的执着追求，以及严谨求实的学术作风影响了我一生。

1971 年，全国大中专院校学生再分配之际，我调入安阳龙山化肥厂职工医院做临床医生。从内科到外科，身兼多职，从早到晚忙得不亦乐乎。医院领导和同事都对我这个“爱干活”的小姑娘印象非常好。1973 年，国家实施了“文革”以来首次以推荐为基础的大学升学考试。为圆曾经的大学梦，我报名参加了高考，成绩在安阳地区 200 多名考生中位列第二。不曾想发生“白卷英雄”张铁生事件后，“这次高考无效”，这对我来说是个不小的打击。幸运的是，1974 年单位领导和同事一致再次推荐我上大学，因此很荣幸地进入了河南中医学院中医系学习，成为“工农牌”大学生，从此改变了我人生的发展方向，与中医结下了不解之缘。

2. 角色的转换

进入中医学院之后，深感理论知识欠缺的我非常珍惜这难得的学习机会，不仅全面系统地学习了中西医学知识，而且在课余“帮老师干活”。承担了既是学生又是老师的双重角色，遇到一些实践课程，老师因我有近 6 年的临床经历，经常让我给同学们补西医课。经过理论知识的系统学习，实践中那些知其然而不知其所以然的西医基础知识一一有了答案，但开始对中医却不入门甚至抱有怀疑态度，在学到“肺主气司呼吸”等与现代医学类同的知识还能接受，但遇“脾主运化”等反差较大的理论就感到费解，尤其认为科学已发展到原子、质子时代，怎么还在讲阴阳五行呢？医学是实践性很强的科学，当时学校经常组织医疗队下乡为农民看病，可谓“开门办学”。在此期间我有幸聆听当年的老师、今天的国医大师李振华的多次讲课，跟随石冠卿、赵清理、张磊、尚炽昌等中医学院著名教授、名医参与下乡巡回医疗。在为当地农民看病的过程中，发现中医确实能为病人解决实际问题，一个个典型有效的病例使我对中医有了一种豁然开朗的感觉和全新的认识，就在这种边学习边实践的过程中，逐渐喜欢上了中医并成为中医的虔诚信徒。

1977 年大学毕业后，我留在了中医学院一附院儿科，从事中医临床工作，先后参加了青年教师学习班、河南省中医师进修班、全国第一届中医儿科高师班、全国中医高校骨干教师培训班等，有幸聆听董廷瑶、王玉润、江育仁等老一辈中医儿科学家的授课，中医理论水平有了质的飞跃。同时与国内、省内著名中医黄明志、苗培显、郑建民，中西医专家李宴龄、高智铭老师等朝夕相处十余年，在他（她）们亲自指导下进行查房、出门诊、走上讲台并参与科研，他（她）们把精湛的技术、丰富的临床经验，毫无保留地传给我这一代人，使我较快领略了中医药的精髓，掌握了辨证施治的基本思路与方法，积累了诊治儿科疾病的初步经验，为日后成为儿科学术骨干奠定了基础。

20 世纪 80 年代末，已有 10 余年中医儿科临床工作经历和 6 年从事西医临床工作背景的我，因深受领导和患者好评，成为我院当年最年轻的科室副主任。后来医院又相继任命我为儿科研究所所长、儿科主任、儿科医院院长。通过“擂台”选拔，成为河南中医学院儿科学带头人。1990 年后先后又成为中华医学会中医药学会儿科分会副会长，世界中医药学会联合会儿科分会副会长，国家临床重点专科儿科协作组组长，河南省中医儿科、中西医结合学会主任委员……这一个个不同角色的转换，一个个很有分量的学术职务，是多年来身边多位老前辈的支持，也与全国中医儿科学会张奇文、汪受传、马融等会长的帮助分不开。这些汗水的结晶，似乎是荣誉，更是压力和动力，造就了我既要做一名同行信得过的医生，还要把自己的学术团队带领到全国领先水平的决心。

3. 以勤补拙，持之以恒

我于1974年大学毕业留校任教后，深感自己知识不足，曾一度面临被淘汰的危险，是退却还是努力？只能靠自己选择。古今中外，包括身边的许多前辈，自学成才的不胜枚举，我何不以他们为榜样？多年来，我始终以“勤能补拙”为信条，激励自己树立信心，拼搏上进。除“勤”之外，“恒”字是很重要的，无论书本知识或临床经验，由少到多，由易到难，一点一滴，日积月累，聚涓滴而成江河。数年来，无论临床、家务如何繁忙，我总要挤时间来完成预定的学习、科研计划，利用一切可利用的时间和机会，去做应该做的事。数十年如一日坚持下来，我才感到，正是在这种持之以恒的忙碌中自己才逐渐充实起来。

4. 实践第一，重在思考

“将升岱岳，非径奚为，欲诣扶桑，无舟莫适。”要获得解决实际问题的才干和本领，成为一个优秀的中医儿科医生，需要正确的方法，即实践、思考和知识相结合。知识很重要，但知识不等于才能，知识只能在实践和思考中运用，并融会贯通，方可转化为才能。留校工作以来，我始终把临床实践放在第一位，工作在临床、教学第一线。临床工作虽十分辛苦，常加班加点，未曾享受过寒暑假，节假日也常被占用，但我却在临床实践中得到了锻炼，不但临床上能独当一面，且较好地完成了教学、科研任务。

思考是创造性劳动，是从现象去探讨本质的一种基本功，面对一个病人或一个具体医疗问题，医生要思考的范围是很广的，只有培养全面、周密而认真的思考方法，才有可能把书本知识付诸临床实践，并在实践中检验自己的判断和处理方法是否正确。在我成长的过程中，遇到了一些老师，他们对病人整体诊查、严谨求实的工作作风和善于思考的工作方法对我产生了较大的影响，并使我终身受益，我一直努力把这种好的作风继承下来并传授给学生。

5. 更新知识，跟上时代

在科学技术迅猛发展的今天，如何使自己跟上时代是每一个人面临的挑战。

要跟上时代步伐，除要付出艰辛的劳动外，还必须掌握科学的方法。第一，要根据需要，有目的地去读有价值的书刊、杂志，以便在浩瀚的知识海洋中正确取舍，把有限的时间和精力最有效地用在知识更新上；第二，应中西医结合，取长补短。中医和西医的思维模式尽管不一致，但有其共同的研究对象和价值标准，共同的学科属性和发展方向。在这种前提和基础上，当一种医学不能圆满解决医、教、研中的全部问题时，两者结合起来取长补短是非常有益的。我个人之见，中医院校的学生，在学好中医的基础上，注意学习和掌握现代医学的新知识、新技术是跟上时代不可缺少的环节。也正是这种理念，造就了日后在采用中医、中西医结合的方法解决疑难疾病的临床特色和水平，适应了社会的需要，跟上了时代的发展，也促进了河南中医儿科临床专科的发展。

6. 扎根学术，打造学科

我始终认为，作为一名导师，应深受学生的爱戴；作为一名中医儿科名医，应对小儿常见病和各种疑难杂症的诊治具有丰富经验；作为一名学科带头人，应把自己团队的学术带领到全国领先水平。我怀着这些理念坚定地去努力。

1999 年，我刚刚接任河南中医学院一附院儿科主任的时候，全国中医儿科正处于低落期。那时我院儿科也出现了空前的不景气：床位只有 25 张，日门诊量不到 100 人。我下决心要扭转这种局面，开始进行深层次思考。首先分析了中医儿科面临的严峻形势，我认为随着社会的发展和医疗技术的不断提高，儿科常见病在基层医院完全可以得到较好的治疗，而前来省级医院就诊的多为疑难或重症患者，也就是说，在新的历史时期，省级医院面对的疾病谱已经发生了重要的变化。另一方面，医学专业的发展越来越细化，但中医儿科的发展仍停留在大儿科，即二级学科的粗放管理水平，没有鲜明特色，而且缺少高精尖的人才。还有，针对儿科疾病的特点，医护人员长期工作量大且收益低，具有高付出、高风险、低收益的特点，因此，导致中医儿科的人才流失，专科规模呈现日益萎缩的趋势。

对刚刚担任儿科主任的我而言，面对这种不容乐观的现状，面临着严峻的挑战。时代在发展，中医儿科专科设置也必须适应新形势下社会的需要，才能更好地发展壮大，为百姓服务。因此，在医院的支持下，在制定我院儿科发展规划时，我就针对专科专病建设、科研方向、人才培养等方面开始了“重新定位”，在广泛调研和认真论证的基础上，制订了新的规划方案。从此，我院儿科走上了一条全新的发展之路。

我首先对儿科进行了三级学科分化，结合自身优势，突出了“发挥中医优势，突出龙头带动作用”的发展思路。利用我院儿科一批在国内知名的老专家如郑颉云、黄明志、李晏龄、高智铭等在儿科疾病诊治上积累的丰富经验，作为学科发展的坚实基础。此后的10余年来，我带领儿科医护人员以临床医疗为核心，充分发挥中医药治疗慢性疑难病的优势和传统中药散剂“简、便、廉、效”的特色优势，对小儿肾病、脑病、呼吸系统疾病等3个专业的疑难疾病进行了深入研究，取得了满意的临床疗效。近五年又拓建了小儿急危重症、感染性疾病等2个方向，突出了专科专病建设。在儿科疾病的诊治上，一手抓中医特色，一手抓现代诊疗技术，利用现代先进技术为中医诊疗服务，推动了中医儿科临床不断发展。同时，加大了三个特色专业的人才培养以及专科病区、科研项目、实验室基地、研究生培养等多方面的配套建设。在大力发展小儿肾病、脑病、呼吸系统疾病等重点专业方向发展的同时，还先后成立了小儿心血管、消化、内分泌、结缔组织病、精神心理、遗传等专业。经过不懈的努力和建设，各专业均成规模，并且均培养出了学术带头人，儿科一天天地在发展壮大，病人数量大幅增加。这些显著的成绩，是建立在对儿科学科发展方向和内涵不断把握的基础上。

从1999年开始，在不到十年的时间里，我院儿科得到了快速发展，发生了翻天覆地的变化。业务量整整翻了10倍。15年后的今天，床位由25张扩大到了355张，日门诊量由65人次增加到1700余人次，专科规模仍不断扩大，成为已具有五个大病区的院中院——儿科医院。近年，来我院就诊的小儿肾脏病人来自北京、新疆、广东等全国各地；小儿脑病病人来自全国各地乃至俄罗斯、法国等国家。国家级重点学科的评估标准之一是：科室床位数量必须达到全院总量的1/10，本区域以外的病人至少要达到20%以上。而今，我院儿科来源于本区域以外的病人已经高达82%，门诊量和床位数量已分别占全院总量的1/5。其中小儿难治性肾病、过敏性紫癜性肾炎、重症肺炎、哮喘、脑性瘫痪等疑难疾病及急危重症的收治率逐年增加，改变了“中医只能处理常见轻病、慢病”的观念。目前我科的年门诊量近40万，年出院9000余人次，开展的中医特色诊疗技术40余项，开设小儿肾病、脑病、肺病、感染性疾病、急危重症等独立专业病区，是唯一拥有小儿肾脏病理国家三级实验室、全国中医儿科疑难疾病会诊诊疗中心的单位。病房收治病人的数量，疾病谱的广度、难度，以及专业特色均位于全国中医儿科之首，在国内产生了重大影响。2001 年以来，我院儿科先后被评为国家中医药管理局重点学科、重点专科，卫生部中医临床重点专科暨中医儿科全国协作组组长单位，河南省中医药管理局重点专科、儿科名科、国家名医工作室等，我个人也相继获得了国家名医、享受国务院政府特殊津贴专家、全国卫生系统先进个人、河南省教学名师等一系列荣誉。

随着实力不断增强和知名度不断提高，近年我先后承担了国家“十一五”“十二五”支撑计划重大疑难疾病项目和国家自然基金项目，河南省重大科技攻关项目等多项课题，先后荣获省部级科研成果 5 项，成为多部国家中医高校规划教材编委、副主编、主编。应邀前往国内多所高校进行讲学，并前往美国、加拿大、英国以及西欧、北欧进行交流学习。我科还先后接待了来自北京儿童医院、江苏省中医院、天津中医药大学第一附属医院、长春中医学院附属医院、广西中医药大学、甘肃省中医院等多所高校附属医院和地方医院的科主任、医生前来进修学习，把河南中医学院一附院中医儿科的中医优势技术传播到了祖国的大江南北。

临证之鳞爪

（一）激素－中药序贯论治小儿肾病

小儿肾病是以大量蛋白尿、低蛋白血症、高度水肿、高脂血症为主症的临床综合征，分为原发性和继发性两类。中医学属水肿范畴。糖皮质激素为治疗本病的重要药物。基于 30 余年的小儿肾病中医临床和理论研究，发现了本病在本虚标实病机本质基础上，加服激素而致的阴阳失调序贯演变规律的中医病机特点，倡以调整阴阳失衡为目的的激素－中药序贯疗法，形成了自己独特的学术思想，部分经验编入“九五”国家级重点教材《中医儿科学》，得到了中医儿科界的认可。

1. 阴平阳秘，精神乃治，谨调阴阳，以平为期

阴阳学说是中医学的基础和灵魂。生理上，阴阳动态平衡是人体正常生命活动的保证，如《素问・生气通天论》曰，“阴平阳秘，精神乃治，阴阳离决，精气乃绝”；病理上，阴阳的偏胜偏衰是疾病产生的根源，如《素问・阴阳应象大论》言，“阴胜则阳病，阳胜则阴病”，即阴阳失调；诊断上，阴阳辨证是八纲辨证之首，是中医辨证体系的本源，如《素问·阴阳应象大论》云，“善诊者，察色按脉，先别阴阳”；治疗上，如《素问·至真要大论》云，“谨察阴阳所在而调之，以平为期”，达到阴平阳秘，为中医论治之总则和最终目的。我认为，小儿肾病，尤其是在激素治疗过程中，呈现典型的阴阳序贯演变，治疗也应以调整阴阳、力求阴平阳秘为要。

2. 序贯演变病机

小儿肾病病机本质属本虚标实，正气虚弱为本，邪实蕴郁为标。正虚是指气虚、阳虚、阴虚或气阴两虚，脏腑辨证表现为肺脾气虚、脾肾阳虚、肝肾阴虚等，为病之本。如《景岳全书》曰：“凡水肿等证，乃肺脾肾三脏相干之病。”邪实是指外感及水湿、湿热、瘀血及湿浊等病理产物，故为标。标本之间相互影响、相互转化，从而出现阴阳失调。

激素是治疗肾病的重要药物，为阳刚燥热之品，气味纯阳，故为“壮火”之品。肾病除本身标本虚实演变而导致阴阳失调外，还因服用激素而发生变化。小儿肾病在激素应用情况下，呈现为阳虚水泛、阴虚火旺、气阴两亏和阳气虚弱的序贯演变规律。首先，阳虚水泛证，出现在未用或用激素早期（2周内），此期未用激素或应用时间尚短，激素之壮火食气作用尚未显现，证候主要取决于肾病本身的本虚标实本质，表现为脾肾阳虚或脾虚湿困的证候，证属阳虚水泛。其次，阴虚火旺证，出现在用足量激素2周以后或长期用激素阶段，随着激素的大量应用，其火热之性显现，患儿多在阳虚基础上渐现阴虚火旺，从而表现为肝肾阴虚、虚火内盛的阴虚火旺证候，证属阴虚火旺证。再次，气阴两亏证，出现在激素巩固治疗期（减药阶段），随着激素减量，而出现壮火食气，耗气伤阴，患儿由肝肾阴虚、阴虚火旺证候渐转变为气阴两虚证。最后，阳气虚弱证，出现在激素小剂量维持治疗期，表现出脾肾气虚或阳虚证候。

3. 序贯论治

病机的序贯性决定了治疗的序贯性，临证配合激素序贯进行温阳利水、滋阴清热、益气固肾和温肾助阳四法。①温阳利水法：在未用或用激素早期（2周内），激素的副作用尚未显现，临床多表现为脾肾阳虚或脾虚湿困的证候。症见全身浮肿，神疲乏力，面色㿠白，畏寒肢冷，腰膝酸软，小便短少不利，口淡不渴，舌质淡，苔白滑，脉沉无力。治宜温阳益气，化瘀利水法。方选肾病序贯

Ⅰ号方：生黄芪40克，太子参12克，菟丝子10克，桑寄生10克，大腹皮10克，猪苓12克，泽兰10克，茯苓15克，当归12克，丹参10克，桂枝6克，甘草10克。方中生黄芪、太子参、菟丝子、桑寄生等温阳益气；大腹皮、猪苓、泽兰、薏苡仁、桂枝通阳利水；当归、丹参等活血化瘀；甘草调和诸药。②滋阴清热法：用足量激素2周以后或长期用激素阶段，因激素的副作用渐显，患儿多在阳虚基础上渐显阴虚火旺，从而表现为肝肾阴虚、虚火内盛的阴虚火旺证候，为现代医学所说的医源性肾上腺皮质功能亢进症。症见五心烦热，面部痤疮，心烦躁扰，食欲亢进，口干舌燥，满月面容，舌质嫩红，少苔或无苔，脉细数。治宜滋阴清热，兼以温肾补气。方选肾病序贯Ⅱ号方：生黄芪30克，太子参12克，菟丝子10克，桑寄生10克，生地黄15克，知母12克，黄柏10克，女贞子10克，旱莲草10克，当归12克，丹参10克，砂仁6克，甘草10克。方中生黄芪、太子参、菟丝子、桑寄生温阳益气；生地黄、女贞子、旱莲草、知母、黄柏滋阴清热；以当归、丹参等活血化瘀；砂仁防滋阴药碍胃；甘草调和诸药。③益气固肾法：激素巩固治疗期（减药阶段），随激素量的变化，阳刚燥热之品减少，激素的副作用逐渐减少，而“壮火食气”的副作用表现出来，火易耗气伤阴，可导致气阴两虚。患儿多由肝肾阴虚、阴虚火旺证候渐转变为气虚阳虚或气阴两虚的证候。另外，因大量外源性激素对下丘脑－垂体－肾上腺皮质轴的长期反馈性抑制，致使肾上腺处于抑制性萎缩状态，皮质醇分泌减少甚至停止，故此期肾气虚或阳虚逐渐明显。肾气（阳）亏虚兼气阴两虚是本期的特点。症见气短乏力，手足心热，自汗出，易感冒，大便稀溏，纳呆腹胀，舌质淡有齿痕，脉沉细或细数。治宜益气固肾为主，兼以养阴。方选肾病序贯Ⅲ号方：生黄芪60克，太子参12克，菟丝子15克，桑寄生10克，巴戟天12克，肉苁蓉12克，生地黄10克，知母10克，黄柏10克，当归10克，丹参10克，砂仁6克，甘草10克。方中生黄芪、太子参、菟丝子、桑寄生温阳益气；生地黄、知母、黄柏滋阴清热；以当归、丹参等活血化瘀；砂仁防滋阴药碍胃；甘草调和诸药。因此期肾气、阳虚较突出，故临证要重用黄芪，多者可达60～90克，因小儿肾病病机本质为本虚标实，本虚为肺脾肾三脏虚弱，标实之水湿亦尤为关键，故生黄芪可大补肺脾之虚，又兼利水消肿，且通过临床观察，大剂量明显优于中小剂量，可谓标本兼治，故收到良效。大剂量生黄芪或许在缓解激素引起的阴阳亏虚，增强激素疗效和防治耐药方面有较好效果，值得临床进一步研究。另外，减少滋阴药物，增加温补肾阳药物也是本期特点。④温肾助阳法：激素小剂量维持治疗期，激素减量至小剂量维持阶段，激素的副作用逐渐消失，由于大量外源性激素对内源性“少火”产生抑制，所以“少火生气”作用减少，又逐渐表现出脾肾气虚或阳虚证候，即肾上腺皮质功能不全的表现。症见神疲倦怠，气短乏力，面色苍白，肢凉怕冷，纳呆便溏，舌淡胖，脉虚弱。治宜温肾助阳法。方选肾病序贯Ⅳ号方：生黄芪45克，太子参12克，菟丝子15克，桑寄生10克，白术12克，茯苓12克，砂仁10克，巴戟天12克，肉苁蓉15克，当归10克，丹参10克，甘草10克。方中生黄芪、太子参、菟丝子、桑寄生、巴戟天、肉苁蓉温阳益气；白术、茯苓益气；砂仁运脾；当归等活血化瘀；甘草调和诸药。此期脾肾阳虚逐渐好转，故生黄芪量稍减。另外，此期较少阴虚之象，故减去滋阴清热药物，或略佐一二，既防其伤阳腻胃，又顾及阴中求阳。

（二）中成药雷公藤多苷在小儿肾系疾病的应用

1. 正确认识雷公藤

雷公藤是从中医学宝库中发掘出的一项疗效显著、用途广阔、极有发展前景的新药，是我国传统中草药中的一个瑰宝。雷公藤为卫予科植物，具有清热解毒、祛风通络、舒筋活血、除湿消肿止痛的作用。雷公藤多苷是从植物雷公藤根提取精制而成的一种极性较大的脂溶性混合物，既保留了雷公藤中药的免疫抑制等作用，又除去了许多毒性成分，是目前临床使用较多的免疫抑制剂。

雷公藤有毒，《神农本草经》中没有收录雷公藤，最早见于《本草纲目拾遗》：“出江西者力大，土人采之毒鱼，凡蚌螺之类亦死，其性暴烈。”

我应用雷公藤近30年，经数以万计的患儿使用，未发现严重的不良反应，所谓“大毒者有奇效”。我经过数十年的临证经历，逐渐明确了这样一个道理，对中药的毒副作用不必谈“毒”色变。常见的副作用在停药或对症处理后都可以恢复，一般不影响治疗。正确认识、深入了解雷公藤的免疫抑制作用和毒副作用，是科学使用雷公藤制剂的前提，临床既要充分发挥雷公藤的治疗作用，又要尽可能防治其不良反应。过分夸大或弱化其毒副作用都是不科学的态度。

2. 规范中成药雷公藤多苷（TWG）在儿科的应用

我近年一直致力于如何正确掌握TWG在儿科应用的剂量、疗程，使其在发挥治疗作用的同时，最大限度降低副作用的探讨。我认为，小儿用2倍剂量［2克/（千克·天）］后，疗效确有增加，但副作用发生的概率也有上升，故临床用2倍剂量大多控制在2周内。当把TWG剂量减至1.5毫克/（千克·天）以下时，副反应很快减轻或消失，但若剂量过早减至<1毫克/（千克·天）时，病情常会有波动。故近年临床常采用的方法是：对各种原发性、继发性肾炎的轻度蛋白尿或兼血尿，以常规剂量1~1.5毫克/（千克·天）×3个月进行治疗。对原发性肾病、紫癜肾、乙肝肾、狼疮性肾炎的中等或大量蛋白尿者，多采用阶梯疗法：起始剂量可用2毫克/（千克·天）×2周，继予1.5毫克/（千克·天）×（4~6）周，改为1毫克/（千克·天）×（6~8）周，或停药或减至0.6~0.8毫克/（千克·天）维持1个月后逐渐停药。疗程3个月左右，但据病情也可延长疗程。以该阶梯疗法为核心的方案目前已在北京儿童医院、北大妇儿医院、上海复旦大学儿科医院推广应用。

据多年的临床经验，我认为TWG治疗HSPN（紫癜性肾炎）时，对除急进性肾炎外的各种类型均有较好的疗效，其中尤以轻、中度蛋白尿伴或不伴血尿，组织病理改变在Ⅲ级以下者疗效最好，对表现为肾病综合征、组织病理改变在Ⅲ级以下者也有满意效果，但对兼有小管间质中、重度病变者则疗效欠佳；治疗肾组织病理为轻、中度系膜增生的病例也有确切疗效，对于单纯性蛋白尿以TWG双倍剂量的用法优势突出，对于重度系膜增生或/和小管间质中、重度病变者的疗效较差。此乃TWG治疗肾小球疾病过程中的普遍规律。

3. 雷公藤实验和临床研究

由于认识到雷公藤多苷的确切疗效和应用前景，故开展了临床和相关的实验研究，并为此中标“十一五”“十二五”两项国家科技支撑计划项目重大课题及一项国家自然基金课题。

历经近20年临床观察，雷公藤多苷副作用发生率与不同的厂家制剂有关，主要见于胃肠道反应、肝功能异常、急性粒细胞减少；长期应用可出现可逆性性腺损伤，如青春期女性患者月经紊乱、闭经，男性的精子数量减少，但停药后多可恢复。临床配合中药辨证治疗可减少其副作用的发生率。我对使用过雷公藤的患儿进行了16年随访，在41例至成年后的病例中，无论男女均未发现对生育有影响。对此有待进一步扩大病例数以深入研究。

陶汉华

陶汉华（1951— ），男，汉族，山东省莱芜市人，中共党员。

1973年9月入山东医学院中医系学习。1976年12月毕业于山东中医学院，留任中医内科教研室。1982年考取本校研究生，1985年12月在本校硕士研究生毕业，并获硕士学位。1992年7月晋升副教授，并任金匮教研室副主任。1997年10月晋升教授，任金匮教研室主任。1995年5月被遴选为硕士研究生导师。2004年4月被浙江中医药大学聘为博士研究生导师，2007年6月被山东中医药大学聘为博士研究生导师。1995年被评为山东省优秀青年中医。1997年被评为山东中医药大学第二届“十大优秀教师”。2006年6月被评为山东中医药大学教学名师。2009年被评为全国医学教育系统师德师风先进个人。2011年8月退休。共带教和培养硕士研究生28名，博士研究生15名。曾为中华中医药学会仲景学说分会委员、山东省医学会医疗事故技术鉴定专家库成员、中国书法家学会会员、山东省高等学校书法协会理事。书法作品曾获全国卫生系统“杏林杯”佳作奖。

主要研究中医内科杂病的辨证论治规律。曾发表学术论文《眩晕证治概要》《鳖甲煎丸方义新解与临床应用》《百合病与散发性脑炎》《补肾方的临床应用体会》等100余篇。出版学术著作12部，主要有《金匮要略研读心悟》《中医病因病机学》《刘献琳学术经验辑要》《金匮要略选释》《中医内科临证诊疗备要》等。主编及参编全国教材、本校教材10部。主持研究科研课题“酸甘焦苦合化法防治病毒性肝炎临床与实验研究”1999年获山东省医学科学技术进步二等奖。主持完成国家自然科学基金委课题2项。参与完成国家自然科学基金委课题2项，其中“劳倦过度、房室不节肾阳虚模型及相关基因的研究”获山东省科技进步三等奖。主持山东省中医药管理局课题1项。

一、熟读经典，弘扬仲景学术

以前，大学期间只开设《伤寒论》的课程，未开《内经》和《金匮要略》的课程。1979年卫生部要求在中医本科学生中增开《内经》《金匮要略》经典课程，于是学校决定成立金匮教学组，以刘献琳老师为主，另外有曹其旭老师、胡遵达老师（医院编制）和我。我作为助教主要是听课，同时协助刘老师誊写讲稿和打印教材。1981年3月，我又去成都中医学院参加全国金匮师资班，期间聆听了李克光、邓明中、张家礼等教授的讲课。1981年7月结业。1982年考取刘献琳教授硕士研究生，主要研究《金匮要略》杂病辨证论治规律，1985年毕业后，我一直从事《金匮要略》教学和研究，并且一直坚持中医门诊。

刘老师常讲，“书读百遍，其义自见”，所以刘老师要求《金匮要略》中重点内容，特别是有证有方的条文一定要背诵。在长期的教学和研究中，我对《金匮要略》开始有所感悟。著成《〈金匮要略〉研读心悟》一书。

1. 重视预防，《金匮要略》开篇即讲“治未病”

“治未病”源于《内经》。《素问·四气调神大论》云：“是故圣人不治已病治未病，不治已乱治未乱，此之谓也。夫病已成而后药之，乱已成而后治之，譬犹渴而穿井，斗而铸锥，不亦晚乎？”此“治未病”的涵义是未病先防。具体内容主要体现在养生方面，《内经》开篇《上古天真论》即论述人应如何注意养生以治未病，“上古圣人之教下也，皆谓之虚邪贼风，避之有时，恬惔虚无，真气从之，精神内守，病安从来”“是以志闲而少欲，心安而不惧，形劳而不倦，气从以顺，各从其欲，皆得所愿。故美其食，任其服，乐其俗，高下不相慕，其民故曰朴。是以嗜欲不能劳其目，淫邪不能惑其心，愚智贤不肖不惧于物，故合于道。所以能年皆度百岁而动作不衰者，以其德全不危也”。《内经》养生思想主要秉承当时老庄学说，以上许多内容取自老子《道德经》。其核心思想是“无为而治”，人作为自然界中的一种生物，就要一切顺从自然。“春夏养阳，秋冬养阴”做到“四气调神”。《金匮要略》也是开篇即讲预防问题，首先上承《内经》治未病思想，在《脏腑经络先后病脉证》篇第二条云：“若人能养慎，不令邪风干忤经络，适中经络，未流传脏腑，即医治之；四肢才觉重滞，即导引、吐纳、针灸、膏摩，勿令九窍闭塞；更能无犯王法、禽兽灾伤；房室勿令竭乏，服食节其冷热苦酸辛甘，不遗形体有衰，病则无由入其腠理。”

张仲景在继承《内经》“治未病”思想的基础上，发展了“治未病”理论，取《难经》治未病涵义。《难经·七十七难》曰：“经言上工治未病，中工治已病者，何谓也？然，所谓治未病者，见肝之病，则知肝当传之与脾，故先实其脾气，无令得受肝之邪，故曰治未病焉。中工者，见肝之病，不晓相传，但一心治肝，故曰治已病也。”在此基础上，《金匮要略》首条原文即指出：“夫治未病者，见肝之病，知肝传脾，当先实脾。”此谓治未病之脏腑，就是人一旦得病，就要采取一切措施，早期治疗，防止疾病由一个脏腑向另一个脏腑传遍，由表入里、由浅入深、由轻向重发展。如此“治未病”就有了两个涵义，一是《内经》所讲的未病先防；二是《难经》和《金匮要略》所讲的已病防变。

总之，自古至今，人们都是在强调“预防为主”，“预防”一词最早见于《周易》，云：“水在火上，既济。君子以思患而预防之。”中华人民共和国成立后制订的第一部卫生法关于卫生工作四大方针，第一就是“预防为主”。现代医学将预防医学作为第一医学，意义也在于此。

归纳《金匮要略》预防内容，首先是保养正气，“若五脏元真通畅，人即安和”。元真指元气和真气，泛指人体正气，即《内经》所讲的“正气存内，邪不可干”“邪之所凑，其气必虚”。保养正气就要“养慎”，慎情志刺激，慎饮食起居，慎外邪侵袭，做到房室有节，无犯王法，还要避免禽兽灾伤。随着社会的发展，现代许多工业带来的环境污染以及交通事故等，已成为导致疾病发生甚或导致人类死亡的重要因素，尤须引起人们的注意。

至于已病防变，在《伤寒杂病论》中有许多具体措施。如《金匮要略·脏腑经络先后病脉证》云：“适中经络，未流传脏腑，即医治之。四肢才觉重滞，即导引、吐纳、针灸、膏摩，勿令九窍闭塞。”此即既病早治，防微杜渐，已病防传，阻遏蔓延之意。

近代，美国哈佛大学卡普兰教授提出预防医学三级结构。一级预防，即病因预防，包括为防止疾病发生所采取的增进健康和特殊防护两方面的措施；二级预防，即临床前期预防，通过早期诊断、早期治疗，阻断疾病的发展，重点是努力发现，及时治疗各种潜在的和隐匿的疾病；三级预防，即临床预防，目的是减少病痛，延长生命，包括预防并发症，防止和减轻病残及促进康复等。其意义与《金匮要略》治未病，也即未病先防和已病防变是一致的。

2. 临床诊治疾病四诊合参，问诊尤为重要

《金匮要略》开篇《脏腑经络先后病脉证》中在诊断方面用原则举例的方法，扼要论述了望诊、闻诊和切诊的内容。

《金匮要略·脏腑经络先后病脉证》第3条原文："病人有气色见于面部，愿闻其说。师曰：鼻头色青，腹中痛，苦冷者死；鼻头色微黑者，有水气；色黄者，胸上有寒；色白者，亡血也。设微赤，非时者，死；其目正圆者，痓，不治。又色青为痛，色黑为劳，色赤为风，色黄者便难，色鲜明者有留饮。"其简要论述了望诊在临床上的应用。《难经》云，"望而知之谓之神"，强调了望诊在四诊中为首的重要意义。《金匮要略·脏腑经络先后病脉证》第4条原文"师曰：病人语声寂然，喜惊呼者，骨节间病；语声喑喑然不彻者，心膈间病；语声啾啾然细而长者，头中病。"通过听病人说话的声音及其他发出的自然声响，来判断疾病，这同望诊一样，也是较为高明的医生。《难经》云："闻而知之谓之圣。"

问诊在《金匮要略》中没有举例说明，这是张仲景写书"详于特殊，略于一般"的规律，问诊是作为一个医生的最基本的功夫，"问而知之谓之工"，会问诊是医生最起码的技术要求。《素问·三部九候论》曰："必审问其所始病，与今之所方病，而后各切循其脉。"现代无论中医还是西医，问诊是临床最常用也是最重要的方法，正如名老中医萧龙友先生认为："四诊当中，问诊最为重要。"问诊要仔细，要全面，除明代医家张景岳总结写成的"十问歌"外，还要问病人的病史长短、生活习惯、工作职业等。

切诊包括脉诊和按诊，二者同是用手对病人体表进行触摸按压，从而获得重要辨证资料的一种诊病方法。医籍中按诊的内容较少，脉诊的内容非常丰富，成为中医诊病的一种独特方法。《金匮要略》在诊断腹满病时，提出："病者腹满，按之不痛为虚，痛者为实""按之心下满痛者，此为实也"。在疮痈病的诊断时，提出："诸痈肿，欲知有脓无脓，以手掩肿上，热者为有脓，不热者为无脓。"此均属按诊的方法。

仲景切脉用三部九候法，包括寸口脉、趺阳脉、少阴脉、少阳脉等，用得较多的是寸口脉和趺阳脉。其在脉诊举例时，特别强调脉证合参。一是诊脉要与四时五色相结合。首篇原文第7条："师曰：寸口脉动者，因其王时而动，假令肝王色青，四时各随其色。肝色青而反色白，非其时色脉，皆当病。"本条旨在说明四时气候的变化，影响人体的生理功能，可表现于色脉。脉诊时必须加以注意。二是诊脉要结合症状。首篇第9条原文："师曰：病人脉浮者在前，其病在表；浮者在后，其病在里，腰痛背强不能行，必短气而极也。""浮者在前"是寸脉浮，主表证；"浮者在后"是尺脉浮，主里证。尺脉浮多是肾虚，但是否是肾虚还要看是否有肾虚的症状，如果尺脉浮加之有腰痛、背强不能行、短气而疲极，诊为肾虚无疑。《难经》云，"切而知之谓之巧"，是说诊脉要有精巧的功夫，同样一种脉象有的能摸出，有的就不能摸出，摸脉有心领神会之巧功。但单从脉象很难诊断疾病，如摸到脉弦，弦脉主若干病证，肝阳上亢脉弦，痰饮病脉弦，少阳病脉弦，疼痛脉弦，太阳伤寒脉弦等，必须脉证合参才能做出正确的诊断。四诊中把脉诊放在最后其意义也在于"脉象只能作为重要的参考"。一些人故弄玄虚，不用病家开口，摸脉就能对病证全然知晓，确有骗人之嫌。这种现象早就有许多中医学家批判之，李时珍说："脉乃四诊之末，谓之巧者尔。上工欲会其全，非备四诊不可……每见时医于两手六部之间，按之又按，曰某脏腑如此，某脏腑如彼，俨然脏腑居于两手之间，可扪而得，种种欺人之丑态，实则自欺之甚也。"张景岳说："古人以切居望闻问之末，则于望闻问之际，已得其病情矣。不过再诊其脉，看病应与不应也……以脉参病，意盖如此，曷以诊脉知病为贵乎。"徐大椿也说："病之名有万，而脉之象不过数十种，且一病而数十种之脉无不可见，何能诊脉即知其何病，此皆推测偶中，以此欺人也。"

3. 肾气丸为金匮名方，临床当加减活用

肾气丸被认为是张仲景《金匮要略》中最为有名的方剂，连其附方崔氏八味丸所治疗的病证共有5种，后世医家将其作为补肾阳的代表方，并在此基础上，衍化出许多补肾方剂，如六味地黄丸、济生肾气丸、益阴肾气丸、左归丸、右归丸、桂附八味丸等，这些方剂的药物组成有别，功效不一，如何把握其组方原则，尤其要注意其中许多细微之处，对提高临床疗效具有重要意义。

肾脏的生理功能减退，即为肾气虚，有虚热征象者，为肾阴虚，有虚寒征象者，为肾阳虚，严格讲前者应为肾阴气虚，后者为肾阳气虚。临床上，人们常讲的肾阴虚、肾阳虚正是这一层面上的阴阳虚衰。因为功能表现以物质为基础，因此临床治疗，恢复肾之功能，仍常用药物这一物质载体来补缺纠偏，达到治病的目的。

（1）肾主水功能减退时的治疗：肾气丸在《金匮要略》一书中治疗病种较多，对后世影响较大，为仲景治疗杂病群方之冠。然而纵观《金匮要略》全书，肾气丸所治疗的虚劳、痰饮、消渴、妇人转胞等，都有小便方面的变化，或小便不利，或尿频量多，一是肾之气化不利，一是肾之固摄失职，二者皆为肾气虚也即肾主水液代谢功能减退。方中生地黄、山茱萸、山药滋补肾阴，配少量桂枝、附子温补肾阳，此方阴阳并补，以平补肾气为主。正如《医宗金鉴》所云："此肾气丸纳桂附于滋阴剂中十倍之一，意不在补火，而在微微生火，即生肾气也。"此外，为调整水液代谢，加入茯苓、泽泻、丹皮利水活血。方中生地黄甘、苦，寒，丹皮苦、辛，寒，泽泻甘、寒；山茱萸涩、温，桂枝、附子辛温；山药、茯苓甘、平。纵观全方，寒热药物三对三，且寒性药物用量较大，因此此方体现不出温热之性，历来把它作为补肾阳代表方欠妥。汉代张仲景之所以将其叫肾气丸，蕴藏着深刻的涵义。

临床上肾阳虚而水液代谢失常时，应该用何方治疗？目前，市售的桂附地黄丸较为合适。一般认为，桂附地黄丸即是肾气丸，二者可以相互代用。然而二者是有区别的。二者虽组方药味相同，药量比例也一样。而据《中华人民共和国药典》记载，桂附地黄丸中应用的是熟地黄，熟地黄甘、温，将原方之八两生地黄，改成熟地黄，就完全改变了方剂的寒热性质。因此，桂附地黄丸具有温补肾阳之功，表现为腰膝酸软、冷痛，或四肢发凉，肢体浮肿，小便不利，或尿频、量多、小便清长等症状时，应用最为对证。宋代严用和《济生方》中加味肾气丸，在以上药物基础上加川牛膝、车前子，加强了利尿祛湿的功能，但药量上发生了变化。原方：炮附子二枚，官桂半两，熟地黄半两，山萸肉一两，炒山药一两，泽泻、茯苓、丹皮各一两，川牛膝半两，车前子一两（酒蒸）。此方加大了附子的用量，减少了地黄用量，全方温补肾阳，治疗腰重脚肿，小便不利。

如果是肾阴虚而表现水液代谢失常时，当用六味地黄丸。宋代钱乙《小儿药证直诀》记载，熟地黄八钱，山茱萸、山药各四钱，泽泻、丹皮、茯苓（去皮）各三钱，为末，炼蜜为丸，梧桐子大，每服三丸。治疗小儿肝肾阴虚，腰膝酸软，肾怯失音，囟开不合，目中白睛多，面色皖白等。此方从药味上看，是金匮肾气丸减去了桂枝附子，而生地黄改用熟地黄，茯苓强调去皮。本方以补肾阴为主，茯苓去皮，减轻了其利水作用，配合山药健脾。因此，此方既能滋补肝肾，又能健脾利水，临床上治疗肾阴虚或肝肾阴虚或脾肾两虚而引起水液代谢失常之病证更为合适。阴虚病人往往表现虚热，临床应用此方时，熟地黄应改用生地黄；小便异常症状明显，或有明显水肿时，茯苓以不去皮为宜。如果阴虚火旺，可用知柏地黄丸。如果肝肾阴虚，表现为视物昏花，眼部症状明显者，可用杞菊地黄丸。

（2）肾主藏精、生殖功能减退时的治疗：肾精的盛衰关系到人体的生长发育和生殖机能。肾精有着繁衍后代的重要作用，故称肾为“先天之本”。肾主藏精、主生殖功能减退时，即表现阳痿、遗精、不孕不育等临床表现。如果兼有腰膝冷痛、畏寒肢冷，脉象沉迟，舌淡苔白等阳虚症状，当用张景岳右归丸。《景岳全书》曰：“右归丸治元阳不足，或先天禀衰，或劳伤过度，以致命门火衰不能生土，而为脾胃虚寒，饮食少进，或呕恶膨胀，或翻胃噎膈，或怯寒畏冷，或脐腹多痛，或大便不实泻利频作，或小水自遗、虚淋寒疝，或寒侵溪谷而肢节痹痛，或寒在下焦而水邪浮肿，总之真阳不足者，必神疲气怯，或心跳不宁，或四体不收，或眼见邪祟，或阳衰无子等证。俱速宜益火之源以培右肾之元阳而神气自强矣，此方主之。大熟地八两，山药（炒）四两，山茱萸（微炒）三两，枸杞（微炒）四两，鹿角胶（炒珠）四两，菟丝子（制）四两，杜仲（姜汤炒）四两，当归三两，便溏勿用，肉桂二两，渐可加至四两，制附子自二两渐可加至五六两，右丸法如前或丸如弹子大，每嚼服二三丸，以滚白汤送下，其效尤速。”右归丸方是在金匮肾气丸基础上减掉茯苓、泽泻、丹皮利水药物，加了枸杞子、鹿角胶、菟丝子、杜仲、当归等补养精血的药物。生地黄改为熟地，肉桂、附子用量加大，加强了助阳的力量。此方最适合治疗肾阳虚而表现阳痿早泄、遗精滑精、宫冷不孕等生殖功能减退的病证。

肾气虚衰，生殖功能减退而表现五心烦热，口舌干燥，舌红少苔，脉虚数或细数等虚热证候时，为肾阴虚，治疗当用张景岳左归丸。大怀熟地八两，炒山药四两，山萸肉四两，枸杞四两，川牛膝三两（酒洗蒸熟，精滑者不用），制菟丝子四两，鹿胶敲碎炒珠四两，龟胶切碎炒珠四两（无火者不必用）。先将熟地蒸烂杵膏，加炼蜜丸桐子大，每食前用滚汤或淡盐汤送下百余丸。枸杞子、龟甲胶性味甘平，川牛膝酸苦平，滋补肝肾，善补肾阴。如果阴虚火旺症状明显，如口舌生疮、牙龈肿痛或尿赤、小便疼痛等可加盐黄柏、胡黄连、知母等。但右归丸与左归丸较为滋腻，常会影响病人饮食，临床应用时要注意。

肾主骨生髓，其华在发，肾主藏精，精能生髓。脑为髓之海。髓又有骨髓及脊髓之分。毛发的生长及脱落、润泽皆与肾精有关。肾虚时，可表现骨软无力，牙齿松动，头晕耳鸣，健忘，毛发枯槁或脱落。临床上骨骼的病变如骨质增生、股骨头坏死，以及一些血液系统的病变在用右归丸或左归丸的基础上可加用补肾、壮骨、生髓、填补肾精的药物，如猪脊髓、鹿茸等。毛发枯槁脱落或早白可加用何首乌、黑芝麻、黑豆等；贫血、血小板减少等疾病可加用黄芪、当归、阿胶等益气养血的药物。

二、取长补短，吸取西医诊断优势，坚持中医辨证论治

目前，全世界西医为主流医学，其发展与现代科学技术发展密切相关，尤其在疾病的诊断方面发展迅速，因此吸取西医诊断优势，坚持中医辨证论治，是现代中医临床诊治疾病的基本原则。我基于以上思想著成《中医内科临证诊疗备要》一书。

1. 将现代医学检查吸收到中医辨证论治中

20世纪50年代以后，我国中医走向正规教育，教学、医疗、科研逐渐走向规范化。应用现代科学技术手段和方法研究中医药在全国普遍展开，并取得了许多可喜的成果。随着我国要实现“四个现代化”战略口号的提出，作为具有几千年历史的中医药无疑也必须要实现现代化。从中医、西医二者的发展历史看，西医之所以发展较快，关键在于它随时都将现代科学技术发展得到的成果应用和吸纳进来，如影像学、电子计算机的应用等，而中医数千年来直观性多而客观化不足，描述多而揭示内在规律不足，定性多而定量不足。如癃闭一证，中医概念是“小便不利，点滴而短少，病势较缓者为癃；小便闭塞，点滴不通，病势较急者，为闭”。癃和闭虽有区别，但都是指排尿困难，只有程度上的不同。但程度上如何不同？没有量化。西医认为一天（24小时）尿量在100～400mL为少尿，少于100mL为无尿，若一天尿量长期保持在2500mL以上为多尿。这类问题虽然比较简单，但总是有一个量化标准，中医可以借鉴。根据目前的形势，应用现代科学技术手段和方法来研究中医药是发展中医和实现中医现代化的必由之路。其中关键是如何在中医药研究中更加科学合理地应用现代科学技术。我们应该逐渐将现代科学技术，如CT、B超、化验检查等有机地吸收到中医中来，因为科学技术是人类的共同财富，西医能用中医当然也能用。

2. 应用西医病名不影响中医辨证论治

随着医学科学的发展，西医病名和许多术语已逐渐深入人心，相反，许多中医病名逐渐远离人民群众，有些病名即使告诉病人，病人也会很陌生或难以理解，如结核性胸膜炎引起的胸腔积液这一病名，病人容易理解和接受，而诊断悬饮，就得费很多口舌才能给病人讲清楚。中医学中的许多病名是以主要症状而命名的，如头痛、咳嗽、哮喘、胃脘痛等，然而这些症状的出现，从西医诊断学分析，其原因是很复杂的。如头痛又分血管性头痛、紧张性头痛、高血压性头痛、眼原性头痛、鼻原性头痛、占位性头痛等，由此看出西医病名在某些方面认识的深度要强于中医病名。因此，我们应该大胆采用“拿来主义”，诊断采用西医病名。许多西医病名，如疟疾、癫痫、黄疸等就是借用了中医病名。既然西医能借助中医病名，为什么中医不能采用西医病名呢？我主张西医诊病，中医辨证，病证结合，定会促进中医学术的发展。

3. 中医药学术要注重继承更要注重发扬

中医学术理论和临床经验大量地蕴积在历代医籍当中，学习中医药学首先要学习一些古典医籍。在学习过程中，好的东西、精华的东西要继承下来，并使之发扬光大。由于历史条件和科学技术水平的限制，古典医籍中也存在一些不恰当甚至错误的地方，如对疟疾的认识，古人虽认识到是由疟邪感染所致，但对其如何感染？其病理是什么？都不清楚。19 世纪末发明显微镜以后，人们才发现疟疾是由疟原虫引起，主要由蚊子传播，对此病的病因病理才有了较清楚的认识。这时如果再抱着传统的中医理论不放，就是泥古不化了。发扬即是发展，发展就存在一个除旧立新的问题，不破不立，破才能立。我们要继承和发扬的是中医的精华之所在，如《肘后备急方》记载：“用青蒿一握，以水二升渍，绞取汁，尽服之”以抗疟疾。在此启发下，研制出了有名的抗疟药物青蒿素。这才是继承，这就是发展。

三、中西结合，寻找两种医学契合点

在医学发展的历史长河中，我国逐渐形成了西医和中医两大派别，对疾病的发生和发展及其治疗形成了两大理论体系。二者如何结合，已探索了近一个世纪，但仍然有格格不入之态势。我认为，因为医学面对的是人，研究的对象是一个，所以二者总应该有相通的地方。认真而深入地研究和探索，从点滴做起，寻找两种医学的契合点，对促进医学发展具有重大意义。

1. 急性炎症多表现湿热，慢性炎症多表现虚寒

炎症是现代医学中一种常见的病理过程，中医对炎症的辨证论治有一定的内在规律。

（1）炎症初期的全身反应多辨证为表证：引起炎症的原因包括生物性因子，如细菌、病毒、立克次体、寄生虫等，以及物理性因子、化学性因子和变应原引起的变态反应。其中生物性因子和变态反应是最常见的炎症原因，它们引起炎症的机制虽有所不同，但其病理变化基本包括局部病理变化和全身反应两个病理过程。许多常见病，如疖、阑尾炎、肺炎、肾炎、肝炎及外伤感染等，在急性炎症初期往往表现不同程度的发热恶寒、乏力、全身酸痛不适、纳差、无汗或自汗等，这些中医辨证为表证。如果表现恶寒重、无汗、脉浮紧、头身疼痛为风寒表证，治则疏风散寒解表，代表方为麻黄汤、荆防败毒散之类。如果表现发热、自汗出、脉浮数，或伴咽痛、目赤等为风热表证，治则疏风清热解毒，代表方桑菊饮、银翘散等。一般感染性疾患，尤其病毒、细菌、立克次体等生物致病因子侵入人体发病早期均有表证。表证是外感疾病初期的一种病理表现。其根本原因是引起发热的化学物质如细菌内毒素、流感病毒等作用于人体，机体调动其防御力量与之抗争。至于为什么有的病人表现风寒表证，有的表现风热表证，这可能与感邪轻重、邪气种类及机体本身体质有关。

（2）急性炎症多表现毒热、湿热、痰热或瘀热：根据炎症持续时间的长短，大致分为超急性炎症、急性炎症、慢性炎症、亚急性炎症四种。超急性炎症呈暴发经过，炎症反应急剧，整个病程数小时至数天，短期内引起组织、器官的严重损害，甚至导致机体死亡。这种炎症常见于肝、肾、心、脑等实质性器官，如急性肝坏死、乙型脑炎、中毒性菌痢等，其起病急骤，表现高热、恶心、呕吐、惊厥或昏迷等，中医多辨证为热毒炽盛、疫毒感染。治以清热解毒为主，方用犀角散、清瘟败毒饮、大承气汤、白头翁汤等。

某些炎症经过从几天到1个月，发病时间短，称为急性炎症。其症状明显，局部病变常以变质、渗出过程为主。以变质为主者常表现毒热，如病毒性心肌炎、急性肾小球肾炎等。以渗出为主者包括浆液性、纤维素性、化脓性、出血性四种。中医辨证多为湿热、痰热或瘀热。急性肠炎、细菌性痢疾，病人表现发热，腹痛，大便次数增多，黏滞难下，里急后重，或便脓血，舌苔厚腻，脉滑数。辨证为大肠湿热，治则清利肠中湿热。代表方芍药汤、葛根芩连汤等。急性黄疸型肝炎、急性胆囊炎，病人发热、胁痛、黄疸、舌苔厚腻、脉数。辨证为肝胆湿热。治则清利肝胆，代表方茵陈蒿汤、龙胆泻肝汤、大柴胡汤等。急性肾盂肾炎、膀胱炎，表现尿频、尿急、尿痛、小便黄赤、发热、脉数等，辨证为湿热下注，治则清利下焦湿热，方用八正散、导赤散等。风湿、类风湿关节炎急性发作期，关节局部红、肿、热、痛，活动受限，辨证为风湿热痹，治则疏风清热除湿，方用宣痹汤、三妙散、白虎加苍术汤等。其他，如湿疹、水痘、带状疱疹在急性炎症期均表现出湿热现象，治疗均以清热利湿为主。此类病人湿热不扬，虽发热而热度不高，治疗在清热同时一定要注意祛湿。急性肺炎、急性支气管炎、早期肺脓肿表现发热、咳嗽、胸痛、吐黄痰或脓血痰，脉滑数，苔黄厚，辨证为痰热壅肺，治则清热化痰为主，方用桑白皮汤、清金化痰汤等。

在炎症过程中局部组织可发生一系列血管反应，某些疾病如斑疹伤寒、猩红热、流行性出血热等，病原体直接或间接作用于血管壁引起血管壁破坏而出血发生斑疹，中医辨证为热入营血、灼伤血络之瘀热证，治则清热凉血化瘀，方用化斑汤、犀角地黄汤、升麻鳖甲汤等。犀角地黄汤为临床清热凉血止血之常用方。《医宗金鉴》云："热伤一切失血证，犀角地黄芍药丹。"但方中犀角现代已不能用，我将其改为地骨皮，组成丹芍二地汤，作为清热凉血止血基本方应用于临床。

急性炎症在病变过程中以发热为主要表现，但由于致炎因子不同，以及侵袭的脏腑、组织不同，故有毒热、湿热、痰热、瘀热之不同，治疗上除清热外要配以解毒、化痰、祛湿及化瘀等法。另外，根据脏腑的生理特性要配以调理脏腑功能的药物，如肺主气，司呼吸，主宣发肃降，痰热壅肺时除用黄芩、重楼、鱼腥草、瓜蒌等清热化痰外，要配伍桔梗、杏仁、苏子等宣降肺气。六腑以通为用，肠道湿热时除用黄连、黄芩、秦皮、白头翁等清热燥湿外，要配以大黄、枳实等药通腑泻下。

（3）慢性炎症多表现虚热、虚寒、寒湿或瘀结：慢性炎症指炎症经过时间很长，从几个月到几年以上，可由急性炎症转变而来。一般病势较缓，临床症状不很明显。中医理论认为"久病必虚"，此时病人多伴有正气不足，临床特征为"正虚邪衰"。由于病人体质差异及病邪特点，临床表现常有虚热、虚寒、寒湿与瘀结之不同。

结核病是一种慢性传染病，多在人体抵抗力低弱情况下感染结核杆菌而发病。临床表现长期低热、五心烦热、盗汗、乏力倦怠、咳嗽、脉细数、舌红少苔等。中医辨证为阴气虚而发热，治疗首先要益气养阴，佐以抗痨杀虫，代表方百合固金汤、月华丸等。

在慢性炎症过程中正气虚而恶寒者为虚寒，如慢性肠炎，腹痛腹胀、肠鸣腹泻，为间歇性，遇寒加重，辨证为脾胃虚寒，治则温中散寒，代表方附子理中汤，大、小建中汤等。

慢性炎症，以渗出病变为主，可表现寒湿证，如风湿性关节炎，关节腔有积液，病人关节肿胀疼痛、发凉怕冷、阴雨天加重，辨证为寒湿痹证，治则温阳散寒除湿，方用薏苡仁汤、蠲痹汤等。一般渗出液弥漫在组织中，中医常称为湿病或湿痹；渗出液积聚在身体某一部位，称为饮病，如悬饮、支饮等；渗出液积聚引起明显浮肿者称为水肿病或水气病。病名虽不同，但病机均为阳虚湿停，治疗当温阳散寒、健脾益气，同时必须配合利尿除湿药物，标本并治。

增生也是炎症反应的一种基本病理变化，是在致炎因子、组织崩解产物或某些理化因子刺激下，病灶内巨噬细胞、内皮细胞、成纤维细胞及周围上皮细胞和实质细胞增生。在炎症早期增生反应不明显，但在炎症后期及慢性炎症过程中，增生现象可比较突出，如慢性肝炎引起肝硬化、慢性肾炎引起肾小球纤维化、慢性肠炎（克罗恩病）引起腹部肿块或肠道息肉、慢性胃炎可引起胃息肉等。中医辨证为痰瘀内阻，治以活血化瘀、行气化痰为主，代表方有少腹逐瘀汤、膈下逐瘀汤、大黄䗪虫丸等。

慢性炎症在正气大亏时，病原体繁殖和活动可转化为急性炎症，在病理和临床表现上多表现虚实夹杂或寒热错杂，如慢性支气管炎、肺气肿病人，平素表现肺、脾、肾虚，一旦劳累或感冒，急性炎症发作，咳喘加重，咳吐黄稠痰，胸满憋气，动则加剧，苔黄脉数。此时要虚实并治，既要清热化痰，又要补益肺气，方用桑白皮汤合生脉散。再如，慢性胃炎病人，平素胃脘部隐痛、喜暖恶寒，在感受外邪或情志刺激后病情加重，胃脘部灼热疼痛、泛酸，甚则呕吐，舌苔厚腻，治疗当寒热并施，代表方半夏泻心汤。

一般认为，炎症过程即正邪斗争过程。中医辨证治疗的根本目的就是扶助正气和祛除邪气。在超急性炎症、急性炎症中多表现实证，治疗以祛邪为主；

在慢性炎症中多表现虚证，治疗以扶正为主。在亚急性炎症、慢性炎症急性发作时多表现虚实夹杂，治疗当虚实并治。

2. 黄土汤中灶中黄土与氢氧化铝治疗胃溃疡有异曲同工之妙

《金匮要略·惊悸吐衄下血胸满瘀血病脉证治》第15条："下血，先便后血，此远血也，黄土汤主之。黄土汤方：甘草、干地黄、白术、附子（炮）、阿胶、黄芩各三两，灶中黄土半斤，上七味，以水八升，煮取三升，分温二服。"此条原文论述了虚寒性便血的证治。

虚寒性便血多是血色紫暗或黑色，病史较长，面色苍白无华，或腹痛隐隐，神疲乏力，脉象虚弱，舌淡苔白。临床多见于结肠、小肠或上消化道出血，以结肠炎、出血性坏死性肠炎、消化道溃疡、消化道肿瘤、慢性痢疾等为常见。黄土汤以灶中黄土为主药温中散寒止血。

灶中黄土又名灶心土、伏龙肝，陶弘景曰："此灶中对釜月下黄土也，以灶有神，故号为伏龙肝。"其为久经柴草熏烧的灶内中心土块，味辛，微温，无毒，入脾胃经。功能温中燥湿，止呕止血。主要治疗呕吐反胃、腹痛泄泻、吐血、衄血、便血、尿血、崩漏带下、妊娠恶阻及溃疡等。一般煎汤内服时，布包入煎，或砸碎煎汤代水煎药，或研细水飞过用。

灶中黄土，经长期烧灼，有机物已破坏，主要含无机离子。现代研究主要含硅酸、氧化铝、氧化铁及氧化钠、氧化钾、氧化镁、氧化钙等。这些物质，尤其铝、铁等对胃肠黏膜有保护作用。这与西医治疗胃肠疾病常用的氢氧化铝、氧化镁、硫糖铝等有异曲同工之妙，这些药物为制酸和收敛药，有抗酸、吸着、局部止血、保护溃疡面等作用。灶中黄土所含成分更全面，对慢性胃肠炎症、溃疡性出血等具有更好的作用。用灶中黄土，一般药房没有，尤其在城市，病人自己很难找到。有医家认为可用红砖头为末代替，有一定道理，也有医家提出用赤石脂代替，赤石脂为硅酸盐类矿物多水高岭土的一种红色块状物，主要成分为水化硅酸铝，且含相当多的氧化铁及钙、镁、锰等，性温，味甘、涩，入脾、胃、大肠经，有涩肠、止血、收湿、生肌作用，可以代替灶心土应用。但从中医理论讲，灶中黄土，以土治土，同气相求，对脾胃虚寒之证更佳。

医学研究的方向主要是人体生、长、壮、老、已之生命现象及研究疾病的发生和发展规律，中医多从宏观方面进行观察和总结，而西医多注重微观分析和研究，二者结合方能加快研究步伐，促进医学发展，造福人类社会。

吕志杰

吕志杰（1952— ），河北省文安县人。河北中医学院（现河北中医药大学）教授、主任医师、研究生导师。1977 年毕业于河北新医大学中医系，毕业后留校任教；转年调入河北中医学院附属医院内科，任住院医师、主治医师；1988 年调入河北中医学院《金匮要略》教研室任教。兼任中华中医药学会仲景学说分会委员、中华中医药学会内科分会心病常务委员、中华中医药学会老年病分会委员。

吕志杰潜心研究仲景医学，好用经方治病，擅长内科杂病的诊治。先后在国内外多种中医杂志发表学术论文近 100 篇；多次参加国际性、全国性学术会议；参编本科、研究生全国统编规划教材《金匮要略》；独著《金匮杂病论治全书》《金匮要略注释》《张仲景方剂学》《伤寒杂病论研究大成》《经方新论》《仲景医学心悟八十论》等专著；主编《大黄实用研究》《仲景方药古今应用》《中医新生入门》《中医经典名医心悟选粹》；点评《医学衷中参西录·伤寒论讲义》。主持科研课题 4 项。

秦汉时期的中医药学经典著作，为中医之根，此乃古圣先贤智慧的结晶。后世医家，从晋唐至明清乃至现代，凡有所成就者，无不寻根求源，传承经典，增长智慧，再以自己的智慧发展中医，创新理论，成就伟业！

我从学习经典到研究经典，已经度过了三十多个春秋。下面把自己的经历进行简要回顾。

我是如何步入中医之路的

我生在名医辈出之燕赵大地的农村。司马迁《扁鹊传》云："扁鹊者，渤海郡郑（鄚）人也。"我家距离扁鹊秦越人的故里渤海之滨鄚州只二十华里。父亲是我们村（石桥村）少有的文化人。记得我小时候，村里有一个老医生善用针法治病，周边乡村还有几个知名的好中医。父亲常跟人们说，很希望我将来学医。这为我走上行医之路赋予了"父母之命"的因素。

我高中毕业经培训后，留母校（大留镇中学）担任初中语文教师。在那个特殊的历史时期，我受当时政治气氛的影响，确确实实通读了《毛泽东选集》，真真切切"向雷锋同志学习"，并向一个叫高常的老师学习整骨按摩、针灸及中药验方，为学生及周边老乡服务。当病人有了疗效，我从内心里感到高兴！由于我各方面表现突出，被推荐上了大学。当我接到通知书时，那个高兴与激动无法用语言表达。当招生老师问我喜欢学中医还是学西医时，我毫不犹豫地选择了中医。我之所以选择中医，是因为我跟高常老师学习了一点中医知识，更是因为我读过几本马列与毛泽东著作，懂得了一点哲学与辩证法思想，这些思想与我粗浅了解的中医阴阳学说有着某种联系。

我是如何走上学习经典、学用经方之路的

以上讲了我步入中医之路的简要经历。下面谈谈我走上学习经典、学用经方之路的几个关键点。

1. 大学期间名师垂教

1974 年 9 月，我进入河北新医大学中医系学习。在我们上大学期间，国家正处在史无前例的特殊时期，学制是三年。大一与大二上半年学习中西医基础课。讲《方剂学》的是张凤池老师，他将近 60 岁，留着花白胡须，很有老中医气派。张老师经常利用课余时间在办公室给病人看病，我常去随诊抄方。张老师治病常获良好的疗效，激发了我学好中医的决心！到了大二下半年，我们分别去了全省几个地市中医院，一边听讲临床课，一边随师实习。我在的小班二十几人到了唐山市，有四名老师同去，既授课，又临床带教。上门诊时，老师

让我们先独立看病人，然后老师再看，并讲解、修改理法方药。记得第一次看病人，心里紧张得很，我开了一个张锡纯的方子。带我的是岳伟德老师，江苏人，50 多岁，是《伤寒论》教研室主任，他看过病人后，对我开的方子大加修改，改用的是经方。

2. 工作之后临床实践的领悟

1977 年大学毕业后，我留校在中药教研室任教。学校为了提高我们这些留校生的专业素质，专门开办了以四部经典为主要课程的一年学习班。学习结束后，我要求调到河北省中医院内科工作。在医院工作的 10 年期间，先是在病房。工作之初，中医、西医都是边干边学，经方、时方的应用都缺乏经验。通过运用经方真武汤救治阳虚水泛（狼疮性肾炎）发热，大黄黄连泻心汤救治胸痹心痛（冠心病、心绞痛、左心衰），均取得神奇疗效（详见后文）。这使我产生了学经典、用经方的兴趣，坚定了学经典、用经方的信念。

3. 张锡纯亲传弟子李兰生老中医的教诲

在医院内科病房工作 5 年之后，1983 年我转到门诊工作。内科门诊有六七个独立诊室，其中一个诊室是由近代“衷中参西”的先驱者张锡纯之亲传弟子李兰生老中医坐诊。我有幸认识了这位老先生，并结成忘年之交。有一次，李老与我聊天，谈起了他年轻时学医的经历：最初由盐山老家去天津拜张锡纯为师，学习不到两年，张师病逝，又回到老家拜第二位老师学医，这位老师也姓李，是一位晚清的秀才。这位先生考查了他随张师学习两年的情况之后说：“学习要明确本末源流，你初步学医，不能从张锡纯先生的著述学起，应该首先从经典入手，有了经典的根基后，再学张锡纯的经验方为好。因为，张锡纯的经验方，是多年研究经典、经方，并结合临床经验创制而成的。从事临床，一定要学好《伤寒论》与《金匮要略》，这是大经大法，是临床的根基。”李老先生的这番教诲，对我产生了很大影响，为我指明了学习门径。从此以后，我开始了由“杂”（看各家之书、看方剂、看中药……学无主攻）到“专”（专心经典）的转变。主动自学经典，自修《伤寒论》《金匮要略》。

4. 脱产学经典，函授学写作

1985 年，河北省卫生厅开办“中基理论提高班”。其内容是讲四部经典，脱产学习半年。我争取到了这次机会，第二次系统学习四部经典，比上次学得更自觉、更深入。这个“提高班”，授课的老师都是一流教师，讲《黄帝内经》的是宗全和老师，讲《伤寒论》的是郭忠印、刘保和、李鸿声老师，讲《金匮要略》的是王云凯老师，讲《温病学》的是李士懋、薛芳老师。他们知识渊博，讲课的风采至今历历在目。班上还请来刘渡舟教授讲授《伤寒论》，这是我第一次聆听经方大家刘渡舟教授亲切的声音。两次（此次与前述大学毕业之初）共一年半的脱产学习与平时的主动自学，使我在四部经典方面打下了一定基础，为我日后的临床、教学及著述奠定了根基。

1988 年至 1989 年，我自费参加了《北京中医学院学报》主办的“中医药论文函授提高班”。共十讲，首先是中医药论文的写作概述，之后依次为怎样撰写文献综述、医案医话、中医论理文、临床科研论文、名老中医的学术经验、学术争鸣、文献考证类文稿，调查报告以及中医药论文的自我评估。这为我日后撰写各种论文打下了基础。

我研究经典、经方之路

“自古名医出经典”，这是一条历史规律。古代名医是这样，现代名医也是这样，古今名医都是这样。去年三月，中医学博士罗大中在中央电视台第 10 频道百家讲坛主讲“名医是这样成名的”。讲的是许叔微、喻嘉言、徐灵胎、吴鞠通、张锡纯，记得前年还讲过李东垣、缪希雍、王孟英等。这些名医都有经典根基，并且在研究经典的基础上有所建树而成为大医。他们的奋斗经历让我受益颇多，其中徐灵胎的经历我印象最深刻。徐氏博闻善记，生平著述颇多，他的早期著作是《难经集释》《神农本草经百种录》。此“乃上追《灵》《素》根源，下沿汉唐支派，如是者十余年，乃注《难经》；又十余年而注《本草》”（录自徐氏晚年著作《慎疾刍言·序》）。罗大中博士评价说：徐灵胎特别善于“自主学习”，他是在博览群书的同时，深入思考，从而注释《难经》《神农本草经》。徐氏的著述经历，使我联想起自己 20 多年来研究经典、经方之路。

我从学习经典到比较系统地研究经典，应该说是从 1988 年开始，这一年，我从医院调到学院《金匮要略》教研室任教。要当好先生，首先要做好学生。为了把课讲好，我对《金匮要略》这门经典课进行了系统学习和深入研究，逐渐地在教学上、理论上及临床上积累了自己的研究成果，便萌生了一个念头，即编著一部理论联系临床的专著。为了达到这个目的，便广泛收集素材，废寝忘食地编写，终于在1995年出版了我的第一部专著《金匮杂病论治全书》。《金匮杂病论治全书》分正编与附翼两大部分。“正编”于原文之下设简释、医案、文摘、药理研究等项目，并逐项加按语。“附翼”是我博采众长、结合临床与读书心得而研究仲景医学的专题论文41篇，按理、法、方、药等分成7章。

我的第二部著作是《仲景方药古今应用》，2000年出版。我是总主编，邀请了本院及全国部分院校同仁参编。本书分为上编、下编以及附文等内容，上编仲景用药与单方治验与下编经方串解与验案精选，对仲景所采用的174种药与252首方进行了全面、系统的探讨，力图从整体上求索医圣处方遣药之规律。附文为仲景学说纵横论坛，此乃本书学术顾问（刘渡舟、李培生等）、主审、主编等研究仲景学说的专题论文。

第三部专著是《金匮要略注释》，2003年出版。本书是在第一部专著的基础上，着重在理论上深入研究。此为出版社约稿。以上三部书皆由中医古籍出版社出版。

第四部专著是《张仲景方剂学》，2005年由中国医药科技出版社出版。此为《张仲景医学全集》的其中一个分册（共十个分册）。乃应总主编傅延龄教授之邀而编写。

第五部专著是《伤寒杂病论研究大成》，2010年亦由中国医药科技出版社出版。本书乃广收博采古今名医大家、现代众多学者及自己研究《伤寒论》《金匮要略》所取得的成果，提炼精华，潜心创作而成。本书的主要特点是把一分为二的“两书”综合研究，力图从整体上探索、把握张仲景医学思想。具体来说，本书的研究体现了三纲（理论、临床及二者结合）、五求（求全、求通、求精、求实、求新）、十项内容（原文之校勘、注脚、提要、简释、方歌、方证鉴别、大论心悟、验案精选、临证指要、实验研究），倾注了我七八年一切可以利用的时间，其中甘苦，其中动机，在《大成·绪论》引言中的一首词体现了我的心境，录之于下：

何谓尽风流？

殚精竭虑春与秋。

愿作人梯堪燃己，

无悔，

桃李芬芳遍九州。

立志斗二竖，

应诊著述未曾休。

杏林谁算至圣贤？

仲景，

月下挑灯与之谋。

我的第六部著作是《中医经典名医心悟选粹》，2011 年由人民卫生出版社出版。我是主编，组织本院及外院校同道协力编辑而成。《中医经典名医心悟选粹》收录了上百家古今名医研究“五部经典”的优秀论文近 200 篇。这是名医研究经典的一本荟萃。全书分为六章，分别是《黄帝内经》心悟、《八十一难经》心悟、《神农本草经》心悟、《伤寒杂病论》心悟（这四部为原创性经典）、《温病学》心悟（此为创新性经典），以及“经典会通心悟”。每一章的第一节是概论，前五章的概论分别探索“五部经典”的成书年代、历史沿革、基本内容、学术价值、注家注本、学习方法等方方面面的内容，第六章着重论述五部经典之间的联系。每章概论之后则精选古今名医研究该部经典的优秀论述，根据不同内容分为若干节。为了使读者对论文作者有个大致了解，在每篇论文之前都加了编者按。编写《中医经典名医心悟选粹》的目的有三：一是传承经典之精华，二是学习古圣先贤创新之精神，三是珍惜历代名医研究经典之成果。总之，本书的出版可作为“学经典、做临床、拜名师”之现成教材，将有力推动中医经典著作的学习和研究。

说到此，读者会发现，我研究经典的“胃口”越来越大，从第一部著作至第二部，由专研《金匮要略》扩展到仲景书的方与药两大部分；从第二部著作至第五部，由研究仲景书的“两大部分”扩展到仲景医学的全部；从第五部著作至第六部，由研究仲景全书扩展到研究“五部经典”。这 20 多年来的潜心研究，得到的是专业水平的不断提高，失去的是精力的日渐消耗，身体处于精疲力乏的“亚健康状态”。本该休养生息，但我又振作精神，完成了一部退休之前的专著《经方新论》。

我八十年来应用经方之路

经方者，古圣先贤长期临证实践提炼而成的经典之方也。张仲景“勤求古训，博采众方”，并临床实践，以独特的著述方式使古圣先贤之经方保留下来。每一位中华儿女都应倍加珍惜这份宝贵遗产，特别是从事中医事业的工作者，更应当传承之，弘扬之。

我学习与研究经典、经方30多年，持之以恒、不遗余力地勤奋著述而笔耕不止，又注重实践而坚持临床，将自己的研究心得、临床经验传教于讲台。借此机会，谈几点应用经方的体会。

我曾把古圣先贤用好经方的经验归纳为“三个境界”，自己在临证实践中努力践行之。

（一）践行用好经方的三个境界

1. 方证相对，即用原方

《金匮要略方论·序》中说：“尝以对方证对者，施之于人，其效若神。”这就是说，只要患者的病情与仲景书所述的某个经方所治证候正相符合，原方应用，无不神效。如此疗效，无疑也是仲景当年的切身体会，才加以撰集。方证对者，即应用原方（包括原方之用药、剂量、炮制法、煎服法等），这是历代名医用好经方的境界之一。达到如此境界的基本功就是背诵条文。只有把条文背熟，了然于胸，临床遇到相关病人，才能触发思路，才能联想到面对的病人之证候该用哪个经方为好。我初步临证的两个案例就是如此。

记得一位年近七旬的女性患者，因阵发性心下痞，甚则胸骨后憋闷而痛两年，加重半个月，以冠心病、心绞痛、左心衰竭入院。住院半月以来，用温胆汤合冠心Ⅱ号（丹参、川芎、红花、赤芍、降香）加减治之无效，病日甚。心痛发作时，口含硝酸甘油、异山梨酯、硝苯地平不能很快缓解。肌注哌替啶、罂粟碱亦不能控制发作。服普萘洛尔，心率仍快。现频发心下痞，甚则胸骨后及心前区憋闷而痛，向左肩、臂及背、颈部传导，20～30分钟后方能缓解，伴恶心、呕吐、大汗出、面苍白，血压180/80mmHg，心率加快至124次/分，心律不齐。心电图检查：窦性心动过速、室性期前收缩。且口干口苦，食则呕恶，诱发心痛，小便不利，大便不爽，带下色黄腥臭，舌暗红，苔薄黄腻、水滑、龟裂，脉促无力。考虑为“心肌梗死先兆”，已下“病危通知单”。反复分析病情与诊治经过，从其首发为“心下痞”的特点，想起《伤寒论》第154条曰：“心下痞，按之濡，其脉关上浮者，大黄黄连泻心汤主之。”受此启发，处方：

大黄10g，黄连、黄芩各6g，用滚开水渍之须臾，分3次温服。服药1剂，大便4次，质溏，而心痛发作明显减少。连服7剂，心痛发作控制。饮食可，二便调，带下少，诸症缓解。如此重症患者转危为安，从医生到护士都松了一口气，并感叹中药用对了竟有如此之奇效！

另一位是个20多岁的男性患者，1981年“五一”节前后因间断性发热，关节痛5年，伴周身浮肿半年，加重7天，以狼疮性肾炎收入院。住院半月后，又复发热，体温39℃。时至初夏，虽发热而喜衣被，周身浮肿，阵阵肌肉瞤动，腹胀时痛，手足欠温，神疲头晕，口干不欲饮，大便溏，小便少，舌淡红体胖质润，苔腻而罩黄，脉滑数沉取无力。血压172/105mmHg。曾服清热解毒药如银翘散，肌注柴胡注射液、复方氨林巴比妥等，发热不退。因思患者证候与《伤寒论》第82条与316条所述真武汤证颇类似，而其发热特点则为第11条所述真寒假热证，即“病人身大热，反欲得衣者，热在皮肤，寒在骨髓也。”此外，脉滑按之无力，此《濒湖脉学》所谓“滑脉为阳元气衰”之象；舌体胖、质润、苔腻均为阳虚寒湿，其舌苔罩黄可断为虚热之象。病机为阳虚水泛而发热，真武汤为的对之方。处方：炮附子15g，白术、白芍、茯苓各12g，生姜皮18g，竹叶6g，水煎，分3次温服。服药1剂，即汗出热退，体温渐趋正常，诸症遂减。当时的河北名医田乃庚老中医查房时得知如此好的疗效，大加赞扬说：“这才像辨证论治的样子！”由此激发了我潜心经典的决心。

2. 随证加减，活用经方

据《汉书·艺文志》方技略记载，上古有“经方十一家，二百七十四卷”。仲景书之方，有的即是上古圣人历代相传之经方，有的则是张仲景平脉辨证，辨证论治自创之方。学习经方有一个好的捷径，就是掌握治疗各类病证的主方及其加减变化规律。例如，治疗太阳病表虚证的主方桂枝汤，其类方有20多首，根据其加减变通规律可归纳为4类：一是桂枝汤变量方，二是桂枝汤加味方，三是桂枝汤加减方，四是桂枝汤与其他方合用方。由上可知，经方加减之法，或药量之加减，或药物之加减，或两者兼而有之。主证不变则主方主药不变，可随兼证不同，适当加减治之；若主要病机已变，则治法为之变，主方主药亦为之变也。随证加减，活用经方，此乃仲景“观其脉证，知犯何逆，随证治之”之大经大法，亦是历代名医用好经方的境界之一。要达到如此境界，需要在上述第一个境界“背功”的基础上，对仲景书融会贯通，广识善变，勤于临证，才能实现。

例如，近日我中小学时期的一个同学打来电话，诉说胃病多年，近几个月以来胃痛不止，反复吐酸，食欲不振，夜眠不安，面容憔悴。曾做胃镜：糜烂性胃炎（我分析还有溃疡）。服用西药治胃病已无疗效，反有加重之势，无奈之际，求治于中医。该同学是卫校毕业，略知中医，嘱其自行望舌切脉，说舌质不红，舌苔不黄，脉不快。我为之短信处方：黄芪30g，桂枝10g，白芍30g，炙甘草15g，炮姜5g，大枣10枚，乌贼骨20g，浙贝母15g，蒲公英20g，丹参10g，乌药10g。每日1剂，水煎两遍，合汁分3次温服，可服6剂。明眼人一看便知，处方为黄芪建中汤加减，但不局限于经方之加减，还吸收了名医秦伯未先生应用“黄芪建中汤治疗溃疡病的经验”，以及现代临床报道中西药对比观察之经验（详见我编著的《金匮杂病论治全书》）。六七天后这个同学欣喜电话相告：胃痛明显减轻，吐酸亦减，仍时有泛酸。告之原方继服10剂，并以乌贼骨与浙贝母按2∶1之比例，共研细末，每次10g，每日2～3次冲服。10天后又打来电话，说：胃痛已止，偶发吐酸，食欲好转，面色改观，体重增加。感叹处方之神效，连声道谢！我说：“你感谢就感谢中医吧，多为中国医药学这个伟大的宝库做点宣传！”

几十年来的临床实践，活用经方取得了一定经验，最值得和大家交流的是我运用炙甘草汤治疗冠心病室早、房早、房颤、室上性心动过速等，凡辨证为心气阴两虚并心脉痹阻者，我皆以炙甘草汤加减治疗，多能取得好的疗效，有的为意外奇效！基本方是：炙甘草10～15g，党参15～20g，桂枝10～20g，生地黄40～50g，麦冬15～30g，生姜15～30g，大枣6～15枚，炒枣仁15～30g，桑寄生20～30g，丹参10～20g，加入黄酒100mL与适量的水煎煮诸药两遍，合汁分日3次温服。

3. 善师古法，创立新方

《医宗金鉴·凡例》中说：“方者一定之法，法者不定之方也。古人之方，即古人之法寓焉。立一方必有一方之精意存于其中，不求其精意而徒执其方，是执方而昧法也。”这是对方与法两者关系的精辟论述。历代名医使用经方，不但善用原方及加减方，而且善于师其法而自创新方。以承气汤类为例，历代善用经方者师其攻下祛邪之大法，创立了不少切合实用的新方。例如：《宣明论》的三一承气汤；《医学发明》的三化汤；《温疫论》的承气养营汤；《伤寒六书》

的黄龙汤；温病大家吴瑭《温病条辨》在《伤寒论》的基础上，结合温病特点加减化裁经方承气汤，创制了八个新方，即牛黄承气汤、导赤承气汤、护胃承气汤、承气合小陷胸汤、宣白承气汤、桃仁承气汤、增液承气汤、新加黄龙汤，变伤寒方为温病所用。半个多世纪以来，中西医结合治疗急腹症取得了中外瞩目的成绩，不少自拟方即脱胎于经方承气汤之法。师经方大法，以创立新方，可谓是历代名医用好经方的最高境界。回首过去，我为了达到“方证相对”与“活用经方”两个境界奋斗了几十年，在努力向“创立新方”的境界攀登。

我记得《道德经》有一句话叫“大器晚成”。我是这样理解的，要成为一位良医，需要几十年的不断学习与临床锤炼。以上用好经方的三个境界，就是造就经方大家的必由之路。

（二）注重用好经方的三大关系

我著述的《经方新论》第五章深入探讨了“用好经方的十六大关系”，即经方与原文、治法、辨病、辨证、主症、剂量、剂型、炮制、煎法、服法、禁忌、护理、预后、时方、现代药理研究及西医西药的关系。其中经方与辨病、辨证及抓主症的三大关系，是用好经方“三位一体”的密切关系。引录如下：

1. 经方与辨病的关系

张仲景撰集的《伤寒杂病论》包括伤寒病与杂病两大类。伤寒病是以外感热病为主的病证；杂病是以内伤杂病为主的各科病证。根据伤寒病的发病规律，仲景将其分为太阳病、阳明病、少阳病三阳病与太阴病、少阴病、厥阴病三阴病。杂病包括了大约 40 种内科病、“三大类”妇科病及“四类”外科病。这诸多热病与杂病之某一种病，都有其特有的发病原因、发展过程、传变规律、治疗法则及卓有成效的方药。仲景对伤寒病六大系统辨证论治的篇名皆曰“辨某病脉证并治”；将各科杂病分为 22 篇，每篇之篇名皆曰“某病脉证并治”。从上述可知，仲景诊治疾病首先是辨病，然后辨证、立法、处方、选药。这就是说，仲景创立的诊治疾病的思想体系，首要的是辨病，然后围绕着这个病进行辨证论治。这就清楚地表明：处方只是仲景辨治体系中的一个环节，这个环节只有和其他 3 个环节环环相扣，才能发挥应有的作用。否则，就“掉了链子”，岂不是“无的放矢”？

总之，用好经方的大前提是先辨病，具体做法是理、法、方、药环环相扣。

以发热为例：首先要分辨是外感热病之发热，还是内伤杂病之发热。外感热病要分辨是外感热病中哪一类热病的哪一种具体病。若是内伤杂病，亦应明确是哪一种病，诸如典型的狐惑病、宿食病、淋病、水气病、黄疸病、下利病、疮痈病、肠痈病、肺痈病及某种产后病等，其病变的某个阶段都可以表现为发热。如果疾病不明，内外不分，真伤寒与“类伤寒”不辨，势必迷失了治病的主攻方向。

2. 经方与辨证的关系

在此首先要明确“辨病”与“辨证”的联系与区别。所谓“辨病”，是指要了解某种病的全过程。所谓“辨证”，是指要明确某种病某个阶段病情之关键点，即《黄帝内经》反复强调的“治病必求于本”的那个“本”，亦即“谨守病机”（《素问·至真要大论》）之“病机”。要明辨病机，则必须明确三个要点：一是病性，即疾病的性质，如气虚、血虚、血瘀、气滞、气血两虚、气滞血瘀等；二是病位，如心气虚、肝血虚、肾阴虚、肝气郁滞、血脉瘀阻等，此乃“病性+病位”；三是病势，如心火亢盛、肝气上逆、中气下陷、肾水上泛、木火刑金等，此乃“病位+病性+病势”。上述病机的两个或三个要点明确了，治病就有了目标，就抓住了根本。“辨证”之“证”所在明确了，处方才能“有的放矢”，我们追求的“方”与“证”相对才能有望实现。

总之，“证”是热病与杂病发展过程中的不同症候群，“辨证”即根据六经辨证与脏腑辨证等辨证方法，明确病机，进而施以相对应的方药。

3. 经方与主症的关系

许多伤寒学家都强调一点：抓主症。我理解，所谓“抓主症”的含义有三：第一，抓主症就是上面讲的辨病机，即“辨证”之“证”；第二，指的是善于抓住病人的主要“症状”，以“对症用药”；第三，以上二者兼顾。在此所讨论的主要是第二个含义。这就要问，张仲景也“对症治疗”吗？回答是肯定的。以桂枝汤证为例，《伤寒论》第2条云：“太阳病，发热，汗出，恶风，脉缓者，名为中风。”所述“三症”“一脉”就是太阳病中风的主症特点。太阳病之“中风”与“伤寒”鉴别的最主要的症状就是“汗出”与“无汗”。再以桂枝汤加减法为例：桂枝汤证候，兼见“项背强几几”之经输不利者，加葛根以疏通经脉；兼见“汗出，遂漏不止”等卫阳不固者，加附子以顾护卫阳；兼见“腹满时痛者”，倍用芍药以缓急止痛；兼见“大实痛者”，再在桂枝加芍药汤方中加大黄（桂枝加大黄汤）以通腑泄实。桂枝汤类还有不少随症加减之方，不再赘述。通读仲景书可知，不仅桂枝汤证如此，诸如麻黄汤证、白虎汤证、承气汤证、柴胡汤证、栀子豉汤证、四逆汤证等十几类方证皆如此。

需要明确，仲景针对“主症”所用之药，是因为该药对某症有特殊疗效，即“专药”之功。而如此“对症用药”绝不违背“辨证”论治的原则。例如芍药，《神农本草经》记载“治邪气腹痛……止痛”。仲景书在许多方证之后注曰“腹痛”者加芍药。而在《伤寒论》第279条（本太阳病，医反下之，因而腹满时痛者，属太阴也，桂枝加芍药汤主之；大实痛者，桂枝加大黄汤主之）之后的第280条曰：“太阴为病，脉弱，其人续自便利，设当行大黄芍药者，宜减之，以其人胃气弱，易动故也。”这告诫医者，胃气虚弱之人，腹痛便溏者，在使用芍药“止痛”时应慎用为宜。因为，芍药为阴柔之品，易伤胃气而动大便也。

在此可做个小结：仲景治病处方用药的思路是将“辨病”“辨证”及“抓主症”三者联系起来，以发挥方药之最佳疗效。

以上阐述的“用好经方的三大关系”与上文“用好经方的三个境界”，其立论侧重点有所不同，都是用好经方必须明确与用功之处。

（三）总结应用经方的经验教训

在30年前，我先后购得并反复拜读了《名老中医之路续编》一、二、三辑，并精心归纳出了这三辑收集的97位名老中医成才之路具有相同之处的九点治学纲要（收入《中医新生入门》第二章）。其中第七点“临证实践”一节，就归纳总结了名老中医们注重“总结经验与吸取教训”的谆谆教诲。临床看病要想不断提高自己的诊治水平，就要随时总结工作中的经验与教训。应用经方也是如此。

回顾我几十年来学用经方的经历，确实遵循了上文论述的用好经方的“三个境界”与“三大关系”，确实有许多成功的案例，但也有不少失败的教训。常言道：“失败是成功之母。”这就是说，失败并不可怕，可怕的是失败了仍然执迷不悟。正确的态度是：从失败的案例中思考其原因，找出失败的症结所在，为走向成功开辟新径。总之，成功的经验是宝贵的，要善于总结，以提高自己，惠及他人；失败的教训是深刻的，亦要善于总结，以完善自己，警示他人。

扪心自问，“总结应用经方的经验与教训”自己做到了吗？我确实在几十年的临床工作中努力去做了，还提高了自己的临床水平，又为之前与今后的著述积累了素材。但还有差距，这种差距是我近日拜访国医大师朱良春老，在参观其研究所的过程中发现的。

事情是这样的，在2013年3月3日（星期日），我乘飞机到了南通市，97岁高龄的朱老及子女在家里热情地接待了我。我参观了朱良春中医药临床研究所与医院。研究所门诊的几个诊室候诊病人较多。在办公室的桌子上，一本病人随访观察表引起了我的注意，上面是来自全国各地就诊病人的姓名、联系方式、主要病证及电话随访情况记录。再就是在办公室的一个橱柜里，满是多年来病人就诊的病历记录本，翻开一看，里面有朱老诊治处方笔迹。从上述可知，朱老及其门人弟子十分注重病人诊治的系统观察，注重随时总结工作中的经验、教训。如此科学严谨的治学态度，让我找到了差距，明确了努力的目标。

我第二个春天之路

在我主编的《中医新生入门》第五章里，综合古代文献与现代研究，探讨了人的自然寿命问题，结论是100～120岁。由此可知，人生有两个春天。第二个春天，“人生六十才开始”。从事业来讲，人生的第二个春天，应该比第一个春天更辉煌。因为，生活在第二个春天的人，经验更丰富，知识更渊博。古代中医界的名医大家多是“大器晚成”。

我在2012年5月退休之前后，筹划着自己未来中医事业之路，大方向是：第二个春天要以第一个春天的成果为基础，在研究经典的道路上锲而不舍，力图写出“精品”。经过近一年的不懈努力，我的新作《仲景医学心悟八十论》即将出版。

目前正合作创办“北京星光中医院”，服务民众，弘扬中医，为国家卫生事业献力。

岁月易逝，人生有限。

六十花甲，焕发春天！

勤研经典，百家博览。

潜心著述，临床不断。

志为良医，大爱无边！

王昌恩

王昌恩（1952— ），男，生于山东潍坊安丘，汉族，中共党员。研究员，教授，主任医师，博士研究生导师。退休前系国家自然科学基金委员会中医学、中药学、中西医结合学科主任。1973 年由原籍考入山东医学院中医系，1976 年留校任山东中医学院临床教师、附院儿科医师。20 世纪 80 年代初由教育部选派留学日本，获得日本千叶大学药学硕士和博士学位（导师：渡边和夫教授）。1988 年回国进入军事医学科学院博士后流动站工作（导师：周金黄教授）。后任职于中国医学科学院中国协和医科大学药物研究所，任研究员、药理室副主任、党支部书记、科研处处长。1996 ~ 2012 年先后担任国家自然科学基金委员会预防医学与免疫学学科主任、中医学与中药学学科主任，基金委生命科学部九处（药物学与药理学学科、中医学与中药学学科）处长，基金委医学科学部八处（中医学、中药学、中西医结合学）处长。在任期间，共经手资助国家自然科学基金各类项目 7000 多项。

主要社会兼职：中华中医药学会理事、学术委员会委员、中医基础理论分会名誉会长、中成药分会副会长；世界中医药学会联合会药用植物利用与保护专业委员会副会长；中国民族医药协会理事；中国免疫学会终身会员；北京老年痴呆防治协会理事；中华国际科学交流基金会理事；中国中医药研究促进会第四届理事会理事；人民卫生出版社专家咨询委员会委员；国家科学技术奖评审专家；973 中医药专项评审专家；教育部留学回国人员科研启动基金评审专家；《中国中西医结合杂志》《中国中医基础医学杂志》《世界科学技术》《世界中西医结合杂志》等 10 多家杂志的编委或常务编委。

王昌恩退休后还被国内几所大学聘任为特聘教授和指导专家。

任北京中医药大学中医内科学教育部重点实验室学术委员会副主任委员；

清华大学老科学技术工作者协会医疗健康研究中心中医药专委会副主任委员；国家药品注册审评专家咨询委员会委员（中医药理论及方剂学专家咨询委员会）。北京中医药大学国医堂主任医师。

业余爱好：兼任中央国家机关书画协会会员，国家基金委书画协会特邀艺术顾问，安丘诗词楹联协会顾问等。

一、耳濡目染，萌动学医念头

我1952年出生在山东潍坊安丘的一个农村家庭，父亲工作在外，母亲务农在家。我从小跟爷爷奶奶和母亲一起生活。他们都是忠厚善良，勤俭持家，但都未读过书。然而我祖父祖母的父亲却都是饱读诗书的乡贤。儿时见到过他们抄写的蝇头小楷线装书籍，也有中医药的内容。祖母尤其心地善良，聪颖贤惠，心灵手巧，乐于助人。她脑子里装着不知多少治病的土方验方以及小小手段，在那缺医少药的偏僻农村还真解决了不少问题。譬如，用五谷虫（咸菜缸里的蛆虫）炒焦食用可以治腹胀；独头红皮大蒜烧熟食用可治痢疾；柴火灰里闷烧鸡蛋食后可止腹泻；韭菜或仙人掌加白矾捣烂外敷可治无名肿毒等。这些我都见过甚至有的还亲身体验过。我小时候经常消化不良，腹胀腹泻，每用必效。有时还常听老人家说“穿山甲王母牛（王不留行）妇人吃了乳长流”之类的许许多多朗朗上口的顺口溜。我幼小心灵里初步产生了这样的想法，为他人疗伤治病是好事善事，很有意义，于是就想，等长大了我要去大医院当医生，为更多的人治病。1970年高中毕业，当时国家已取消高考，没有大学招生，于是我回乡当农村小学教师。不到半年，大队支部研究决定选派我去参加县办医疗卫生培训班理论学习半年，然后回公社医院跟师临床实践，有空跑回村里给村民治病，由于责任、兴趣与梦想所使，我并不感觉劳累。每天每夜地看病治病，读书学习，刻苦钻研，努力实践，针灸、推拿，西医西药、中药草药，单方复方、土方验方、“奶奶的方”全都用上。可谓基层医务室的全科医生。

当赤脚医生3年，我边干农活边为人们治病，而且人医兽医一身兼做。在治病实践过程中，使我对中医中药产生了更加浓厚的兴趣。例如，有个发热病人西药口服、注射、点滴，竟全然无效，但改用清热解毒、养阴清肺中草药复方后一剂热退。当时的农村，胆道蛔虫发病很多，使用中药复方治疗效果特别明显。由于中医药的使用迅速治好疾病的病例增多，我还受到了公社医院院长在全社赤脚医生大会上的口头表扬和推广中医药治病的倡议。几年来，我肩背药箱走遍千百家，治好无数人，做到小病不出村，大病亲自护送到上级医院救治。我曾自愿为在县医院行胃切除手术的本村老人无偿献血，之后照常干活、诊疗。艰苦的努力，全心全意为人民服务的行为意识，使我赢得了本村以及周围村庄群众赞誉和乡、村党组织的好评。

二、如愿步杏林，为学无止境

1973 年我被推荐参加了高考，听公社教育组的老师说，我的政治、语文、数学、物理、化学 5 门考试平均成绩 80 多分。当年 8 月我接到了山东医学院的录取通知书，9 月去山东医学院楼德分院报到。大学有医疗系、药学系和中医系 3 个系，我在中医系学习。数理化补习课和基础医学课的一部分是在楼德上的。5 个多月后全体学员迁回了济南山东医学院老校区，在那里完成了基础与临床的课程学习。西医课程如生理、病理、生化、解剖、组织胚胎等，中医课程如中医基础理论、中药方剂学等课程，基本是医疗系、中医系同时开设，但有所侧重。西医临床实习也是有分有合，同步进行。入学后第 3 年，中医系独立出来，恢复山东中医学院。1976 年毕业前夕，发生了唐山大地震，大学组织我们七三级中医系的全体同学参加了抗震救灾的实地救护，列车把地震现场抢救出来的伤员分送到全国各地医院救治，我们班的任务是将伤员安全护送到陕西汉中地区医院以获得当地医院的妥善治疗。我一路精心护理伤员，不顾疲惫，废寝忘食，忠实履行一个医生的光荣职责。1976 年 12 月 30 日，三年半的学业圆满完成。我被留校，分配到儿科教研室，成为一名临床教师和大学附院儿科大夫。至此，真正实现了在大医院当一名大夫的儿时梦想。

由于组织的培养，大学老师的教导，也由于自己勤奋好学，刻苦努力，品行端正，成绩优良。大学期间，我先后被党团组织吸收为共青团员和共产党员。

大学是我德智体得到全面发展提高的阵地和殿堂。带着乡村医生临证时遇到的许许多多的问题，在大学学习期间寻求验证和答案。张珍玉、周凤梧、徐国仟、李克绍、张志远、刘献林、张佃民、周次清、靳祖鹏等老师们的循循教诲，潜移默化，影响深远，受益终生。

记得有一天，张珍玉老师带我们实习时讲到，日本人用平胃散堕胎。大家问老师为什么？张老师风趣地说，你们自己动动脑子想想吧，想起来跟我讲！

为什么呢？平胃散主药四味，苍术、厚朴、陈皮、甘草，生姜、大枣引水煎服，方中没有可以泻下的药啊。苦思良久，噢！明白了。难道是取其升清降浊之意？肯定胎儿出了问题，否则为何要打掉呢？课后我鼓起勇气跟张老师说出了自己的分析，老师听了很高兴，“说得好，正是如此，它堕的是死胎，是体内浊气！”老师的启发鼓励是学生的前进动力，老师的认可和表扬可成为学生幸福的源泉！信心足了，胆子大了，请教和讨论的问题就多了，学到老师的辨证思路和临床经验知识随之日见增多。

学校寒暑假我要回家省亲。原本在村民眼中就是好医生的我经过大学的学习培养和历练，坚信一定更有治病能力，很多病人有病也不去医院看，望眼欲穿地等着盼着我回家给他们治疗。农村卫生条件和意识较差，不洁饮食引起胃肠道感染者甚多，他们又得不到及时治疗，迁延日久，形成慢性腹泻，症见脾胃虚寒，消化不良，腹胀腹痛腹泻，给用附子理中汤治愈。一位妊娠恶阻病人，处以二陈汤加竹茹、黄芩、紫苏梗等，恶心呕吐症状消失，孕妇及其爱人喜不自胜，连连称谢。一人自四五岁时皮肤过敏，每受风湿寒冷刺激便会发病，每发全身皮肤肿痒难忍，每次发作时家人都用陈腐篱笆点火烘烤，几天后渐渐肿消痒止而安。以后没有陈旧篱笆了，医疗条件也改善了，再发时就去医院吃药、打针、输液抗组胺治疗，1 周后也能消退，连续 45 年之久，每年多次发作，口服扑尔敏和苯海拉明已不起作用，苦不堪言。去县医院请求从省中医院回来的著名老中医治疗，医生说吃他 150 剂药可能根治。当时我寒假回家，认为是荨麻疹和血管神经性水肿，已形成慢性迁延，望、闻、问、切之后开处中药，桂枝汤调和营卫，加祛风散寒、养血活血、补脾和中的药物水煎服，用药 6 剂，到春节停药，到我开学时也没有发作。之后竟然未再发病，直至 85 岁去世。

山东中医学院毕业留校后，组织指派让我到农村去，大学附属医院孙彦副院长带队，我们一行 10 多人深入惠民县毛刘公社毛刘大队驻村。为了不给村民添麻烦，我们大家轮流做饭。我们分别在不同的生产队，与农民一起下地干活，晚上组织村民社员开会学习。每天都安排了满满的体力和脑力劳动，身心疲惫的工作之余，我还要在煤油灯下读书，学业务、背外语（日语），每每学习到深夜，甚至黎明。次日天一亮又扛着铁锹下地带领村民翻地干农活。我经常一有空就帮助和指导村医为村民看病开方用药，与村民和村医结下了深厚的友谊。社员都叫我老王，可我当时只有 25 岁。几位农民聚在一起谈天喝茶，见我走来，热情招呼，“老王，喝水吧！”我说，“谢谢，不渴。”“嗨，喝一会儿就渴了！”因为这里到处都是盐碱地，井水都是咸的。盐碱地不长庄稼，只能种棉花。由于工作累，睡眠少，黄河北部风沙大，驻村半年之后我就感冒发热、剧烈咳嗽，得肺炎了。在同事们的催促下，我去惠民县人民医院胸透，可见肺部阴影。当地条件有限，领导安排我回济南治疗。我回济南后没几天，由于国家政策的调整变化，大家也都从惠民撤回来了。

1977 年，教育部与中国科学院联合发布《关于 1977 年招收研究生具体办法的通知》，研究生教育在中断了 12 年之后终于得以恢复。肺炎治疗期间，我抓紧进行硕士研究生的应试复习准备。研究生考试报名经各级领导审核批准后方可获得考试资格，考试分为笔试和复试（面试）两步，我都得以顺利通过。然而，我却因为种种原因没有读成研究生。

1977 年底，大学附院小儿科丁瑞麟老主任提出要收我做徒弟，当时还没有明确的名师收徒带徒的政策和规定，也没有什么拜师仪式，大学儿科教研室和附院儿科科室同意了就算定了。丁老师当时 60 多岁，是潍坊丁氏儿科传人，山东省儿科临床名家。丁老师十来岁即随师学医，边学习，边实践，对儿科学术尤有研究，认为小儿乃方萌之草木，用药严禁峻烈攻伐，不可伤其娇嫩脏腑和稚阴稚阳之体，很推崇东垣顾护脾胃理论学说。丁老师经验丰富，态度和蔼，用药轻灵，疗效颇高，深得患儿家长的信任。小儿常有肺炎咳喘而又同时消化不良腹胀腹泻的情况，此时如一味清肺定喘则加重腹泻，如偏重止泻，则引致气壅喘甚。此时要“上喘下利调其中机”，在宣降肺热、固肠止泻的同时，还应安脏和中、健脾理气。肺与大肠相表里，但必须中焦枢纽无阻，才能表里上下畅通调和，喘利可愈。跟随丁老师出诊聆听耐心教诲，学习诊病经验，体会遣方用药，尤其对儿童心理活动，了如指掌，这样看起病来才得心应手。丁老师常诙谐地说，“无绝顶之聪明不能为小儿医也！你能做个好儿科医生！”丁老师被邀请到济宁讲学，地市县社级医院都有医师和中医师来听课，大礼堂座无虚席。当时没有幻灯片，也没有塑胶薄膜的投影，我只能把老师要讲的内容用毛笔抄写在几张黏接的大纸上，但后边的人还是看不见，于是我和老师演起“双簧”，老师在台上讲课，我在大黑板上粉笔写大字，当然不是全部写，是选择重点句子或名词经文写板书。当时自己想，幸亏有从中学、高中、大学一直抄写黑板报和办学习专栏的基础，否则，就不知如何应付了。老师讲得好，大家很高兴，板书写得及时、认真、正规、清楚，也受到了夸赞。晚餐时，当地名老中医们纷纷来献酒、献诗、献辞、献心。应对太多，老师往往让我回复或代答，因为老师让我坐在他的身边。

我经常去老师的家里，与老师家人也特别熟悉，他们也很信任我。有一次，老师病了，一晚起夜多达6次，根本没法休息。老师让我给他开药吃，我诚惶诚恐，但看到老师实在疲惫虚弱，于是辨证施治，用大剂量参芪补气，再加健脾益气、固肾缩尿的药物，老师看后说行，就按方抓药。老师用药1剂后起夜减少，3剂后就只起夜1次了。令人悲痛的是，1979年暮丁老师因患中风在省中医院抢救无效而永远离开了我们。至今回想起丁老师来，还觉得心痛。

三、名师引导，无涯学海捷径

1979年春天，时任山东省中医药研究所所长、山东省中医院副院长的张奇文老师担纲做东道主，与被称为国内中医儿科泰斗的北京中国中医研究院西苑医院儿科主任王伯岳研究员，南京中医学院儿科教研室主任、博士研究生导师江育仁教授共同主持会议（以后被朱良春国医大师誉为南江、北王、中张中医儿科三巨臂），组织全国著名中医儿科学家在济南召开《中医儿科学》编委研讨会。张老师邀请了全国著名儿科专家出席会议，出席会议的还有：成都中医学院肖正安教授、侯占元院长，北京中医学院东直门医院刘弼臣教授，首都医学院附属北京儿童医院陈昭定教授，江西中医学院朱锦善教授等；暨东道主单位出席会议的有山东中医学院附院吕同杰院长、靳祖鹏教授等。山东省中医药研究所（今改为山东省中医研究院）张奇文老师全程主持会议。因我与张老师同是潍坊人，早就熟悉张老的为人和对中医事业的执着和热爱之情，早在20世纪60年代就成为山东省跟师学习和西学中的典型，当选为全国劳模，出席全国文教卫生群英会，其事迹早已誉满全省全国。张老平易近人，对我关爱有加，他在繁忙的行政事务中仍然坚持每周2次上门诊，当过中医系的系主任，刚调到中医药研究所任所长不久，又被授予省中医院副院长的职务，让我跟他上门诊。在我东渡日本求学的数年中，他一直与我联系，从不间断对我的鼓励，一直关心着我的成长，我回国后张老每逢出发到北京都约我相聚。当时，张老师指派我当会议秘书，学术组、会务组、后勤组都由我一人负责。张老师让我参加聆听教授们的发言，同时做好记录。通过第一次零距离接触国内儿科届的大家，我不仅学习了他们的渊博学识，还见识了他们严谨的治学态度和为人处事风格。参会专家无一不对会议井井有序、有条不紊的筹备和安排感到心情舒畅，无一不对学术讨论充分、写作分工明确感到心满意足，感到不虚此行。通过那次会议，我对张老师更加敬佩不已。当时40多岁的张老师正值“强仕”之年，张老师精力充沛，不知疲倦，学术精湛，观点明确，发表意见高屋建瓴，受到了与会专家的充分信任和尊敬。时隔26年，为张老师祝贺古稀华诞时我还忆起这次会议，特别感慨，于是拙成《烛影摇红》一词表明了我对张老师的深刻印象：

“科苑躬耕，昭彰岐黄尤钟情。霜刃初露韶华龄，卓荦群书通。强仕大业既成，淡名利、技问巅峰。子房运筹，研桑心计，和鹊发精。

凌云雄鹰，俯瞰万物战长风。壁立千仞唯无我，阔腹荡舟行。潜心杏林橘井，垂师范、大医精诚。承前启后，德厚流光，烛影摇红。”

想想自己也正是在老师摇曳的烛光下，勤奋学习、努力前行着，感恩之情油然而生。

1977年，教育部开始制定派遣计划并逐步付诸实施。选派日本留学的是从1979年巴德年、1980年姚新生等极少数人开始的（巴德年、姚新生都已是资深院士了）。1981年经过本校、本省考试遴选，我参加了教育部组织的全国考试，教育部原计划通过此次考试选出60位不同专业的优秀教师派去日本留学，然而，外语（日本语）笔试和听力58分及格线之上的总共只有15人，医药学专业的只有我一人。此时，我特别感谢尊敬的日本语教育家李子安老师，尽管大学期间没正式开设外语课，日语课是选修，尽管学到最后只有我、王东亚、尹旭斌等少数几位同学坚持着，但李老师一如既往，耐心教导，循循善诱，诲人不倦。李老师您辛苦了！谢谢您！教育部规定，外语70分及以上的可以不再经过语言培训直接送去日本。但我只考了68分，还需要1年以内的外语培训。于是我交接了科室工作，去大连外国语学院参加突击集训。教我们的是日本老师和有教学经验的中国老师。原本教育部安排在大连外国语学院的培训学习是1年。由于日本的年度预算是4月，下年度计划中有为外国留学生设立的奖学金，需要优秀的留学生考试获取，日本驻华使馆对我们进行了考试考核，成绩优秀者可以提前派出去。我当时成绩还不错，符合提前送出国学习的基本要求，于是也获得日本国家政府奖学金支持资格。卫生部中医司田景福司长亲自为我推荐了时任日本富山医科药科大学和汉药研究所所长的渡边教授。渡边教授也同意亲自指导我这个中国留学生。

四、调正心态，动力自来，工作虽忙，不忘临床

1982 年 4 月，我开始了留学生活。导师渡边和夫所长和副导师渡边裕司副教授以及留学生科的老师一行数人迎接我至富山火车站站台。两位渡边老师都很亲切友好。当时中国留学日本的学生很少，在富山医科药科大学中国留学生只有 2 位，我是中国国家选派并接受日本文部省奖学金的（在日本叫国费生，经费较多，被另眼看待），还有一位是校际交流派遣，学校出资支持的。半年后又有 2 位中国国家派遣并由中国国家出资支持的年龄偏大的研修生到该研究所来学习，这是后话。平日老师安排我做实验，主要是药理学的动物实验。先当半年研修生，然后参加修士（硕士）研究生考试。所以，日常除做实验外还要学习语言，尤其是口语，晚上回宿舍要学习考试科目的书籍，每晚学习到下半夜，困得不行了就用冷水浇头以求清醒（致使头皮血循环障碍应该是脱发的重要原因）。苦熬半年，修士研究生课程考试（笔试和面试）合格通过。次年 4 月开学我开始修士学习。开学前还是每天做实验，晚上整理总结，看文献，读书学习。富山医药大 4 位加富山大学 2 位中国留学生成立了临时党支部，我负责组织大家政治学习，互相交流国内外的信息、感想以及驻日中国大使馆的有关精神。

当时国内没有电话，跟家人联系只有写信，一来一去需要一个月左右。

导师渡边先生因去补充千叶大学药学部的教授空缺（千叶大学是日本国内名校，药学部在当时已有 100 多年历史），辞去尚在任期的和汉药研究所所长职务，1983 年 3 月 31 日去千叶赴任。此前导师做我工作要带我去千叶大学继续读修士课程。原则上日本“国费生”是不允许转学的，但一切转学手续老师都已为我办妥。在去往千叶的列车上，面对道路两侧盛开的樱花，先生即以《樱》为题令我作诗，一个中国学生为了不让日本先生失望，于是未及思索吟成七绝：“花叶递荣羡春樱，扶桑岛国点翠红。今辞富山随师去，明返故里振华兴。”先生本人就深谙汉学文化，诗词书法俱佳，他表示满意，我也感觉轻松。一首小诗表明了我的心迹，影响着此后的行动：回国服务！祖国的重托，母校的期望，促使我努力学习邻国的创新性学术思想，先进的科学理念，现代化科学技术以及必要的操作技能，为的是学成回国，早日投身祖国的建设。

我在千叶大学读完修士研究生课程，毕业论文答辩通过，被授予修士学位。3年苦行僧生活过去了，3年来只能看看家人和孩子的静止照片而见不到他们活动的身影，也听不到他们的声音。几个同学都不愿再受煎熬，毅然回国与家人团聚了。我也把这种想法向一直关心着我成长的张奇文老师（时任大学党委书记）去信汇报，张奇文老师立即复函鼓励我莫失留学深造机会，继续考博士研究生，学成回国将为国家建设发挥更大作用。卫生部胡熙明副部长、中医司田景福司长也来信鼓励我继续深造。领导老师的关心鼓励支持，使我坚定了信心，通过了博士研究生的课程考试（还是笔试和面试）。博士研究生导师仍然是渡边先生。

渡边先生很高兴我能在他的指导下继续修完博士课程，而且为我回家省亲提供了很多便利，同时，主动提出要邀请我爱人到日本深造学习。1985年，爱人田月娥医生在千叶大学医学部附属医院眼科作临床研究生，指导老师是著名眼科专家安达惠美子教授。孩子上幼稚园。小孩子适应环境特别快，没多长时间就融入他们的小圈子里了。我们的日本朋友多，他们见我们工作学习忙，回家也晚，就主动伸出援手陪伴或带孩子玩。日本的民间人士很友好，给我们提供了很大的便利。小孩子一直升入日本小学三年级。我们的房东朋友还为我们提供了一套上下两层住宅免租借住。

在日本期间，我一直被推选为千叶地区中国留学生学友会会长，除看书学习、进行实验研究，以完成硕、博不同阶段的研究论文外，还要了解国外的历史地理、民俗风土人情，团结、组织、关心、了解千叶地区上百位不同渠道来留学的中国留学生，与东京圈相关日中友好组织建立联系进行友好交流，尤其在新年、春节、盂兰盆节、中华人民共和国国庆节等重大节日，中国留学生学友会邀请中国驻日大使馆教育处的官员以及日中友好协会和民间友好人士前来参加联欢活动。

我的爱人田月娥同志热情好客，乐于助人，乐于奉献，而且手艺好，做的饭菜可口，每每受到大家夸赞。春节时我们邀请未能回国而留在千叶的年轻中国留学生在我家一起做菜、包饺子，大大减轻了留学生异乡异客、佳节思亲的寂寞和无聊。几年来，我和田月娥同志经常利用周末、节假日、下班后的时间为留学生和日本朋友咨询、义诊、治疗病痛。如经常发作且久治不愈的顽固性呃逆2例，都是针刺留针过程中患者自觉气下行、困顿感，躺在床上小睡片刻，醒后即愈。一位日本朋友早年行胃切除术后引起倾倒综合征，餐后出现心悸、心动过速、出汗、眩晕、面潮红而非苍白，每每持续一个多小时，痛苦不堪，一直服用抗组胺药、抗乙酰胆碱药，以及解痉镇静药物，效果不明显。我们给患者针刺百会、印堂、太阳、合谷、内关等穴位效果非常明显，针刺后即刻症状消失（但不能根治）。由于我们医疗活动只是尽义务做善事，宣传一下中医疗法和中医文化而已，分文不取，也就触犯不了日本的有关法律，从而结交了一大批朋友。

1988 年 3 月 25 日，千叶大学校长井出源四郎先生亲手为我颁发博士学位证书，26 日整理行装，告别诸多朋友，27 日一家三人毅然回国。我俩的导师，孩子的小学老师以及中国留学生，房东以及日本友好人士，冒雪早起过来送行者数十人之多，另有十几辆车直送我们到成田机场并目送过海关，感激、感动、感慨万分，心情久久不能平静。

事后从导师、房东、日中协会以及中国使馆教育处官员口中得知大家的评价：王先生、田先生除品德高尚、与人为善之外，还有一个重要因素，全家人一起在日本，住房几乎是免费的，孩子上小学，两个人完全可以找份工作，再待一两年挣点钱再回去完全没有问题，大家也完全可以理解。但是，他们第一天拿到博士学位证书，第二天整理行李，第三天毅然决然全家回国，我们都感到震撼，由衷生出敬意。

我们一家人回国后先去教育部回国处报到，又去卫生部中医司看望老领导。领导希望我们一人参加中医研究院与日本津村的合作项目，一人可以留在卫生部外事司，利用在日留学几年的基础做些对外交流工作。我们当即答复的意见很明确，感谢领导的信任和关怀！但不能服从。因为博士毕业前夕，北京军事医学科学院即以我和卢炜博士的名字向国家有关部门申请了药学博士后流动站，卢博士已另有他就不能进站工作，院方急等我尽快进站启动工作，否则，如无人进站，有被撤站的可能。我不能失信，待做完博士后工作再考虑去留问题吧！于是，我正式进入军事医学科学院博士后流动站工作，导师是我国著名药理学大家周金黄教授。博士后期间，胡熙明副部长又亲自找过我一次，建议我中止博士后研究工作，投入到国家中医药管理局的管理工作中来，但我不愿意也不适合做行政领导工作，于是谢绝了领导的好意，继续完成博士后研究工作。田月娥同志一直未脱离眼科临床，包括在日本作为眼科研究生也是在临床上，所以她谢辞卫生部外事司的任职邀请，仍然从事眼科临床工作。

1988 年，我作为中国人民解放军第一个博士后工作人员进入军事医学科学院药学博士后流动站工作。博士后期间受到周金黄教授学术思想影响很大。周老先生是我国药理学和军事防化医学泰斗，是我国中药药理学、中药免疫药理学研究的奠基人，他对于问题的认识与分析总是从科学、战略的高度，具有显明的前瞻性和包容性。周老师的指导和教诲，奠定了我之后较为得心应手地从事基金管理工作的基础。

无论海外留学还是国内博士后工作，我一直没有放弃为需要帮助的患者服务。例如，一位北京郊区心脑血管病患者辗转来到军事医学科学院找我求治。问其病史，有明显的家族性，从太爷到祖父到父亲，都是 50 岁死于心脑血管疾病。患者马上 50 岁了，也出现了明显的心脑血管病症状，以至于不得不辞去中学教师的工作，坐卧在家人的平板车上去北京各大医院看病，持续一年多，困于疗效欠佳而特慕名来此。问、望、闻、切四诊之后，辨证施治遣方用药，处以益气活血、祛瘀通络，辅以镇静安神，佐以言语慰抚心神。患者药后效果显著，信心大增。连续用药 3 个月，身心肢体恢复正常，至今步履矫健，挥拍击球，老年球友无人能胜。

我的老师周金黄老先生身体不适时也总让我处方开药，每次老人家都表示满意。老师 85 岁时体检已有前列腺肿瘤，术后出现明显激素水平紊乱、阴阳平衡失调的症状，老师又让我开药，初拟滋阴育肾、柔肝潜阳，即壮水之主、益火之源之法遣药。老师认可，解放军总医院中医科老主任看了处方认为很严密，很对证，于是打成丸药。老师连用 2 周症状消失且再无复发。周老 90 岁时谈话间无疾而终。

博士后流动站出站后，我就职于中国医学科学院中国协和医科大学（后复名北京协和医学院）药物研究所任研究员、教授，药理室副主任，党支部书记，科研处处长。同时兼职中国药理学会工作。张均田会长与林志彬副会长兼秘书长指派我为副秘书长兼学会办公室主任。陈可冀院士邀我参加中国中西医结合学会活血化瘀专委会作副主任委员兼秘书长。

日常科研本职工作较忙，下班后处理一些学会的事情，还要抽出一定时间去临床义务诊疗，在大北窑中医门诊部跟随当时 80 多岁的名老中医翟济生教授（施今墨弟子）跟诊学习。翟老在临床上熔各种有效的辨证方法于一炉，尤其强调气血辨证，在治疗上注重和脾胃以调气血，临床用药以温运为特色，提倡治疗内科疾病以健脾和胃为先导，临床每每收效甚著。冰冻三尺非一日之寒。名医之所以有名，就是因为善于观察，善于积累，善于分析，善于总结，发现规律，形成假说，上升到理论高度，再返回来经过临床再证实，如此反复验证，一步步得以升华，使之形成足以指导临床实际的正确理论。

大师点拨思路开拓。跟诊翟老时间不太长，但老人家的医德医风，临证辨治思路，处方用药特点，使我受益颇多。

1994 春，因工作头绪繁多，睡眠太少，疲劳过度，我患了十二指肠溃疡出血。病愈休养期间，日本驻华使馆人员来家看望我，谈起他外交家的父亲，1 年前带状疱疹病毒侵染其三叉神经眼支，疱疹消退后遗留下颞部疼痛难忍，在东京某家医院神经阻断封闭注射治疗，一时痛减，不久又痛，再度封闭，再度发作。如此持续 9 个月，共麻醉封闭 90 次（原则上一条神经不得阻断封闭 20 次），仍然不能根治。然后，在东京的一家中医诊所治疗 2 个月，服中药 60 剂，还是止不住疼痛。医生告诉他，此处神经已变性，脱髓鞘，形成后遗症，治不好的。前后西中治疗 11 个月，还是止不住痛，老人苦不堪言，失去生活信心。现在阵发性痉挛性疼痛，即使有人从身边轻轻走过所带起的微风也能让他疼半天。老人眼镜不敢戴了，精神不振，睡眠不宁，饮食不香，更不用说出门打自己喜欢的高尔夫击球了。他请我为其父诊疗。患者系原外交官，退休老人，73 岁，失眠，纳呆，精神萎靡，颜面微浮，舌质红苔厚腻，脉弦滑。拟先以疏肝和胃、解郁化浊为主，兼用祛风止疼治疗。用药 3 剂，患者食欲大增，心情转好。继而息风解痉，通络止痛，活血解毒，使用虫类搜剔药物。服药 3 剂，患者疼痛大减。继服 3 剂，疼痛消失。老人全家来我家道谢，据说回国后即去打高尔夫球，并去海外旅游了。

中医药学是伟大的宝库，博大精深，蕴藏万机。中医药学又是打开中华文明宝库的金钥匙，辨证准确，用之得当，真正能造福民众，造福全人类。我们应该努力发掘，创新发展，加以提高。

五、热爱基金事业，钟情中医临床实践

科学基金的发展离不开科学家的支持。国家自然科学基金委员会是国务院直属的事业单位，科学基金是我国支持基础研究的主要渠道之一。国家基金委

成立于1982年2月14日，我于1994年和1996年二2次在国家自然科学基金委员会生命科学部药物学与药理学学科和中医学与中药学学科兼聘。由于工作期间认真负责，被学部领导认可，领导提出计划调我来基金委从事管理工作的意见。基金委是科学家的家园，管理人员是科学家而不是官，不摆架子，没有官本位的弊病。通过两2次工作兼聘，给我的印象极好。

调来基金委后，1996~2000年我担任预防医学和免疫学科主任近5年。主要任务：一是负责预防医学领域的基金项目的受理、评审、审批与经费资助，如环境卫生、职业卫生、营养食品卫生、儿童少年卫生、卫生毒理、妇幼保健、传染病流行病学、非传染病流行病学、流行病方法与卫生统计学等。二是负责免疫学领域的基金项目的受理、评审、审批与经费资助，如免疫遗传、免疫调节、免疫耐受、免疫应答、分子免疫、细胞免疫、生殖免疫、黏膜免疫、器官移植、感染与免疫、自身免疫性疾病等。

中医中药学直至1990年才作为基金委的一个学科独立存在。1990年基金委调入专人管理，1991年学科开始独立受理、评审、资助。我于2000年年底接手前任主任的工作，从2001年度“十五”开始由我负责学科的基金项目受理评审和资助工作。我负责中医中药学科工作12年。

1991~1995年是“八五”计划，“八五”期间，本学科共资助经费1986万元；1996~2000年是“九五”计划，“九五”期间共资助4486万元。至此，中医中药学科支持经费在全委50多个学科的平均数之下，约占1/100。2001~2005年是“十五”计划，“十五”期间学科资助经费1.7789亿元，约占全委经费的1/60。2006~2010年是“十一五”计划，这5年共资助学科经费约6.25亿元，约占全委经费的1/48。2011年是十二五计划的开局之年，这一年学科支持经费占全委总经费的1/39。2012年我退休前夕，本科学处受理基金申请7800多项，经费支持1230项，资助经费6.23亿元，占全委经费比例的2.64%。国家基金的支持激励了中医药的原始创新，提高了中医药的基础研究水平，加强了中医药的现代研究与诠释，促进了中医药的学科发展和国际认同。科学基金注重中医药基础研究人才的培养。人才系列项目对培养中医药的基础研究人才，稳定基础研究薄弱地区的中医药人才队伍，铸造中医药基础研究领军人才等方面功不可没。中医学与中医学学科不断进行内涵建设，划归医学科学部后学科代码进行了调整。该科学处包含中医学、中药学、中西医结合学3个一级学科。

“十五”之后，中医中药学科发展较快，各类项目，尤其各类大项目，如重大研究计划、重大项目、重点项目、国际合作重点项目、联合基金重点项目、创新研究群体基金项目、国家杰出青年基金、优秀青年科学基金等人才项目逐年增加，资助项目经费直线上升。国家政策在支持中医中药，更与众多院士、专家以及广大科技工作者的大力支持分不开。

科学基金管理工作的辛苦是常人所无法想象的。每年 3 ~ 8 月是基金受理评审的高峰期，在职十几年来本处只有我一个固定在职管理工作人员，每年要从各单位借调几位兼聘人员。本处每年受理的基金申请项目有几千项，最多的一年多达 7800 多项申请书，必须在一个多月之内带领大家逐项审核完毕。要完成任务必须日以继夜工作。同行专家评审这些项目需要有约 2000 名高水平的同行评议专家来完成，专家名单保密不得外泄，所以，短时间内遴选专家，给专家派送申请项目材料的任务，必须由我一个人完成。一段时间内，我必须夜以继日连续工作，周末、节日几乎全在办公室工作。

致力于异常繁忙劳累的科学基金管理工作的同时，我仍然不愿轻易推辞远程求治的疑难病患者。利用休息时间义务为患者解除病痛，虽累犹怡。2007 年经专家推荐介绍，一位男性患者，大学教授，全身湿疹 30 余年，国内求遍大院名医，用西药、中药不见好转，病情越来越重。除面部尚好外，皮损遍布全身，双足皲裂不敢用脚踏实地面，两手臂皮损不能裸露，夏日也要戴长袖手套。患者神清，烦躁，舌红苔厚腻，脉弦略滑。患者病程迁延，形成慢性湿疹。中医辨证，湿热浸淫、血虚风燥、热毒蕴肤，交合致病。处以清热利湿、凉血解毒、和血祛风、养阴润燥中药汤剂口服，同时处以清热解毒、燥湿活血、祛风止痒药物，煎汤泡浴。患者十分配合，忠实接受治疗。因初治有效，皮损日见好转，医患信心十足，每月来京调方 1 次，持续 4 个多月，全身皮肤基本恢复正常。唯余双足皮肤粗糙，裂痕疼痛，又以活血化瘀、养阴润燥、清热解毒中药煎汤泡脚，之后用破瘀行血药物碾碎外敷，又治疗 2 个多月，双足也复常了。至此历经 7 个月治疗，完全治愈。他来我办公室，解衣坦腹露肢，与我比较，竟更加白皙滑润。事过 10 年，未言反复。

往往优秀的中医药工作者在临证处方遣药时，要凭借自己的基础理论与临床经验交融碰撞产生灵感，这种灵感往往是瞬间或短暂的。犹如东坡先生“作诗火急追亡逋，清景一失后难摹”，此即中国文化之需要悟性。学者善悟其妙，而以其意通之。

六、结束语

作为一名国家培养起来的知识分子，无论在哪个工作岗位，管理、教学、科研或临床，都应尽心尽力、尽职尽责。在职时努力工作，兢兢业业，力所能及。退休后，继续发挥自己医药临床、科研管理、教学育人的余力，为振兴中医药事业，为社会主义建设继续贡献力量。人的能力有大小，只要树立正确的人生观，只要不懈努力，永葆激情，永焕青春活力，永怀工作生活热情，就可以积弱成强，积柔成刚，就能够成长为一个有益于社会的人才，就可以做到"琴瑟琵琶任拨弹，高山流水多相知"。最后用我 52 周岁抒怀填写的《满庭芳》词结语："夜落华发，昼刻鱼尾，意炼冬夏春秋。势窘而突，刚者积于柔。龙腾不厌海阔，静波处、乐亦悠悠。长相忆，安贫乐富，前路遍知友。如钩，树上月，悄然顶立，清照寰球。难解塞翁意，躬行先修。青山绿水常在，直须得，了无杞忧。未敢老，回君庚何，反复二十六。"

董幼祺

董幼祺（1953— ），男，浙江宁波人。专技二级、主任中医师、教授、博士研究生导师。享受国务院政府特殊津贴，国家级非物质文化遗产董氏儿科第六代传承人，全国老中医药专家学术经验继承工作指导老师，浙江省名中医，全国及浙江省名老中医药专家传承工作室建设项目专家，上海“海派中医流派传承研究基地——董氏儿科”传承人，国家（上海）儿童医学中心特聘教授，《中华中医药杂志》编委，中华中医药学会儿科分会副主任委员，世界中医药学会联合会儿科专业委员会顾问，中国民族医药学会儿科分会专家委员会专家，中华中医药学会儿童肺炎联盟副主席，中国中医药研究促进会小儿推拿外治分会副主任委员、综合儿科委员会顾问，全国中医药高等教育学会儿科教学研究会常务理事，上海中医药大学附属上海市中医医院、上海市名老中医诊疗所特聘专家，浙江省中医药研究院研究员，浙江省中医药学会常务理事、儿科分会副主任委员，宁波市非物质文化遗产保护协会会长，宁波市中医药学会副会长、儿科分会主任委员，宁波市医学会医师协会常务理事、儿科分会副主任委员，董氏儿科诊疗研究所主任等。

获第四届中国医师奖，全国卫生系统先进工作者，浙江省及宁波市卫生系统优秀共产党员，宁波市“甬城英才”十大名医奖，宁波市有突出贡献奖专家，宁波市劳动模范，宁波市白求恩式医务工作者等荣誉。担任第七至十三届宁波市政协委员，第五届浙江省青联委员，第四至七届宁波市青联副主席等。

从事中医儿科临床、教学和科研工作五十年，诊疗100余万人次。目前已主持和参与多项国家、省级课题，获中华中医药学会科学技术奖二、三等奖各1项、中华中医药学会学术著作奖二等奖1项、中国民族医药科技进步奖二等奖1

项、浙江省科学技术奖三等奖1项、宁波市科学技术奖二等奖1项、国家中医药管理局推广25项中医临床适宜技术1项、中华中医药学会十大优秀论文奖1项、浙江省非物质文化遗产十佳百优图书奖1项、上海中西医结合科学技术奖二等奖1项、浙江省中医药科学技术奖二等奖1项、宁波市自然科学奖二等奖1项及三等奖2项等。主编5部、协编15部专业著作和5部国家“十二五”“十三五”研究生、本科生规划教材。在国家、省部级学术刊物上发表论文60余篇。培养带教全国老中医药专家学术经验继承工作临床医学中医师承专业研究生、上海中医药大学博士研究生、留学生、浙江中医药大学研究生及医院学科团队等。临床上在“推理论病、推理论治”思想指导下，治疗各种常见病和疑难杂症，尤其对小儿发热、惊厥、急慢性支气管炎、哮喘、急慢性泄泻、急慢性胃炎、肠系膜淋巴结炎、厌食、抽动症、过敏性紫癜、癫痫、川崎病等有较好疗效。

“董氏儿科”是国家级非物质文化遗产代表性项目，海派中医儿科的主要流派，历史渊源，至今已有200多年历史，其门生遍及全国，医术名蜚海内外。他们的学术思想和临床经验，深得同仁尊重和百姓欢迎，特别是第四代传人董廷瑶教授，为全国首批名老中医、上海市中医文献馆首任馆长，被誉为当代中医儿科泰斗，更是创立了一整套中医儿科理论体系和诊疗方法，并通过其传人和学生不断得以发扬光大，为我国中医儿科事业的发展和婴幼儿的健康做出了巨大贡献。

一、登医之门，砥砺其志

我出身于中医世家的“董氏儿科”，至今已有200多年历史，世代相传，祖父董廷瑶先生是当代中医儿科泰斗，全国首批名老中医，上海中医文献馆首任馆长。父亲董维和是浙江省名中医，原宁波孝闻卫生所（现宁波市鼓楼医院）所长。自幼家庭的熏陶，耳濡目染，给我埋下了立志行医，继承祖业的夙愿，现在回想我学医的经历，真可谓好事多磨，难以忘怀。

1969年我于宁波效实中学毕业，当时正处于“文革”时期，不能继续读书升学，1970年11月14日，我和许多同学一起奔赴原南京军区浙江省生产建设兵团，被分配在八团十三连（浙江萧山新湾），参加围垦造田建设。一望无边的海涂，只凭拖锄和土箕，在短短的一年多时间里，靠我们几万知青奋战，在钱塘江海涂上筑起了延绵连长的大坝。满腔热血与汗水，也换回了胜利的果实。

正当我与大家一起在围田上育苗种稻，继续参与建设时，家里发生了不幸的变故。时年父亲53岁，不幸病逝，母亲又身患癌症，无人照料，组织上为了帮助我们，于1972年4月将我调回宁波照顾病重的母亲，并把我分配在当时的宁波地区木材厂当工人，跟随在宁波地区最有名的做锯条的林楚法师傅。短短一年，我在承受着家庭痛苦的情况下，经过师傅的传授和自身的努力，已经可以独立做好锯条的各项环节，而且手艺还不差呢！当时师傅说，你已经会做6寸宽行车的锯条，以前行内可以评为6级工了，我当时心里还挺高兴呢！可是好景不长，1973年6月，我母亲也不幸与世长辞。适值此时，全国正掀起工农兵上大学的热潮，公司领导提出让我上大学作为培养对象，而宁波市卫生局也决意送我去上海跟祖父学习中医儿科以继承事业，为宁波中医儿科培养人才。当时祖父已是80多岁高龄，必须抢时间呀！何去何从，对我这个尚未成熟的青年来说真的很难决定呀！毕竟不同的选择，将来会有不同的人生道路。思考良久，最后我决定，牺牲自己向往已久的上大学之梦，去上海学习，先接好中医学的班。幸运的是，当时的地区木材公司的李眉寿书记和王厂长等领导都十分支持我的决定，认为"董氏儿科"一定要传承下去，并同意将我于1973年9月调入宁波市第二医院，以准备赴上海学习。今天回忆起来，心里对他们，包括我的师傅还存在着久久不能抹去的感激之心呢！没有他们对中医事业的支持和帮助，"董氏儿科"可能在我这一代就此中断。

1973年11月，我受市卫生局的委派，去上海跟随祖父董廷瑶学习中医儿科（祖父当时任上海市静安区中心医院中医科主任，1980年调任上海市中医文献馆任馆长），并参加静安区中医学徒班的学习。原本认为可以安静下来好好学习中医，谁知因为种种原因，当时说好的3年学期被缩短为半年，祖父急了，我心里更急，学医哪有这么容易呀，现在正规本科毕业都必须5年。半年回去，身无本领，我将何去？如此逆境与压力，真的难以承受，当时祖父对我说，不管如何，你我都要对得起组织，就看你有没有吃苦精神与决心。于是祖父和我重新制定了学习和作息时间，每天早上5点起床背书，上午随诊抄方，下午听课，晚上祖父再上课至8点，8点至10点复习、整理笔记。当时的环境我不能住医院宿舍，只能暂住亲戚家阁楼，睡在一张连脚都伸展不直的破床上。压力重、环境差、生活苦，反而促使我更勤奋学习。我就抓住点滴的宝贵时间，利用每天上下班走路的将近2个小时背诵医籍精要。我抄方十分认真，祖父的按语、治则、方药我都记录下来，晚上再将一诊、二诊等重新整理，并心中默记。学徒班我听基础理论，祖父直接给我讲伤寒、温病、内经等经典，重要条文一定叫我背下来，好在我自幼随父亲身边，药性赋、汤头歌大多会背，所以入门也就无适应过程。祖父对我的要求是很严的，定期查我笔记，问我问题，还时不时在抄方时叫我背出方子和条文。3 个月以后，祖父开始叫我试诊，几次以后，对我的学习各方面颇为满意，以后随着形势的变化，我终于可以安心留在上海学习 3 年。这 3 年我虽然付出很多，从无其他娱乐，好像是在逆境中求生存，但我觉得不仅学到了知识，更磨炼了意志，真正体会到了“有志者事竟成”的道理，值！

二、继承祖业，博学求知

1976 年年底我学习期满，由于当时门诊已能应手，每天门诊病孩也很多，且靠着祖父的牌子，当时在上海静安区亦稍有名气，就想留在祖父身边继续学习发展，但祖父当即回绝我说，“人要讲信用，宁波送你出来学习，你就一定要回去服务宁波”。我当初想留上海的本意是多学些祖父的本领，但他的脾气我是知道的，于是我马上打道回府，回到宁波市第二医院工作，并于 1977 年 9 月调入新成立的宁波市中医院儿科工作，一直至今。

我深知 3 年的学习虽然很努力，收获亦不少，但对于博大精深的中医来讲，我只学到了皮毛，充其量说也只是“知其所以”。要继承和发扬中医事业，做一名合格的中医人，必须要有丰富的中医理论知识，必须要继承、总结好先辈的学术思想和临床经验。于是我第二次规划自己的学习计划，以期能有一个质的飞跃。①准备有机会再去中医药大学深造充电。②系统自学经典著作和各个年代的中医儿科专著。③认真学习，总结祖父的学术思想和临床经验。

第 1 点我没能实现，由于当时的院领导一定要我做好门诊工作，我只能参加函授大学医古文学习和自学各类著作，并且决心一定要在这条路上做出个样子来（我曾经得过浙江省青年自学成才奖），但现在想想也有点少年气盛、不知世故。虽然我在 1999 年参加了浙江大学的研究生班，稍微有点圆梦感，但毕竟留下了遗憾。

第 2 点我是用心了，对《内经》《伤寒论》《金匮要略》《温病条辨》《温热经纬》《医学心悟》《脾胃论》《医学衷中参西录》《颅囟经》《幼幼集成》《幼科发挥》《小儿药证直诀》等书，进行了认真的研读，且常常是带着问题去复习、对照，的确效果很好，体会很深。我先后撰写了《〈伤寒论〉经方之儿科应用》《温病学说的深究和应用》《〈小儿药证直诀〉学用探研》《〈幼幼集成〉临证致用》《脾胃学说在儿科临床之运用》等论文。

我的体会是，要当好一名中医，必须将经典著作的精髓牢记于心，将各家学说，特别是自己儿科专业的各个年代名家的著作，其学术观点、临床经验特色进行深入研究，并根据其所在的年代、地域、气候不同，来分析临床用药的特色，然后将现在的各种情况结合起来，融会贯通，这样就可以广开思路，为我所用。

第3点，我的主要任务就是一定要学习继承好“董氏儿科”，特别是祖父的学术思想与临床经验，将先前了解的皮毛，要深入到实质和涵义。如祖父提出的“推理论病、推理论治”和“临证九诀”，实质含义是什么？这二者又有着何种的联系？通过认真学习思考并结合临床应用，我体会到“推理论病”就是根据天、地、人外界自然和身体内在的因素，来分析致病的真正原因。“推理论治”就是在辨别致病原因的基础上明确疾病发生的机理，然后制定出治疗的原则。这里面的“理”，有生理、病理、脉理、舌理、方理、药理等，包含了中医认识人体疾病的诊治规律。因此，要学好中医关键是明理，而要做好中医，更要掌握和运用这些“理”的规律和变化，因疾病无论千变万化，总离不开其中之“理”，前贤有云，“医者，书不熟则理不明，理不明则识不清，临证游移，漫无定见，药证不合，又难以奏效”，张景岳更是明言，“凡事不外乎理，而医理尤为切要”，所以为医者唯有明理，才能在临床有辨证思维和正确的治疗方法。在“推理论病、推理论治”的前提指导下，祖父又提出了临床实际操作的辨证治疗必须掌握的“九诀”，即：①明理：作为医生，一定要有扎实的中医理论基础，这包含着一切医理、生理、病理、舌理、脉理及病家的心理。②识病：就是既要认识疾病，又要了解每个疾病的发展过程，以及发展过程中的转归。③辨证：就是要正确认识人的整体与局部的关系，通过望、问、闻、切，四诊参合，归纳总结，从而取得病家的一手资料。④求因：就是对疾病所表现出来的症状，通过辨证，透过现象，抓住本质，从而对疾病的性质做出正确的判断。⑤立法：通过辨证求因以后，对疾病做出正确的治疗方法。⑥选方：通过据法而选方，此犹作战之战略战术，用兵遣将，用先人已验之成规，合今人不断创新之经验，来选用合于疾病之方药。⑦配伍：就是药物的相互搭配，抓住主因，君、臣、佐、使，合理而使，以达到愈病之目的。⑧适量：临床用药，必须抓住主要矛盾，该重则重，但需中病即止，该轻则轻（轻可去实），在用量过程中，要时时注意保护胃气，做到既稳又准，既合病，又合小儿体质之特点。⑨知变：疾病的发展有其一定的规律，但亦会发生特殊的情况和不同的转归，因此临床必须随诊应变，做到病变、法变、药变，才能使药证相符而获效。可以说“推理论病、推理论治”是纲，那么“临证九诀”就是目。这些学术思想是中医之精髓辨证论治的细化与临床应用体现，对于指导我们如何做好中医，起到了至关重要的作用。

祖父还在诊察小儿疾病上，提出“首重望诊”的学术观点，他认为小儿脏腑虽“成而未全”，功能尚未发育完善，但生机活泼，其五脏六腑之精华，藏于内在为气，现于外者为色。故望儿病者气色，可诊断其内脏之病变，审判疾病之顺逆。此种观点与先贤所述观点十分合拍。如《素问·阴阳应象大论》云：“善诊者，察色按脉，先别阴阳；审清浊，而知部分”。明代张景岳认为：“此论虽通言诊法之要，然尤于小儿最为切也。”总结祖父望诊的运用，主要有 7 个方面：①指出面部所属脏腑。如以额（眉心）配心，左颊配肝，右颊配肺，鼻配肾，太阳穴属胆，上眼胞属脾，下眼胞属胃等。②了解色泽主病。如红为赤主热证，黄色主湿证、虚证，白色主虚寒证、失血证，黑色主肾虚证、水饮证、瘀血证，青色主惊风、主痛、寒证、瘀血证。③面首部色泽主病。如眉心色有微黑或赤，为心热作惊，或兼山根部青筋暴现，多见伤脾、泄泻或惊搐等。④根据色泽，审知生克顺逆。如赤色见于两颧乃心火犯肝肺之位，其色大如拇指，成条成片，聚而不散，当为木火刑金，病情凶险。如鼻色青，为土受木贼，若鼻色黑，为水反侮土等。⑤望舌辨苔，知邪所在。小儿 3 岁以内，脉气未充，难以反映真实，因之辨舌苔是小儿望诊的重要内容之一。祖父认为，看小儿的舌质可验其阴阳虚实，审舌苔可知邪之寒热深浅，此即所谓“有诸内者，必形诸外”。至于具体舌质、舌苔色泽主病，均有明言，此不多述。⑥察儿体相，知其强弱。如婴儿头角丰隆，髓海足也。脊背平满，脏腑实也。腹皮宽厚，脾胃强也。耳目口鼻，七窍平正，形象全也。脾足则肉实，肝足则筋强，肾足则骨坚，哭声清亮为肺气壮，笑音正常为心气足。发泽而黑，气实血足；肌肉温润，营卫调和……上述形相，多为无病易养。反之，如囟宽项软，腨小脚蹬，面白不华，青筋散露，发稀色枯，唇缩流涎，哭声短涩等，必多病而难养。⑦视其病相，辨别病邪。病相为发病时所表现的不同形症和病态，因此祖父认为，每一种病变，当其发病的过程中都有其不同的形态显露于外，为医者必须了解其特点，才能做出正确的分析判断，从而达到治疗的目的。如麻疹初发，先见目泪汪汪，发热咳嗽，喷嚏鼻涕，颇似伤风感冒，但如见牙龈红赤，间有白色乳头点，则必为麻疹（此证比麻疹黏膜斑出现更早）。临床上麻疹有顺证与逆证。其顺证者，一般发热3天后开始布疹，从面颈、胸背、四肢，一直到手足心。3天左右布齐，然后疹色渐隐，热度渐降，皮肤可留下麻疹斑。若疹布而不齐，或突然隐退，高热气促，则为逆证了。又如发热惊厥，亦可根据外部形症分析判断。如发厥时体项强直、囟门下凹，应考虑脑炎之类。厥后如常，多为小儿不耐高热，引起中枢神经反应所致，中医认为素有风痰，受邪激发，虽无大碍，但热则易发，必须从本调治。若无热而厥，发时喉中痰鸣，时发时止，发无定期，此为痰痫，治应豁痰制痫。当然，辅以现代检查手段则更加可明确诊断了。他如小儿疳积、小儿黄疸、小儿泄泻等，都可结合病相来分析治疗，并取得良好之效果。

在临床治疗中，祖父特别强调"调治儿病，毋忘脾胃"。这个学术思想是根据小儿生理与病理特点及临床治疗体会而提出的。因小儿生理特点为纯阳之体，生机蓬勃，发育迅速，表现为阳常有余，而阴常不足。不足者表现为天癸未至，肾水不足，所谓"五脏六腑成而未全，全而未壮"是也，营阴精微，供不应求，而营阴之精微，全赖脾胃之生化功能。小儿脾胃本弱，加之营养需求较成人为多，因此从根本上决定了小儿脾胃功能在生理上的重要性。肾为先天之本，脾为后天之本。《素问·经脉别论》曰："饮入于胃，游溢精气，上输于脾，脾气散精，上归于肺，通调水道，下输膀胱，水精四布，五经并行。"其进一步说明人体的脏腑、经络、四肢百骸的营养物质，全赖胃的升降、脾的运化。"脾常不足"的生理特点是小儿病理特点的基础，不足的直接结果，可产生在脾胃运化的虚实上，如《小儿药证直诀》云："脾主困，实则困睡，身热饮水，虚则吐泻生风。"其包括了小儿脾胃病，胃热迫盛，乳食停滞，脾为湿困等实的一面，又包括了脾胃虚弱，运化失健的一面。因之小儿若乳食不节，喂养不当，或过食炙煿厚味生冷，伤碍脾胃，运化失司，升降失调，停留肠胃，形成积滞；脾气不足，虚而及肺，脾肺气虚，卫外不固，虚邪贼风，虚而乘之，致外感之疾，反复易生；运化失司，湿从内生，聚而为患，合污下之则为泄，泛于肌肤则为肿，上储于肺则生痰，阻而碍气则为胀……凡此种种，皆说明小儿脾胃功能在病机转归上起着重要的作用。万密斋有云，小儿“脾胃壮实，四肢安宁，脾胃虚弱，百病蜂起”。

因此，我们在临床上必须熟知小儿脾胃生理和病理的特点及重要性，在治疗上才能做到胸有成竹。更重要的是，在治疗过程中必须时时注意保护小儿之脾胃之气，就是说即使对一些急性实热性疾病的腑实证，在使用苦寒攻伐之承气辈时，应该是速用速止，中病即止，无犯虚虚实实之虞以变生他证。对于常病的治疗，如外感热病兼积则消，热病中后期胃阴受耗者，无积则和等，虽辅以一二味药，常可使疾病加快有好转归。临床体会，小儿给药必须使之能受纳，受之则药效可以发挥。若药虽众而大，饮之则吐，或胃纳呆滞，则必少效或无效，何之？小儿胃气受损也。故我们临床处方药味常八九味，味少量轻，只要点到要处，护好胃气，其效自显。对于一些重病，胃气将绝之证，更须以维护胃气为第一要务。

我曾在 20 世纪 80 年代治疗一重度泄泻患儿，来诊时刚 2 个月，因泄泻月余，住院治疗一直未愈，家长因经济原因已想放弃治疗，症见患儿肉削立骨，形神疲惫，哭声低微，舌红无苔，唇朱无汗，更为严重的是药物、乳食饮入即吐，此阴液大耗，胃气将绝之证，所幸尚未汗出而使阴阳离决。当务之急，速以扶正护胃为主，即处移山参 2g、西洋参 2g、怀山药 50g 煎汤少量缓服，方中取移山参扶元，西洋参生津，重用生怀山药以益胃，以翼药少力专而能受之。第 2 天家长告知，上药饮之未见吐恶，精神略佳。此佳兆也，即用原法使用 3 天，患儿已能进饮米汤。胃气既渐复苏，则对症使用方药，若是调理数月，脾胃健和，形体渐丰而康复也。

小儿素有“诸病从脾胃而生”的特点，故后世医家将其发挥为“调脾胃即是安五脏，安五脏即是调脾胃”的理论。钱乙也指出：“小儿之病，其以补脾胃为生，补其正气，则病自愈。”这些学术思想与理论，与祖父提出的“调治儿病，毋忘脾胃”及“先天强者不可恃，若脾胃失调乃易病；先天弱者勿过忧，调摄脾胃强有望”的观点十分合拍，此合之医理，宜之（小儿）生理，更适之临床也。临床上我们通过调理脾胃，一是对于正虚邪恋者，使正气充盈，以正遏邪，使病速愈。二是病后正虚者，使胃和气生，脾运生津，水谷精微布输诸脏，从而使机体加速康复。三是脾胃健则肺气足、营卫和，达到“正气存内，邪不可干”之目的。这其中包括在选方用药方面，一当轻灵，二则根据病机，润燥得宜，一切以养、护、和为准则。

以上祖父的学术思想及自己学习总结体会，我仅举一二，至于临床经验，治则治法，我也边学习，边复习，边实践，边总结，达到加深印象，娴熟于心。如对小儿外感热病的治疗，遵循祖父“择途逐盗”（即给邪以出路）的思想，如运用发汗解表、清里、攻下腑热等法，并综合伤寒六经，温病卫、气、营、血和三焦辨证，力求做到明确诊断，合理施法，并做到证变法变，灵活掌握运用，效果明显。对麻疹逆证治疗，常施治血透疹法，其理是疹之发是自内达外，即从血分而出。1959～1961年，祖父在上海麻疹大流行时运用解毒活血法，挽救了许多逆证并发肺炎脑炎的重症患儿。根据此思路，我在20世纪80年代宁波麻疹流行时均在辨证施方中加入一二味活血药，效果极佳，使顺证透发更快，逆证者亦可转逆而透，临床门诊无一失手。小儿泄泻，其常有寒、热、积之分；其变有伤阴、伤阳、阴阳二伤之别。但若要明确诊断之，则更须通过观舌苔、察面色、按腹部、审小便，以及观大便之颜色、质地及闻大便的气味等来综合分析其虚、实、寒、热，或相互夹杂，方可达到其治愈之目的。有的久治无效还须旁开思路，另辟蹊径。如有的婴儿，泄泻可有3个月以上，中西药物无效，但其形体活泼，腹软溲清，检查其乳母膝跳反射多为迟钝或消失，此为母乳中缺乏维生素 B_1所引起，治疗当暂停母乳，并给乳母补充维生素 B_1，婴儿哺以米汤，并以运脾消乳之剂，往往二三剂泄泻可止。小儿肠套叠，西医空气或钡液加压灌肠可使整复，但部分患儿仍可多次发作，有的还需手术治疗。祖父认为，本病的发生因于腹部血络瘀滞、运行失常，局部麻痹而成，治疗当以活血利气法，使血运通畅、瘀痹得解，使肠套不再复发。方药以王清任少腹逐瘀汤为主据症衍化使用，并以健脾运脾而收功，临床效果十分理想。

对因脾虚肺弱引起的小儿肺炎后期，炎症不能吸收，啰音始终存在，以及肺痈空洞久久不能愈合的患儿，运用培土生金法，方选星附六君子汤为主，常起意想不到之效果。小儿厌食，常因脾胃虚弱，而导致营卫不和，体弱易感，对于这一类患儿，用桂枝汤来调和营卫，促醒胃气，一举两得，效果显然。他如，用金粟丹防治小儿高热惊厥，金箔镇心丹治疗痫疾，雄麝散治疗腺病毒性肺炎，温脐散治疗小儿因泄泻引起的肠麻痹，金蝉脱衣汤治疗过敏性紫癜等。通过临床的不断学习与总结，能对每一病种形成辨证的思路和治疗的方药，从而对进一步继承和发扬打下了良好的基础。

小儿以其麻雀虽小，五脏齐俱，特别是临床内、外、五官之疾，统治不分，故对祖父之临床经验与运用，只有通过自己的不断实践、体会与感悟，才能吸取精华，举一反三。古人说得好，“熟读王叔和，不如临床多”，我深刻体会到，只有不断临床实践，才能将学到的知识不断消化吸收，才能从“知其然”而达到“知其所以然”的境界。因此，数十年来，我始终坚持临床一线工作，年门诊号可达3万左右，即使后来担任了行政工作（宁波市中医院副院长），我亦从未放弃门诊，正是有了这种锲而不舍的精神，我才有了今天对中医学的领悟与收获。

三、勇于探索，不断进取

祖父常训导我，为师者犹如“匠人使人与规矩，而不能使人巧”。初学者尚可“刻舟求剑，按图索骥”，但必须通过“形似”而求得“神似”。这就是说初涉临诊，可以按照书本或老师的经验方药照搬照抄，机械搬用，加深印象与体会。但要真正成为一名好的中医，必须在实践中不断领会中医学术体系的精髓和临证制宜的精神实质。精确地说，我们吸取前辈与名师的精华，不在于一病、一方，而在于学其辨证识病之思路和方法，在临床上虽有因气候环境等诸多因素使疾病谱不断发生变化，但理既明，病既识，则无愁法、药之施也。40多年来，祖父的训导我一直铭记在心，并且通过“推理论病、推理论治”和“临证九诀”的思路，对新疾病谱和特殊病机的疾病，通过分析、诊治、总结，收到了极佳的效果。如1978年的时候我接触到了第一例川崎病，当时患儿发热已15天，体温始终在39℃以上，住院用了各种药物，热邪仍未退。症见：高热咽肿，舌红起刺，唇朱干裂，手足背微肿，颈部淋巴结肿大，面红烦躁，便下溏利，小便短少。由于当初该病发病率不高，我也是第一次碰到，且儿科古籍及现代中医儿科著作，根本无此病的记载和论述，经过细察良思，根据其症，当属温热病范畴，其舌红起刺，唇朱干裂渗血，高热不退，兼见烦躁，当为邪已入营分，其便下溏利，亦为热迫所致。法当宗叶天士“在卫汗之可也，到气才可清气，入营犹可透热转气”。方用清营汤，并以清气分之要药羚羊角片易犀角，一剂下去热降至38.5℃，二剂下去降至38.0℃，渐次治疗调养5天而热平。该案整理后，率先刊登在1988年的《中医杂志》上。在此基础上，又随着临床病例治疗的不断积累，总结出该病的病因病机当为患儿感温以后，束于肺卫，故初起可见卫分症状，由于温邪化火较快，又可旋即进入气分，一周左右，邪热则可深入营血，达到本病的高峰阶段。同时，邪热鸱张，耗灼营（心）阴，故有的患儿可并发冠状动脉损害的病证。它如暑湿互夹，邪热下利，湿热阻滞经脉，可引起关节疾病发生。根据本病的主症与发病规律，临床上中医治疗可将其分为急性期和恢复期两个阶段。急性期可有卫、气、营（血）之分，但初病虽在卫分，因于其转化较快的特点，用药之中必须予以迎头痛击，以防邪之深入或鸱张，如疏解风热之银翘散之中可加入黄芩、石膏之类。至于到了营（血）期，当以清营转气法，冀邪从气分而出。后期调养不可忽视，如有阴虚热恋，气阴耗伤等，临床效果证明，中医中药参与该病的治疗，退热见效比单纯西药快，恢复效果更好，且减少了心脏疾患的发生。

又如霉菌性肠炎，20 世纪 90 年代初，对患儿的治疗，常过多使用广谱抗生素，导致肠道菌群失调，出现以白色念珠菌为主的霉菌性肠炎患儿较多，且按中西药物治疗，往往见效较慢，泄泻难愈，同样，此病古人亦无论述与记载。经过临床仔细观察，外因除过多使用广谱抗生素外，内因多为患儿先天不足，后天失调。特别是人工喂养婴儿，脾气不足，往往导致免疫功能低下。其临床病理特点则多是由于热利转变而成，由于邪热迁延，湿热不清，阴津受耗，脾运失健，则致清气不升，浊气不降，霉菌产生，而致泄泻久久难愈。该病的症状与伤阴泄泻相似，但病机又有异同。相同之处，二者都是伤阴泄泻初期，而其余热未清。不同之处，霉菌性肠炎伤阴症状发展缓慢，但泄泻迁延难愈；单纯伤阴泄泻多伤阴症状明显，病情发展较快，往往伴有元气耗伤现象，但若治疗得当，其疗效亦快。临床上该病西医当时用制霉菌素进行治疗，虽有制菌效果，但止泻效果则无（关键在于患儿的脾运功能受损）。对这个特殊的病机，如果能结合一张既有西药制菌作用，又符合该病中医机理的处方，那么将能起到良好的效果。在此指导思想下，经过反复临床验证，最后拟定了结肠汤一方，以川连、银花、葛根、乌梅、炒石榴皮、荷叶、扁豆衣、生甘草八味药组成。方中川连、银花清热燥湿，清肠止泻；乌梅、石榴皮收敛涩肠，兼能益胃生津；葛根、荷叶、扁豆衣健脾升清；生甘草既能泻火，也能调和诸药。合而用之，起到升清降浊，运脾补中的作用，临床用于霉菌性结肠炎的治疗，其制菌与止泻效果十分理想。我曾进行课题实验研究证明石榴皮、川连、银花、乌梅、葛根、生甘草有制菌的作用。整方与西药制霉菌素比较，其制菌效果相同，但止泻特别是脾运恢复，则效果十分明显，对该病的治疗体会，我曾发表于2001年的《中国中西医结合杂志》。

再如小儿肠系膜淋巴结炎，其特征为当脐腹痛，且发热以后常常反复发作，过去一般以脘腹痛来辨治，以肠功能紊乱，气机不畅为主，用四逆散治疗，虽有效果，但亦易于反复，随着彩超技术的发展，现在可以知道这是肠系膜淋巴结之故。病因既然更加明确，那么我们亦当有新的思考。根据其病急性期多以发热、腹痛或呕吐、恶心等症状为主，缓解期多发热症状消失，但腹痛多有不规则的发生，且病程发作天数较长，又难以根除的特点。其病因当为患儿素来脾运欠佳，或内有积滞（痰、湿、食）者，故每当外邪触动，肺气失肃，气机不畅，而致痰、湿、食、热互结，瘀阻肠道，致气运脉络受阻，形成痰核（淋巴结肿大），不通则痛。因此，本病的治疗当以清热理气，消积化痰为主，以达到通则不痛之目的。遵循这个原则，以四逆散合金铃子散，乌药理气为主，加以川芎为血中气药，既可治血，又可行气止痛；夏枯草、象贝母清热化痰散结；山楂消积除瘀。合而用之共奏清热理气，化痰祛积之功。临床以此方为主，再随症加减，治疗该病，疗效大为提高，并可使许多患儿根治不发。对该病我曾以西药对照组作为分析，并发表在2007年的《中华中医药杂志》。

以上仅举几个病种以资证明，只要我们有扎实的理论功底，又能将先辈的临床经验熟记于心，那么碰到难、新的问题，就一定可以广开思路，摸索总结出一套辨证和施治的方法，我想也只有这样，我们的中医药事业才能发扬光大，才能跟上时代的发展。

四、总结提高，发扬光大

“董氏儿科”已被列为国家级非物质文化遗产，以祖父董廷瑶为奠基人的“董氏儿科”学术思想和临床经验，亦为国内外中医儿科同仁所尊重，我作为第六代传承人，的确深感责任重大，其历史渊源、学术思想、临床经验如何在我这一代得以更完善的整理总结和提高发扬，这是我面临的任务和必须完成的责任。在我20世纪70年代和80年代随祖父学习期间，我已帮助整理了祖父的许多临床经验并留下了许多祖父诊疗的宝贵医案，并协助祖父整理出版了《幼科刍言》一书。当初我一直有一个想法，就是有一天，自己能较完整地写一本《董氏儿科》学术专著，来系统总结“董氏儿科”的家学渊源、学术思想和临床经验等。但由于自觉理论不深，功力不够，不能很好地理解和反映出“董氏儿科”的精髓与实质，故一直刻苦于临床实践，并在实践中体会祖父的学术思想、辨证思路和临床经验运用。直至2009年初，我行医也有36年了，临床也诊疗了百余万人次的患儿了，且撰写了40多篇论文及进行多项课题研究，心里已经有一定的底气了，所以决定撰写《董氏儿科》一书。当时我都是利用晚上和休息日撰写，花了整整一年时间成稿，并在2010年于中国中医药出版社出版。全书共512千字，分为7个部分，即：家学渊源、学术思想、临床经验、汤药应用、温故求新、诊治心得、医话絮语。当时出版社的责任编辑曾评价该书为近年来出版的难得好书。当然我知道这既是对我勤劳付出的认可，更是对我以后继续努力的鼓励与鞭策，自己更不能有丝毫懈怠。该书后来获得了中华中医药学会学术著作奖二等奖（2015年）。

由于我手头上尚有许多祖父的医案，不整理出来十分可惜，且宝贵的财富不能占为已有，应该留下墨笔，既可给同仁借鉴，又可给后学者应用，造福婴童。刚好人民卫生出版社邀我编写祖父医案一书，于是我在2012年初开始整理编写，并于2012年于人民卫生出版社出版，该书名为《董廷瑶儿科医案精选》。全书共301千字，分为常见病、新生儿病、传染病、虫证、消化系统疾病、呼吸系统疾病、循环及血液系统疾病、泌尿系统疾病、神经系统疾病、结缔组织疾病、皮肤疾病、五官科疾病、其他疾病等章节，共71个病种，316个病案。此书的出版适值祖父谢世十周年，则更有缅怀之情矣。

在这里，我要特别感谢国医大师裘沛然老先生为我题了《董氏儿科》书名，全国名中医、原上海中医药大学校长严世芸题写了《董廷瑶儿科医案精选》的书名。著名儿科学家、世界中医药学会联合会儿科专业委员会名誉会长、中华中医药学会儿科分会名誉会长张奇文教授，世界中医药学会联合会儿科专业委员会会长、中华中医药学会儿科分会名誉会长汪受传教授，中华中医药学会儿科分会主任委员、天津中医药大学第一附属医院马融院长，中华中医药学会原副主任委员、上海市中医医院虞坚尔院长，分别为我的书写序。这是前辈、老师、领导及同仁对我最大的关爱与支持。

记得在2001年，上海市中医医院欲将我调入其院工作，并经有关部门批准，将调令发至我手，还为我准备好了住房等政策，他们重视培养人才的远瞻，让我万分感动。但当时宁波市副市长对此批示“……绝不能放人”。市卫生局局长亦为此与我长谈，热切挽留，真诚交流，同样使我感动。我想医无地域、国别之分，都是为了救治百姓之苦，只要你有一颗无私的为民奋斗之心，它同样可以发光。经过友好的沟通与协商，促使上海市中医医院与宁波市中医院成立了友好医院和医、教、研合作中心，并签署了上海与宁波市政府“长三角合作协议”。上海市中医医院名家也多次来宁波市中医院参加诊疗指导工作，我院也派了高年资医生跟上海名医学习失眠、风湿病等特色专科，填补了宁波市该学科的空白。同时，借鉴上海的经验，在宁波率先开设了名中医诊疗中心和“冬令膏方”门诊，受到了老百姓的热烈欢迎，对缓解看名医难，保障人民身体健康，起到了极大作用。同时为继承和发扬光大两地的“董氏儿科”，我放弃休息日，每周一次去上海市中医医院、上海市名老中医诊疗所及海派基地参加门诊和科研工作，坚持至今已有 18 年了，自己虽然付出很大，但与获得的结果是成正比的，确实使人欣慰。

这几年我除了临床门诊、课题研究，还成立了全国名老中医及浙江省名老中医工作室、上海海派中医传承研究——董氏儿科宁波分基地，董氏儿科非物质文化遗产传承研究基地等，担任了全国老中医药专家学术经验继承工作指导老师，培养带教研究生及名中医带徒的工作。40 多年的行医生涯让我真正感悟到中医药文化的伟大魅力，和做好“天使”的不易。孙思邈对中医人的标准是“大医精诚”，就是说一个好的医生应该有高尚的医德和精湛的医术。祖父董廷瑶亦常以“为医德为先，术为本”来教导告诫我们。我认为，做一个好医生“德”显得尤为重要，一是对病人要有高度的责任感，无杂念、无私心，并要有若己患病之想；二是对同仁要互尊、互爱、互帮、互学；三是对学生要毫无保留，尽己所能。有了良好和品德，加上扎实的技能，才能继承好、发扬好中医药事业，并造福更多的儿童，使我们中医药文化，更加灿烂夺目。

我的学医和行医之路，感慨良多，限于篇幅与水平，难以一一叙述。我的经历和体会与先辈及同仁相比更是微不足道，不足挂齿。但这些都是我的真实感情，若能受到同仁和后学的认可，则是万幸之至。在这里我再次感谢张奇文老师对我的厚爱与支持。

（董继业协助整理）

刘玉洁

刘玉洁（1954— ），女，河北乐亭人。1979 年毕业于河北医学院中医系。唐山市中医医院主任中医师、二级教授。华北理工大学中医学院中医内科硕士研究生导师。天津中医药大学在职博士研究生导师。第五、六批全国老中医药专家学术经验继承工作指导老师，河北省第二、三批老中医药专家学术经验继承工作指导老师。全国首批优秀中医临床人才。河北省首届名中医。2012 年被河北省中医药管理局批准成立河北省名老中医传承工作室。2014 年被国家中医药管理局批准成立国家级名老中医传承工作室。任中国睡眠研究会中医睡眠医学专业委员会委员，中华中医药学会名医研究分会常务委员，河北省中医药学会副会长等职。

从事临床四十余年，根据《内经》理论，注重天人合一，结合自然、社会、人文、心理、体质等因素，善用经方诊治心脑血管病、脾胃病、抑郁症、失眠症、妇女更年期综合征及其他疑难杂症。主要著作有《心律失常合理用药 423 问》《王国三临证经验集》《刘玉洁临证薪传录》《刘玉洁临证心悟》。

我已行医 40 年，40 年的风风雨雨，回想起来，每一步的成长，在人生不同的阶段，都离不开老师们的教诲，恩师们不但教会了我怎样学习中医，更重要的是教会了我怎样做人，是老师们的无私传承，使我在学习中医的道路上少走了许多的弯路，站在巨人的肩膀上成就了精彩的人生。

一、三次拜师，成就了我对中医的热爱和执着

1. 启蒙老师秦德润

我于 1979 年毕业于河北医学院中医系，毕业以后，被分配到乐亭县医院中

医科工作。当时的中医科主任秦德润是我们县非常有名望的中医大夫，他13岁学徒，对四部经典出口成章，倒背如流，中医各家书籍更是烂熟于心。他每天的病人从上班开始一直到下班从不间断，每天工作像陀螺一样，而且疗效卓著，慕名看病的人络绎不绝，内、妇、外、儿无一不通。看到秦老师这多的病人，更加激发了我对中医的热爱。刚毕业的我，没有因为自己的学历较高在工作中有丝毫的骄傲，每天早来晚走，工作之余坚持学习，不计寒暑。三人行必有我师，每有空闲，我总是跟随秦老师左右，不管是查房还是门诊，认真向前辈学习宝贵的经验。晚上回来整理总结，从中找出规律性的东西。临证之时，每遇到自己不能解决的问题，虚心向秦老师请教。时间久了，我们就顺其自然地成了师徒关系。白天跟随老师出门诊抄方、查房，利用业余时间整理秦老师的医案。不光是勤临床，秦老师亦督促我学习四部经典和古代汉语，重点条文要求必须背诵。老师尝谓："经典你不会背，怎么会用？理解要背，不理解也要背，边背诵边理解，再结合临床实践，你才能有所提高，才能拓宽你的治病思路。"在秦老师的影响及督促下，我利用晚上的时间学习背诵经典条文，就这样理论和实践相结合，使我的临床水平和经典水平不断提高。在县医院的6年时间，我已经能够独立门诊，而且日门诊量可达30余人次。在此期间，于1983年秦老师又派我参加了为期半年的唐山地区举办的四部经典及医古文学习班，聆听了唐山地区最有名望大师们的讲座，他们理论联系实践的讲课方法，使我对经典又有了新的认识和提高。因此，时至今日，自己虽有所成，但回想起来，离不开启蒙老师秦德润的教诲和帮助，是秦老师卓著的临床疗效，树立了我立志学好中医的信心，也激发了我当一名好中医的决心。

2. 再拜名师王国三

1986年因工作需要，我调到了唐山市中医医院，被分配到内科病房工作。1987年晋升为主治医师，作为病房的主治大夫，参与抢救重病人的机会越来越多，用中医解决疑难杂症的机会也越来越多，这对我又有了新的挑战，不但要求有深厚的中医功底，还要有较强的西医基础，这样才能游刃有余地解决病房的所有问题。于是，我边临床，边学习西医的知识，每每遇到危重病人，都能及时救治于危机之中。当时，在内科病房，一有急症我必参与救治，随着救治成功率的提高，使我对现代医学产生了浓厚的兴趣。一时间，忽略了中医的治疗和参与，忽略了对经典的学习。

值得庆幸的是，正当自己偏离了中医轨道，偏于西化的时候，有机会跟随唐山市著名专家王国三院长查房。王老虽为院长，但每周都要到病房查房3次，解决疑难病证。在跟师的过程中，发现老师善用经方，每每遇到疑难病证，都能起死回生。老师极力反对滥用西药，能用中医解决的问题，老师绝不用西药。记得有一脑出血神昏伴高热的病人，住院后我按照西医的常规进行诊疗。当时，老师去查房，很严肃地批评了我，遂停用了西药，改用安宫牛黄丸1丸，每日2次，并根据舌脉，开了3剂星蒌承气汤。当时自己很是不服气，脑出血的病人属于急症，不用点西药能行吗？但是出于对老师的尊重，没敢发言。3天后，患者解下许多宿便，热退神清。当时自己百思不得其解。老师再查房时我请教了老师，老师没有正面回答，只是说了一句话："回去看看《伤寒论》和《温病条辨》，不要忘了咱们的根。"一句话，震惊了我。反思自己，这段时间，确实是西医的书读多了，经典读少了！再这样下去，就偏离了中医的轨道。沉痛的教训唤醒了我，决定拜王老为师。为了能跟随王院长查房，我不论上下夜班还是休息，从不回家，坚持跟随院长查房。久之，院长发现了我的坚持，也被我的坚持所感动，于1991年正式收我为徒。

王国三老师出身于书香门第，自幼在父兄严格教育下，习诵诸子之学，早年师从乡里老中医皇甫万选先生学医。同时，继续随父兄研读古文诗词。1950年拜于著名中医药学家岳美中先生门下，仍然坚持边学传统医著，边诵读诗词古文，更兼岳美中先生学识渊博，医术精湛，王国三老师获益尤深。几十年来，他用功甚勤，从不稍息，孜孜苦诵每致夤夜，一有意会随时笔录。不仅大量药性、方剂开口成诵，而且四部经典及历代名家著作、各家医论、医案也烂熟于胸，运用自如，以致临证之际信手拈来，左右逢源。我有幸从师于门下，几十个春秋耳濡目染，树立了做铁杆中医的信心，并从一个普通的医生，成长为一名国家中医药管理局首批优秀中医临床人才，有幸和老师一起被评为首批河北省名中医。王冰注《内经》时曾经说过："将升岱岳，非径奚为，欲诣扶桑，无舟莫适。"大凡古人治学，皆强调治学门径及方法，选择良师，练就人格及素质，是成功的重要一环。如果说秦德润老师奠定了我对中医的热爱，那么王国三老师则是我在学习中医路上的领路人。

3. 经典老师郝万山

2003年，我院和北京中医药大学联合举办了中医在职研究生班，邀请了郝万山、鲁兆麟、刘景源等老师来我院讲学，主要课程是四部经典。每周六、日讲座。我参加了这次学习班。当时，在我这个年龄，又经历了20多年的临床，再聆听专家们精辟的讲座，真是如鱼得水，不管是经典水平，还是临床水平都有了一个新的提高，对经典又有了新的认识和理解。尤其是郝万山老师的伤寒讲座，把我领进了一个既深奥又有趣的世界。郝老师教学缜密严谨，深入浅出，风趣幽默，生动形象，深受学生拥戴。当时，正值我在国家优才班学习，要求我们不但要熟读经典，还要广拜名师。趁此机会，我想拜郝老师为师。当我把自己的想法和郝老师提出时，郝老师沉思了许久，婉言拒绝了。但是，我没有气馁，心想一定要用自己的实际行动争得老师的接纳。于是，除了认真学习经典著作以外，在郝老师讲课之余，我请老师帮助会诊疑难病人，并认真地将老师所治的病例做好笔记。除此以外，还定期到北京跟师出诊。经历了一段时间，我将老师运用经方治疗疑难杂症的经验整理出来，并请老师修正。郝老师看了我写的文章后，说了一句话："这篇文章还行，可以刊登。可以做我的徒弟。"听了老师的话，我感动得热泪盈眶，老师终于接纳我了，我暗下决心，一定不辜负老师的期望。后来，我整理出的老师的经方治验刊登在了中医杂志上。为了更好地跟随郝老师学习，不论是老师的讲座还是专题学习班，我都要参加。通过跟师听课和门诊，使我对《伤寒论》的理解和应用都有了进一步的提高。以前，有些经方只会背诵，但是不会应用到临床，通过几年跟师，我不但把《伤寒论》的重要条文背诵得非常流利，而且，在临床上应用经方治疗疑难杂症亦能自如。遇到郝老师，是我人生中最大的转折点，是郝老师把我引到了经方的王国里，使我有山重水复疑无路，柳暗花明又一村的感觉。除此以外，2004～2007年我参加了国家中医药管理局优才的培训，这3年对我来说更是不平凡的3年，3年中聆听了国家级大师们的讲座，他们高尚的医德，精湛的医术，以及对经典的理解，毫无保留地奉献给我们。在边学习，边读书，边临床的过程中，我的理论水平和临床水平又有了一个升华。

二、熟读经典，德艺并重

1. 德与技并重

老师们的经验告诉我，如果想成为一名真正的好医生，首先要有高尚的医德，先学会做人。做人、做事、做学问，是老师的口头禅，也是教育我们的座右铭。连人都做不好，怎么去做医生呢？医生面对的是生命，是责任，不能拿人的生命当儿戏。如果把自己掌握的一点技术当成追求个人利益的手段，那就丧失了做医生的根本。在自己的行医过程中，我深深地体会到，德高技才高。仁与智是人类美好的品格。儒家认为，仁者爱人。当以爱人作为强化素质、提升医技之途径，医德为先，使人性在不断修养的基础上有所发展，逐渐达到自知、知人、使人知己的智者境界。从社会学的角度而言，智者最高境界是知人爱人，其次是知己爱己，再其次是自知自爱，而从人性的内在涵养出发，自知自爱已是最高境界。因此，平素经常用张仲景《伤寒论》自序中所言来要求自己。“怪当今居世之士，曾不留神医药，精究方术，上以疗君亲之疾，下以救贫贱之厄，中以保身长全，以养其生，但竞逐荣势，企踵权豪，孜孜汲汲，唯名利是务，崇饰其末，忽弃其本，华其外而悴其内，皮之不存，毛将安附焉”。这段话不但是我行医的准则，也是我人生的座右铭。除此以外，我特别推崇唐代名医孙思邈的《大医精诚》，其曰：“凡大医治病，必当安神定志，无欲无求，先发大慈恻隐之心，誓愿普救含灵之苦。若有疾厄来求救者，不得问其贵贱贫富，长幼妍蚩，怨亲善友，华夷愚智，普通一等，皆如至亲之想，亦不得瞻前顾后，自虑吉凶，护惜身命。见彼苦恼，若己有之，深心凄怆，勿避险巇、昼夜、寒暑、饥渴、疲劳，一心赴救，无作功夫形迹之心，如此可为苍生大医，反此则是含灵巨贼。”在临床中，我时时用这段话要求自己，鞭策自己，也用这个去要求我的徒弟和学生。当你的心思全部放在患者身上，当你心无旁骛地去研究每个病人的发病情况，你的治病疗效就会明显增强，你的医术也会不断提高。

2. 勤与思并重

几十年的行医过程，自己深深地体会到，业精于勤，行成于思。中医学是在中国传统文化土壤里成长起来的，有着数千年的学术渊源，为中华民族繁衍昌盛做出突出贡献的医学体系。中医学以其博大的医学内容，完整的理论体系，丰富的哲学内涵，显著的临床疗效，向世人展示着其独特的魅力。几千年的历史长河，我们的医学前辈留下了宝贵的经验，总结了中医学理论体系的基本特点。想要在浩如烟海、汗牛充栋的医书里翱翔，必须有良好的古典文学基础。因此，除了熟读中医的经典以外，还必须熟读古典著作，如《古文观止》等。通过古典著作的学习，减少了许多文字上的障碍，同时也学到了古人的治学精神和治学方法。韩愈在《进学解》一文中说，“纪事者必提其要，纂言者必钩其玄”，指出学习要讲究方法，否则会不得其门而入。不入其门就很难登堂奥了。他还指出：“焚膏油以继晷，恒兀兀以穷年。”要夜以继日学习，终年不怠。总之，业精于勤，要搞好自己的专业，要勤奋刻苦。勤者：①勤学习：岳老曾经指出：“四部经典是背诵的书，各家著作是浏览的书，各家医案是经常翻阅的书。”因此，平时应勤奋阅读四部经典及各家学说、各家医案等著作。②勤背诵：经典著作要熟读背诵，因为“书读百遍，其义自见”。这样临证之时，不但能触机即发，左右逢源，还会熟能生巧，别有会心。否则，书到用时又记忆不起，就难以得心应手了。③勤记录：这是帮助学习，帮助记忆，积累资料的好方法。但记录的形式，要据情而定。精华段落，可整段摘抄，散漫于各篇中，可贯以条理，领悟的可进行分析或附以己见。分门别类，日久可收著效。自己每每读书到深夜，一有不懂，随时记录，随时请教老师，有时向王老师请教，有时向郝老师请教，老师们总是耐心解释，倾囊而出，从不保守。几十年来，我做了大量的读书笔记，当中国中医药出版社向我们国家级优才邀请出版著作时，我整理了自己的读书笔记，出版了《刘玉洁临证心悟》一书。④勤思考：思考是治学的重要方法，发挥独立思考的过程，是消化吸收的过程，读书不思考，等于吃饭不消化，不思考就没有分析归纳和综合，医学就难于入细，难于求得规律，难于创新。“学而不思则罔，思而不学则殆”，这句话自己非常熟悉，但真正懂其含义，确是随师之后。特别是当自己经过考试，被遴选为国家中医药管理局优秀中医临床人才培养对象以后，回忆老师对我们的教诲，才更深深地理解了其中的含义。因此，学习要灵活，要学会思考，不但要思考，还要学会思变，真正在临床上主要是看思变能力，以不变应万变，才能达到最高的境界，才能有好的疗效。正如祖师爷岳老所言：“一个好的医生，要知本、知变，即博且巧。”⑤勤请教：要有学问，就要不耻下问。“三人行，必有我师”“道之所存，师之所存”。平时除向书本和师长学习外，要随时随地向周围的人请教。无论中医西医，辈分大小，凡优于己者，皆不耻下问。我有一次给一病人看病，比较熟悉后，这个病人告诉我，他在公园晨练时，有一老人给他一治疗颈肩腰痛的外用方子，他以及家属用了以后，每每收效。我立即向他讨教，他很愉快地把这个方子给了我。以后，我在临床中，遇到这样的病人，用这种方法每收良效。所以，我经常对我的徒弟们讲，平时我们不但要从书本上学习，还要向他人学习，还要向病人学习。为什么呢？因为你每开出一张方子，病人不来复诊，你怎么知道他的疗效呢？几年来，我带了6名徒弟，已出师4人，2人为国家级优才，2人为河北省优才，还有2人在学习中。硕士研究生37人，有的已经成为省级优才，其余全部是中医工作岗位上的骨干，有的日门诊量达80多人次。

3. 精与效并重

博大精深的中医理论和良好的临床疗效，是我们中医这棵常青树永不衰败的历史见证。因此，提高疗效是中医生存之本。提高疗效，不是一朝一夕的事情，而是平时学习总结和大量临床实践的积累。我经常用清代名医吴鞠通自序中的一句话来鼓励大家："生民何辜，不死于病而死于医，是有医不若无医也，学医不精，不若不学医也。"医生面对的是病人，是生命，既然病人把生命交给了你，你就要负责，怎样负责，就要像孙思邈《大医精诚第二》所云："故学者必博及医源，精勤不倦，不得道听途说，而言医道已了，深自误哉。"正因为如此，在临证之时，还要追求精益求精。做到"精"是最不容易的事情，不但要求我们熟读经典，还需要大量的临床实践，在临证中不但要精于医理，还要精于辨证，这样才能精于组方，才能有良好的临床疗效。自然界的一切事物，都有自己的规律，都是按照自己固有的规律向前发展的，医学也不例外。作为医生，就必须探索规律，掌握规律，然后才能临阵不慌，应手取效。例如，急性病的特点和规律，起病急、病程短、病情重、变化快，古有走马看伤寒，回头看痘疹的说法。治必有胆有识，大剂顿服，才能挽救于危殆之倾。慢性病也有它的特点和规律，病程较久，病情复杂，正气已虚，量变已久，难收速效。同是虚证，有的虚则受补，有的虚极反不受补者，则亦需缓缓调理。只有掌握了疾病的规律，临证之时，才能得心应手而收良效。精湛的医术，良好的疗效，方为大医。

三、学术思想

几十年来，在自己的努力下，在大量的临床实践中，又传承了老师经验，总结了自己独特的学术思想。

（一）宗《内经》注重调理，用药以平为期

精研医理，熟读经典，是每个医生一生的不懈追求，要想真正领悟中医学

的精髓，就必须从经典著作开始。尤其是《内经》，他不仅是中医理论的渊源，还是指导临床的重要法则。故临证时，运用《内经》理论指导临床得心应手。

1. 用药注重动静相宜

人体生命处于生生不息的运动变化之中。生命现象得以正常维持就在于内外环境动态平衡的稳定，一旦失去平衡便产生疾病。《素问·六微旨大论》曰："成败倚伏生乎动，动而不已则变作矣。"《素问·至真要大论》曰："帝曰：治之何如？岐伯曰：夫气之胜也，微者随之，甚者制之。气之复也，和者平之，暴者夺之。皆随胜气，安其屈伏，无问其数，以平为期，此其道也。"机体分阴阳气血，相互对立统一，动静相协，草木虽微亦分阴阳，其用有升降浮沉，其性分寒热温凉，其味分甘辛淡、酸苦咸。性温热，升浮作用，味甘辛淡者，属阳，主动；性寒凉，酸苦咸，主沉降者，属阴，主静。阳药的动力发生需赖阴药作为基础，阴药的作用发挥需阳药之推动。《素问·天元纪大论》云："动静相召，上下相临，阴阳相错，而变由生也。"故组方配伍用药之妙在于把握药物的阴阳动静，与机体偏颇之阴阳动静有机地结合起来，以达平阴阳，协运静，成衡动之期。

例，治一70岁老翁，曾于某西医医院诊断冠心病，不稳定性心绞痛，经冠脉造影后建议行心脏搭桥术，患者及家属畏惧手术治疗，遂求助于中医。自述现胸闷，气短，心前区偶有疼痛，纳可，夜寐可，二便调，舌质淡嫩无苔，脉沉细无力。给予党参30g，当归10g，白芍10g，元肉10g，山萸肉20g，炙甘草6g，麦冬10g，五味子6g，黄精30g，川楝子6g，元胡15g，枳壳10g。水煎服。1周后，胸闷、气短等症减轻，2周后，诸症大减，舌上渐生白苔，守原意调治3个多月，诸症消失。本证在于气阴两虚，宜益气养阴，但若一味堆砌滋补之物，自然阴不得施且中焦反滞，故在大队补药中加入一位枳壳，调理气机，使静药运化，不致中满。合方可谓阴阳相配得当，动静相合得体，良效应运而生。

在配伍中注意了动静阴阳的相互影响和相互作用，在治疗中便能达到发而不过散，收而不过敛，升而不过亢，攻而不过破。注重了阴阳动静的相互作用、影响的配伍规律，自然能达到"以平为期"的目的。

人体是一个有机整体，各个脏腑、形体、官窍之间相互联系，相互协调，密不可分。人之所以生病，其本质就是阴阳失调，五脏六腑失去平衡。因而，临床治疗疾病就是调整机体的失衡，稳定平衡状态，纠正偏盛过极，谨调阴阳，以平为期。《素问・三部九候论》云"帝曰：以候奈何？岐伯曰：必先度其形之肥瘦，以调其气之虚实，实则泻之，虚则补之。必先去其血脉而后调之，无问其病，以平为期。"临证之时，注重调理病人五脏六腑的平和，处方用药动静相宜、寒热并用、补泻结合、升降相因、引经报使。主脏有病，顾及他脏，以致阴阳、脏腑、气血、经脉和平，才能达到治病的效果。

2. 临证强调升降相因

升降运动是脏腑的生理特点，也是脏腑功能的体现，与脏腑的盛衰有着密切关系，如偏亢则升降太过，偏衰则升降不及，甚则气陷，人体脏腑升降出入运动，维持人体与外界环境以及体内各脏腑之间的阴阳平衡，营卫气血、经络无不赖其联系，可见升降失常是导致疾病发生的重要环节，辨证施治、遣方用药注意调理气机升降诚属必然。正如《素问・六微旨大论》云："出入废则神机化灭，升降息则气立孤危。故非出入，则无以生、长、壮、老、已；非升降，则无以生、长、化、收、藏……故器者生化之宇，器散则分之，生化息矣。故无不出入，无不升降。"是以升降出入，无器不有。

根据《内经》理论，我认为人体有两大枢纽，一是脾胃升降的枢纽，二是少阳半表半里的枢纽，这两个枢纽畅通无阻，人体气机就会畅通，就不容易发病。因此，临证之时，非常注重调理脾胃和少阳两大枢纽。

人体是一个有机整体，脾胃健运，才能维持正常的生理功能。脾胃损伤，气机升降失调，则出现化源不足，脏腑失养，功能失调，产生多种疾病。人从口摄取饮食后，通过食道下输到胃与小肠消化吸收，然后将糟粕通过大肠排出体外，这个自上而下的过程即胃主降浊。脾主运化，将胃肠道吸收的水谷精微及水液上输于心肺等脏，通过心肺的作用化生气血，以营养滋润全身，这个自下而上的过程即脾主升清。因此形成了脾胃的升降运动。这一脏一腑，互相依存，互相制约，燥湿相济，升降相因，保持了脾胃之间的动态平衡。《素问・五脏别论》云："胃者，水谷之海，六腑之大源也。"《素问・平人气象论》云："平人之常气禀于胃，胃者平人之常气也，人无胃气曰逆，逆者死。"《灵枢・营卫生会》云："人受气于谷，谷入于胃，以传与肺，五脏六腑，皆以受气。"我认为，脾胃为后天之本，气血生化之源，在临床用药时，无论什么疾病，在治疗原发病的基础上，时时顾护脾胃，常于组方中加入三仙、内金、生麦芽、枳壳等药，一是助气血生化之源充足，二是助脾胃运化，以助药力发挥。正如

《景岳全书》所云："故善治脾者，能调五脏，即所以治脾胃也；能治脾胃，而使食进胃强，即所以安五脏也。"

在脾胃病的治疗上，根据脾胃的功能特点，更加注重药物的升降应用，经常用一些对药以使脾胃升降相因。例如苏梗、生麦芽，苍术、藿香，陈皮、砂仁，砂仁、炒莱菔子，柴胡、白芍等一升一降，顺应脾胃的功能，在辨证施治的基础上，加入相应的对药，可起到事半功倍的效果。

例如，曾治一女性患者，49 岁，初诊日期 2009 年 1 月。胃脘痞满而胀反复发作 5 年，加重 1 个月。刻下：胃脘痞满而胀痛，遇冷或情志不遂则加重，泛酸，纳差，大便不成形。观其舌质淡红，苔白，脉弦。经胃镜检测提示：萎缩性胃炎伴肠上皮化生。中医辨为肝郁脾虚，拟舒肝健脾之法，用四逆散和逍遥散化裁。方中四逆散疏肝理气、逍遥散养肝舒肝健脾，加入苏梗、生麦芽，陈皮、砂仁，一升一降，使脾胃升降相因，痞满自除，再加煅瓦楞子制酸止痛，炮姜温中散寒，莪术化瘀止痛。诸药合用，共奏舒肝健脾之法。上方加减用药 90 余剂，患者诸症皆除。胃镜提示：慢性胃炎。随访 2 年未再复发。

《素问·阴阳离合论》云："是故三阳之离合也，太阳为开，阳明为阖，少阳为枢。三经者，不得相失也，搏而勿浮，命曰一阳。"此是言三阳经的离合，太阳主表，敷布阳气以卫于外故云开，阳明主里，受纳阳气以支持内脏故云阖，少阳居于半表半里，转枢内外故曰枢。《素问·灵兰秘典论》云："胆者，中正之官，决断出焉""三焦者，决渎之官，水道出焉"。故少阳枢机不利，则人体阴阳气机出入开阖失司，易发变证。因此，临证之时，注重调理少阳枢机，尤其是面对错综复杂的病证，病人亦寒亦热，亦虚亦实，先用柴胡剂调理少阳枢机，待病人症状缓解，再改用他法。

例如，曾治一男性患者，68 岁，初诊日期 2007 年 5 月 15 日。主诉颠顶时冷时热反复发作 3 年余，伴有头晕头沉。曾在几家大医院就诊，核磁、CT 等检查均未见异常，也未曾明确诊断，给予对症治疗效果甚微，患者痛苦难忍，邀余诊治。刻下：颠顶时冷时热，痛苦难忍，头晕头沉，夜寐不安，心烦易怒，纳食尚可，大便干。舌质略红，苔黄白腻，脉弦滑。我认为，此乃肝气不调，痰浊阻滞，少阳枢机不利。治宜调肝气、化痰浊、调少阳，用柴胡加龙骨牡蛎汤加减。处方如下：柴胡 10g，黄芩 10g，清夏 10g，党参 10g，茯苓 15g，桂枝 6g，熟大黄 8g，龙骨 30g，牡蛎 30g，菖蒲 10g，远志 10g，葛根 15g，川牛膝 15g，天麻10g。7剂，水煎服。上方连服7剂，患者高兴而来，自诉3年顽疾症减四五。效不更方，继服7剂，3年顽疾而愈。随访未再复发。此证在内科书中没有记载，根据其临床表现，认为颠顶者，属肝经所过之处，肝又主风，时冷时热者，属少阳的特点。故从调理少阳枢机论治。《伤寒论》107条："伤寒八九日，下之，胸满烦惊，小便不利，谵语，一身尽痛，不可转侧者，柴胡加龙骨牡蛎汤主之。"仲景原义，此方治疗伤寒误下邪陷所致烦惊谵语之证。但此方有转枢机，调肝气，畅三焦的功能。根据肝经经脉不通的病机，又根据心烦的副证，抓病机用药，运用此方加减而愈。临床上尤其是更年期综合征、高血压、抑郁失眠症等与情绪有关的疾病，通过调理少阳枢机，使病人心情愉悦、气机舒达、三焦畅通而诸症自愈。

3. 用药讲究天人合一

自然界中存在人类赖以生存的必要条件，人体的生命活动必然受到大自然的规定和影响，而自然的各种变化必然对人体的生理病理产生直接或间接的影响。《素问·宝命全形论》云："人以天地之气生，四时之法成。"这是说人是依靠天地之气来生存的，随着四时规律成长的。大自然有四季的气候：春温、夏热、秋凉、冬寒。一日有不同的时辰。人只有顺应大自然一年四季气候的变化和一日不同时辰的变化才能生存。考虑宇宙是一个大天体，我们人体是一个小天体。人体和自然处于一个完全的和谐统一之中，才不会生病。《素问·四气调神大论》云："故阴阳四时者，万物之终始也，生死之本也，逆之则灾害生，从之则苛疾不起，是谓得道。道者，圣人行之，愚者佩之。从阴阳则生，逆之则死，从之则治，逆之则乱。"因此，作为医生，临证用药也要顺应四时，注重天人合一。临证之时，根据病人的发病时间、季节，来判断病机在气、在血，属阴、属阳；病位在何脏、何腑，何经、何络。如此，才能辨证准确，恰当用药，方可收效。另外，用药一定根据四时季节的变化加减用量。如冬季用桂枝，一般用至8～10g，而夏季一般用至4～6g；气虚用黄芪，冬季可用到40g，而夏季一般用至30g，黄精可代黄芪。诸如此类，不可枚举。正如《素问·气交变大论》所云："夫道者，上知天文，下知地理，中知人事，可以长久。"

例如，治一男性患者，69岁，初诊日期2008年12月。患者主诉：心前区疼痛反复发作5年，加重2个月。曾在某大医院行冠脉造影，建议行PIC（经皮冠状动脉介入）手术，患者不愿接受，遂来我院就诊。刻下：心前区疼痛连及后背，每至凌晨3~4点则加重，伴胸闷憋气，大汗出，服用速效救心丸10粒可缓解。平素稍加活动则发作，周身乏力，气短，畏寒，手足不温，纳可，夜寐尚可，二便调。舌质淡暗，脉沉细。根据脉证辨为气虚血瘀，脉络不通之胸痹。根据发病的时间为冬季，认为兼有寒瘀，根据发作的具体时间，为肺气当令，说明兼有肺气不足。心肺同居上焦，一气一血，气行则血行，气滞则血瘀。故拟益气养血、温经化瘀通络之法，用自拟补心气汤加味。处方：党参30g，当归10g，白芍10g，圆肉10g，山萸肉20g，炙甘草6g，川楝子6g，元胡15g，丹参30g，片姜黄15g，桂枝6g，三七粉4g。方中补心气方益气养血、心肺同补；川楝子、元胡、丹参、三七粉化瘀止痛；桂枝温经散寒；片姜黄引经上行，专治后背疼痛。上方即加减调治3个月，患者诸症皆除，每天步行1小时无不适之感，随停中药，改用丸药以调之。后随访3年未再复发。本例患者，以疼痛为主证，但是我在辨证的过程中，既注重主证，又把发病的季节、时间纳入辨证施治中来，体现了天人合一的时间医学观。

（二）崇仲景强调辨证，临证活用经方

1. 病证结合，善用成方

仲景之《伤寒论》把医学理论和临床实践有机结合起来，确立辨证论治的基本体系。此书每篇以“辨某病脉证论治”命名，其中条文是既讲病又讲证，如太阳病辨证论治篇，分为中风表虚证、伤寒表实证、表郁轻证、上热下寒证等，其他各篇也是如此。此“证”是对疾病发展过程中某一阶段病理变化的高度概括，如桂枝汤证、麻黄汤证、小柴胡汤证等。它比“症”更能揭示疾病的本质。《伤寒论》把辨病与辨证有机结合，集症为证，以证立法，依法处方，见此证即用此方，用此方即用此药，融理、法、方、药于一体。故我对此推崇备至，几乎手不释卷。临证之时，不但既要识病，又要辨证，只有在诊断上病证俱明，治疗上病证结合，临床上才能确保卓著的疗效。所以，我在临床上基本用成方，很少用自拟方。古人之方历经了几千年的沉淀，历代医家传下了几百首行之有效的常用方剂，只要你辨证准确无不奏效。古人常谓：“治病不明脏腑，何异于盲子夜行；治病不明经络，开口动手便错。”临证时，我十分强调辨证施治，主张谨守病机，因人、因地、因时、因证而施。虽然多用经方，但在具体运用时却很少单纯使用，而是灵活辨证，据证化裁。临证之时，根据病情，

或抓主证，或抓副证，或根据病机用药，遇疑难杂症必合用经方，常收桴鼓之效。

2. 活用经方，屡起沉疴

《伤寒论》《金匮要略》之方剂，组方严谨，层次有序，药物配伍精当，每一个方剂的药物对治疗所起的作用，有主要和次要的区别，根据病情的变化莫测，主要药又可以变为次要药。经方的药物加减，千变万化，但都能与病丝丝入扣。经方还有一个特点，即药物精当，药力集中，均有冲墙倒闭，消除病患之功，所以用药得当，可收桴鼓之效。临证运用经方治病时，善于从病人复杂的主诉、症状和体征中抓住主症，并对其进行科学的辨证诊断，合理选用方药，给予恰当的治疗。师古而不泥古，用经方治今病，多师其意，循其法而不泥其方。尤其是拜北京中医药大学教授，著名《伤寒论》学专家郝万山教授为师后，我对经方的应用更是得心应手，临证中治愈了很多疑难杂症。

例如，患者张某，女，56岁，2010年8月25日初诊。主因自觉心慌时作时止，发作时伴气短，坐卧难安，口服倍他乐克后症状改善不明显，心烦急躁，纳可，夜寐可，大便干，舌质略红，苔黄白略腻，脉弦滑。处以柴胡加龙骨牡蛎汤加减。服药7剂后患者高兴而来，自述心悸症状次数减少，守原方之意，调治3个多月，症状消失，随访1年未复发。柴胡加龙骨牡蛎汤出自张仲景之《伤寒论》107条："伤寒八九日，下之，胸满烦惊，小便不利，谵语，一身尽重，不可转侧者，柴胡加龙骨牡蛎汤主之。"从条文中可以看出，本方是治疗伤寒误下邪陷所致烦惊谵语之证。从病机看此患者因肝气不调，痰浊阻滞，肝之经脉不通，故而心悸时作时止，治宜调肝气，化痰浊，畅三焦，又因其有心烦症状，故用柴胡加龙骨牡蛎汤加减。以方测证，本方由小柴胡汤去甘草，加云苓、龙骨、牡蛎、桂枝、大黄而成，因此认为本方具有和少阳，畅三焦，利膀胱，泻阳明，舒肝气，化痰浊，镇心胆，安神志的功用。故临证时在辨证基础上用于心悸、胸痹、抑郁证、更年期综合征等病，疗效显著，并体现了仲景异病同治的特色。

（三）旁各家融会贯通，临证博采众方

前辈经常教导我们，四部经典是背诵的书，各家学说是浏览的书，各家医案是必读的书。因此，我不仅熟读经典，对各家医案亦有独特的见解，临证时从不拘泥于一家之言，每个医家、每个作者，都有其见解独到之处，每本书、每篇文章，都有其精华要点，要取其精华，在领悟的基础上大胆创新应用。

如孙思邈《千金要方》中的定志小丸，由人参、菖蒲、远志、茯苓组成。原文记载，“主心气不定，五脏不足，甚者忧愁悲伤不乐，忽忽喜忘，暮瘥朝发，狂眩方”，主治神志方面疾患。《内经》云：“心者，君主之官，神明出焉。”人的精神意识思维活动归属为心，心系疾病起病急，症状重，使人产生恐惧、焦虑心理，因此在治疗心系疾病时，兼顾患者神志方面，即使无明显神志症状，宜用养心安神之品，以助心系疾病的恢复。逍遥散本是疏肝解郁，养血健脾之剂，用于肝郁脾虚诸证，临证之时圆机活法，在领悟的基础上扩大应用。

例如，陈某，女 27 岁。自述经前或经期小腹胀痛拒按，经血量少，行而不畅；乳房胀痛，胸闷不舒；舌质淡红，苔薄白，脉弦。治法：疏肝解郁，理气止痛。方用逍遥散加减。主要药物有柴胡 6g，当归 10g，白芍 10g，薄荷 3g，茯苓 15g，炙甘草 6g，川楝子 6g，元胡 15g，香附 6g，五灵脂 10g（包煎），蒲黄 10g（包煎）。嘱患者经前 3 天服药 3 剂，连续服用 3 个周期。第 4 周时患者欣然来告痛经症状已然消失。

此外，根据不同患者不同的症状扩展出一系列逍遥方，如兼有脾虚泄泻者，在原方上加香砂六君子以醒脾和胃，化湿止泻，组成香砂逍遥；胃脘疼痛伴泛酸者，加黄连、吴萸，组成左金逍遥；更年期兼有潮热者加知母、黄柏，组成知柏逍遥等。这些方剂广泛应用于临床，收效卓著。

对于近代名医的验方，我都随手抄录，验之于临床为己所用，如朱进忠老先生的参芪丹鸡黄精汤，由党参、黄芪、丹参、黄精、生地、当归、薄荷、白术、苍术、柴胡、三棱、夜交藤、莪术、青皮、陈皮组成。党参、黄芪、黄精、补气补血；三棱、莪术、丹参、当归、青皮活血化瘀；白术、苍术、陈皮醒脾化湿。当悟透起其病机后，临床上用于气虚血瘀兼痰浊气滞的心衰、水肿、心悸、胸痹、闭经等患者每收良疗。

例如，孙某，男，28 岁。扩张性心肌病病史半年，口服各类西药疗效不佳，现仍心慌，气短，劳累后加重，双下肢浮肿，按之凹陷，纳少，夜寐可，二便调，舌质淡暗有瘀，苔腻，脉沉弦。处方如下：党参 30g，黄芪 24g，丹参 30g，黄精 30g，生地 10g，当归 10g，薄荷 6g，白术 10g，苍术 10g，柴胡 10g，三棱 10g，莪术 10g，夜交藤 40g，青皮 8g，陈皮 10g。1 周后患者复诊自述心慌症状减轻，双下肢浮肿消退，守前方之意，加减用药3个月后诸症消失。

对口腔溃疡反复发作，多以舌面或口唇内侧常见，大便不成形，舌边尖红，苔薄黄，脉滑或弦滑为主要表现者，我常采用于己百老先生的口腔溃疡方，由半夏泻心汤合升陷汤去知母，加茵陈、桑白皮、连翘组成。其中半夏泻心汤平调寒热，和胃降逆，升陷汤升阳举陷，茵陈清肝火，桑白皮清肺火，连翘清心火。若伴有疼痛者加僵蚕、当归、白芷以增强其行气和血止痛疗效。临证之时，每每用之，屡验屡效。

例如，张某，女，39岁。红斑狼疮病史12年余，股骨头坏死病史，现面部及双手皮肤红肿伴微痒，夜寐不安，纳少，舌质红，边有溃疡，苔薄黄，脉滑数。给予于己百老先生的口腔溃疡方原方，连服1周后口腔溃疡痊愈。口腔溃疡之所以发病，常因脾胃虚弱，心胃浮火所致，若脾胃不能正常运作，则所服药物疗效减弱。红斑狼疮本是免疫性疾患，由免疫力低下所致，故先用口腔溃疡方调理脾胃，使气血冲和，脾胃升降相因，则日后的治疗可收到事半功倍的疗效。

（四）纳西医科学诊断，强调病证结合

作为新时期的中医要学会中西和平共处，取长补短，以西医的诊断明确，病因可知，病情可测，结合中医的辨证施治，个性化治疗的优势，融合西医手术起效快和中药综合调理、毒副作用小的特点，摒弃西药毒副作用大和中药起效慢、口味差、剂型少的短处，长短互补，有机结合。

临证之时，诊治每一个病人，都要认真询问病史，明确西医的诊断，对疑难病证的治疗，既大胆运用中医中药的优势，又要明确西医的诊断。如一患者因胸闷、气短应诊，曾在他医处治疗数月无效。细问病史，除上症外，自觉怕冷，食欲减退，周身浮肿，但按之无凹陷，大便干，舌颤苔薄，脉沉细。根据临床经验，考虑甲减，建议病人进行甲功检查，结果回报甲减危象，遂收住院中西医结合治疗，经治疗1个月，患者各项指标趋于平稳而出院，后以中药调治数月而愈。又一儿童高血压患者，曾用中西药物多日，但血压忽高忽低。家长邀余诊治，详问病史后，建议行肾上腺B超检查，其结果为肾上腺肿瘤，转至泌尿外科手术而愈。诸如此类，不胜枚举。故此，我认为，中医应在辨证论治的基础上，充分利用现代医学的诊疗技术，将现代医学的理化、影像等检查作

为中医望诊的延伸。

治疗上病证相结合，做到“心中有西医，眼中无西医”。不要被一些表面的症状所迷惑，而是按照中医的思路辨证施治。如一心衰患者发热不退，症见：四肢厥逆，心慌气短，喘息不止，不能平卧，双下肢浮肿，尿少便溏，苔水滑，脉沉细。用仲景真武汤加减调治，服药1周后诸症好转。此患者虽以发热为主象，但观其渴欲热饮，自述四肢厥逆。故我认为，此为脾肾阳虚，水湿泛溢，虚阳浮越而出现发热征象，不被发热的征象所迷惑，抓主证，根据病机用药，用真武汤温肾助阳，行气利水，则发热自除，诸症好转。

除此之外，我还结合临床辨证，汲取现代中药药理研究成果，采用病证相结合的方法，将经科研和临床研究证实的中药组方和药对，加入辨证施治中。如苦参、虎杖、瓜蒌、寄生、枣仁、桂枝、附子等药物，经现代药理研究确实有抗心律失常的作用，但我从不乱用，而是在辨证施治的基础上加入一两味，确实可收到事半功倍的疗效。

总之，在长期的医疗、教学和科研中我体会到，审证求因，辨证论治，明确诊断，病证结合，扬长避短，中西优化，是中医学今后发展的研究方向。

何若苹

何若苹（1955— ），女，浙江杭州人，出生于中医世家。1983年毕业于浙江中医学院（现浙江中医药大学），1994年首批国家中医药管理局高徒出师，为国医大师何任教授的学术继承人，深得薪传。为浙江中医药大学兼职教授、传承型博士生导师，浙江中医药大学附属第三医院主任中医师，浙江省名中医，全国第五批老中医药专家学术经验继承工作指导老师，浙江省中医药学会理事、妇科分会副主任委员。从医四十余年，擅长治疗胃病、肝胆疾病、支气管炎、冠心病、高脂血症等内科常见病和疑难病，以及妇女月经不调、盆腔炎、不孕、子宫肌瘤、卵巢囊肿、乳腺增生、更年期综合征等。对用扶正祛邪法治疗肿瘤也积累了丰富的经验。在《中华中医药杂志》等刊物上发表学术论文四十余篇，主编出版了《何任医论选》《何任医学全集》等专著6部；先后承担了“十五”国家科技攻关项目以及省教育厅、省中医药管理局科研项目6项，作为主要完成人获浙江省人民政府科技进步一等奖1项，作为第一完成人获浙江省中医药科技创新二等奖、三等奖各1项。所编写拍摄的《金匮要略》妇人病篇教学录像片已在全国发行。多次被评为浙江中医药大学优秀工作者、优秀共产党员，2007年荣获浙江省优秀医师奖，2010年被卫生部授予“全国医药卫生系统先进个人”荣誉称号。

岁月无痕，转瞬之间，我也已年近花甲。屈指算来，我的从医生涯，也已30余年。1955年5月，我出生于杭州的一个中医世家，祖父何公旦（1876—1941）是民国时期杭州著名的中医，幼习儒，擅诗词，由儒通医，博采众长，医名远及湘、滇、蜀、粤、鲁等地，求诊者门庭若市；父亲何任（1921—2012），是我国现代著名的中医教育家、理论家、临床家，享有中国“金匮研究第一人”的盛誉，2009 年 5 月被我国政府授予首届“国医大师”称号。正是因为家学的渊源，使我填报了以治病救人为终身职业的中医临床专业。作为钱塘“清源何”中医第三代传人，自进大学校门到现在，我一路走来，始终坚持心向岐黄、疗效为先，始终坚持勤读经典、勤跟名师、勤做临床，把投身中医药事业作为自己的价值追求，把善待病人作为自己的现实目标，把提高临床疗效作为自己运用中医药防治疾病的第一要务，从学生到医生再成长为一名被病人、社会所肯定的医学专家，主要得益于我父亲何任教授的悉心教导和我自己长期以来在临床上坚持理论与实际相结合的实践。

学经典，熟读精思贵活用

经典是指在人类发展的历史长河中积淀下来的、具有典范性、权威性的著作。中医作为中华传统文化的一个有机组成部分，对其经典的学习也要像对四书五经的学习那样，需要通过反反复复的诵读来不断深入感悟其中的真知灼见。中医的经典著作一般认为包括《黄帝内经》《伤寒论》《金匮要略》《温病条辨》四种，号称四大经典，也有人称《黄帝内经》《难经》《神农本草经》《伤寒杂病论》为四大经典。

记得小时候，父亲勉励我们兄弟姐妹要勤奋学习时，常常讲述我爷爷何公旦的勤学故事，说的是我爷爷医名盛噪之后，依然“恒每晨必研读医书三小时”，直到生命的最后时刻。这种故事，虽然谈不上妙趣横生，但听的次数多了，自然也就入脑入心了，大概这也正是我至今仍能保持着每天必抽时间看会儿中医经典的原因所在。所谓“读书百遍，其义自见”，这样的经历也是我常常会遇上的情景，特别是对一些原来文意不太清晰或者根本没有读懂的句子，一旦豁然开朗之后，那可真让人无比快乐。

古人强调，读书要做到“心到、眼到、口到”三个到，并谓：“心不在此，眼不看仔细，心眼既不专一，却只浪漫诵读，决不能记，记亦不能久也。三到之中，心到最急，心既到矣，眼口岂不到乎。”所以，读书不是唱歌看戏，不是玩要游园，特别是对中医经典的学习，非得下一番苦功夫不可。否则，那么多的医理、经方，怎么能记得牢呢。宋朝理学家朱熹，他写了一篇《朱子读书法》，其中有一条是“熟读精思”读书法，他说：“遍数已足，而未成诵，必欲成诵；遍数未足，虽已成诵，必满遍数。但百遍时，自是强五十遍；二百遍时，自是强一百遍。”中医是救死扶伤的职业，只有把经典的条文记熟了，方剂的组成背熟了，才能达到“运用之妙，存乎一心”之化境。否则，轻则影响疗效，重则导致医源性疾病。所以，虽然我已经学医多年，四大经典读了多遍，但依然不敢妄自尊大，还是坚持老老实实学经典、下苦功夫学经典。为什么现在我仍然要求自己不断地温习这几本经典呢？因为《黄帝内经》中的《素问》一书，打造了整座中医学大厦完整系统的理论架构；《灵枢》一书，重于经络学说，对针灸的临床辨证处方具有很好的指导性。《伤寒论》和《金匮要略》，是所有中医典籍中对临床辨证论治最具指导意义的经典，故不仅要全文记诵，还应烂熟于心。至于《温病条辨》，则别立新法，补《伤寒论》《金匮要略》之不足，临床运用较多，也当熟读熟记。温故而知新，熟练能生巧。正是由于在经典上打下了比较牢固的基本功，所以，对临床工作起到了很好的帮助作用。记得 2008 年 10 月间，有一次，根据病情，我给一位病人开了《温病条辨》的通补奇经丸一方，我的研究生虽经我讲解后仍不解其意，我就告诉她去查《温病条辨》的具体章节和条文。后来这位学生给我发来短信：“嗯，是的，我刚才查了一下《温病条辨》，何老师您怎么都记得啊？我要哪年哪月才能有这水平啊？”说这个不是为了卖弄，无非想强调学习经典的重要性而已。

在学习经典的过程中，我从初涉医道，就比较重视边学边思、学以致用。早在 1983 年，我运用中医辨证论治和异病同治的理论，将《金匮要略》中一张原用于治疗妇女绝经期后下利夹血的良方“温经汤”，治疗一位结婚 4 年不孕的罗姓妇女，不久即身怀六甲。后来，我把该方用于具有小腹寒冷、崩漏、月经量多或月经不调的不孕症患者，屡获良效，从而扩大了其适应范围，真正达到了继承与创新结合。

除了要反复学习四大经典之外，实际上，一些医德名篇和医案名著，也是应该反复学习的。比如，孙思邈所撰的《大医精诚》一文，实为医德之准绳，故自业医以来，我就经常温习《大医精诚》。这样可以提醒自己在临床上用心精微、严格自律，钻研业务、精勤不倦，仁心厚德、普救含灵，贵贱贫富、皆如至亲，详察形候、纤毫勿失，急病人之所急，想病人之所想。再比如，对一些中医医案的研读也十分重要。医案者何？明代名医孙一奎云：“盖诊治有成效，剂有成法，固记之于册，俾人人可据而用之。”如是，足见医案价值之高。国学大师章太炎曾云："中医之成绩，医案最著。"我的父亲说过："医案是记载医家学术思想、诊治方法的，它反映各个医家的经验，用方用药等特色。因而读医案也如随师临诊一样有益。学医案应学习医家对疾病的总体判断及处方用药，有些医案文字辞藻优美，也兼有益于文法的学习；有些医案脉案简朴，但以药推证，亦往往可得十之七八。历代医案之用药，少则三五味，多则八九味、十三四味，二十味以上者绝少可见，其组方之精到，历历可证，学习医案之弥足珍贵者，就在于此。故学者对于医案，实不可掉以轻心。"在我的记忆中，父亲手边常放着《孙东宿医案》《饲鹤亭凌晓五医案》《徐批临证指南医案》等，受他的影响，我也会时常翻阅这些经典医案，这对临床辨证用药颇多好处。

跟名师，用心感悟承薪火

"文革"期间，中医药事业遭受了空前的浩劫，其中的一个严重后果是造成"文革"后中医人才的青黄不接。我正是在这样的背景下，通过高考于 1978 年进入当时浙江中医学院的省统招五年制中医学徒班学习的。

对于中医药界的状况，当时的一些党和国家领导人也是明察秋毫并心急如焚的。1980 年初，彭真同志在给时任卫生部部长崔月犁同志的一封信中写道："中医是人类最丰富的宝藏之一，它可能是我国对世界有所贡献的方面之一。要使中医对世界医学有所贡献，首先要继承中医药学这份宝贵遗产，坚持和发扬中医特色。继承健在的老中医的学术经验是整个继承工作的重要部分，是目前中医工作的当务之急。因为继承工作的意义不仅仅是在于继承某个老师的学术经验，而是关系到为人类健康卫生事业做出巨大贡献的中医学能否在我们这一代继承下去的大问题。老中医年事已高，故继承抢救工作就更显得刻不容缓。"为此，1983 年，我被浙江省卫生厅确认为何任教授的助手。我既独立应诊，也随师门诊，并且整理出版一些何老先生的医著。到了 1991 年，人事部、卫生部、国家中医药管理局联合下达了《关于采取紧急措施做好老中医药专家学术经验继承工作的决定》，经国家中医药管理局批准，我又被确定为何任教授学术经验的继承人，1994 年经国家中医药管理局考核出师。所以，我除了数十年在家庭中长期得到父亲的熏陶之外，还有这么两次承担特殊使命的组织安排。这些人生的机缘，使得我拥有了比较高的中医起点。在担任何老的助手和徒弟期间，尽管我们之间是父女关系，日常生活中父亲也特别疼爱我，但一旦开展学术继承工作时，父亲约法三章，角色关系就从父女关系转变为师徒关系。作为他的助手或徒弟，他对我从来都是非常严格，有时甚至有些苛刻。但我已经非常适应这样的角色变换，并且分外珍惜这些机会，严格按照组织的要求完成各项继承任务。当然，作为他的女儿，同在屋檐下，他对我的知识传授与我对他的学术经验整理，30 多年来从未间断。在父亲的影响下，使我深深地感悟到，一个优秀中医师的炼成，以下五个方面是缺一不可的。

一是重视经典。经典是铸就名医的基础。父亲年少之时，即由爷爷何公旦引导，诵读《汤头歌诀》《药性赋》《医学心悟》等医学入门著作，有些则要求出口成诵，以培养医学兴趣，夯实医学基础。进入医学院正规学习之后，何老更是对此孜孜以求。对于《黄帝内经》、温病学，做到熟读细研，深有体会；对于《伤寒论》《金匮要略》，则是一一背诵，随用随取。父亲对自己的学生亦是要求非过这一经典关不可，他曾不止一次地著文写道：“一宜坚实基础。就是要对中医重要的文献著作（当然先是《灵枢》《素问》《难经》《伤寒论》《金匮要略》，再及各家）有较深刻的理解。”在他晚年，对现实社会中“传统文化气息日趋淡薄，传统思维能力日趋弱化”的情况，深以为忧，也特别强调古代经典的学习。他常跟我说：中医是成熟于古代传统文化之上的独特医学体系，要想理解它、发展它，就要有传统的思维，就要读好四书五经，掌握文字、音韵、训诂、校勘等知识，否则完全用西方医学思想去领会中医，那只会张冠李戴、南辕北辙。

二是开阔眼界。父亲常说，一个中医的眼界有多高，他的水平才会有多高，孤陋寡闻，是成不了好医生的。他还常常举出我爷爷何公旦以及爷爷同时代好友陈无咎、裘吉生等名医大家的事例，来说明开阔眼界、广泛涉猎的重要性。父亲学识丰富，除了精于医道，他在书法、诗文上也多有研究。他与现代著名的书法家沙孟海等都有着深厚交情，他们甚至有时还会共同探讨医理、书法等多方面的内容，这大概是因为同属中华传统文化组成部分的中医、书法等学科，有着相通相似的基因吧！据父亲回忆，他从小涉猎甚广，除了研读中医书籍，也旁及四书及《史记》《古文观止》等经、史、文集著作，甚至还看了大量的章回小说、演义及《东方杂志》《旅游杂志》等消遣类图书，尤其对《水浒》《红楼梦》《鲁滨孙漂流记》等作品，更是爱不释手。父亲修炼中医，至于高境，也正基于其通过广泛涉猎所打开的宽广视野和所积累广博的知识，实乃厚积薄发。

三是关爱病人。有人套用顾客就是上帝的讲法，说什么病人也是上帝。父亲对此颇为反感，他认为，这种讲法太片面，太注重世俗功利了。他认为，病人是弱势群体，他们不仅忍受着肉体上的痛苦，而且还承受着精神上的压力，特别是那些经济条件差的病人，更是如此。所以，父亲总是要求我，对待病人，一定要悉心诊疗、格外关爱。父亲认为要做到真心诚意地关爱病人，医生一要在生活上淡泊名利，二要在医学上精益求精，三要在临诊时对病人如亲人。父亲经常教导我：做人要一身正气、两袖清风、淡泊名利，当医生尤其如此，千万不可财迷心巧；“捧着一颗心来，不带半根草去”，陶行知先生讲的这两句话意境深远，名利都是身外之物，对当医生的人来说，深刻领会其中的含义也是十分要紧的。他也经常勉励学生们：“要做的工作还多，要多读书，不断充实新知，要多诊病，不断累积经验。为的是提高临床效果，我们要做到‘上工十全其九’，意思是把百分之九十的病人治好。”我随父门诊多年，所见所闻很多，尤其是他的医德医风，所作所为，令我永远铭记、感佩至深。虽然父亲他老人家身体也不是很好，但对远道而来挂不上号的病人，即使身体不好，也总是坚持把所有病人看完。他常对我说：“一个好医生，仅仅有医术是不够的，更要有医德。”关爱病人这是医生应做的事，是医生起码的职业操守，所以，每次病人痊愈送来锦旗，他最多挂一两天，就收起来放进橱柜中。

四是实践总结。中医是一门实践性很强的学科，离开了实践，再好的理论也就变成了空中楼阁。父亲强调：治学贵在实践。他告诉我，医生要留心观察，开动脑筋，把临床中遇到的疑惑，或发现的问题，加以研究分析，及时加以总结提高。为此，父亲终身沿袭了我爷爷的一个习惯，那就是每次临诊回家之后，都会抽出时间仔细审阅自己所处的脉案，回忆每个病人的用药情况，以及病人前次服药后的效验结果。对其中发现的疑问，则是及时查考资料，并进一步加以提炼，促进疗效的提高。父亲是十分注重论文写作的，他一生发表的文字，加起来有几百万之多，这与他的善于总结是分不开的。父亲认为，撰写论文的过程，其实是一次整理资料、提升认识的过程，是一次将别人间接经验转化成自己的学识并使之系统化的过程，是一次最好的思维锻炼。为了把自己的学术思想与临床经验尽快地传授给高徒，父亲常常敦促我们多撰写论文，并亲自审阅，进行评点、修改，有时还会详细分析。父亲认为读书札记、经方时方运用、临床经验总结类的文章最有价值。因此，在跟师过程中，我也十分注重做好对父亲临床经验的总结继承，这些年来，光是这方面的文章，就发表了20多篇。平心而论，通过这样的学习继承工作，对提高自身的中医素养、临床能力、科研水平都起到了积极的作用。

五是坚定信念。坚定信念是攀登医学高峰的内在动力，观念决定人生，观念决定事业。虽说时代变了，就业观念变了，但不管社会如何变迁，若要达到中医学的顶峰，就必须做到持之以恒，不断学习、不断思考、不断实践、不断总结。父亲常常告诫他的学生们："作为名师之高徒，乃中医学术继承、发展之中坚力量，对中医的信念应坚定不移，因为信念是成就事业的基石。"我个人认为，眼下，社会有些方面比较浮躁，加之中医自身也存在着成才周期偏长、道地药材减少等缺憾，因此有部分从业者浑浑噩噩、缺乏激情，有的甚至掉头改学西医或另谋他业，这是中医之殇、中医之痛。要改变这种现状，是一个牵涉面很广的系统工程，首先中医的教学改革势在必行，从始业教育到临床实习到职称评定等，都要努力营造出一个有利于中医药事业继往开来的良好人才环境。一般的同志，虽然从医的机缘没有我这么好、道路没有我这么顺，但我觉得搞中医的人，只要自己能够耐得住寂寞，持之以恒，坚定信念，多学多问，勤于思考，就一定可以成就一番事业。

多临诊，疗效为先重特色

"熟读王叔和，不如临证多。"中医学是一门实用医学，如果脱离实践，光有理论，纸上谈兵，那么理论学得再精、再好，也只能是白搭。所以中医有三折肱成良医之说。自从大学毕业以来，我始终坚持临床，从不间断；坚持学以致用，学用结合；坚持在继承的基础上创新，在创新的过程中发展；坚持把病人当亲人，把提高临床疗效放在第一位，形成了自身的诊疗特色，得到了病友们的广泛信任。临床上我用扶正祛邪法治疗肿瘤，尤其对肿瘤术后或放化疗后的中医治疗积累了丰富的经验。此外，还擅长治疗胃病、急慢性肝胆疾病、肠炎、咳喘、冠心病、高脂血症、失眠等内科常见病和疑难病，以及妇女月经不调、盆腔炎、崩漏不孕、子宫肌瘤、卵巢囊肿、乳腺增生、更年期综合征等。

一、在肿瘤治疗上的特色

在肿瘤的中医药防治中，我沿着父亲的足迹，在提出中医治疗肿瘤应根据肿瘤不同的部位、时期、主症进行随证论治的基础上，又提出扶正，不仅要益气健脾、温阳补肾，还可养阴生津；祛邪，不仅要清热解毒、活血化瘀，还可化痰散结、理气解郁；至于随症治疗，更是变化纷呈。这些治癌理念的提出，是对父亲“不断扶正，适时祛邪，随症治之”十二字治癌原则的丰富和发展，在临床实践中由于抓住了治疗要领，从而提高了疗效，减轻了化、放疗等毒副作用，改善了病人的生存质量，延长了存活期。例如肝癌患者杨某手术后不愿化疗，医生已告诉患者家属，患者只能拖几个月。当年由他家人抬着非常绝望地找我治疗，经过我用扶正祛邪等方法进行悉心治疗，至今已整整过去了 12 个年头，依然健在。他经常对其他病人说：“是何医师让我活了这么多年。”以下是我积累的按肿瘤不同部位、时期、主症的药物选择经验。

1. 不同部位肿瘤的药物选择

由于恶性肿瘤所居的脏腑经络不一，对药物的亲和度也有差别，只有选择合适的药物，才能使药物直达病所，发挥最佳的治疗效果。以肿瘤的不同部位而言，其随症用药亦有如下区别，腮腺癌可加入升麻、连翘解毒散结，甲状腺癌可加入玄参、夏枯草软坚散结，喉癌可加入桔梗、生甘草宣肺利咽，肺癌可加入鱼腥草、瓜蒌、浙贝母清肺化痰，乳腺癌可加入蒲公英、青橘叶疏肝散结，胆囊癌可加入金钱草、金铃子疏肝利胆，肝癌可加入柴胡、鳖甲疏肝软坚，肾癌可加入黄柏、半枝莲、积雪草利湿祛瘀，膀胱癌可加入淡竹叶、猪苓、薏苡仁清热渗湿，直肠癌可加入马齿苋、赤小豆、广木香清利湿热。

2. 不同时期肿瘤的药物选择

以肿瘤所处的不同时期而言，因患者的整体情况会有明显差异。一般患病初期病人正气未衰，治当以祛邪为主，可多用些清热解毒、活血化瘀、软坚散结的药物，使邪去正安；若处于晚期，正气已衰，治疗当以扶正为主，宜根据证候的不同，分别采用补气、养血、益阴、温阳的方法治疗，使正复邪退。若以肿瘤患者是否处于放疗或化疗期而言，加减用药也有区别。一般而言，处于放疗和化疗期应着重扶助正气，可加入党参、黄芪、当归、生地、枸杞、鸡血藤等补气血、益肝肾，并能改善因放疗、化疗所导致的白细胞下降；接受放疗的患者多有乏力、口干、黏膜溃疡，可加入麦冬、生地、玄参等养阴生津；若病人不在放疗、化疗期，则可加强清热解毒、化痰散结、活血化瘀等祛邪的药力。

3. 不同主症肿瘤的药物选择

在恶性肿瘤的中医治疗中，除了要坚持辨证施治的原则外，更应抓住主症，急则治其标，尽快解决病人的痛苦。如肺癌病人往往会出现高热，此时可用千金苇茎汤合白虎汤加黄芩、鱼腥草清肺化痰；位于贲门或幽门部的胃癌病人往往会因梗阻而出现剧烈的呕吐，此时可用姜半夏、陈皮、茯苓、姜竹茹、刀豆子等药物治疗；肝癌病人最易出现肝区疼痛，可加入白英、鼠妇、金铃子、酒元胡治疗，若腹水明显，则可加入车前子、花槟榔、泽泻、大腹皮等药物；一些乳腺癌患者，虽经手术治疗、化疗，但往往精神负担很重，若伴有沉默少语，精神委顿、郁郁寡欢，则可用甘麦大枣汤益气缓中治疗；若乳腺癌病人伴有子宫肌瘤、卵巢囊肿，则应以桂枝茯苓丸加炙鳖甲、藤梨根消癥散结治疗。

二、在内科治疗上的特色

内科是临床各科中病种最多、病情最复杂的临床学科。我个人认为，对于内科疾病的治疗，无论是常见病还是疑难病抑或是新病种，治疗上只要能够抓住辨证论治、顾护脾胃、调畅心理这三条原则，也就抓住了问题的关键和根本。

1. 重视辨证论治

社会在发展，科技在进步，环境在变化，人类的平均寿命在延长，疾病谱也出现了一些新变化，难治的内科病也在不断增多。比如，由于现代医学移植技术的发展，病人所出现的脏器移植后排异反应；再比如，由于新型细菌、病毒的产生，出现了获得性免疫缺陷综合征等疾病；还比如，现代竞技运动的发展，也相应地出现了运动员赛前紧张综合征等一些新病种。对于这些病证，我个人体会，只要辨证准确、论治恰当，都会获得满意疗效。2005 年 10 月在南京举行第十届全运会前夕，有两位浙江的运动员出现吃饭不好、睡眠不好、脾气暴躁等明显的赛前紧张综合征表现。浙江省体育局的同志请我去治疗。我仔细询查后认为，主要原因是心理过分紧张，压力过大，获奖欲望太强，病机在于“脾胃不和、肝气郁结”，所以我就采用了调和脾胃、疏肝解郁的方法进行治疗，结果两位健将赛前紧张综合征很快就得以改善，比赛时发挥也很好，还获了两块全运会金牌，非常高兴。

2. 重视顾护脾胃

脾胃是维持人体机能活动十分重要的器官，二者同居中焦，主管着人体饮食物的消化和吸收。人体出生以后，机体生命活动的持续和气血津液的生化，都有赖于对水谷之运化和精微物质之吸收、输布。因此中医学上把脾胃称为“后天之本”“气血生化之源”。所以，对那些需要长期服药治疗的慢性病，用药时一定要十分重视对脾胃的顾护，如对脾胃影响较大的虫类药、寒凉药，都要尽量不用或少用。此外，应该加强对病人的健康教育，告诉他们在日常饮食中可以采取以下措施来保护脾胃。①饮食宜适量。提倡少吃多餐，反对暴饮暴食。②饮食要有节。饮食有节是指饮食要注意节律性，一日三餐，吃饭的时间要有规律。③饮食要卫生。如果进食不洁食物，餐具和手不干净，误食变质食物，均可损伤脾胃而发生胃肠疾病。④食物温度要适宜，进食过冷之物，可遏伤脾阳而发生腹痛腹泻诸疾；进食过热之物，可使肠胃积热。⑤少吃刺激性强的食品，辛辣醇酒之味均对脾胃有较强的刺激性，均宜少食。⑥饮食要细嚼慢咽，细嚼慢咽能促进消化液的分泌，有利于食物在胃肠内的消化和吸收。⑦进餐忌思怒。进餐时心情的好坏，不仅影响食欲，还会影响脾胃的运化功能。⑧注意饮食习惯。古人所谓的“食不语，寝不食”，是有一定道理的。⑨饭后宜适当活动。俗语云“饭后百步走，活到九十九”，即为此意。⑩适当进食红枣、山药、扁豆、莲子肉、芡实等健脾胃食品。⑪宜进食容易消化且富有营养的食物。正因为我在临床上注重对病人脾胃的保护，这么多年下来，临床上凡在我这里治疗的病人，几乎没有病人是因为脾胃功能不好而放弃治疗的。

3. 重视心理调畅

心理问题，也即中医的情志问题。中医认为七情（即喜、怒、忧、思、悲、恐、惊）所伤，能够直接影响脏腑功能，使病情加重甚至迅速恶化。《素问·阴阳应象大论》有云：“怒伤肝”“喜伤心”“思伤脾”“忧伤肺”“恐伤肾”。《素问·举痛论》则有“怒则气上，喜则气缓，悲则气消，恐则气下……惊则气乱……思则气结”的记载。现代医学则认为，当一个处于悲观、痛苦、忧郁、恐惧等心理状态时，会导致人体大脑皮层与支配内脏的自主神经功能紊乱，从而出现神经衰弱及消化吸收功能的减退。这样不仅会增加病人关节的疼痛症状，还会影响病人的睡眠和营养平衡。因此，对患者来说，保持乐观向上的心态很重要。有专家提出，人们所患的疾病，大约有90%都与心理因素有关，都属于心身性疾病。因此，临床加强对病人的心理疏导，显得尤为重要。《医学心悟》有云："病家误，苦忧思，忧思抑郁欲何之"，提出"常将不如己者比"是解除病人心理困苦的一种良好方法。当然，心病还要心药医，若要病人保持心情舒畅、情绪乐观，首先必须正视疾病，树立长期与疾病做斗争的信心和勇气；其次要性格开朗、心胸开阔，要在心理上蔑视疾病；第三适当中药调理，处方中可以加入一些柴胡、枳壳、杭白芍等疏肝解郁药。

三、在妇科治疗上的特色

中医妇科以其独特的优势、显著的疗效，广受妇女同胞所倚赖。我父亲早年就曾因在妇科方面的卓越疗效而声名远播，承父真传，兼以实践求索，我在妇女更年期综合征等妇科常见疾病和疑难病的防治上，也积累了一定的经验。

1. 更年期综合征

现在更年期综合征病人特别多，临床以四五十岁的妇女多见，常出现多疑善怒、心悸胸闷、头痛头晕、月经异常等多种表现。现代医学缺乏有效的治疗方法。我通过临床实践，发现更年期综合征的病人一个突出的特点就是"肝（火）旺肾（阴）虚"，所以，我提出治疗更年期综合征的一个总的原则就是疏肝益肾，然后根据各自不同的症状表现，因人而异，以逍遥散合并六味地黄丸加减组方治疗，效果明显。

2. 急性乳腺炎

急性乳腺炎是乳腺的急性化脓性病症，多见于初产妇的哺乳期。因为要给小孩喂奶，大多数产妇都不愿意用西药抗生素治疗，常常求治于中医。我发现，这种疾病多因情志不舒、肝郁胃热所致，临床运用仙方活命饮为主治疗往往都有可靠的疗效。如一患者，女，44岁，2008年3月30日因"右乳红肿、触痛"初诊，外院诊为右乳乳腺炎，已服头孢类及甲硝唑片半月余，右乳仍有红肿、触痛、热灼感，无发热，纳可，大便日行，舌苔白厚脉弦。我采用疏解清消治法，药用当归12g，柴胡12g，蒲公英30g，炮甲片10g（现用代用品，下同），皂角刺10g，王不留行18g，通草3g，路路通15g，银花30g，连翘20g，川芎15g，丹参30g，生甘草10g，鹿角片15g，1天1剂，7剂，水煎服。另外，用鹿角粉醋调外敷患处。二诊：4月6日，服前方及外敷后，症状明显减轻，舌苔白，脉弦，上方去王不留行、通草，改蒲公英40g，加全瓜蒌15g，浙贝12g，青皮10g，乳香、没药各6g，1天1剂，7剂，水煎服。三诊：5月6日，右乳红肿热痛完全缓解，右乳已松软，无触痛。乳腺B超示右乳小叶增生，右乳有低回声区，考虑炎性病变。再宗原旨出入以巩固疗效，去路路通，加玄参、沉香曲、赤芍各15g，元胡30g，1天1剂，5剂，水煎服。药后痊愈。

3. 崩漏

崩漏多由肾虚、血热、血瘀等原因造成冲任损伤，不能制约经血，导致月经非时而行。对于月经淋漓不尽的情况，我多按照月经周期分两个阶段治疗，一是在月经期采用疏肝理气、活血化瘀的方法，处方常用逍遥散、金铃子散、桃红四物汤化裁治疗，促使月经在较短的时间内畅行，为下一周期的治疗创造条件。二是待月经基本排净，但仍有少量淋漓不尽时，就用“何氏补益冲任汤”调冲任、益奇经治疗。这样按照月经周期疏肝健脾养血，调补肝肾奇经，标本兼治，则能促使月经恢复正常。例如一患者，女，46岁，2008年3月6日初诊。月经时有提前，迁延淋漓至下一周期，经色暗红，多处治疗罔效，已历十余年(2003年曾诊为子宫内膜增厚)，时有头晕、烦躁，末次月经2月9日，本次月经适行，治宜理气活血、疏肝调经为先。药用干地黄20g，白芍20g，当归10g，川芎12g，制香附12g，赤芍15g，柴胡12g，淮小麦30g，炙甘草10g，红枣30g，桃仁10g，丹参30g，7剂。二诊：3月15日，前方服后月经8天而净，舌苔薄，脉弦细，治宜益气养阴为先。药用黄芪30g，黄芩10g，川断15g，女贞子18g，旱莲草18g，干地黄20g，怀山药15g，泽泻12g，潼蒺藜12g，紫石英15g，1天1剂，14剂。三诊：4月6日，经正行第三天，无腹痛，月经通畅，经量已少，舌苔薄脉弦细，再调冲任、益奇经。药用炒当归10g，鹿角霜6g，潼蒺藜12g，小茴香6g，党参30g，淡苁蓉15g，炙龟甲20g，阿胶珠12g，紫石英15g，枸杞子20g，补骨脂15g，炒地榆30g，贯众炭30g，血余炭20g，7剂。之后患者又按此方法调理一个月，月经逐渐恢复正常。

此外，我对痛经、不孕症、卵巢囊肿、子宫肌瘤等病注重使用补肝肾、益奇经、调经血、散癥结的方法治疗，也获满意疗效。

我个人认为，一个优秀中医师的成长，离不开“心向岐黄、疗效为先”的追求，离不开“学经典、跟名师、多临诊”的途径。所谓心向岐黄，就是说业医者对待中医药事业，一定要志存高远、目标坚定，始终怀有一种热情、一种激情、一种信念；所谓疗效为先，就是说业医者治病救人，一定要潜心钻研、精益求精，始终怀有一种责任、一种担当、一种使命。学经典、跟名师、多临诊，则已被中医界人士所公认。对一个中医师来说，“心向岐黄、疗效为先”的“八字境界”与“学经典、跟名师、多临诊”的“九字真言”，两者相辅相成，有了“八字境界”“九字真言”就有了追求目标，有了“九字真言”“八字境界”就有了行动路径。

崔倬铭

崔倬铭（焯庭）（1955— ），广东省江门市新会人。先后毕业于佛山区中医专科班、中山医科大学肿瘤医科胸腔外科班。曾在新会人民医院中医科、肿瘤科工作多年。1987年移居澳大利亚，开设保康医疗中心。后又于辽宁中医学院获硕士研究生学位，主攻颈椎病的手法研究。其手法、针法、脉法为三大独门绝技。特别是在微观脉诊法的研究上，吸收了许氏脉法和寿氏心理脉法，糅合并悟出了自己的一套心得。为世界中医药学会联合会脉象研究专科委员会的常务理事、客座教授，澳大利亚墨尔本五十位成功华人之一。他将中医的脉诊法与现代人体的生理解剖结合，凭脉象准确地做出与西医相同病名的诊断，震惊中外人士。手法方面，重视人体脊椎生理病理，吸收西方的整脊特长，加入中医的轻手法技巧，疗效显著。针法方面，吸收了名师大法，如经络激通法和脐针八卦法。用脉诊为导航，统领指导其他方法，强调综合性、三维性。治疗奇难杂症，往往立竿见影，手到病除。

崔倬铭对儒、释、道均有涉学，又是澳大利亚3CW中文电台的医疗节目主讲嘉宾。他经常义务在电台解答听众的医疗问题，常到世界各地做医学交流、讲学，经常回家乡义诊，是一位爱国、爱乡的名中医。他也是澳大利亚江门总商会的创会会长，著名的侨领。

高中毕业典礼当天的巧遇

我生长在新会的一个小墟镇上。因为妈妈在妊娠期里不断渗血，所以我不足七个月便出生了，在那个年代能被养大真是万幸。母亲说我出生时虽然指甲未长出，但一双眼睛很有神气。由于父亲很早去世了，家庭环境很艰苦，我前面几个兄弟姐妹都无条件读书，只有小学毕业，家里唯一供我读高中。姐姐16岁出来打工，大哥14岁已独立维修钟表。母亲守寡将六个孩子抚养成人，可想而知有多艰苦。现每想起逝去的母亲，我心中总是充满敬意。

高中毕业典礼当天，我非常高兴，因为我是家中第一个能读高中的人。坐在同学的自行车尾去串门，由于与同学走散，迷了路，巧然看到一个盲人，坐在屋门口，桌面上插着一支香，烟雾随着香火的燃烧绕着卷上半空。我知道这盲人是替人算命占卜的，在当地还是有名气的，故上前要求代为算命，盲人叫我道出生辰八字。盲人略胖，约50岁，个子不高，家中一人住，无妻无子。家中只是一张木床、一张破椅、半张破床席、一个大水缸。屋里散发着难闻的气味。

盲人口中念念有词，时而用手指念动计算，一会儿对我说："先生命中有贵人相持，识字识墨，心地善良，但不能做官。"

"是什么官？"我问。

"这个官是在军队里的武官。你真去也会不成功，不要指望升职当官。"盲人道。

"那今后我应该做什么工作？"

"你的职业应该是做医生，与医有缘。"

我谢过盲人后便跟找回我的同学一同离开了。

当时我想这是天方夜谭。虽然我外祖父在印尼泗水一带是有名望的中医，但我从未见过他。我二哥已下乡为知识青年。我有什么条件去当医生？如果不用下乡当知青，能够找到一份简单的工作已是幸运了，可是有谁想到一年后政策变化，使我有机会走上了一条中医之路。

走入岐黄之道

来之不易的学习中医机会，大家都很珍惜。全班50人都是从各地考试合格入校的同学，学习都很认真、刻苦。可以说，每天晚上老师不下令关灯，同学们都不会去睡觉。这是"文革"以来少有的学习风气。我对张仲景的《伤寒论》情有独钟，经常为一个条文和同学争论得面红耳赤。我记得争论得最热烈的是关于"阳明三急下"和"少阴三急下"的预后是否相同。我当时认为是不同的。

前者是在正常的阴阳平衡上发生，后者在阴阳水平低下之际发生，所以预后不一样。为了表示自己见解，我把阴阳图线画出来，贴在墙上讨论。回想当年，年轻气盛，风华正茂。有幸实习时带教我的老师都是当地医院有名的伤寒派大家，言传身教。周日跟随各位老师到农村偏远地方逐一去追访重病患者，记忆犹新。

毕业后我在县人民医院工作，有幸被推荐到广东省中山医科大学肿瘤医科胸腔外科班学习进修，受名教授、肝癌专家李国材重点培训，成绩优异结业，打下了扎实的西医基础，成为中西医多面知识的优秀人才。

闯江湖只身赴澳大利亚

尽管我当时在县城已小有名气，但仍不满现况。三十岁出头，年轻气盛，对外面的世界充满好奇。随着第一批出国留学浪潮，便来到了澳大利亚墨尔本，并很快便开设了“保健医疗中心”——自己的第一个诊所，主要为华人朋友治病，靠口碑一个病人介绍另一个病人。当时我虽然英文水平很差，但凭自己在国内十多年的经验，以及望闻问切的功夫，就能治病。外国人知道我们是地道的中国中医，英文很差，但只要治好病，他们便永远相信你、跟随着你。

我是江门新会人，去了唐人街，拜见了侨社乡亲。整个唐人街共有三个会馆，三个会馆都是江门人建立的：一个是“四邑会馆”，是江门市的四个县合起来的名称（台山县、恩平县、开平县、新会县）；第二个是“台山会馆”；第三个是“新会会馆”。走进新会会馆，看见了镇馆之物。原来是新会梁启超的墨宝诗词真迹。梁启超是清末维新派名人，改革失败后被慈禧追杀，走避坐船到墨尔本，寄住在新会会馆多年。我感慨万千，睹物思人，对先侨前辈肃然起敬，发誓“不为良相，也为名医”。

颈椎病的独特手法

澳大利亚人喜欢运动，如足球、网球、橄榄球、游泳、单车等。每有大型运动比赛，街上便无人走动。人们不是去体育馆观赛，便是在家中看电视直播。所以，运动型损伤的病人特别多。我在国内主要看内科和针灸科。手法方面学过冯天佑的分筋四部法，但仍不能应付各种损伤病人，所以我就重视学习手法的研究。

后来，我有幸到辽宁中医学院研究颈椎病手法，并考取硕士学位。颈椎病的病人太多了，而且误诊率非常高，尤其是交感神经型、椎动脉型。

有一天，一位华人女士慕名把六十多岁的父亲带来找我诊病，诉她父亲眩晕、双下肢无力。很多医生均考虑脑部疾病，照了 X 光片、核磁共振片、CT 片等一大堆，但所有的检查均未发现异常，在澳大利亚、中国两地医院就诊两年多均无效。我脉诊时发现寸脉异常，寸桡侧有边脉。经过认真检查后，告诉她，她父亲就是中枢型颈椎病，很严重。他半信半疑，因为病人从没感觉颈部不舒服。我将他们带来所有的照片都看过，全身的所有照片均有做，大脑照片共三份，而且刚刚又做完核磁共振照片，唯独颈椎照片一张都没有。我告诉他们：如果你去与西医大夫说，中医大夫说是颈椎病，要求再照片检查，西医肯定不同意，面子放不下。因为澳大利亚是公费医疗，看西医不用交钱，医疗费用由政府付出，也是由家庭医生控制资源分配的。我建议他，告诉西医大夫你自己感觉颈部不舒服。临走时我再三提醒，病人不能自己开车，非常危险。此时病人才告诉我，几天前突然下肢无力，不能刹车，已经撞车了，但不严重，没告诉家人。结果病人照完颈椎片，尚未回到家便接到医院紧急电话，要求立即去医院做手术治疗。他颈椎已压迫脊髓神经，非常危险。这个病人后来非常感激，特意上门感谢。

我凭脉诊手法、针灸法去诊治颈椎病，成为墨市的一面旗帜，口碑相传。特别对于一些非骨质性病变，由于其多由软组织劳损所致，多见于颈椎侧凸、小关节紊乱的中青年颈椎病。凭着三门绝技综合治疗，手到病除。曾经在江门市人民医院做过颈椎病义诊，得到好评。

得天独厚的澳大利亚中医立法

中国以外的国家承认中医，第一个便是澳大利亚维多利亚省了。在林子强会长的带领下，在各位中医同仁的努力下，中医终于立法了。随之世界各地中医名家，中国国内有名气的医家都愿意赴澳大利亚交流讲座。十几年来，墨尔本接待了大批中医专家，专家各有所长，有脉诊专家、有针灸各门派的高手，还有手法治疗的奇人能人，都来交流讲学。让我有机会与各位大师交流学习，与志同道合的中医师交流医术，受益匪浅。

虚心学习，不耻下问，亦师亦友。如果知道国内某地有能人、学者，我都直接去拜师求艺。为学艺、求医技走南闯北，关上诊所门去求学。有时朋友问：花那么多金钱和时间去学习中医的技术，值得吗？关上诊所一天损失多少钱？但我总认为学好了医技是无价的。如国宝失传，那损失更大。十多年的辛勤努力，每一个技能，都是一点点积累而成的。临床上运用起来，才得心应手，医技才有了飞跃的发展。讲句老实话，只有对知识的尊重，对老师、专家的尊重，谦虚和坦诚，敞开心扉，真心交流，老师才会将好经验交流给你。这是我的深刻体会。澳大利亚立法后有那么多好专家来澳大利亚访问交流，造就了这样一个良好条件。

走上脉学研究的“不归路”

十多年前，有朋友说脉诊可以诊断出与西医诊断一样的结果。当时确实不大相信。但是临床上脉诊中亦经常有这种的感觉。认为传统的二十八脉有不足之处，但又无从说出。直到我拜读了安徽许跃远老师的《中华脉神》一书后才豁然开朗，有一种似曾相识的感觉。一下子便迷上了“微观脉诊”法，经常电话联络、请教。

当时我有一个朋友，刚做完左肾切除术。但我诊脉时，他左尺脉一点也不弱。我百思不解，因为我也做过外科医生，肾全切除，血管结扎后，肾脏这部位血液的灌注便会减少、空虚了，怎么会不变弱、双尺脉对比大小差异不大呢？后来深入了解后才知道，原来这位朋友所做的肾切除术是由澳大利亚最出名的肾科医生做的，不是简单的肾切除术。医生将每一条血管均进行接驳术，花的时间是一般手术的三倍，所以才能出现以上的脉象变化。确实一般切除脏器手术后，微观脉象能非常清楚地表现缺凹的变化，特别在术后三年内较为明显。

我太太常常称我为“脉痴”，因为我吃饭在候脉、饭后也在候脉。有时去卫生间一去大半天，她以为有什么事推门进来，见我仍在候脉，看大便前后的脉象，观察心情好坏的脉象变化。每时每刻均三个手指不离候脉，故被称为“脉痴”。只有这样不断地努力探索，才会候到脉中的神气、脉中的奥妙。

有幸学习了寿小云老师的心理脉诊法，从脉诊上直接感知人的心理情感活动。再结合前面的微观脉诊法，这样候脉便知道病人各个部位、器官的生理病理变化。人体的气血流注哪里，某部位有肿瘤、结节、气结，都如一张立体图展现在眼前。再运用心理脉学去分析，可以感知病人的性格、心理活动状态，属某种类型的基因，情感的受挫折、忧郁成病均可以诊断出来。

记得2013年在烟台参加国际医学会议，第一次到烟台，朋友派车接到一个高级酒楼参加晚宴洗尘。北方朋友好客、豪爽我是知道的。坐在一桌上都是企业家、新老朋友。安排第一个诊脉的坐在我左边，我三指搭上，发现这位朋友脉动不安，犹如只老鼠窜在洞口外窥探不安，肝胆脉气小。心理脉上诊断，此男士绝不是企业家。大企业家的胆气豪气，心理素质均达不到，最多是个领班，或是搞某项技术工作的。但按广东人习惯，坐在我左边的肯定是最重要的客人，而且是第一个诊脉者，脉与现实是相矛盾的。我最后凭脉讲："你不具备老总的性格，身体只是小毛病。你适合担当协助老总的工作，不要扛大旗，不适合自己做大生意。"开处方后，病人只坐一会儿便离去了。离开后他的老板敬佩不已，说："对不起，之前没有介绍，刚才这位便是跟随他工作多年的一个技术人员，因有事去处理，故第一个诊脉开方便离去。他性格确实如你所述一样。因为听说你候脉很神，故进行验证。"然后大家大笑一场。

在门诊中，我要求所有新病人诊脉时不要开口，先让我候脉，从脉中寻找病因病位，去分析病人是什么病，是内科病还是外科病，将病人的症状说出来。这样确实花时间费精力，这样有什么好处呢？其实，在澳大利亚看西医不用花钱，病人经西医治疗无效最后才找中医，诊中医要自己花钱的。所以凡找中医诊治的都是一些难治的病。你如果不凭脉诊功夫说出病人的症状，病人不会轻易相信你。另外，现代病人都有大量的化验检查报告，病人把其他医生的诊断结果告诉你，原来的诊断可能便是误诊，那你很容易也被误导，继续误诊了。所以我将中医传统的"望、闻、问、切"，改成"望、闻、切、问"，效果更好。

病人进门坐下，望诊和闻诊已经做了。通过切脉，分析属哪个器官出现毛病，去诊断出病人的症状是什么，告诉他，再让病人去证实你讲的是否正确，或者是否相关。初时说得不十分准确，问题不大。用这种方式去训练自己，水平会渐渐便提高。很多时候，病人告诉你的诊断是误诊。你会发现脉象里面的信息太多了。虽然有"舍症从脉"和"舍脉从症"之说，脉里面的信息假的成分很少，但症状经常有假象。脉诊好像开车时车上多了一个导航器，准确快捷，用脉去统领其他诊疗方法。这样很多的奇难杂症，疗效一下便上去了。在脉诊里尝到了甜头，临床上得心应手，其乐无穷。

有一天，一位新病人来求诊。病人是一位四十多岁的香港妇女，坐下一言不发伸手候诊，我知道肯定是朋友介绍，慕名而来考我了。我认真地给病人诊脉后，告诉她：

“你有颈椎病，约 $C_{5\sim7}$椎有增生。”

“是的。”她说。

“你子宫有个肌瘤，约 2 厘米大小，但属良性的。”

“错了。”她答我。

“错在哪里?”

“子宫肌瘤有 20 厘米!”

我再一次候脉，再告诉她：

“你肯定搞错了，不可能 20 厘米。”

她马上从口袋里拿出两张报告单。一张是 X 光的颈椎照片报告单，证明是颈椎第 5、6 椎增生病。第二张是 B 超报告，子宫肌瘤 20 毫米。她说是 20 厘米了。我一看是 20 毫米，即是 2 厘米。病人当时十分感动，感动的同时也感到不好意思这样考验我。这一回总算让我为中医脉诊争光了。她也成为中医的忠实拥护者。

门诊上经常会碰到此类专门去考验中医脉诊的事情。随着技术的不断提高，“望、闻、切、问”很有用处，也很受病者的欢迎。四诊合参不能丢失，让一些外国人刮目相看，也让很多国人感叹。

愉快的云南之行

几年前，受云南民族学院张超院长的邀请，去云南宝地考察云南少数民族的医疗土法技术和民间草药。刚巧北京乔教授来广东探望我，于是我顺邀乔老一起同行云南。乔教授学术成就高，桃李满天下。我们到云南的昆明、丽江、香格里拉三个地方，拜访了很多民间医生，诊治了不少病人。

我们拜访了丽江当地出名的民间医生杨馆长。杨馆长非常热情好客，下飞机后迎接我们到他的大屋参观。云南丽江的白族屋造型很漂亮，青砖白缝，屋顶两边前蓬翘起，有点像苏州民居风格。杨馆长大屋有大前庭，正门前有一个金鱼池，流水浮桥，左边两间为治疗室，中间一间为自制的草药成药陈列室，还放着专治结核病的资料。杨馆长专治结核病，他向我们介绍他的外治法：外搽自制的山草药酒法、梅花针点刺法、拔火罐排毒法。所谓"下问铃串，不贵儒医"，民间医生也有独到一招。

杨馆长听说我的脉诊非常有特色，故要求为他诊脉。我候杨馆长的脉象，发现他胆中有小毛病，胆经不通。我在他脐上的穴位只扎一针，他马上感觉右上腹部酸麻，如有电流在流动，半小时后全身非常舒服，杨馆长对中医更有信心了。临别时杨馆长告诉我，他确实患有胆囊结石多年，此病一直让他感到困扰。他拿着我开给他的处方深情地告别。体验民间医生的热情款待，让我久久难忘。

治病时我和乔老二人分工合作。我在诊脉时，乔老就看病人的病历和检验报告。我用"望、闻、切、问"法去给病人看病，诊脉后说出的症状和诊断，与乔老看的报告结果非常一致，让乔老非常惊讶和好奇。

"崔教授，你脉诊很神，准确度那么高，你给我候脉说说我吧！"乔老有一天清晨提出要求。

我认真地给乔老候脉。此前，我和乔老只是见过两次面，相互了解不深。

"乔老你今年75岁了，但脉好像别人60岁的年龄一样，一定会长寿。"我告诉他。

"我母亲将近100岁才去世，生前身体一直很健康。我身体也一直很健康。"乔老分析说。

"还有，你几天都没排大便，肠里有很多积便。"

"那什么时候会有大便？"乔老惊讶地问。

"你现在大便仍在右侧升结肠和横结肠，你今天内都无大便排出，起码明天下午才有大便排出。"我给他分析。

果然，乔老在次日下午三时才排出大便。乔老很高兴，告诉我在北京他大约一至两天大便一次，一出外地便两至四天才能有大便。他当时确实几天都无大便，全让我候脉说准了。所以他对微观脉很信服，介绍了不少他的中医学生来向我学习脉诊。云南之行虽然只几天时间，但让我得到丰厚的收获。

我的针法运用

我在临床上经常使用针法和灸法。真正让我惊喜的针法，还是李庆教授的经络激通疗法。经络激通疗法源于《黄帝内经》的“缪刺”。中医有上病下治、下病上治，左病右治、右病左治，后病前治、内病外治的方法。此针法确实不同于十二经络的方法，见效特快。对于一些经络不通的痛症、淋巴结肿大、结节等疾病，效果立竿见影。同时我又学习了齐永教授的脐针八卦法，运用易经医易的思维方式去治病。吸收消化了经络激通疗法的特点，运用洛书术数方位去分析，用易经的思维方式将脐针与经络激通针法联系起来运用，有时出现意想不到的效果。

有一天，一位西方人来诊，告诉我他患有右侧淋巴肿大 10 多年，近期淋巴增大，开车转头会感觉非常不方便，西医已替他约好手术切除。患者由朋友介绍来诊，想尝试中医的方法。我给他检查，他右侧颈部结节约 3 厘米 ×3 厘米大小，质中，无压痛。我用经络激通方法，先打开大椎穴主开关，然后在相应洛书图的对应部位行“缪针”术，留针约 20 分钟后检查。治疗后 3 厘米 ×3 厘米的结节块基本上消失，我和病人均再摸不到有结节。三个月后复诊，病人很高兴，说肿块消失后没见复发，奇迹般地一次治疗便痊愈。临床上，激通针合脐针对痛症的疗效也非常好，病例多不胜数。

再谈以上的两种针法运用，我非常重视人体督脉、任脉的作用，深刻认识到疾病皆因阴阳失调所致。

任脉为阴经之海，是脐针的部位。脐乃先天和后天的连接点，很多奇难杂症均与先后天有关联。调脐部的针法，就是调任脉、调先后天。脐部形如八卦，所以用易经、易医理法去分析研究人体疾病，真是博大精深。自古以来，古人就指明：“不学易不可为将相，不学易不能言大医。”

用易经思维去分析疾病及任何事物，要从宇宙观、从天地人的角度去分析。例如，一个病人治好病后又复发，出外旅游便好转，一回到家里问题又出现。这时候你应考虑是否与环境因素有关。这是环境学，在易经里面又叫风水病。其实风水是环境的风向、湿度、磁场、温度、空气的循环流通等之外在因素的总称。影响到人的健康，就是风水病。你去调整一下家居便能解决很多问题。

你去研究一下河图洛书，河图就是研究人体与宇宙的关键。宇宙中存在极其深奥的学问，人类掌握的知识是极其有限的，极其玄妙的便称神鬼关系了，所以前人称“河图通神鬼”。洛书是研究人体的内外关系，所以在神龟上刻有“戴九覆一，二四为肩，左三右七，六八为足，五居于中”，以说明人体在母亲子宫里的坐姿全息图。所以河图数又称“先天八卦数”，洛书又称“后天八卦数”。学习脐针就是运用易医的思维方式在脐上行针，同时也可以运用于其他的治疗方法。

督脉为阳经之海。大椎穴是督脉的主穴，也是经络激通针法的主开关。如果一个医生对任督二脉均能打通，刚好形成另一个“小周天”。气功师练一辈子气功便是将任督二脉打通，疗效成几倍提高。这也是中医学的“整体观念”。

澳大利亚行医的特点

在未立法前，澳大利亚中医的管理很松散，不规范，也可以说很容易。想开一间中医诊所，到市政厅报办一下，在商业注册处注册一个名字，营业执照很快便办下来了，通常不超过四个星期。诊所地址可以在办公楼上，可以在商店地铺，也可以开设在家。只要你符合当地市政厅的卫生要求，如针灸室与洗手盆不超过一定的距离等。

行医关键是你有没有病人，你的手下功夫如何？

病人不认你是什么教授、主治医生等名衔，只看你疗效。一次无效还会再来一次，两次无效便无第三次的可能了。相比在国内大医院里的中医师，病人排着队，一层一层的，对于医师的技术要求没有这么严格，一个病人看不好，还有大量的病人在排队。因为医院的大名在上面罩着，农村的病人都是往城市大医院里挤。不求质量、不求技术提高的问题往往容易出现。医生的职称是靠论文发表为依据，不是靠临床水平考核。

我有一个医师朋友在墨尔本开了一间中医专家诊疗中心，聘请了十多位教授坐诊，地点在市中心，装修正规有气派。结果两年下来，赔了十多万澳元。其原因是，有些医师教授在学院几十年做医学研究和讲课，对科研很有经验。但一方水土养一方人，这里的病例、体质、病种、气候不同于国内，而且科研水平和临床实际水平还是有差距的。结果那诊所病人越来越少，最后只有关门了。

中医立法以后，在澳大利亚行医便规范很多了。中医师可以在名片上写医生名衔（需注明是中医医生，未立法前如写是医生是违法的）。现在中医基本上与西医的权利一样，在法律上地位是平等的。例如，中医可以开病假条。但是西医在澳大利亚还是老大。政府的医疗保健卡只有在西医家庭医生可以刷卡免费诊治，若做B超、X光等检查也是通过西医医疗保健科刷卡由政府缴费（买西药要自己付钱）。如果有急症、需要手术等，入院治疗全由政府负担。但是澳大利亚居民就诊中医不能用国民保健卡，只有买私人保险才可报销一部分费用。

在澳大利亚，病人有病首先去看西医，西医治不好的病人才转来看中医，所以凡来找中医的都是比较严重和复杂的疾病。往往西医的短处便是中医的长处。例如病毒性感染、慢性病、功能低下的病等，中医就是把病人的阴阳五行调好，便治好了他的病。

西医在治疗运动性损伤、伤筋动骨方面效果远不及中医的手法效果佳。但骨折病人一定是以西医的手术为首选。基本上中医的接骨门诊病人极少，因为涉及工伤保险各方面的因素，而且中医不能用麻醉药。政府规定，中医只能使用中医传统的方法治病，如针灸、中药方剂、刮痧、拔罐、手法按摩、艾灸等，但不能使用注射器、埋线、手术缝合等西医专属的方法。

脉诊技术很受欢迎，病人都非常喜欢用三个指头的脉诊法来诊病，既快捷，又无副作用。虽然澳大利亚病人去医院做检查不用付钱，但是他们也知道放射性检查有副作用。

澳大利亚的中药基本上算齐全，能向当地批发商购药。但由于中医管理局大多是外国人，而且不懂中医，所以进口中药仍是很严格。虫类药及有毒药物，例如附子、麻黄、细辛等都不能使用，很不方便。本来上届立法是同意这些药可以使用了，但未签文件，本届新任官员上台，一拖再拖也未能通过，相信总有通过的一天。

中医管理局的责任是以病人的利益为主。病人有什么投诉，中医师有什么过错，全由他们处理。中医师的权利只能由各个中医学会去维护、去争取。故执业中医师大部分加入各个中医学会，形成一股力量、一个整体去保护自己。澳大利亚的中医学会很多，希望今后有人能将中医所有学会统一起来，只有一个中医公会便更团结，力量更大。

我的脉法运用

近年来，微观脉诊法异军突起，以安徽许跃远、云南黄传贵、北京寿小云为代表。以《内经》“上竟上”“下竟下”的构思，结合现在人体解剖，以脉气、脉位、长短、频率、节律、粗细、流利度、张力、独异九个方面加以认识。在寸口脉上，以“脉人”进行脉诊定位定性，在脉学上是一个飞跃。

诊脉时要注意三方面：脉动、脉气、脉象。脉动以诊寸口脉为主。教科书上指明要从脉动部位，根据势、形、位分为28种脉象（浮、沉、迟、数、虚、实等）以察知身体各部的病变。除此之外，还需要注意脉气。何谓脉气？脉气就是在28脉动的基础上，积累提升出来的一种感知性的东西。它是脉诊中的灵魂。准确的脉气感应是要通过实践的磨合才能取得，与医生本人的悟性有着密切的关系。扁鹊是脉诊的始祖，他提出来的“脉象”便是在脉动的基础上提升为脉气，由气成影成像。在心中有影像的出现，故称之为“脉象”。

在临床上，我经常遇到一些患有严重“忧郁”症、心理有创伤的病人。其脉动中有一股“郁气”，候脉时手指感到胀麻，心里有难受的感觉。这种气感现象称为脉气，重者也可以称为病气。

脉气临床应用广泛。三部脉，从寸关尺和浮中沉三部各分浮上、浮下、中上、中下、沉上、沉下六个层次，左右手便是三十六部脉了。将人体各个器官分布在寸口脉中，犹如一个缩小的人体，我们称为“脉人”。从边脉、脉晕点，左右对比，再用脉气去感应人体各脏腑的病变，与现代人体解剖一一对应，所以诊断的结果与西医的诊断相一致，其准确率一般在80%以上。例如脉诊有子宫肌瘤，按脉气、脉晕的大小可以说出肿瘤大约多大。从脉气医生可直接诊断出三高症和颈椎病，甚至于第几椎、左或右侧均可以准确告诉病人。这种诊断可以在传统的阴虚、阳虚基础上飞跃发展。

上述准确率约80%，还有20%左右为何不准确？无法显示出来呢？近年来我一直研究这个问题。这种脉气的感应，有很多因素在里面。第一，与医生的精神状态、心情和环境有关。同样病人也存在与医生类似的因素，还加上一个恐惧心理因素。第二是病人的病灶有关。有些病人的病灶当时呈现一个固封期，脉气释放不多，所以医生脉诊时候不到此病灶的脉气。比如妊娠期候男候女是什么时候脉气最清晰，我认为是2～12周最强，脉气最清晰，以后便递减。每个病体在各个时期，散发的脉气强弱不一致，有活跃期和固封期的变化。因为以上等因素的存在，故无法达到100%的准确性。

我总结病灶固封期脉气举例如下：子宫肌瘤虽然不是很大，但脉气非常清晰，非常之强烈，说明肌瘤是在活跃期、发展期，要注意其变化；子宫肌瘤虽然较大，但脉气不清晰，说明它是处于一个固封期，萎缩期，如果年龄也进50岁了，可以不考虑手术切除。

脉气具有双重作用：①感知性信息传播。何脏何腑有病变，提示医师。②肉眼不可见的可传导的有害气流。病情重则病气重，特别是恶性肿瘤。脉气中兼有病气，会感应给医生的手指及身体，令医生有异样感觉。

人有人气，病有病气。健康人有健康之气，我们称为“正气”“宗气”等。不健康的人也有不健康之气，我们称之为“病气”“邪气”。人的气与形是不可分割的，有形就有气，这是生命；有形无气便是死尸。这个气不仅是呼吸之气，而且是生命的组成部分。

人生病了，会产生一种不良之气，叫病气。病重则病气重。严重的糖尿病病人，身上有一种臭苹果气味，人人皆知。肿瘤病，有癌的气味散发出来。2011年我去北京开会，有位澳大利亚的朋友知道我去北京，便提前在北京等我，说帮助他姐姐诊病。当他和他姐夫来酒店接我上车时，我便问他，你姐姐是不是乳腺癌晚期病人？当时他们二人惊呆了，问我如何知道的。我笑而不答。其实我还没上车，车门一开，我便闻到乳腺癌的一股强烈病气味。

病气是存在的，但会不会病气上身到医生身体呢？为了这个问题，我研究多年，走访过很多位中医前辈。大部分前辈认为存在的。个别医师也认为天方夜谭，不可能存在。近几年来，寻师访友，自己亲自试验和不断研究，结果是非常明确，病气确实存在，而且对每个医生均有一定的影响。这种影响因人而异。体壮者，特别是阳气足者、气盛者，影响不大。而对于气虚、阳虚的医生，性格及体质比较敏感的医生影响较大。特别是医生自己生病时，最好休息，别接触病人。凡是与病人接触，不管是候脉、扎针、按摩，病气均有上身的机会。尤其微观脉诊者，医生全神贯注去候脉气，特别耗气伤神，容易病气上身。特别是激通针法——在督脉处行针，脐针法——在脐部行针，尤其是脐部在人体的任脉和带脉的交汇点，病气很强。

一位在澳大利亚的华人妇女，40多岁，乙肝多年，一直在我诊所治疗。肝功能各项指标都不断改善，能工作，体力也恢复很好。三年没见，突然有一天来找我诊病，一言不发，伸手便要候脉。我候脉时，发现病人的右关脉脉晕点非常清晰，而且顶指，提示肝肿瘤。我的左右手顿时感到发麻难受。我知道她已是患晚期肝癌了，很心痛，很难启齿。病人见到我欲言又止的样子，明白了自己病情严重。她讲，我三年都不诊病，是因为买了一个烧鸡店，做小生意，非常忙碌，早晚都干，非常辛苦。现在好了，生意卖掉了，精神轻松，但身体感到难受，故第一个见的是你。因为我相信你，既然你的表情已告诉我患什么病了，你就不要明确说出来，就治疗吧！我不去大医院做什么检查了，检查结果告诉我，我心里也承受不了。我便开了三剂中药，嘱过几天后再来进一步治疗。第二天后晚上9点多她突然来电话，告诉我，她在医院的急诊室里，因胃大出血。急诊检查结果：晚期肝癌，门静脉高压，胃底大出血。我问她有没有服中药，她说中药已煎好还未服，晚饭后即大出血。

病气的表现如下：

（1）脉诊时，医生手指或手肘有麻胀等不适感。

（2）在手法治疗时，或行针运针时，闻到一股难闻的异味。

（3）进针时，特别脐针入针时，在“震”位，即肝经、肝脏，以及“艮”位，即胃经、肿瘤位，针体有往外顶出的现象，很难入针。

（4）诊治完一个重病人后，整天或几天内均非常疲劳。

如何预防和排除病气：

（1）诊室、诊所通风透气要好。

（2）医者保持一个良好的心态，非常重要。最忌焦虑，患得患失。

（3）练气功很有效，尤其是站桩功和慢走功，打通自身的气化之路。

（4）应及时做甩手功及抱大树动作。

（5）碰上病气重的病人时，学会“闭气”法。方法是：双手大拇指顶住掌心劳宫穴，其余4指握住拇指，屏住呼吸，好似“金钟罩”。

敢与世界高手过招

我每年都参加中医学术交流，如世界中医联合会脉学研究交流大会等。在这个国际级的中医交流会议里学习别人的长处，展示自己的特色。大会台上有公开授课，个别房间里有私人相约的绝技交流。别人的经验绝不会轻易告诉你的，用钱也买不回来，你只有用你的绝招与他交换。你教他两个绝招，他也教你两个绝招。这种方式非常有效，既交到新朋友，又学到了新技术。

有一天，悉尼一位朋友郑医师来电告我，有一位著名的藏医活佛从印度过来宣扬佛法。该位藏医弟子极多，脉法和针法均很有名望。郑医师推荐我去与藏医交流脉诊和针法。我便立即乘飞机去悉尼，次日早上六点便去拜见藏医活佛。首先跟着一班信徒念佛经，坐在一个小垫上盘着双腿，三小时后把佛经念完，双脚有麻木感觉。经郑医师介绍认识了藏医仁波切高僧，互赠礼物后做简短的交流，互相候对方的脉。

我候高僧脉是传统的寸关尺，用微观脉诊法。高僧候我脉则用藏医的寸关尺（中医寸关尺三指往上移一指），即传统中医的关脉相当于藏医的寸脉，命名为“水火风”。我脉诊候出高僧左寸及左尺脉均有边脉，并尺部有小脉晕点，边脉弦紧。我诊断高僧左腰部及颈部都有伤、有瘀，而且是20年以上的旧患。高僧说左腰部是被人打伤的，而且每天均有痛楚，虽然打坐吃药，但积疾难愈。既然我能用脉诊诊断出他的旧患，是否有方法能治疗？当时在佛堂上有几十位信徒，亦有好几位是中医师和西医师。他们都想知道我用什么方法去治疗，一致要求给予帮助。幸好我带来一个皮箱，里面备齐针灸出诊的用具。

首先在高僧的大椎穴打开主开关，点刺哑门穴，行缪刺法，听到如擦沙粒的沙沙声。然后在高僧左腰部痛点处找出右胸侧的反应点，进行激通点刺，并引导高僧气机到痛点左腰处，约操作20分钟完毕。再候高僧左尺脉脉晕点明显减小，然后叫高僧走动看看腰痛如何。高僧感觉腰痛减少。随后的几天，郑医师均一直询问高僧的反应，效果一直保持着。郑医师将整个中医与藏医交流的过程和感想发表到中医师微信群里，引起不少中医师的兴趣。

高僧面慈心善，仁心仁术，每到一处都行医施药，受信徒爱戴。高僧从小生长在西藏高原，学习藏医藏药。藏医来源于印度，相传由达摩禅师的密宗法传承。

藏医候脉三手指往后一移从桡骨棘突处为寸部，分“水、火、风”，与云南黄传贵老师的千步脉候法一样。高僧用的针法纯是道家针法，斜入针法。在佛堂中所治的病人都是隔着衣服入针的。针法很快，用针也多，但以四肢为主。

施完针后便将自己秘制的藏药小丸送给病人服用。高僧很谦虚，与他交流坦诚无保留。相聚甚欢，可惜时间不足，答应下次再与高僧处理颈椎病。我相信有缘再次聚，再相互交流学习，我还想学习一下道家斜入针法的关键处。

这次与高僧相处只有一天，但收获不少。既看到了高僧的慈善心，脉法的不同点和道家的入针法，也认识了很多朋友，提高了我的佛性开悟。

好的中医师应具备多种医技

自古中医师都来自民间。《扁鹊仓公列传》里论：扁鹊“过邯郸，闻贵妇人，即为带下医；过洛阳，闻周人爱老人，即为耳目痹医；入咸阳，闻秦人爱小儿，即为小儿医”。

中医传统有六艺：“砭、针、灸、药、导引、按跻”。一个好中医一定要掌握2~3样技巧，熟识运用，对疾病有一个总体的认识。有些疾病不是明确的内外科界定，临床上出现的症状，有时会连医生都搞不清病因。如颈椎病，有五种类型。如交感神经型颈椎病，出现的症状就是心慌、心动过速、心律失常。病人往往去就诊内科，结果心电图等检查均发现不出问题，只能诊疑“冠心病?”“心律失常原因待查”等。折磨了几个月时间，最后才发现是颈椎病所致。

如果一个医师具有全科水平、又会内科候脉处方、又能分筋整骨、针灸推拿均有一定水平，很多疾病都会很快得到正确诊断和有效治疗。现代的大医院分科分得很细未必是好事。很多医师只会开方候脉，不会针不会灸。懂手法、针灸的医师又不懂开方候脉。妇科、儿科、五官科等，分得很细，河水不犯井水。明明病人一至两次可以治愈，最后要治疗十次八次才好。所以，老年人进医院不知找什么科看医生，因为老人生病绝不是单独某一个病，这是一个很实际的问题。浪费医疗资源，浪费时间和金钱，不能发扬医生的聪明才智。

中医不能分科太细，中医师应懂六艺，是多面手，每个中医师均应具有两至三样看病本领。现在的病人往往病情复杂，治疗一定综合性，诊断一定全息性。针法、脉法、手法三样不可缺，才能把中医发扬光大，才能与西医比拼。西医的短处，便是中医的长处。在技术上为互补长短。关键是发挥中医的特色，继承和发展。

调动病人的潜能

“道之尊，德之贵，夫莫命而常自然。”讲述了万物的变化运动根本上是靠自己的运动，这种运动是有组织、有纪律的。人是天地的产物，一生要和天地保持着一种良好沟通关系来维持生命。一个人的心脏收缩、舒张，胃肠蠕动，呼吸开阖，细胞运动等，都有组织纪律。在生命体中，虽然每个器官运动形式不同，他们都协调地配合同一个生命程序，彼此之间都搭配得极其和谐。

我非常重视“顺其自然”，以及相信人体天生有一种微调功能。每个人都有一个潜能，发挥病者的潜能在治病中非常重要。治病时，医生要遵天道，对自然界的纪律要遵守。“人道行于天道。”不管身体强健还是体弱多病，都已形成了独一无二的生命系统。这套系统结成了内在力量，互相扶持也互相制衡，最终形成了自身的一种独特平衡状态。

在针灸治疗时，往往要强调病人的潜能，去引导、调动身体本身的阴阳力量。我喜欢让病人做有意识地活动病灶部位。用针的同时，强调病人的意识配合，调动内气，效果明显提高。特别是使用脐针、八卦平衡针、经络激通针法。这是“天人合一”的东方文化。

目前医生过度使用抗生素和激素，对抗性的治疗方法，如止痛药、降压药、降血糖药，人为取代自然组织性运动，导致很多严重后果。这里不是排斥使用对抗性药物，而是说明要了解病的根本原因是非常重要。过度强调对抗性治疗，原来的发病因素未解除，身体会发生另一种不平衡而产生其他系统病变。我认为很不合理，有违大自然天道。

我相信在十多年后，西医使用的对抗法，大量抗生素、激素、化疗、降压药等会被停用、修正。比如二十五年前西医常使用的氯霉素、四环素、链霉素等抗生素，现因副作用太大而已被停止使用。中西医我都学习过，在人与自然方面的治病方法，中医比西医优胜很多，所以《内经》提及“人以天地之气生，四时之法成”“阴平阳秘，精神乃治”。

我相信看中医的病人会逐渐增加，中医的医术也会日以精湛。现美国、澳大利亚、新西兰、日本等国家的中医队伍越来越壮大，技术越来越好。发掘并整理早年失散的中医技艺，真正发扬中医的就是这群人为主，因为这群人未被西医同化，原汁原味的。学中医的外国人越来越多，加上中国很多有识之士、能人的觉醒推动，中医前景日渐光明，将成为世界的主流医学。

范永升

范永升（1955— ），男，浙江金华人，医学博士，教授，博士研究生导师，浙江中医药大学原校长，国家973项目首席科学家，首届全国名中医，全国中医药高等学校教学名师，中华中医药学会常务理事，中华医学会常务理事，教育部中医学类专业教育指导委员会副主任委员，中国中西医结合学会风湿类疾病专业委员会主任委员，浙江省特级专家，浙江省文史馆员。从事中医教育与内科的临床及科研工作四十余年。编撰《素问玄机原病式新解》，主编《金匮要略》教材以及《科学走近中医》《浙江中医学术流派》等著作13种，发表《关于争论与中医多元发展》《结缔组织病治疗五法》《凉血散血滋肾益阴治疗系统性红斑狼疮》《中医临床基础学科若干问题的思考》等学术论文80余篇。临床上擅长中医药治疗风湿免疫病。

我从1974年开始学习中医，接着就是从事中医教学、临床、科研工作。一晃就过去了43年。回顾走过的路程，谈些个人的感悟，希望对后学者有所帮助。

一、跨入高等学府

1974年9月，我意外地踏进了浙江中医学院（现浙江中医药大学）的校园，之所以说是意外，是因为我当时专业志愿并没有填中医学，而是填了中文、哲学，不知是什么原因把我调至中医学专业。于是阴差阳错就开始了我的中医生涯。好在我比较喜爱文学，所以对学习中医课程并没有不适应，而且通过一段时间学习，渐渐地热爱上了中医学科。当时，能够上大学读书是一件很不容易的事了，因此我们学习都很自觉、很认真。当时学校图书馆可以借阅的书籍很少，新华书店中也缺少中医专业书籍，因此，一些老师推荐重要的中医书籍阅读之后，常常抄写在笔记本上，如叶天士的《温热论》《临证指南医案》《医学心悟》等，经过大学的学习，给我打下了一定的基础。

1978～1981 年，我在何任教授领衔的古典医籍导师组攻读硕士学位，徐荣斋先生是我的直接指导老师。何任先生孜孜不倦的敬业精神，广博的知识结构，有条不紊的工作态度，徐荣斋先生和气可亲的处世为人，博学强记的扎实功底，一丝不苟的治学品行，都深深地影响了我。徐荣斋先生提倡研究选题应尽量避免雷同，主张独辟蹊径，并以中医“实者虚之，虚者实之”作为比喻，使我终身受益。我的硕士毕业论文选题是《从〈素问玄机原病式〉看刘完素对祖国医学的贡献》。先生要求我少在“主火热用寒凉”着力，尽力发掘刘完素对中风论、胃中润泽论、舌有窍论、老年病学方面的贡献。在先生的指导下，我以《素问玄机原病式》为基础，广征博引，深入探索，顺利地完成了毕业论文，得到二位中医大家——任应秋先生、金寿山先生的好评。硕士研究生 3 年，我充分利用了 1000 多个日日夜夜发奋学习，从而拓展了我的中医视野，掌握了中医传统的研究方法，为独立开展中医临床、教学、科研工作，打下了较为扎实的基础。

二、公派出国留学

1981 年硕士研究生毕业后我就留校从事中医教学、临床与科研。1988 年我通过全国日语考试并由教育部派遣赴日本留学，在研究领域方面，我最终选择了风湿免疫病。

因为西医学对风湿病的机制尚不明确，并且糖皮质激素的长期应用副作用多，一些女性患者变肥胖，长胡须，有一些人出现骨质疏松等，大多数病人都会有免疫功能下降。与之相对，中医在风湿病的治疗上，具有一定的特色和优势。为此，我决心走中西医结合治疗风湿免疫病的道路。1988～1990 年在日本国立佐贺大学学习期间，我基本上是早出晚归，做实验半夜回宿舍是常事。有时候还要冒着雨雪骑自行车到学校。对于这些，我认为是对人的一种锻炼，是一种财富！在日本留学期间，我除了接触到最新的风湿病临床知识，还学习掌握了细胞培养、分子生物学等实验技术，另外，我感受很深的还是日本大学教授时间观念强，工作节奏快，治学严谨，工作敬业。我所在的科室，每个星期都有 2 次读书会，都利用休息时间进行，阅读外文资料，共同探讨学术问题。一些中青年教师下班后，仍然会在实验室工作，直到八九点，这种敬业精神让我敬佩。我在日本期间耗时最长的一个课题是桂枝茯苓丸对硬皮病作用的实验研究。从取病人的皮肤，进行成纤维细胞原代培养，到放置液氮储存；从细胞培养过程中中药浓度、时间的摸索，到同位素标记胶原蛋白的测定；从药效机理，到安全性测验。这项研究总共用了一年半时间，最终成果在日本内科学英文版杂志发表。日本留学的 2 年，让我掌握了现代医学分子生物学研究的一些技术与方法，使我对中医与西医两门学科的特点有了一定的认识。这些对我日后客观地认识中医与西医带来很多帮助。

三、面对经典与临床

我所在的浙江中医药大学中医临床基础学科是一个相对较新的学科，20 世纪末，为改变研究生招生专业目录过细的弊端，教育部将伤寒论、金匮要略、温病学三个学科合并，成为“中医临床基础学科”。这三门课程是中医重要的经典课程，张仲景的《伤寒论》针对外感病创立了六经辨治方法，《金匮要略》则针对内伤杂病建立了脏腑经络辨治方法，而叶天士的《温热论》、吴鞠通《温病条辨》则分别提出了卫气营血、三焦辨治温热病的方法。这些临床经典共同构成了中医外感病和内伤杂病的辨证施治理论体系，直到今天对临床疾病的诊断、治疗、康复、预防等方面依然发挥着重要的作用。因此，读经典、做临床、跟名师、启悟性，已成为培养中医人才的行业共识。毫无疑问，我们今天临床上需要用临床经典的理论、方法、手段、方药等来诊治和预防疾病。但更值得重视的是我们要从临床经典中探求难治性疾病的治疗手段与方法。屠呦呦研究员能够成功从中药青蒿中提取青蒿素用于治疗疟疾，也是得益于葛洪《肘后方》的启发。中日友好医院王辰院士将《伤寒论》麻杏石甘汤和《温病条辨》银翘散的加减方用于治疗新型 H1N1 流感，获得与达菲相当的疗效。其论文发表在 2011 年国际医学界著名杂志《内科学年鉴》上，既体现了用临床经典方治疗新发传染病，又反映了经典方剂间的协同效果。当前临床上出现的新发传染病、恶性肿瘤、代谢性疾病，以及免疫功能失调引起的系统性红斑狼疮、类风湿关节炎等难治病，大多病因复杂、病程长、症状繁多，缺乏行之有效的方法。《伤寒论》《金匮要略》《温热论》《温病条辨》中诊治疾病的思路与方药以及这些经典著作对某些难治病类似病状的论述，都为我们寻求有效的治疗手段和方法，提供了借鉴与参考，只要我们认真探索，完全有可能找到有效的治疗方法，为难治病的治疗开辟新的路径。

现代医学的风湿病包含系统性红斑狼疮、类风湿关节炎、皮肌炎、干燥综合征、白塞病、硬皮病等。风湿病名其实源于《金匮要略》之“病者一身尽疼，发热，日晡所剧者，名风湿”。就风湿病而言，既与《金匮要略》中的湿病、历节病极为相似，又与《伤寒论》《温热论》等有密切关系。譬如硬皮病患者出现的雷诺综合征与《伤寒论》用当归四逆汤治疗手足厥寒、脉细微欲绝的血虚寒厥证非常接近。系统性红斑狼疮表现出面部红斑、皮疹、口腔溃疡，也与《金匮要略》的阴阳毒、《温热论》的血热发斑非常吻合。可见，《金匮要略》《伤寒论》《温热论》等临床经典与现代的一些疑难病证有着千丝万缕的联系，攻克这些疾病的方法可能就蕴藏在经典著作中，因此，我们需要重视对经典的探究。

基于上述原因，在我倡议下，浙江中医药大学从2013级中医学七年制学生开始，开设了何任班。强化中医经典理论，采用师承教学模式，早期配名中医为导师，跟随导师早临床、多临床、反复临床。相比普通中医学七年制学生，何任班的培养方案更注重中医经典和传统文化的学习，减少了大学物理和高等数学，增加了古代汉语、古代哲学史等课程，内经、伤寒论、金匮要略、温病学更是必修中的必修课程，并且在学生面试时要考察文学素养和哲学素养，因为中医涉及很多哲学思想、古代文献，必须在这些方面有基础、有兴趣，才有利于培养成才。经过4年的努力，何任班的学生初步展现出基础理论扎实、中医临床思维活跃等特点。

四、《金匮要略》的教研探索

1983年，我校何任教授主持卫生部科研项目“《金匮要略》整理研究”，选用北京大学图书馆所藏孤本元代邓珍刊本为校勘的底本，悉心校勘，补缺正误，剖析疑难，历时4年，三易其稿，编成《金匮要略校注》一书，成为当今《金匮要略》的最佳版本。该成果获得国家中医药管理局科技进步二等奖。我有幸作为项目组成员参与其中，得到了很多锻炼与提高。

之后，我又进一步围绕《金匮要略》开展研究。20世纪80年代初期，我发现研究《金匮要略》的论文多但缺乏系统整理，因此，就打算编写一本《金匮文摘》，以方便医疗、教学和科研。于是我组织了一批青年教师将发表在期刊上的几千篇研究《金匮要略》的论文写成摘要。当时想以《金匮要略》二十二篇分门别类，但发现有一些论文的分类是跨篇的，例如金匮肾气丸在妇科篇和消渴病篇都有涉及，还有一些综合性的论文，简单地按篇分类也是不合适的。考虑了很久，最终我将其分成正篇与附篇两部分，正篇就是按照《金匮要略》篇目划分，附篇以综述、学术讨论、生平考证等进行分类。这本书印刷出来以后，反响还是不错的，得到了南京中医药大学孟景春教授等一批老专家的好评。20世纪90年代我将内容扩充后编成了《金匮要略现代研究文摘》，由浙江大学出版社出版。

我先后主编了国家中医药行业自学考试、成人教育和全日制第七、八、九、十版《金匮要略》教材。在教学实践中，我认为《金匮要略》讲究辨证治疗，望闻问切四诊合参，这是核心，但更重要的是要抓住它的辨证要领、病机以及病变的本质。将这些辨证要领提炼出来，学生们才能更好、更快地掌握要点。于是我在《金匮要略》教材条文下首列“辨治思路与要领”栏目，阐析张仲景对杂病的辨治思路与要领，方便学生对临床辨证施治思维与能力的掌握，得到了全国高校同道的认可。我常常教育学生要善于用中医思维，但不能泥古。例如以《百合狐惑阴阳毒病证治》的内容为例，“口苦，小便赤……其脉微数”，这是百合病固定的症状，但还有心神不安及饮食行为失调的症状，如“意欲食，复不能食，常默默，欲卧不能卧，欲行不能行，饮食或有美时，或有不用闻食臭时，如寒无寒，如热无热”，这就要求我们要做到掌握特点，随症治之。

我还注重临床经典的教学与临床科研相结合，在学校附属第二医院开设风湿科病房，将临床经典的理法方药应用于风湿病等难治病的诊治，不断提高临床疗效与课堂教学质量，《金匮要略》先后被教育部评为精品课程，精品资源共享课。2009年我们团队“中医经典课程继承与创新体系的构建与应用”项目，获国家教学成果二等奖。

五、风湿病路上的毅行

20世纪90年代初，我从日本留学回国后，在浙江开设了第一个中医风湿病临床专科，主攻风湿病的中医诊治。20世纪90年代前，中医界对系统性红斑狼疮大多采用清热解毒治法。我从20世纪80年代末期开始，在整理研究《金匮要略》“阴阳毒”、《温热论》“温病发斑”等文献基础上，结合临床实际，进行了深入系统的研究。首先，系统性红斑狼疮患者除表现高热、红斑、口腔溃疡等热毒症状外，所出现的红斑、皮疹以及血液流变学指标中存在浓、黏、凝聚状态和微循环障碍等均与瘀血有关。其次，系统性红斑狼疮患者多有遗传倾向，并伴有脱发、月经不调等症与肾虚阴亏直接相关。因此，我率先提出热毒、血瘀、阴亏是系统性红斑狼疮发病的主要病机，解毒祛瘀滋肾是系统性红斑狼疮的主要治法。这对提高临床疗效有着重要的指导作用。根据这一治法，我在临床上反复探索，构建了辨病与辨证相结合，中西医药相协同，以解毒祛瘀滋阴方为基础，针对不同证候、症状、指标进行药物化裁的系统性红斑狼疮临床治疗方案，该方案采用多中心、随机、双盲、双模拟、安慰剂对照临床研究，并通过浙江大学医学院附属第二医院、中国中医科学院广安门医院、南方医科大学附属南方医院等 17 家医院进行了推广应用，共计治疗系统性红斑狼疮患者 32000 人次，结果表明，该方案既能提高疗效，还能减轻糖皮质激素副作用，提高患者生活质量，获得了良好社会效益。该方案的主要内容，经专家评审，被确定为国家中医药管理局治疗轻型系统性红斑狼疮临床路径，成为国家中医药行业临床路径标准。我所在的课题组还对解毒祛瘀滋阴方从内分泌、免疫、糖皮质激素受体等方面研究其疗效机制，2011 年“从毒瘀虚治疗系统性红斑狼疮的增效减毒方案构建与应用”项目获得了国家科技进步二等奖。

系统性红斑狼疮可以累及全身各个脏器，上达头目，下至足膝，外侵皮肤肌肉，内犯脏腑经络，临床症状纷繁复杂，为了抓住主要矛盾，执简驭繁，方便临床诊治，我提出了二型九证辨治法。参考西医的系统性红斑狼疮诊断标准，将其分为轻重两型。轻型中以关节疼痛为主要症状的可归为风湿痹证，继而可根据四肢肌肉关节疼痛局部有无红肿热痛等，再分为寒痹、热痹，又以白细胞、血小板减少伴体倦辨为气血亏虚证，还以低热、脱发等为主，可辨为阴虚内热证。重型中临床表现为以红斑皮疹、高热为主的，为热毒炽盛证；以心悸为主，检查可见心包积液等，为饮邪凌心证；以胸闷、气喘为主，检查可见间质性肺炎或肺部感染等，为痰瘀阻肺证；以胁部胀滞不舒为主，伴肝功能受损等，为肝郁血瘀证；以四肢浮肿为主，伴大量尿蛋白的，为脾肾阳虚证；以眩晕头痛、抽搐为主，合并神经系统损害的，为风痰内动证。系统性红斑狼疮的二型九证辨治法是把现代医学的诊断（辨病）和中医学四诊合参的辨证有机结合起来的一种实践，无疑对临床诊治大有裨益。

临床上我诊治风湿病虽然经常留意现代医学的检测指标，但我更重视中医的辨证施治。例如，风湿病中的干燥综合征，病人会有口干、眼睛干、泪腺分泌不足、免疫功能异常等症状。一般情况下，病人舌红少苔，应该用养阴方法治疗。但临床上也有一些特殊的病例，病人说自己口干，但舌质淡，也没有明显的少津情况，这就需要仔细辨证。其实，阳气虚不能向上蒸发津液，也会导致口干。因此，我会提醒学生治病时要辨证施治，抓住核心，举一反三，不能拘泥于书本，不能一味地用一贯煎等养阴方药，而是选苓桂术甘汤加菟丝子、淫羊藿等温阳利湿的药，蒸腾津液，从而改善口干等症状。

在风湿病的治疗过程中，经方的作用不可忽视。如有位15岁左右的系统性红斑狼疮男孩，罹患系统性红斑狼疮多年，由于没有正规服药，再加上疲劳、感冒，导致病情复发，出现全身高度水肿，24小时尿蛋白高达12g。使用糖皮质激素冲击疗法，病情改善不明显，依然小便量少，浮肿不退，病情危重。这时，我果断加用真武汤治疗，服药后的当天晚上，男孩的小便量大大增加，经过10天左右治疗，浮肿明显减轻，尿蛋白也大大减少，病情转危为安。又如，麻黄连翘赤小豆汤也可以治疗狼疮性肾炎外感浮肿，麻杏石甘汤治疗间质性肺炎，黄芪桂枝五物汤、当归四逆汤治疗雷诺综合征等，这些都是我临床常用治疗风湿病的经方。

六、上火研究的攻坚战

随着社会经济的发展，人们生活节奏的加快、精神压力的加大等原因，上火等疾病的发病率越来越高，中医防治上火有较好的疗效，但上火是如何发生的、中医治疗上火的现代科学机制是什么？一直都没有明确。有研究表明，反复的口腔溃疡等上火症状，往往是某些难治病的早期表现。为此，科技部专门设立了973项目研究专项，我作为首席科学家牵头，联合浙江大学、中国中医科学院、天津中医药大学申报的“上火的机理与防治研究”项目获得批准。我们从上火的辨证标准及其生物学基础、滋阴降火方药治疗阴虚上火的作用机制和清热泻火方药治疗实热上火的作用机制等三方面开展研究。我们首先在浙江和天津开展了大规模的流行病学调查，包括浙江省的11个地市11281例居民和浙江与天津两地12627例在校大学生的上火，发现了上火的常见诱因、症状以及证候规律等。经过文献研究、多轮专家问卷调查以及专家论证，制定了上火的诊断以及辨证施治标准。通过专家评审，该项标准已成为中华中医药学会的团体标准向社会发布。

我们运用代谢组学、蛋白组学、转录组学、基因组学等方法开展上火的生物学基础研究，发现上火的发生与人体的免疫、能量代谢、微生态等方面具有密切的关系。主要表现为促进炎症与抑制炎症的免疫细胞以及细胞因子的不平衡，人体糖、脂等物质代谢以及细胞能量代谢的紊乱，肠道、口腔菌群的失调。例如，以口疮为主要表现的上火患者，其外周血中的调节性 T 细胞数量增多，表明其免疫受到抑制；血清中载脂蛋白 A 明显升高，脂代谢也发生了变化；肠道和口腔菌群的种类和多样性也出现了明显的改变。另外，我们还从临床与动物实验两方面开展研究，发现滋阴降火、清热泻火的知柏地黄丸、黄连解毒汤对上述机制也具有调控作用。我们还开展了上火的中医辨治以及预防等方面的工作。通过对上火的研究，不仅可以明确上火发病的现代科学机理，阐明中医证候、体质等生物学基础，还可以探索上火的防治规律，提高中医防治上火的临床效果，预防某些难治病的发生，更好地指导人们养生保健，提高民众的健康水平。这项研究从 2013 年开始，杭州、北京、天津三地四个单位，参与研究的多学科人员超过 60 人，每月定期交流研究工作已坚持了 4 年多，希望协调攻关能取得好的成绩。

七、浙派中医的凝练

浙江中医历史悠久，名医辈出，流派纷呈。浙江的历代名医不仅理论造诣深，而且临床经验丰富并各具特色。20 世纪 90 年代初，我选取自宋至清浙江中医临床各科有代表性名家 25 位，除扼要介绍其生平事迹、学术思想外，着重阐述在诊断疾病、辨别证候、遣方用药方面独特的方法和经验，主编了《浙江名医诊疗特色》一书，约 18 万字，由浙江大学出版社出版。2009 年，我又将浙江中医药分为丹溪学派、永嘉医派、绍派伤寒、钱塘医派、医经学派、伤寒学派、温病学派、本草学派、针灸学派、温补学派等十大流派，主编了《浙江中医学术流派》一书，计 67 万字，由中国中医药出版社出版。该书对每一学派，从个人生平、学术主张、诊疗特色、制方用药特色、学术影响与薪传、验案选编与医论医话七个方面，比较系统地进行了阐述。2015 年前后，全国各地学术流派研究风生水起，安徽的新安医学、广东的岭南医学等做得有声有色。于是我就考虑将浙江众多的学术流派，提炼一个统一的称谓。此项工作得到浙江省中医药学会肖鲁伟会长的认可与支持。于是我就牵头组织了一个研究小组，首先确定命名四原则：一是体现地域特色，即能反映浙江全域范围的中医药特色。二是包容各家学术，也就是能够涵盖浙江各种学术流派。三是契合他学称谓，即与现有的浙江学术或艺术流派的名称相一致。四是发音朗朗上口，就是音韵协畅，平仄相和。

我们对收集到的名称，一一进行比较分析。吴越医学名称，优点是充分体现历史悠久，但范围超出了浙江。江南医学也一样，虽然朗朗上口，但也有越界之嫌。越医学派虽反映了深厚的历史积淀，但还是不能覆盖全省。两浙医学是唐代以钱塘江为界分浙江东道与西道而提出的，但与今天的浙江简称为浙进行对比，又显得不够明确，易于混淆。钱塘医学或之江医学涵盖范围较窄，而且钱塘医学易于和从明末清初延续到光绪年间的在杭州论医注经的钱塘医派相混淆。另外，浙江医学或浙江医派过于直白，浙医流派、浙医学派则发音不够响亮。浙派中医，既包容了浙江全域的学术流派，又在发音上朗朗上口，特别是与浙江省内其他学科的流派相吻合。譬如以黄宾虹、潘天寿为代表的绘画，称为浙派绘画；以沙孟海、刘江为代表的书法，称为浙派书法；驰名中外的西泠印社的篆刻，称为浙派篆刻；还有徐天民的浙派古琴、赵松庭的浙派竹笛。此外，浙派中医的大医精诚、厚德仁术，与浙江提倡的务实、守信、崇学、向善的价值观（精神），也是一脉相承。所以，浙派中医是一个比较理想的称谓。浙派中医的提炼前后经历一年半左右时间，先后多次利用书面、会议形式征收意见，还邀请国内著名专家严世芸、王键、朱建平、刘平等帮助把关，经过反复提炼，最后经过浙江省中医药学会第六届理事会第五次会长会议表决通过，正式成为浙江省各中医流派对外交流的统一称谓。当然，浙派中医不是一个简单学术流派的名称，而是有丰富学术内涵以及鲜明特色的。我又将浙派中医的学术思想与临床经验分纵向与横向两方面进行对比分析，纵向主要从中医发展史看浙派中医的贡献，横向主要与兄弟省市进行比较，总结浙派中医的特色。经过反复比较、分析、推敲，凝练出浙派中医的七大特色，分别是源远流长、学派纷呈、守正出新、时病诊治、学堂论医、善文载道、厚德仁术。浙派中医的称谓及其特色明确后，于2017年7月1日《中华人民共和国中医药法》正式实施的当天，我代表浙江省中医药学会在“之江中医药论坛”郑重宣布了这一决定，会场气氛十分热烈！浙江省中医药学会为此又专门组织了专家在全省各地开展了巡讲活动，我本人参加了8场讲演，受到了社会广泛好评。这一活动营造了浙江中医界开展地域中医特色研究的浓厚氛围。《中国中医药报》多次报道了浙派中医的巡讲盛况，对浙派中医推向全国起到了积极作用。

时光荏苒，岁月如梭，我也从学医时的懵懂小伙，步入了花甲之年。虽然学医、行医40余年，但深感自己的学识肤浅，深感中医药理论的博大精深。最能让自己感到安慰的是这40多年来我一直没有停下前行的脚步。我们这一代中医人十分幸运，年轻的时候有老一辈的指点与引领，现在又赶上了中医药发展的天时、地利、人和大好时机。面对中医药的辉煌历史画卷，面对"健康中国2030"的光荣而艰巨的任务，我们唯有不断学习、不断努力、不断进取，才能无愧于古人，对得起来者。"路漫漫其修远兮，吾将上下而求索"！

王　键

王键（1956—　），男，安徽省歙县人，中共党员，安徽中医药大学校长、教授、博士生导师。出生于新安王氏医学世家，学识渊博，德艺双馨。具有扎实的医学、文学及哲学功底，学贯中西，博采众长，源溯《灵》《素》，广探汉唐，尤对明清医家的学术思想和经验深有研究，并致力于长期的临床实践，可谓学验俱丰，称誉杏林。他长期潜心于《黄帝内经》、新安医学及中医治则治法理论与实验研究，对中医药学和中国传统哲学有深刻的理解、把握和独到的见解。他高尚的人格魅力、卓越的领导才能、严谨的治学态度和立志传承光大中医的胸襟抱负，深刻地影响着他周围的人们。王键教授1993年被评为全国优秀教师，1995年被评为首届中国百名杰出青年中医专家，1996年被遴选为安徽省高校首批学科带头人，1997年被确定为省首批跨世纪学科与技术带头人，1999年享受国务院政府特殊津贴，同年被北京中医药大学聘为博士研究生导师，2009年被遴选为安徽省学科与技术带头人、评为安徽省杰出专业技术人才。任教育部中医学教育指导委员会委员、全国高等中医药教材建设研究会副理事长、全国中医药院校规划教材专家指导委员会委员兼秘书长、教育部本科教学工作评估和中医学专业认证专家；科技部973计划中医基础理论研究专家组成员、国家自然科学基金项目终审专家；国家中医药管理局中医药文化建设专家委员会委员、国家中医药改革发展专家咨询委员会委员；世界中医药联合会中医药国际教育委员会委员，中华中医药学会常务理事、中医基础理论委员会副主任委员，中国中西医结合学会基础理论分会副主任委员，安徽省中医药学会理事长，安徽省科学技术协会常委；省部共建新安医学教育部重点实验室主任、安徽省中药研究与开发重点实验室主任、国家中医药科研三级实验室——细胞分子生物学（脑病）实验室及新安医学研究中心主任。作为国家中医药重点学科中医基础理论学科、安徽省重中之重学科中医学学科、安徽省重点学科中医基础理论学科带头人，以及安徽省高校新安医学研究创新团队带头人、安徽省“115”产业创新团队——“新安医药研究与开发”带头人，王键教授先后主持完成省部级以上科研项目10余项，其中主持国家科技支撑计划项目1项、国家973计划课题1项、国家自然科学基金资助项目2项，荣获国家优秀科技图书一等奖1项，中华中医药学会科技进步一等奖1项、三等奖1项，中华中医药学会优秀著作一等奖1项，安徽省自然科学二等奖1项、科学技术二等奖1项，安徽省社会科学成果三等奖1项，安徽省高校自然科学优秀成果一等奖1项。

名门世家　当代儒医

新安江流域的古徽州地区，北倚风光秀丽的黄山山脉，新安江水自西向东横贯其中，域内山奇水秀，人杰地灵，古往今来，文风昌盛，名贤辈出。发源于此地的新安医学，文化底蕴深厚，地域特色明显，学术成就突出，历史影响深远，为中医药学传承发展做出了重要贡献，自古就有“天下名医出在新安”之说。徽州更是程朱理学的发源地，宋代理学家二程、朱熹的故里，故新安医家信奉儒学，习医行事“一以儒理为权衡”，同时又能融儒、释、道于一体。历代医家在传承的基础上又都能提出自己新的见解，名医云集、学派纷呈却又都能和谐融通，使得学术精华代代相传、生生不息。当代著名中医药学家、教育家、安徽中医药大学校长、博士生导师王键教授，就是新安歙县王氏医学流派的传人。

歙县“新安王氏医学”又称“富堨王氏内科”。起源于1820年，其始祖为新安歙县王学健（名履中）。王履中受业于清嘉道年间的名医程敏之，子王心如、孙王养涵得其所传。王养涵传子王仲奇，王仲奇光大家学，为徽郡名医。王仲奇传医术于三弟王殿人、四弟王季翔、七弟王弋真，子王樾亭、女王蕙娱、女王燕娱、侄王任之等。王季翔传子王乐匋，王乐匋传子王键，至今相传六代。

王履中为歙县富堨（王家宅）人，冯塘程有功弟子，长于杂病及虚劳病治疗，晚清重臣张之洞、左宗棠常约其治病，名著江、浙、皖、赣间。《王氏家乘志略》载：“据《歙县志》载，冯塘程思敏医术精湛，名重一时，门弟子受业者数十人，履中公最为先生所赏识，立雪程门，代应诊务有年。”

王养涵秉承家学，医名卓著。民国方志学家许承尧先生所撰《歙县志》载称其“研习经史子集，独精于医，远近求医者皆归之”。

王仲奇幼承家学，并能博采众长，其学远宗张仲景，近效程杏轩，旁及叶天士、吴鞠通、王孟英诸家，对李东垣、王好古、徐灵胎之学，用功甚勤，而于乡先辈吴谦服膺尤深。平昔诊务繁忙，无暇著述，所遗医案由后人整理成《王仲奇医案》出版。擅治内伤杂病而驰誉沪上，与寓沪名医丁甘仁并称为上海医界“丁、王”二氏，著名学者胡适先生言：“唐代神医孙思邈尝说胆欲大而心欲小，今日科学家所用方法有大胆地假设、小心地求证之说，即是此意。仲奇先生家世业医，我曾观察他的技术，有合于此者。”

王殿人从二兄王仲奇学医，悬壶歙县，后在杭州行医，多受病家依赖。在歙县以治时邪为多，在杭州以调理内伤为著。著名画家黄宾虹先生评价其云：“谒然其容，医道活人，世业克隆，新安望族，武林寓公，宇量高雅，器范可风。”

王季翔早年行医屯溪，后迁旌德。除继承家学而外，于徐洄溪、叶天士两家用功最勤。尝以《兰台轨范》诸方治内伤，卓有成效。又善于运用叶天士调冲和络法治妇人经带胎产，每建奇功。且文笔犀利，宣传抗日，抨击汉奸卖国行径，在泾县、旌德、绩溪一带群众心目中，不仅视其为名医，还被称为“文化人”。时乡里所谓“文化人”，乃指有底蕴、有思想、学养深厚而受人尊敬之人。

王弋真行医于浙江湖州。1929年受吴兴中医界委派，与当地名医许佩斋、宋鞠舫等三次赴京沪请愿，要求国民党政府取消“废止旧医案”。

王任之为新安王氏医学第五代传人。因属“广”字辈，其父王殿人取“仁以为己任”之意，取名王广仁，字任之。曾任安徽省卫生厅副厅长兼中医研究所所长、卫生部医学委员会委员等职，致力于中医事业的传承与弘扬，大力加强后继人才的培养，毕生坚持临床，诊病不分亲疏贵贱，誉满杏林。

王乐匋为首批全国名老中医药专家学术经验继承工作指导老师，安徽省新安医学研究会首任会长，国内新安医学和温病学科带头人之一，首批享受国务院政府特殊津贴专家，荣获国际医学教育基金会林宗扬医学教育家奖，在中医内科学的开拓发展上卓有建树。主编有《新安医籍考》《新安医籍丛刊》《续医述》等，均是中医学术界瞩目的传世之作。其学术思想与临床经验被后学收集整理成册，出版有《中国现代百名中医临床家丛书·王乐匋》。其创制的治疗心悸的新药心肌尔康和治疗中风的新药脑络欣通，临床疗效显著，为王氏医学领头人。

王键教授为王乐匋之子，幼年跟随外祖父学习中医，成年后随父亲王乐匋和伯父王任之临证学习并研读中医经典理论，于20世纪70年代接受正规院校教育并获得中医硕士学位，从事中医教育、临床、科研工作近40年，长期致力于新安医学发掘整理和新安王氏内科流派特色治法及其临床应用研究。他熟读中医经典，精研现代医学，努力汲取前辈经验，得以嫡传，学验俱丰，并有所发挥，临床治疗以中风为代表的各种疑难杂症，疗效显著。

“新安王氏医学”父子相袭、兄弟相授、祖孙相承，每一代传人都在传承的基础上有所创新，临证各擅其长，既有师承影响，又有自己的探索；诊断重脉诊，审证重求因，立法重温补，用药倡轻灵，做到传承“新安王氏医学”之衣钵，创新发展家学理论之精髓，善取诸家之长，自成一家之论。

“新安王氏医学”传承关系图：

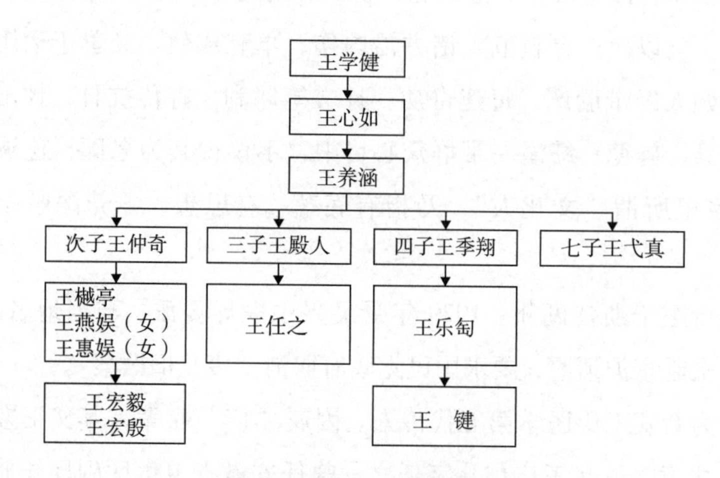

“新安王氏医学”传承关系图

治学广博　根基厚实

王键不仅出生于“新安王氏医学”世家，而且父母双方都出生于医学世家。童年的王键除了父亲王乐匋的亲炙外，还是跟随行医的外祖父长大的。而外祖父也是一位远近闻名的中医，师从于丁甘仁之孙丁济万先生。实际上，王键自幼受到“新安王氏医家”和民国另一位“海上名医”丁甘仁两派根基的熏陶。家风熏陶，乡儒发蒙，王键从小就养成了勤奋好学、喜爱医籍的良好习惯。还是在小学的时候，王键就在父母和外公的引导下，开始学习中医药基础知识，背诵汤头歌诀和药性赋。据其本人回忆，童年时清晨即起，自己自觉地带上一只小板凳，迎着一轮刚刚升起的红日，坐到小河边上去背书。一个可爱的蒙童，一只低矮的小凳，一条清澈的小河，一缕和煦的阳光，此情此景，恰似一幅山村水乡里的书香童蒙晨读早课的经典画面。但凡经历过的人都会感同身受，心中萌生出一丝惜惜相怜的情愫和感动。

到了读中学时，王键的父母和外祖父又提高了要求，嘱咐其诵读《灵》《素》等经典医籍。《黄帝内经》等之所以能作为经典留传下来，是几千年来浪里淘沙筛选出来的精华，是历代先贤智慧的选择。“将升岱岳，非径奚为；欲诣扶桑，非舟莫适”，熟谙和研习经典，是历代医家成长的重要方式与途径，也是历代新安王氏医家传承下来的一项基本功。谨遵长辈的嘱咐，少年王键晨诵暮读，不知甘苦，由此练就了一身的童子功，至今他背诵起药性赋、汤头歌诀、《黄帝内经》原文来，仍然熟稔于胸。“书读百遍，其义自见”，朱熹也说过“不记则思不起”，虽然当时背诵未必能完全理解，甚至是囫囵吞枣、先死记硬背下来再说，但熟读熟诵为其今后的深入思考和研究打下了扎实的基础。王键教授认为，经典文简、意博、理奥、趣深，随着年龄和学识的增长，每每重新温习时都会有不同的体会和感受。“旧书不厌百回读，熟读深思子自知”，一直到走向教学、临床的工作岗位后，他还每每反复熟诵经典，细心参悟，口诵心唯，咀嚼得烂熟，透入身心，至今不忘，受用无穷。在其临证治案中常引经据典，加以引申说明，思路十分清晰。

“新安王氏医家”讲究通过抄录整理医书学医，王键父亲王乐匋就亲手抄录过《丁甘仁医案》《陈良夫医案》《张聿青医案》等，装订成册。受父亲影响，王键养成了读书学习手抄笔录的习惯。1973 年下放农村，除了继续系统研读《内经》《伤寒》《温病》《本经》等经典著作和知识外，他还在父亲和外祖父的要求和指导下，从《医学心悟》和《医宗金鉴》入手，先手抄一遍，眼到、口到、手到、心到，苦在其中也乐在其中，还曾先后完整地抄录了《医学心悟》《叶熙春医案》两部书，以后在实践中逐渐烂熟于心。由此形成勤于动笔的习惯，凡看书有得即随手记下。在他的书柜里，随手翻开其所读过的书，以往所做的读书心得和批语依稀可见，或阐发己见，或引证前人之论加以评析，字里行间，极见功力。其中许多成熟的见解，已经撰写成学术论文发表，并融于自己的医学实践之中。

著名学者朱光潜说过："世上没有孤立绝缘的学问，不能通则不能专，不能博则不能约。先博学而后守约，这是任何学问所必守的程序。"而王键教授更认为，文是基础医是楼，打好文化的功底，是学好中医学的金钥匙。《内经》《伤寒》《温病》《本经》等中医经典著作，文辞古奥、晦涩难懂，要精确把握与深刻领悟其理论精髓，就必须要有文史哲的修养和功底。事实上，"新安王氏世医"有刻苦攻读中华文化经典的传统，他们博览群书，吸纳百家，几乎历代医家都文理兼通，通晓中华传统哲学思想，有深厚的中华文化根基，其医学学术思想形成都有其深刻的人文背景。王键幼承庭训，不仅继续刻苦钻研中医知识，而且对科学文化知识的兴趣十分广泛，爱好古今中外文学，尤其喜爱散文，从古代唐宋八大家，到现代沈从文、郁达夫、朱光潜、钱钟书、傅雷，再到国外巴尔扎克、托尔斯泰，古今中外文学大家名著都广泛阅读过。对文学艺术的爱好不仅没有影响到他的学业，反而拓宽了他的视野，促进了基础学科知识的提高。早在中学时代，王键门门功课都十分优秀，当时徽州地区（辖八县一市）开展中学生学业竞赛，语文、数学、化学等几乎所有课程的成绩都是一等奖；到 1972 年高中毕业时，各门成绩都 90 分以上，是全班唯一的"一等优秀生"。1975 进入安徽医学院读大学，系统学习了中医学基础、中医各家学说和中医各学科知识，他对中国医学史曾经用心研究，可以说凡出版的著作都认真地看过；而学业之余，又根据复旦大学蔡尚思教授所列出的年轻人研读国学与中国传统文化必读书目录，广泛通读了古今文、史、哲、艺各方面的经典著作，做了大量的读书笔记。可以说大学期间是他各方面知识不断积累、拓展、优化的阶段，全面打下了文史哲的基础和中医学术背景。1980 年参加安徽中医学院硕士研究生考试，在 100 多位考生中，他以第一名的成绩被录取。徜徉于知识的海洋里，王键就像海绵一样如饥似渴地吸取各种养分，拓展了视野、拓宽了知识，不仅打造了全面系统的知识结构，而且还形成了不平凡的思路与胸襟，为其后来的中医学临床、教学、科研和学科管理工作奠定了雄厚的理论和思想基础。

攻读硕士研究生的三年，则是王键系统研究能力的培养阶段，他在导师吴素行教授的指导下，深入学习和研究了版本学、文献学、目录学知识，尤其专门研究过《说文解字》，陆宗达《说文解字通论》可以说熟透于胸。由于在文字、音韵、训诂上打下了前期的功底，再进一步攻读《内经》原文，把握起来就十分准确了。他十分注重方法学、方法论的学习和研究，为增强所学知识的思想性、条理性和系统性，他在做笔记、做卡片上下了很大功夫，就像植物学家采集标本那样做卡片，分门别类，各入其位，条理井然，融会贯通。譬如《黄帝内经》《景岳全书》《医宗金鉴》等都做有大量的卡片，将各家学说中的基础理论贯穿起来，形成系统。读研究生期间他还在现代医学领域下了很大的功夫，生理学、病理学、分子生物学等同样务求系统学习和掌握，中西合参，汲取西医知识为我所用，为其以后的中医药学现代实验研究工作做好了知识储备。今天我们走进他的办公室、工作室，无论是家中还是单位，在他的工作环境中，最多的是书籍，书柜里医、文、史、哲的书整齐划一，可见其积淀深厚，也可以看出他严谨缜密的治学作风。要学到真知、取得真经，必然是要下一番苦功夫的，学习知识、钻研学问的甘苦自不待言，还是青年时期的王键，就能够苦在其中，乐在其中，怡然而自得，已经达到了很好的思想境界。

多读书、广涉猎，治学严谨、精勤不倦，博览医书、学识渊博，取径多门、视野宽广，是“新安王氏医学”治学上的一个显著特点，王键教授当然也不例外。他通过大学和研究生阶段的历练，打下深厚全面的国学与中西医学的根基，在如此丰厚的土壤环境下，再专注于中医药学术这个中心，显然就得心应手、游刃有余了。1983 年王键研究生毕业并获得中医硕士学位，不久就参加了他父亲任主编的《新安医籍丛刊》和《医述》《王仲奇医案》等的校注整理和《续医述》《新安医籍考》的编著工作。《续医述》不仅搜集了程杏轩之后的新资料，以前未收而确属精要者亦予以补充，浓缩类聚，缩龙成寸，资料之“齐”，剪裁提炼之“精”，神似《医述》，医界瞩目。在总结程杏轩等新安医家学习实践张景岳学说时，他指出，为医者对前人各家著作，只要可取者，亦当兼收并蓄。他十分重视历代名医名著，尤其是代表性的医家医案，认为历代医家的经典著作是前人日积月累留下来的遗产和宝库，尤其是医案，客观真实地记录了疾病的诊治过程，备受务实求真的新安王氏医家关注。重视医案的学习、整理、领会和运用，是王键教授治学上一个显著的特色。在继承家学基础上，他进一步博览广涉、博采众长，上至《黄帝内经》，下至草药、单验方，更及诸子百家之说、历代医家之著，都有涉猎。对《灵》《素》等经典钻研颇深，理论修养十分深厚。在各家学说中，远宗张仲景，中及金元四大家，近效程杏轩，对杨上善、张景岳、吴崑昆所注《内经》用功甚勤、研究最深，而治杂病乃至外感均独具慧眼，推介张景岳之论，亦遵温病四大家和雷少逸之法，又喜读朱丹溪、徐洄溪、叶天士、尤在泾、王旭高、柳宝诒之书，旁及吴鞠通、王孟英诸家，尤其服膺先辈乡贤吴谦、程钟龄，《景岳全书》《医宗金鉴》《医学心悟》等数十种医籍的精彩论述，至今皆能引用自如，信手拈来。“读书而不能医者有之，决未有不读书而能医者”，王键教授重古籍、重读书、重学术传承，好学覃思，自童蒙迄今过目万卷，博古通今而留心医药，在几十年的医学生涯里，日积月累，把几千年来中医的学术思想和经验，古今中外文史哲艺诸般道术凝聚于一身。文、史、哲结合生命科学和医学科学，构成王键教授学术理论的五根柱子，五根柱子始终贯穿。

中医强调心悟、心法、灵感、直觉等体验功夫和思维方式，医家诊疗经验包含慧观悟性的成分和内容，“只可意会，不可言传”。新安王氏医家父子相承，兄弟相授，尽得家传秘术，接力棒式地传承着鲜活的学术精髓。王键认为，传承是中医学发展历程的主旋律和主基调，师承是中医薪火相传最有效的方式，也是名医成长成才最直接的途径。世医家族链每支每脉或多或少都有秘不外传的绝技绝招，家传师授，润物无声，灵犀一点，醍醐灌顶，这是书本学习无法比拟的，可以说是古代社会“知识产权保护”的一种特有方式。他青少年时期常常跟随父亲和外祖父应诊，耳濡目染，耳提面命，潜移默化之中，逐渐领悟了王氏和丁甘仁两派的辨证思维方式、思辨特点。在上大学之前已打下入门的基本功，在家乡初立应诊，就得到了患者的充分认可。上大学以后及读研期间，除了家父的言传身教之外，又跟从二伯父王任之侍诊抄方，学医多年，历经了许多疑难病症的诊治处理。厚积薄发，1978 年 22 岁时撰写了第一篇学术论文“关于火的若干理论探讨”，1983 年在《安徽中医学院学报》发表，之后陆续总结了多篇王任之治疗肝病等的临床经验，以及有关中医方法论、内经学、体质学说、痰湿病机、藏象（肝）理论、治则治法研究等多篇论文，20 世纪 80 年代在《安徽医学》《安徽中医学院学报》《辽宁中医》杂志上系列发表，得到了二伯父的赞扬和肯定。伯父对这个聪慧出众的侄子褒奖有加，一招一式，口传心授，答疑解惑，相机点拨，把自己的辨证思维方式、处方用药方法、操作手法技能，毫无保留地传承给了他。务临床之本、求疗效之实，是“新安王氏医学”最富生机、最为鲜活的灵魂，幼承庭训的王键教授，始终坚持参加诊疗实践，即使走上大学的领导岗位后也从不脱离临床，工作再忙，每周都要抽出时间上门诊，或利用节假日和下班休息时间应诊，从未中断。重读书、重经典、重吸收、重传承、重临床，王键秉承王氏心法家风，传心术、传家法，博览医籍、勤于实践，读书、临证两不偏废，跟名师、读经典是其成长成才的最根本因素。

既有家传师承的影响，又接受了正规学院的全面教育，家传师承与院校教育自然完美的结合，培养了王键广阔的视野和胸襟。所以他学术上善取诸家之长，而无门户之见。多年来，他曾专门拜访过、请教过国医大师邓铁涛（与其父王乐匋为故交）、任继学、路志正、陆广莘、班秀文、李今庸、张灿玾、张学文、孙光荣、王琦等，平常与北京余瀛鳌、孟庆云、鲁兆麟，上海陈苏生、严世芸、王庆其，南京孟景春等诸大家名流均有学术上的交流交往。勤于临床，转学多师，故临床上能撷采众长，灵活地运用《内经》经典、各家各派的理论和经验，张仲景伤寒论与叶天士温病说兼收，服膺乡贤先辈之学与取径江浙医家之说相融，善于古为今用、灵活地运用古法古方，不拘于一方一法一派而随机周变，兼顾彼此、多法并举。学古方而能入细，学时方而能务实，熔经方、时方及单方于一炉，择效而从、并举并用，用药轻灵之中有谨慎，平稳之中有灵动，疏密有致，进退从容。既有院校师承的双重优势，更有自身的探索，引古发新但不刻意标新立异，融会贯通而每每有真知灼见隐含其中。

王键教授治学涉及领域广，不局限于一个点、一个面，而是全面的、综合的、一体化的，中医学从理论到临床，从教学到科研，从传统学术到现代实验研究，从文献上升到文化，史学功底、文学修养、书画篆刻艺术、中医理论学术，每个方面都有深厚的造诣、都达到一定的层次，这在中医药学界可以说是十分难得的。

潜心学术　传承创新

王键教授早期致力于新安医学的系统整理和研究，对新安医学的相关文献进行了梳理，对新安医家的学术思想进行了凝练，既为新安医学做了大量的宏观调研工作，又做了大量的基础性、铺垫性工作，功绩卓著、厥功甚伟。进入

21世纪，新安医学研究开始向纵深方向发展，这主要也得力于王键教授不遗余力地推动。作为安徽中医药大学校长，王键在学校成立了新安医学研究中心，建立了省部共建新安医学教育部重点实验室、省“115”新安医药创新团队，承担了包括国家科技支撑计划、国家自然科学基金项目在内的一系列科研项目，开展新安医学流派学术成就、特色与临床研究。2009年领衔主编《新安医学精华系列丛书》并出版，内容包括学术思想、医论医话、方药、内科、外科、骨伤科、妇科、儿科、五官科、针灸、名医医案精华10册，计260余万字，对新安医学流派的结构体系和形成发展规律进行了全面的剖析梳理，对新安医学的学术特色和优势进行了全面总结归纳，荣获2012年度中华中医药学会学术著作一等奖。同时点校出版《新安医学名著丛书》14册，系统整理了新安名著的学术精粹和各科临床成就。两套丛书将新安医学的魅力所在，全方位、多角度、深层次地展现在了人们的面前。2011年“新安医学传承与发展研究”入选国家科技支撑计划项目，这是我国首次将中医地方特色学术流派研究列入该计划，其后“基于新安医学特色理论的继承与创新研究”又荣获2013年度中华中医药学会科学技术奖一等奖。在文献研究上，搜集并建立了新安医学文献书库，对新安医著开展了发掘、整理、校注、编撰等工作，并利用现代信息技术建立了新安医学文献数据库。在学术研究上，对新安医学的发展历史、源流脉络、学术流派、学术思想、学术特色以及对中医药学发展的影响进行考证研究，总结并提炼出汪机“营卫一气说”、孙一奎“动气命门说”、方有执“错简重订说”、罗周彦“元阴元阳说”、汪昂“暑必兼湿说”、叶天士“卫气营血辨证说”、程钟龄“医门八法说”、吴澄“外损致虚说”、郑梅涧“养阴清肺说”、余国珮“燥湿为纲说”等新安医学十大学说，揭示了新安医学中风病“气虚血瘀”、消渴病“阴虚燥热”、肺胀“肺失治节”、痹病“脾虚湿盛”等病机理论。研究成果以《新安医学系列讲座》十二讲等形式，在《中华中医药杂志》2013全年和2014年1~2月发表，产生了很大的影响。

在新安医学整理研究领域，王键教授的一系列成果，从形成到发展、从突出成就到当代价值等多方面，向世人展示了新安医学的魅力所在。他总结了新安医学的六大特色，即继承与创新的有机统一和结合，学派纷呈与和谐融通的有机统一和结合，家族传承与学术传承的有机统一和结合，以儒通医与融合道佛的有机统一和结合，“地理新安”与“医学新安”的有机统一和结合，中医科学与徽学文化的有机统一和结合。站在继往开来的高度，道出了新安医学所蕴藏的宝贵之处——在传承中不断创新。中医药作为我国最具原始创新潜力的领域，其系统性、复杂性等关键问题的突破，都将会为医学科学、生命科学乃至整个现代科学的发展产生重大影响。中医学术流派是中医学术经验传承与发展的重要形式，研究有代表性的中医学术流派，对继承中医学术经验、发掘原创思维、促进中医学术发展、提高中医临床水平有重要意义和价值。基于此，王键教授在制定新安医学团队中长期科研方向与规划时特别强调，当下开展新安医学研究，一定要在继承的基础上，围绕新安医学文献、特色理论、道地药材、名方验方与诊疗方案等方面，运用现代技术方法，结合临床研究，总结经验，阐明内涵，提高临床疗效与学术水平，提升中医药科技创新能力，丰富中医药文化建设内涵，在创新中不断促进新安医学的发展。

近年来，王键教授以新安医家治则治法作用机理及其临床应用为主要科研方向，重点开展病证结合动物模型研究、缺血性脑血管疾病的临床辨治规律及其新安医学有效方药的筛选与作用机制研究，以及新安医家化湿法运用的研究工作。新安王氏历代医家兼收并蓄、博采众长，在长期的医疗实践中，通过代代积累叠加，在疾病的不同层面形成了多种独特的治疗方法，如“寒温并用，扶阳护阴”治疗外感温病，条达木郁法治疗内科杂症，培补肝肾、条达木郁法治疗心脑系病症，辛香行气、辛润通络法治疗瘀血病证，益气活血通络法治疗脑病，益气宁心和络法治疗胸痹，益气养阴、活血宁心法治疗心悸，疏肝理气化湿法治疗胁痛，苦辛通降法治疗脾胃病，化湿法治疗湿邪为患的疾病，运脾化湿、疏木和胃、清补兼施之法治疗肿胀，清热渗湿、活血行瘀、坚阴通淋法治疗前列腺炎，温肾利湿、分清化浊法治疗淋证等，并由此创制了一系列富有特色的方药制剂，临床疗效显著。在总结前人经验的基础上，王键教授在益气活血治法及其中药新药脑络欣通的研究中取得一系列成果。在科学理论创新方面，结合新安医学治则治法特点，首次系统提出缺血性中风“气虚血瘀”的病机学说，丰富发展了缺血性卒中气血相关病机理论，为益气活血法提供了理论依据。在科研方法创新方面，创建了多因素复合制作气虚血瘀证局灶性脑缺血动物模型，并初步建立了气虚血瘀证局灶性脑缺血动物模型评定标准。同时带领团队对新安医家诸多治疗中风的经典治法方药进行了筛选，并开展了机制探讨，如从基因的角度探讨其作用机理，采用体外培养大鼠胚胎神经细胞的方法，探索益气活血、补肾生髓与化痰通腑法各自的作用机理，并对疗效进行比较。已在分子生物学水平上，初步阐明了脑缺血中神经细胞凋亡多元调节、脑缺血后内源性神经干细胞增殖分化规律及有效方药的干预机制，为提高缺血性中风的中医药临床疗效提供了理论与实验依据。在临床研究方面，基于新安医家学术经验，研制出了治疗缺血性脑血管疾病的脑络欣通制剂，已作为新药开始临床验证，受到学术界高度评价；结合临床实际，在对新安医家应用化湿法的文献进行梳理的同时，着重于健脾化湿法的实验研究，建立了脾虚湿困型大鼠模型，从分子水平探讨健脾化湿法的作用机理，为临床更好地应用这一特色治法提供了科学依据。此外，致力于新安医家诊疗技术与诊疗规范化研究与应用，为提高疾病防治水平及临床规范化诊疗，进一步提高临床疗效发挥了重要作用，提高了防治重大疾病及难治性疾病的能力。

在以王乐匋教授等为代表的老一辈新安医家的执着追求和影响下，在王键教授的带领下，新安医学研究历经几十年发展与壮大，现在已形成了稳定的团队、先进的平台和明确的方向。新安医学科技创新团队，集聚了一支学科、专业、学历、年龄等结构合理的人才队伍，其中安徽省学术与技术带头人1名，安徽省学术与技术带头人培养对象4名，安徽省教育厅、卫生厅学术与技术带头、拔尖人才10人，安徽省高校中青年学科带头人6人，安徽省高校优秀中青年骨干教师11人。新安医学实验室是安徽省和教育部共建的重点实验室，新安王氏医学工作室是国家中医药管理局首批中医学术流派传承工作室。新安医学创新研究团队充分发挥了这两个高端平台的作用，通过持续的严格管理，形成了良好的科技创新氛围，取得了一大批有影响的研究成果，为地方社会经济发展和中医药传承创新事业做出了重要贡献。

临证实践　活变不滞

在几十年的医疗实践中，从理论到临床，王键教授积累了许多宝贵的经验。他认为治病之道，要明阴洞阳，而用药以酌盈济亏，补偏救弊。辨证应以脏腑经络学说追本穷源，阐发脏腑病变机理。临证上各擅其长，长于使用调肝和络、活血化瘀、滋肾柔肝、条达木郁、寒温同用、温运诸法，擅用成方，注重配伍，轻重相宜，巧用对药，其运用附子治外感热病有独特的经验和风格。擅长内科心血管病、脾胃病、呼吸系统疾病的诊治，对内科疑难病及妇科、皮肤科常见病也有独到的见解。

如对心脑系病证有着较深入的研究，在辨证上重视“整体观”与“素体禀质”，注重情绪变化对疾病的影响而辅以心理疏导，重视节气变化对心脑疾病的影响。他根据心脑病证以老年人居多的特点，在治疗用药上倡“慎”“轻”“巧”。王键教授十分注重湿邪对临床疾病致病的重要性，把化湿法广泛应用于临床各科疾病，或健脾以化湿，或化湿以健脾，或健脾与化湿兼顾；选择药物方面，或芳香化湿，或淡渗利湿，或苦寒燥湿，多灵活运用。健脾化湿法是王键教授的一个特色治则治法。王键教授认为，治疗脾虚湿邪为患的疾病，湿病之本、本于脾虚，健脾化湿不可忽视调畅气机，必要时应兼顾肺肾，辨治湿病应重视舌苔。在常用治法运用无效的疑难杂症中，可以考虑是否存在脾虚、是否有湿邪存在。其运用健脾化湿之法治疗汗证、水肿、黄带、面肿、溃疡性结肠炎、痰证、黄疸、淋证等，多收奇效。在处理内伤杂病时，注意照顾脾胃和肾气，但不一味强调进补，常施以调理气血之剂，使气机升降正常，血随气行，以通为补。在内科肝病治疗过程中，通过辨析肝病阶段性及其内在联系，善用清热解毒、调肝和络、活血利水、滋肾柔肝、条达木郁之品，并注重调节情志。

王键教授临证用药时，喜用五味药以下的小方剂，以配合整个处方的治法治则，有时以小方体现治法，有时以小方对症治疗特定症候群。如常用瓜蒌薤白半夏汤治疗胸闷、胸痛、咳嗽、胃脘胀满等心、肺、胃、胸中，气机不畅，痰饮停滞之证；用《医学心悟》半夏白术天麻汤治肝阳上亢、风痰上扰之眩晕头痛；用《韩氏医通》交泰丸治心肾不交之失眠；用《局方》失笑散治瘀血疼痛；用半夏秫米汤治疗痰食阻滞、“胃不和则卧不安”之不寐等。他认为，这些小方历经多年而不衰，其独特的疗效不容忽视，往往有意想不到的效果；况且药味少则易学易记易用，是初学者必不可少的临证“绝招”，不可不用心学用。

在应用内服方剂的同时，王键教授也十分重视疾病的合理外治方法，尤其是一些危急证、局部病变、皮肤病、妇科病，恰当的外治法具有起效迅速、主要作用于局部、效果确切明显等优点。如针对前列腺增生所致尿潴留，以炒山栀30克研末醋调外敷关元穴；针对慢性阑尾炎迁延不愈，以生大蒜捣泥外敷阑尾压痛点；以祛风止痒方剂煎汤外洗治疗手部红疹瘙痒等。

王键教授很重视药材质量与煎服方法，首先要求尽量使用道地药材，如台乌药、怀牛膝、金钗石斛、草决明、竹节白附子、粉甘草等；其次，要求不同用途药材采用不同炮制方法，其处方中很多药物的炮制很少见于教材，如竹沥半夏（不同于清半夏、法半夏、姜半夏）、清炙枇杷叶（不同于蜜炙枇杷叶）、蒸百部、漂苍术、洗腹皮、煨川楝子、沉香曲、炙远志肉等；并对病人详细说明不同药物的煎服方法，如熟附片、生龙骨、生牡蛎、制磁石等先煮，钩藤、砂仁等后下，西琥珀、田三七研末分吞，西洋参、红晒参另炖，车前子、蒲黄包煎等。针对目前中药材市场的混乱，中药贮藏、炮制中的不科学行为，某些医师的敷衍从事等现象，他深感痛心疾首，认为中医药行业的整顿势在必行。

王键教授认为，面对病人时必须全身心投入，仔细询问病情症状，耐心倾听病人诉说，并巧妙运用语言安慰病人，解开其心中郁结，调畅其情志，具体应用好中医“以情治情”的方法。原因有二：《素问·疏五过论》《素问·征四失论》早已为医家敲响警钟，不仔细询问病人的贫富贵贱、少长勇怯等情况，及发病始末过程，很有可能遗失一些重要的线索，导致辨证论治的失误；当今社会身心疾病广为流行，很多病人按现代医学应归属心理医学或精神医学范畴，但既来中医门诊就必须对其进行药物治疗和心理调护，而且这也是中医学的特长。方法亦有二：首推专心全意地倾听艺术，可使病人感到被关心，从而放松紧张的心情，通过语言释放焦虑、担心、恐惧、不安等不良情绪，重新燃起对生活的信心与希望；其次是合乎情理的语言开导，以局外人的清醒头脑替病人做出理性的判断，以同情安慰的语言帮助、支持病人面对生活中的困难。这种调节情志的方法，如果运用得当，对于大多数病人的病情转愈都有帮助，对于某些非器质性病变如神经官能症等，有药石所不能替代的奇效。王键教授曾治一精神紧张、时常焦虑的退休老教师，除普通药物外，耐心倾听病者的诉说，并予以安慰开导，成为每次诊疗过程中的一个重要内容；又治一情绪低落、意志消沉的青年男性，每次长达半小时的鼓励、劝说与分析、指导，对病人最终好转起到了决定性因素。

王键教授医术高超，医德高尚，屡起沉疴，深孚众望。今从其多年临证实践心得中选出几则，以飨同道。

中风：王键教授认为，“气虚血瘀”是中风病的主要病机特点，气虚为本，血瘀为标。气虚则无力行血而为瘀，瘀血阻滞脑之脉络，上气不足，脑脉气血运行不畅，气血无以濡养、温煦元神，使脑髓失养，神明失用，而致“气虚血瘀”之证。针对这一病机特点，治疗理应益气活血，使气盛而脉络通利，治法上主张“益气活血”。近年来，王键教授率领的研究团队对益气活血法及其有效方药脑络欣通展开了深层次的研究，从多角度探讨了其多靶点、多环节的作用机制。脑络欣通是新安王氏内科代表医家王乐匋教授针对缺血性脑血管病的临床验方，主要由黄芪、川芎、三七、蜈蚣等组成，益气活血、息风通络，临床疗效显著。既往的实验研究已经证实，该方能够综合作用于血液流变学、血栓形成相关因素、血管舒缩影响因素、兴奋性氨基酸、NO 及 NOS、细胞因子、自由基损伤，及神经细胞凋亡、神经营养因子、信号转导通路、神经干细胞等多个环节，从而达到改善脑血液循环、保护神经元的目的。

心悸：王键教授指出，心悸病因病机在于气阴不足为本，痰瘀互阻为标，治疗时须辨证与辨病结合，审度虚实偏重，益气养阴治其本，化痰逐瘀治其标。中医治疗心悸不外乎“补”与“通”，其治法虽有益气、养阴、化痰、逐瘀之分，但总以“通”为第一要义，益气则心气得振，养阴则心脉得复，化痰则痰浊得消，逐瘀则瘀血得散，诚可谓“大气一转，其气乃散”，而心悸自平。在具体应用时，须审度证候之虚实偏重，予补中寓通、通中寓补、通补兼施等法，切不可一味补，或一时猛攻，总以祛邪不伤正、扶正不碍邪为要务。同时应注意心悸“证”和心律不齐“病”的规律性联系，在用药中力求辨证与辨病的有机结合，在辨证的基础上，参考辨病调整用药。

胸痹：王键教授认为，胸痹病位在心，气阴不足为其本，痰瘀互阻为其标，治宜益气养阴治其本，化痰逐瘀治其标，临床用药应虚实兼顾。针对胸痹的三种常见证型，分别采用温阳益气化痰通络法、益气养阴宁心安神法、化瘀豁痰通络止痛法，临床疗效显著。心阳不振、阴寒滞脉型系胸阳不运，津液不布，凝聚为痰，痰阻气机，遵“形不足者，温之以气，精不足者，补之以味”之旨，用瓜蒌薤白半夏汤通阳开痹、行气祛痰。气阴不足、心神失宁证则遵《玉机微义·心痛门》“病久气血虚损及素作劳羸弱之人患心痛者，皆虚痛也”之旨，认为此证虚为本，气滞、血瘀、痰浊、寒凝为标，标本虚实不容倒置，辨证当谨守病机，明辨虚实，根据具体情况灵活运用扶正祛邪之法。痰瘀互结、阻滞心脉证应着重于“通”，但因病机多本虚标实，故应标本兼顾，治疗时既化瘀祛痰又补益心气，根据病因不同，选用瓜蒌薤白汤加红花、三七等活血化瘀之品，以及黄芪、党参等补气之品，共奏行气通络之功。

眩晕：王键教授指出，眩晕不仅与肝、脾、肾相关，亦与脑密切联系。脑为元神之府，精髓之海，诸阳之会，亦为清静之窍。今时之人，多为嗜欲劳心，不知持满，起居无节，故而耗散阴精。肾精亏虚，则生髓不足，脑海失养；欲壑难填，肝气郁滞，郁久伤阴，肝阴不足，则阴虚无以制阳，风阳循经至颠入脑，扰清静之窍。故临床常见肝肾阴亏之本虚或本虚标实之证，多以滋水涵木为法，或兼补肾生髓，或兼行气活血化瘀，或兼化湿祛痰等。重视经方，根据具体病情，辨证选药，常用炙龟甲、干地黄、白芍、生龙骨、牡蛎以滋阴潜阳；天麻、钩藤平肝息风；虫类药如蜈蚣、僵蚕等搜风通络；川芎、鸡血藤、红花、桃仁等行气活血化瘀。

杏林育人　润泽桃李

王键教授作为安徽中医药大学的校长，有着一种令人敬重的威严和魄力，同时有着新安医家独有的与生俱来的儒雅和风范。他是一面旗帜，带动了一方热土，创造了安徽中医药大学一个又一个壮丽的辉煌！

作为校长，王键教授带领安徽中医药大学全校师生深入贯彻落实科学发展观，亲自拟定了“至精至诚、惟是惟新”的校训理念，秉承了“南新安、北华佗”的医学传统和坚定的中医信念，弘扬中医精神，走在了“质量立校、人才兴校、科技强校、特色弘校、文化塑校、和谐融校”的路上。在组织协调、科学研究、人才培养、平台建设等方面做出了重大贡献。由他领衔的中医基础理论学科教学团队成为国家级教学团队，中医基础理论课程成为国家级精品课程。他所主编的两部《中医基础理论》教材，均被评为教育部规划教材。针对高等中医药院校中医学专业人才培养模式单一趋同、缺乏特色、经典功底不深、临证思维弱化、临床能力与综合素质有待进一步提高等问题，他通过认真分析后在本校采取了一系列切实可行的措施。在他建议下，安徽中医药大学开办了新安医学特色班，开展了以培养具有地方医学特色的高素质应用型中医人才培养模式的改革，经过十余年的不懈实践，逐步形成了具有安徽地域特色的“院校、师承与新安医学特色教育”相结合的中医学人才教育培养模式；制定了“厚基础、强能力、重个性、显特色”四个理念为特征的中医人才培养方案；构建了“传统与现代相结合、医学与人文相结合、基础与临床相结合、共性培养与个性发展相结合、传承与创新相结合”五个结合并赋有新安医学特色的课程体系；在人才培养过程中，注重强化经典功底、强化中医思维、强化实践能力、强化综合素养、强化新安特色、强化传承能力。由他主持的“弘扬新安医学特色，培养高素质应用型中医学人才”教学项目获安徽省教学成果特等奖，“院校－师承－地域医学相结合，培养新安医学特色卓越中医人才的研究与实践”教学项目获国家教学成果二等奖。

作为教师，王键教授教过内经学、各家学说、中医基础、中医内科学、中医防治总论等多门课程，充分发挥了自己博学多识、医文并茂的特长，将自己的学习感悟、学术思想和临床技巧倾囊相授。他深知教师传道授业解惑的责任，以培养合格的中医后继人才为神圣使命，每上一堂课都给自己定下质量追求的目标，每天晚上都要学习备课到深夜，从不会在12点前熄灯，费尽心思地列提纲、写讲稿、改教案，形成了逻辑严密、富有感染力、鼓舞人心的独特教学风格。凡听过王键教授讲课、讲座的师生都会心动神仪，如沐春风，折服不已。20世纪80年代，曾有一位学生为了能听到王键教授的《内经》课，在外地特意“打面的”赶到学校（当时学生打的是极为奢侈的）。他自己也觉得，在医教研各个领域，教学最有成就感、自豪感。呕心沥血、披肝沥胆，现王键教授已成功培养30余名博士、硕士研究生，学生的2篇论文获省优秀硕士学位论文，多篇获校优秀论文一等奖。学生中已有6名成为教授，2名成为国家中医药重点学科中医基础理论学科与技术带头人后备人选，1名成为安徽省学术与技术带头人后备人选，2名成为安徽省高校优秀骨干教师。

作为医生，每次门诊王键教授总是全身心地为病人看病，仔细询问病情，耐心倾听患者的诉说，用药精当，无不效如桴鼓，屡起沉疴。妙手医治顽疾痼疾之余，对于很多情绪焦躁的患者，王键教授更是常常安慰开导，劝说其以平常心面对生活。对于处方用药，王键教授总是在保证疗效的情况下，尽可能减轻患者经济负担，让患者了解中医的简便廉验，也让中医药更加深入人心。很多患者宁愿排队等待数个小时，也要挂王键教授的门诊号，让其亲自诊病，这是靠人格魅力、工作作风建立起来的信任。师徒如父子，形影相随，王键教授用他的一言一行、一方一药、一招一式告诉学生：凡大医治病，必当安神定志，无欲无求，先发大慈恻隐之心，誓愿普救含灵之苦。

作为学者，王键教授深知基础理论、基本技能对临床医生的重要性，他常常语重心长地嘱咐师生：做学问要从做文献开始，要熟悉、读懂中医经典的原貌。同时他极其注重科研作风和科研能力的培训，科研应该密切结合临床，不可弄虚作假。治学上深思熟虑，十分缜密，对待科研工作严谨到一个标点符号都不放过。平日里，无论是读书、查文献、写论文，还是选课题、做实验，抑或是临床门诊，青年教师和同学们都能得到他明确而耐心的指导和传授，让从师者感受到一个铁杆中医人对于中医学的探索和研究。

在同学心中，他的话语真诚而坚定，人们无不被他渊博的学识、缜密的思维和铿锵有力的语言所折服；在同事心中，他的目光敏锐而沉着，可以洞察业界的发展机遇，竞争的突破点以及医学以外的哲理和智慧；在病人的心中，他的双手灵巧而有力，可以通过脉象的细微变化而破译生命的密码，让许多山遥路远而来的患者看到了生命的希望和转机。

文化传承　铁肩道义

医为百艺之一，中医学发源于悠远的中华优秀传统文化，本身具有文化和科学双重属性，新安医学就是徽学文化的杰出代表。中医自古以来就有“大医者必大儒”之说，新安医家就是典型的儒医。近代名医秦伯未先生曾言：专一地研讨医学可以掘出运河，而整个文学修养的提高则有助于酿成江海。新安王氏历代医家，世以医名，而诗、书、画更是几掩其医名。王键教授的父亲治医而外对文字、训诂、目录、版本考据等均有涉猎，医事之余还喜爱诗词书画，擅长行、草、篆书，精于画竹，作品处处能入古、常常出新意，自成风貌，展现了文化人一种超凡脱俗的意境。王键教授承乃父风范，喜爱书法，医文兼通，对于文史哲、诗书画均有研究，涉猎广泛，尤重学术，行文流利，出口成章，一般人难以望其项背。除对新安医学研究外，还主编有《中医基础理论》等中医学术著作、教材16部，发表学术论文100余篇。在他的论著中，文化内涵丰厚是一个显著的特点。其门诊处方遒劲而工整，常常被患者珍藏，叹为艺术品。有真性情，须有真涵养；有大识见，乃有大文章。王键教授更是常常用郭沫若老先生的“好事流芳千古，良书播惠九州”之语，嘱咐后学应该含英咀华，广闻博识，医文并茂。

“文化是民族的血脉，是人民的精神家园”，王键教授认为，文化修养能够陶冶情操，也是一个人生活品位和处世方式的具体体现，事关人生情趣和人格尊严，是涉及“形而上”之人生哲学的大事，不可等闲视之。所以，他对人文科学就格外偏重偏爱，十分注重中医药文化传承，亦儒亦医，底蕴深厚，其在临床、教学、科研和日常言行举止所散发出来的中医药文化的气韵和魅力，即使在文化气息深厚的中医学界也是十分突出、难出其右的。他在开展和指导“新安王氏医学”的传承研究时强调指出，除了要继续开展药理实验、临床试验等现代科学研究，着力提高其科技硬实力外，还有必要加强其人文思想研究，充分发挥其文化软实力的作用，自觉地承担起传承中华优秀传统文化的重任，更好地为社会主义物质文明和精神文明建设服务。他所发表的关于《徽州文化背景下的新安医学》《论中国传统文化与中国传统医学的互动关系》等多篇论文，很受学术界的好评。

多临证、多读书、勤实践、广涉猎，注重传承家学心法、领悟医学原理；治学严谨，取径较宽，无门户之见，伤寒与温病兼收并蓄，扶阳与养阴调燮并举，博取折中而自成一家；处方用药以轻巧灵动为风格，经方、时方及单方择效而从、并举并用；致力于新安医学研究，尤重医案整理；注重中医药文化传承，自觉传扬中华文化精髓，是“新安王氏医学”的五大共同特点，这在王键身上体现得尤为突出和明显。

结束语

在徽文化的影响下，在家族世代行医的耳濡目染中，王键教授揣着一颗“上医医国”的赤子之心，醉心于新安医学和中医药学研究，循着当代医者的轨迹不断前行。他用自己的实际行动描绘了新安医学的美好春天，将静静流淌在新安江水旁的新安医学家族绽放出新的光芒！他相信，历经千年辉煌历史的新安医学，在下一个百年、千年，必将会迎来更加辉煌灿烂的明天！

他是校长，以德服人，殊荣不断，为学校明天的发展竭尽心力！他会在教师会议结束后，准时到达学生的讲座论坛，用掷地有声的语言坚定每一个安中学子的信念和理想；他会在下午近一点的门诊结束后，匆匆赶往教室为学生上课；他冒着40℃以上的高温赶往新校区调研建设进展情况，为新生入住提供保障……

他是老师，勤于笔耕、乐于著述，为中医事业薪火相传添柴加油。凡是听过他讲课的人，无不钦佩他的远见卓识。他常说，老师应该“传道、授业、解惑、启悟”，要做到“有条有理，有根有据，有板有眼，有声有色”；王键教授还以“台上十分钟，台下十年功，三尺讲台小天地，教学水平大文章”来勉励青年教师……

他是医生，德术兼修，普施仁义，向每一个生命致以崇高敬意！他会痛心疾首于中药材市场的混乱；他会顾不上喝水、休息，只为让每一个等待的患者尽早结束病痛的折磨；他会不厌其烦地劝藉患者，全心全意地为他们着想，让他们感到被关心，从而放松紧张的心情……

一室医籍，两袖清风，三尺讲台，四季门诊。王键教授以其文献、临床、教学、科研、文化五位一体的杰出成就，成为当今新安医学各学科领域的旗帜和标杆。

（新安王氏医学传承工作室）

马　融

马融（1956—　），男，山东省章丘人，中共党员，教授，主任医师，博士研究生导师，全国首位中医儿科学博士。享受国务院政府特殊津贴专家、卫生部有突出贡献中青年专家、全国老中医药专家学术经验继承工作指导老师、天津市政府授衔“中医小儿神经内科”专家、天津市教学名师。曾任天津中医药大学第一附属医院院长，兼任国务院学位委员会学科评议组成员、中华中医药学会常务理事、中华中医药学会儿科分会主任委员、中华中医药学会儿童肺炎联盟主席、世界中医药学会联合会儿科专业委员会副会长、国家卫生和计划生育委员会（现国家卫生健康委员会）儿童用药专家委员会副主任委员、国家药典委员会委员、天津市中医药学会副会长、天津市医师协会副会长、天津市医院管理协会副会长等多项职务。获“全国卫生系统职业道德建设标兵”“全国卫生系统先进工作者”、卫生部“全国卫生行业先进个人”“全国优秀医院院长”“天津市五一劳动奖章先进个人”“天津市第二届十佳医务工作者”“天津市教学名师”等荣誉称号。

马融教授从事中医儿科医教研工作三十余年，以中医药防治小儿脑病及肺系疾病为主要方向，擅长诊治小儿癫痫、抽动症、多动症、反复呼吸道感染、肺炎等病证。承担国家重大新药创制、国家科技支撑计划、国家自然科学基金等课题30余项，获省部级一等奖2项，二、三等奖21项。发表论文200余篇。主编“十一五”“十二五”“十三五”国家规划教材《中医儿科学》，中医、中西医结合住院医师规范化培训教材《中医儿科学》，研究生教材《中医儿科学临床研究》，世界中医药核心课程教材《中医儿科学》，以及《儿科疾病中医药临床研究技术要点》等教材及专著30部。

一、秉承家教，求学拜师

我出生于天津中医世家，四世业医儿科历100余年，誉满津门，有“马家儿科”之盛名。父亲马新云教授是天津中医学院建院元老，母亲杨玉英女士是天津中医学院附属医院推拿科医生。1969年天津中医学院与河北医学院合并，更名为河北新医大学，1970年全家随父搬往石家庄。我自幼酷爱医学，耳濡目染见证父亲诊病的情景，了解中医诊疗的过程，体会到了中医药神奇的疗效。1974年高中毕业后到河北省赵县北中马公社东王庄大队插队落户，并担任赤脚医生。其间，自己用中医药方法给村民治病，但由于医学知识的匮乏，疗效总是不尽人意，因此想上大学系统学习医学知识的愿望十分强烈，这也是后来倍加珍惜学习深造机会的原因。1975年年底，我返城回到了石家庄，被分配到利华棉织厂当工人，因为有当赤脚医生的经历，后被调到医务室担任厂医。1977年恢复高考，首批考入河北新医大学中医系，1982年毕业，获医学学士学位，被分配到河北中医学院附属医院从事儿科医疗工作。1984年考取天津中医学院儿科硕士研究生，师从李少川教授。1987年硕士毕业，同年考取南京中医学院儿科博士研究生，师从江育仁教授。1990年博士毕业后分配到天津中医学院第一附属医院工作，1996年晋升为主任医师，1998年晋升为教授，历任儿科副主任、主任，医院副院长、院长。

在我学习工作经历中，两位教授对我帮助最大，一位是硕士研究生导师李少川教授。李老是儿科临床大家，经验丰富、疗效好，且在中成药研发中造诣颇深。跟师学习期间，得到李老精心指点，深得真传，无论中医理论水平和临床经验都得到了较大提高，特别是继承李老在1979年创立的小儿癫痫专病门诊，一直延续至今，并不断发扬光大，得到全国同行的认可。李老是卫生部新药审评委员，1998年成立国家药品监督管理局时，李老积极推荐我担任评审委员，为之后在中药新药研发中所取得的成绩创造了良好的条件。另一位是博士研究生导师江育仁教授，在学期间，江老鼓励我积极申报科研课题，并出思路、凝练创新点，使我在读博士期间中标江苏省教育厅、卫生厅两项课题，毕业时通过成果答辩，并获得江苏省卫生厅科技进步二等奖，为以后从事科研工作打下了很好的基础。江老还注重在学术上栽培和提携后人，1998年全国中医儿科学会第三届委员会换届中，我被从委员直接提拔为副会长，从此奠定了在全国中医儿科界的学术地位，并为2009年、2013年连续两届当选中华中医药学会儿科分会主任委员创造了条件。

二、继承发展，实践创新

在小儿疾病的诊疗方面，我继承了李少川、江育仁两位导师的学术思想，取得了较好的效果。如李老临床重视脾胃，强调后天之本，治疗小儿癫痫采用“顺气豁痰、和中健脾”法；治疗小儿肾病采用“疏利少阳、健脾利湿”法；治疗小儿反复呼吸道感染采用“疏解清化、调理脾胃”法。江老注重“运脾”，认为“脾健不在补贵在运”。特别是江老在反复呼吸道易感儿的治疗中，提出的“关键不在邪多，而在正虚”的学术观点，是我在该课题研究中遵循的主要学术思想，并以此证实了“扶正祛邪”法是治疗呼吸道复感儿的主要方法。

随着社会的发展，饮食、环境等各种因素的影响，疾病谱及疾病均在不断变化，在临床实践中遇到了新的问题，促使我不断学习，并结合现代化知识，不断发展与创新，因此有了诸多新的实践体会。

（一）小儿癫痫

1. 小儿癫痫多元化辨证体系

癫痫是一种发作性疾病，发作形式多种多样，就诊时多为缓解期，表现如常人，给辨证带来了很大困难。我们在既往病因辨证的基础上，建立了多元化的辨证体系。

根据西医发作类型，将“辨病”与“辨证”有机结合。强直-阵挛性发作主要病机为肾精亏虚，风痰闭阻，气机逆乱，治以益肾填精、豁痰息风、化瘀通络为主，常以定痫丸化裁。失神性发作主要由脾失健运，痰浊蒙蔽清窍而致，治以健脾顺气、豁痰开窍为主，常以六君子汤加减。失张力发作病机关键为脾虚痰伏，中气下陷，治以益气升阳、豁痰开窍为主，常予补中益气汤化裁。精神症状性发作由肝失疏泄，胆气逆乱所致，治以和解少阳、镇惊安神为主，常予柴胡加龙骨牡蛎汤加减。婴儿痉挛发作期病机关键为“热”，缓解期为“郁”，后遗症期为“虚”，分别治以清心泻火、通腑泄热、益肾健脾法，采用风引汤、凉膈散、河车八味丸化裁。

脑电图辨证。临床中，我发现脑电图与中医辨证分型之间有一定的规律可循，在320例病历分析的基础上，提出了脑电图辨证的方法。脑电图以尖、棘、快波单一出现或混杂出现为主者，辨证多属实证，治宜祛邪攻实；脑电图以单独慢波或以慢波为主者，辨证多为虚证，治宜补虚扶正；脑电图以尖慢波、棘慢波、多棘慢波或实证波及虚证波混杂交替出现者，辨证多属虚实夹杂证，治宜攻补兼施、扶正祛邪。

病史及诱因辨证。详细的病史及诱发因素是癫痫辨证施治的重要依据。一般患儿有产伤或生后脑外伤史常从“瘀”辨治，以活血化瘀为主；有高热惊厥史或因热诱发者，可从“热”辨治，以清心泻火为主；有发育迟缓病史者，可从“虚”辨治，以健脾补肾为主；因惊吓致痫者，可从“惊”辨治，以镇惊安神为主；因过食肥甘诱发者，宜消食导滞为主。

体质辨证。体质与癫痫发作有密切的关系。临床中先天禀赋不足，体质虚弱者，可健脾补肾或养肝，以六君子汤、河车八味丸类方化裁；形体肥胖，舌苔黄腻，属湿热体质者，常清热利湿，予三仁汤、甘露消毒丹类方加减；每因外感诱发，发热、流涕、咽红，上焦热盛体质者，可予银翘散化裁；长年咽红、便干，肺胃积热体质者，可予凉膈散化裁；若反复腹泻，大便臭秽，舌苔黄腻者，属肠腑湿热体质者，可予葛根芩连汤加味。

总之，多元化辨证体系丰富了小儿癫痫的辨证方法，拓展了辨证思路，提高了辨证的准确率。临床可根据病情灵活选用或互参使用，而不拘泥于一法一方一药，牢记整体调节、辨证施治原则，并根据个体化特点，灵活选方用药，变中取胜是提高临床疗效的关键。

2. “抗痫－抗痫增智－联合增效－关注精神心理－长程综合管理”治疗理念的发展

第一阶段：自1979年李少川教授创立小儿癫痫专科始，有效控制癫痫发作是我们初期的主要目标，在这一阶段，在继承李老从脾论治癫痫学术思想的基础上，进一步提出了“益肾填精、豁痰息风”的从肾论治的学术观点，并通过建立多元化辨证体系，有效地提高了中医药控制癫痫发作的疗效水平。

第二阶段：随着癫痫发作的控制，患儿认知功能的降低越来越成为家长关注的问题。针对这种情况，我们在此阶段以“抗痫增智”为主要目标，开展了系统的临床及基础研究。根据小儿肾常虚的生理特点、肾与脑的密切关系及肾精亏虚在小儿癫痫及认知损害中的病理机制，提出了填精充髓，豁痰息风的方法，研制了茸菖胶囊，以血肉有情之品鹿茸、菟丝子生精补髓为主，配以石菖蒲、胆星、郁金、清夏、茯苓、全蝎等豁痰、开窍、醒神、健脾之药。临床在控制癫痫发作的同时，可有效地改善患儿认知功能，提高患儿记忆力及学习能力，并从病理学、神经递质、神经发生、自噬调控、线粒体机制、Ca^{2+}通道、c－fos基因表达等多个角度探讨了其作用机制，相关研究获4项国家自然基金资助，并获了2个省部级一等奖。

第三阶段：随着癫痫专科的不断扩大，病源日益增多，而且许多在西医院服用了两种或多种西药控制效果不佳，又担心西药毒副作用的患儿慕名前来寻求中医方法治疗。这类病人几乎占到门诊量的1/3。如何在西药治疗疗效差的基础上，联合中医药治疗，提高疗效？因此，在此阶段，我们以“中西药联合增效”为目标，开展了中西医结合治疗难治性癫痫的临床及基础研究。难治性癫痫的关键在于多药耐药的形成，如何发挥中医药优势，改善多药耐药的状态，增强机体对药物的敏感性，成为我们亟须解决的问题。临床中我发现，难治性癫痫患儿个体性差异比较大，患儿虚证或虚实夹证表现较多，以肾精亏虚较多见，亦有脾胃虚弱或肝肾阴虚、心脾阴虚者，治疗或益肾填精、健脾化痰、滋补肝肾或甘淡养阴，亦有少数患儿虽然病程长，但仍以实证表现为主者，宜祛邪为主。患儿表现的证候特点与体质有密切的关系。因此，临床通过调理患儿病理性体质，改善机体内环境，有时竟能达到意想不到的效果。这可能与中药通过调节内环境，改善了多药耐药状态，增强了对药物的敏感性有关。我们进一步从多药耐药蛋白表达的角度，探讨了中药治疗儿童难治性癫痫的作用机制，亦证实了这一点。相关研究获得2项国家自然基金资助。

由于多种西药与中药联合长期使用，所以不可忽视的是安全性问题。尤其对某些有毒的虫类药，如全蝎，我们开展了其临床安全性研究。通过检索古籍及现代文献数据库，查阅历版《中华人民共和国药典》，回顾全蝎的历史沿革、现代药理、临床应用、儿童用法用量、毒理研究及安全性相关事件，研究分析得出以下结果：全蝎在临床的使用原则是有是病有是证，选择是药，避免超时长、超剂量、超范围使用；临床适用年龄范围较宽广，最小可用于1个月大的小儿，安全用药时长可在3年以内；在儿科临床使用中，需恰当炮制、适当配伍，避免单味药使用；使用期间应注意监测肝功能，一般建议3个月检测1次，异常者建议1个月检测1次。

另外，在此阶段一类特殊群体的癫痫——月经性癫痫引起我们的关注。这类癫痫的特点是女性患者癫痫发作主要发生于月经周期的某个时段。其发作机制尚不明确，研究发现可能与雌孕激素的失衡有关，雌激素能诱发癫痫发作，孕激素可抑制癫痫发作。传统中医认为，月经性癫痫属于瘀血痫。我们根据长期的临床实践，结合中医肾的阴阳转化与月经周期的密切关系，认为月经性癫痫属于虚痫，病机关键在于肾精亏虚，阴阳转化不利，治宜补肾调经，息风止痉，以达到抗痫调经双重作用。相关作用机制研究“基于DHEA抗NMDA受体活化途径研究茸菖胶囊对雌激素诱导月经性癫痫的干预机制”获国家自然基金项目资助。

第四阶段：由于癫痫是一种慢性疾病，患儿反复发作、长期用药不但给家庭及社会造成了一定的经济负担，同时给患儿及家属的精神心理造成了严重的影响。癫痫患者患睡眠障碍、偏头痛、抽动症、孤独症、注意缺陷多动障碍、情感障碍和精神病性障碍等的概率远高于一般人群。癫痫共患病严重影响了患者生活质量，增加了家庭和社会的负担。尤其难治性癫痫患者，精神症状普遍存在，有时共患病的危害远大于癫痫本身，对癫痫治疗也会产生很大的影响，甚至共患病的存在影响着癫痫患者的死亡率。如共患焦虑、抑郁严重危害患者生命，可导致自杀、引发抗癫痫药物与心境状况相关的不良反应，影响抗癫痫药物及手术的治疗效果，同时不可避免地影响生活质量。因此，临床中我们对癫痫患儿开展了多动量表、抑郁量表、焦虑量表等相关量表筛查，争取早发现；充分发挥中医药调节情志的优势，早干预；对严重的共患病请心理、精神专科协诊，积极调节患儿的精神心理，提高其生活质量。

第五阶段：随着治疗模式逐渐向“以人为中心”的模式转变，对小儿癫痫的治疗除了在抗痫的基础上关注患儿本身认知损害及精神心理障碍等共患病外，由于家庭环境、父母的精神心理状态、社会的正确认识等诸多因素对患儿的疾病本身及精神心理都有重要的影响，因此除了药物治疗外，我们采用培训、宣教、长期随访等多种形式，对患儿自我管理疾病的技能（记日记、服药、定期随访等）、健康生活方式（应对压力和应激、足够的睡眠、情绪调整等）、青春期问题（青春期女性癫痫、早恋、饮酒等）、基本的独立生活技能、停药后随访、家长及学校的恰当教育方式、社会的关爱等各方面进行综合的长程关注与管理，旨在有效控制癫痫发作的同时，能够提高患儿的生存质量，使其回归社会，健康快乐成长。

附：典型病案

患儿，女，5月龄。因“反复惊厥3月，加重2月”于2016年4月1日在天津中医药大学第一附属医院入院治疗。

患儿系第一胎第一产，足月顺娩，围生期无异常，否认家族遗传病史。患儿2月龄首次发作，表现为日间突然双目凝视，呼之不应，右侧肢体抖动，持续3~4秒，自行缓解后入睡，醒后如常。无发热，每日发作2次。3月龄时发作形式改变，表现为日间睡眠中突然觉醒，双目向右凝视，四肢强直抖动，并有眨眼、面部肌肉抽动，持续约1分钟缓解，无发热，每日发作2次。3月2周龄时发作形式再一次改变，表现为日间睡眠中突然觉醒，双眼凝视，双上肢向上屈曲外展，双腿强直阵挛，双足内翻，成串发作，每次10余下，持续1分钟，每日2串。遂就诊当地医院，颅脑磁共振成像（MRI）检查未见明显异常，血、尿遗传代谢疾病筛查未见异常。入院时查视频脑电图示正常脑电图。诊断：婴儿痉挛症待查。先后予以左乙拉西坦、托吡酯、促肾上腺皮质激素（ACTH）、维生素 B_6、强的松抗癫痫治疗，抽搐控制不理想，每日发作2串，每串持续1分钟。住院20余天后复查视频脑电图示睡眠期多灶性棘、尖波。

就诊本院前2个月，患儿痉挛发作加重，仍表现为日间睡眠中突然觉醒，双眼凝视，双上肢向上屈曲外展，双腿强直阵挛，双足内翻，成串发作，每次数十下，历时5~7分钟，每日2~5串，发作时患儿面红，呼吸增快，发作缓解后入睡。患儿发病前运动发育正常，发病后精神运动发育停滞，至今抬头不稳，不能翻身，不能坐，双手不能主动够物。饮食良好，人工喂养，未添加辅食，二便可。入院西医查体：头围40cm，眼神交流一般，皮肤黏膜未见牛奶咖啡斑、色素脱失斑，心肺、腹部无阳性体征，咽不红，四肢肌力V级，肌张力稍低，右下肢活动度较左下肢少，四肢末梢温。双膝腱反射、跟腱反射对称引出，双侧巴氏征阳性。中医查体：精神反应可，面色㿠白，无光泽，虚胖，肢体软，平时活动少，舌淡，苔薄白，指纹淡紫。

入院后复查脑电图示睡眠期发作2次，脑电图可见全导2~3个尖波后高波幅慢波，其上可见短阵快波节律，持续约1秒，间隔1~8秒后重复出现，随间隔时间缩短，尖波波幅逐渐升高，持续6分钟，转为深睡眠脑电图。发作间期可见全导暴发性高幅尖波、慢波，持续0.5~1秒。复查颅脑MRI示脑外间隙稍增宽。患儿进行癫痫相关的基因检测，所用基因包包含与癫痫相关的371个基因的编码外显子，其中包括CDKL5基因。患儿的基因检测结果显示：CDKL5基因杂合突变，父母未发现该基因突变，为自发突变。西医诊断：早发癫痫性脑病（婴儿痉挛症）。中医诊断：痫证（阴痫）。证属脾肾阳虚，痰蒙清窍。治以温阳豁痰，息风止痉为大法。自拟方随症加减。

处方：附子3g（先煎），细辛2g，鹿茸1g，石菖蒲6g，全蝎6g，麸炒僵蚕6g，制远志6g，清半夏6g，陈皮6g，茯苓10g，党参6g，甘草6g。

给予中药汤剂治疗期间渐减停左乙拉西坦、强的松，继续口服托吡酯。

上方随症加减治疗1个月后，患儿发作次数明显减少，甚至长达11天无发作。精神状态好，活动较前增多，睡眠好，并有翻身意识，双手有主动动作。

按语：CDKL5基因定位于Xp22.13，有20个外显子，其编码蛋白由1030个氨基酸组成。2003年Kalscheuer等首次将CDKL5基因与疾病联系起来，其报道2例女性婴儿痉挛患儿中发现CDKL5基因突变，其临床上表现为严重惊厥、全面性发育迟滞和重度智力低下。目前，世界报道已有80多种的CDKL5基因突变类型，受累患儿多为散发病例，以女性自发突变为主，少见男性患儿。具有CDKL5基因突变的癫痫性脑病也称为CDKL5-相关脑病，Bahi-Buisson等对以往病例总结发现，CDKL5-相关脑病患儿的癫痫发作可以分为3个阶段：第1阶段生后3个月内惊厥，反复发作，脑电图发作间期正常；第2阶段为婴儿痉挛，脑电图以高幅失律为特征；第3阶段发展至难治性强直或肌阵挛癫痫。CDKL5-相关脑病男女患儿比例悬殊，表型与性别关系密切，这应与X-连锁显性遗传有关。本例报道女婴CDKL5基因发现c.2648_2651缺失的杂合突变，为新生突变。

该患儿病史特点：女性，生后2个月起病，初期反复部分性惊厥发作，渐出现痉挛发作，伴有明显的精神运动发育迟滞，结合基因检测符合CDKL5基因突变的癫痫性脑病。该患儿就诊本院之前，先后应用左乙拉西坦、托吡酯、促肾上腺皮质激素（ACTH）、维生素B_6、强的松以控制癫痫发作，效果欠佳。该患儿家属曾寻求当地中医治疗，以柔肝止痉为治疗大法，发作控制仍不理想。

患儿初诊时：体重10kg，头围40cm，精神反应可，面白无泽，肌张力稍低，右下肢活动度较左下肢少，四肢末梢温，且平时自主活动少，可因惊吓诱导发作，舌淡，苔薄白，指纹淡紫。根据病理体质分析，该患儿精神较弱，精神运动发育迟滞，形体虚胖，舌淡苔白，属于脾肾阳虚的病理体质。

小儿痫证的辨证应首分阴阳，该患儿抽搐频繁发作，经久不愈，当属于阴痫范畴。痫证的基本病机为痰浊内伏、气逆风动。痰浊的来源为脾虚失运，小儿“脾常不足”易于湿聚为痰，再感受惊、恐、食积、发热等诱因而至气机逆乱。痰随气逆，蒙蔽清窍可致神昏，引动肝风可见抽搐。因此，小儿阳痫以豁痰开窍、顺气息风为主。而本例病人5月龄，发病已有3个月，且发作频繁，每次抽搐时间较长（5～7分钟），结合舌象、指纹等辨证属于脾肾阳虚，温煦乏力，痰浊日久不化，故为发作经久不愈的阴痫。治以温阳豁痰，息风止痉为大法，应用自拟方随症加减。附子为大辛大热之品，可通行十二经络，温五脏之阳，细辛搜剔，辅助附子温散深入少阴之寒邪，共温肾阳为君药；鹿茸血肉有情之品，味甘、咸，生精补髓，养血益阳，石菖蒲辛温芳香，豁痰理气，开窍宁神，两药合用，填精益髓，豁痰开窍；全蝎、僵蚕息风止痉、化痰通络；远志安神定志、半夏燥湿化痰、陈皮理气健脾；茯苓健脾补中，配合石菖蒲健脾顺气，涤痰开窍；党参甘平，补中益气，辅助附子温补脾阳以化痰；甘草甘平，调和诸药，并可健脾化痰，佐制附子、全蝎、半夏的毒性。诸药合用，共奏温阳豁痰，息风止痉之效，以达标本兼施之旨。

对于不明原因早发癫痫性脑病，基因检测既可帮助明确癫痫的病因，又可对疾病进行风险评估，不失是一种好的诊断方法。此类患儿大多抗癫痫药物治疗效果不佳，促肾上腺皮质激素（ACTH）和生酮饮食对控制发作也未见明显疗效，有报道大剂量使用维生素 B_6 似乎可改善症状，但还缺乏确切的证据。因此，有必要试用中医药治疗此病，希望能取得一定的疗效。

（二）益智宁神治多动

儿童多动症又称儿童注意缺陷多动障碍，中医归属于“脏躁”“躁动”等范畴。中医传统治疗多从心肝火旺、痰火扰神、气郁化火、阴虚火旺等论治。我通过多年临床实践，根据小儿“肾常虚”的生理特点，肾－精－髓－脑之间的密切相关性，以及多动症患儿注意力及行为能力落后于实际年龄水平这一特点，结合中医及现代医学理论知识，通过多年的临床实践，提出了“髓海发育迟缓致儿童注意缺陷多动障碍”病机假说，认为本病病位在脑，其本在肾，病机关键为“肾精亏虚，髓海发育迟缓，阴阳失调，阳动有余，阴静不足”。肾精亏虚，元神失养，可致学习困难、注意缺陷；若肾精亏虚，肾阴不足，水不涵木，肝阳偏旺，则可出现多动、冲动、任性、易怒、烦躁等症；若肾水无以制心火，心肾不交，则心火有余，心神被扰，可见心烦、急躁、兴奋等表现。据此确立了“益肾填精、清心宁神”治疗大法，临床中采用《千金要方》中的“孔圣枕中丹”化裁，研制了“益智宁神颗粒”。方中紫河车味甘、咸，性温，入肾经，养血益精。熟地黄甘、微温，入肝、肾经，滋阴补血。两者共为君药，益肾填精，补脑益智，可以凝聚精神，增强注意力，提高认知功能和学习效率，以达治动之本。石菖蒲、远志为益智圣药，可治“读书善忘者”“学童为事，有始无终，言谈不知首尾”等类似于现代“注意力涣散”“多动、冲动”“善忘、学习效率低”等多动症的表现。两药共为臣，宁心柔肝，开窍定志，以达治动之标。泽泻甘寒入肾经，有泻热之效，为佐药，可引诸药归肾，并佐诸药之辛温，以免温燥太过。黄连苦寒，入心肝经，泻心肝之火热，可以交通心肾，为使药。诸药合用，共奏益肾填精益智、宁心安神、柔肝清火之功。临床研究表明，中药益智宁神颗粒治疗 ADHD“肾阴不足，肝阳偏旺”证的总疗效与西药利他林相当，而中医证候疗效、中医证候积分改善率以及随访 2 周后的相对远期疗效均明显优于利他林，而且未发现任何不良反应，并从神经生化的角度探讨了其作用机制。相关研究获中华中医药学会科学技术三等奖及天津市科技进步三等奖。

附：典型病案

患儿，女，6 岁。

注意力不集中 1 年。1 年前经老师反映，发现患儿注意力不集中，于 2012 年 9 月就诊于儿童医院，查智力正常，DSC 多动（11 - 22），中间型，注意力（9/35），考虑“注意力障碍”，间断给予小儿智力糖浆治疗至今，较前好转。为求进一步诊治，就诊我院儿科门诊。患儿就诊时神清，注意力不集中，小动作不多，脾气急躁，任性，纳少，寐欠安，入睡困难，二便调。查 NICHQ 量表，分型为注意力缺陷（7 + 5）。

根据患儿年龄、临床表现及辅助检查诊断为注意力缺陷多动障碍（注意力缺陷型），辨证属髓海不足。治法：辛开苦降，填精益髓。

处方：半夏泻心汤加减。

清半夏 10g，干姜 6g，黄芩 10g，黄连 5g，党参 15g，大枣 3 个，生麻黄 5g，远志 6g，石菖蒲 15g，煅磁石 15g（先煎），生龙骨 15g（先煎），生牡蛎 15g（先煎），酸枣仁 10g，紫河车 9g。

此方根据症状不断调整服用 3 个月，经老师反映，患儿注意力较前明显集中，学习成绩有所提高。

按语：注意力缺陷多动障碍病位在脑，其本在肾，与心肝密切相关；病机关键为“肾精亏虚，髓海发育迟缓，阴阳失调，阳动有余，阴静不足”。本例患儿阴静不足责之于肾精亏虚，阳动有余为心肝火旺所致者，故治疗以益肾填精、清心平肝为主，方用半夏泻心汤化裁加以生麻黄、紫河车、远志、石菖蒲、煅磁石、生龙骨、生牡蛎，共奏平衡阴阳，填精益髓，益智安神之效。

（三）“肝肾双排”治高铅

铅是造成人体多系统损伤的重金属元素。由于高铅是造成儿童多动症的重要因素，因此引起我们高度的重视。尤其随着社会经济的快速现代化发展，高血铅的发生率日益增加。尤其儿童对铅接触途径多，易感性强，吸收率比成人高 6 倍，排泄率相对较低。由于铅是强烈的嗜神经毒物，小儿神经系统发育不完善，铅对儿童的危害以神经毒性最为突出，最先表现。常见的有学习困难、认知能力下降、多动、冲动、注意力分散、记忆力下降和智商降低等。西医排铅的主要措施为营养干预及螯合剂治疗，前者排铅作用欠佳，后者排铅同时造成必需微量元素丢失，干扰正常生理生化功能，甚至造成肾脏损害。中医认为，儿童铅中毒病因为铅邪，病位在肝肾，大多医家从虚、瘀、毒、湿立论。根据小儿“肝常有余”“肾常虚”的生理特点，结合儿童铅中毒神经损害的病理表现及铅在人体的代谢途径，我认为本病病机关键在肝失疏泄、肝胆郁滞，肾气不足、气化失常。小儿“肝常有余”，铅邪内侵于肝，肝失疏泄，肝阳上亢，故见多动、冲动、急躁易怒；肝胆互为表里，肝失疏泄，胆汁分泌排泄不利，铅邪更易郁积于内，加重损害；肝失疏泄，气机不畅，气血津液代谢失常，易变生痰、瘀、湿等邪与铅邪共同为患，加重对机体的损害及气机的郁滞，形成恶性循环。小儿“肾常虚”，铅邪内侵于肾，更易致肾气不足，肾精化生乏源，髓海空虚，脑失所养，故见注意力不集中，学习困难，记忆力下降，智力下降等症。肾与膀胱相表里，肾气不足，气化失常，膀胱开阖失司，故影响铅邪的正常排泄。因此，首次提出疏肝利胆、补肾利水法，主张“肝肾双排”促进铅邪从胆-肠道及肾-尿道两条途径排泄，并据此研制出利胆补肾颗粒。其中柴胡、茵陈、大黄疏肝利胆，郁金解郁行滞，何首乌、枸杞子益肾填精，泽泻、土茯苓利湿泻浊，甘草调和诸药。诸药合用，使肝疏泄有常，肾气化充足，气机畅和，二道得利，邪自得去。临床应用取得了较好疗效，并首次以铅的代谢途径为切入点，探讨了中药的驱铅效应及机制，从神经生化等角度，进一步探讨了其驱铅同时拮抗神经损害的作用机制。相关研究获中华中医药学会科学技术进步二等奖。

附：典型病案

张某，男，8岁3个月。2006年5月14日初诊。

患儿主因“挤眼、耸鼻伴喉中出声1个月”于2006年5月14日就诊于我院儿科门诊。患儿平素胆怯易惊，急躁易怒，冲动任性，于1个月前出现“挤眼、耸鼻及喉中出声”，未予药物治疗，现患儿诸症较初发病时明显，伴有多话，注意力不集中，多动，任性。偶有头痛、头晕，平素时有遗尿，但多次查尿常规正常。查体：神清，反应可，发育正常，查体较合作，肌张力正常，动作协调，双侧眼睑无红肿及倒睫，双侧瞳孔等大等圆，鼻腔通畅，未见异常分泌物。咽稍红，双侧扁桃体未见红肿，未见脓性分泌物。心肺（-），腹软不胀。舌红苔白，脉滑。患儿为G1P1，足月剖宫产，母孕期间身体健康，情绪良好。身高110cm，体重25kg。平素经常吸吮拇指，有时咬指甲、口含玩具，饭前经常不洗手，并经常食用膨化食品，偶尔使用带有彩色图案的餐具。其父亲有10年吸烟史。

辅助检查：血铅160μg/L，血钙1.74mmol/L，血锌85.3μmol/L，血铁8.10μmol/L。

诊断为儿童铅中毒（肾虚肝旺证）。治以补肾利水、疏肝利胆。采用自拟利胆补肾颗粒治疗，每日1剂，分2~3次服用，于餐后半小时服。并嘱家属不要在孩子面前吸烟，监督患儿饭前洗手，不吃手及玩具，少食或禁食膨化食品。

患儿服药1周后仍挤眼、耸鼻，喉中异声好转，未诉头痛、头晕，无外感症状，注意力不集中、多动、话多稍有好转，纳可，二便调。服药2周，患儿耸鼻、喉中异声明显好转，眨眼略有好转，注意力不集中、多动多话症状较前明显好转。服药3周患儿耸鼻、眨眼、喉中异声基本消失，注意缺陷、多动及多话症状明显好转，且未再发生遗尿现象。查体：神清，反应可，查体较合作，咽不红，心肺腹（－），舌红苔薄白，脉平。复查血中微量元素：血铅 86.3μg/L，血钙 1.82mmol/L，血锌 103.5μmol/L，血铁 8.22μmol/L。考虑患儿现症状明显好转，血铅降至正常范围，故嘱停药，家属仍须注意生活饮食习惯。后随访3个月，患儿病情稳定，前症未再发，复查血微量元素：血铅 62.0μg/L，血钙 2.29mmol/L，血锌 138.9μmol/L，血铁 8.92μmol/L。

（四）苦辛通降治易感

反复呼吸道感染儿是指一年内发生呼吸道感染的次数过于频繁，超过了一定范围。中医称此类患儿为“易感儿”或“复感儿”。古今医家大多认为其为虚证，包括肺气不足、卫外不固，肺脾气虚、枢机不利，营卫失调，自汗易感等，治疗常予补益之品。随着时代的进步，生活水平的改善，我发现“易感儿”更要注重邪实的致病因素。首先，从发病看，当今的易感儿并非由营养不足导致体质虚弱引起，而是由过食肥甘厚味导致肺胃积热或胃肠积热，此时稍遇风寒而发感冒。其次，从体质看，小儿生理上生机蓬勃，发育迅速，病理上易感外邪，易化热化火。因此，我提出了“复感非皆虚证，实证勿忘清泻”的观点。“实证易感儿”临床多表现为素体有咽红，口臭，腹胀，厌食，大便干等肺胃积热或胃肠积热的特点，患儿罹患感冒、气管－支气管炎、肺炎等呼吸道感染的次数显著增多，患病后病程较长、迁延难愈，甚至有些患儿初期为感冒，很快发展为气管－支气管炎、肺炎等。治疗宜“苦辛通降”，选用凉膈散类方药，通过泻下而清除体内蕴热，营卫畅达则津液自和。方中连翘、荆芥、防风、金银花疏风解表，大黄、芒硝、枳实、厚朴泻火通便，牛蒡子、射干、山豆根、桔梗、玄参解毒利咽。

“实证易感儿”的观点已逐渐被全国中医儿科界所公认，并被收载于“十二五”“十三五”等全国高等教育规划教材《中医儿科学》中。相关的科研成果获得中华中医药学会科技进步二等奖。

附：典型病案

患儿，男，5岁。

反复发热、咳嗽、咳痰2年。患儿近2年来无明显诱因出现发热，热型不定，伴咳嗽、咳痰，每1～2个月1次，每次口服抗生素或止咳化痰药减轻，2年间患支气管肺炎3次，于外院查免疫全项、T细胞亚群、胸部CT、风湿病抗体、PPD示正常范围，诊断为“反复呼吸道感染”，先后口服匹多莫德、槐杞黄颗粒1年余，患儿仍反复发热、咳嗽、咳痰，且每次服用槐杞黄颗粒后大便干结。患儿体胖，汗多，平素食欲佳，脾气大，喜食肉食、甜品和碳酸饮料，大便偏干。查体示咽充血，双侧扁桃体Ⅱ度肿大，心肺腹（-），舌红，苔黄厚，脉滑。根据患儿临床表现诊断为反复呼吸道感染，中医辨证属肺胃积热证，治以清热和胃、导滞通便法。

处方：黄芩10g，黄连6g，炒栀子6g，连翘10g，薄荷6g（后下），大黄6g，枳壳10g，桔梗10g，炒麦芽10g，焦山楂10g，焦神曲10g，厚朴6g。

此方根据症状不断调整服用3个月，患儿每月发热、咳嗽次数逐渐减少，后逐渐2~3个月出现1次，随访1年多，患儿发热、咳嗽半年内出现1次，未再患肺炎。

按语：患儿反复罹患上下呼吸道感染，次数频繁，符合反复呼吸道感染诊断。患儿体胖，系痰湿体质，嗜食肥甘厚味，食欲亢进，系脾胃积热，胃火内盛，蒸迫于外，故汗多。肺胃热邪循经上攻，故而咽充血，扁桃体大。如果从传统虚证论治则陷入虚虚实实之误。故从实证论治，采用苦辛通泄方法，纠正机体偏热状态，以黄连、黄芩苦寒直折，厚肠胃；大黄通腑泄热，导热下行；连翘、薄荷轻清发散，以散体内郁热；并佐以焦三仙以消食导滞，促进脾胃化源，以泻为补，促进机体平衡状态。

（五）三焦分论治抽动

抽动症是儿童时期常见的神经精神性疾病，与先天因素、感染因素、情志因素、学习压力大、家庭环境和心理应激、劳累疲倦、久看电视或久玩游戏机等多种因素有关。中医认为，病位主要在肝，可涉及心、脾、肺、肾。我通过多年的临床实践，认为抽动症的病机以肝风内动为核心，并结合温病“三焦”概念，分上中下三焦审时区别用药，临床取得满意疗效。

1. 治上焦如羽，非轻不举，重在轻清宣散

头为诸阳之会。颠顶之上，唯风可到。风为百病之长，风善行而数变，变动不居，故临床症状变幻多样。头面部抽动是多发性抽动症中最常见的抽动症候群，表现为五官抽动，如耸眉、眨眼、耸鼻子、咧嘴、清嗓子等，并且其症状游走不定，非常符合风善走行的特点。同时，相当一部分抽动症状因呼吸道感染加重或复发，而感染控制后症状也可以减轻。我体会头面部抽动症候群从肺论治，风邪犯肺，风气留恋，内外相招，故治宜宣肺开表，引表达邪。此时若治肝而不治肺则不愈，需佐金平木。治上焦者，非轻不举，在用药上宗“微苦微辛”的原则，辛开苦降，发越清阳，清升浊降。在临床中选用银翘散加减。眨眼者，加密蒙花、青葙子、菊花、夏枯草以疏风清肝明目；耸鼻子者，加苍耳子、辛夷、薄荷以利窍定抽；咧嘴者，加白附子以化痰制动；清嗓子者，加胖大海、射干、青果、玄参以清润利咽；扭脖子者，加葛根、木瓜以升阳舒筋。风气留恋，重在轻清宣散，发散郁热和黏滞之邪，不宜应用苦寒重坠之药。

2. 治中焦如衡，非平不安，重在和解疏调

中焦为气机升降之枢纽，清升浊降则非平不安，调理中焦重在调理肝脾之间关系。从中焦论治抽动症候群重在治疗四肢症候群（肢体抽动，甩手、踩脚、肢体屈曲等），腹部症候群（鼓肚子、吸肚子等），精神症候群（异常发声、说脏话、攻击行为等）。肝气不舒，郁而化火，肝木乘土，土虚生痰，痰火风动，痰蒙心窍，则精神乖异，说脏话或攻击行为；土虚木亢，土虚风动，则腹部抽动；肝风夹痰流窜四肢，脾主四肢，则出现肢体抽动，甩手或踩脚等。治疗此类抽动症以调理肝脾为主，可分土虚和木亢两端。土虚为主者，尤其表现为精神症状明显时，以痰火相兼为病机的，多选用涤痰汤加减，此类患儿往往同时伴有纳差厌食、倦怠乏力、面色萎黄、易于外感、大便失调等脾虚症状，此时若单纯平肝息风，则脾土更虚，单纯健脾则不能顾及横逆之肝气。因此，需注意在健脾化痰的同时，辅以平肝息风，用药上选胆南星、半夏、石菖蒲、陈皮、茯苓、枳壳、桔梗、竹茹等以涤痰、开窍、息风。木亢为主者，表现为腹部抽动或四肢抽动症状群时，方用天麻钩藤饮加减。腹部抽动时，加白芍、甘草、浮小麦缓肝理脾；四肢抽动明显时，加葛根、木瓜、伸筋草、全蝎以舒筋柔肝通络。用药时宜辛开苦降，斡旋脾胃气机，调达肝气，调和肝脾。不宜过于寒凉或重镇，碍滞脾胃运化。

3. 治下焦如权，非重不沉，重在涵养濡润

肝肾同处下焦，肾为先天之本，藏精，并内藏元阴元阳，而小儿肾常虚，肾精未充，肾阴不足，不能滋养肝木，筋失濡养；同时肝阴不能敛阳，则肝阳易亢，肝风内动；脑为髓海，肾生髓，肾阴不足，无以生髓养脑。此类患儿除发声和运动症状之外，常合并多动障碍，临床可伴见神不守舍，注意力不集中，多动不宁等症状，或表现多种药物控制不明显或容易反复发作的症候群。鉴于其根本是肾阴亏虚，水不涵木，脑髓失养，因此滋水涵木是其治疗关键，治宜滋肾养肝，息风止动。方用六味地黄丸合泻青丸加减。若抽动频繁者，选用介石类药物，如风引汤加减以重镇息风，或选用全蝎、僵蚕等虫类药息风止痉。临床用药宜咸寒或甘温滋润补益药，咸寒入肾，甘温益脾，益肝阴，补精血，滋水涵木。药物用量上宜偏重，可选用重镇之品，以入下焦。

附：典型病案

患儿，男，10岁3个月。2011年12月24日初诊。

患儿主因“间断眨眼、耸肩、喉中发声出现5年余”就诊。5年前患儿游泳后出现眨眼、耸肩、喉中发声，不伴秽语，每于季节变化及学习压力增大时症状反复或加重。确诊为“多发性抽动症”，予以小儿智力糖浆及中药汤剂治疗，症状好转，但病情反复不定，遂就诊本院门诊。现症：患儿眨眼、耸肩，平素脾气急躁，晨起及遇冷空气后可见打喷嚏及流清涕，纳可，寐安，二便调，舌淡红，苔白，脉平，咽稍红。患儿父亲幼时曾患抽动症。诊断为抽动障碍，中医辨证属风邪犯肺，风气留恋，内外相招，肝风内动。治以疏风宣肺，平肝息风法。予银翘散加减。

处方：金银花10g，连翘10g，牛蒡子10g，薄荷10g（后下），桔梗10g，枳壳10g，莱菔子10g，荆芥穗10g，黄芩10g，芦根15g，辛夷10g，葛根10g，木瓜10g，青葙子10g，菊花10g，夏枯草10g，全蝎6g，天麻10g，钩藤10g（后下）。

28剂，水煎服，每日1剂，早晚分服。

二诊：2012年1月21日。药后患儿耸肩基本消失，眨眼明显减少，现偶有眨眼，脾气尚可，偶有晨起及遇冷空气后打喷嚏及流清涕，纳可，寐安，二便调。舌淡红，苔薄白，脉平，咽不红。效不更方，上方减木瓜、夏枯草，加炒麦芽10g。14剂，水煎服，嘱患儿每2日服1剂巩固疗效。

三诊：2012年2月18日。药后患儿抽动症状基本消失，偶有晨起及遇冷空气后打喷嚏及流清涕，纳可，寐安，二便调。舌淡红，苔薄白，脉平，咽不红。告患儿暂停药，注意防外感，节制饮食，调畅情志。

随访3个月未再复发。

按语：本例患儿为风邪侵犯上焦肺脏，外风引动内风，肝风内动，上扰清空，故患儿出现头面部肌群异常表现。治以银翘散，方中以金银花、连翘疏散外风，辛凉透邪为君；以薄荷、桔梗、枳壳、荆芥穗、黄芩、芦根助金银花、连翘疏散外风为臣；以莱菔子、辛夷、葛根、木瓜、青葙子、菊花、夏枯草、全蝎、天麻、钩藤对症治疗为佐。共奏宣肺疏风，平肝息风之功效。二诊：患儿耸肩、眨眼症状缓解，故去木瓜、夏枯草，加炒麦芽顾护脾胃。三诊：患儿症状基本消失，故停药观察，尤其注意外感诱发因素，防止疾病复发。

三、科教并重，促进学科建设与发展

临床是学科发展的本源，科技是发展的动力，教学是加强传承与推广的重要手段。医、教、研协同发展是提高学科水平和地位的关键。因此，我们注重在临床中发现问题，利用科学研究的方法解决问题，并注重将临床及科研成果转化为教学资源，充实到教学内容中，促进学科人才的培养。我带领学科团队，以小儿癫痫、多动症、抽动症等脑系病证，以及小儿肺炎、反复呼吸道感染等肺系病证为重点，主持或承担国家“重大新药创制”科技专项、国家973项目子课题、“十一五”国家科技支撑计划项目、国家自然科学基金等国家级项目10余项，省部级项目20余项，获省部级科技进步一等奖2项，二等奖8项，三等奖13项，所在的团队在《中医杂志》《中华中医药杂志》等期刊发表相关论文200余篇，相关内容被多次引用。科研的创新与发展，有效地促进了学科建设，作为学科带头人，我所在的天津中医药大学第一附属医院儿科为国家临床重点专科、国家中医药管理局“十一五”“十二五”重点学科，国家中医药管理局“十五”“十一五”“十二五”重点专科，天津市卫生局中医药儿科脑病重点研究室。

在教学方面，作为国家级精品课程及精品资源共享课负责人，积极开展教学改革，将临床与科研成果转化为教学资源，充实教学内容，并注重利用现代化教育手段，提高学生自主学习能力。教学成果“中医儿科学立体化教学模式的构建与实践”获天津市市级教学成果二等奖。同时，注重加强教材建设，主编普通高等教育“十一五”国家级规划教材《中医儿科学》，“十二五”规划教材《中医儿科学》，全国中医药行业高等教育“十三五”规划教材《中医儿科学》，中医、中西医结合住院医师规范化培训教材《中医儿科学》、研究生教材《中医儿科学临床研究》、世界中医药核心课程教材《中医儿科学》等各类国家规划教材。主编和参编《儿科疾病中医药临床研究技术要点》《实用小儿癫痫病学》等教材及专著26部。培养中医儿科学博士后5人，博士32人，硕士62人。

回首自己求学、跟师及从医的整个历程，深深地体会到，传承是发展的根基，创新是发展的动力，我们中医儿科人需要跟上时代步伐，顺应规律，在传承精华的基础上实现不断创新，才能实现可持续的更好的发展。

（张喜莲协助整理）

刘启泉

刘启泉（1956— ），男，河北河间人，本科学历，河北省胃肠病研究所副所长，河北省中医院主任医师、教授，河北中医学院（现河北中医药大学）博士研究生导师，首届全国名中医，河北省名中医。

1974年1月开始从事中医药工作，1982年毕业于河北医科大学中医系。首届河北省中医药学会脾胃病专业委员会主任委员，世界中医药学会联合会消化分会理事，中华中医药学会脾胃病分会常委，中国民族医药学会脾胃病分会常委。2016年荣获“全国老中医药专家学术经验继承工作指导老师”称号，2007年荣获“全国优秀中医临床人才”称号，2010年荣获“河北省医疗卫生系统先进工作者”称号，予记二等功，2012年荣获“河北省第三批中医药专家学术经验继承指导老师”称号，2005年被河北医科大学评为2005年校级优秀教研室主任，2004年被河北医科大学评为2004年度校级先进工作者。公开发表学术论文165篇，主编了《刘启泉胃病临证录》《刘启泉医案医话集》等。主持科研课题13项，获得科技成果奖6项，获省级科技进步三等奖1项。

一、从医经历

秉承父训，习读《濒湖脉学》《医学传心录》《本草备要》，粗知医理，1974年侍诊于当地中医名家，至1977年国家恢复高考，当年考入河北医科大学（河北新医大学）中医系。1982年以优异成绩毕业于河北医科大学中医系，毕业后在河北省中医院从事临床医疗、教学、科研工作。多年手不释卷，内研经典，外勤临床，2004年凭深厚之功底、精湛之医术成功入选首批“全国优秀中医临床人才”研修项目，此后，更精研典籍，勤求古训，造访名师，注重临床。不久颇有医名，求诊者如潮，个人门诊总量连续7年居河北省中医院第一名。曾历任河北省中医院内一科副主任、消化内科副主任、河北医科大学中医内科教研室主任、河北省中医院消化内科主任、河北省中医院脾胃病科主任、河北省胃肠病研究所副所长，所领导的河北省中医院脾胃病科成为国家中医药管理局“十一五”重点专科、“十一五”重点学科建设单位，国家临床重点专科。2005年当选为第一届河北省中医药学会脾胃病专业委员会主任委员，2006年成为河北省中西医结合学会消化病专业委员会副主任委员，2008年成为第三批河北省老中医药专家学术经验继承工作指导老师，2010年被评为河北省医药卫生系统先进工作者，予记二等功，2012年成为第五批全国老中医药专家学术经验继承工作指导老师，2014年成为全国名老中医药专家传承工作室建设专家，2016年被评为河北省名中医，2017年被评为首届“全国名中医”。担任世界中医药学会联合会消化分会常务理事、中华中医药学会脾胃病分会常委、中国中医药研究促进会消化整合分会常务理事、中国民族医药学会脾胃病分会常务理事、河北省中医药学会脾胃病专业委员会主任委员、河北省中西医结合学会消化分会副主任委员。

在临床上，坚持“读经典、做临床”，尤其在脾胃病方面积累了较为丰富的经验，并提出了自己的见解，倡导脾胃分治，注重舌诊、腹诊，强调治病抓“主病机”，负责的河北省溃疡性结肠炎浊毒证重点研究室在此基础上开发了治疗溃疡性结肠炎的系列方药，被广泛应用于临床。在河北省中医院门诊量名列前茅，连续6年获得“突出贡献奖”，近3年个人年门诊量平均1.26万人次，其中外阜患者占31.3%，治疗有效率达到96.2%。收到锦旗百余面，感谢信近千封。作为第五批全国老中医药专家学术经验继承工作指导老师培养了王志坤、杜志杰2名学术继承人，作为第三批河北省老中医药专家学术经验继承工作指导老师培养2名学术继承人，作为博士研究生导师培养博士研究生1名，硕士研究生35名。以“刘启泉全国名老中医药专家传承工作室”为平台，在建设工作室，培养继承人的同时，面向研究生、规培生、进修生等开展培训。作为河北省杏林班客座教授对基层医疗骨干人员进行授课。作为全国优秀人才带教老师、河北中医学院扁鹊班临床带教老师，定期组织讲座、病例讨论等。对不同层次学生，因材施教，不遗余力地传授临床知识及学术经验。连续3年在举办国家继教项目时开展学术经验讲座，参加了中华中医药学会脾胃病共识意见的制定。作为河北省中医药学会脾胃病专业委员会主任委员，多年致力于推动学科发展，促进学术交流，所在的脾胃病专业委员会多次被评为河北省中医药学会先进专业委员会，为首家正式签约京津冀一体化的专业委员会。

二、成才之路

自幼秉承父训，学习背诵《汤头歌诀》《药性赋》《濒湖脉学》等，及至志学，始读《医学传心录》《本草备要》《内经》，粗知医理，初侍诊于当地名医，2 年后悬壶于河北省河间县，一边行医，一边又学习了《伤寒论》《金匮要略》《叶香岩外感温热病篇》等，打下了深厚的中医功底，至今这些经文能信手拈来，朗朗上口。1977 年恢复高考后，考入河北医科大学（河北新医大学）中医系，在学校全面学习了中医经典和临床各科，并系统学习了西医理论与技术，打下了从事中医临床工作的坚实基础，5 年后以优异成绩毕业。之后多年，我仍手不释卷，坚持每天出诊前后各读书 1 小时以上，并做了大量的读书笔记，同时，注重新知识、新进展的了解学习。我常常利用外出开会的机会以及节假日拜访各地民间有一技之长者，点滴之中逐渐汇聚成江河，日积跬步而终成千里。作为第一批“全国优秀中医临床人才”跟师于路志正、李乾构、李佃贵教授，从事中医脾胃病的临床、教学及科研工作多年，因治疗慢性胃炎、慢性胃炎胃癌前病变疗效卓著，医名大振，每日门诊量近百人次，但仍坚持夜间学习，将白天所诊患者病情回忆一遍，发现处理不当或疑难病例，及时记录，思考补救措施并查书解难。通过近 40 年的临床实践，我逐步总结和建立了一整套较为完善的治疗慢性胃炎、慢性胃炎胃癌前病变的理、法、方、药体系。

我以“大医精诚”为座右铭，强调“医乃仁术”，仁者爱人，扶危济困，救死扶伤。对中医要“饱学”，对患者要“敬畏”，体现仁爱之心，对前来就诊者，无论是一时之急，还是贫困窘迫，不但苦思冥想简便验廉之法，还常常慷慨解囊。无问贵贱，待患如亲，泽被者众。不计名利得失，对后学奖掖、提携，时时鼓励、督促。倡导宽严并济，文医兼长，学贯中西，博古通今，故涉猎颇丰。幼习《论语》《孟子》，长读《诗》《书》《礼》《易》，闲暇之时，喜论《三国演义》。对初入师门又对古代文化不甚了解之弟子，首推《增广贤文》，以期由易到难，循序渐进，对门人弟子亦要求多读古书，读好古书，努力做到博学多识，而反对管窥之学。

三、学术经验

学医之初，深受仲景学说影响，治病多用经方，始重脾胃，后全面学习中医理论与临床各科诊疗知识，系统掌握西医理论与技术，视野大开，诊疗思路亦趋灵活。河北新医大学中医系毕业后，先从事中医内科后逐步专于脾胃，又深入钻研温病学说，对叶天士、吴鞠通的学术思想加以发挥，逐步形成了在宣上、畅中、渗下启发下的脾胃分治，注重舌诊、腹诊的诊疗思路。在医疗实践中，治疗慢性胃炎疗效显著提高。近十几年来，又将注意力转向攻克慢性胃炎、慢性胃炎胃癌前病变。现以慢性胃炎、慢性胃炎胃癌前病变为例，阐释学术经验之一斑。结合现代人饮食不节多食肥甘、起居失常总熬夜、压力过大精神紧张等特点，遵徐灵胎之“有一病必有一主症”，强调治病抓“主病机”，逐步确立了在脾胃分治基础上，以和胃降逆为法，注重清热解毒活血的学术思想。

1. 核心思想：通降为要，以和为法

脾以升为健，胃以降为和。胃为阳腑，以通为顺，以降为和。所谓“通降”就是使胃气下行，使胃恢复其“传化物而不藏”的生理特性。胃的受纳和腐熟水谷之功能必须在胃气通降的基础上进行，饮食进入胃腑，通过胃的腐熟后，必须下行入小肠，进一步消化吸收。若胃气不降，气逆于上，就会产生嗳气、恶心、呕吐等症状。此即《素问·太阴阳明论》提出：“太阴阳明为表里，脾胃脉也，生病而异者何也……阴阳异位，更虚更实……阳道实，阴道虚。”实则阳明，胃病多实、多热，胃腑以通降为要。《素问·宣明五气》中指出，“五气所病……胃为气逆为哕”，胃发生病变，胃气不降，气逆于上，就会产生嗳气、呃逆、恶心、呕吐等病理表现。因此，治疗上总以“通降”为第一要务。国医大家董建华教授在治疗脾胃疾病方面亦提出了“通降论”的学术思想。慢性胃炎、慢性胃炎胃癌前病变常常表现为胃脘疼痛、痞满、嗳气，皆是胃失和降所致，其基本病理变化离不开气机郁滞、湿浊中阻、热毒蕴结、瘀血停滞、脾胃阳虚和胃阴不足，最终导致的是气机不利，胃失濡养，胃失和降。叶天士强调“胃宜降则和”，因为“通降”是胃腑生理特点的集中体现，降则生化有源，出入有序，不降则传化无由，壅滞为病。但这里的“降”并非单指“攻下”之法。凡是针对胃失和降这个基本病机所采取的治疗方法，皆是“降”。如《医学真传》言：“调气以和血，调血以和气，通也；上逆者使之下行，中结者使之旁达，亦通也。”在治疗临床实践中，针对病机，辨证所采用的理气、化湿、清热、解毒、活血、补虚等法，皆是通降之法。

运用通降之时，处处以“和”为法选方用药。理气常用枳实、厚朴、柴胡、青皮、香附等；化湿常选砂仁、豆蔻、芦根、白茅根等；清热解毒多选蒲公英、黄连、黄芩、郁金等；活血多选当归、川芎、丹参、红景天之类；补虚，气虚予党参、黄芪，阴虚予沙参、麦冬、石斛、五味子等。临证之时，辛香温燥理气之物极易伤胃为患，故选用理气之品以不伤胃、不伤阴、不破气为原则，多用佛手、香橼、八月札、白梅花等，并常佐少量清热之品，如蒲公英、败酱草、茵陈等，苦寒降胃而不伤胃，又可反佐理气药之温燥。降逆不宜用代赭石等重镇之品以免损伤胃气。补气少用人参，因其易滞胃气，从而易导致脘腹胀满、不欲饮食等。若兼脾虚者，可选茯苓、山药、薏苡仁、陈皮等甘平微温之品健运中气，或佐防风、羌活、荆芥等药升发脾阳，使脾气升胃气降，但用量宜轻，重则发汗而失本意。对于干姜、附子、肉桂等辛燥之品，易耗气伤阴者，更须慎重应用。总之，治胃须以“通降”为要，以“和”为法，审慎选方用药，灵活配伍。

2. 抓主病机：清热化湿，活血通络

清代徐灵胎《兰台轨范》云：“欲治其病，必先识病之名，能识病之名而后求其病之所由生，原其所由生，又当辨其生之因各不同，而病状所由异，然后考其治之法，一病必有一方，一方必有主药。”其说明不同的疾病由于其基本病因不同，必有相应的主方主药。临证治疗疾病，只有抓住其“主病机”，治疗才能把握住纲领。随着人们生活水平的提高，生活方式及饮食结构的改变，大气环境污染、疾病模式及疾病谱的变化，使现代人的体质乃至生理病理特点都与以前有所不同，“阳道实，阴道虚”，慢性胃炎、慢性胃炎胃癌前病变病位在胃，其临床特点集中表现为实证多，湿热瘀滞证增多，而虚证少，尤其虚寒证更少。慢性胃炎、慢性胃炎胃癌前病变的发生常常是多因素综合作用的多阶段复杂的积累过程，临床中常循气滞、湿阻、热郁、毒聚、络瘀、阴伤的发展规律，而“毒蕴血瘀”常常是慢性胃炎、慢性胃炎胃癌前病变发生、发展、演变、反复难愈的主病机，而“毒”主要指热毒和湿毒或二者胶结而成。据此，治疗上在“脾胃分治，治胃以通为要，以降为和”的基础上，强调运用“清热化湿，活血通络”，也可以称为“解毒活血”。

慢性胃炎、慢性胃炎胃癌前病变之毒蕴，常常包括热毒内蕴和湿毒内蕴，在病机上有以下特点：一是热甚成毒，热为毒之渐，毒为热之极，毒寓于热，热由毒生，变由毒起，易并发消化道出血、幽门螺杆菌感染等。二是湿性重浊，易蒙蔽清窍，可致大便黏腻不爽等，其性黏滞，如油入面，故病势缠绵。三是常有寒热夹杂，虚实错杂。其形成原因多是素体胃腑有热，复感寒邪，或过饮食生冷或寒邪郁而化热，正处于寒热相互转化的过程中，形成寒热错杂，多为因虚致实，日久又因实致虚，形成虚实错杂之证。四是湿热日久，耗伤阴液，可出现胃阴伤、肺胃阴伤、胃肾阴伤或出现湿热与阴伤并见之病机。此型患者胃酸分泌功能低下，或出现胃酸缺乏、真性无酸。清热化湿解毒以石菖蒲、茵陈、佩兰、砂仁、罗勒、黄连、公英、冬凌草、白花蛇舌草等为主药，据其湿热之偏重分层用药，再据其兼气滞、阴虚、气虚之不同予以不同加减。兼气滞证者加木香、枳壳、川朴、青皮等；兼阴虚证可加百合、乌药、沙参、麦冬、黄精等；兼气阴两伤证选加党参、白术、石斛、麦冬等。

慢性胃炎、慢性胃炎胃癌前病变病程长，病机复杂，其胃络瘀阻多由气机郁滞进而波及血分所致。叶天士《临证指南医案》言："初病在经，久病入络，以经主气络主血……凡气既久阻，血亦应病，循行之脉络自痹"，又有"胃痛久而屡发，必有凝痰聚瘀"。慢性胃炎、慢性胃炎胃癌前病变之胃络瘀阻具有以下特点：一是患者久病，单纯血瘀者少，往往是在气滞的基础上又出现瘀血，而瘀血又阻碍气机，表现为血瘀与气滞并见。二是瘀血日久，易致出血而血虚，同时瘀血不去，新血不生，又可致血虚加重，故在临床上常出现瘀血与血虚并存。三是瘀血为病，气血运行不畅，经脉阻塞，积于胃腑，日久可渐渐形成有形之积，如肠上皮化生→不典型增生→胃癌或胃息肉等。治疗多选用生蒲黄、五灵脂、当归、川芎、延胡索、桃仁、枳壳、柴胡等理气活血。若兼气虚加党参、白术健脾益气；兼血虚加红花、女贞子、熟地黄、山茱萸养血活血；疼痛较重加九香虫、徐长卿、仙鹤草通络定痛。慢性胃炎胃癌前病变是胃炎一个慢性的演化过程，久病必瘀，活血通络是慢性胃炎胃癌前病变的必用之则，或主或次，随证而施。

临床中，常常"清热化湿"与"活血通络"两法并用，使瘀血散，新血生，湿热清而阴液复，这也是"通降"原则指导下的具体应用。现代研究表明，清热化湿可调节免疫机能，使异常细胞逆转为正常细胞，可抗感染杀灭幽门螺杆菌，消除导致胃癌的病原体。活血通络药物可促进胃黏膜修复，改善黏膜微循环，供给胃黏膜修复所必需的物质，并有免疫调节作用。活血通络法可调节相关癌基因和抑癌基因的表达，促使慢性胃炎胃癌前病变的细胞发生凋亡。

3. 整体调治：五脏相关，健脾调肝

脾胃与五脏六腑关系紧密。脾胃为后天之本，五脏六腑皆禀气于胃，从脾胃可治五脏六腑之病，同时，脾胃之病亦可从五脏六腑调治。疏肝气可助脾胃之气升降，健脾气能助一身气机斡旋。正如《素问·玉机真脏论》言："五脏相通，移皆有次，五脏有病，则各传其所胜。"李东垣指出，"治肝、心、肺、肾，有余不足，或补或泻，惟益脾胃之药为切"，脾胃为气机升降之枢纽，上行于肺，下行于肾，脾胃有病影响他脏，他脏有病亦影响脾胃。明代张景岳即提出了"安五脏以治脾胃"的观点。

脾与胃二者一脏一腑，互为表里，同居中焦，脾主升，胃主降，共为气机升降枢纽。叶天士言："脾宜升则健，胃宜降则和。"胃之受纳，赖脾之运化，而胃之和降，亦赖脾之升发。在临床常见脾胃同病。慢性胃炎胃癌前病变往往病程较长，脾是否健运，对该病的预后非常重要。因此，健脾在慢性胃炎胃癌前病变的治疗中常起到举足轻重的作用，正如李东垣《脾胃论》所言："脾既病则胃不能独行津液故亦从而病焉。"因此，在慢性胃炎胃癌前病变的治疗过程中，既要突出"通降"，胃病治胃，脾胃分治，又要充分考虑到脾胃互为表里，以膜相连，升脾阳，健脾气。临床用药应注意动静结合，升降相宜。慢性胃炎胃癌前病变病程久，迁延难愈，初期邪重，治疗上重在通降胃腑，常用枳实、川朴、黄连、瓜蒌、半夏等理气清热化浊之品。久病多虚，慢性胃炎胃癌前病变虽病位在胃，而其本在脾，健脾贵在运而不在补，脾胃之运化失常，气血升化乏源，则胃黏膜固有腺体和细胞难以修复，故在慢性胃炎胃癌前病变后期常选用健脾益气之茯苓、白术、山药、陈皮、党参等。《脾胃论》言："善治者，惟有调和脾胃。"所以，常选用甘平微温之品健运中气，或佐防风、荆芥、升麻等升脾阳，但用量宜轻，稍升脾阳，意在降胃，若重则失其本意。

肝属木，喜条达而主疏泄；胃属土，喜濡润而主受纳。肝与胃相克相乘，胃之和降有赖肝之疏泄，若肝气疏泄不及，则土壅木郁，疏泄太过，横逆胃腑则肝木克脾土。《素问·宝命全形论》言"土得木而达"，叶天士之"肝为起病之源，胃为传病之所""凡醒胃必先治肝"，深得治胃要旨。在慢性胃炎胃癌前病变治疗中，疏肝和胃要注意升降润燥，疏肝之品多为辛温理气，而理气之药可行气止痛，故又有“治胃病不理气，非其治也”之说。但慢性胃炎胃癌前病变后期，常常虚实互见，既有土壅木郁，又见胃阴不足，此时须遵叶天士之“忌刚用柔”的原则，药物选择以不破气、不滋腻、不损胃为原则，理气之品不过用辛燥，多选用香橼、佛手、白梅花、八月札等，并佐以沙参、麦冬、石斛等。调和肝胃，重在调整脏腑之间的功能，治实不宜峻攻，补虚切忌滋腻，用药应以轻灵流通为法，否则至胃阴亏虚，正气虚衰，易变生他证。同时，胃为阳腑，易化热伤阴，肝气郁结，也易生热化火，因此，调肝胃时常佐以少量清热之品，如公英、连翘、败酱草、茵陈等，苦寒降胃而不伤胃，又可反佐理气药之温燥。

心属火，主血脉，脾属土，二者为火土相生之脏。脾胃为后天之本，为气血生化之原。故益心气，调心神，可使血流顺畅，缓解不荣则痛以及血脉受阻之不通则痛。肺主一身之气，气行则血行，气滞则血瘀。肺为五脏之华盖，水出上源，若其失于宣肃，治节无权，则脾胃升降失常。王孟英云：“肺金清肃不和，升降之机亦窒。”肺之肃降，可助胃气之降，脾气之升。肺气降则诸气皆降。故宣发肃降调肺气可助胃之通降，和胃降逆时配宣肺肃肺之杏仁、桔梗、紫菀、枇杷叶、苏叶等，可使气机灵活，否则“肺金清肃之令不行，升降之机亦窒”。肺与大肠相表里，轻清宣上，开肺气可舒展胃肠气机而通大便，使胃得通降。脾胃为后天之本，肾为先天之本，肾阳虚衰，则中虚不运；肾阴亏损，则胃腑燥结，胃失和降。明代李中梓《医宗必读·肾为先天本脾为后天本论》言：“肾安则脾愈安，脾安则肾愈安。”肾虚可能是萎缩性胃炎癌变与未癌变的关键点，从肾论治，补益肾气调阴阳乃慢性胃炎胃癌前病变治疗的变法之一，多用于患病日久，久治不效或屡治屡发。

“五脏相通，移皆有次”，故临证之时，须有整体观念，全面分析把握动态变化，从而达到“安五脏以治胃”的目的。

4. 特色诊治：结合腹诊，辨证辨病

腹诊的相关记载最早见于殷墟甲骨文中，如“蛊”，《说文解字》曰：“蛊，腹中虫也。”《内经》记载的“腹大，身尽肿，皮厚，按其腹”“诸病有声，鼓之如鼓”以及“其着于伏冲之脉者，揣之应手而动，发手则热气下于两股，如汤沃之状”等，均是对腹诊的具体论述。《伤寒论》原文共 397 条，其中涉及腹诊内容的达114条，如“从心下至少腹硬满而痛不可近者”“心下痞按之濡”等。《金匮要略》中腹诊更是作为辨证的重要依据，有时甚至是唯一依据加以强调，如“按之心下满痛者以为实也，当下之，宜大柴胡汤”。俞根初在《通俗伤寒论》中明确提出了“腹诊”的概念，并指出“按腹之要，以脐为先”，这是中医著作中论述腹诊切诊法最明确、最具体的文献。日本汉方医也极为重视腹诊，认为“腹者有生之本，故百病根于此焉，是以诊病必候其腹”。吉益东洞有“先证不先脉，先腹不先证”之说。

腹诊包括了腹部的望、闻、问、切四诊，而切诊在腹诊中较之其他三种方法尤为重要。由此，不少学者认为腹诊就是腹部的切诊，清代俞根初就指出“胸腹为五脏六腑之容城，阴阳气血之发源，若欲知其脏腑何如则莫如按胸膜腹诊”。腹部切诊时，多取屈膝仰卧位，医者用右手掌指，逆时针从左下腹向右下腹诊查，手法宜轻柔徐缓，由轻到重，由浅入深。为了寻找病位，也可用大指或食指指腹对患者的穴位进行循摸、推移、按压，临床上常用滑动法、移压法、推动法、揉按法，或一法独施，或数法合用，诊查腹部的满、胀、痛、结、板、硬等情况。注意有无凝滞、结节、团块、条索、板结等。

腹诊在临床上应用于多种疾病，在慢性胃炎胃癌前病变的诊断中尤为常用。慢性胃炎胃癌前病变病位在胃，腹诊之核心亦在于胃。如果胃脘部有轻度压痛，无板结，病程较短，说明病在初期；若中、重度压痛，并伴有明显的节律性疼痛，诊之有条索状物，多伴有胃黏膜糜烂。若有凝滞、板结，说明病程久，腹部干涩，板结明显，而压痛反不明显，说明气滞、血瘀、痰凝。若按之较软，有振水声或“咕咕”之声，多为水湿内停；若局部涩滞，按之胀满，有水声，多为胃动力不足；若腹部干涩，按之有板状感，轻按有分层感，说明病程较久，乃瘀血阻络、正虚邪实之候；若腹部干涩，按之有板结感，触之皮温低，局部发凉，此多为气滞血瘀，阻滞络脉，胃失荣养；若腹部皮肤干涩，按之板结，且明显搏动感，多为气血亏虚，邪实正虚之候。腹诊有助于鉴别慢性胃炎胃癌前病变的虚实寒热，对其治疗亦有较强的指导意义。

腹诊是中医诊断的组成部分，我们也完全可以把胃镜、病理所见作为四诊中望诊的一个重要组成部分，现代的检测方法可以使我们“望”得更清，诊断疾病更准确。这里的诊断，包括“证”的诊断，更包括“病”的诊断。“病”，《说文解字》谓“疾，病也”；《辞海》谓“疾甚曰病”。病有广义狭义之分，这里所说的辨“病”，是指狭义的“病”，即指具体的病种。“证”，释为“证明”“证据”。“证”是中医学的特有概念，包括证名和证候。辨病与辨证有机结合、相得益彰，才能全面掌握疾病发生、发展、演化的内在规律，提高诊治水平。通过辨病来加强辨证论治的准确性，其核心还是辨证论治。以病为纲，以证为目，先辨病，再辨证，可起到提纲挈领、纲举目张之作用，二者互相补充，才能使诊断更全面、更准确。

慢性胃炎胃癌前病变在临床上常常出现症状轻重与胃镜下黏膜变化、病理特征不成正比的情况，如果单纯把“辨证论治”的“证”理解为传统意义上望闻问切所得的症状、舌脉，就有可能会出现“无证可辨”的局面，因此明确诊断、宏观辨证与微观辨病相结合对本病的治疗具有重要意义。岳美中教授指出：“中医治病必须辨证论治与专方专药相结合。”仝小林教授提出：“以症为靶，以证为基，以病为参，点面体结合的整体综合辨治模式是新时代下中医发展的内在规律。”在慢性胃炎胃癌前病变的临床诊疗工作中，首先要做到识病，就是要认识和掌握该疾病的基本特性，同时，更应该重视筛选治疗该疾病的正对性方药。辨证论治结合专方专药，病与证有机结合，对临床诊疗水平的提高具有重要作用。同时，在辨证论治的前提下，把中药治疗与现代药理研究相结合，如伴有肠上皮化生、上皮内瘤变者加半枝莲、半边莲、白花蛇舌草、冬凌草、全蝎、白英、藤梨根；伴有胃黏膜糜烂者加仙鹤草、地榆、苦参、三七粉；伴胃酸缺乏者加麦冬、石斛、乌梅、山萸肉、生地等。这样在临床上往往可收事半功倍之效。

5. 治调结合：分期论治，重视调护

慢性胃炎胃癌前病变病程长，疗程亦长，故需要在脾胃分治的基础上，基础治疗与阶段治疗相结合。基础治疗是在“通降”之法的指导下，根据病机不同，结合辨病，结合微观辨证，确立基本的治疗方案。正如岳美中所云，“治慢性病要有方有守”，不可因短期疗效不著而改弦易辙，转去转远。至于在通降和胃的基础上，随症加减一二味药物，则宜灵活而施，不要拘泥。阶段治疗是指根据病情，初、中、后三期治则各有侧重。初期往往以邪实为主，当以祛邪为先；中期病机较为复杂，常伴见脾虚及肝郁气滞之象，当祛邪与扶正并用；后期多病程较长，而见气阴两虚、气虚与血瘀等虚实互见之候，当以扶正为主，兼以祛邪。药量不宜过重，方不宜过大、过繁，还要据体质之虚实、病邪之轻重、病程之长短、前期用药之寒热，以及是否兼夹他病等综合考虑，既贯彻脾胃分治，以治胃为主，又不忘整体观念，因时因地因人制宜，脏腑同调。正如古人所云：“药贵合宜，治当权变。”

慢性胃炎胃癌前病变是常见病，多发病，经正规治疗，多数患者的症状及客观指标可以好转，但仍有部分患者经短期治疗不能得到有效控制，加之各种因素干扰，个别病人还可能出现病情反复，这使病人精神压力加大，顾虑重重。因此，在治疗的同时，加强调护就显得十分重要。中医历来重视对病人的调护，认为恰当的调护，有利于邪气的祛除、正气的恢复。所谓“三分治病，七分养”。“养”就是调护，忽视调护，不仅延误康复时间，还可能出现“食复”“劳复”等。加强调护的目的是为了保护正气，使机体更快地康复。慢性胃炎胃癌前病变的调护主要包括饮食、情志、生活起居几个方面。《素问·上古天真论》指出“饮食有节”，“节”指节制，是指饮食要有规律性，定时定量，不要随意加餐，不可过饥或过饱，进食要快慢适宜，忌食过冷、过烫、过硬、过辣、过黏的食物，禁咖啡、浓茶、碳酸饮品、酸辣等刺激性食物，更需戒烟酒。起居有常，生活有节，劳逸结合，调畅情志，和喜怒，少忧思，避惊恐。《素问·上古天真论》有：“恬惔虚无，真气从之，精神内守，病安从来。”

病有久新，方有大小，药有轻重，治有方圆。大医精诚，止于至善。权衡规矩，力求纤毫勿失，“医德”二字，时时铭记在心。最后，仅以自己的座右铭作为结尾：“认真做事，明白做人，学好文武艺，服务于人民！”

（王志坤协助整理）

田景振

田景振（1957— ），男，山东聊城东阿人。博士，二级教授，博士研究生导师，山东省首批泰山学者特聘教授。山东中医药大学青岛中医药研究院院长，兼任世界中医药学会联合会中药制剂专业委员会副理事长，世界中医药学会联合会中医药抗病毒研究专业委员会副会长兼秘书长，中华中医药学会中药制剂分会副主任委员，山东省中医药学会副会长，山东省药学会副理事长兼药剂学专业委员会主任委员等。国家科技重大专项抗病毒中药新药创制及病毒荧光标记新药筛选等关键技术平台建设首席科学家。曾任山东省中药学重点学科带头人，国家中医药管理局中药药剂学重点学科带头人。主编教材 3 部，出版专著 5 部，发表论文 130 余篇，先后主持承担国家和省级课题 16 项。荣获山东省新长征突击手、山东省优秀青年知识分子、中国百名杰出青年中医、全国医学青年科技之星、山东省先进教育工作者、山东省优秀教师、山东省科技拔尖人才、山东省有突出贡献中青年专家、山东省先进工作者等荣誉称号。享受国务院政府特殊津贴。

时逢盛世，国家已经迈步跨入了伟大的新时代。

见证历史，创造历史。将如此伟大的经历，放在我们这一代人身上，其实是十分妥切的。因为我与我的同龄人确实赶上了国家、社会快速发展的一段最好时期。此时回首，若要总结自己走过的路，是与祖国发展巨变息息相关的，我的参与，我的进步，恰似一滴水珠融入了我们国家、我们民族奋勇向前的洪流之中，不断前进，日新月异。

一、恰逢其时步入大学之门

我生于1957年，家乡在山东西部的聊城地区，长期以来发展较为缓慢。幼年经历的是清贫落后的农家生活。我对中医药最初的印象，是从小就能见到的服务于农民的乡村赤脚医生。那时候在乡村贫病现象很常见，但家乡却有一位很有名的老中医，深受邻里乡亲们的尊敬与爱戴，人们都尊称他为“老先生”，他以手搭脉的姿态，目光如炬明察秋毫，开方取药从容不迫，药柜里面有各种各样的草根、树皮、果实、种子，散发出异样的清香，老人从中取出这种和那种，过了精巧的小秤，又分包成纸包……这样的情景，既吸引着年少的我产生好奇的念头，又好像与我隔有一道屏障，难以接近，那必定是一门高深的学问！懵懂的少年时代，我又怎能知道自己是否与这门学问有缘呢。

我的少年时期经历了“文革”，和多数同龄人一样，在青春年少的最佳学习时期有所荒废。十分幸运的是，1977年国家正式恢复了高考。对我来说这真是难得的机遇，那种旭光在前的激动心情无以言表，时间仓促，只有满负荷地进行临阵磨枪式的准备。在高中毕业4年后，我参加了参考人员最为复杂、年龄跨度最大的1977年高考，命运的垂青让我有幸成了恢复高考后的第一届大学生。当时，适逢改革开放前夕，人们对知识有着迫切的需求。真是与中医药有缘，我考入的是1958年就已建校的山东中医学院，从时间上看似乎我与学校同时代，而从此我也真的与学校并步前行，一起成长。

那个时代，青年激荡的青春热血，完全听从祖国的召唤。我被招生分配在中药专业，从此成为山东中医学院中药系1977年级的一名大学生。我深知得到高等教育的机会之不易，非常珍惜，决心要夺回失去的宝贵时间，所以在大学中也如同备考一样，如饥似渴地刻苦努力学习。随着专业知识的扩展，中医药的历史与前景在我的眼前逐步打开。原来，老先生手中的那些来自草根、树皮的中药材，不仅有治病救人的作用，还能抵御疾病侵害。专业的学习，让我渐渐明白，对比原来的老先生们，我们既要继承、传承，也要创新发展，层楼更上，术业专攻。干一行，爱一行，专一行。我所面临的，是要走好传承并发展弘扬伟大的中医药学的道路，肩上的担子任重而道远。

经过4年寒窗苦读，我顺利完成了本科学业，并留校成了一名年轻的教师。从此，在学校这一平台上，我完成了自己从助教、讲师、副教授到教授（二级教授）的一步步跨越，并最后成为博士研究生导师，还成为山东省首批“泰山学者”特聘教授。我曾获得“新长征突击手”的荣誉称号，而这正是对我在这一时期不懈努力并留下深深脚印的最大鼓励。不仅在专业上进取，我慢慢地也进入了管理岗位，后来长期在管理岗位上任职，先后担任中药系副主任、主任、药学院院长，充分发挥标兵与带头作用，与团队和集体共同前行，为学科建设和学院发展等也做出了一些贡献。

二、脚踏实地从生产实际入手开展科研选题

1981 年初，我大学毕业留校在中药系任教。这是改革开放的初期，国家百业待兴，学校也正是发展的起步阶段。说到“起步”，既是说我个人的事业，也是学科与学校层面的现实情况。那时学校的实验室条件非常简陋，仪器设备比较陈旧，而且一共也没有多少件。至于科研经费更是很少，特别是刚入职的青年教师要申请到课题属于难上加难。缺少最必要的物质基础，当时要有所发展，简直是一筹莫展。

在转折起步的那个时候，无论是老一辈知识分子还是年轻人，大家的急迫心情都是相通的。如何才能从无到有、有所突破？面对我这种欲使拳脚而不能的情况，当时我的老师张翊教授是看在眼中，急在心里。她以一位前辈的睿智，非常及时地为我排忧解难。在谈到如何发展时，她开导我说：当教师首先要把课教好。在这个前提下再创造条件去开展科学研究。万事开头难，科学研究要创新，要领先，但并非是高高在上的，更需要从头做起。要注意到生产实际中去找课题，解决生产实际最需要解决的问题。基层的生产企业所面对的和急需的，并不是人人都搞得来，而解决这样的基层问题，却是生产企业最欢迎的，一些成果更能快捷地转化为生产力，很快创造出经济效益。如果从校企结合的思路出发，还怕没有科研经费？张老师的一席话，使我眼前一亮。生产与科研，似乎科研高高在上，但上了一个台阶，就忘记了它的基础？科研最终还不是为了转化为生产力？张老师的启发，对我真是醍醐灌顶。我要利用业余时间到工厂去、到企业去，深入药品生产一线，去了解企业需要什么样的技术革新，临床医疗需要什么样的创新，这是现实让我将社会需求作为自己最初进行科学研究的一个重要的选题方向。

从头做到并不易，我的业余时间从此被紧紧地填满了。基本方向确定以后，

我在努力搞好教学工作，出色完成教学任务的同时，尽可能多地利用一切时间到药厂去、到药店去、到医院药房去。那可能是周末，也可能是假期，我在一线深入调查中药、中成药的生产、应用、流通情况，向工人师傅学习，掌握第一手资料。

在毕业后的前5年里，我先后到杭州第二中药厂、山东东阿阿胶厂、济南中药厂、淄博人民药厂、青岛中药厂、济宁中药厂、北京同仁堂制药厂、山东建联药店、济南市中医院等调研50余次。到工厂车间，跟班顶岗，与工人师傅、技术人员同吃同住同劳动，先后共计3个月，共记录笔记20余万字，发现中药生产过程中不合理的工艺问题30余处，亟待改进的工艺环节40多处，后来在有关领导、老师的支持帮助下都得到了解决，并应用于生产实际，为企业带来了效益。就是在这一期间，我在烟台中药厂调研时发现，其感冒退热颗粒、银黄颗粒产品中存在含蔗糖量过高的问题。用户反映说，喝汤药是喝苦水，吃成药成了喝甜水，这里面到底有没有药材？糖尿病人说甜得我们都不敢喝啊！针对这一问题，我与企业科技人员一起进行科研开发，成功研制生产了低糖型感冒退热颗粒、低糖型银黄颗粒，深受市场欢迎，取得了良好的经济效益。就这样，基层为我提供了发展的土壤，我在深入中药企业中寻找到研究课题，根据企业、市场需要进行研究、开展科研。在我尚担任助教阶段，就能达到平均每年鉴定一项省级科技成果，这些成果先后获得省教育厅、卫生厅、药学会科技奖励，并被授予省“新长征突击手”、省“优秀青年科技工作者”称号。

我特别珍惜我视为起步阶段所获得的“新长征突击手”的荣誉称号，这对我来说，正是与祖国共命运，与时代同发展，使自己脚踏实地，实现自己最坚实的提升与跨越。这脚印最为清晰，也最有分量，是我继续前行的坚实基础。随着我完成的科技成果不断增多，主动前来洽谈新产品开发、科技合作的企业越来越多，科研选题、立项、科研经费的问题都迎刃而解。要干的事情很多，我只有抓紧时间，满弦地运转在教学、科研中。

通过深入企业进行调查研究，也丰富了我的课堂讲授内容。不仅仅是从事科研解决生产实际问题，在合作中我更是结交了一批企业界的朋友，从他们身上学到了在学校学不到的经验、知识、技术，他们成为我长期的科研合作伙伴和社会支持力量，长期以来我受益良多。

三、坚持传统中药与现代科技紧密结合，开拓创新发展

随着教学科研工作的不断发展，自己更高的发展方向又该怎样确定呢？如何使自己的科学研究能够保持一种可持续发展势头，实现更高、更远的发展目标，为此我陷入了深深的思考。站在前人的肩膀上，砥砺前行，忘不了当初张翊老师的谆谆教诲，老一辈先生们的脚步是最好的参照与灯塔。我抬头仰望学界的前辈们，要向他们学习与看齐。在学术论坛上，在检查督导中，利用一切可能见面的机会，我争取向王永炎院士、黄启福教授、姚乾元教授等学界前辈当面请教，或大的方向，或细枝末节，既交心又学习。通过与大家接触，真正让我受益匪浅，真正让我开阔了眼界，明了了前景。传统中医药学根基很深远，有着自己完整的理论与实践体系，一脉相承传承久远，但它又一直具有开放包容性，并非封闭与固守。但因为理论体系的不同，游离于现代科学体系之外，因此无法与现代科学并驾齐驱。中医药学必须继承与发展并举，也要走与现代科学相结合之路，才能创新突破，才能弘扬振兴，才能有所作为。任何一个重大成果总是伴随一项或几项新技术的突破而诞生。中医药尤其是中药研究一定要引入新技术，才能实现新突破。

受前辈们的指点与启发，我着手研究现代科学的一些新技术怎样与中药研究结合，怎样为中药学科所用，推及重要的研究与发展，并把这作为自己的重点研究方向，先后申报成功“口腔用中成药改革研究——冰硼贴片的研制”“中药腔道给药载体研究”“山东省中药现代化科技产业基地关键技术研究”等20多项中药共性关键技术研究，它们既有国家级课题，也有省部级课题，先后获得立项科技经费共计2000余万元。

攀登可以使人一步更比一步高。就从我所进行的腔道给药载体研究的起始来说，研究是需要寻找突破口的。我发现，日常生活中的人们常常被口腔溃疡这个不起眼的疾病折磨着。中医临床上常用冰硼散治疗，但是传统的散剂不好控制剂量，对口腔黏膜有强烈的刺激，且药物易被唾液稀释，给药持久性差，疗效不佳，造成病人往往半途而废去选用西药。

盯住这个点，我结合临床，研究出能够定位准确、单向治疗并且缓慢释放药物的方法。药品生产必须与企业做好交接。于是，我找到制药企业，创造性地将冰硼散做成贴片，一面涂上一层水不溶性材料，另一面在赋形剂中加入冰

硼散，当病人患病时直接将这种贴片黏附在溃疡黏膜面上。这样的贴片不仅解决了准确缓慢单向释放给药，而且还能延长药物对病灶部位的治疗时间，使药物发挥最大的作用。在治疗复发性口腔溃疡时有效率达100%。

贴片的研制激发了我的思路，它可以方便地用于口腔黏膜，不是也可以适用于同样具有黏膜的人体腔道吗？在此思路的指导下，我将生物黏附剂技术试用于腔道给药，并开展一系列研究。1995年，以口腔用中成药剂型改革研究——生物黏附剂作为腔道给药载体的研究，填补了中药贴片制剂的空白，为国内外首创，先后获得山东省、国家中医药管理局科技进步二等奖各1项，也因此确立了本人在中药黏附制剂研究领域的领先地位。这也成为我在中药制药现代化研究中迈出的第一步。1995和1996年度，我先后获得了“山东省优秀青年中医”“中国百名杰出青年中医”荣誉称号。

上有经费支持，下有团队协作，我的研究在不知不觉中进入到快速通道，一步一步加快了前行的步伐。随着年龄、资历的增长，我被推到学科带头人的位置并带领研究团队先后中标国家自然基金、科技支撑计划、863及973科技计划课题13项。这些课题先后得以顺利完成，分别获得山东省、国家中医药管理局科技进步一等奖1项、二等奖5项。在我中年时期事业良性发展快速跨越的阶段，个人获得的荣誉更多了，我先后被授予全国中青年医学科技之星、山东省有突出贡献的中青年专家、山东省科技拔尖人才、山东省优秀科技工作者，山东省优秀教师等称号，享受国务院政府特殊津贴。这是党和政府对我及我的团队工作的认可，也是对我的鼓励与鞭策。

四、组建一支团结拼搏、特别能吃苦、特别能战斗的研究团队

自1994年起我担任了中药学院院长，山东省中药学重点学科带头人，国家中药药剂学重点学科带头人，山东省中药学“泰山学者”特聘教授，党组织、学校对我的要求更高了，寄予的希望更大了，责任大了、任务重了，压力也大了，总感到一个人的力量太有限了，总有干不完的事，任务千头万绪，怎样完成任务、担起重担，我认为必须建立一支团结拼搏、特别能吃苦、特别能战斗的研究团队，以培养新人、分解任务、吸收新动能，增强研究力量，加快研究进度，以前和我进行科研一同攻关的年轻人，自然成了团队的中坚和继续培养的对象。

我1996年成为硕士研究生导师，2005年成为博士研究生导师，至今共培养出了120多名硕士，16名博士，6名博士后，8名访问学者，他们进入工作岗位，成为中药教学科研的生力军，迅速成长为骨干与中坚力量。

1998年以来，我们建立起了中药新药新技术研究团队，并以此为基础逐渐扩大建立了中药学泰山学者科技创新团队，最新创建了中医药抗病毒研究协同创新团队。研究团队以具有博士学位、有海外学习研究背景的年轻教授为核心，以团队精神强、创新意识强的青年学者为主体，以学识造诣高深、德高望重的专家为引领者，分工合作。为了组建团队，激发团队成员的创新意识、攻关和进取精神，我将我们申请取得的科技经费拿出800多万元设立自主研发课题，引导团队成员围绕中医药抗病毒开展药学基础、药理药效、临床观察、新药发现等多领域全方位研究。包括横向协作，整个抗病毒研究团队人数达到257人，承担课题46项，圆满完成了我们承担的国家重大专项研究任务。

经过近5年的共同努力，我们中医药抗病毒协同创新团队，共承担国家重大专项课题3项，国家自然基金课题9项，省基金课题12项，省重大课题6项，科技经费达到2亿元。团队成员为了共同的研究目标和研究任务协作攻关，拼搏奋斗，创造了良好的业绩，而已取得的研究成果更印证并展现了中医药抗病毒应用的良好发展前景。大家共同的努力使得中医药抗病毒方面的研究成为山东中医药大学以及山东省中医药科研的优势领域。

经过十几年的努力，我们的团队有了快速发展，核心成员发展到16人，总数达到250余人，分别从事中药资源、中药鉴定、中药化学、中药药理、中药药剂、中药炮制、病原微生物、免疫学、中医基础理论、中医内科、实验动物等领域研究。近10年来，我先后获得国家科技进步二等奖1项（首位），山东省科技进步一等奖1项（首位）、二等奖3项，取得国家发明专利7项。我先后被选为山东省第十届党代会代表，被授予山东省先进工作者、山东省有突出贡献的专家、山东省优秀教师、山东省优秀科技工作者等荣誉称号。

都说学问随着年龄长，也说活到老、学到老、干到老。然而在不知不觉中我也迎来了年龄的节点。在年届六十之际，回首自己的成长之路，为自己能赶上我们国家的盛世而庆幸，为自己能参与到民族复兴的伟大事业之中并贡献了自己的智慧和力量而自豪，我由衷感谢党组织、学校对我的培养，个人的成绩是党和国家培养和教育的结果，也是在团队与集体之中共同前行、团结协作的结果。个人的绵薄之力只有融入社会、融入团体，与我们的国家、我们的时代共同前行，才是最为完美的。实现个人梦想的人生成功，就是全身心地努力奉献于国家富强和民族复兴，这也是我人生最大的感悟。

罗颂平

罗颂平（1957— ），女，医学博士，教授，广东省名中医。全国著名中医学家罗元恺教授的独生女儿、学术继承人。广州中医药大学第一临床医学院妇儿中心主任，妇科教研室主任，博士研究生导师。教育部重点学科中医妇科学学科带头人；国家级精品课程、国家级精品资源共享课《中医妇科学》课程负责人；国家级教学团队中医妇科学带头人；国家中医药管理局“岭南罗氏妇科流派传承工作室”负责人；中华中医药学会第六届理事会理事兼妇科分会第五届委员会主任委员、第六届委员会名誉主任委员；中国中医药研究促进会妇科流派分会常务副会长；世界中医药学会联合会围产分会副会长；中国中西医结合学会生殖医学分会首届委员会副主任委员；中国免疫学会生殖免疫学分会副主任委员；中国妇幼健康研究会中医药发展专业委员会副主任委员；中国医师协会整合医学分会整合生殖医学专业委员会副主任委员；广东省中医药学会第七、八届理事会常务理事兼第三、四届妇科专业委员会主任委员；国务院学位委员会第五、六届学科组成员；全国中医学中药学专业学位研究生教学指导委员会委员。第六批全国老中医药专家学术经验继承工作指导老师。

从医从教四十年，集家传、师承、院校教育和出国留学之优势于一身，既有深厚的中医学术造诣，又学贯中西。主要从事中医药调经、助孕、安胎的研究。广东省教育厅“中医女性生殖调节与安全性研究重点实验室”负责人。2009 年成为广东省首位中医学界的珠江学者特聘教授。2014 年成为杭州市钱江特聘专家的首位中医学者。

近年来主持国家自然科学基金项目 5 项，省部级项目 7 项，科研经费 924 万。作为第一完成人的研究成果：“肾脾虚弱型自然流产的系列研究”获 2002 年广东省科学技术二等奖；“免疫性自然流产与免疫性不孕的中医治疗”获 1997

年广东省科技进步二等奖；“月经周期的调节及其与月相的关系”获1987年国家中医药管理局科技成果乙等奖。获国家发明专利3项，广东省非物质文化遗产项目1项。

主编国家级“十二五”“十三五”规划教材《中医妇科学》以及首部住院医师规范化培训教材《中医妇科学》，案例式《中医妇科学》教材和研究生规划教材《中医妇科临床研究》（第二版）。还主编了特色教材《中西医妇产科治疗学》《中医妇科名家医著医案导读》《生殖免疫与内分泌学》等。教学研究成果“中医妇科学双主教学模式的构建与实践”（第一完成人）2009年获第六届广东省教学成果二等奖；“七年制中医专业中医妇科学课程改革的研究”（第二完成人）2001年获广东省教学成果一等奖。主编专著《全国中医妇科流派研究》获2015年中华中医药学会学术著作一等奖（第二完成人），还主编了《罗元恺女科述要》《中国百年百名中医临床家丛书·罗元恺》《罗元恺妇科经验集》《中华中医昆仑·罗元恺卷》等。

1994年起享受国务院政府特殊津贴；1995获“中国百名杰出青年中医金奖”；1996年获第二届“全国中青年医学科技之星”；2007年获中华中医药学会“全国百名杰出女中医师”及国家人事部“有突出贡献的中青年专家”；2006年获广东省第二届高校教学名师；2007年获广东省政府“南粤优秀教师”；2009年被评为“全国模范教师”和“全国教育系统巾帼建功标兵”；2013年获“全国医德标兵”；2014年获“广东省杰出女科技工作者”“第六届全国优秀科技工作者”；2015年被评为“羊城好医生”；2016年获“全国五一劳动奖章”和“全国中医药高等学校教学名师”。

一、家学渊源

我出身于中医世家。祖父罗棣华早年是晚清儒生，以儒通医，在家乡行医。晚年从广东的佛山南海西樵山来到广州市的洪德路开设诊所。擅长于温病与妇人病，有妇科验方留存。父亲罗元恺幼承庭训，诵读方书，及长，就读于广东中医专门学校，1935年毕业并留校从医任教。抗日战争期间辗转于香港、韶关、连县等地行医，抗日战争胜利后，参与广东中医专门学校的复办，并于1950年担任该校校长。其后，还担任广东中医进修学校副校长，广州中医学院筹备委员、进修部主任、妇儿科教研室主任、副院长。罗元恺是新中国第一位中医教授，先后主编《中医儿科学》第一、二版教材和《中医妇科学》第五版教材。擅长于内妇儿科，晚年精于妇科。他主张“阴阳学说是中医理论体系的核心”。在妇科方面，首先提出“肾－天癸－冲任－子宫轴”是女性生殖调节的核心，并以此作为调经、助孕、安胎的基本思路，创制了中药新药“滋肾育胎丸”和“田七痛经胶囊”，以及医院制剂“橘荔散结片”“罗氏内异方（益母调经祛瘀合剂）”等。他是获得全国首批中医妇科学博士、硕士学位授权点的研究生导师，国务院学位委员会第一届学科评议组成员。罗元恺教授是全国著名的中医临床家和中医教育家。

我是罗元恺的独生女儿，从小受家庭影响，听父辈谈论医道，看名医们给患者诊治，帮父亲抄写讲义。当时父亲经常带年轻医生下乡巡回医疗，有些外地的病人慕名到广州看病，甚至到家里等他下班，父亲下班后仍忙着看病、写讲义备课，也经常有学生上门讨论学术问题。长期耳濡目染，既感受到中医药的博大精深，又体会了医者仁心的大爱情怀。

父亲勤于著述，笔耕不辍。在 20 世纪 80 年代编撰出版了《罗元恺医著选》，并由岭南地区著名书法家麦华三先生题写书名。数年后，又出版了《罗元恺论医集》。当年没有电脑，没有互联网，查阅资料要到图书馆，写书编讲义要一字一句在稿纸上写，若有较多的修改，就需要誊写一遍。父亲对明代医家张介宾的《景岳全书》十分欣赏，这是一部 64 卷的大部头，包括《传忠录》3 卷、《脉神章》3 卷、《伤寒典》2 卷、《杂证谟》29 卷、《妇人规》2 卷、《小儿则》2 卷、《痘疹诠》4 卷、《外科钤》2 卷、《本草正》2 卷、《新方八阵》2 卷、《古方八阵》9 卷、《妇人规古方》1 卷、《小儿则古方》1 卷、《痘疹诠古方》1 卷和《外科钤古方》1 卷。内容涵盖了中医基础理论、中药、方剂、诊法、内科（伤寒、杂病）、妇科、儿科、外科等。可惜没有专科分册印行。父亲要把其中的《妇人规》2 卷点校注释出版，让更多人了解景岳的妇科专著。家里的《景岳全书》是岳峙楼版，竖排，无标点。父亲让我把《妇人规》原文分段抄在稿纸上，加上标点。若有方药，再从《新方八阵》或《妇人规古方》中，按方名找出方药组成和剂量，补入该段原文下方。然后他给每段原文写注释，亦对方药做出方解，提出赞同或不同的意见，或补充新的用药建议。最后写成 25 万字的《罗元恺点注妇人规》。在这个过程中，不仅促使我通读景岳原文，提高了古文句读能力，亦领略了做学问的严谨。

二、师承名家

我于1980年考取广州中医学院中医妇科学硕士研究生，导师是父亲罗元恺教授。中医研究生教育开始于1978年，当时研究生的招生规模小，招生专业也不多，那一年我校本有5个专业招生，但只有我一个人考上，因此，学位课程难以开设，经我校与北京中医学院协商，让我到北中医旁听相关课程并参加考试。机缘巧合，我得以北上学习，并有幸聆听任应秋、刘渡舟、印会河等中医大家讲课。北中医的医古文教学也是超一流的，有刘振民、钱超尘、周笃文等名师授课，不仅让我学习了古文训诂知识，还阅读了不少古代名篇。周笃文老师记忆力超强，他是宋词研究专家，当时已有研究专著出版。我在图书馆借阅《昭明文选》，在周老师指导下学习了《三都赋》《风赋》等，领略了中国古代诗词歌赋之美。在北京学习期间，父亲给我一本赵孟頫的字帖，听课之余，在宿舍临摹练字，亦每周写信给父亲汇报学习情况。听课、思考、读书、练字，这是一段非常充实、美好的学习时光。

硕士研究生期间，从《内经》“天人相应”理论得到启发，研究月经周期调节与月相的关系。《灵枢》和《素问》对于生理与病理节律均有论述。《灵枢·岁露》指出：“人与天地相参也，与日月相应也。故月满则海水西盛，人血气积，肌肉充，皮肤致……当是之时，虽遇贼风，其入浅不深。至其月郭空，则海水东盛，人气血虚，其卫气去，形独居，肌肉减，皮肤纵……当是之时，遇贼风则其入深，其病人也卒暴。”《素问·八正神明论》又提出：“月始生，则血气始精，卫气始行；月郭满，则血气实，肌肉坚；月郭空，则肌肉减，经络虚，卫气去，形独居。”明代张景岳《类经》对此的解释是：“月属阴，水之精也，故潮汐之消长应月。人之形体属阴，血脉属水，故其虚实浮沉，亦应于月。”张景岳还指出：“月事者，言女子经水按月而至，其盈虚消长应于月象。经以应月者，阴之所生也。”李时珍《本草纲目》对此亦有论述：“女子，阴类也，以血为主。其血上应太阴，下应海潮，月有盈亏，潮有朝夕，月事一月一行，与之相符，故谓之月水、月信、月经。”古人指出，人体阴血的消长与太阴月周期相适应，呈现以28～30天为一周期的近似月节律变化。这种节律，又以妇女的月经周期表现得最显著。因此，可以通过调查健康女性的月经周期、检测月经周期中与节律调节相关的物质来论证月经节律与月相的关系，并通过时间治疗法来验证和探讨月经调节与阴血消长节律的一致性。对于这一研究思路，父亲十分赞赏，然而，当时中医学院的研究条件很薄弱，又没有课题经费的资助，如何实施呢？他亲自出面，请学校免疫研究室、化学教研室和统计学教研室的专家协助，共同指导我设计研究方案，并开放实验室，进行实验方法的探索，从学校筹集有限的经费购置试剂等，使课题的研究得以顺利进行。该研究首先在北京、广州两地进行问卷调查，对922名女大学生的月经情况调查表明，其一，月经周期的终始在时间的分布上有一定规律。月经节律与朔望月周期呈现同步效应。其二，对节律调节的重要物质降黑素（melatonin）进行周期性的测定，发现位于大脑第三脑室的松果体所分泌的降黑素既具有昼低夜高的日节律，在女性还具有与月经周期相一致的月节律。其三，对月经不调、闭经等妇科病证，根据月经周期与月相的关系，以及月经周期中阴阳气血的消长变化规律，进行因时施治的研究并取得较好的疗效。我的硕士学位论文得到专家们很高的评价，研究论文《月经节律与月相的联系初探》发表在1984年12月《上海中医药杂志》。*The regulation of menstrual cycle and its relation to the moon* 发表在1986年1月瑞典 *Acta Obstetrics & Gynecology Scandinavica*。论文得到国内外数十位学者的关注，该研究也获得1987年国家中医药管理局中医药科技成果乙等奖。

硕士毕业后，适逢父亲接到主编《中医妇科学》五版教材的任务，副主编是成都中医学院曾敬光教授，编委是南京中医学院夏桂成教授、安徽中医学院徐志华教授和湖北中医学院毛美蓉教授，广州的张玉珍老师和成都的刘敏如老师协助主编和副主编的工作，天津中医学院哈荔田教授和黑龙江中医学院韩百灵教授参与审定。当时在广州召开定稿会，历时1个月。专家们认真讨论每一章节，有时候为一个概念的表述、一个病证的定义而争论半天才达成共识。如对于月经病中的“崩漏”，古代许多医著是概指各种异常阴道下血，故有胎前血崩、产后血崩等。《景岳全书·妇人规》中提出“崩漏者，经乱之甚者也”。父亲认为，该病在现代教材中是月经病中的一节，应限定于月经病范畴，不应包括妊娠病、产后病或癥瘕所致的异常下血。故主张定义为“经血非时暴下不止或淋沥不尽”。专家们有不同意见，经过深入讨论，最终将这个定义写入五版教材。夏桂成教授提出在月经病章增加“经间期出血”一节，在古代医著和以前的教材都没有这个病的论述，但夏老师认为，这个病证在临床上比较常见，且与“氤氲期”的阴阳转化有关。父亲从善如流，在五版教材中增加了这个病证。

我在教材定稿期间作为主编的小助手，负责绘制教材中的示意图和誊写稿件，在场目睹中医大家们编教材的严谨，更深刻地认识到为人师表应做到一丝不苟。五版教材只有不到30万字的篇幅，却影响深远。印刷数十次，并被台湾长庚大学作为中医教材，被香港注册中医师考试作为蓝本。至今仍有许多老专家以此为案头参考，认为这是一部最精炼的教材，中医的特色最为显著。刚出道的时候有幸参与五版教材的工作，对于后续的教学、医疗与研究有很大的帮助。当我作为教材的编委、副主编、主编的时候，仍以当年父辈编教材的一丝不苟作为自己学习的楷模。

1991年国家出台中医师承政策。由人事部和国家中医药管理局遴选500名著名的中医、中药学专家，为他们配备学术继承人，传承其学术思想和临证经验。父亲成为首批全国老中医药专家学术经验继承工作指导老师，我和师姐张玉珍成为他的学术继承人。在这4年里，父亲每周带我们看门诊、查房，也定期给我们讲小课，指导我们读经典，写心得，整理医案。父亲在《新中医》杂志开设了“女科述要”专栏，每月发表一篇医话。2年之后，我们在1994年整理成册，出版了《罗元恺女科述要》。其后，又继续在同一刊物开设“食用药物与药膳”专栏，根据中医药“药食同源”的特点以及岭南地区民众普遍喜欢煲汤的习俗，介绍各种入膳中药的性味特点，药膳配伍及其功用，深受读者欢迎。我们在1994年撰写了师承论文，通过答辩，取得出师证书。《罗元恺女科述要》也收录了我们跟师的心得“学无偏执，行有定见”“辨证论治的两分法”和“心必诚，行必果”。其后，我整理了《中国百年百名中医临床家丛书·罗元恺》，收录了父亲的医论医话和医案。2004年与张玉珍教授合作整理出版《罗元恺妇科经验集》，全面收录了父亲在中医妇科领域的学术论文、医论医话、医案，以及他的研究生所写的研究论文，也收录了“食用药物与药膳”，比较系统地反映罗元恺教授的学术观点、临证用药特点、新药创制以及学术研究脉络。近年又整理出版了《罗元恺妇科讲稿》。“岭南罗氏妇科诊法”2017年被评为广东省非物质文化遗产项目。

我在硕士研究生毕业的时候，许多师长和亲友都主张我继续攻读博士。但当时父亲却认为我应该在实践中锻炼，从医疗、教学和研究实践中提升实际工作能力。于是，我放下了攻博的念头，留校工作，在病区、门诊、教研室、实验室等不同部门，经历了临床、带教、讲课、编教材以及外出进修等过程，从住院医师、助教逐步成长为副主任医师、教授。到了2000年，由于重点学科建设的需要，大学领导要求各学科提升教师的学历与学位层次，鼓励在职攻读博士学位。这就让我重拾攻读博士的梦想。2002年，我再次走进考场，跟我的学生一起参加入学考试，并成为欧阳惠卿教授的博士研究生。欧阳老师是广州中医学院第三届毕业生，1964年开始从事妇科临床、教学与研究工作，是我们学科第二代学科带头人。她秉承罗老的学术思想，提携后人，培育团队，率先设立中医妇科实验室，推动现代中医研究。欧阳老师长期指导我学习和工作，她主编“十五”国家级规划教材《中医妇科学》，也让我担任编委，该教材在2002年出版，并荣获“全国高等学校医药优秀教材一等奖”。

在职攻博3年，在繁忙工作之余重新回到教室听课、考试，做实验、写论文。在忙碌之中体验学习的乐趣，也进一步体会名医的治学修身之道。欧阳老师治学严谨，编写教材一丝不苟，查证每段引文的出处。看病亦非常认真细致，不仅仔细询问病情，还经常把病人的病历带回家研究，若治疗效果不如预期，她会亲自找资料，力求给病人提供最好的治疗方案。她年轻的时候经常下乡巡回医疗，练就针药并用、药食同用的本领。后来，由学校派出到英国伦敦的中医诊所工作1年，她也给病人进行针灸治疗。中药与针灸配合，确实比单纯药物治疗更有优势。跟随欧阳老师念博士、做临床、编教材，我在实践中增长了才干，更钦佩导师的医者仁心。

三、出国研修

在工作的过程中，我曾经两度获得国家的资助，到美国进行短期研修。1988年，考取卫生部的世界银行贷款项目，到芝加哥做访问学者。导师是著名的生殖免疫学专家 Alan Beer 教授，他是《国际生殖免疫学杂志》主编。他专注于妊娠免疫调节的研究，针对复发性流产夫妇的 HLA 抗原和封闭性抗体问题，采用白细胞主动免疫治疗，形成一种新的治疗方案，在国际上影响较大。我在他的实验室进行封闭性抗体的研究，比较不同检测方法的敏感性，以准确评价治疗效果。在美国研修1年，我对生殖免疫学的理论与研究方法有了比较全面的认识，掌握了流式细胞分析法等新技术。

1989年从美国研修归来，当时生殖免疫学的研究在国内刚刚起步，在中医领域几乎是空白。由于 Alan Beer 教授的主动免疫治疗需要采用人体白细胞，在临床运用存在一定的风险。我根据中医证候特点和中药药理研究，提出以补肾健脾中药复方改善妊娠免疫调节的设想，我跟欧阳老师提出想申报课题，但由于自己只是讲师职称，希望由欧阳老师牵头申报。欧阳老师看了我写的标书（当时还是手写的，未有电脑打印），询问了研究条件有什么要求，还需要购置什么设备，是否掌握相关的技术。我汇报了在美国学习的情况，如果有课题支撑，我认为研究是可行的。欧阳老师果断地在申报者一栏填上我的名字。她说，你刚从国外进修回来，掌握新技术，也提出了研究思路，应该由你主持这项研究。当年即申报了国家中医药管理局的项目并获得立项，开展对免疫性自然流产的中医研究，应用在美国研修期间所学习的方法，探讨中医药在生殖免疫调节方面的作用与机理。1997 年“免疫性自然流产与免疫性不孕的中医治疗”获广东省科技进步二等奖。

2001 年 10 月，我再次获得教育部重点项目的资助，到美国耶鲁大学做高级访问学者。在耶鲁大学医学院生殖药理学教授 Harold Behrman 的实验室，以单味中药菟丝子、附子进行促进小鼠卵泡发育的体外研究，并取得有意义的结果。耶鲁大学图书馆有丰富的藏书，其中有 1000 多册的古今中医书籍，包括邓铁涛、罗元恺等当代名医的专著。美国各州有不少针灸医师执业，并设立了各地的中医团体，开展学术活动。在美期间，与波士顿的麻省中医学会进行了学术交流，到纽约曼哈顿给纽约州中医学会的同道分享了中医治疗不孕症的思路。

2002 年，在耶鲁大学研修的基础上，我申报国家自然科学基金项目“肾虚自然流产蜕膜孕激素受体基因表达与中医药调控”并获得立项，继而获得教育部博士点基金资助，进行“补肾复方对大鼠异体卵巢移植模型急性排斥反应的研究”。

两次出国研修，我开阔了视野，启迪了思路，促进了研究，也结交了师友。从 20 世纪 80 年代到 21 世纪初，中国的发展与崛起让世界瞩目，中医也随着祖国的强盛而走向世界，逐渐被西方接纳。中医在海外的发展，亦拓展了现代中医的研究与创新空间。

四、培育团队

我作为广州中医药大学中医妇科学第三代学科带头人，肩负着学科建设的重任。2001 年冬，我在美国耶鲁大学研修期间，教育部启动第二轮国家重点学科申报。我们学科经过省内的竞争，获得申报资格，提交材料后，要在北京参加教育部组织的答辩。我为此专程回国，往返飞行30多小时，通宵达旦地准备材料，只为这30分钟的答辩。当时，我与欧阳惠卿教授和许丽绵教授一起赴京答辩。大学校长和广东省教育厅主管副厅长也到北京慰问参加答辩的专家们。经过激烈竞争，我校中医妇科学终于进入第二轮国家重点学科的行列。

跻身国家重点学科，需要一支精诚团结、坚强有力的团队，在医、教、研诸方面协调发展。我们学科当时虽然有老前辈打下的坚实基础，但人才梯队和研究实力还比较薄弱，在欧阳老师的指导下，一方面是充分发挥老专家的传帮带作用，给中青年教师进行教学示范、临床带教，夯实医疗、教学基本技能。另一方面，是鼓励中青年教师在职攻读博士、硕士学位，请校外专家指导，启动临床与实验研究，积极申报各级开题。经过几年的努力，学科的整体素质得到显著提升，学科每个研究方向都得到项目的支撑，并逐步获得成果，得以稳定、持续发展。

2002年以来，我们先后成为国家重点学科、国家中医药管理局重点专科、国家级精品课程、国家级教学团队、国家临床重点专科和国家级精品资源共享课。在重点学科、重点专科、精品课程和人才队伍建设等方面齐头并进，全部进入国家队的行列。欧阳惠卿老师荣获首届全国名中医；我和邓高丕教授获广东省名中医；部洁博士获聘广东省珠江青年学者和广东省优秀青年教师。近几年，欧阳惠卿全国名中医工作室、岭南罗氏妇科流派传承工作室已通过验收。张玉珍名中医工作室也获得立项。我们团队先后主编了“十五”“十一五”“十二五”和“十三五”国家级规划教材《中医妇科学》。其中，欧阳惠卿教授主编的人民卫生出版社规划教材和张玉珍教授主编的中国中医药出版社“十一五”规划教材先后获一等奖和优秀奖。我还主编了案例版教材和首部中医住院医师规范化培训教材，以及世家中医药核心教材《中医妇科学》，在中医妇科教材建设方面发挥了学科强大的影响力。

五、临证发挥

1. 补肾与健脾并重防治先兆流产与复发性流产

早在20世纪60年代，父亲治疗过几位多次流产的患者，由于反复流产，身体虚弱，情绪紧张，辗转找到我父亲诊治。其中有一位是军队话剧团的演员，经常到军营演出，难以坚持服用汤药。于是，父亲给她开了一个大处方，让她到药店加工为药丸，方便携带和服用。这位患者经过父亲的治疗，再次妊娠生育了一个健康的男孩。后来，父亲总结了几个案例的药方，形成了一个补肾安胎的经验方“补肾固冲丸”，并在20世纪70年代编写《中医妇科学》四版教材的时候，作为滑胎肾虚证的代表方写入教材。

到了20世纪70年代末，广州的中药铺不再提供加工药丸的服务。因此，父亲萌生了制备一种安胎中成药的想法，他与广州中药一厂合作，将“补肾固冲丸”的方药配伍略加调整，易名为“滋肾育胎丸”。经过广州三家医院的临床试验，在1982年获得新药批文，成为治疗先兆流产和习惯性流产的中药新药，并于1983年获卫生部重大科研成果乙等奖。

对于滋肾育胎丸的药效学研究主要着眼于改善黄体功能，而对于免疫性因素所导致的反复流产，国内尚未开展研究。1989年，我从美国研修生殖免疫学回国后，分析了中药药理学的研究文献，发现具有促进免疫应答作用的中药，主要是补气健脾方药。根据中医理论，肾为先天之本，脾为后天之本。肾主封藏，脾主统摄。胎元之形成有赖于肾气盛，而胎元之长养则有赖于脾气之运化，气血之充养。固摄安胎，当补肾与健脾并重。因此，我在父亲和欧阳老师指导下设计了课题，获得了项目资助，又在父亲指导下，与师姐张玉珍、梁国珍老师一起，在滋肾育胎丸的基础上，加减化裁，形成补肾与健脾并重的“助孕3号方”，并获得医院制剂的批文，从1991年开始在院内使用。一方面，进行临床研究，观察该方对于中医脾肾两虚证和妊娠免疫应答不足的治疗效果，发现虽没有配伍止血药物，但对于先兆流产的阴道流血也有止血效果，安胎的疗效与滋肾育胎丸基本一致。另一方面，通过混合淋巴细胞培养、流式细胞仪检测Th1/Th2细胞因子，也发现该方对于妊娠免疫保护有促进作用。

在后续的研究中，针对高龄复发性流产的诊治，提出中医治疗要肾脾并重，尤其需要注重夫妇双方生殖细胞的检测及再次妊娠前的中医调摄，“预培其本”以避免再次流产，并在全国中医妇科学术年会和各地的继续教育学习班讲课时阐述其观点。

验案举隅

罗某，女，35岁。2008年10月29日初诊。

患者从2000～2007年11月共妊娠8次，均在孕6～8周以自然流产告终。

其中5次完全流产，3次行清宫手术。平素月经尚规则，周期30~32天，经期3~4天。末次月经：2008年10月19日，3天净，量偏少，少许血块，无痛经。近半年时有左下腹隐痛。面色苍白，月经前后四肢发凉，大便每日2次，质软，小便调，舌暗红，苔白，脉沉弱。夫妇双方染色体、地贫筛查均无异常。周期14天B超检查：卵泡（左）15mm×14mm，内膜6mm。

诊为滑胎，证属脾肾两虚。治法要分两步：孕前宜补肾健脾、益气养血、调理冲任为主。建议暂时避孕，待中医证候改善，卵泡和内膜情况好转再尝试妊娠。经后期注意补肾填精，促卵泡发育。

方药以归肾丸加减。

处方：熟地15g，山茱萸12g，菟丝子20g，枸杞子15g，怀山15g，杜仲15g，巴戟15g，黄精30g，鸡血藤30g，郁金15g，丹参15g，白芍15g。

中成药用胎宝胶囊和杞菊地黄丸。

排卵后则着重补肾健脾，改善黄体功能。方药用寿胎丸合四君子汤加减。

处方：党参15g，桑寄生20g，川断15g，怀山15g，杜仲15g，金樱子15g，覆盆子15g，菟丝子20g，北芪15g，白术15g，茯苓15g，陈皮6g。

医院制剂：助孕丸。

经过3个周期的治疗，症状好转，面色红润，无腰酸腹痛，卵泡和内膜均有改善。嘱可再试孕。

二诊：2009年5月26日。停经33天，阴道少量出血，伴腹痛，腰酸，胃纳差，口干。舌尖红，苔薄白，脉沉细。查血β-HCG 1394.1U/L，E_2 1585.22pmol/L，P 100.2nmol/L。诊为有滑胎史的胎动不安（早孕先兆流产），证属脾肾不固，当以补肾健脾，安胎止血为法。

处方：党参、菟丝子、桑寄生各20g，川断、枸杞子、白芍、怀山、杜仲、覆盆子、仙鹤草、茜草根各15g，阿胶10g，砂仁6g。

共7剂，每日1剂，水煎服。

上药配合助孕丸、复合维生素服用，并嘱其卧床休息，不宜房事，定期复查血HCG定量。

2009年6月3日，腰酸、腹痛好转，仍有少许阴道下血，查血β-HCG 23981.1U/L，P 94.16nmol/L。效不更方，守上方再服。

2009年6月16日，阴道下血甚少，无腰腹疼痛。查血β-HCG >

100000U/L，P 91.68nmol/L，E_2 2999.29pmol/L。B 超示宫内妊娠 7 周，见胎心搏动。嘱继续用上方和助孕丸，并注意休息。

2009 年 6 月 24 日，B 超示宫内妊娠 8^+ 周，活胎。嘱用药至妊娠 12 周，进行 NT 检查。

患者在孕 13 周后回家乡养胎，2010 年 1 月足月剖宫产 1 女婴。

2012 年 10 月 9 日，患者再来复诊，谓产后 2 年余，拟生育二胎，2012 年 6 月再孕，又在孕 8 周时 B 超提示胚胎停止发育，行清宫术，要求再治疗。当时患者已 39 岁，月经尚准，末次月经 2012 年 9 月 25 日，量中，色鲜红，平时偶有腰酸，纳眠可，二便调。舌尖红，苔薄白，脉细。证属脾肾不固。

处方：党参、川断、怀山药、杜仲、金樱子、覆盆子、黄芪、白术各 15g，桑寄生、菟丝子各 20g，陈皮 6g。

每日 1 剂，水煎服，配合助孕丸。嘱调理 3 ~ 6 个月再试孕。

2013 年 7 月 23 日，停经 32 天，末次月经 2013 年 6 月 22 日，诉口干，乳胀，腰酸痛，舌淡，边有齿印，苔黄，脉细弦。查血清 HCG 2651U/L，P 133nmol/L。此乃早期妊娠，脾虚兼有虚热。

处方：菟丝子、桑寄生各 20g，川断、枸杞子、女贞子、白芍、怀山、覆盆子、白术各 15g，黄芩、石斛各 10g，陈皮 5g。

共 7 剂，每日 1 剂，水煎服，配合助孕丸。

2013 年 8 月 10 日复诊，B 超提示宫内见 36mm × 13mm 孕囊，胚芽 7mm，见心管搏动。守方继续安胎，至孕 13 周，孕期无阴道下血，无腹痛。2014 年 3 月足月剖宫产一男婴。

2017 年 7 月 31 日，患者特携其一子一女从江西前来致谢。

2. 攻补有度治疗癥瘕不孕

癥瘕与不孕，都属于妇科杂病。以前女性早婚早育，而癥瘕常常发生于 40 岁以上的妇女。因此，在中医古籍中，较少论及癥瘕影响孕育的问题。现在则不然，一方面是女性婚育年龄推迟，许多女性接受了高等教育，进入职场打拼，30 岁以后才考虑生育问题；另一方面是疾病谱的改变，随着环境、饮食等因素的变化，工作与精神压力的增加，子宫肌瘤、子宫腺肌病的发病年龄下降，子宫内膜异位症成为妇科常见病。许多妇女尚未生儿育女，就已经被癥瘕缠身，甚至影响生育。癥瘕与不孕的治疗，往往需要权衡利弊，在消癥散结与助孕安胎之间取得平衡，攻而不伤正，补而不助邪。

对于宿有癥瘕的不孕妇女，首先要辨其虚实。病史较长，年龄偏大的，以虚实夹杂多见。常常是肾虚血瘀、脾虚痰湿、血虚气滞。应当根据月经期、月经后、月经前等不同阶段的阴阳气血变化，分期施治。这是中医周期治疗的特色。如子宫内膜异位症、子宫腺肌病患者常有痛经和月经过多，经行腹痛甚者，经期宜行气活血止痛，用失笑散、膈下逐瘀汤。父亲的验方“田七痛经胶囊”和“罗氏内异方”也有温经活血止痛、活血消癥止痛的效果。经量多而有血块者，经期宜祛瘀止血，用血竭、蒲黄炭等。气虚血瘀者，用岗稔、地稔、党参、血余炭、三七末等，亦可佐以行气消癥，用橘核、荔枝核、川楝子。软坚散结则用鳖甲、牡蛎等。经后阴血不足，宜适当补虚，益气养血，健脾补肾以固其本。若偏于血虚，头晕心悸，子宫内膜偏薄者，用黄精、山药、鸡血藤等，养血益阴活血。若偏于肾阴不足，腰膝酸软，或高龄卵巢储备不足者，用菟丝子、女贞子、石斛等。经间期是阴阳转化、重阴必阳的阶段，亦即现代所言排卵期。排卵后，宜平补肾阴阳以助孕，佐以行气软坚散结，用寿胎丸加橘核、荔枝核、牡蛎等。

孕后则根据妊娠病“治病与安胎并举”的原则，在固摄安胎的基础上，兼顾软坚散结。但必须谨守妊娠用药禁忌，不可使用碍胎、伤胎之品。对于妊娠慎用药，则根据病情需要，酌情使用，严格控制剂量与疗程。遵《内经》“有故无殒，亦无殒也”“衰其大半而止”之意旨，勿伤胎气为要。对于有子宫肌瘤的孕妇，必须在妊娠早期和中期进行定期的B超复查，并告知患者肌瘤可能在孕期增大，亦可能发生变性（红色样变），一旦发生腹痛、发热、子宫收缩等症状，须及时就诊，一般应住院观察。

验案举隅

黄某，女，34岁。2010年1月11日初诊。

患者自然流产2次，求嗣1年余未果。婚后分别于2006年4月及2008年7月怀孕2次，均于停经5~6周自然流产。其后1年余未再孕。近期发现子宫肌瘤，约1.5cm×1.0cm。迫切期望生育。平素月经规律，周期27~29天，经期5天，经量少，色暗红，无血块，无痛经。末次月经2009年12月19日。经常口干，口腔溃疡，纳眠可，夜尿2次，大便干结。舌红，苔白稍腻，脉弦细数。

诊为癥瘕（子宫肌瘤），继发性不孕。证属肾虚血瘀，治疗予以滋阴补肾，消癥散结为法。

处方：桑寄生、续断、女贞子、白芍、郁金、钩藤、金樱子、丹参、橘核各15g，菟丝子20g，鸡血藤30g，石斛10g。

每日1剂，水煎服。

医院制剂：橘荔散结片、助孕丸。

二诊：2010年2月8日。2010年1月15日行径，经量较前增多，色鲜红。夜尿减少，大便调，舌尖红，苔白，脉细弦。基础体温双相。治以滋肾疏肝健脾。

处方：续断、女贞子、白芍、山药、郁金、山萸肉、金樱子、益智仁各15g，桑寄生、菟丝子各20g，川楝子10g。

每日1剂，水煎服。

医院制剂：助孕丸。

2010年11月25日，复查B超提示多发性小肌瘤，最大直径约2.8cm（左侧壁），内膜厚度为0.7cm。末次月经2010年10月29日，量中，色鲜红。舌淡红，边有齿印，苔薄，脉细弦。继续以补肾固精，消癥散结为法，在上述方药加减基础，加上橘核、鳖甲软坚散结。

2012年7月2日，停经56天，末次月经2012年5月7日。昨日阴道有少许血性分泌物，服阿胶后血已止，无腰腹痛，现恶心，呕吐酸水，胃纳差，大便溏，舌淡红，苔白，脉滑。B超提示：宫内妊娠8周，活胎；多发性子宫肌瘤，后壁肌瘤7.8cm×7.3cm，前壁肌瘤3.3cm×2.9cm、1.8cm×1.4cm。诊为胎动不安、癥瘕。证属肾虚血瘀，治以固肾安胎，和胃降逆。

处方：菟丝子、桑寄生、山药各20g，续断、党参、白术、苍术、覆盆子、杜仲各15g，阿胶珠10g，陈皮5g，砂仁6g。

每日1剂，水煎服。

医院制剂：助孕丸。

2012年8月8日，进行胎儿NT检查，提示在正常范围内，子宫后壁肌瘤9.0cm×5.9cm。仍有少量阴道褐色分泌物，点滴即净，恶心欲吐，偶有腰酸，无腹痛，二便调。上方减陈皮、砂仁、苍术、覆盆子，加上三七粉3g、鸡血藤30g、鳖甲20g、橘核15g。

2012年8月20日，复查B超，提示宫内妊娠15周，活胎。子宫后壁肌瘤增大为9.6cm×7.7cm。偶有下腹疼痛，无其他不适。以消癥散结，补肾活血为法。

处方：橘核、荔枝核、赤芍、丹参、续断各15g，鳖甲、桑寄生各20g，牡蛎、鸡血藤各30g，三七10g，甘草6g。

患者服中药至妊娠30周。定期复查B超，妊娠35周时，肌瘤缩小至6.2cm×6.3cm×6.2cm。

患者于2013年2月妊娠37⁺周时剖宫产一健康男婴，同时剔除子宫肌瘤，最大的肌瘤约5.0cm×4.0cm。

3. 滋肾养血治疗卵巢功能不全

卵巢功能不全，系指女性在40岁之前发生闭经（停经4个月以上），伴有低雌激素和高促性腺激素，连续2次（相隔4周以上）血清FSH>25 U/L或40 U/L，又称早发性卵巢功能不全（POI），亦称为卵巢早衰（POF）。

虽然本病的发病率不高，但严重影响女性生殖健康和生活质量，严重者有绝经综合征的症状，如潮热多汗，烦躁失眠，阴道干涩，性欲减退等。中医古籍有“早衰”“年未老经水断”“血枯”等记载。由于肾气虚衰，肾精耗损，天癸早竭，以致经水早绝。中医理论认为，肾气盛则天癸至，冲任通盛而月事以时下；肾气衰则天癸竭，冲任衰少而经水绝。维持肾气旺盛，则天癸如常，经水不绝。天癸者，天一生水，属水，为元阴。《景岳全书》指出：“元阴者，即无形之水，以长以立，天癸是也。”真阴耗损，则血海无余以下。

卵巢功能不全为妇科疑难病。部分继发于病理性卵巢功能损伤，如自身免疫性疾病、盆腔放疗或长期使用某些药物。大部分原因不明。临床所见，其证候以肾虚为主，兼证则常见肝肾阴虚、脾肾阳虚、心肾不交、肾虚肝郁、肾虚血瘀等。治法以补肾为主，尤其是顾护真阴。通过填补肾精，平补肾气，滋养阴血，达到平衡阴阳，调和气血之目的。由于本病的治疗需要持之以恒，仅用中药汤剂、针灸等，往往难以坚持，配制膏方，辅以中成药，则使用更为方便。在治疗过程中，还应注意整体调理，兼顾心、肝、脾等，并进行情志疏导，使病人树立信心，配合治疗。若月经停闭日久，可间断使用西药人工周期治疗，以提高子宫内膜的反应性。经过恰当治疗，仍有一些病人可以恢复月经和排卵，达成生育的愿望。

验案举隅

向某，女，26岁。2010年12月29日初诊。

患者16岁月经初潮，周期欠规律，25～120天不等，经期2～7天，经量少，色暗红，无痛经。近1年停经，就诊于某西医院诊断为卵巢早衰，主张长期用西药人工周期。到某生殖中心咨询，告知无法获取卵子。遂寻求中医治疗。刻诊：末次月经2010年8月24日（人工周期）。症见烦躁，四肢欠温，夜寐多梦，带下少，性欲淡漠，小便频，大便2～3日一行。舌红，边有齿印，苔白，脉细。已婚未育，有生育要求。

即日查FSH 62.67U/L，LH 17.33U/L，E_2 59pg/mL。诊为闭经（卵巢早衰）。证属肾阴不足。治以补肾填精，益气活血。

处方：当归、川芎、香附各10g，熟地黄、赤芍、丹参、路路通、牛膝、白扁豆、苍术、郁金各15g，鸡血藤30g。

每日1剂，水煎服。

另配合中成药：胎宝胶囊、复方阿胶浆。

二诊：2011年1月12日。末次月经2011年1月9日，量少，色暗红，舌红，边有齿印，苔白，脉弦。时值冬季，拟用膏方。

开路方：熟地黄、山萸肉、枸杞子、山药、杜仲、郁金、丹参各15g，菟丝子20g，石菖蒲、佛手、广藿香各10g，鸡血藤30g。

膏方：党参150g，黄芪150g，菟丝子300g，山萸肉150g，白术150g，山药150g，云茯苓120g，熟地黄150g，白芍150g，当归100g，黄精200g，淫羊藿100g，鸡血藤300g，续断150g，杜仲150g，狗脊150g，桑寄生200g，覆盆子150g，石斛100g，女贞子150g，广藿香100g，丹参120g，香附100g，肉苁蓉200g。

另加：阿胶150g，西洋参150g，红参100g，蜂蜜300g，黑枣100g，黄酒500mL。

2011年6月22日，复查FSH 40.38U/L，LH 11.77U/L，$E_2 < 20$pg/mL。烦躁稍减，睡眠好转，继续治疗。

处方：熟地黄15g，山萸肉15g，菟丝子20g，枸杞子15g，山药15g，巴戟天15g，鸡血藤30g，郁金15g，石菖蒲10g，丹参15g，淫羊藿10g，女贞子15g。

2011年11月15日，就诊时月经仍不规律，经量少，但带下增加，舌质红，苔薄，脉细数。

再次予以膏方：党参150g，黄芪150g，菟丝子300g，山萸肉150g，白术

150g，山药150g，茯苓120g，熟地黄150g，白芍150g，当归100g，黄精200g，淫羊藿100g，鸡血藤300g，续断150g，杜仲150g，金狗脊150g，桑寄生200g，金樱子150g，覆盆子150g，石斛100g，女贞子150g，陈皮60g，广藿香100g，佛手100g，丹参120g，香附100g。

另加：阿胶150g，鹿角胶100g，西洋参100g，红参100g，饴糖200g，蜂蜜300g，黑枣100g，黄酒500mL。

2011年12月27日，月经比较有规律，量中，有血块，5天净，经前乳房胀痛，舌质红，边有齿痕，苔黄腻，脉弦细。

处方：熟地黄15g，酒萸肉15g，菟丝子20g，枸杞子15g，山药15g，巴戟天15g，鸡血藤30g，郁金15g，石菖蒲10g，丹参15g，制远志10g，盐牛膝10g。

共14剂。

配合中成药：逍遥丸、龟鹿补肾丸。

2012年2月29日，月经第2天复查FSH 16.89U/L，LH 1.80U/L，E_2 49pg/mL。

2012年4月11日，复诊时已停经44天，自测尿HCG（+），B超提示宫内早孕5^+周。查血清β-HCG 63597U/L，P 22.12ng/mL，E_2 944ng/mL。予助孕丸每次6g，每日3次，服至妊娠12周。

遂回湖北养胎。2012年11月孕39周足月剖宫产一女婴。

2014年11月带女儿到广州致谢，告知产后哺乳8个月，其后月经自然来潮，但仍然是月经稀发，量少，间有停经数月，则用人工周期。现孩子已2岁，希望再生育，要求继续治疗。

复查FSH 53.06U/L，LH 14.97U/L，PRL 243.2mU/L，E_2 60.45pmol/L，P 2.01nmol/L，T 0.32nmol/L。遂按前法继续用中药汤剂、膏方等治疗1年余。2016年1月9日复查FSH 20.70U/L，LH 4.52U/L，E_2 60.84pmol/L。不久就再次自然妊娠，2017年4月在我院剖宫产一女婴。

六、传承创新

从医35年，从研究生到博士生导师，在从事中医教学、临证与研究的过程中，在磨砺医术之中领悟医道，在前辈奠定的基石上前行，是吾辈中医人之使命。

1. 女性生殖调节的中医理论研究与中药药效学研究

（1）从太极阴阳论肾－天癸－冲任－子宫轴：我的父亲在中医理论方面的研究主要提出两个观点：其一，阴阳学说是中医理论体系的核心。其二，肾－天癸－冲任－子宫是女性生殖调节的轴心。他在20世纪50年代发表了论文《祖国医学的阴阳五行学说》（《中医理论研究资料》第一辑），从医学与哲学层面阐述对阴阳五行学说的认识。20世纪60年代，学术界对中医理论核心问题有过一番争论，主流观点是以藏象经络学说为核心。但父亲仍然坚持己见，在20世纪90年代又写了《阴阳学说是中医理论体系的核心——妇科也不例外》发表在《新中医》杂志。他认为，“阴阳是中医学整体观念的大系统，脏腑学说和其他学说是其子系统”。我校中医基础理论教研室潘毅教授曾撰《罗元恺教授对阴阳学说在中医理论体系中的定位思想探讨》发表于《环球中医药》。潘教授指出：“罗老‘阴阳学说，可说是中医理论体系的核心’的观念实是以高阔的眼光，从‘道’的层面归纳出的中医理论体系核心中的最重要成分。”

对于中医妇科理论，父亲又从《内经》的经典条文中凝练了“肾－天癸－冲任－子宫轴”。在1982年首届全国中医妇科学术大会上宣读了《肾气、天癸、冲任的探讨和对妇科的关系》，以此作为妇科调经、助孕、安胎的理论指导。

我在师承过程中，首先从临证的各个环节领悟阴阳学说贯穿于理法方药的整个过程，作为“医道”的内核，撰写了《辨证论治中的两分法》。近年来，从太极阴阳和命门水火的角度思考“肾－天癸－冲任－子宫轴”的内涵。《类经附翼·求正录·真阴论》指出：“命门居两肾之中，即人身之太极，由太极而生两仪，而水火具焉，消长系焉，故为受生之初，为性命之本。”肾主水，水为坎卦，阴中有阳，肾与命门即体现水火既济，而天癸属元阴，神机属元阳，孕育之机在于“两神相搏，合而成形，常先身生是谓精”，同样体现阴阳相合之玄机。女性月经周期的阴阳气血消长“小节律”和生长、发育、生殖、绝经、衰老的“大节律”，无不贯穿阴阳消长、脏腑气血盛衰的变化。悟道所得，撰写了《从太极阴阳论女性生殖节律》，并在2014年全国中医妇科学术年会上以“从阴阳学说论女性生殖调节”为题进行大会发言。

（2）补肾健脾中药复方的中药药效学研究：近20年来，专注于补肾健脾中药复方防治流产的临床与实验研究。作为国家重点学科的主要研究方向之一，对中药新药“滋肾育胎丸”和医院制剂“助孕丸”进行持续、深入的研究，探讨中药复方与拆方、单味的药效作用与机制。主持了国家中医药管理局、国家自然科学基金、教育部博士点基金、广东省科技项目、广东省中医药强省专项、广州市科技创新委员会转化医学项目等10余个项目。其中，2002年以来，本人主持的国家自然科学基金面上项目5项，学生博士毕业后主持的青年项目4项。

在这个领域的研究，我们首先设计了“病－证结合”流产模型，即肾虚－黄体抑制模型和脾虚－黄体抑制模型。这两个动物模型是本团队首创，并经过多次重复，形成造模标准规程（SOP），已经被许多学者引用。以“病－证结合”流产模型为工具，进行中药干预，观察母胎界面的Th1/Th2细胞因子，以及孕激素受体（PR）在蜕膜的表达。研究发现，补肾健脾中药复方具有上调母胎界面Th2细胞因子、下调Th1细胞因子表达；上调蜕膜PR表达；降低子宫内膜螺旋动脉阻力指数，改善子宫内膜容受性；以及降低子宫平滑肌收缩强度等作用。其也证实肾虚－黄体抑制模型和脾虚－黄体抑制模型是研究妊娠期中药药效的适用工具。“肾脾虚弱型自然流产的系列研究”获得2002年广东省科学技术二等奖。

近年来，我还设计了妊娠期蜕膜细胞模型和妊娠期滋养细胞模型，用于观察中药提取物对细胞生长与分泌功能的影响。

2. 创制岭南妇科四季膏方

膏方，作为中医药传统剂型之一，盛行于苏浙沪，主要用于冬季补养疗疾，应用于每年的立冬与立春之间。岭南气候炎热潮湿，以前家庭没有冰箱，膏方难以保存。现在空调与冰箱基本普及，膏方进补亦逐渐被南方人接受。

我院从2010年开始提供制备膏方的服务，开设膏方门诊。妇科病人尤其喜欢用膏方，但每年仅使用3个月，仍难以取得理想的效果，而且岭南暖冬居多，与苏浙沪比较，岭南的季节性不强，长年气温偏高，雨水较多。过于温补，则易于“上火”；滋腻的药物，往往引起脾胃不适，大便溏薄。因此，在岭南用膏方，应具备岭南特色，适合岭南人体质，才能体现中医因时、因地、因人制宜的优势。

作为岭南罗氏妇科流派的传承人，我参考父辈的用药经验，将“南药”用于膏方的配伍，替代偏于温燥的药物，如五指毛桃、千斤拔、岗稔、地稔等，又辅以行气、健脾、化湿的药物，如陈皮、砂仁、土炒白术、苍术、广藿香、布渣叶等，制约滋补类药物的滋腻。根据患者的体质与病证，结合季节特点，设计无胶类药物的“素膏”和无胶、无糖的“无糖素膏”。另外，对膏方的用药剂量也进行调整，改大剂为中剂、小剂，将一料服2个月的大剂膏方调整为一料服3周的中剂或一料服10天的小剂，可以缩短膏方的储存时间，降低费用，亦方便根据病情的变化更换新的膏方，对配方进行适当调整。

经过两三年的摸索，已按照妇科调经、助孕、安胎、解郁、消癥、导痰、产后康复等不同情况，形成妇科养血系列膏方，实现全年可用的岭南四季膏方，给病人提供了更多的选择和更方便的剂型。尤其适用于月经失调、卵巢功能不全、癥瘕、不孕症和辅助生育等疑难病、慢性病的治疗，手术后的康复和预防粘连等。

传承医道，磨砺医术，培育英才，造福众坤。任重而道远。吾等将谨记前辈的教诲，不忘初心，砥砺前行。

姓名拼音索引

B

班秀文 / 258

C

柴嵩岩 / 712
畅　达 / 2280
晁恩祥 / 1065
陈　意 / 2355
陈汉水 / 1922
陈可望 / 57
陈立健 / 224
程莘农 / 306
程益春 / 1530
崔公让 / 1557
崔倬铭 / 2873

D

刁本恕 / 1956
丁　樱 / 2778
丁安伟 / 2685
丁书文 / 2009
董幼祺 / 2830
杜锡贤 / 2550
段富津 / 763

F

范永升 / 2891
冯宪章 / 1112

G

高荣林 / 2246
高仲山 / 76
谷越涛 / 2143
顾植山 / 2426
郭维淮 / 699
郭振球 / 505
郭子光 / 870

H

韩明向 / 1853
何若苹 / 2860
何炎燊 / 388
贺普仁 / 512
侯士良 / 1649
侯玉芬 / 2583
胡国俊 / 2413
胡节君 / 435

胡天成 / 2113
胡玉荃 / 1519
胡子周 / 63
黄　崙 / 201
黄海龙 / 1928
黄明志 / 601
黄乃健 / 1097

J

吉良晨 / 586
姜保生 / 880
姜兆俊 / 1126
金　伟 / 2741
金洪元 / 1241
金树滋 / 1304
金维新 / 1380
靳士英 / 568

L

李　鼎 / 668
李广文 / 1226
李济仁 / 830
李今庸 / 470
李乐园 / 114
李明忠 / 1729
李乃庚 / 1721
李士懋 / 1205
李兴培 / 1619
李业甫 / 1004
李振华 / 443
梁继荣 / 2709
林天东 / 2536
林耀东 / 43
刘柏龄 / 542
刘宝厚 / 917
刘弼臣 / 457
刘道清 / 2061
刘德泉 / 2761
刘镜如 / 909
刘启泉 / 2939
刘启廷 / 967
刘清贞 / 1639
刘沈林 / 2649
刘亚娴 / 2297
刘玉洁 / 2844
柳吉忱 / 84
柳少逸 / 2163
卢　芳 / 1662
卢崇汉 / 2466
陆　拯 / 1506
罗金官 / 1027
罗颂平 / 2958
罗元恺 / 103
吕炳奎 / 91
吕景山 / 986
吕志杰 / 2802

M

马　融 / 2921
马大正 / 2632

马建中 / 123
马有度 / 1320
买买提艾力·阿木提 / 2013
毛德西 / 1800
梅国强 / 1696
门纯德 / 166
孟庆云 / 1584
孟宪杰 / 1700

N

南　征 / 2068

O

欧阳惠卿 / 1599

P

潘朝曦 / 2593
皮持衡 / 1863
浦家祚 / 1999

Q

钱　英 / 1359
裘沛然 / 144

R

任　何 / 1977
任继学 / 521
阮士怡 / 187

S

单兆伟 / 1872
邵念方 / 1407
沈宝藩 / 1162
盛玉凤 / 1593
施　杞 / 1414
石仰山 / 813
史载祥 / 2021
宋祚民 / 493
孙　浩 / 614
孙朝宗 / 1190
孙光荣 / 1896
孙镜朗 / 25
孙申田 / 1608
孙学全 / 2054

T

唐　宋 / 1821
唐祖宣 / 2075
陶汉华 / 2789
田　文 / 928
田常英 / 1466
田代华 / 2029
田景振 / 2950
田月娥 / 2772

W

汪受传 / 2388
王　键 / 2901
王　烈 / 772
王　琦 / 2201
王昌恩 / 2815

王国三 / 743
王洪图 / 1349
王静安 / 400
王静波 / 2734
王乐匋 / 290
王立忠 / 1751
王庆其 / 2254
王人澍 / 2446
王士荣 / 2154
王世民 / 1144
王锡贞 / 1496
王霞芳 / 1368
王新陆 / 2664
王永炎 / 1485
王自立 / 1260
王自敏 / 1538
温如杰 / 1273
温长路 / 2491
闻善乐 / 731
吴佩衡 / 1
吴惟康 / 175
伍炳彩 / 1790

X

夏桂成 / 865
夏治平 / 894
肖承悰 / 1761
萧诏玮 / 2099
谢克庆 / 2361
熊大经 / 2403
熊继柏 / 2123
徐福松 / 1776
徐经世 / 955
徐景藩 / 537
徐凌云 / 2333
徐志华 / 452
禤国维 / 1432
薛伯寿 / 1285

Y

阎艳丽 / 2453
颜德馨 / 241
颜正华 / 271
姚廷芝 / 785
姚寓晨 / 234
叶景华 / 688
殷　明 / 2315
尹常健 / 2675
于鹄忱 / 215
余瀛鳌 / 938
俞景茂 / 2091

Z

曾宪策 / 1937
查少农 / 34
张　磊 / 705
张　琪 / 420
张宝林 / 1313
张炳厚 / 1387
张灿玾 / 629

张存悌 / 2524
张发荣 / 1178
张鸣鹤 / 664
张沛虬 / 134
张奇文 / 1032
张琼林 / 751
张士杰 / 855
张士卿 / 2344
张素芳 / 1884
张同振 / 2670
张学文 / 1086
张云鹏 / 800
张志远 / 280
赵法新 / 1446
赵鉴秋 / 1709
赵尚华 / 2228
赵绚德 / 1134
赵正俨 / 322
郑启仲 / 2241
郑汝谦 / 17
郑伟达 / 2702
郑长松 / 529
周铭心 / 2565
周信有 / 338
周学文 / 1574
周仲瑛 / 619
朱鸿铭 / 1197
朱建华 / 2505
朱锦善 / 2481
朱良春 / 159
朱婉华 / 2622
朱祥麟 / 2268
祝世讷 / 1832
邹燕勤 / 982